Robert M. W. Kempner
Ankläger einer Epoche

Robert M. W. Kempner

Ankläger einer Epoche

Lebenserinnerungen

In Zusammenarbeit mit Jörg Friedrich

Ullstein

Satz: Alfred Utesch GmbH, Hamburg
Druck und Verarbeitung: May + Co, Darmstadt
Printed in Germany 1983
ISBN 3 550 07961 3

Dieses Buch ist das Resultat eines Lebens so alt wie dieses Jahrhundert. Den Nachgeborenen diese Epoche zu erklären, ist eine fast unlösbare Aufgabe.
In mehrwöchigen Gesprächen habe ich versucht, einem jüngeren Publizisten, Jörg Friedrich, diese Erfahrungen, diese Zeit und meine Erlebnisse verständlich zu machen.
Ihre Niederschrift gebe ich nun in die Hand des Lesers.

R.K.

Inhalt

Die Bakteriologen

Die ersten Worte, die ich lernte, waren »Jacovicz di Jacova vom Stamme Mercuri.«

Das war ein Freund meiner Eltern, die vor meiner Geburt im Sommer 1899 zur Malaria-Bekämpfung am Skutari-See in Montenegro, dem späteren Albanien, weilten.

Montenegro war immer ein selbständiger Staat. Den Fürsten von Montenegro, der die Tochter eines Königs von Italien geheiratet hatte, nannten seine Feinde ärgerlich den ›König der Hammeldiebe‹.

Meine Eltern waren als junge Assistenten am Berliner Robert-Koch-Institut herbeigereist und mußten schnell nach Berlin zurück, damit ich geboren werden konnte. Ich wurde auf dem Wege dahin in der Universitätsklinik Freiburg abgesetzt, dann telegraphierten sie an Robert Koch vom Institut – der war gerade in Afrika –, ob sie das Kind nach ihm nennen dürften. Und wenige Tage später fuhren wir weiter nach Berlin; mein Vater rannte immer zur Lokomotive, um die Milchflasche warm zu machen.

Ich wollte Montenegro immer wiedersehen; nach den Balkan-Kriegen war an den Grenzen der neue Staat Albanien gegründet und der deutsche Fürst zu Wied als König eingesetzt worden. So ging ich 1923 zu Franz Ullstein: »Es wäre doch interessant für Ihre Leser, einmal zu hören, was für ein merkwürdiger Staat dieses neue Albanien ist.«

»Kempner«, sagte er zu mir, »gehen Sie zur ›Vossischen Zeitung‹ und sagen Sie Dr. Magnus: Sie wollen nach Albanien fahren. Ich bin sehr damit einverstanden.«

In Albanien haben die Leute mich immer gefragt: »Was sind Sie eigentlich?«

Ich habe ihnen erklärt: »Ich bin Referendar am Kammergericht.«

Das wurde übersetzt mit einem ›Inspekteur von Gefängnissen‹.

Die Gefängnisse dort waren sehr hübsch. Die Familien konnten darin nämlich verkehren, man saß auf einem Hof herum, die Gefangenen hatten ihr Kochzeug und speisten mit den Anverwandten. Die Leute, denen ich dort begegnete, waren Personen, die vom neuen albanischen Regime unter einem gewissen Achmed Zogu verhaftet worden waren. Zogu war kein Operettendiktator. Das war ein richtiger Tyrann, der das vorhergehende katholische Regime gestürzt hat. Er hat viele hingerichtet, aber sonst war er wohl ganz umgänglich.

Später habe ich in einer Zeitschrift für Völkerrecht die demokratische Albanische Verfassung veröffentlicht, die durch Zogu aufgehoben worden war. Er hatte es auch sehr auf die katholischen Priester abgesehen, weil sie die Opposition bildeten. Man hatte dort in dem kleinen Land sieben Bistümer.

Auf dem Gefängnishof saß ein Mann, der Deutsch konnte. Das war der Geheimsekretär des Erzbischofs von Skutari, mit dem ich später ein Leben lang befreundet war, bis er erschossen wurde. Als ich viele Jahre später wegen der Nürnberger Prozesse im Vatikan zu tun hatte, sagte man mir: »Sie sind doch der Mann, der sich damals für Don Lazar Shantoja eingesetzt hat!«

Das war ein ganz merkwürdiges Land – dieses Albanien. Der Staat war damals so groß wie Belgien, hatte aber nur ein Zehntel der belgischen Bevölkerung und bestand hauptsächlich aus Mohammedanern. Seit der Zeit seiner Gründung, ganz egal unter welchem Regime, versuchte Zogu immer, einen Teil des späteren Jugoslawiens zu bekommen: das Gebiet von Kossowo, wo sehr viele Albaner wohnten. Das ist Mazedonien, die Gegend von Üsküb, wo in den letzten Jahren die scharfen Kämpfe der Jugoslawen gegen die aufständischen Albaner stattfanden.

Ich bin noch drei, vier Mal nach Albanien gefahren, das Land hatte ja ein seltsames Schicksal: Die Italiener haben es im Zweiten Weltkrieg erobert, ich weiß nicht, wohin Zogu verschwunden ist, wahrscheinlich hat er in Ungarn gelebt, er hatte ja eine ungarische Frau. In Albanien habe ich mich immer sehr wohl gefühlt, mit dem Diktator hatte ich nichts zu tun. Ich war der angesehene Mann, der ›aus Deutschland kam, um die Gefängnisse zu inspizieren‹. Die Verbindungen mit meinen

Eltern sind natürlich immer wieder hervorgetreten. Sie waren Leute, die in die riskantesten Gegenden fuhren, wenn dort eine Ansteckung auftauchte. So reisten sie zum Beispiel auch zur Berichterstattung über die Pest nach Odessa.

Im Jahre 1902 war die letzte große Pest-Epidemie in Europa. (Es gibt ja immer noch welche in Indien, ich weiß nicht, ob Pestimpfung heute noch obligatorisch ist.) In Odessa sind meine Eltern den russischen Ärzten beiseite gestanden. Stellen Sie sich vor, wenn so eine Stadt plötzlich von einer derartigen Krankheit überfallen wird mit einer damals noch mistigen Kanalisation! Was da alles abgeschaltet werden muß, das ist fürchterlich!

Man hat die Pest allmählich eindämmen können, weil man im Jahre 1902 mehr und mehr wußte über Ursachen, Art der Verbreitung, Wasserfragen, Kanalisation, Abwässer gleich ins Schwarze Meer oder auf die Straße? All diese Fragen waren ja völlig neu.

Völlig neu war 1902 auch, daß ein Posener Kreisarzt namens Robert Koch, mein späterer Pate, den Leuten, die an dieser merkwürdigen Krankheit Tuberkulose in Massen starben, eingeredet hatte (1882), das käme von einem Bazillus. Der große Papst der Mediziner, Rudolf Virchow, erklärte: »Das ist doch Unsinn. Die Leute sterben an Tuberkulose, weil sie schwach sind, das tut doch nicht so ein kleiner Bazillus.«

Ich mußte als Kind immer die Tuberkel-Bazillen durchs Mikroskop ansehen. Für mich waren das ganz kleine Stäbchen, aber die Viecher bewegten sich. Sie mußten gefärbt werden, um unter den alten Mikroskopen sichtbar zu werden, man hatte noch nicht die Mikroskope der heutigen Zeit, mit denen man tausendmal mehr entdecken kann. So ein Mikroskop von der Firma *Zeiss* in Jena war ein heiliger Gegenstand, der immer weggeschlossen wurde, damit die Kinder nicht unbeaufsichtigt in seine Nähe kamen und ihn runterwarfen. Die Dinger waren enorm teuer.

Als 1914 der Erste Weltkrieg ausbrach, liefen die großen Reichstagsdebatten, die Erklärungen von Wilhelm II. wurden da verlesen und oben auf der Galerie saß irgendwo eine Dame. Ein Pressemann erkannte sie als die Frau Lydia Rabinowitsch-Kempner und fragte sie: »Was wollen Sie eigentlich hier?«

Meine Mutter entgegnete: »Ich warte auf die Pest.«

»Und wie kommen Sie hierher?«

»Der (spätere demokratische Abgeordnete) Professor Schloßmann, hat gesagt, ich soll mal mit ihm mitkommen. Es würden hinterher vielleicht Fragen der Sanitätsverwaltung auftauchen, und dann wäre gleich jemand hier ...«

Man war sehr erstaunt und die Geschichte ging durch die Zeitung. Meine Mutter erklärte, daß die deutschen Truppen, wenn sie in den Osten vorrückten, Gebiete berührten, in denen noch schwere Epidemien umgingen. Die Pest in Odessa sei erst sehr spät verschwunden. Die Gefahr bestünde, daß die Soldaten sich ansteckten und furchtbare Krankheiten wie Pest und Cholera aus dem Osten ins Heer und vom Heer in die Bevölkerung nach Deutschland eingeschleppt würden. Von der Heeres-Sanitätsverwaltung müßten rechtzeitig Vorbereitungen getroffen werden.

So hat die Lydia Rabinowitsch-Kempner auf die Pest gewartet. Sie ist nicht gekommen, denn die hygienischen Vorkehrungen waren verhältnismäßig gut. Während der ganzen Kriegszeit wurden in Berlin kranke Soldaten untersucht, gerade auch auf Bazillenkrankheiten. Meine Eltern waren in ständiger Verbindung mit dem Generalstabsarzt der Armee, Dr. Schulze.

Daß meine Mutter in Rußland geboren war, spielte im Ersten Weltkrieg überhaupt keine Rolle. Äußerlich, im Umgang konnte kein Mensch sagen, daß diese Frau, die perfekt Deutsch sprach, etwas mit einem fremden Lande zu tun hatte. Ihre Muttersprache war russisch. Das ist insofern ganz interessant, weil wir Kinder, die wir doch deutsche höhere Schulen besuchten, besonders hellhörig waren und eines von uns mal sagte: »Dein R gefällt uns nicht.« Meine Mutter sprach gelegentlich ein Zungen-R.

Wir haben später oft in Amerika erlebt, daß Kinder von Deutschen auf den amerikanischen Schulen ihre Eltern berichtigt und sich vor Klassenkameraden, die bei ihnen zu Hause spielten, geschämt haben, wenn eine Mutter oder ein Vater irgendwie nach Akzent klang, obwohl das in Amerika im allgemeinen überhaupt keine Rolle spielte.

Leider haben wir als Kinder nie Russisch gelernt. Beim Singen von Abendliedern am Bett sind wir nicht weiter als bis zum ›Roten Safran‹ gekommen, das war ein russisches Liedchen.

Die Verbindung zu unseren russischen Verwandten war im Ersten

Weltkrieg überhaupt nicht abgebrochen, da ja Kowno und Litauen jahrelang von der deutschen Armee besetzt waren und man sogar Lebensmittel von dort bekam. Anders wurde die Sache später im Zweiten Weltkrieg. Die Verwandten meiner Mutter wurden alle vernichtet. Zunächst durch Einsatzgruppen und dann durch andere Judenverfolgung. In Nürnberg habe ich nachgeforscht und konnte die Ermordung meiner mütterlichen Verwandten einer bestimmten Einsatzgruppe zuschieben. Ich habe versucht, Näheres herauszukriegen, ob sie nach Riga oder anderswohin verschleppt und dann umgebracht wurden, aber das ist mir nicht gelungen.

Die litauischen Juden betrachteten sich immer als eine Art Elite-Juden; noch vor zehn, zwanzig Jahren waren in Israel sehr viele leitende Posten mit litauischen Juden besetzt. (Aus Litauen kamen wichtige Zionisten nach Palästina, sie hielten sich immer für eine höhergebildete Klasse.) Es gab unter ihnen weniger Gewerbetreibende, als unter den Juden in Polen. Sie standen Petersburg näher, als die Juden in südrussischen Gegenden, waren stark russifiziert, hatten aber auch, weil Königsberg die nächste Universität war, eine erhebliche deutsche Bildung. Das spielte in Berlin nur soweit eine Rolle, als meine Mutter mit russischen Forschern in Verbindung war; in einem großen Tuberkulose-Krankenhaus auf der Krim gibt es eine Lydia Rabinowitsch-Kempner-Gedenktafel.

Entfernte Verwandte der Familie leben in Israel, und in einem Kabinett Ben Gurion saßen mehrere Rabinowitsch's oder Rabins.

Die Fortschrittspartei

Mein Vater war ein strenger Liberaler – ich weiß nicht, ob er freisinnig oder sozialdemokratisch gewählt hat – ebenso meine Mutter, mehr links- als nationalliberal, bürgerlich-sozial denkend. Mit dem Kaiserreich hatte man nicht viel im Sinn, wenn überhaupt, dann mit dem König von Preußen, weil meine Mutter die erste Frau war, die von Seiner Majestät den königlich-preußischen Professorentitel bekommen hatte.

Wir steckten völlig in dem Staat drin, haben aber an Seine Majestät nie geglaubt, auch nicht an Bismarck; diese Blut- und Eisen-Sache spielte in unserer Familie keine Rolle, diesen Schwindel hat man verachtet. Man glaubte an wissenschaftlichen Fortschritt, an die Entwicklung der Arbeiterschaft und auch an die des Bürgertums. Aber man hing nicht am Obrigkeitsstaat, gegen den führte mein Vater Prozesse. Auf der anderen Seite fühlte man sich nicht als Outsider, sondern innerhalb dieser Gemeinschaft war man in einer gewissen Opposition. Daß etwas faul da oben war, wußte man doch! Man tat jedoch seine Militärpflicht, denn man wollte keinesfalls, daß der Staat besiegt wird.

Es gab im Mittelstand und unter den Wissenschaftlern eine ganz breite Schicht von Menschen, die diesen Standpunkt teilten. Keine vaterlandslosen Gesellen, aber auch keine Vaterlands-Jubilanten. Einstein war kein vaterlandsloser Geselle, Liebermann, der spätere Vorsitzende der Akademie der Künste, all diese Leute waren doch keine vaterlandslosen Gesellen. Sie waren politisch interessiert für den Fortschritt! Es gab sogar eine Fortschrittspartei.

Der Reichstag hatte ganz starke liberale, fortschrittliche und sozialdemokratische Fraktionen. Nur konnten sie nach der damaligen Verfassung die Minister nicht bestimmen; im Reich machte das der Kanzler und in Preußen der König.

Die Familie stand immer freundschaftlich zur SPD, die Fortschrittspartei war ein bißchen klein und in ihr wurde vielfach SPD gewählt, weil das Votum der kleinen Parteien leicht unter den Tisch fiel. Die SPD war interessiert an sozialen Einrichtungen, an dem Schutz der Arbeiter, vor allem der alten Arbeiter. Irgendwo auf dem Papier stand, daß die Partei den wirtschaftlichen Sozialismus anstrebe; es hat aber niemand gedacht, daß sie das ernstlich wollte. (Ich weiß nicht, ob sie selbst es geglaubt hat; die Menschen glauben sehr viel an Dinge, von denen sie wissen, daß sie nicht verwirklicht werden können.) Unsere Familie glaubte nicht an Bebel, glaubte nicht an *politicians*, wir glaubten an Robert Koch, der den Tuberkel-Bazillus gefunden hatte, an Wassermann, an eine bessere Zukunft durch wissenschaftliche Erfindung und Erforschung, das war uns wichtiger. Ich bin mit tuberkulösen Kaninchen aufgewachsen, die bei uns im Keller beobachtet wurden. Wir glaubten an gesündere Menschen, nicht an einen gesünderen oder ungesünderen Kaiser. Man interessierte sich für Friedrich III., den Vater des Kaisers, weil er Kehlkopf-Tuberkulose oder Kehlkopf-Krebs hatte. Wie wird der behandelt? Warum sagen die Engländer, er muß so behandelt werden und nicht anders?

Man hat Robert Koch angehimmelt und gestaunt, daß der Privatarzt aus Clausthal-Zellerfeld und späterer Kreisarzt aus Wollstein in Posen nach einem halben Jahr Suchen unter dem Mikroskop ganz merkwürdige Bazillen entdeckte hatte. Der große Max Pettenkofer hat vor den Augen meines Vaters Bazillen geschluckt und seinen Studenten gesagt: »Hahaha, ich bin ja gar nicht krank geworden, ich hab die Cholera ja nicht gekriegt. Wenn der Mensch dazu nicht die Anlage hat, macht doch das kleine Ding, das man unterm Mikroskop sieht, nichts.«

Erst allmählich hat sich die Erkenntnis durchgesetzt. Doch hat man kein Mittel gefunden gegen Tuberkulose und Koch angefeindet, weil er nichts entdeckte. Damals lernte die Medizin noch von Deutschland, später war es umgekehrt, inzwischen gehen die Leute ins *Rockefeller-Institute*. Seinerzeit wurden die wissenschaftlichen Erkenntnisse ausgetauscht, kleine Röhrchen mit Kulturen wanderten von Berlin nach New York.

1897, als Virchow die Bakteriologie in einer Medizinerversammlung als »einen kleinen Zweig der Botanik« bezeichnet hatte, kommt eine Bakteriologin mit Tuberkulose-Kulturen in der Handtasche in seine

Vorlesung und stellt sie auf den Tisch. Das war meine Mutter, damals noch ein junges Ding und leidenschaftlich auf der Seite ihrer Lehrer. Der Virchow war erstaunt, was diese Botaniker sich erlaubten. Meine Mutter war eine zierliche, nicht allzu große Frau, in Berlin und anderen wissenschaftlichen Kreisen kurz ›die Lydia‹ genannt. Ihren Mädchennamen trug sie nach der Eheschließung weiter: Rabinowitsch-Kempner. Ihre Familie aus Kowno in Litauen besaß große Brauereien. Von der verwitweten Brauersfrau, meiner Großmutter, muß eine unerhörte Energie ausgegangen sein; sie hat fast alle ihre neun Kinder studieren lassen: Ein Frauenarzt, der in Kowno eine große Klinik hatte, ein Zahnarzt, eine Tochter, die Jura studiert hatte und einen Rechtsanwalt heiratete, ein anderer Bruder, der in Wladiwostok ein Kaufmann gewesen ist und das jüngste Kind, meine Mutter.

Die Jungen schickte man auf die von Kowno aus nächst gelegene Universität, nach Königsberg in Preußen. Das Mädel Lydia hatte damals nur eine Möglichkeit, zu studieren – in der Schweiz. Genauso wie ihre Jahrgangsgenossin Rosa Luxemburg. Sie entschied sich für die Universität Bern, und ist durch ganz Deutschland allein dorthin gereist; das war zu der damaligen Zeit etwas Unerhörtes. Die litauischen Juden waren besonders stolz und auch recht wohlhabend. Das Studium war durch die Initiative ihrer Mutter, der Brauers-Witwe, zustandegekommen, die ihren Mann durch ein tödliches Unglück auf dem Eis der Memel verloren hatte.

Lydia hatte an der Universität viele Freundinnen, die ich in späteren Jahren noch kennenlernen sollte; eine stattliche Anzahl studierender Frauen, für die Deutschland als Studienplatz nicht möglich war. Nach Beendigung ihres Studiums ging meine Mutter für eine Weile nach Berlin, um die neue Bakteriologie kennenzulernen. Aber das währte nicht lange, denn sie erhielt die Möglichkeit, nach Amerika zu gehen, nach Philadelphia, wo das einzige Medizin-College ausschließlich für Frauen existierte. Sie muß durch amerikanische Studentinnen in der Schweiz Verbindungen geknüpft haben. In Philadelphia wurde Lydia eine ganz junge Professorin von 26 Jahren für das ganz und gar neue Fach der Bakteriologie. Während der Sommerkurse in Berlin am Robert-Koch-Institut begegnete sie meinem Vater, der soeben eine aufregende Schrift über den Botulismus (Lebensmittelvergiftung) verfaßt hatte. Es war völlig neu, wie diese Fleischvergiftung zustande gekommen war, ob durch Bakterien oder sonstwie verursacht.

Meine Mutter kam immer wieder rüber und schließlich, auf einem medizinischen Kongreß, heirateten sie 1898 in Madrid. Ich habe noch die alten Zeitungsartikel darüber. Zur damaligen Zeit war das natürlich eine ungewöhnliche Sache, daß die Frau eines Forschers auch eine Forscherin war. Sie entschied sich, nicht in Philadelphia zu bleiben, wie das ihre Kolleginnen wollten und wo sie gerade etwas Neues aufgebaut hatte. Sie ging nach Berlin und arbeitete am Robert-Koch-Institut.

Robert Koch wohnte in Oranienburg und später an Sonntagen gingen wir oft zu ihm raus und er lehrte mich das Drachensteigen. Meine Mutter wurde schlagartig bekannt durch den Berliner Milchskandal. Plötzlich fanden sich bei der Meierei *Bolle* Tuberkelbazillen in der Milch, eine erschreckende Sache: Man begriff zum ersten Mal, daß Menschen angesteckt werden könnten durch die Milch tuberkulöser Kühe. Es gab den *Typus humanus* und den *Typus bovinus*. Meine Mutter hatte viel darüber gearbeitet, ob die Rindertuberkulose auf den Menschen übertragbar sei, und wurde nun von ihrem Chef, Robert Koch, in die Milchlieferungsanstalt abgeordnet, um die Proben daraufhin zu untersuchen, ob der *Typus bovinus* auf den Menschen übertragbar sei. Plötzlich waren die Tuberkulosebazillen verschwunden, es gab in Berlin keine tuberkulösen Kühe mehr. Dachte man! Lydia beriet sich mit meinem Vater und beide kamen zu dem Schluß, daß man meiner Mutter gekochte Milch zur Probe vorgesetzt hatte. Daraufhin gab es einen Riesenprozeß, den ›Berliner Milchkrieg‹, und mein Vater, der diesen Prozeß hauptsächlich führte, siegte.

Meine Mutter gehörte zu dem kleinen Kreis von Frauen, die man heute emanzipiert nennt, die ersten Doktorinnen, die ersten Professorinnen und Schuldirektorinnen erschienen sonntags zum Kaffee. Meine Mutter wurde von den Frauenrechtlerinnen sehr angeregt, die großen Wert darauf legten, nicht nur Suffragetten und Blaustrümpfe zu sein, sondern auch Forscherinnen vorweisen zu können, die dazu noch Kinder hatten. Aus unserem Hause in Lichterfelde kamen zig Aufrufe und Resolutionen, schärfste Angriffe wurden vorbereitet, gegen Professoren, die Frauen nicht zum Studium zuließen; ich erinnere mich besonders an den Germanisten Röthe. Die Frauenrechtlerinnen waren schon damals ziemlich wild und energisch und hatten mit männlichen Kollegen oft großen Ärger. Zum Reichstag gab's kein Wahlrecht für Frauen, sie waren auch nicht wählbar. Man versuchte das durchzusetzen, was nie gelang, hatte aber den Erfolg, daß Frauen studieren durften. Meine Mutter wurde Vorsitzende einer Stiftung zur Unterstützung weiblicher Studenten, die aus eigenen Mitteln nicht studieren konnten, denn das Studieren kostete damals viel Geld.

Wir waren drei Kinder. Ich war der älteste, danach kam eine inzwischen verstorbene Schwester, die als Philologin in jungen Jahren bekannt wurde, weil sie aufdeckte, daß der englische Klassiker Sir Walter Raleigh von Machiavelli abgeschrieben und dies in englischer Sprache als ein neues Werk angeboten hatte. Wir lernten durch unsere Mutter bereits zu Hause Englisch. Sie war Wissenschaftlerin, aber nicht rund um die Uhr. Wenn sie um vier Uhr aus der *Charité*, wo sie später am Pathologischen Institut unter Professor Orth tätig war, nach Hause kam, hat sie sich um ihre Kinder gekümmert, die neben den geimpften Kaninchen unter der Veranda allmählich größer wurden. Natürlich war sie sehr interessiert, wie mein jüngerer Bruder Walter – auch in diesem Jahr 80 Jahre – sich entwickeln würde. Er wurde Mediziner, kam über den Internisten Professor von Bergmann an das Kaiser-Wilhelm-Institut zu Otto Warburg und wanderte 1934 in die USA aus, wo er seitdem Universitätsprofessor ist. Er wurde durch die salzlose Kempnersche Reisdiät berühmt.

Die Kontakte meiner Mutter nach Amerika sind nie abgebrochen, sie wurde sehr häufig zu Veranstaltungen und Vorträgen eingeladen; ich erinnere mich, wie sie uns ihre Vorträge, die sie niedergeschrieben hatte, in Englisch vorlas, und manchmal eine amerikanische Studentin dabei war, die die Sätze korrigieren mußte, damit das in New York oder Philadelphia auch gut ankam.

›Die Lydia‹ war eine weithin bekannte öffentliche Person, auch weil sie die einzige Frau in ihrer Branche war. Allein über die Rindertuberkulose hat sie, teils gemeinsam mit meinem Vater, circa fünfzig Aufsätze geschrieben. Mein Vater, der die besondere wissenschaftliche Begabung seiner Frau erkannt hatte, förderte sie bei ihren Arbeiten mit besonderer Liebe, auch wenn er selbst dabei etwas im Hintergrund stand. Er starb 1920 früh an Kehlkopftuberkulose. Damals gab es noch kein Penicillin, es tauchten immer wieder Mittel von Scharlatanen auf, die sich als glatter Schwindel erwiesen.

Auch das, was Koch selbst zunächst vorgeschlagen hatte, wirkte überhaupt nicht.

So wuchs man auf in Berlin-Lichterfelde, ging zur Schule und kam mit siebzehn Jahren, nach dem Notabitur, zu den Gardeschützen; Lichterfelde war das Hauptquartier des Gardeschützenbataillons. Ich bin dort freiwillig hingegangen, mein Jahrgang war bald dran, ich wußte, ich werde in einiger Zeit sowieso eingezogen, da bin ich zu den Gardeschützen gegangen: »Bitte, hier bin ich. Ruft mich zu Euch ein.«

Gardeschützen

Und dann war ich da, es ging damals allerdings schon um den Rückzug. Die Fronten rückten zurück. Ich kam in den Westen, in meinem Büchlein steht ›Kämpfe in und um die Marne‹.

Eines Tages, im Herbst 1918, kamen die Flugzettel runter, der Krieg ist zu Ende. Ich konnte das als guter Gardeschütze gar nicht glauben, denn ich war noch an die Front gezogen, obwohl mir ältere Kameraden schon gesagt hatten: »Willst Du nicht aussteigen, wenn der Zug da hält hinter Aachen, wie wir das tun?«

Das waren Leute, die zum zweiten Mal rauskamen. (Die Moral war bei den Gardeschützen noch einigermaßen, aber im allgemeinen war es vorbei). Bei den damaligen Gardeschützen in Lichterfelde standen zumeist Förster und Jäger. Ich war der einzige, den sie immer ›der Student‹ riefen. Bei der Auswahl für diese Truppe wurden einer alten Tradition folgend oft Förster, Forsteleven, Jäger, Landwirte und solche Leute gesucht, die auch den Feldwebeln entsprechende Nahrungsmittel während des Krieges beschaffen konnten. Man zog mit einem »Hurra« ins Feld, aber das änderte sich sehr schnell. »Hurra mit Opposition«, so möchte ich sagen. Bei den Gardeschützen erhielt ich die übliche Ausbildung, die Kurse in Handgranatenwerfen auf dem Truppenübungsplatz Jüterbog, 50 km von Berlin. Als es soweit war und wir ausrückten, brachten mich noch meine Schwester und meine Mutter an den Bahnhof, dann kam die lange Fahrt. Im Transport saßen lauter junge Kerle, Jahrgang 1899 und eine ganze Masse Älterer, die schon vorher an der Front gewesen waren, meist frühere Verwundete. Der Zug hielt ewig auf allen Stationen. Dann kamen wir auf belgisches Gebiet, es ging in die Richtung Charleroi, Hermannstellung hieß das. Auf irgendeiner Station rannte alles raus, um die Feldflaschen nachzufüllen. An dem Wasserhahn standen neben mir zwei Ältere, die sagten: »Na, jetzt verschwinden wir, kommst Du nicht mit?«

Ich verstand gar nicht, wovon die Rede war. »Wir bleiben hier und sehen, wie wir hier in Belgien unterkommen. Du wirst doch nicht so blöde sein, und jetzt, wo's bald zu Ende geht, Dich noch schlachten lassen?«

Hier ging's mir eigentlich erst richtig auf, in was man da hineinging. Wo man doch einen gewissen Patriotismus erlernt hatte. Und als eines Tages da hinten bei der Hermannstellung die Flugblätter herunterflatterten, die feindlichen, auf denen oben stand ›Der Krieg ist zu Ende‹, da hat man das nicht geglaubt. Als dann noch so ein Angriff war und wir uns zurückzogen, da rannten die jüngeren Kameraden vom Westen in den Osten, Richtung Heimat, wo die Sonne aufgeht und schmissen Teile ihres Maschinengewehrs weg. Das ging sehr schlecht mit dem Rückzug, es gab da nämlich Wassergräben, aber es wäre mir gar nicht in den Kopf gekommen, wie viele von den anderen, Teile des Maschinengewehrs wegzuwerfen. Allerdings war ich bei einer Maschinengewehrkompanie, die das leichte Maschinengewicht hatte. Das war wahrscheinlich schon Ende Oktober, Anfang November. Ich weiß eins, daß ich nicht mehr richtig geschossen habe, die meisten nicht. Die Kugeln sind eben in die Luft geflogen, über die Köpfe der sogenannten Feinde weg. Man hatte irgendwie keine Lust. Dabei war das 'ne Kompanie, die, wie gesagt, aus Förstern und Jägern bestand und in keiner Weise aus aufrührerischen Arbeitern oder Kieler Matrosen. Es war an sich eine verhältnismäßig konservative Gruppe.

In letzter Minute erhielt ich noch das Eiserne Kreuz II. Klasse für Tapferkeit vor dem Feinde. Ich war von einem Vorgesetzten bei irgendeiner Gelegenheit eingegeben, wie man das nannte, für das EK. Vielleicht hatte er gesehen, daß ich beim Rückzug mein Maschinengewehr nicht in den Graben schmiß, als wir rannten –, jedenfalls habe ich mein EK bekommen. Eigentlich kann ich mich an keine Gelegenheit erinnern, wo ich das getragen habe, aber es ist von mir immer schön im Safe zusammen mit den Orden meiner Eltern aufgehoben worden. Und nachher gab's noch was anderes: Verdienstkreuz für Frontkämpfer. Das gab es für Frontkämpfer ganz generell zu Anfang der Hitlerzeit. Das hatte eine gewisse praktische Bedeutung bei den Nazi-Entlassungen nach diesem verlogenen Gesetz zur Wiederherstellung des Berufsbeamtentums im Jahre 1933. Es gab Ausnahmen für Frontkämpfer, damit konnte man aber nur operieren, wenn einer wegen fortgesetzten Judentums im strafverschärfenden Rückfall herausgeschmissen wurde.

Als ich in Freiburg studierte, bin ich nochmal zu den alten Schlachtfeldern, die nun Friedhöfe waren, hingefahren. Die Zahl der Toten, von der man doch ständig las, hatte ich gar nicht in meinen Grips gekriegt. Das passierte erst, als ich vor den Reihen von weißen Kreuzen stand, auf eine Strecke, die weiter war als die Augen reichten. Haben Sie das mal gesehen? Diese Friedhöfe waren teilweise noch nicht vollständig errichtet. Das haben ja Tausende dieser militärischen Friedhofsarbeiter jahrelang aufgrund von Listen mühselig besorgt. Das ist ein riesiger Apparat gewesen nach dem Ersten und dem Zweiten Weltkrieg, die Listen zu vergleichen, herauszubekommen, wo der Gefallene wirklich gefallen ist, in den ersten Jahren nach dem Kriege wird noch eine Menge aufgefunden an Blechmarken und anderen identifizierbaren Dingen.

Im November 1918 kam ich nach Hause, nach Berlin-Lichterfelde. In Köln bin ich sofort ins Krankenhaus gegangen, da – wußte ich – war ein Freund meiner Eltern. Der hat gleich telefoniert: »Ihr Junge ist angekommen, es wird wohl noch ein paar Tage dauern, bis er in Berlin ist.«

Dann traf ich in der Nacht zu Hause ein, bin in die Waschküche gegangen, total verschmutzt, und habe meine Sachen in den Waschtrog geworfen – ich hatte übrigens noch einen Anzugstoff bei mir. Genauer gesagt, er gehörte meinem Kameraden Arnold, der mich begleitete. Auf dem Rückzug wurden die kolossalen Militärbestände geräumt, und Arnold hatte in Brüssel einen Ballen Stoff abgezwickt und auf einem kleinen Panjewagen heimgeschafft. Das war sein Heiligtum und sein Vermögen. Am Morgen kam mein Vater: »Was macht Ihr denn da unten?«, besorgte die nötigen Desinfektionsmittel und hat mich und den Arnold entlaust. »Was ist das hier für ein Stoff?«

Sagt der Arnold: »Das ist Uniformstoff aus den Wehrmachtslagern in Brüssel.«

Und dann war ich sehr böse auf meinen Vater, denn er hat zu meinem lieben Kameraden Arnold gesagt: »Gestohlene Wehrmachtsbestände wollen wir bei uns nicht aufheben.«

Halb Europa war verbrannt und ausgeplündert, da kommt der Sanitätsrat Kempner und sagt: »Sowas heben wir bei uns nicht auf.«

Meine Pistole und einen Karabiner habe ich darauf schnell an die Seite geschoben und sie später über die Holzbalken vom Dach gelegt. Woher sollte man wissen, was hier in Deutschland los war? Ein paar

Tage später gingen wir natürlich zu unserem guten lieben Gardeschützenbataillon und wurden eingereiht in den Siegeszug, denn wir marschierten in voller Kriegsbemalung durchs Brandenburger Tor zum Berliner Schloß mit frischen Militärliedern, nicht gerade mit ›Siegreich wollen wir Frankreich schlagen‹, sondern mit harmloseren Sachen. Dann, Ende November, war Schluß der Vorstellung und ich inskribierte mich sofort an der Universität, damit der ordentliche Lebensweg losging. Für Kriegsteilnehmer wurde ein sogenanntes Zwischensemester eingeschoben, das lief von Dezember bis Januar, und eines Tages, im Januar, bekam ich einen militärischen Brief. Ich und ein Freund von mir, der spätere Medizinalrat Heinz Müller, wir möchten uns doch einfinden in der Kaserne; die früheren Gardeschützenleute sollten auf 14 Tage als Zeitfreiwillige in ein Gardekavallerie-Zeitfreiwilligenbataillon gehen, denn es wären Kämpfe in Berlin.

Mein Vater sagte: »Seid Ihr denn verrückt?«

»Nein, wir gehen jetzt nur ein paar Tage nach Berlin und sehen, was da los ist.« An verschiedenen Stellen waren Kämpfe zwischen den Spartakisten und den sogenannten Noske-Leuten ausgebrochen. Wir marschierten hin, aus purer Neugier, kämpfen wollten wir nicht, den Karabiner habe ich zu Hause gelassen, wir besaßen aber noch eine etwas fragliche Uniform, unsere Militärmäntel. Auf der Meldestelle schwirrten eine Menge Studenten herum, und die sagten zu uns: »Geht doch mal ins Eden-Hotel, da werden ein paar Studenten gebraucht.«

Wir gingen zum Eden-Hotel; wer da eigentlich wohnte und was sich da abspielte, wußten wir nicht. Man benötigte zwanzig Studenten, um Telefonleitungen abzuhören.

»Da können Kampfmeldungen kommen aus der Stadt, woraufhin bestimmte Einsätze gemacht werden müssen.«

Wer da gegen die Spartakisten kämpfen sollte, wurde nicht dabei gesagt. Von uns aus gesehen war das nicht unbedingt die Konterrevolution, sondern eine Einheit, die den neuen Staat schützen sollte vor Spartakisten. Die Gefreiten, Unteroffiziere und Soldaten, die damals gebeten wurden, bei dem Spartakisten-Aufstand in Berlin die Sicherheit der Ebert-Scheidemann-Regierung zu unterstützen, wurden eingezogen als republikanische Schutztruppe. Die im Eden-Hotel liegende Gardekavallerie-Schützendivision trug einen ähnlichen Namen wie das frühere Garde-Schützen-Bataillon, war aber ansonsten nicht damit zu verwechseln, sondern stellte sich allmählich als konterrevolutionäre Ansammlung dar, die als Meuchelmörder von Rosa Luxemburg und Karl Liebknecht in die Geschichte eingingen. Diese Tat, Beginn einer nicht mehr abreißenden politischen Mordserie, wurde aus dem Eden-Hotel heraus organisiert, zur nämlichen Zeit, wo Müller und ich im Keller die Republik schützten; die Ausführung erfolgte, gleichfalls aus dem Eden-Hotel heraus, wenige Tage nach unserem Weggang. Wenn Ebert/Scheidemann gewußt hätten, von wem sie da behütet wurden, hätten sie wahrscheinlich einige zum Teufel gejagt, aber vorläufig achteten sie zunächst mal auf ihre Sicherheit und haben den Schutz genommen, von wo er kam. Hauptsache gegen die Spartakisten, ob das welche waren oder nicht. Mit mehreren Freunden und einem Trupp anderer Studenten machten wir 14 Tage Telefon- und Wachdienst. Der Wachdienst war sehr kalt, wenn man da in der Nacht vor dem Eden-Hotel auf- und abspazierte. Beim Telefonabhören waren allerhand interessante Sachen zu erfahren, die wir in Wirklichkeit gar nicht verstanden. Aber wir wußten sofort, wann am Schloß wieder geschossen wurde, und daß dieser Liebknecht und die Luxemburg nicht aufzutreiben waren. Wir fühlten uns wie bei der Feuerwehr. Heute ist das die Konterrevolution, aber nicht, wenn Sie am Eden-Hotel sitzen, um billig am Kurfürstendamm Spaß zu haben. Es war ja auch drollig. Wenn man im Felde gewesen war und in Jüterbog und Döberitz Kurse gemacht hatte und in der Kaserne eingesperrt war, da war man pötzlich für 14 Tage am Kurfürstendamm. Das ist doch eine großartige Sache und wurde auf die Semesterzeit angerechnet. Das hat mit Spartakisten und Nichtspartakisten überhaupt nichts zu tun.

Hören Sie, die Leute kamen aus dem Felde, völlig uninteressiert, was da politisch lief, und wußten gar nicht, was für eine Konterrevolution da sein sollte. Da saßen ganz schlimme Leute im Eden-Hotel, dennoch bin ich nicht wie der Angeklagte, der ewig sagt: »Ich wußte von nichts.«

Wenn mir einer so eine Geschichte erzählte, würde ich zunächst mal fragen: »Wie alt waren Sie? Wieviel Tage waren Sie da?«

Die Hauptsache war doch ganz was anderes. Man ging da hin wegen irgendwelcher Erlebnisse. Ich habe noch eine Photographie von dem Müller und einem Mädel, das wir aufgegriffen haben, das seinen Militärmantel trug. Das Eden-Hotel hatte auch seine Nachteile und wir sind bald verschwunden, aber nicht wegen Konterrevolution; die Unterbringung und Verpflegung war Mist und wir wollten zu den Vorlesungen, die Mitte Januar wieder begannen. Es war ein Ausflug in den Terror.

Die rechtsradikalen Dinge

Ich war auch schon in der Schule oppositionell, einer sehr nationalen Schule, die in puncto Nationalismus beinahe wetteiferte mit der Hauptkadettenanstalt in Lichterfelde. Und obwohl es da eigentlich viele Schüler und Kinder von Beamten gab, war man gegenüber dieser ausgesprochen nationalen Schulleitung mit ›Deutscher Sprachverein‹ und all solchen Scherzen doch sehr kritisch. Man liebte nicht, und mein Vater schon gar nicht, das Herauf- und Herunterziehen der Fahne nach jedem Sieg, der manchmal nur ein halber Sieg war und irgendetwas anderes kaschierte. Abgesehen davon war man durchaus stark preußisch angehaucht, und selbstverständlich haben wir Gold für Eisen gesammelt. Ich erinnere mich noch an einen meiner letzten Schulaufsätze, wo ich mit absoluter Genauigkeit den Untergang des britischen Weltgeistes in fünf Stunden niederschrieb. Eine Prophezeiung, die erst vierzig Jahre später eingetreten ist.

Zurück zum Kriegsende! Da marschierten wir zurück, von der Front bis nach Berlin, zogen noch siegreich *Unter den Linden* in voller Kriegsbemalung ein und warfen erst nachher die Karabiner weg oder versteckten sie im Hause, weil man ja nicht wußte, was kommen kann und wozu man sie noch gebrauchte. Ich wurde noch bei den Gardeschützen zum Soldatenrat gewählt.

»Wer soll denn den Soldatenrat machen?« Selbstverständlich haben die Förster mich gewählt, »unser Student muß unser Soldatenrat sein«. Da waren natürlich 'ne Masse Sachen zu erledigen als Soldatenrat; es ging um praktische Dinge: daß die Leute wieder richtig in Quartiere kamen, daß sie schnell entlassen wurden, daß da keine Bürokratie stattfand, sondern man nach Hause konnte, was mitgenommen und nicht mitgenommen werden durfte, da gab es sehr praktische Fragen.

Dann begann ich zu studieren. Ich war der festen Überzeugung, daß nun ein republikanisch-demokratischer Staat geschaffen werden müsse, sympathisierte hundertprozentig für die Nationalversammlung und habe dafür auch Propaganda gemacht, was gar nicht einfach war. Denn eine Masse der Studenten war absolut rechts, absolut rechtsradikal. Ich denke an allerhand Leute, denen ich später noch begegnet bin. Da gab es einen späteren Staatssekretär Conti, ein Hauptmacher in der Euthanasie, der damals schon als Mitstudent rechtsradikales Zeug schwätzte. Und es gab Gruppen von Studenten, die zum Kapp-Putsch eingeladen wurden. Mein Bruder und ich bekamen von einer alten Schülerliste aus Lichterfelde plötzlich eine Art Einberufungsbefehl, wir sollten zu dem Kapp-Putsch gehen und mitmachen. Wir warfen das natürlich weg, aber x Leute sind dahinmarschiert. Später haben wir uns beschwert, wie man überhaupt eine solche Aufforderung zum Dienst beim Kapp-Putsch erhalten konnte. Niemand wußte, woher die Leute diese Liste hatten, daraufhin entstand ein großer Krach in dem Stadtparlament von Groß-Lichterfelde. Ich weiß noch genau, wie da ein Verteidiger dieser Aktion auftrat und sagte, der Schuldirektor Streicher kann das gar nicht veranlaßt haben, der kennt Herrn Kapp gar nicht. (Das war unser lieber Griechisch-Lehrer Otto Morgenstern, den die Nazis 1942 umbrachten.) Mit solchen Schwindeleien wurde damals schon auf nationaler Seite gearbeitet.

Mein Studium in Berlin und Freiburg war voll von Auseinandersetzungen mit Kommilitonen, die sich stark nach rechts entwickelten und auf die Republik spuckten. Das war auf der einen Seite die liberale Erziehung, das Elternhaus. Auf der anderen Seite sah man doch immer mehr, in welche furchtbare Situation Wilhelm II. und die Seinen Europa gebracht hatten. Als Sündenbock wurde zwar der ›Dolchstoß von hinten‹ entdeckt, aber diese Theorie roch von weitem schon nach Schwindel und kalkulierter rechtsradikaler Propaganda. Ich hatte von Anfang an an einen ganz starken, ich will nicht sagen Haß, eine ganz starke Feindschaft zu allen rechtsradikalen Dingen. Auf der Schule fing das schon an mit antisemitischen Pöbeleien. Ich erinnere mich an einen Bengel, der sich geschnitten hatte und blutete. Ich gab ihm ein Pflaster, das der dann wegriß.

»Von wem ist das Pflaster?«

»Von Kempner.«

»Ich verblute lieber, als daß ich ein Pflaster von einem Juden nehme.«

Dabei spielten jüdische Geschichten überhaupt keine Rolle in Lichterfelde, es gab auch keine jüdisch religiösen Mitschüler, trotzdem kamen solche Sprüche wie »die Mutter ist eine geborene Rabinowitsch« und so weiter.

Mein Vater sagte immer: »Wenn dich mal einer anpöbelt als Jude –, gleich rechts und links ein paar in die Fresse!«

Ich erinnere mich noch an solche Maulschellen, die ich jemandem verabreicht habe, der vierzig Jahre später Abgeordneter in Bonn wurde. Als ich ihn wiedertraf, habe ich ihn gefragt: »Wissen Sie noch, wie ich Ihnen damals schon eine runtergehauen habe?«

Die große Menge war untätig bei solchen Prügeleien und freute sich, wie Leute sich freuen, wenn sich zwei Hunde beißen. Es waren meist Jungs aus ziemlich hohen Beamten- und Pensionärskreisen, ich erinnere mich an einen Freund Schuchard, später ein großer Archäologe und nach dem Kriege Rektor an der Universität Freiburg und einen gewissen Brill, später am Max-Planck-Institut, beinahe Nobel-Preisträger. Die beiden halfen mir. Dieses Gymnasium in Lichterfelde war so ein bißchen Elite-Villenbesitzerssöhne!

Das Merkwürdige ist, daß in der ganzen Gruppe meiner Schulkameraden trotz dieser rechten nationalen Erziehung nicht einer war, der mit den Nationalsozialisten etwas zu tun hatte. Ob sich die Leute zu fein dünkten – ich weiß nicht, woran das lag – es gab unter diesem Lichterfelder Zirkel keine Nationalsozialisten. Ist das nicht merkwürdig? Wie sie alle hießen, der Klassenobmann Erich Welter, später Herausgeber der ›Frankfurter Allgemeinen Zeitung‹; einen einzigen Katholiken hatten wir, so etwas gab es sonst gar nicht, der spätere Priester Hering. Bei dem kam das sowieso nicht in Betracht. Das waren Menschen, die es gar nicht nötig hatten, einzuschwenken, Persönlichkeiten für sich, Individualisten, so merkwürdig das klingt. Ich habe mir oft überlegt, warum mir keiner von denen einschlägig begegnet ist und sie bei Gelegenheit immer gefragt: »Warum habt ihr eigentlich die richtigen Sachen nicht mitgemacht bei den Nazis?«

Und dann bekam ich die Antwort: »Du bist wohl plemplem. Wir wären gar nicht auf die Idee gekommen.«

Es gab viele Wissenschaftler darunter, aber nur sehr wenige Juristen, ein oder zwei Anwälte, die sogar Antinazis verteidigt haben. Es war gar nicht üblich, es war gar nicht fein genug bei dieser Sippschaft. Das waren Leute, die nicht einschwenken konnten. Ich habe gelegentlich geguckt, gibt es denn nicht einen darunter von meinen lieben Kameraden? Ganz anders später bei den Kommilitonen von der Universität, die tauchten immer wieder als Nazis auf: der Leonardo Conti und der Herr H. B. Gisevius, der später zum Widerstand überwechselte. Der war natürlich nicht auf dem Gymnasium in Lichterfelde, der war auf dem Realgymnasium! Selbstverständlich, da kamen die Leute her, sie wollten realer sein. Nicht die, die Griechisch gelernt hatten, deren Väter mal im Ausland gewesen waren, deren Familien mal etwas anderes gesehen hatten, nicht dieser rein bürgerlich-vornehme Verein. Der Sohn des Oberverwaltungsgerichtsrates Gisevius, der machte in deutschnationaler und nationalsozialistischer Politik bei den Studenten. Aber diese Leute gingen nach Steglitz rüber, und um ganz genau zu sein: sie kamen nicht aus Lichterfelde-West. In Lichterfelde-Ost gab es mal ein paar, beispielsweise den Schauspieler Matthias Wiemann. Man sprach auch gar nicht mit denen, die gingen einen nichts an.

Wir waren alle unerhört überheblich. »Der geht auf's Realgymnasium« hat man dem Mädel gesagt, wenn man ihr klarmachen wollte, sie solle bei einem bleiben.

»Wer ist das schon?«, oder auf die Oberrealschule, das war noch schlimmer. Dabei war die Leitung dieser Schulen eher demokratisch als bei uns. Vielleicht hat bei meinen Klassenkameraden gerade diese etwas blöde nationale Erziehung das Gegenteil erreicht. Wenn unser Lehrer uns erzählt hat, »woher kommen die Erfolge von Deutschland im Handel am Mittelmeer, in Tunis und sonstwo? Warum sind die Erfolge? Weil die deutschen Kaufleute früher aufstehen!«, da fassen sich doch auch schon Schüler an den Kopp. Und nur solche Sachen! All diese herrlichen Lieder, wie man »nach Engeland gefahren« ist, und wie die Sprüche alle hießen von unseren großen Dichtern, einschließlich meines entfernten Verwandten Alfred Kerr-Kempner. Hat doch alles nicht hingehauen!

Kaum waren wir beim Militär, hat man gemerkt, »stimmt alles nicht« und bei den Gardeschützen erst recht, – wie gesagt, Förster und Jäger und natürlich piekfein. Man gehörte zu der Zeit noch gar nicht richtig zu Berlin, dies Groß-Lichterfelde, 1922 eingemeindet zu Steglitz und Lankwitz, hatte ja ein kolossales Hinterland, – Teltow und Großbeeren. Dazu gehörten ›Die Wanderungen durch die Mark‹, die ich gemacht habe mit den Mitschülern. Man fühlte sich eher noch in der Mark Brandenburg als in Berlin, das habe ich auch später, als ich beim

Amtsgericht in Berlin-Lichterfelde tätig war – auf dem Grundbuchamt gemerkt, da kamen in den Jahren 1923, 1924 noch die Bauern. Das Hinterland ist jetzt hinten an einer Fabrik vor Teltow abgeschnitten.

Verbrecher aller Schichten!

Nach dem Kriege übernahm meine Mutter die Direktorenstelle des Bakteriologischen Instituts am Krankenhaus Berlin-Moabit. Sie war nun über fünfzig und machte zum ersten Mal weniger Forschungsarbeit. Die Medizinaleinrichtungen wurden ab 1918 viel stärker gefördert, einerseits bedingt durch die Kriegsinvaliden und zum anderen wurde in der Republik für Gesundheitsarbeit mehr Geld ausgegeben als im Kaiserreich. Jetzt kümmerte sich das Wohlfahrtsministerium darum, während vorher die ganze Medizin in einer Abteilung des Innenministeriums und ein bißchen im Kultusministerium abgemacht worden war. Da waren schon gute Ansätze.

Vier, fünf Tage nach meinem Referendar-Examen bin ich aufs Kriminalgericht nach Moabit ins Anwaltszimmer gegangen und habe gefragt: »Ist hier ein Anwalt, der einen jungen Referendar gebrauchen kann?« Im Jahre 1923 brauchte man Geld, das Gericht, das mich ausbildete, hatte einen nicht zu sehr in Anspruch genommen. In Lichterfelde mußte man nur jeden zweiten Tag erscheinen, das war ein hübsches Amtsgericht mit vielen Hinterlandprozessen.

»Ach«, sagte der Anwaltsbeamte in Moabit, »ein neuer Referendar, den können wir gebrauchen. Wir haben so viele Strafprozesse. Heute hat mich der Rechtsanwalt Frey nach jemandem gefragt.« Frey war nach dem großen Alsberg der bekannteste Verteidiger in Berlin. Rechtsanwalt Dr. Erich Frey hat alles verteidigt, was gut und teuer war. Kriminalgeschichte machte der Steglitzer Schülermordprozeß Krantz. Das war die erste große Liebesaffäre unter Primanern, bei der es einen Toten gab.

Dieser Krantz hatte seinen vermeintlichen Nebenbuhler angeblich erschossen, eine echte Schülertragödie. Also ging es bei der Verteidigung darum: War er der Todesschütze? War das gewollt? War das bewußt? War es nur ein Versehen, daß die Kugel gerade dahin ging?

Frey ist schließlich durchgekommen mit der Theorie, daß Krantz in diesem Moment nicht im Vollbesitz seiner Geisteskräfte war, damals wurde auch schon sehr stark mit medizinischen Gutachten gearbeitet. Ich erinnere mich an diesen kürzlich verstorbenen Krantz ganz genau, er wurde ein amerikanischer Professor, trug aber nicht mehr denselben Namen. Als ich ihn in der Untersuchungshaft in Moabit besuchte, hatte er kleine Gedichte geschrieben: »Wenn der Klang der Saxophone/nur zum Zweck das Mittel ist,/daß der Dandy die Schablone/vom Gesicht der Dirne küßt . . .« Das hat er auf einen kleinen Zettel geschrieben und gesagt, er mache jetzt Gedichte. War ja kein Kassiber, deshalb konnte ich es mitnehmen.

Wir hatten Verbrecher aller Schichten. Da waren die gewöhnlichen Raubüberfälle, da war der Fassadenkletterer, der zwar die Fassade erklettert hatte und den man damit verteidigte, daß er nur baden wollte, da waren die sehr netten Mörderinnen, die ihren Freund oder Mann ermordet hatten und die man dann verteidigte: »Die Seele der Frau ist eine Laute« und der Ermordete hat auf dieser Laute herumgetrampelt.

Und dann waren da natürlich die Leute, die Traveller-Schecks gestohlen hatten und die Fremden in Hamburg oder Bremen am Kai begrüßten – und später merkten die Amerikaner oder wer es war, daß die Schecks verschwunden waren. Die waren von den Jungs schon längst in Berlin gecasht worden.

Stellen wir uns vor, Traveller-Schecks zu einer Zeit, in der ein Dollar 42000 Mark war. Das waren nette Leute, und wenn sie nicht in Untersuchungshaft waren, haben sie einem jungen Referendar, der ihnen geholfen hatte, die Taxe bezahlt vom Potsdamer Platz bis Moabit. Dann kam jemand wie George Grosz, der in Gedichten oder Zeichnungen Gotteslästerungen begangen haben sollte. Zu Frey kam alles. Zwischen den Huren und den Gräfinnen, zwischen den Fassadenkletterern und Scheckganoven , – ich habe da sehr viel gelernt. Und Frey war ein phantastischer Schauspieler. Ein sehr tüchtiger Anwalt, der die größten Erfolge außerhalb des Gerichts hatte. Wenn er zum Staatsanwalt ging, versuchte er dem eben klarzumachen, daß bei dieser Geschäftssache eigentlich keine Anklage lohne, oder bei diesem armen Kerl, der eine Kleinigkeit gestohlen hatte. Ich habe keine besondere

Abneigung gegen Verbrecher. Denken Sie nicht, daß Verbrecher unnett sein müssen. Verbrecher sind eine Sorte von Menschen, die in anderer Weise ihr Geld verdienen als normale Staatsbürger, die man so liebt. Es sind, wie mein alter Freund Egon Erwin Kisch geschrieben hatte, Außenseiter der Gesellschaft. Und ein kleiner Eifersuchtsmord kommt im Leben leider vor, den muß man einkalkulieren, in manchen Ländern wird er gar nicht bestraft, das passiert eben.

Oder die großen Betrügerinnen, das waren ganz hervorragende Frauen, emanzipierte Frauen. »Sie wissen gar nicht, Kempnerchen«, hat mir eine mal gesagt, »wie schwer es ist, so'n Mann auf den Rücken zu schmeißen und Geld rauszuholen.«

Sie war keine Prostituierte, in keiner Weise, nur hatte sie großen Berliner Geschäftsleuten viel Geld abgenommen. Anni Sannek war eine so überzeugende Hochstaplerin, daß sie die Gefängniswärterin in Moabit veranlaßt hat, die Badewanne mit Milch zu füllen, weil sie nur in Milch baden wollte. Und die Gefängniswärterinnen waren überzeugt, daß Anni Sannek nachher, wenn sie rauskommt, ihnen das Silber geben würde, das sie versprochen hatte. Sie hat in Moabit in Milch gebadet! Natürlich war sie rücksichtslos, ich habe sie verteidigt. Zum Beweis, daß sie Geld genug hatte und nichts von den Männern brauchte, schrieb sie Adressen aus dem Adreßbuch auf und sagte: »Von dem habe ich noch Geld zu bekommen« – völlig wahllos.

Nach einigen Stunden kam raus, daß die Leute gar nichts mit der Sannek zu tun hatten.

»Na, stimmt bei Ihnen doch alles nicht«, sagte der Landgerichtsdirektor.

»Doch, stimmt, fragen Sie nur Kempnerchen, was für Diamanten ich ihm für die Verteidigung gegeben habe.«

Ich war Referendar, der ganze Gerichtssaal hat gestaunt. Der Landgerichtsdirektor, bei dem ich früher mal in Ausbildung gewesen war, ließ mich in der Pause kommen und sagte zu mir: »Kempner, was ist denn an der Geschichte dran? Kommt am Ende noch in die Presse, – ist nicht gut für Ihr Prestige.«

Ich sagte: »Herr Landgerichtsdirektor, warum wollen Sie ihr gerade das glauben? Und in den anderen Sachen werden Sie sie nachher verurteilen wegen Betruges.«

Nach mir kam der Medizinalrat Thiele, der Gerichtsgutachter, der bestätigen sollte, daß sie geisteskrank war. Natürlich hat er es nicht bestätigt, und schon sagte sie: »Ist ja gar kein Wunder, daß der mich nicht richtig behandelt. Als er meine Höschen anfassen wollte, habe ich ihm einen Klaps auf die Finger gegeben, natürlich sagt er nicht gut über mein Schuldbewußtsein aus!«

Dem würdigen Thiele war das sehr unangenehm. Verbrecher sind meist tüchtig und die Justiz hinkt immer hinterher.

So eine Anni Sannek kriegt dann drei Jahre. Diese Sachen gingen zugunsten von Frey durch die Zeitungen, das war eine ungeheure Reklame. Ich erzählte von dem Schülermord – ich erinnere mich noch genau, wie der Vater von Krantz zu uns ins Büro kam.

»Wer hat Sie denn empfohlen, daß Sie gerade zu uns kommen?« fragte ich.

»Es heißt doch immer in Berlin«, erwiderte er, »wer zu Frey kommt, kommt frei.«

Ich sagte: »Na, das ist es doch nicht allein.«

»Nein, der Kriminalkommissar, der die Untersuchung geführt hat, der hat mir Frey empfohlen.«

Schon kriegt der Kriminalkommissar ein paar Theaterkarten. Stellen Sie sich einen solchen Prozeß vor, ganz Berlin hat davon gesprochen.

»Ich kann aber kein Honorar zahlen«, sagt der Vater Krantz.

»Das ist nicht so schlimm.«

»Ich habe aber eine Kanarienzucht. Ich kann Ihrer Frau ein paar Kanarienvögel schenken.«

Trotz allen Ernstes der einzelnen Prozesse hatten sie einen gewissen Showcharakter; manchmal einen politischen, manchmal einen ganz gewöhnlichen, wie sadistische Verprügelung in einem Landschulheim. Ein ungeheures Aufsehen: eines Tages erschien ein Herr von Lützow, Inhaber und Leiter eines sehr bekannten Landschulheimes, der hatte eine Anzeige erhalten, er und andere Lehrer hätten die Jungen aus sexuellen Motiven verprügelt.

Es wurde ein langer Prozeß, Frey und der berühmte Rechtsanwalt Berthold Valentin waren die Verteidiger. (Valentin war nicht im Gericht berühmt, aber er gehörte zu dem Stefan-George-Kreis, hatte ein berühmtes Napoleon-Buch geschrieben und führte seine Praxis am Kurfürstendamm in den 200-er Nummern.)

Es war eine furchtbare Beweisaufnahme, ekelhaft, »wohin hat er gehauen?« und »hat er nur gehauen, wenn der Junge das Bett naßgemacht hat?« und so weiter. Der Sachverständige Magnus Hirschfeld wurde hinzugezogen, der unschlagbare Sachverständige in Homosexualitäts-Fragen. Ich erinnere mich noch, daß wir in der Gartenvilla in Zehlendorf verhandeln mußten, Lützow wurde am Ende des Prozesses krank, schließlich kam es zu einer Verurteilung.

Einen mörderischen Richter aus Schlesien mit einem Eifersuchtsmord hatten wir auch mal, er ist auch schuldig gesprochen worden. Die Angeklagten – ob freigesprochen oder nicht freigesprochen – haben jahrelang an mir gehangen.

Ein ehemaliger Fassadenkletterer rief mich vor sechs Monaten in New York an. Er war Neffe eines Ministers und kletterte am Kurfürstendamm.

Man hat sich für diese Menschen interessiert, die da irgendwie in die Irre gelaufen waren. Dieser ehemalige Fassadenkletterer hatte 1924 nichts zu fressen und eine Braut, die für ein sehr geringes Gehalt angestellt war am Kurfürstendamm in einem Blusengeschäft. Da mußte er ihr doch ein bißchen auf die Sprünge helfen. Der Landgerichtsdirektor hat das natürlich nicht honoriert, der hatte ja ein festes Gehalt und wollte die Gesellschaft wieder in Ordnung bringen, nach dem Kriege und in der Inflation! (Nur in einem Punkte war er natürlich ärgerlich: daß das Gehalt nur auf einen Monat ausbezahlt wurde. Das stelle man sich mal vor; wo es am Ende des Monats nur noch ein Zehntel wert war!) Es sind nicht alle Fassadenkletterer Verbrecher und alle Leute, die mal Justiz studiert haben, Engel. Die Justiz ist auch nicht dazu da, ein Paradies zu schaffen, sie kann doch nur begrenzte Regeln aufstellen. Fassadenkletterer ist ein aussterbender Beruf. Am Kurfürstendamm konnte man noch klettern. Nicht diese verfluchten glatten Wände, die man jetzt hat. Heute ist alles größer und besser. Außerdem gibt es diese elektrischen Anlagen, die piepen, wenn einer kommt. (Unglaublich, was ich für Sicherheitsanlagen in USA zahle. Der kleinste Hurrican bewegt diese Dinger schon so, daß es überall klingelt im ganzen Haus.)

Später, als ich in Berlin bei der Staatsanwaltschaft war, habe ich mir die Leute von der anderen Seite angeguckt. Ich erinnere mich noch an einen berühmten Polizeihauptmann, der in Warenhäusern gestohlen hatte; ein anderer Angeklagter hatte etwas ähnliches getan, und es ging um die Frage, ob das Verfahren wegen Geringfügigkeit eingestellt werden konnte.

Ich sagte: »Herr Generalstaatsanwalt, warum darf ich denn gegen den Polizeihauptmann nicht einstellen? Vor ein paar Wochen ist der andere Fall auch eingestellt worden.«

»Sie können doch die Fälle nicht vergleichen.«

Ich erwiderte: »Herr Generalstaatsanwalt, es ist doch die selbe Sache gewesen.«

»Passen Sie mal auf: Der Polizeihauptmann hat in der Presse gestanden. Die andere Sache hat nicht in der Presse gestanden, die konnten wir einstellen. Was in der Presse Aufsehen erregt hat, können wir nicht einstellen, wir müssen doch was für's Publikum tun!«

Etwas, was ich nie vergessen habe: »Wir müssen doch was für's Publikum tun!« (In der heute fälligen Bestrafung der Volksrichter von Herrn Freisler, da muß man anscheinend nichts für's Publikum tun!)

Ich habe früher außer Frey auch andere Anwälte vertreten, wie Alsberg und den Rechtsanwalt Alfons Sack, der im Reichstagsbrandprozeß Torgeler verteidigt hat. Das war eine Clique von Verteidigern, mit denen ich auch später immer wieder Verbindung hatte, auch in Nürnberg.

Dort sind sie zu mir gekommen und haben gefragt: »Würde es einen Sinn haben, wenn ich hier jemanden vertrete?«

Ich sagte: »Hören Sie, ich bin hier Anklagevertreter. Ich kann Ihnen doch schwer raten, ob's einen Sinn macht, Leute zu verteidigen.«

»Ich habe gehört, die Offizialgebühren sind recht gut, ich habe nichts zu tun, und hier kriege ich gleich eine Wohnung.«

»Das müssen Sie sich selbst überlegen.«

»Sind denn noch welche da, die keinen Verteidiger haben?«

»Ja. Sie müssen rüber zum Gerichtsverwalter gehen.« (Das war bei uns in Nürnberg natürlich ein General).

»Wen gibt's denn noch?«

Ich sage: »Da ist noch ein sehr guter Mann, der allerdings stark belastet ist. Ein gewisser Kaltenbrunner.«

»Um Gottes willen! Gibt's nicht noch ein paar bessere Angeklagte?«

»Was heißt denn hier besser! Der Kaltenbrunner ist ebensogut wie der Herr Schacht, nicht? Sie sind alle in einem Kahn: mitgefangen, mitgehangen!«

Später rief mich der General an: »Hier ist ein Rechtsanwalt, der spricht nicht sehr gut englisch. Was will der eigentlich?«

»Der ist bereit, eine Offizialverteidigung zu übernehmen.«

»Das ist ja glänzend! Das ist ja glänzend, Bob! Ich bin heute ganz verzweifelt. Da ist ein Verteidiger betrunken auf der Straße gefunden worden, den können wir nicht nehmen. Ist Ihr Mann in Ordnung?

Ich sagte: »Ich habe ihn mal in einem anderen Verfahren kennengelernt, und da war er ganz frisch, frei, fröhlich und frech, der wird seine Sache machen!« Der ist ein großer Mann geworden, als Verteidiger. Aber der Kaltenbrunner ist hingerichtet worden, so hat die Sache geendet; er ist trotz des Verteidigers hingerichtet worden. Auch ein anderer sehr tüchtiger Verteidiger, der spätere bayerische Innenminister Dr. Seidl, hat viele Todesurteile unter seinen Mandanten erleben müssen. Sein Mandant Rudolf Heß erhielt lebenslänglich.

Verteidigung muß sein, das gilt in jedem Rechtsstaat, und Chirurgen müssen auch sein. Es ist ein sehr vernünftiger Beruf, wenn er vernünftig ausgeübt wird. Solange Verteidiger wirklich in erster Linie das Wohl ihrer Mandanten im Kopfe haben, ist es ein lobenswerter und oft entbehrungsreicher Beruf. Aber ich weiß nicht, ob ich nochmal mit ihm beginnen würde; die Möglichkeit, Mandanten zu bekommen, ist heute oft ein schwerer Kampf, wenn man nicht einer bestimmten politischen oder weltanschaulichen Richtung angehört oder zu den Star-Verteidigern zählt. Als Verteidiger jung anzufangen ist sehr schwer. In fast jedem anderen Beruf ist man mehr sein eigener Herr, so komisch das klingt. Nicht jeder der sogenannten Verbrecher ist ein Held und die Finanzierung dieses Berufes hat mir seinerzeit nicht gefallen. Gelder von den Zuhältern der Prostituierten zur Verteidigungszwecken, Teile des gestohlenen Geldes verbraucht zu Verteidigungszwecken, da waren viele Dinge, die mir nicht gepaßt haben, und es ist eine sehr schmale Grenze zwischen Anstand und Unanstand. Den Frey hat das nicht gestört, er wußte es auch gar nicht so genau, sowas haben die Bürovorsteher geregelt.

Strafverteidiger müssen große Persönlichkeiten sein, energische Leute, die Ideen haben. Ein Stück Schau gehört dazu, das läßt sich nicht wegleugnen. Frey ging eben im grünen Frack zum Presseball, die Zuhälter, die Ring-Vereine schworen auf ihn, viele Theaterleute schworen auf ihn in ihren unangenehmen Eheprozessen und auf das Große an ihm: dafür zu sorgen, daß es nicht zu Prozessen kam. Er verstand sich auf Publizität und hatte eine große Pressereklame. Das hat ihm natürlich bei der Anwaltskammer großen Ärger gemacht, es wurde immer angefragt: »Haben Sie das veranlaßt?«

Er hatte das, technisch gesehen, nicht veranlaßt, denn die Presseleute sind auf ihn zugekommen. (Es gab um 1926/27 noch keine Justizpressestelle. Die Journalisten holten sich alle Informationen von den Verteidigern. Die Staatsanwälte waren sehr gehemmt und vorsichtig, man konnte nicht, wie heute, zum Pressesprecher der Staatsanwaltschaft gehen und sich dort Informationen geben lassen.) Frey war eine sehr elegante Erscheinung, das Monokel wurde rein und raus aus dem Gesicht genommen. Er verfügte über eine nette Art, mit den Kriminalkommissaren umzugehen, besaß enorme Geschicklichkeit im Umgang mit Behörden und der Presse und hat einen, ohne lange zu reden, sehr vieles gelehrt. Aber man mußte bei ihm fest auf eigenen Füßen stehen, denn er war viel weg. Ich war viele Monate sein bestellter Vertreter und die Mandanten schimpften manchmal, daß er nicht selbst auftrat.

Da kam plötzlich irgend so ein junger Referendar und sie beschwerten sich. Dann sagte der Bürovorsteher Burgdorf: »Sie können von großem Glück sagen, daß Dr. Frey weg ist, der Referendar Kempner ist nämlich in der Kammer ausgebildet worden, vor der Sie morgen stehen. Der kennt die Richter ganz genau und die Richter ihn auch.«

Ich hab mich immer geärgert, wenn der Bürovorsteher solche Tricks anwandte, um die Leute zu beruhigen. Man war vielleicht an dieser Kammer gewesen, aber deshalb ist der Frey mit seiner unerhörten Erfahrung noch immer besser, als ein Referendar im zweiten Jahr, da stand man oft allein, ich weiß das noch heute. Die Prozesse waren damals weit konzentrierter als jetzt, das Verfahren wurde stramm durchgeführt, dauerte nicht Wochen, sondern lange Sachen dauerten nur Tage.

Aber heute fühlen sich manche Gerichte in ihrem Vorgehen durch Befangenheitsanträge gestört – durch Beweisanträge und durch Luftanträge.

Dem Frey waren die Richter gewachsen trotz seiner Erscheinung und seines Auftretens. Die Staatsanwälte freuten sich, wenn Frey kam, weil er nie krumme Anträge gestellt hatte. Allerdings weiß ich nicht, ob die Sachen heute nicht besser vorbereitet werden, mir fällt ein, wie Frey damals gesagt hat: »Bis morgen um zehn Uhr, Kempner, muß ich einen Beweisantrag haben, das ist die späteste Zeit, denn die ›BZ am Mittag‹ hat um diese Zeit Redaktionsschluß, etwas muß noch rein. Was haben Sie denn heute?«

Ich sage: »Vielleicht können wir es mit folgendem versuchen: Beantragen wir, den Max Schmeling als Sachverständigen zu laden.« (Damals wurden die Prozesse von Frey und Alsberg nicht begonnen mit Befangenheitsanträgen und allerhand Tricks, um, wie mir ein Verteidiger kürzlich sagte, das Gericht mürbe zu machen. Man wollte kein mürbes Gericht, sondern eine großartige Verhandlung haben.) »Sachverständiger wofür?«

»Na, er kann uns doch mal sagen, daß der Griff, mit dem unser Mandant gewürgt hat, normalerweise niemals tödlich hätte sein können.«

Also war Max Schmeling als Sachverständiger für Würgemerkmale dran, er kam auch tatsächlich und hat ausgesagt, »was dieser Popanz von Angeklagter angerichtet hat, könnte wirklich die Folge eines Versehens sein: zugedrückt bei der Frau, die er vielleicht nur prügeln wollte und dieser Griff mußte nicht voraussehbar tödlich enden.«

In den Zuhörerbänken von Mordprozessen, die Frey verteidigt hat, waren oft große Schauspieler und Schauspielerinnen, die mir sagten: »Hier gibt es eine Menge zu lernen.«

Einmal ging es um einen Prozeß, wo die Frau aus besseren Kreisen ihren Mann ermordet hatte. Die Angeklagte wurde in den Augen der Zuhörer und des Gerichts allmählich zur Heldin: Eine Frau, die lange die Plagen erduldet hat, bis sie dann schließlich auf ihren Mann geschossen hat.

Sie bekam eine geringe Strafe wegen Totschlags, weil der Mann auf dieser Seele so rumgetrampelt hatte, daß sie dann endlich abdrückte.

Der Mordparagraph wurde damals enger aufgefaßt als heute, bei einer solchen Frau entschied allein das Tatmerkmal der Überlegung, und bis sie ihr das beweisen konnten . . . ! Wenn sie geprügelt wird, dann knallt's eben eines Tages, auch wenn sie das sehr wohl vorbereitet hatte, indem sie den Revolver besorgte, was ja nicht so leicht war. Doch es knallte nicht so schrecklich. Das klang viel eleganter, und es knallte nicht dauernd, nur ausnahmsweise, und die Leute wurden nicht zum Knallen abgerichtet. Wenn man so viel gelesen und erfahren hat über Auschwitz und Millionen Tote, über Täterbestien, denen manches, aber nicht viel passiert ist, dann ist man leichter in seiner Entscheidung. Warum soll ich als kleiner Mann nicht auch mal etwas tun? Ich beobachte an den Terror-Gruppen, ganz egal, ob aus politischen oder nichtpolitischen Gründen, wie heute ein Banküberfall in verhältnismäßig kurzer Zeit vorbereitet wird und die Waffen schnell organisiert werden können. Wenn ich an die Brüder Sass zurückdenke, die großen Bankeinbrecher, die in der Nähe des Nollendorfplatzes aktiv waren, was mußten die sich für eine Mühe geben! Heutzutage wird mit einem bißchen Dynamit, das jeder Junge an jeder Ecke kaufen kann, fixer und viel furchtbarer gearbeitet.

Adolf Hitler hatte sich umgehend an den Brüdern Sass gerächt, sie waren nicht zu Tode verurteilt, denn es war bei ihren Banküberfällen niemand umgekommen. Hitler hat sich gerächt der angeblich milden Strafen wegen, die die Leute in der Republik erhalten hatten. Die gar nicht so milde Gefängnisstrafe für die Sass-Brüder lief noch. Sie wurden auf Befehl Hitlers aus dem Gefängnis geführt und erschossen.

»Durch Gnadenschuß begnadigt.« (Der Führer hat's schwer gehabt mit seinem Volke. Die ganzen Leute in Disziplin zu halten! Da gab's so viele Aussteiger, ganz ohne Feinde des Regimes zu sein.)

Ich will nicht die Weimarer Zeit heroisieren, aber um die Feststellung ist überhaupt nicht rumzukommen, daß die Verbrechen heute wilder, gemeiner sind und vor allen Dingen viel leichter losgehen können als damals. In dieser Beziehung waren die Folgen des Ersten Weltkrieges viel, viel geringer als die Folgen des Zweiten, bis auf die ersten Friedensjahre, in denen es sehr wild zuging. Ich will nicht auf das schwere Kapitel Abschreckungsstrafe–Resozialisierung eingehen, aber es ist einfach nicht auszuschließen, und man würde sich betrügen, wenn man bestreiten wollte, daß die allgemein mildere Auffassung heute eine Auswirkung hat.

Die Leute früher wußten: Moabit war ein Schreckgespenst. Die Dinge wurden in schmalerem Format gemacht, die Überfälle waren nicht so blutig, die Prostitution wurde auch anders gehandhabt, die Gentleman-Zuhälter hielten ihre Damen etwas fester im Griff, haben besser aufgepaßt, daß ihnen nichts passiert und sich um die Damen gekümmert. Die Polizei paßte wiederum auf die Zuhälter auf, die ja in allen Diebstahlsangelegenheiten gute Quellen waren. Das Verbrechen war gesitteter, selbst in der Hauptstadt Berlin. Ich erinnere mich kaum an Bombenattentate. (Allein in Schleswig-Holstein gab's sowas bei den Bauernaufständen wegen der Steuern.) Es war eine Schwierigkeit, an Dynamit und die anderen Zutaten zu kommen. Kein Mensch wußte überhaupt, wie man eine Bombe bastelt.

Frey konnte Anfang '33 nicht mehr auf das Gericht, denn die neue

Nazianwaltskammer war hinter ihm her. Die Art seiner Verteidigung und seiner Mandanten paßte ihr nicht, es war die pure Gemeinheit und Niedertracht. Frey mußte seine Termine liegen lassen und flüchtete sehr bald nach Paris. Zunächst einmal raus! Der Grund, sehr schnell in Berlin Schluß zu machen, hing mit einigen schrägen Mandanten zusammen, die im Gefolge eines Zuhälterkriegs einen der ihren umgebracht hatten. Da dieser ein nationalsozialistischer Zuhälter war, wurde er zu einem Helden hochgespielt. Ich habe selbst noch die Rede von Goebbels auf seinen Tod gehört. Eine interessante Rede, die ich auch auf einer Schallplatte besitze, wo Goebbels erzählt, Horst Wessel marschiert immer noch als toter Kamerad in unseren Reihen mit.

Frey war aufgrund der Verteidigung der angeblichen Mörder Horst Wessels im ›Angriff‹ und anderen NS-Organen auch »rassisch« angepöbelt worden. Er ließ alles in seinem Heim bei Klein-Machnow stehen und liegen und zog mit seiner kranken Frau bei Nacht und Nebel nach Paris. Mit wenig Geld. Wie konnte man ohne Geld, selbst wenn man es in Berlin angelegt hatte, schnell eine Flucht machen? Noch heute ist nicht durchgesetzt, daß Anwälte eines Landes in einem anderen Staate der Europäischen Gemeinschaft plädieren dürfen, das soll erst kommen. Frey saß da und tat mehr oder weniger nichts. Er dachte, vielleicht finden sich frühere deutsche Mandanten im Ausland, die ihn an einem neuen Geschäft beteiligen könnten. Ich besuchte ihn öfters und fragte ihn danach. Aber wir kamen beide zu dem Schluß, der für ihn sehr schmerzlich war: Unter den vielen Mandanten, noch dazu unter den vielen Strafmandanten gab es niemanden, an den sich ein Jurist ranhängen konnte. Den Geschäftsleuten ging es selbst dreckig genug. Es verging eine Zeit, und er ging nach Chile. Dort hat er sich mit kleinen Beratungen und Geschäften eine Weile durchgeschlagen. Bei ihm war die Zeit besonders lang, denn er ging ja früh raus aus Deutschland. Ich habe ihn nicht mehr getroffen in Chile, aber wir hatten einen lebhaften Briefwechsel. Die Frau hat sich um Haustiere gekümmert in einer Art Tierpensionat.

So hielt er sich mühsam über Wasser, hatte auch einmal Besuch von einer früheren Mandantin, dem Mädchen aus dem Steglitzer Schülermordprozeß, um das die Schießerei gegangen war, aber das führte natürlich auch nicht zu geschäftlichen Unternehmungen, sie reiste bald wieder ab. Als Frey hörte, daß ich nach Nürnberg beordert war, begann eine neue Korrespondenz: »Soll ich zurückkommen?«

Es wären da wieder Leute, die ihn als erstklassigen Verteidiger nehmen wollten. Ich antwortete ihm: »Sie haben Chancen, wenn Sie wieder nach Berlin gehen würden. Jemanden wie Sie gibt's noch nicht.«

Er wird zu der Zeit um die siebzig Jahre alt gewesen sein, aber gesundheitlich etwas wackelig.

Dann schrieb er mir: »Ich habe mir die Sache noch einmal überlegt: Ich kann eine Praxis, wie meine frühere, nicht mehr führen. Denn wenn ich früher mit einem Staatsanwalt sprach, glaubte ich die Gewißheit zu haben, ich könne ihn überzeugen. Heute habe ich nicht mehr die Kraft, diese Sprache zu führen, die ich seinerzeit auf dem Gericht gesprochen habe.«

Es war, wie gesagt, die Spezialität des Verteidigers Frey, Prozesse *nicht* zu führen, sondern den Staatsanwalt zu veranlassen, das Verfahren einzustellen. Die Prozesse, die er geführt hat, waren die großen Sensationen, aber die Sachen, die er zum Einstellen gebracht hat, waren die guten Honorarsachen. Solche großen Prozesse, wie die Affäre Krantz, brachten ja kein Geld ein, die wirkten als Bombenreklame.

Es war nicht so einfach, einen großen Mordfall zu bekommen. Man brauchte vorzügliche Verbindungen zur Kriminalpolizei, damit der Kommissar dem Vater des Mörders sagen konnte: »Gehen Sie zu Rechtsanwalt Frey am Potsdamer Platz über *Café Josti*« und dann später was Nettes dafür bekamen. So natürlich ist es auch wieder nicht, daß Kriminalkommissare ihrem Mörder einen guten Verteidiger empfahlen. Das war einer der Gründe, weshalb ich 1926 nach dem Assessorexamen zur Berliner Staatsanwaltschaft ging. Ich hatte kein Verständnis für die schiefen Sachen, die gedreht wurden. So extravagant bin ich nicht.

Meine Mutter war im Öffentlichen Dienst, mein Vater war während der Kriegszeit im Sanitätsdienst. Es war für meine Anschauungen ein bißchen zu wild. Der Erfolgszwang, die teuren Büros –, in der Inflationszeit waren die Sachen kaum auszugleichen. Und außerdem hatte ich ein Interesse an dieser neuen Republik und dachte, innerhalb gerichtlicher oder beamteter Stellungen, politisch 'was schaffen zu können.

Unter den Geheimen Räten

Während dieser Zeit wurden unter der Hand, man hörte das in Kollegenkreisen, jüngere Leute gesucht, die in den Staatsdienst eintreten wollten, und da dachte ich, fängst Du mal bei der Staatsanwaltschaft an. Man wollte was Besseres schaffen. Es herrschte doch unter vielen älteren Richtern (ich spreche weniger von Berlin oder auch Schlesien, wo stark liberale Strömungen waren), den ostpreußischen Richtern, den Richtern in der Provinz Sachsen: ein ausgesprochener Antirepublikanismus. Da fing man an, unter anderen Leuten zu rekrutieren, hat Referendare und Assessoren gesucht, die irgendwie liberal oder sozialdemokratisch waren, die nicht mehr dieser alten Clique angehörten. Die Jüngeren waren inzwischen anders geworden, hatten durch den Krieg und die Inflation viel erlebt, es gab eine ganze Menge Verwundete, sogar Blinde, die in den Justizdienst eintraten, der Republikanische Richterbund wurde gegründet im Gegensatz zum Deutschen Richterbund, wo die älteren Herren drin saßen. Ich wurde später Vorstandsmitglied im Republikanischen Richterbund Berlin – das jüngste. Da waren SPD-Leute, Zentrums-Leute, Liberale, die Zeitschrift ›Justiz‹ wurde gegründet, man dachte, in der Republik könnte man was tun. Das war in den Jahren '26, '27, '28, noch vor der '28er Wahl.

Lange blieb ich nicht bei der Justiz. Ich war zunächst bei der Staatsanwaltschaft und folgendes passierte: Ein Justizwachtmeister kam zu mir und sagte: »Hier nebenan ist jemand unschuldig verurteilt worden.«

»Wieso?«

»Mein Kollege war bei der Beratung des Gerichts. Da wurde falsch abgestimmt.«

Ich sagte: »Wie ist das möglich?«

Dieser Justizwachtmeister war besonders daran interessiert, weil ein früherer Kollege von ihm in dem Verfahren, eine Ehesache, angeblich einen Meineid geleistet hatte.

»Der ist verurteilt worden mit zu wenig Stimmen. Es waren nicht zwei Drittel für schuldig.« (Um einen Schuldspruch zu erreichen, braucht man zwei Drittel der Richterstimmen. Weniger führen zum Freispruch).

»Ist 'ne furchtbare Sache«, sagte ich und besprach das mit dem Verteidiger Themal. Die Sache kam in die Presse, der ›Montag Morgen‹ (Freunde von mir), für die ich gelegentlich geschrieben hatte, erschien mit der Überschrift ›Landgerichtsdirektor Marschner als Fälscher!‹ Ein Prozeß fand statt. Wer wurde verurteilt? Der Redakteur, der Anwalt und ich. Meine Strafe war zweihundertfünfzig Mark, doch dieser Prozeß hatte auch eine angenehme Folge, daß ich ein Angebot bekam vom Innenministerium: »Wir suchen einige etwas schneidige Assessoren für's Preußische Innenministerium.«

Stellen Sie sich das mal vor! Damals war der Preußische Innenminister Albert Grzesinski, der spätere Polizeipräsident von Berlin, ursprünglich ein Gewerkschaftsmann aus Kassel. Ich ging zum Innenministerium in einem gelben Flanellanzug, auf den ich sehr stolz war. Ich erwähne das deshalb, weil dieser Anzug mir ewig nachgetragen wurde, ich sei der einzige, der zu einer Vorstellung beim Minister nicht in einem dunklen Anzug erschienen sei.

Grzesinski fragte: »Was ist denn mit der Marschner-Sache? Haben Sie da eine Strafe gekriegt?«

»Ja, die ist aber amnestiert worden.«

»Und was für Referenzen haben Sie?«

Ich sage: »Ich habe geschrieben in der Zeitschrift ›Das Tagebuch‹, in der ›Weltbühne‹ und in ›Die Justiz‹.«

»Wen kennen Sie unter den SPD-Abgeordneten?«

»Herr Minister«, sagte ich, »Sie können den Abgeordneten Ernst Heilmann fragen.« (Vorsitzender der SPD-Fraktion im Preußischen Landtag. Der gab ein sozialdemokratisches Magazin ›Das freie Wort‹ heraus, und ich hatte für den oft über Justizsachen geschrieben.)

»Was? Sie kennen Ernst Heilmann? Kommen Sie mal rüber in den Landtag, der sitzt mit mir am Tisch heute Mittag. Sagen Sie uns doch mal Guten Tag.«

Ich konferierte noch mit einer Dame und einem Herren, die in Grzesinskis Vorzimmer saßen. Der Herr war mein späterer Freund

Hans Hirschfeld (der nach dem Kriege Willy Brandts Pressesprecher und rechte Hand in Berlin wurde).

Mit der jungen Dame, einer Regierungsrätin, bekam ich sehr schnell Kontakt, weil sie zu den guten Leuten gehörte, deren Väter Ärzte sind und deren Namen ich daher von Elterns Seite her kannte. Ich war bis dahin beim Amtsgericht Berlin-Mitte, am Alexanderplatz tätig und hatte als Richter eine unangenehme Abteilung, in der es um Offenbarungseide ging. Hier wurden jeden Morgen, dreimal in der Woche zwanzig bis dreißig Offenbarungseide abgenommen. Die Leute schworen Stein und Bein, sie besäßen wirklich nichts, und infolgedessen hätte es keinen Zweck, irgend etwas von ihnen zu pfänden. Es war eine Abteilung, wo man um zwölf/halbeins fertig war, so daß der Amtsgerichtspräsident, der einen kontrollieren wollte, vor dem leeren Stuhl stand. Ich ging zu diesem Amtsgerichtspräsidenten Dransfeld, einem Zentrumsmann, und fragte ihn, ob ich mich von der Justiz in die Innenverwaltung transferieren lassen solle.

»Hier bei Ihnen habe ich dreimal in der Woche Sitzung und bin oft um halbzwölf schon fertig.«

»Ja, das habe ich leider schon gemerkt. Wie machen Sie das? Zwingen Sie die Leute, sich zu vergleichen?« Und dann sagte er mir: »Kempner«, (wie man damals jüngere Kollegen anredete), »wenn man in eine Zentralbehörde berufen wird, dann hat man Aussichten fürs ganze Leben. Von dort nämlich kriegen die Leute gute Posten.«

So ging ich mit Aussichten für das ganze Leben von der Justiz weg und meldete mich am 2. Mai 1928 im Personalbüro des Innenministeriums. Da saß ein Regierungsrat Hoch, Sohn eines sozialdemokratischen Abgeordneten, nach dem Kriege Regierungspräsident in Hessen.

»Warum kommen Sie denn erst heute?«

»Ich dachte, am 1. Mai ist hier Feiertag«, sagte ich. (Was ich nicht gesagt habe: »In einem sozialdemokratischen Ministerium.«)

»Nein«, sagte er, »da irren Sie. Das ist nur ein Festtag, aber kein legaler Feiertag.«

»Herr Regierungsrat, das Gehalt kann ja entsprechend um ein Dreißigstel verringert werden.«

Dann habe ich da angefangen, hundertprozentig als Förderer der Republik zu einer Zeit, wo die Ministerien noch nicht reine gemacht worden waren. Es gab natürlich unter den sozialdemokratischen Ministern den Staatssekretär Wilhelm Abegg, einen Demokraten, den

Ministerialdirektor Erich Klausener, einen Zentrumsmann, meinen Freund Hans Simons, einen Sozialdemokraten, Sohn des früheren Reichsgerichtspräsidenten. Aber es gab auf der anderen Seite noch viele Reaktionäre, sogar in der Verfassungsabteilung. In der Personalabteilung hatte sich schon einiges geändert, Albert Grzesinski, der ein energischer Mann war, energischer in Personalsachen als sein Nachfolger Severing, hatte frische Luft einziehen lassen. »Kempner«, sagte er zu mir, »was würden Sie hier gerne tun? Wir müssen mal ein bißchen ausprobieren, was Ihnen liegt. Der Oberregierungsrat Paetsch in der Verkehrsabteilung hat so viel Arbeit, fangen Sie mal an, dem zu helfen.«

Paetsch herrschte über den Verkehr in ganz Preußen, jede Verordnung über den Autoverkehr, der damals noch sehr rückständig war, ging von Paetsch aus. Er kam aus der Armee, war aber ein aufrechter Demokrat. Ich sage: »Herr Oberregierungsrat, womit soll ich anfangen, ich habe vom Verkehr keine Ahnung.«

»Das werde ich Ihnen schon beibringen«, sagte er, hob den Telefonhörer und rief das Polizeiinstitut für Technik und Verkehr an: »Morgen schicke ich Ihnen einen jungen Herrn, geben Sie ihm einen Autofahrkurs. Der Mann muß zunächst chauffieren lernen.«

So ging ich nachmittags zur Polizei, kutschierte mit den Polizisten zur Probe, hatte nach drei Wochen den Führerschein, und dann saß ich in meinem Amtszimmer am Schreibtisch und sah mir die Akten an, was da vorkam. Die Preußische Polizei war nach der Post der größte Autobesitzer in Preußen, da war immer allerhand los, Verträge über den Kauf von Dienstautos, laufend Unfälle der Polizeibeamten. Ich war aber auch mit dem Verkehr draußen beschäftigt und bald kam mir die Idee, daß nicht unbedingt alle Autos in der Nacht mit Licht parken mußten. Tausende von Akkumulatoren wurden verschwendet, das ist doch gar nicht nötig, dachte ich, wenn die am Bürgersteig halten und nur halb auf der Straße stehen. Paetsch war gerade nicht da, und ich machte eine Änderung der Verkehrsanordnung. Kurze Zeit darauf ruft mich Bernhard Weiß, der Vize-Polizeipräsident, an (die Nazis, die ihn als Zielscheibe wählten, nannten ihn »Isidor«): »Was werden denn bei Ihnen für fürchterliche Anordnungen gemacht? Wenn in der Nacht die Autos unbeleuchtet an den Straßenrändern stehen, wird es in Berlin ein Chaos geben.«

Ich entgegnete: »Herr Vizepräsident, wir wollen nur eine Weile probieren. Schimpfen Sie doch nicht gleich.«

»Naja, wollen wir's probieren.«

Es wurde probiert, aber das Chaos ist nachts in Berlin nicht unter den Bäumen eingetreten.

Eines Tages rief mich mein Ministerialdirektor Dr. Erich Klausener. Er hatte mich bereits belehrt, wie sich ein junger Dachs in einem Ministerium benimmt und mir die Grundregeln gegeben: Machen Sie alles, was Sie für richtig halten. Der eine fragt, was kommt danach, der andere, was ist Recht, und dadurch unterscheidet sich der Freie von dem Knecht. Sie sind jetzt nicht mehr Herr Kempner, sondern ›Unser Haus‹. Wenn Sie mit jemandem sprechen, dann heißt es nicht: »Ich habe das gesagt und angeordnet«, sondern: »Unser Haus ist der Meinung.«

Klausener hat mir eine Anzahl interessante Lehren gegeben, die ich stets beherzigt habe. Er war ein strenger Zentrumsmann, früherer preußischer Landrat in Recklinghausen, hatte am Ersten Weltkrieg teilgenommen, Hauptmann a. D., aber sehr liberal. Grzesinski hat ihn vom Wohlfahrtsministerium geholt als einen modernen Zentrumsmann. Er kam nicht wie manche anderen Ministerialdirektoren in aller Frühe, denn als Vorsitzender der Katholischen Aktion Berlin-Brandenburg ging er gewöhnlich von halbacht bis halbneun ins bischöfliche Ordinariat und besprach dort seine Angelegenheiten. Ich war ihm immer sehr verbunden und hatte jederzeit zu ihm Zutritt. Klausener wurde am 30. Juni 1934 beim sogenannten Röhm-Putsch ermordet. Die Nazis hatten ihn in das Reichsverkehrsministerium verbannt, wo er sich mit Wasserstrassen beschäftigen mußte. Klausener ruft mich eines Tages und sagt: »Kempner, hier wird ein Referat frei. Wäre es nicht eine große Sache, wenn Sie das als junger Mensch bekommen könnten, als selbständiger Referatsleiter unter mir? Ich möchte Ihnen das anvertrauen als jemandem, der neu hier hereinkommt.«

»Herr Direktor, was ist das?« fragte ich.

»Ohm Krüger geht.«

›Ohm Krüger‹ war eine Bezeichnung für den Justitiar der Polizei, ein älterer Verwandter des demokratischen Staatssekretärs Abegg, der vor Jahren mal dorthin gekommen war. Ohm Krüger wurde etwas alt und wollte nicht mehr. Klausener sagte, ohne jemanden zu fragen: »Was soll der Kempner unten bei der Verkehrspolizei sitzen, versuchen wir's mal mit dem.«

Ich wechselte in ein anderes Zimmer und fing an:

Schadenersatzansprüche von der Polizei und gegen die Polizei. Die

Herren kamen mit verschiedensten guten und schlechten Sachen: Polizeiauto war an der Ecke zu schnell gefahren und hatte Menschen verletzt, die ihre Entschädigung haben wollten, das wurde besprochen und oft ohne Prozeß beigelegt. Ich war ja Beamter und hatte weniger Arbeit, wenn ich die Sache friedlich erledigen konnte, als wenn das vor Gericht gekommen wäre, wo immer wieder Rückfragen und Schriftsätze zur Stellungnahme vorgelegen hätten, die meinen Weekend-Urlaub, der damals erst sonnabendmittags nicht vor eins anfing, vernichten würden. Wenn man Sonnabend um halb zwei wegkonnte, war man froh.

Oder es kam ein Chefredakteur und sagte: »Die Polizei hat meine Zeitung verboten«, das ›Demokratische Acht-Uhr-Abendblatt‹ oder dergleichen. »Das ist eine unzulässige Verfügung des Polizeipräsidenten von Berlin, wir haben großen Verlust. Wie denken Sie darüber, bevor ich klage?«

Dieses Wort war immer die Einschüchterung, wobei für mich so eine Klage nur unangenehm war, denn die dauerte auf alle Fälle zwei bis drei Jahre.

Ich sagte: »Ist doch ganz einfach: Polizeiliche Verfügung – verboten – Verwaltungsgericht Berlin! Ist doch wunderbar. Gehen Sie da oben in die Lehrter Straße, da ist unser Verwaltungsgericht.«

Diese Prozeßführerei war nicht so überwältigend schlimm, da der obere Beamte, der Amtsrat (nicht zu verwechseln mit dem höheren Beamten, den Regierungsräten) alles schön vorbereitete. Leider war es bei mir nicht so, wie bei den Vortragenden Räten unter Wilhelm II., die überhaupt erst um halb elf kamen und sich von Amtsräten die Unterschriften vorlegen ließen und nach dem Mittag verschwanden. Ein Amtsrat und ein Amtmann sind obere Beamte (nicht mittlere Beamte, wie die Inspektoren), die früher nicht das Abitur zu haben brauchten, sondern mit dem Einjährigen in die Verwaltung eingetreten sind und in den Ministerien die ganz großen Arbeiter waren. Von den Amtsräten wurden die Sachen den Räten vorgelegt, den akademischen Juristen. Die Vortragenden Räte halten dem Minister Vortrag. Zur Kaiserzeit gab es Vortragende Geheime Räte verschiedener Klassen, oft Träger des Roten Adlerorden, unter Umständen mit dem Titel ›Exzellenz‹. Das waren keine Müßiggänger, das waren die Herren, die tatsächlich etwas mit der linken und mit der rechten Hand zugleich tun konnten. Die Sachen, die von ihnen vorgetragen wurden, hatten oft große politische Bedeutung, dazu mußten die Zeitungsartikel beurteilt, mit

Abgeordneten verhandelt werden. Wenn jemand Vortragender Rat war, war er eben jemand, auch wenn er gar nicht so oft vorgetragen hat. Doch auf den konnte sich der Minister unerhört verlassen und stützen, das waren keine Leute, die hinten herum zur Presse gingen. Der Vortragende döste nicht auf dem Büroschimmel, das einzig Bürokratische, das er an sich hatte, war seine schwarze seidene Jacke. Denn wenn er zum Dienst kam, zog er seine gewöhnliche Jacke aus und holte aus seinem Schrank die schwarze seidene Jacke, die er nur dann auszog, wenn er beim Minister Vortrag hielt. Der Vortragende Rat wußte ganz genau – ich kannte viele dieser Herren aus der Königlichen Zeit, und sie haben mir viel beigebracht – daß die Entscheidung des Ministers zu neunzig Prozent davon abhängt, wie der Vortragende Rat vorträgt (das hat man mir auch beigebracht). Dadurch wird der Chef in die gewisse Richtung dirigiert, wenn man richtig vortrug, sagte der Betreffende: »Ich bin damit einverstanden, Herr Sowieso.« Der Minister war auch früher in erster Linie Politiker und kein Fachmann und mußte dafür sorgen, daß die Entscheidung mit der allgemeinen politischen Tendenz übereinstimmte.

Einige Tage, nachdem ich Krüger als Justitiar abgelöst und mein neues Zimmer hatte, wollte ich meine Jacke in den Schrank hängen. Die Beamten hatten solche Schränke, um ihre Hausjacke, die Lüsterjacke, anzulegen und die private Jacke wegzuhängen. Die andere Seite des Schrankes war verschlossen, und merkwürdigerweise schien kein Schlüssel zu passen. Mit etwas Schwierigkeit öffnete ich das ganze Ding und schaute – lauter Papiere von einem Mann, der früher einmal in diesem Zimmer war. Da stürzten mir vier, fünf Aktenordner entgegen – und was ist das? – Dossiers zu innenpolitischen Ereignissen mit Randbemerkungen von Wilhelm II. Im Jahre 1928!

Ich ging rüber zu meinem Freund Hans Simons (später der Mitschöpfer des Bonner Grundgesetzes auf der amerikanischen Seite). »Hans, in dem Schrank bei mir liegen Papiere von Seiner Majestät!«

»Was steht drin?«

Es waren Zeitungsberichte, wo der Kaiser an den Rand geschrieben hatte und Ordner über Zahlungen an Literaten, Publizisten, die königstreue Artikel geschrieben hatten, in der Zeit, da Wilhelm II. vielfach außenpolitisch als ›wilder Mann‹ angegriffen wurde für Dinge, die in Afrika, Marokko und Agadir spielten: Er hat ja allerhand wilde Sprünge gemacht, die schließlich zum Ersten Weltkrieg führten. Einer, der Zuwendungen empfangen hat für angenehme Aufsätze, war der Dichter Theodor Fontane. Der Mann, der in dem Zimmer gesessen hatte, wo ich jetzt saß, der hatte Geheimfonds verwaltet. Vom Geheimfond wurde immer die Presse geschmiert. Das machte natürlich lächerliche Summen aus im Verhältnis zu heute, für die damaligen Zeiten waren die Sachen gut. Wir dürfen aber nicht vergessen, damals gab es kein Presseamt, kein Goebbels-Ministerium, das war das arme Innenministerium bei inneren Angelegenheiten und das Auswärtige Amt. (Korruption, hat mein alter Professor uns später am Philadelphia College erklärt, ist immer ein gewisses Zeichen von Demokratie, denn in Diktaturen werden die Dinge anders geregelt.) Diese Zahlungen waren nichts, verglichen mit den Kosten für den heutigen amtlichen Publicity-Apparat in Deutschland, Frankreich, von Amerika ganz zu schweigen. Aber die geheimen Fonds bleiben ewig. In allen Ministerien der Welt.

Das Zeug lag also in dem Zimmer, in dem der alte und der neue Justitiar saßen, und wo die eine Schrankhälfte seit ewiger Zeit versperrt war. Das war die Zeit des alten Herrn Rödenbeck, der Geheimer Rat zu Wilhelms Zeiten und später in unserem Ministerium war. Ein sehr faszinierender alter Herr, der im Alter nur beim Spielen seines Radios arbeiten konnte. Der hatte die Ordner möglicherweise schon von jemand anderem geerbt. Sollten die etwa bei den allgemeinen Akten durch die ganzen Schreibstuben, durch die ganzen Register gehen?! Wäre ja Wahnsinn gewesen. Irgend jemand mußte das aufheben, denn der das hatte, war ja kein Gestapomann, der die Akten vernichtete, wenn er wegging. Das hätte er im Leben nicht getan, man darf Bestechungsakten nicht vernichten. (Es hätte ja sein können, daß der Fontane'sche Schwiegersohn nach der Erbschaftsteilung fragt: »Ich hab' was von einem Fonds gehört, ist der auch richtig ausgegeben worden? Hat Schwiegervater für seine wundervolle Arbeit auch wirklich die vierzig Goldmark eingesteckt?«)

Solange man die Akten hatte, und sie nicht unten im Register standen, konnte man feststellen: »Hier, das habe ich gegeben, da ist die Quittung.«

Es wurde selbstverständlich quittiert, denn das war ja kein Schmiergeld. Wir wollen nicht so häßliche Ausdrücke gebrauchen, es war die Leistung für eine Arbeit. Warum sollten nur die Verlage Ullstein, Mosse und Scherl ihren Mitarbeitern Geld geben? Warum nicht der König? Muß ich mich als König immer beschimpfen lassen? Damals war noch eine ehrliche und eine anständige Zeit, da wurden solche Gelder dem Betreffenden oder seiner Frau übergeben. Es bestand doch nicht das freche System, so etwas über Banken gehen zu lassen, wo jeder Kassierer das Konto lesen kann, so wie das heute ist. Das lief alles noch auf nette Art und Weise.

Es waren andererseits auch interessante Randbemerkungen aufbewahrt, mit denen Wilhelm Zeitungsartikel schnoddrig kommentiert hatte: »So'n Quatsch«, »Das lasse ich mir nicht wieder gefallen«, »Warum diese Dreckausstellung von sowieso?«

Simons sagte mir als erstes: »Du brauchst das ja nicht gleich zu melden, melde es morgen und versuche vorher, Abschriften zu machen«, damals gab es noch kein Xerox.

Ich ging zur *Liga für Menschenrechte* und sagte der Sekretärin: »Schreiben Sie mir mal die Sache ab.« Habe ich heute noch!

Am anderen Tage ging ich runter ins Ministerbüro und sagte zu Hans Hirschfeld: »Unten bei mir im Schrank sind allerlei reizende Sachen. Sagen Sie dem Minister Bescheid.«

Zehn Minuten später passiert, was in einem Ministerium noch nie vorgekommen ist, daß der Minister zu einem jungen Referenten ins Zimmer raufrennt, klopft und sagt: »Der Hirschfeld hat mir eben erzählt, was ist hier los?«

»Herr Minister, bitte, das ist los: unregistrierte Akten über königliche Geheimfonds und persönliche Papiere von Wilhelm II. im Schrank eines Vorgängers.«

Grzesinski: »Schöne Geschichte! . . . nicht registriert!«

»Herr Minister«, sage ich, »die Sache ist mir unangenehm. Ich komme dadurch in einen komischen Verruf. Ich will nicht der Unglücksbote von Nachrichten sein.« Verstehen Sie? Kaum komme ich als junger Jurist wohin, spuckt mir der Schrank das in die Schnauze!

»Wie krieg' ich denn die Sachen raus?«

»Herr Minister, ich habe einen Vorschlag. Machen Sie einen Erlaß, alle Schränke sollen durchgesehen werden von der Registratur, ob sich dort unregistrierte Akten befinden.«

Das geschah noch am selben Tage. Die Akten wurden runtergeholt, es wurde vom Minister ein Beamter eingesetzt, der alles durchsehen und bearbeiten sollte, der sozialdemokratische Abgeordnete Ernst Hamburger. (Der wurde dann Ministerialrat und ist später nach New York ausgewandert. Ein guter Freund von mir.)

»Die Polizei ist Angelegenheit des Staates.«

In einer etwas revolutionären Weise hatte ich an meinem Zimmer das Schild abgemacht, was meine Kollegen nie verstanden. Zu mir kamen öfters Leute, klopften an und waren da, meist Anwälte, die gegen den Staat Ansprüche hatten. Herr Frank, später der Polengouverneur Hans Frank, der Mörder, der gestand und hingerichtet wurde, kam vorbei. Er war ein energischer junger Anwalt. Frank sagte: »Zwei Kinder sind vorletzte Woche bei einer Demonstration im Kampf der Nationalsozialisten, Kommunisten und Polizei aus dem Kinderwagen gefallen. Sie tragen Schäden davon für's ganze Leben. Was halten Sie davon?«

Ich sagte: »Herr Rechtsanwalt, das ist eine ganz einfache Sache. Klagen Sie doch.«

Er ging klagen. Dabei kam heraus, daß es ein moderner Trick war, Demonstranten mit Kinderwagen während der Demonstration nach vorn zu schieben, die dann umfielen, woraus Schadenersatzansprüche geltend gemacht wurden. Die Klage wurde abgewiesen. Frank hatte natürlich gehofft, daß ich, wenn er mit mir spricht, vorschlagen würde: Wollen wir die Sache nicht in Güte regeln?

Leute wie Frank kamen ja immer persönlich. Er war sachlich, aber im Hintergrund: »Ich stehe hier anstelle des Führers.« Im Jahr 1928/29 aber noch nicht so dicht, und wer war für mich Herr Frank, ein Parteianwalt von irgendwelchen Strolchen! Er sagte erst gar nicht: Ich bin der nationalsozialistische Vertrauensanwalt in München und arbeite jetzt auch in Berlin. Er deutete gleich an, daß er wüßte, daß ich für die Regelung von Schadensersatzansprüchen gegen die Polizei zuständig sei. (Von 76 000 Leuten, stelle man sich vor, was die alles anstellen können! Dafür gab es einen Fonds von etwa vier Millionen.) Im Gespräch machte Frank nicht seine üblichen Frechheiten geltend, wie in einer Gerichtsverhandlung, wo die Presse dabei war. Es war ja im stillen Kämmerchen, da hat es keinen Zweck aufzubrausen. Frank stand über dem Durchschnitt der NSDAP-Anwälte, hatte seinen dicken Kopf, war aber sehr sprunghaft. Als Nationalsozialist ist er natürlich sehr kirchenfeindlich geworden und aus der katholischen Kirche ausgetreten. Später in Nürnberg nach Gesprächen mit dem Gefängnispfarrer ist er wieder eingetreten. Doch plötzlich wurde dieser Herr Frank, den ich fast zwanzig Jahre vorher *Unter den Linden 72–74* kennengelernt hatte, mit Dokumenten schwer belastet und sein Verteidiger, Rechtsanwalt Seidl, fragte: »Woher stammen denn die Dokumente, die auf einmal die Anklage vorlegt? Die müssen doch irgendwoher kommen. Die sind doch nicht aus deutschen Archiven.« Ich erwiderte: »Die haben wir vom Vatikan.« Unser Nürnberger Vatikanvertreter, Professor Walsh von der Georgetown-University in Washington, ein sehr gelehrter Jesuit, war unser Verbindungsmann und hatte Dokumente aus dem Vatikan gebracht.

»Dann werde ich wieder aus der Kirche austreten«, sagte Frank. Die Leute haben geglaubt, was ihnen gerade in den Sinn kam.

In *Unter den Linden* kam Publikum zu mir. Es kam der vernünftige Mann, der eine Verordnung von uns haben wollte, daß jedes Berliner Haus bei Eintritt der Dunkelheit eine Lampe vor der Tür bekäme. Es kamen solche Personen, wie ein ehemaliger Fliegerhauptmann des Ersten Weltkrieges in unsere Verkehrsabteilung, ein gewisser Hermann Göring und erzählte, daß er Fallschirme habe, eine Firma vertrete und der Polizei Fallschirme und Kleinflugzeuge verkaufen wolle. Das preußische Innenministerium brauchte die verschiedensten Ausrüstungsgegenstände für die Polizei, leider hatten wir nicht genügend Geld für Preußen, um die Dinge von Hermann Görings Firma zu kaufen. Er arbeitete wahrscheinlich auf Provisionsbasis.

Göring, damals schon ein etwas dicklicher, behäbiger Mann, keineswegs unbescheiden, was ja auch nicht zu erwarten stand, war für uns kein mit irgendeiner Macht ausgestatteter Mensch, auch wenn man in den Zeitungen las, was er für Reden hielt. Er trug einen ganz gewöhnlichen Straßenanzug, nichts besonderes, trat in keiner Weise bramsig auf, fast könnte man sagen kollegial. Nicht, als ob das hier ein Ministerium wäre, sondern ein Geschäftshaus, das seiner Gegenstände im Großeinkauf bedürfe, das war ohne jede Spannung. Er war nicht so populär wie man ihn später gemacht hat, er ist – wie man heute sagen würde – erst allmählich aufgebaut worden. Einer der bekannteren Flieger, nicht so bekannt wie von Richthofen und Udet, aber doch eine Prominenz. Die Partei hat ihn früh lanciert, da wurde immer wieder auf seine Fliegertätigkeit Bezug genommen. Er war ein Kriegsheld. Als Vertreter war er allerdings miserabel! Er verstand gar nicht, welche Bedürfnisse wir hatten, vielleicht dachte er, ist das eine Stelle, die ganz groß einkauft, viele Autos hat, da kann man auch ein paar Flugzeuge und Fallschirme loswerden.

Eines Tages passierte folgendes: Minister Grzesinski und die anderen Landtagsparteien hatten angesichts der Demonstrationen und Polizeiaktionen, die wie heute umstritten waren, die Idee, man sollte doch das Polizeirecht endlich mal modern ausgestalten und kodifizieren. Als ich in das Innenministerium kam, regierte die Preußische Polizei noch mit dem § 10 II 17 des Allgemeinen Landrechts von 1794. Da stand drin: Es ist die Aufgabe der Polizei für Ruhe und Ordnung zu sorgen und strafbaren Handlungen vorzubeugen... Das war für die 1794er eine ganz liberale Sache, aber natürlich nicht für die Zeit zwischen 1925–30 in einer Republik, außerdem wollte man nicht immer an diesem uralten Gesetz hängen. Es war ein königliches Gesetz, das Preußische Allgemeine Landrecht, und ein großes Gesetz. 1794 brachte viel mildere Bestimmungen als zuvor, wo die Polizei einfach alles machen konnte, und keinerlei gesetzliche Hemmungen hatte. Aber man denke an die Magna Charta, die viel älter war. – Die preußischen Paragraphen hatten die Aufklärer geschrieben. Sie wollten die Leute nicht zu sehr bevormunden und vor allem das alte Haftsystem aufheben.

Der Kollege Christian Kerstiens wurde gerufen und ich, wir traten an beim Klausener.

»Es ist soweit«, sagte er zu uns, »wir wollen ein neues Polizeiverwaltungsgesetz schaffen.«

Was hat die Polizei für Rechte? Welche Verordnungen kann sie machen? Welche vorbeugenden Schritte können gemacht werden, ob das nun ein Zeitungsverbot betrifft, oder einen unbequemen Baum, der gefällt werden muß, oder eine Druckschrift, die verboten werden soll – alles, was es gibt. Da saß ich mit dem etwas älteren Kerstiens, der wenn ich einfügen darf, später sehr berühmt wurde. – Nachdem die demokratische Regierung Otto Braun weggejagt war, trat der Reichskommissar Hermann Bracht am 20. Juli 1932 in das Ministerium ein. Bracht und Kerstiens wurden durch eine ihrer ersten Amtshandlungen bekannt, die

Verordnung, daß Männer nicht mehr eine dreiecksförmige Badehose in freien Bädern tragen durften, sondern ihr Schnitt mußte viereckig sein; keine Zwickelbadehosen mehr. Daraufhin wurden Bracht und mein Freund Kerstiens in Berlin nicht mehr den Namen ›Zwickelbracht‹ und ›Zwickelkerstiens‹ los, was aber auch nicht den Rauswurf des guten ›Zwickelkerstiens‹ durch Hitler verhinderte.

Vorerst grübelten wir jedoch über das Polizeiverwaltungsgesetz. Das war kein neuer Wunsch der demokratischen Parteien, sogar zur kaiserlichen Zeit Wilhelms II. gab es Vorgänge, daß das doch nicht ewig ginge wie 1794. Natürlich gab's da auch schon Krach mit den Sozialdemokraten und den Liberalen über die alten – doch auch engen Paragraphen. Der Stein des Anstoßes war zunächst, daß es nur einen einzelnen Paragraphen gab. Es sollte aber kodifiziert werden, wie man Verfügungen macht, welches die Persönlichkeitsrechte waren, wie die Bürger geschützt werden. Kerstiens und ich gingen runter, wo alte Akten aufbewahrt wurden, und wir fanden schöne Entwürfe aus der königlichen Zeit. Sie stammten von dem nunmehrigen Präsidenten des Oberverwaltungsgerichtes in Berlin, Hardenbergstraße 2, Bill Drews, bis 1918 preußischer Innenminister. Nach dem Vornamen habe ich mich oft gefragt, er hatte irgendwo einen englischen Verwandten gehabt.

»Wie werden Sie denn anfangen, Kerstiens und Kempner?« fragte Klausener.

Ich sage: »Herr Ministerialdirektor, *das* haben wir gefunden vom Präsidenten Drews. Ich werde mich morgen bei ihm in der Hardenbergstraße anmelden. Das ist ein Kon-Abiturient meines Vaters vom königlichen Wilhelm-Gymnasium.«

»Kennen Sie ihn denn?«

»Er hat schon meine Mutter zur Professorin gemacht und meinen Vater zum königlich-preußischen Sanitätsrat, als er noch Minister des Inneren war.«

Bill Drews, der im November 1918 nach Doorn gefahren und Wilhelm seine Abdankungsurkunde als König von Preußen vorgelegt hatte, die er da unterschreiben sollte, war ein ausgepichter Liberaler, der in das Reichskabinett geholt worden war, als es anfing, schon schiefzugehen.

1916/17 hatte der König dem neuen Kabinett des Prinzen Max von Baden mehr oder weniger versprechen müssen, das Dreiklassen-Wahlrecht abzustellen, denn Bill Drews, der Innenminister bei Max von Baden wurde, hatte sofort gesagt, so geht's nicht weiter. Also fuhr ich alle vierzehn Tage zu ihm nach Charlottenburg, wurde mit Kaffee bewirtet; ich war für ihn der Sohn von Walter Kempner, seines früheren Kon-Abiturienten. Bill Drews war ein würdiger Herr, schon etwas grau und machte einen sehr patenten Eindruck. Man hatte etwas Schwierigkeiten mit ihm, weil er eins dieser alten Hörrohre trug und oft zurückfragte. Wie das so ist, bei einem väterlichen Freund, erkundigte er sich: »Wie geht's der Frau Gemahlin, den lieben Kinderchen?«, ob man sie hatte oder nicht. Dann wurde jeder Paragraph durchgesprochen. Zunächst fing die Sache damit an: »Die Polizei ist Angelegenheit des Staates.« Das sagte schon Drews. Es war von zentraler Bedeutung, weil die großen Gemeinden wie Berlin und Frankfurt daran dachten, sie könnten eine Gemeindepolizei machen.

Aber wir blieben dabei, genau wie Wilhelm, der ja Einfluß auf die Polizei in Frankfurt, Köln und Hannover haben wollte, daß die Polizei Angelegenheit des Staates ist und nicht Angelegenheit etwa von ein paar neugewählten sozialdemokratischen oder sonst nicht so sympathischen Gemeindeverordneten in Frankfurt oder Köln. Außerdem, wie ich immer wieder betonte, die Polizei darf nun einmal nicht mit den Einwohnern verquickt werden. Da gibt es zuviel verwandtschaftliche Kungeleien: »Ach , laß den doch mal laufen!«

Später in den USA habe ich gelernt, daß die FBI-Agenten, die *special agents*, alle drei, vier Jahre versetzt werden. Nur einer bleibt, der die Beziehung zur Stadtverwaltung und zu den Gemeindeordnungsbeamten aufrecht erhält.

Also es fing an: Die Polizei ist Angelegenheit des Staates, das bleibt zunächst mal so, jetzt folgten die einzelnen Paragraphen. Und unweigerlich kam der fürchterliche Passus aus dem Allgemeinen Landrecht: Die Polizei hat die Pflicht . . . Das Grauenhafte an der Sache war: Dieser Passus war gut! Jeder genierte sich aber, weil man ihn so nicht wörtlich übernehmen wollte, das hätten die Leute im Landtag nicht geschluckt. So wurde er etwas umgemodelt und noch etwas liberaler gemacht. Der Paragraph 14 war die ›Generalklausel‹, Ruhe und Ordnung. Aber die wirkliche Modernisierung bestand im § 15, und der 15 war mein Baby. Da kamen die Beschränkungen hinein, die Voraussetzungen für Festnahmen, wann dem Richter vorzuführen, nur unter welchem Verdacht? Ich bin eitel genug zu sagen, daß Dutzende von Polizeibeamten nach dem Kriege gesagt haben: »Sie sind doch der Mann von Klausener/Kerstiens/Kempner, §14 und §15. Das sind sehr gute Paragraphen.«

Gut für einen demokratischen Staat, nicht zu viel und nicht zu wenig. Man wollte nicht 1930, nachdem die Leute schon wirtschaftlich so kaputt waren, sie auch noch polizeilich drangsalieren. Das Gesetz trat am 1. Juni 1931 in Kraft. Nach dem Zweiten Weltkrieg wurden unsere Formulierungen vom Hessischen und anderen Polizeiverwaltungsgesetzen übernommen. Es war ein sehr schwerer Kampf um dieses Gesetz, bei dem ich gelernt habe, wie man als Regierungsvertreter mit dem Parlament – in diesem Falle dem Preußischen Landtag – verhandelt, um etwas durchzudrücken. Bei dem Zentrum waren keine großen Schwierigkeiten, Klausener und Kerstiens waren Zentrumsleute, das ging glatt über die Bühne. Bei den Sozialdemokraten tauchte die Frage auf: Werden sie den §15 schlucken, oder gehen ihnen die Hemmungen für die Polizei vielleicht doch nicht weit genug? Die Sozialdemokraten hatten ja 1918 in den Kämpfen mit den Kommunisten und Rätesozialisten manch nicht so gute Erfahrungen mit der Polizei gemacht.

So verhandelte ich dauernd im Landtag, da passierte mir ein unverhofftes Glück. Ich saß da ganz bescheiden irgendwo im Landtagsrestaurant. In der Nähe saßen der nunmehrige Innenminister Severing (nicht mehr Grzesinski), der Abgeordnete Ernst Heilmann, der rote Zar von Preußen, der zusammen mit dem Zentrums-Abgeordneten Hess die Stütze der Regierung Braun-Severing war und die Abgeordnete Hedwig Wachenheim, die frühere Braut Ludwig Franks, des ersten gefallenen Reichstagsabgeordneten in 1914.

»Kempner«, sagten sie, »setzen Sie sich doch zu uns an den Tisch.«

Dann wurde der Abgeordnete und spätere Professor Ernst Hamburger herangerufen, der Sachbearbeiter der Fraktion für das Polizeiverwaltungsgesetz, mein parlamentarischer Gegner oder Mitarbeiter. Die Tendenz Hamburgers war: »Es muß alles weich und möglichst liberal sein«, die Rechte der Polizei sollten zu einem großen Grade eingeschränkt werden. Die SPD wußte nicht recht, ist das nun gut oder böse? Was natürlich keiner wissen kann, denn mit jedem Gesetz können sie alles machen. Hamburger, der ein sehr ordentlicher und genauer Sachbearbeiter war, ein gelernter Lehrer, ging natürlich mit mir jeden einzelnen Paragraphen durch. Da waren gräßliche Dinge enthalten. Polizeiverfügungen, wer die erlassen soll? Wie müssen Polizeiverordnungen gezeichnet werden? Sachen, die für mich neu waren und die ich erst vom Minister Drews gelernt hatte. Nun, Hamburger war einsichtig, und die Sache ging über die Bühne. Als Klausener, Kerstiens und ich fertig waren, gaben wir stolz unseren Kommentar heraus, für den keine Reklame gemacht zu werden brauchte. Im Ministerialblatt für innere Verwaltung stand, daß jeder Polizist das Buch brauchte. Es wurde ein in Preußen und in der Republik sehr bekanntes Buch, der Klausener-Kerstiens-Kempner-(K-K-K-)Kommentar zum Polizei-Verwaltungsgesetz.

Eines Tages erschienen in meiner Lichterfelder Wohnung Transportleute mit einer ziemlich großen Kiste. Ich machte sie auf und fand ein wunderschönes Tee-Service der früheren und noch immer bestehenden Königlich Preußischen Porzellanmanufaktur. Der Bote übergab einen Brief, daß der Minister Severing sich erlaubt habe, mir ein Tee-Service für die Vollendung des Polizei-Verwaltungsgesetzes zu schenken. Natürlich erhielten auch Klausener und Kerstiens das KPM-Service. Das Geschenk, eine symbolische Anerkennung, eine kleine Ehre, die nicht mit den Geschenken des weiland Herrn Hitler an seine Generäle zu vergleichen war, die Schlachten verloren oder Verbrechen begangen hatten, und hierfür Güter oder Bargeld in Höhe von dreihunderttausend oder fünfhunderttausend Mark erhielten. Das Tee-Service hat auf Veranlassung von Herrn Hitler schließlich seinen Weg über Frankreich in die Vereinigten Staaten genommen und steht noch heute in einer Vitrine in Lansdowne und geht nie kaputt, weil es so etwas Heiliges und Schönes ist, daß es natürlich nicht durch Gebrauch entweiht wird; der Brief Severings auf etwas bläulichem Papier ruht in meinem Safe. Dieses Tee-Service ist einer meiner Lieblingsorden. Preußen hatte ja keine außer der Lebensrettungsmedaille. Orden hatte die Revolution abgeschafft, ebenso wie den Adelstitel.

Der Umstand der Mitarbeit und Belehrung durch Bill Drews hatte meine Stellung im Innenministerium politisch gefördert, man war nicht so ein gewöhnlicher Routine-Regierungsrat. Ich weiß noch, wie ich zu Bill Drews ging, als wir fertig waren, und er bescheiden sagte: »Letzten Endes ist das doch Ihr Kind.« (Severing und der Staatssekretär Abegg hatten bei ihm natürlich noch ihre besondere Aufwartung mit dem Polizeiverwaltungsgsetz gemacht. Man brachte ihm auch die ersten Kommentare.)

Ich antwortete: »Herr Minister, ich habe bei Ihnen gelernt, was Polizei ist.«

Da erwiderte er, ich erinnere mich noch genau: »Das hätten Sie nie gelernt, wenn Sie bei der Justiz geblieben wären.« Das Preußische

Oberverwaltungsgericht, wenn ich noch anmerken darf, fühlte sich eigentlich nicht als zopfige Justiz, sondern als heimliches Verfassungsorgan. Es war auch die höchste Instanz gegenüber der Polizei, wenn ein Bürger sich beschwert fühlte.

Zur Zeit von Bill Drews gab es Urteile, die man heute als liberal bezeichnen würde, aber auch andere Urteile, die mehr konservativ ausfielen. Fälle von nationalsozialistischen und kommunistischen Beamten, die rausgeschmissen worden waren, entschied Bill Drews in höchster Instanz. Von Urteilen des Preußischen Oberverwaltungsgerichtes war natürlich das Preußische Innenministerium abhängig, man denke an das Verbot der Mitgliedschaft von NSDAPlern und Kommunisten bei der Polizei, bei der Post – darum wurde lange gekämpft – und vom Oberverwaltungsgericht schließlich für rechtmäßig erklärt. Es hatte im übrigen keine Bedeutung, weil die sogenannten Staatsfeinde sich auch ohne Angabe ihrer Parteimitgliedschaft schon längst eingeschleust hatten. Sie wurden ja nicht bei ihrem Eintritt untersucht oder befragt.

Bei literarischen »Schandtaten« der Polizei, wenn sie in Berlin den ›Reigen‹ von Schnitzler verboten hatte, war Drews oft gar nicht liberal, so ein Stück hat ihm nicht gepaßt. Ich hörte einmal von ihm eine Äußerung, die ich heute nach so vielen Jahren wiedergeben kann. Wir sprachen über das Verbot eines Theaterstückes, und da sagte dieser ernste Mann, der keine sarkastischen Floskeln kannte, keinerlei Berliner Schnodderigkeit an sich hatte: »Wenn Sie abends ausgehen, wollen Sie dann unbedingt nackte Hintern sehen?«

Ich mochte natürlich nichts sagen, nicht Ja noch Nein, und meinte deshalb: »Das habe ich noch nie gesehen.«

Die Polizei handelte in manchen Bereichen, wie in den literarischen, damals bestimmt engstirniger als heute. Der königlich-preußische Berliner Polizeipräsident von Jagow hat seinen Rechtsstandpunkt zu einem Verbot einprägsam begründet mit dem Satz: »Die janze Richtung paßt mir nicht.«

Übrigens gab es zur königlichen Zeit nicht viel Politische Polizei und nur kaum mehr zu republikanischer Zeit. Es wurde nicht so viel beobachtet, da stand nicht an jeder Ecke einer. Natürlich gab es, wenn wieder mal eine wilde Anti-Wilhelm-Sache im ›Vorwärts‹ stand, heiße Debatten. Die Beobachtung geschah jedoch durch die Presseorgane, die man las. Damit soll natürlich nicht der ehemaligen Zeit der Sozialistengesetzgebung irgendein Loblied gesungen werden, die katholischen Orden waren lange verboten, das Sozialistengesetz existierte zwar nicht mehr zu Wilhelms Zeiten, aber zu Bismarcks Zeiten. Damals machte man Polizeimaßnahmen mehr summarisch, und nicht so sehr gegen Einzelne und Einzelheiten. Es bestand auch gottlob immer die Möglichkeit der gesetzgebenden Organe, soweit es der Preußische Landtag war (der für die Polizei zuständig war), die unpassenden Sachen durch das Dreiklassen-Wahlrecht abzuwürgen. Es galten doch nur die Stimmen der oberen Steuerzahler. Sie, die Oberen, haben genug Geld und Ansehen, um sich nicht um Kleinigkeiten und faule Witze zu kümmern. Der ›Simplicissimus‹ wurde von allen gelesen und nicht von Staatsfeinden. Ich kenne Leute, die sich angeulkt haben und bei Gesellschaften die letzte Nummer des ›Simplicissimus‹ aus der Tasche zogen, dem befreundeten Gardemajor eine Karikatur von ihm zeigten, darauf kam dann der Kommentar: »Selten so gelacht!«

Wenn wir das Verhalten des Königreichs Preußen – ich spreche nicht vom Kaiserreich, zu dem auch Bayern, Sachsen, Württemberg gehörten, wo jeder seine andere Unliberalität oder Liberalität hatte – wenn Sie nur das königliche Preußen nehmen, so waren die Presseerzeugnisse damals viel freier. Sowohl zur königlichen Zeit wie in der Republik. ›Simplicissimus‹, der ›Ulk‹, die Wochenbeilage des ›Berliner Tageblatt‹ – ja, in denen standen doch fürchterliche Sachen drin. Denken wir doch, wie Wilhelms ganzer Stolz, ›die Garde‹, vielfach in Berlin veralbert wurde. Der Gardeoffizier, das Lieblingskind der Monarchie wurde da veräppelt in einer Weise, die heute überhaupt nicht möglich ist, die heute in der Bundesrepublik niemand in der Presse gegen eine militärische Organisation wagen würde.

Anderseits gab es nicht, mit wenigen Ausnahmen, vor 1930 antisemitische Themen in der Presse, wie sie heute zu lesen sind, weil der Paragraph über die Volksverhetzung oder über die Beleidigung von Verstorbenen nicht ausreicht. Da gab es einen König und Kaiser, der mit dem Juden Ballin von der HAPAG eng befreundet war. Von einem ausländischen Botschafter wurde nie gesagt: »Das ist ein Jude«, ein Ausdruck, der manchmal für Botschafter in der Bundesrepublik gebraucht wird. Die deutschen Polizeiapparate, die ich erlebt habe, – also im Königreich, in der Republik und zu Anfang der Nazizeit, vor allem die ersten beiden Polizeiapparate, waren an ihrer Obrigkeit gar nicht so brennend interessiert. Die Obrigkeit erwartete Ruhe und Ordnung und möglichst wenig trouble.

Demonstrationen haben in Preußen oft stattgefunden, sie wurden gelegentlich niedergeknüppelt, in der Republik passierte dies dauernd, ich möchte aber sagen, das war nicht der Obrigkeitswille seitens der Polizei, sondern der Wille zur öffentlichen Ordnung und Schutz des normalen Bürgers. Die Demonstrationen, die in der Zeit von 1929 bis 1932 stattfanden, kann man deshalb schlecht als Beispiel zitieren, weil die Polizei da schon stark attackiert und an einzelnen Stellen lahm geworden war. Gewisse Polizeioffiziere lösten sich allmählich von der Demokratie, um innerlich zur NSDAP überzugehen. Das kam immer dann zum Ausdruck, wenn gegen solche Polizeioffiziere Disziplinarverfahren eingeleitet wurden auf Grund von Übergriffen oder ausgesprochen nationalsozialistischer Propaganda. Es war ein ewiger Kampf zwischen einer gewissen Sorte von Polizeioffizieren und dem Innenministerium, die Vertreter dieser Polizeioffiziere waren ständig in unserem Hause und auf der anderen Seite die Vertreter der Gewerkschaften.

In vielen Fällen habe ich gegen NS-Polizisten Disziplinaranklagen wegen ihres Verhaltens erhoben.

Der Minister Grzesinski hatte einen eigenen sozialdemokratischen Vertrauensmann, den Ministerialrat Fritz Tejessy, eingesetzt, damit der mit diesen Gruppen verhandelte. Es gab immer Ärger mit denen, diese inneren Gegensätze trugen dazu bei, daß der letzte republikanische, preußische Innenminister, Carl Severing, am 20. Juli 1932 sagte: »Ich will keinen Bürgerkrieg, um den Papen wieder rauszuschmeißen. Gegen die Reichswehr ist mir das zu riskant.«

Das war einer der Hintergründe, weshalb er nicht die Gewerkschaften, die Polizei und das Reichsbanner am 20. Juli 1932 zum Eingriff aufforderte. Eine Gruppe von Polizeioffizieren hätte sich dagegengestellt und wahrscheinlich wären sie übergelaufen. Dann wären die Mannschaften führerlos gewesen und es hätte eine blutige Auseinandersetzung gegeben.

Der Berliner Polizei-Vizepräsident Weiss hat sich unerhört mit der Demokratisierung der Polizeibeamten zu schaffen gemacht. Er hat Reden gehalten, es wurden Kurse eingerichtet, um den Polizeibeamten die Ideen der Republik verständlich zu machen, um nicht zu sagen einzuhämmern. Das hatten die ja nicht gelernt, die kamen von der sogenannten Gemeindeschule nach vierzehn Jahren irgendwo in die Lehre und manchmal auch schon in die Verwaltung. Das ging auch alles sehr gut, bis es bei den Demonstrations-Auseinandersetzungen, wobei viele Polizeibeamte getötet wurden, immer heftiger wurde. Selbstverständlich schlugen die Beamten immer stärker zu, benutzten ihre Waffen, die innere Gesinnung spielte dabei weniger eine Rolle als die aktuelle Provokation oder die Angst ums eigene Leben. Und dann kam die NSDAP!

Die Führung der NSDAP war sehr, sehr mißtrauisch gegenüber den Schutzpolizeibeamten und der Polizei allgemein. Aus diesem Grunde wurden zuallererst von Papen und Hitler sämtliche Polizeipräsidenten in ganz Preußen abgesetzt, also in zwei Dritteln des Reiches. Die ersten Säuberungen hatten schon beim Preußen-Putsch am 20. Juli 1932 angefangen, die zweite Welle begann im Januar 1933, denn bis dahin waren viele der Polizeipräsidenten noch Papen-Leute, noch keine so wilden Leute. Danach fing die richtige Jagd an. Da wurden auch solche Polizei-Vizepräsidenten abgesetzt, die zur Papenzeit so für deutsche Volksparteiler oder nationale Leute gehalten wurden, aber keinerlei gesetzlose Leute waren. Wegen des Verdachts gegen die Schutzpolizei wurde ja die SA als Hilfspolizei amtlich eingesetzt. Das Mißtrauen gegenüber den Mannschaften war durchaus berechtigt, zu 60, 70 Prozent sicher berechtigt. Da waren Hunderte von Sozialdemokraten und Linksdemokraten, die Abegg eingestellt hatte. Allmählich verschmolz das, denn SA-Leute wurden Polizisten. Eine völlig neue Schutzpolizei wurde rekrutiert, die dann später als Armee-Einheit auftauchte: Leibstandarte Adolf Hitler, Einsatzgruppe, Totenkopfverbände und dergleichen.

Die Schutzpolizisten waren nicht Widerständler im engeren Sinne, andererseits sind diese alten Sozialdemokraten nicht plötzlich zu Hause Nationalsozialisten geworden. Von Görings Standpunkt aus brauchten sie das gar nicht: »Wir haben ja Neue und eine Anzahl Treue, schon Eingeschleuste, der Rest wird aus der Republikzeit übernommen! Allerdings weiß man bei denen nicht genau, was los ist, also machen wir ausreichend Neue!«

Die meisten Offiziere brauchten gar nicht ausgetauscht zu werden, das Ganze wurde übernommen und erneuert, das war eine sehr einfache Methode. Der natürliche Umschlag der Polizeibeamten aus Altersgründen war ziemlich groß, manche waren vorher in der Reichswehr gewesen. Die Leute mußten Fragebogen ausfüllen, welche Organisationen sie angehörten. Und wenn es nur die Partei war (SPD, oder Zentrum, das war ja auch nicht gut) und sie schon älter waren, dann konnten sie bleiben. Wenn Sie den Bogen abgaben und mit dem Personalreferenten sprachen und das ein freundlicher Mann war, mit dem man reden konnte: »... das war doch nicht so schlimm, ich war doch nur ein kleiner Hecht ...«, dann konnte so etwas natürlich übersehen werden, da galt: »Wer Jude ist, bestimme ich.« Stand in keinem Gesetz, aber es galt. Es war nicht so wie in der Kirche, wo es heißt: »Ich schwöre dem Teufel ab.« Dem SPD-Teufel brauchte man nicht abzuschwören. Man muß sich eine Verwaltung vorstellen, da konnte man mit jedem Jedes machen.

Die Denkschrift gegen Hitler

Anfang der 30er Jahre lebten wir in Berlin, besonders in einer Schaltzentrale wie dem Preußischen Innenministerium, schon mit sehr, sehr großen Sorgen. Im Jahre 1928 war noch eine demokratische Mehrheit in den Parlamenten, im Herbst 1932 war sie nicht mehr vorhanden. Die uns bewegende Frage war Anfang der 30er Jahre: Können wir mit dem Nationalsozialismus fertig werden?

Es gab noch nicht ähnliche Einrichtungen wie den Verfassungsschutz von heute, alles, was gegen die NSDAP gemacht werden konnte, lag auf den Schultern der Politischen Polizei im Polizeipräsidium Berlin, einer preußenweiten Einrichtung. Im Ministerium bestand eine kleine Abteilung der politischen Polizei mit einem volksparteilichen Minsterialrat Schönner, einem Zentrumsmann Janich und mit einem Regierungsrat Rudolf Diels, der das Dezernat Kommunisten-Bekämpfung unter sich hatte.

Was wurde getan? Es wurde eine große Denkschrift angefertigt, und zwar von der Politischen Polizei im Polizeipräsidium Berlin. Da arbeiteten sehr tüchtige Leute, Regierungsrat Schoch, Assessor Arian und Kriminalrat Johannes Stumm, der spätere Polizeipräsident von West-Berlin. Ich arbeitete an der Denkschrift gegen die NSDAP mit, die einen politischen, einen wirtschaftlichen und einen kirchlichen Teil enthielt. Es war eine sehr gut zusammengestellte Darstellung der Ziele der NSDAP mit dem Nachweis, daß es sich um eine kriminelle, terroristische Verbindung handelte.

Die Denkschrift war mit dem Innenministerium verabredet (aber die Initiative ging vom Polizeipräsidium Berlin aus) und wies den Weg, die NSDAP als eine staatsfeindliche Verbindung aufzulösen und zu verbieten. Mit ganz harten Worten, belegt durch Dutzende von stenographisch mitgeschriebenen Vorträgen und interne Memoranden der NSDAP. Ich ging mit den Verfassern die einzelnen Kapitel durch, teilweise unter Umgehung unserer politischen Herren aus dem Ministerium und zwar von dem Standpunkt, es wäre eine juristische Denkschrift, denn es müßten ja durch den Oberreichsanwalt dann notwendige Schritte ergriffen werden bzw. durch die Reichsregierung. Sehr energisch kümmerte sich der Vizepräsident der Berliner Polizei, Bernhard Weiss, um die Denkschrift. Als erstes war notwendig, das Material zu organisieren, eine Aufgabe, die hervorragend erledigt wurde von Kriminalrat Johannes Stumm und seinen Leuten; wir trafen uns nachmittags im Café und prüften die Seiten durch. Ist über diesen Punkt noch mehr Material zu bekommen? Sind die Kenntnisse aus Hannover genauso stark wie die Kenntnisse aus Berlin? Wir verwandten aus dem gesamten Preußen gesammelte Informationen, die Gewährsleute waren die NSDAP-Leute selbst, die das geschrieben oder geredet hatten. Es war eine glänzende Zusammenstellung, die ich heute noch besitze; ich habe sie seinerzeit in die USA mitgenommen, um klarzumachen, gegen wen man kämpfte: Das sind die Leute, die jetzt in Deutschland herrschen, das waren ihre Äußerungen, das waren ihre Pläne, das war ihre Taktik. Es war das Bild der NSDAP als kriminelle Organisation, und eine kriminelle Organisation ist ja nach dem Gesetz strafbar. Das ist der bekannte Paragraph 128 des Strafgesetzbuches unter dem heutzutage terroristische Organisationen der verschiedensten Art angeklagt werden.

Inhalt der Denkschrift war, die Zeichnung der Methoden, nach denen Hitler die Weimarer Republik als demokratischen Staat vernichten wollte. Ein Zwischending aus Unterhöhlung, die Behörden unsicher machen, NSDAP-Leute überall einschleusen, tägliche Gewaltakte, durch ein Zusammenwirken von Gewalttätigkeiten, politischen Beschimpfungen und sogenannten legalen Mitteln. So das Volk aufzurütteln, daß es dem Führer Hitler seine Stimmen gibt und das den Nazis verhasste November-System mit allen seinen furchtbaren Verbrechen gegen das deutsche Volk vernichtet!

Im Sommer 1930 war die Denkschrift fertig und wir setzten durch, daß sie dem Preußischen Ministerpräsidenten Otto Braun vorgelegt wurde. Otto Braun sandte das Material an die Reichsregierung mit der Bitte, die notwendigen Schritte beim Oberreichsanwalt zu veranlassen. Das war die Regierung Brüning. Wochenlang hörten wir nichts. Mittlerweile war es Winter/Frühling 1931/32. Ich bat Kriminalrat Stumm, mal anzufragen: »Was ist da eigentlich los?« Es rührte sich gar nichts. Der Oberreichsanwalt war ein gewisser Herr Werner, der sich später als Mitglied der NSDAP entpuppte. Die Schrift lag bei Brüning. Sie war von Braun nicht formlos weitergeleitet worden, sondern ging in höflicher Weise ›zur weiteren Veranlassung‹ ihren Weg. Es war später noch weiteres Material übersandt worden über einzelne Personen der NSDAP. Otto Brauns persönlicher Referent Herbert Weichmann, nach dem Kriege Hamburgs Bürgermeister, drängelte, doch die Reichsregierung stellte sich tot. Darauf ließ ich mir noch eine Kopie der Denkschrift geben und veranlaßte die *Liga für Menschenrechte* in Berlin an die Oberreichsanwaltschaft zu schreiben: »Die NSDAP wird immer gefährlicher. Sie ist eine staatsfeindliche Verbindung. Wir haben gehört, es gibt darüber Denkschriften und Eingaben, was ist eigentlich los?«

Worauf der Oberreichsanwalt unverzüglich an die Polizei Berlin schrieb, an meinen Freund Stumm: »Was sind denn das für verdächtige Leute, die über solche Vorgänge Bescheid wissen?«

Brüning sollte die Schrift dem Reichspräsidenten vorlegen: dieser sollte durch Notverordnung die NSDAP verbieten. Er weigerte sich aber dies zu tun und ließ auf dem Schreiben des Ministerpräsidenten Braun vermerken: »Es soll nicht beantwortet werden.«

Wir lieferten zusätzlich eine Anzahl Personenbeschreibungen, wo es laufend um die homosexuellen Kämpfe dieser Burschen miteinander ging. Die Schrift selbst war sehr vornehm. Selbstverständlich aber sollten diese Jungens madig gemacht werden, was zur damaligen Zeit mit dem §175 vielfach üblich war. Damals.

Es ging um Röhm, den späteren Polizeipräsidenten Ernst und die ganze Clique, die zusammengehörte unter dem Berliner Vers: »Hule, hule, hule – SA hat viele Schwule.« Das wagte man nicht, dem alten Herrn Hindenburg zu unterbreiten. Brüning ließ alles auf seinem Schreibtisch liegen und zeigte weiter keine Reaktion gegenüber der Preußischen Regierung, weil er einfach nicht ’ranwollte. Er hatte in seinem Kabinett Leute, die fürs Leisetreten waren. Zu dieser Zeit fanden Wahlen in Hessen statt, und er sagte sich, wollen wir mal vorsichtig sein, vielleicht können die NSDAP-Leute da und dort dem Zentrum helfen. Diese Sache stand im Hintergrund. Er hat nicht das gemacht, was eigentlich seine Pflicht gewesen wäre, obwohl immerhin folgendes schon stattgefunden hatte: Im Jahre 1929 war der sogenannte Ulmer Reichswehrprozeß. Drei junge Reichswehroffiziere waren vor dem Reichsgericht angeklagt, im Zusammenhang mit einem von ihnen angeblich vorgenommenen hochverräterischen Unternehmen, weil sie innerhalb der Reichswehr nationalsozialistische Zellen geschaffen hatten.

Es fand der große Prozeß statt, der Hitler soviel genutzt hat durch das miserable Verhalten der Reichsanwaltschaft, ihre Bosheit oder ihre Dummheit und das törichte Verhalten des Vierten Strafsenats des Reichsgerichts. In diesem Prozeß wurde unterstrichen, was auch in unserer Denkschrift stand, als Hitler, den der Senatsvorsitzende mehr als eine Stunde reden ließ, den berühmten Satz brachte: »Und dann, wenn wir soweit sind, wird ein Staatsgerichtshof kommen und dann werden Köpfe in den Sand rollen.«

Das hat Hitler unter Eid verkündet. Mehr braucht man eigentlich nicht zu sagen.

Ich habe schon damals geschrieben: »So etwas konnte man sagen, ohne daß Hitler das Wort entzogen worden ist! Eine Aufforderung zu den schwersten Staatsverbrechen, die es gibt!« Nachdem ich von diesem Prozeß der Ulmer Reichsoffiziere nach Berlin zurückgekommen war, fragte mich Dr. Franz Ullstein im Ullstein-Haus, bei dem ich öfters verkehrte: »Herr Kempner, ist das wirklich so schlimm, was wir zu erwarten haben?«

Und ich sagte ihm: »Herr Dr. Ullstein, es ist nicht so schlimm; es ist nur viel schlimmer.« Dr. Ullstein, ein würdiger, sehr sympathischer Herr, nickte mit dem Kopf, etwas ungläubig, wie mir schien.

Zur gleichen Zeit war die Denkschrift auf Brünings Tisch gekommen. Eine traurige Rolle spielte dabei der Staatssekretär im Reichsjustizministerium, Joel, der – obwohl jüdischer Abstammung – die unerhörte Gefahr offenbar nicht begriff. Er hätte dem Reichsanwalt Dampf geben müssen. Er hat ihm aber weder Dampf gegeben, noch Gegendampf bei den illegalen Landesverratsverfahren gegen Journalisten gemacht, die eine juristische Fiktion und nichts weiter waren: der Ossietzky-Prozeß und neun andere journalistische Landesverratsprozesse – wie gegen den verantwortlichen Redakteur der ›Vossischen Zeitung‹, Dr. Misch, gegen Prof. Gumbel, gegen den Pazifisten Berthold Jacob. Mit einer aus der Luft gegriffenen Konstruktion wurden die Leute des versuchten Landesverrats beschuldigt.

Ossietzky, Gumbel, Jacob und wie sie alle hießen, waren nicht etwa ultralinks; die ›Vossische Zeitung‹ war eine liberale Zeitung auf mittlerem Kurs. Es kam etwas Illegales raus: die geheime Aufrüstung zur Zeit der Weimarer Republik. Es gab illegale Reichswehrverbände, die Schwarze Reichswehr. Dies war verboten per Versailler Vertrag, der nicht mehr als 100000 Mann zuließ. Feme-Morde geschahen, wenn einer da etwas ausplauderte. Nun geschah ein Unglück, wo Dutzende von Freiwilligen bei einer Übung in der Weser in voller Uniform untergegangen waren. Lauter Soldaten, die offiziell gar keine Soldaten waren. Das flog natürlich durch die Presse auf. Aufregung, man kam 'ran an das Geheimnis der Schwarzen Reichswehr. Das Reichswehrministerium zusammen mit dem Justizministerium sagten, die Leute, die darüber schreiben, müssen wegen versuchten Landesverrats angeklagt werden.

»Landesverrat? Ich denke, die Soldaten gibt's gar nicht?«

Also kamen die Herren zur folgenden Konstruktion: Es ist eine Lüge, daß es eine illegale Reichswehr gibt. Wenn trotzdem dies behauptet wird, so ist dies insofern kein Landesverrat, sondern versuchter Landesverrat, nach der Theorie des Reichsgerichts vom untauglichen Versuch am untauglichen Objekt.

Wenn eine nicht schwangere Frau, die sich aber schwanger glaubt, Himbeersaft trinkt und denkt, daß dadurch der Fötus abgegangen ist, obwohl gar nichts passiert, so ist sie nach der Entscheidung des Reichsgerichts strafbar. Sie macht einen untauglichen Versuch (Himbeerwasser) an einem untauglichen Objekt (sie ist gar nicht schwanger) und wird wegen untauglichem Versuch am untauglichen Objekt verurteilt wegen Abtreibung.

Es ist keine Schwarze Reichswehr vorhanden, wird aber behauptet, um die Landesverteidigung zu hintertreiben: untauglicher Versuch am untauglichen Objekt! Das war eine ständige Abmachung zwischen den Juristen der Reichswehr und dem Oberreichsanwalt. Leute wurden dadurch bestraft. Die Angeklagten haben erste Anwälte genommen, Max Alsberg, Rudolf Olden vom ›Berliner Tageblatt‹, Rechtsanwalt und Schriftsteller, und haben sich sachgemäß von denen verteidigen lassen, was aber bei der Konstruktion, die das Reichsgericht bei der Pseudo-Schwangeren entwickelt hatte, wenig nutzte. Diese Verfahren wurden von der Regierung fortgesetzt betrieben und die Journalisten bestraft. Mal hat man sie rausgelassen, Ossietzky zum Beispiel kam noch vor

Weihnachten 1932 frei, bei anderen wurde das Verfahren hingezogen, da hatte man Angst, etwa bei Professor Gumbel oder bei Misch (›Vossische Zeitung‹), der nicht gerade in der ›Weltbühne‹ oder einem angeblich roten Organ schrieb. Geschickte Anwälte zogen die Sachen hin. Das war die Politik des damaligen Justizministeriums.

Den Anklagen wegen journalistischen Landesverrats lagen glatte Fälschungen zugrunde. Das Reichswehrministerium hat die Leute angezeigt, die über die Schwarze Reichswehr schrieben und behauptet, der Landesverrat liege darin, daß gar keine Schwarze Reichswehr bestünde, eines der dunkelsten Kapitel der Reichsanwaltschaft, weil sie mit gefälschten Gutachten gearbeitet hat. Juristen des Reichsministeriums, die es besser wußten, haben ein gewöhnliches Sachverständigengutachten abgeliefert, so wie das Reichswehrministerium auch in einer ganz gewöhnlichen Spionage-Angelegenheit vom Reichsanwalt gefragt wurde: Waren das schwer geheime Sachen oder nur oberflächliche Mitteilungen, die da weitergegeben worden sind (entsprechend gab es eventuell mildernde Umstände). Um die Anklage wegen versuchten Landesverrats überhaupt zu konstruieren, wurde behauptet »Schwarze Reichswehr gibt's nicht.«

Ein juristischer Berater der sogenannten journalistischen Landesverräter war Paul Levi, ein Reichstagsabgeordneter der SPD und großartiger Anwalt. Er hatte viele literarische Freunde, und ich sah ihn fast jede Woche im *Café Schwannecke* in der Rankestraße, wo auch Leopold Schwarzschild saß und Autoren der Zeitschrift ›Das Tagebuch‹. Levi kam immer wieder auf die düsteren Umstände des Mordes an Rosa Luxemburg im Jahre 1919 zu sprechen, deren Verteidiger und Freund er gewesen war. Die Vertuschungsmanöver, die der Kriegsgerichtsrat Jorns seinerzeit bei der Ermittlung des Luxemburg-Liebknecht-Mords unter den Tätern der Gardekavallerie-Schützendivision unternommen hatte, wurden im Jahre 1929 von Levi nochmal aufgerollt. Ein von Berthold Jacob im ›Tagebuch‹ verfaßter Artikel befaßte sich mit der Tauglichkeit dieses Jorns zum Reichsanwalt, der er inzwischen geworden war, Spezialist für Landesverratssachen (er vertrat die Reichswehrklage gegen Jacob). Nicht lange danach, im Februar 1930, wurde ich aus dem Ullstein-Verlag angerufen, Paul Levi sei aus dem Fenster gesprungen, Selbstmord. Was wirklich der Hintergrund seines offenbar freiwilligen Todes war, weiß ich auch nicht. Ich habe einen glühenden Nachruf auf ihn geschrieben, weil er mir sehr imponierte. Zu der Zeit, als ich ihn näher kennengelernt habe, war er nicht mehr in dem alten Sinne radikal, sondern reformistisch. Im Kriege hatte er dem Spartakusbund angehört, war zusammen mit Rosa Luxemburg Gründer der KPD, wurde nach Veröffentlichung einer radikalen Kritik aus der Partei ausgeschlossen (mit Zustimmung Lenins, der bemerkte, die KPD hat einen Kopf verloren, den einzigen, den sie hatte). Ich glaube, es war Mitte der 20er Jahre, doch sehr schwer für ihn, eine politische Heimat nach seinem Gusto zu finden. Ganz gewiß war er ein treuer SPD-Mann, hat sich aber, abgesehen von der Reichstagsarbeit, in den späteren Jahren sehr stark auf den Kampf in der Justiz beschränkt. Seine Heimatlosigkeit in der Arbeiterbewegung rührte nicht nur daher, daß er geschliffener redete und dachte als seine Umgebung. Er war sehr elegant, verstehen Sie? Er gehörte teilweise zu dem Establishment, das er juristisch und politisch angriff. Wohin er immer kam, er war der glänzende Mann, mit dem alle gern verhandelten. Er besaß manche Attitüden, die mein Lehrer, Dr. Dr. Frey auch an sich hatte, war aber, und hier muß ich das jüdische Wort gebrauchen, in keiner Weise ein Schaute, ein Angeber. Bei dem Paul Levi war alles echt, kein Theater, sein Auftreten war für ihn selbstverständlich. Seine Sprache spielte dabei eine Rolle, er war ja kein Berliner, und sprach eleganter als der normale Berliner im Gericht, und hätte sich da nie eine Schnoddrigkeit erlaubt. Der Ton in einem Berliner Gericht ist ganz anders, als wenn ich in München bin, da muß ich doch sagen »Entschuldigen Sie«, wenn ich das Wort gebrauche, »das ist eine ganz gemeine Lüge«. In Berlin würde das keinen stören. Die Herren am Reichsgericht, die doch alle was Besseres waren, hegten großen Respekt vor Levi. Im übrigen verkehrten in seiner Anwaltspraxis auch sehr bürgerliche Mandanten, er hat auch die Ullsteins vertreten, es gab da mal einen wahnsinnigen Krach unter den Brüdern. Nur war Levi überall auch nicht innig geliebt. Ein reicher fortschrittlicher Mensch ist doch ganz was Schlimmes für die anderen, das haben wir auch an Franklin D. Roosevelt gesehen.

Kurz vor meinem Assessorexamen machte Carl von Ossietzky mir einen hochinteressanten Vorschlag: »Haben Sie Lust, ehrenamtlich eine Rechtsstelle der deutschen *Liga für Menschenrechte* aufbauen zu helfen? Dahin wenden sich laufend Petenten mit brisanten Fällen.«

Ich sagte zu und wartete auf die Petenten mit den Fällen unter dem Arm. Sie kamen tatsächlich und den explosivsten brachte uns der Rechtsanwalt Preuss, ein Sohn des Schöpfers der Weimarer Verfassung,

Kurt Preuss. Ihm war auf einer Gesellschaft der verflossene Kronprinz begegnet, mordsstolz auf seinen Ältesten: »Der ist jetzt Zeitfreiwilliger bei der Reichswehr!«

Ich weiß auch nicht, warum er das durch die Gegend posaunt hat; in der Reichswehr durfte kein Hohenzollern dienen und, was hieß außerdem ›Zeitfreiwilliger‹?

Berthold Jacob als eingefleischter Pazifist spürte eine süddeutsche Gazette auf, darin stand ganz kaiserfromm: Der Sohn des Kronprinzen hat als Offizier an einem Manöver in Heubach auf der Schwäbischen Alb teilgenommen.

Die nächste Ausgabe der drei Berliner Montagszeitungen versorgten wir mit der Überschrift ›Kronprinzensohn in der Reichswehr‹.

Normalerweise hätte Reichswehrminister Gustav Noske den Hut nehmen müssen; einen schlechten Ruf unter Liberalen hatte er ohnehin, seitdem man in Berlin gesungen hatte:

»Fenster auf! Straße frei
Noske kommt vorbei.«

Die SPD hat ihn mit vereinten Kräften gehalten, und an seiner Stelle wurde der knochige General Hans von Seeckt als oberster Militärchef ausgebootet. Einen Hohenzollern in die Reichswehr einzustellen und noch dazu als Zeitfreiwilligen, – das war etwas zu dicke, zumindest für einen von Seeckt.

Das war mein größter Erfolg bei der Liga; das geschah im Jahr 1926 und bis zum Frühjahr 1933 ging ich alle paar Tage in das Liga-Büro am Monbijou Platz. Mir fiel auch das traurige Amt zu, das Ding aufzulösen. Ich wollte einer drohenden Auflösung durch die Gestapo zuvorkommen und die Ligisten, von denen einige schon verhaftet waren, vor weiteren Zugriffen schützen. Darum verbrannte ich die Mitgliederlisten und der treue Bürogehilfe Stelmach schüttete ihre Asche in die nahe dahinfließende Spree.

»Das ist ein Staatsstreich!«

Wir sind im Frühjahr 1932, und was passierte? Brüning wurde gestürzt, es kam Franz von Papen. Unsere Ermittlungen gegen die NSDAP waren noch nicht abgeschlossen, und die Denkschrift, – das offizielle Vorbringen und der Wunsch der preußischen Regierung, war ja kein Spaßvergnügen von Herrn Stumm und Herrn Kempner gewesen – diese Denkschrift wurde von Papen einfach vom Tisch gefegt. Alles in Leipzig beim Reichsgericht und im Justizministerium war froh, daß diese Sache gegen den kommenden Führer eingeschlafen war. Hand in Hand damit ging eine andere Aktion zugunsten der Nationalsozialisten: in Oberschlesien waren SA-Leute wegen verschiedener Mordtaten zu lebenslänglichen Strafen verurteilt worden. Die Taten hatten in dem Ort Potempa stattgefunden und Papen sorgte dafür, daß das preussische Justizministerium diese Leute durch besondere Gnadenerlasse rausließ, Mörder rausließ, die nach rechtskräftiger Verurteilung nur ganz wenig Zeit verbüßt hatten. Die hat man schlankweg begnadigt, sie hätten nun lange genug gesessen. Solche Gnadenerlasse können mit sehr kurzer Begründung ausgesprochen werden.

Das Schlimme war, daß die Koalition die Mehrheit, die die Weimarer Republik getragen hat und hätte tragen können, dann zwischen zwei Wahlen – allerdings nicht zwischen vier Jahren sondern in einer Periode von zwei Jahren, weil da Extrawahlen waren – plötzlich vom Erdboden verschwand. 1928 war – parlamentarisch gesehen – noch soweit in Ordnung und ab 1930 war diese Mehrheit nicht mehr vorhanden, sondern nur noch eine Mehrheit von links plus rechts.

Aber es ereignete sich mehr als eine parlamentarische Verschiebung. Man sah den Rutsch fast täglich, wenn man den ›Völkischen Beobachter‹, den ›Angriff‹ las, wenn man die Straßendemonstrationen, die antisemitischen Ausschreitungen beobachtete, ich brauchte nur von meinem Amtszimmer *Unter den Linden 72* hinauszugucken, ob etwas passierte. Es wurden Zeitungsverbote gegen die Nazis versucht, und irgendein Verwaltungsgericht hob's dann auf, das war ein Hin und Her, und jetzt merkte man, daß uns der Boden unter den Füßen entzogen wurde. Besonders auch durch den Gegensatz zwischen Preußen und dem Reich, wo der Herr Brüning bzw. Papen war. Dieser Konflikt hatte einen großen Hintergrund, die ringenden Politiker standen ja nicht allein. Otto Braun war ein Symbol für Preußen und die preußischen SPD-Wähler, Brüning stand für die katholischen Zentrums-Wähler, Papen für Wähler, die ihm vorschwebten, die gar nicht vorhanden waren, die er aber selbst mit seinen autoritären Kollegen politisch zu ersetzen versuchte. Über allen thronte der Reichspräsident von Hindenburg mit seinem Sohn Oskar und seinem Hofmeister, dem Staatssekretär Otto Meißner. Alle drei verdunsteten in einer Atmosphäre, die von ganz anderen Kräften bereits eingeheizt war. Brüning versuchte international weiterzuwursteln, war aber nicht in der Lage, zur Zeit der Rezession irgendwelche Schritte zu ergreifen, die die Wirtschaftskrise beseitigte, und Papen ritt auf seinem Kavalleriepferd über Bäche und Steppen, ohne Rücksicht, was wirklich geschah und dachte, mit seinen mehr oder weniger vornehmen Kabinettskollegen das Reich retten zu können. Ich sage gar nicht, daß das Feiglinge waren. Ich sage ganz etwas anderes, was vielleicht eigenartig erscheint: Heute würde ich fragen, wenn ich die Herren zu vernehmen hätte: Wann waren Sie das letzte Mal beim Arzt? Wieviel Stunden haben Sie geschlafen? Wie war Ihr Blutdruck? Wie war Ihr Blutkreislauf? Wie geht es Ihnen Herr von Hindenburg? Fühlen Sie sich frisch? Wie ist Ihr Gedächtnis? Die Leute waren nicht so gesund. Und was heißt schon gesund? Ein Mensch mit einem Schrittmacher ist anders als ein Mensch ohne Schrittmacher, die naturwissenschaftlichen Erkenntnisse werden in der Politik viel zu wenig berücksichtigt, und nachher staunt man, wenn irgendetwas nicht mehr geht. Die gemütlichen Schlesier würden sagen: »Die waren auch nicht stärker als ein kleines Pferdl.«

Denken Sie nicht, daß hinter diesen Sachen geheimnisvolle Mächte stehen. Die Leute können einfach nicht mehr, und dann klappt die Sache zusammen. Sie mußten sich mühsam durchschlagen in ihren Parteiversammlungen. Brüning hatte genug Feinde rechts und links in seiner eigenen Partei, Papen war ein Parteigenosse von ihm. Wenn dann ein Stärkerer, ein wirklich Boshafter mit energischem Willen kommt, ein Schreier, und sei er noch so verrückt, dann schafft er es.

Seitdem ich ins Ministerium eintrat, war meine Überzeugung: Wir sind nicht energisch genug. Darin stimmte ich übrigens mit vielen Kollegen von anderen Ministerien überein, jüngeren Sozialdemokraten und Demokraten, die ähnliche Posten hatten. Der Mangel an Energie drückte nicht nur Erschöpfung aus, sondern erklärt sich teilweise daraus, daß auch innerhalb der SPD-Demokraten-Zentrum-Koalition Schwächlinge waren. Man hat selten auf den Tisch gehauen, man hat die Sachen zu sehr schludern lassen. Entweder hat man im Stillen an die Zukunft gedacht: »Was wird mal werden? Warum soll ich mich herausstellen?«, oder man gehörte zu denjenigen, die überhaupt nichts gesehen haben. Ich saß mal zusammen bei einer Feier mit der Tochter von Severing und ihrem Mann, dem Landrat und späteren nordrhein-westfälischen Innenminister Walter Menzel, einem guten Freund von mir und sagte zu ihr: »Sie müssen mal wirklich ihrem Vater sagen: er ist doch von Feinden umgeben. Da muß doch mal was geschehen.«

Und die junge Frau war ganz erschrocken: »Aber im Ministerium ist doch der Sowieso und der Sowieso.«

»Ja«, sage ich, »das ist doch aber nicht die Mehrheit! Da, wo die Sachen ausgearbeitet werden, sitzen doch ganz gefährliche Leute.«

Es war der eigenartige Zustand, daß die Minister oft fortschrittliche Leute waren (nicht nur SPD-Minister, sondern auch Zentrums-Minister, es gab auch linke Zentrums-Minister), daß sie aber oft von einem Stabe umgeben waren, besonders in den Personalabteilungen, die kolossal wichtig sind, der gefährlich für die Republik gewesen ist.

Die preußischen Ministerial-Bürokraten waren keine einheitliche Gruppe. Es gab die neuen und gab die alten. In der zweiten Hälfte der zwanziger Jahre war die Zahl der alten Ministerialbeamten, die 1918 überlebt hatten, noch ziemlich groß, Konservative, einige Liberale, im früheren Sinne National-Liberale, Königstreue, und einige, die sich gern mit »Herr Geheimrat« ansprechen ließen, es war in den einzelnen Ministerien verschieden und in Preußen anders als im Reich. Preußen war unter der Regierung von Otto Braun schon fortschrittlich, im Reich gab es noch ausgesprochene Erzreaktionäre und Antirepublikaner. Sie hielten sich eine lange, lange Zeit, denn Herauswerfen gab's nicht unter dem Beamtengesetz. Erst allmählich änderte sich das, die Geheimräte verschwanden, neue Menschen kamen, die teilweise nicht aus der bürokratischen Laufbahn aufstiegen. Sozialdemokraten wie Hans Hirschfeld, der lange die rechte Hand von Severing war; ich nenne Arnold Brecht, Verfassungssachen, ich nenne Hans Staudinger, der mit der *Preussag* und den preußischen Industrieunternehmen zu tun hatte – später in New York. Ein Teil von ihnen, links oder jüdisch, wanderte natürlich nach 1933 aus, einige gingen an die *New School for Social Research* in New York. Das war eigentlich mein Clan, man traf sich jeden Dienstag abend in einem Lokal neben der Wilhelmstraße, neue Leute, die zusammenarbeiteten und aus der Republik was machen wollten. Die Jahrgänge waren verschieden, ich gehörte mit 28 Jahren zu den Jüngsten. Aber es ging rauf bis zu den Vierzigern und Fünfzigern. Auch solche Zentrumsleute wie Hubertus Prinz zu Löwenstein oder wie mein damaliger Chef, Erich Klausener, waren beteiligt, in der energischen Richtung etwas zu tun. Diese Leute haben fest geglaubt, sie könnten die Republik tragen, sie hatten doch die Gewerkschaften hinter sich, jedenfalls die sozialdemokratischen Gewerkschaften, das ›Reichsbanner‹, das stark von der SPD getragen wurde; sie hatten das liberale Bürgertum hinter sich, wurden aber von den alten Reaktionären ganz kräftig in bürokratischer Weise mit Tomaten und faulen Eiern beworfen. Ihnen wurden überall Fußangeln gelegt, und auch wenn sie in der Regierung saßen, behandelte man sie als Außenseiter. Zu denen rechne ich zum Beispiel unseren demokratischen Staatssekretär Wilhelm Abegg, auch er mußte schon 1932 weg. Wir haben Verfassungsreden gehalten, wir haben Kurse gegeben für junge Gewerkschaftler, wir haben was getan, wir dachten, wir schaffen das.

Bei den Gewerkschaften gab es stramme Leute. Die hätten zu einer bestimmten Zeit vor 1929, um die Zeit von 1928/29, durchaus die Macht gehabt. Aber die Gefahr war den Menschen nicht so bewußt, es geschieht eben nicht immer das Notwendige und Richtige, ebensowenig wie das Notwendige und Richtige in Frankreich und England bald nach Hitlers Machtantritt zwar von manchen erkannt wurde, aber niemand die Konsequenzen daraus gezogen hat. Man hat 1933/34 in England und Frankreich – Amerika war ja noch fern – die Gefahr des Hitlerismus nicht nur verkannt und deshalb nicht eingegriffen, sondern sich noch mit denen unterhalten und Verträge geschlossen. Dasselbe hat man innenpolitisch im Deutschen Reich getan. Das ist die Antwort.

In Deutschland hätten mit sehr weitgehenden Mitteln Repressivmaßnahmen ergriffen werden müssen; das hatte zum Beispiel der Wilhelm Abegg vor. Es gab genug, die zu einer bestimmten Zeit hätten hinlangen können, aber die Gefahr nicht gewürdigt haben, so daß sie dann so groß wurde, daß es kaum noch möglich war. Abegg hat über diese Dinge oft mit dem jetzt als Schriftsteller tätigen Hubertus Prinz zu Löwenstein gesprochen, der eine führende Stellung im ›Reichsbanner‹ hatte. Es ist ja seit langem ein großer Streit um die Frage, ob man am 20. Juli 1932 etwas hätte tun können. Leute, wie Abegg, Grzesinski, Reichsbannerleute um Löwenstein und auch die Gewerkschaften wollten eigentlich etwas unternehmen, aber die republikanischen Spitzen haben damals versagt. Sie wußten auch irgenwie gar nicht, was ihnen blüht.

Ich war am 20. Juli 1932 morgens im Ullstein-Haus, um einen Artikel abzugeben, da sagte mir der parlamentarische Mitarbeiter Conradus von der ›BZ am Mittag‹: »Na, heute wird ja bei Euch da drüben etwas losgehen.«

»Was wird denn sein?«

»Ja, die Minister (Otto Braun war an dem Tage nicht da) sind hinbestellt auf die Reichsseite.« (Wir sprachen von der preußischen und der Reichsseite der Wilhelmstraße).

Ich telefonierte sofort an den Pressereferenten im Innenministerium: »Hans, was ist denn heute los?«

»Ich werde gleich mit Minister Severing sprechen.«

Ich fuhr dann mit dem Wagen rüber, und höre im Innenministerium, daß tatsächlich eine Besprechung stattfinden soll und sage zu meinem Freund: »Da ist gar keine Besprechung. Heute ist Befehlsempfang drüben. Das ist ein Staatsstreich!«

Meine Freunde sagten mir: »Wie kannst du sagen, das ist Befehlsempfang, wir sind ja schließlich noch da.«

Ich sage: »Das ist die große Frage, ob wir noch da sind.«

Ein, zwei Stunden später kamen diese Papen-Ableger, nachdem der Befehlsempfang ›Preußen ist zu Ende‹ stattgefunden hatte, der Minister Severing erklärte: »Ich will keinen Bürgerkrieg, ich weiche der Gewalt.«

Zu mir als Justitiar kam eine Stunde später oder so ein reitender Bote aus dem Polizeipräsidium: »Der Polizeipräsident Grzesinski ist verhaftet, Vizepräsident Weiss ist verhaftet, der Chef der Schutzpolizei, der Kommandeur Magnus Heimansberg, ist verhaftet.« Als Jurist kümmerte ich mich nicht weiter um die politische Seite der Sache, sondern sagte dem Betreffenden: »Hier ist ein Vollmachtsformular.«

Ich dachte noch ein bißchen an Rechtsstaat.

»Sofort ins Gefängnis den Dreien bringen, die sollen mir die Vollmacht unterschreiben, damit man Haftentlassungsanträge stellt.«

Komisches Ding an so einem Tage, aber ich wollte natürlich diese Freunde und Kollegen zunächst mal aus der Haft raushaben. Das ist nicht ganz naiv, das war mein anwaltliches Denken. Zunächst muß man mal die paar Leute retten, damit die da nicht am Ende geköpft werden in ein, zwei Tagen. Wer weiß, was da passieren kann? Ich habe nicht erst auf Hitler, auf Argentinien, oder auf den Ayatolla und Konsorten gewartet, – auf Leute, die noch ein bißchen energischer sind, – das hab ich glatt schon dem Papen und seinen Leuten zugetraut.

Ich ging zu Klausener: »Ja, ich weiß schon, wir müssen sie rauskriegen. Herr Ministerialdirektor, Sie sind doch Zentrum, Sie müssen mit dem Papen sprechen, zunächst müssen mal die Leute raus, ehe da irgend etwas passiert.«

Wir haben dann verschiedene Schritte ergriffen, und der Papen hat die Leute freigelassen. Ich hab diese Vollmacht mit den Unterschriften der drei Herren noch heute in meinen Akten. Eine Vollmacht, mit der ich weiteren Leuten Vollmacht erteilen konnte. Ich bin erstmal für das Praktische, wenn es um Menschenleben geht, erstmal die Haftentlassungsanträge ausfüllen, auf die Art und Weise kann man nämlich Leute retten.

Dann fanden Vernehmungen statt. Ich wurde auch vernommen, ob ich wüßte, daß der Abegg mit den Kommunisten konspiriert hatte? Unser Staatssekretär hatte nämlich mal zwei Kommunisten, unter anderem den Kasper aus dem Preußischen Landtag kommen lassen und denen gesagt: »Hört mal, daß die kommunistische Fraktion immer mit der NSDAP mitstimmt, muß das sein? Gibt's da nicht doch vielleicht eine Erweiterung der Front gegen die Nationalsozialisten? Könnte man mit denen nicht fertig werden durch eine Erweiterung der Front nach links?«

Nun fanden Vernehmungen darüber statt, ob er das gemacht hatte, ein Mann von der politischen Polizei, der dabei gewesen war, ein gewisser Diels hatte diese Unterhaltung zwischen dem demokratischen Staatssekretär und den Kommunisten verraten.

In den Jahren 1931/32, als der Versuch der NSDAP, Verwaltung und Justiz zu unterwandern, immer stärker wurde, feindete die Partei die

Rechtsprechung gleichzeitig mehr und mehr an. In Prozessen, die gegen NSDAP-Leute oder ihnen nahestehenden Kreisen, wie die Feme-Mörder, stattfanden, wurden energische Richter auch persönlich angepöbelt. Ich erfuhr, daß Listen von Richtern aufgestellt und zu den Zentralen der NSDAP eingeschickt wurden; Richter, die im Falle eines Falles sofort verjagt, solange sie aber noch am Gericht waren, eingeschüchtert werden sollten. Solche Einschüchterungen fanden durch Mitteilungen im ›Angriff‹ oder im ›Völkischen Beobachter‹ statt.

Es war die Zeit, in der die sogenannten Boxheimer Dokumente entdeckt wurden. Ein Assessor namens Werner Best hatte auf einem Hof in der Nähe von Frankfurt mit seinen Genossen ein Programm für die Exekutive am Tage X zusammengestellt. Darin hieß es ganz klar: Wenn wir zur Macht kommen, wird Blut fließen, wird es eine Rachejustiz geben. Unsere preußische Regierung war entsetzt, weil ihr in dieser Form das noch gar nicht klar geworden war.

Da stand wiederholt: wenn wir dran sind, dann werden – natürlich legal durch unsere Gerichte – die Köpfe rollen. Ähnliches war zwar schon im Reichstag gesagt worden, und Hitler hatte dasselbe im Prozeß gegen die Ulmer Reichswehr-Offiziere verkündet.

Diese Boxheimer Dokumente wurden allerdings ernster genommen und erregten ungeheures Aufsehen. Der Innenminister des ehemaligen Großherzogtums Hessen, der Sozialdemokrat Wilhelm Leuschner, rief sofort in Berlin an, die Reichsregierung solle veranlaßt werden, etwas zu tun, aber sie dachte gar nicht daran. Man wollte in der Sache leise treten und Brüning hoffte zu dieser Zeit, die Nationalsozialisten könnten sich vielleicht in der bevorstehenden Wahl darauf einlassen, mit dem Zentrum zu koalieren oder zumindest Zentrum zu wählen und wollte sie nicht durch Reichsmaßnahmen vor den Kopf stoßen. Die gebotene Reichsmaßnahme wäre ein Verfahren wegen Vorbereitung zum Hochverrat gewesen. Für die Ermittlung wäre der Oberreichsanwalt zuständig gewesen und für das Verfahren unglücklicherweise der damals schon politisch angeschlagene Vierte Strafsenat des Reichsgerichts. Die Kalkulation der Reichsregierung habe ich nach dem Kriege im amtlichen Sitzungsprotokoll der Reichsregierung nachgelesen. Es argumentierten Brüning und das Justizministerium; der Staatssekretär Joel, ein sogenannter Nichtarier spielte wiederum eine unglückselige Rolle.

Brüning vertrat die Meinung, man solle die Nationalsozialisten nicht verbieten, denn man habe mit dem Verbot von Parteien, wie den

Sozialdemokraten unter Bismarck, sehr schlechte Erfahrungen gemacht. Noch so viele Jahre später war ich erschrocken zu sehen, wie sehr schon die Brüningsche Reichsregierung der Idee verfallen war, in irgendeiner Weise mit den Nationalsozialisten zu paktieren, zumindest sie zu beschwichtigen und einzuspannen. Brüning versuchte damals, die Zentrumspartei, in der auch ganz andere Leute und Ideen vertreten waren, auf diese Linie zu bringen, was ihm zunächst nicht gelang. Wir müssen unterscheiden zwischen dem preußischen Zentrum und dem Reichs-Zentrum. Wenn es auch Überschneidungen gab, schwelten ständige Gegensätze und mein eigener Ministerialdirektor, Erich Klausener, erzählte mir von den ewigen Reibereien und täglichen Telefonkonferenzen, die über alle möglichen Kleinigkeiten stattfanden. (Das Reichs-Zentrum stand auch in starkem Gegensatz zum bayerischen Zentrum, der Bayerischen Volkspartei. Der bayerische Ministerpräsident Held war seltsamerweise Monate nach dem Januar 33 noch in Bayern im Amt, bevor der Reichskommissar von Hitler eingesetzt wurde. Die Leute sind ja nach Bayern geflüchtet – Berliner Verlage, selbst die volkswirtschaftliche Zeitschrift von Leopold Schwarzschild ist in ihren letzten Nummern in Bayern gedruckt worden).

Brünings Macht wurzelte nur im Reich, mit Preußen hatte er nichts zu tun. Adenauer beispielsweise war preußischer Staatsrat und preußisches Zentrum. Die Schärfe der Gegensätze hat mir Brünings Staatssekretär in der Reichskanzlei Pünder, ein Schwipp-Schwager Klauseners, vor Jahren noch einmal beschrieben. Er sah Brünings größten Fehler absolut richtig darin, daß der zu weich war gegenüber den Nationalsozialisten. Das gilt für den gesamten Kampf gegen den Nationalsozialismus. Die Polizei war nicht scharf genug. Aber wir wissen ja heute leider viel mehr, daß der Zusammenbruch vom 30. Januar zum Teil zwar Schuld der radikalen Rechten und Linken war; einen mindestens ebenso großen Anteil aber hatte daran die Tatsache, daß die Macht oder Ohnmacht der Demokratie zu einer Machtpreisgabe und Machtverschleuderung führte. Es war gar keine einseitige Machtergreifung, wie immer erzählt wird. Die Machtpreisgabe und die Machtverschleuderung bestand eben darin, daß von großen Kreisen Versuche gemacht wurden, mit den nationalsozialistischen Verbrechern Kompromisse auszuhandeln. Man dachte, man könnte mit diesen Leuten paktieren, weil man nicht begriff, daß mit Verbrechern nicht zu verhandeln ist.

Der berühmte Unsinn: man kann doch die Kerle zähmen! Alle

Versuche der preußischen Regierung durch Brüning und das Reichskabinett, beim Reichspräsidenten ein Verbot der Nationalsozialisten und außerdem eine Strafverfolgung von Hitler durchzusetzen, erwiesen sich als völlig nutzlos. Man hatte dort eine Karte gesetzt, die einfach nicht gestochen hat.

Das Komplizentum, das bei Papen durchschlug, die Begnadigung verurteilter SA-Mörder als Mitgift für die Zusammenarbeit der Nationalsozialisten hatte leider seine Schatten schon vorausgeworfen.

Der Fall ›Boxheimer Dokumente‹ war von Hessen-Darmstadt angezeigt worden. Ein Bekannter von Best hatte der Regierung in Darmstadt etwas mitgeteilt. Die Hessen und die Preußen zu ihrer Unterstützung haben die Geschichte sehr ernst genommen. Boxheim selbst lag in Preußen und gehörte damals nicht zu Hessen-Darmstadt. Aber Best war hessischer Beamter, er wurde dann später sehr bald Polizeipräsident.

Wir schickten von Preußen aus Akten an den Reichsanwalt, und Leuschner mit den Darmstädtern hat dasselbe getan. Und dann wurde dieser ganze Vorgang juristisch kaputtgemacht. Mit Redensarten, die man gebraucht, wenn man nicht strafverfolgen will, wie: »Die Ermittlungen sind noch nicht abgeschlossen. Es müssen noch Leute vernommen werden.« Glatte Lügen der Reichsanwaltschaft, denn der Tatbestand war ja klar. Die Sachen lagen schwarz auf weiß auf dem Tisch. Ich brachte damals eine Schrift heraus mit dem Titel ›Justizdämmerung‹ in Anspielung auf das Wort ›Götterdämmerung‹. Alles zerfiel, wie in der Götterdämmerung die Götter, so in der Justizdämmerung die Justiz. Die politische Justiz brach zusammen, wurde zur Sabotage-Justiz, sobald solche Fälle in die höheren Regionen entschwebten.

Meine Absicht war, die eigenen Leute aufzuwühlen, dazu regte mich auch mein Staatssekretär Abegg an im Hinblick auf seinen Minister Severing. Die Leute sollten energischer werden, und auch der preußische Justizminister Hermann Schmitt sollte mal in die Listen reingukken, welche Richter da eingeschüchtert wurden. Es gab mehrere dafür bekannte Rechtsanwälte in Moabit; einer, der dauernd für das zentrale juristische Büro der NSDAP in der Straße, die zufällig Jüdenstraße hieß, Spitzeldienste leistete, rannte in Moabit herum, ließ sich von nationalsozialistischen Kollegen am Ende der Verhandlungen erzählen, wie die Richter waren und machte sich Notizen. Wer Fememörder und dergleichen verurteilte, kam gleich auf die Liste. Meine Freunde aus dem Republikanischen Richterbund benachrichtigten mich laufend über alle möglichen Frechheiten und Behinderungsversuche von Rechtsanwalt Hans Frank und Konsorten.

Diese Informationen verpackte ich in die ›Justizdämmerung‹, um alle, die auf dem polizeilichen und Justizgebiet in der Weimarer Republik zu lau waren und in ihren hohen Regierungsstellen gar nicht wußten, was ihre Lauheit und was ihr Mangel an Energie ihnen selbst zufügen würde, zu warnen. Ein großes Schild auf offener Straße, auf dem nur das Wort ›Vorsicht Blutjustiz!‹ stand. Als Autorenpseudonym (damals fingen die Nationalsozialisten schon mit Attentaten an) wählte ich Eike von Repkow, den großen Rechtsgelehrten aus dem 13. Jahrhundert, Verfasser des ersten Kodex des deutschen Rechts, des Sachsenspiegels.

Die Schrift hat in Preußen gewirkt, im Reich nicht. Unberührt blieben die Leute, die nun paktieren wollten, weil die Zahl der nationalsozialistischen Reichstagsmandate im Sommer 1932 schon sehr hoch war, – die Ängstlichen, die ihren Job gegen alle erdenklichen Schadensfälle absichern wollten – und die Irrsinnigen, die glaubten auch mit Verbrechern seien Geschäfte zu machen. Verbrecher kann man vernehmen, mehr nicht, sonst fällt man rein.

»Warum sitzt der Kerl noch da?«

Also saßen wir da am 20. Juli 1932, »wir weichen der Gewalt« war das Motto von Severing, den ich sonst sehr schätzte. Die Idee, man wolle es nicht zu einem Bürgerkrieg kommen lassen, hatte die Oberhand gewonnen. Das war nicht die allgemeine Stimmung, aber die Stimmung einer Mehrheit von denen, die etwas hätten unternehmen können und müssen. Die Kampfstärke war gar nicht so schlecht. Unter den Polizeioffizieren war eine ganze Menge von sehr faulen Köppen, die schon mit den Papen-Leuten heimlich in Verbindung gewesen waren; es war doch manches schon unterwühlt worden. Aber die Gewerkschaften waren stark, das Reichsbanner hatte auch eine gewisse Macht, es hätte schon gemacht werden können. Wahrscheinlich hätte eine kleine, verhältnismäßig starke Gruppe die Rechten noch einschüchtern können, beim Kapp-Putsch war es ja auch gelungen. Ich bin der Ansicht, es hätte zu was geführt.

Severing hatte falsch kalkuliert. Er war ein sehr angenehmer Mensch, ein sehr angenehmer Vorgesetzter. Als Bürokrat schiebe ich so etwas immer in den Vordergrund, wenn man mit jemandem zusammenarbeiten kann. Ich glaube nicht, daß er ein kühler Rechner war, er war auch kein Schlappschwanz im schlechten Sinne, aber er war weich, das muß man bei aller Zuneigung zu ihm sagen. Er war nicht so knochig wie sein Vorgänger Albert Grzesinski. Diese Weichheit und ein gewisses Kompromißlertum war aber auch – da die SPD keine Mehrheit besaß – notwendig. Er lebte in einer Koalition. Aber man muß eines stets bedenken: Wie handelt jemand, der kühl ist oder nicht kühl ist, wenn er einen Schlag vor den Kopf kriegt? Man hat in der SPD einen möglichen Putsch erwogen, aber man hat nicht so recht daran geglaubt. Als er da war, war es zu spät. Vielleicht war ich pessimistischer eingestellt als andere und kritischer. Ich wußte, was im Lande vor sich ging und sah, daß es schief liefe, wenn nicht etwas Energisches getan würde. Das lag daran, daß ich meinen eigenen Nachrichtenapparat hatte, der nicht gerade durch die politische Abteilung ging, sondern aus einem Kreis von Freunden in ganz Preußen bestand. Da war der linksdemokratische Oberpräsident in Magdeburg, Falk, da war der Regierungspräsident in Merseburg, von Harnack, da war der Frankfurter Polizeipräsident, ein Gewerkschaftler. Wenn ich mit denen telefonierte über irgendein Vorkommnis, so besprachen wir gleichzeitig: »Was ist sonst los bei Euch? Wie ist die Lage?«

So konnte ich mir ohne Akten ein Bild machen. Es war viel Merkwürdiges am 20. Juli selbst; ich erinnere mich, daß mich Falk anrief, (gar nicht den Namen nannte am Telefon) und sagte: »Die Leute werden rausgeworfen« und so weiter und in einer sehr abgehackten Sprache fragte: »Ist für mich Gefahr?« Er hatte Angst, daß er am nächsten Morgen von den Papen-Leuten rausgesetzt würde, was auch geschah. So denken die Leute zunächst: Werde ich rausgeworfen?

Der Pay-cheque und wer ihn ausstellt, das ist eine mächtige Waffe in der ganzen Welt, das war nicht nur in Preußen so. Daß man das alles aus Liebe zum Vaterland getan hat, ist doch Quatsch, die Leute wollten leben. Für Jüngere war das nicht so ein Kunststück. Wenn ich irgendwo einen Job verloren habe, bin ich am folgenden Tag in einen anderen reingegangen. Für Ältere, die eine große Familie und ihr Haus haben, ist das eine ganz andere Sache.

Die Leute flogen allmählich raus, und zu uns ins Ministerium kam ein Herr Franz Bracht – das war der Essener Oberbürgermeister, der wurde kommissarischer Innenminister und Nachfolger von Severing. Die ganzen Gewerkschaftler aus der preußischen Verwaltung wurden sofort eliminiert, die hatten ja zwei Drittel der Polizeipräsidentenstellen inne. Die Polizeipräsidenten von Berlin, Altona, Frankfurt am Mai waren ja alle ehemalige Gewerkschaftler. Die sozialdemokratischen preußischen Landräte wurden auch abgelöst, und es fing ein großes Reinemachen an.

Ich bin dann im Ministerium geblieben und ich warte schon auf die Frage: »Wie kommt es, daß Sie geblieben sind, wo Sie nicht der Freund der Leute waren?« Das erscheint komisch, daß einer der Scharfmacher sitzenbleibt; das kommt nicht alle Tage vor. Da ist etwas sehr Merkwürdiges: Erstens haben die Leute nicht gewußt, wie weit mein Einfluß reichte. Die wissen gar nicht Bescheid, sogar die Gestapo hat in der ersten Zeit nicht gewußt, wer die einzelnen Personen sind. Man kann sich sehr gut tarnen und die Leute wissen lassen: »Mein Herr, Sie überschätzen mich«, wenn jemand Andeutungen in der Richtung gemacht hat. Es hatte noch einen anderen, ganz persönlichen Grund, daß ich damals noch nicht rausflog. Ich war Justitiar der Polizeiabteilung des Innenministerium und hatte Rechtssachen für 76000 Menschen in oberster Instanz zu erledigen. Aber so ein junger Jurist, der eine ganz gute Ausbildung hatte und auch beim Rechtsanwalt Frey viel gelernt, dem fiel noch etwas anderes zu, die Kollegen von weit und breit fragten nach meinem Rechtsrat. Eine Anzahl mittlerer und oberer Beamter kam zu mir mit ihren Problemen über Grundstückskäufe, wenn sie ein kleines Häuschen angezahlt und Abzahlungsverträge hatten, wo ekelhafte Sachen passiert waren, wie das so üblich ist. Oder ein Staatssekretär kam zu mir mit seinem persönlichen Schuldenproblem (zu einem Oberregierungsrat, stellen Sie sich das vor!), ich sollte ihn beraten, wie er aus den Schulden am besten rauskommen kann, die er bei der *Preußischen Staatsbank* gemacht hatte. Alle Leute haben irgendwelche Probleme, der eine hat große Schulden, der andere hat merkwürdige Ehesachen, die so ausgebügelt werden müssen, daß keine Disziplinarverfahren entstehen, der Dritte hat Ärger mit seinen Haussachen, der vierte hohe Beamte hat eine Nutte in Berlin verprügelt, die nachher sich beim Minister zu beschweren versuchte, aber von dem Justitiar abgefangen wurde, damit des Mannes Karriere gerettet war. Zuzüglich zu jeder amtlichen Entscheidung, die ich zu treffen hatte, kam das Gratismandat eines Kollegen oder Vorgesetzten. Die meisten sind doch faule Köppe und haben irgendein, wie man in Amerika sagt, *skeleton in the closet*, die meisten Menschen! Und alle diese Privatmandanten hatten ein großes Interesse an mir, daß ich zunächst weiter da bin, meinen Job mache und die mich nicht gleich auf die Straße werfen. Es ist ein reines persönliches Vertrauensverhältnis, und wenn einer Ihnen vertraut, stößt er Ihnen nicht gleich den Dolch in den Rücken. Jedenfalls hat das bis dato funktioniert, und davon lebe ich auch gegenüber meinen Mandanten. Es spielten zur damaligen Zeit auch gewisse gesellschaftliche Dinge eine Rolle, die Mutter ist die Professorin in Berlin-Moabit, die Bakteriologin, da schickt man mal von seiner Schwiegermutter den Urin hin, um feststellen zu lassen, ob die betreffende Person todkrank ist. Sie finden in der Verwaltung immer wieder Leute, die tabu sind. Für 'ne Weile. »Laßt den ruhig. Was kann er schon tun?«

Tatsächlich konnte man ja auch nicht viel anrichten, man war ja kein Bombenleger. Also schön, der sitzt da. Die Akten kamen rein, wie sie vorher reinkamen, wurden erledigt, wie sie vorher erledigt wurden. Da hat sich in meinem Justitiariat nicht viel geändert. Man hat Sachen abgeschoben, hat Urlaub genommen. Ein Beamter gibt seine Stellung nicht ohne weiteres auf, wenn ein anderes Regime kommt. Die große Koalition war vorbei, jetzt kam eine Art autoritäres Regime. Das sieht man sich doch ein halbes Jahr mal an! Ist doch gar nischt für die ersten sechs Monate. Man nimmt Urlaub, dann nimmt man Krankheitsurlaub, dann nimmt man Kururlaub, dann kommt Weihnachten, und dann kommt der Herr Hitler. Nach Weihnachten kam der Herr Hitler, 30. Januar 1933.

In der Personalabteilung wehte nach dem 20. Juli natürlich ein anderer Wind. Es wurden nicht mehr Leute eingestellt, die etwa als streng republikanisch angesehen werden konnten. Es wehte vor allen Dingen der viel stärkere antikommunistische Wind, und es wehte auch dieser ganz lächerliche Wind, der sich darin ausdrückte, daß Herr Bracht einführte, daß Badeanzüge viel vollständiger sein müßten. Aber man hat mich zu der Zeit allein gelassen, nicht belästigt, trotz anonymer nationalsozialistischer Schreiben an Papen: »Warum sitzt der Kerl, der Kempner noch da? Da ist doch eine Zentrale von Leuten, die gegen die Nationalsozialisten arbeiten . . .« und dann mit ganz albernen Begründungen, »er hat eine merkwürdige Telefonnummer in Lichterfelde mit einer Frau Professor Rabinowitsch zusammen. Wer mag denn das sein?« Man hatte doch immer Freunde. Kollegen! Andererseits bekam ich gelegentlich auch ein solches Schriftstück von jemandem aus dem neuen Papenschen Preußischen Staatsministerium präsentiert. Wenn man einen bestimmten Job hat, dann hat man gleichzeitig ein Netz von Bekannten, die kurz telefonieren: Du wirst morgen die Abschrift eines Briefes bekommen, der dich interessieren wird, dann kam ein Brief ohne Absender und man wußte Bescheid, was los war.

Also, wir haben die Zwischenperiode, wo die Dinge so liefen und man wartete: werden Schleicher und Papen noch von sich aus weiterzumachen versuchen oder wird Herr Hitler die Sache übernehmen? In den Amtsstuben gab es in den Jahren 1929/30 immer nur einzelne bekannte Nationalsozialisten, auf die man hinweisen konnte und gegen die man dies und jenes tun konnte. Der sogenannte Umschwung kam eben doch sehr plötzlich, übrigens auch für die Deutschnationalen, die ihm die Wege geebnet hatten. Einige, die mit Papen ins Kabinett eintraten und von Hitler später übernommen wurden, Schwerin-Krosigk, Neurath, Gürtner hatten bis 1930 gar nichts zu sagen gehabt. Die nationalsozialistische Bewegung wurde eben von Hitler, Goebbels und den Schreiern propagiert, und diese Bürokraten standen damals noch völlig abseits. Schwerin-Krosigk befand sich nicht an der Spitze der Verwaltung, er hatte den Staatssekretär Schäfer über sich, Neurath hatte durch seine Verwandtschaft mit General Mackensen irgendeinen nicht allzu bedeutenden Posten, und Gürtner war eine rein bayerische Erscheinung. Dieser Typus hatte noch gar keinen Einfluß. Allmählich tauchten diese Figuren aus der Anonymität auf, doch möchte ich nicht sagen, daß es diese Art Leute aus der Bürokratie waren, die den Übergang direkt betrieben haben. Sie sind nachher eingeschwenkt, diese Typen, soweit sie noch vorhanden waren, aber sie waren doch nicht Urheber. Sie liebten die NSDAP gar nicht, verstanden aber von der NSDAP ebensowenig wie von den Roten. Sie bekamen Angst vor der NSDAP-Masse, als der Mob immer stärker wurde, es würde zu weit gehen, wenn ich sage, sie wurden von denen überrannt, sie wurden aber von ihnen überschrieen. Es war doch eine Massenpsychose, der diese Leute allmählich unterlagen, die sogenannten Besseren, die denken konnten. Das hat sich erst sehr allmählich entwickelt.

Die Reichswehr ist ein ganz besonderes Kapitel. Wirkliche Republikaner haben nie geglaubt, daß sie von dieser Seite irgendeine Unterstützung erhalten könnten. Die Reichswehr war natürlich in einem ernsten Sinne nicht demokratisch und republikanisch. Es wäre aber schon viel geholfen gewesen, sie auf einen autoritären aber anti-hitlerischen Kurs zu fixieren. Unter Schleicher wurde das mal eine kurze Weile versucht, es hat aber nicht lange gehalten, vom Winter 1932 bis Januar 1933. Die Reichswehr war der NSDAP nie gewachsen und wollte teilweise ihr auch nicht gewachsen sein. Es sind genügend Generäle im Handumdrehen übergelaufen, was dann durch dieses Potsdamer Bündnis besiegelt wurde. Hindenburg hat 1933 den Stempel gedrückt auf die Versöhnung zwischen NSDAP und Reichswehr. Hitler war von den Offizieren viel weniger überzeugt, als er hätte überzeugt sein können. Die waren ja seit Jahren innerlich viel mehr auf seiner Linie, als er überhaupt ahnte.

Treue Mitarbeiter

Dann kam der 30. Januar 1933. Man spazierte morgens ins Ministerium, ging auf sein Dienstzimmer und niemand arbeitete. Auch am nächsten Tag und am 1. Februar und 2. Februar arbeitete im ganzen Hause niemand, sondern guckte, was wird nun werden? Eine Gruppe von lebenslänglich angestellten Personen. Gehen mußte, wie man sich einbildete, keiner. Man hatte vorher die Disziplinargerichte für die Richter und Beamten mit sehr zuverlässigen Republikanern besetzt, in der Meinung, es kann ja nur ein Disziplinarverfahren gegen jemanden gemacht werden, wenn er rausgeschmissen werden soll. Und wenn die Kammern richtig besetzt sind, gibt's gar nicht soviel Vorwände, um all die Leute durch ein Disziplinarverfahren rauszuschmeißen. Damit sollten die wohl erworbenen Rechte gewahrt werden; die Leute schuldeten uns ja was. Wir haben unser Leben an diese Karriere gesetzt. Weil irgendwelche Strolche die Verfassung ändern, ist das noch kein Grund, daß sie die wohlerworbenen Rechte stehlen können. Das haben wir erst nachher gemerkt, daß das nicht Mörder sind, sondern Raubmörder.

So saßen wir nun da. Man ging von Zimmer zu Zimmer. Jetzt fragten *wir* natürlich: Ist für mich Gefahr? Herr Göring, der kommissarischer preußischer Innenminister geworden war, kam, und man sah, er sammelte einen staff von Leuten, von denen man jetzt genau merkte, daß sie mit ihm vorher in Verbindung gewesen waren. Verräter, wirkliche Verräter, die ihn und die Partei während der republikanischen Zeit informiert hatten, schon längst vor Papen. Ein paar Tage später ließ Göring die höheren Beamten des Innenministeriums in dem Dienstsaal neben seinem Zimmer zusammenkommen. Die Gruppe war nicht sehr groß, denn das waren die höheren Beamten des preußischen Innenministeriums. Um Preußen zu regieren, das ja zwei Drittel des Deutschen

Reiches war, brauchte man nicht Hunderte von Ministerialräten, wie das heute der Fall ist, sondern noch nicht mal dreißig Ministerialräte und Referenten, um die hundert Landräte, die Regierungspräsidenten, die Oberpräsidenten, die ganze preußische Polizei und die preußische Verwaltung, samt Aufsicht über die Städte, Kommunen und so weiter zu regieren. Damals gab es in Preußen noch nicht das Parkinsonsche Gesetz, nachdem die Bürokratie ein immer größeres Volumen annimmt, weil der Staat wie eine Qualle, die immer dicker wird, viel zu viel Aufgaben übernommen hat. Eine Krankheit, die übrigens nach dem Kriege auch in den Vereinigten Staaten ausgebrochen ist.

Nun, Göring kam rein und sagte sehr jovial – das ist er immer bis zum Schluß geblieben –, etwas herablassend: Meine Herren, (meine Damen und Herren gab's damals noch nicht), ich habe das Ministerium vor wenigen Tagen übernommen, es wird jetzt in nationalsozialistischem Geiste geführt. Was da früher zur republikanischen Zeit war, ist alles fauler Hokuspokus. Und im letzten halben Jahr, seit dem 20. Juli 1932, ist ja auch nichts Gescheites herausgekommen. Das wird anders. Aber ich weiß, Sie sind alle treue Mitarbeiter und wenn Sie sich nach unseren Richtlinien weiter benehmen, dann geschieht Ihnen nichts. Wenn einer unsere Richtung nicht mitmachen will, dann soll er es sagen.

Selbstverständlich sagte niemand etwas. In fünf Minuten wegen einer Gesinnung seine monatliche Gehaltsanweisung und seine jahrelangen Beamtenrechte hinzugeben, bloß weil ein Herr Göring kommt, ist doch naiv. Denn es gibt noch höhere Leute als Herrn Göring, zum Beispiel Ärzte, die jemanden krankschreiben können, so daß er weg kann, aber Pension kriegt. Dann wurden die Herren von der Besprechung entlassen und zwanzig Minuten später, als ich in mein Zimmer ging, lag auf meinem Tisch ein Zettel, auf dem stand: »Sofort beim Personalreferenten melden.«

Ich rief den Herrn an, den ich ganz gut kannte, er stammte noch aus früherer Zeit. Und da sagte er: »Kempner, Sie müssen natürlich raus. Hat der Göring bestimmt.«

Ich antwortete: »Einverstanden. Ich bin nämlich leider gezwungen, Krankenurlaub zu nehmen.«

»Ach, das ist gut, dann nehmen Sie vorläufig Krankenurlaub. Aber wir müssen bestimmen, was Sie später machen werden. Sie werden selbstverständlich versetzt.«

Ich wurde formal an eine Stelle versetzt, wo ich mich einarbeiten sollte in gewisse Wasserverhältnisse an der Havel und der Spree. Viel später hab ich erfahren, am 7. Februar hatte eine Ministerbesprechung stattgefunden, wo Göring bestimmt hat, wer gleich aus dem Ministerium rausgeschmissen wird.

Der offizielle Rausschmiß per Gesetz erfolgte erst im April. Große Fragebogen trafen ein, wo man sich äußern mußte. Da stand dann: Religion der Eltern? Das war noch nicht gefährlich, aber dann kam: Rassenmäßig? In diese Spalte habe ich geschrieben: »Über meine Rasse werde ich zunächst Ermittlungen anstellen.«

Weiter wurde gefragt: »Welchen Vereinigungen haben Sie angehört?«

Da mußte man sehr vorsichtig sein und nicht gleich das Schlimmste vom Schlimmen niederschreiben. SPD ging noch, *Liga für Menschenrechte* war schon höchst gefährlich. Ich habe die SPD und den Republikanischen Richterbund genannt. In der *Liga für Menschenrechte* war ich nie Mitglied, sondern nur Mitarbeiter, weil ich immer schon dachte, da werden sie nachschnüffeln bei diesen verfluchten Pazifisten Friedrich Wilhelm Förster, Professor Ludwig Quidde, Graf Arco, der Fürstin Mechthild Lichnowski, General Daimling, – es waren zwei, drei Generäle darunter.

Wenn jemand wegen politischer Unzuverlässigkeit herausgesetzt wurde, dann gemäß § 4 des ›Gesetzes zur Wiederherstellung des Berufsbeamtentums‹, die Rassenrausschmisse besorgte § 3. Man wollte das ordentlich und sauber aufteilen. Ich bin natürlich stolz auf meinen Rausschmiß wegen politischer Unzuverlässigkeit nach § 4 in Tateinheit mit fortgesetztem Judentum. Den Schutz, der jüdischen Beamten mit Frontkämpfereigenschaft unter § 3 eine Zeitlang gewährt wurde, habe ich nicht genossen. So endete meine Tätigkeit im preußischen Staatsdienst. Die Liste ist mir in Nürnberg mal in die Hände gefallen. Es gab eine Presseverlautbarung: Der Chefjustitiar der Preußischen Polizei ist suspendiert worden. Er wird in sein Amt nicht mehr zurückkehren.

Darunter war eine andere Meldung: Der Regierungsrat Rudolf Diels aus diesem Ministerium wird eine zentrale politische Polizeistelle, ein Geheimes Staatspolizeiamt, übernehmen. Ein paar Tage später, am 27. Februar 1933, geschah der Reichstagsbrand.

Unzählige Bürokraten haben ganz einfach weitergearbeitet, sind von Hitler und den anderen NS-Ministern und Funktionären erst zu kleineren Sachen veranlaßt worden, die sie mitzumachen hatten, und das hat sich allmählich immer stärker entwickelt. Die Leute wußten gar nicht, was ein Staat ist und wozu er da ist. Die glaubten, daß der Staat nur dazu da ist, um ihnen eine lebenslängliche Anstellung zu verschaffen und zu garantieren. Man war in einer großen Gruppe, die noch aus der monarchistischen Zeit unerhörte Vorrechte hatte, sowas gibt man ungern auf. Man dachte, man könnte seine Privilegien auch zur NS-Zeit weiter festhalten. Das war zu einem Grade verblüffend, wie viele Geheime und Vortragende Räte eingeschwenkt sind wie pommersche Rekruten, wie Bismarck in anderen Zeiten gesagt hat, ohne zu zögern. Wir gehen davon aus, daß das alles Helden waren, das waren sie eben nicht. Das hatte ihnen Bismarck schon gesagt, und deshalb führte er mit den deutschen Botschaftern in Paris und Petersburg Geheimbriefwechsel, um diese ganzen Bürokraten zu umgehen. Ich habe den verstorbenen Staatssekretär Ernst Wilhelm Bohle vom Auswärtigen Amt gesprochen, den Gauleiter der Auslandsorganisation der NSDAP, den wir im Wilhelmstraßenprozeß angeklagt haben, der hat mir erzählt: Ja, im Auswärtigen Amt sind Herren zu mir gekommen und haben mir die Knie umfaßt, es solle ihnen doch nicht übel genommen werden, daß sie dann und wann mal ein schlechtes Wort über die NSDAP gesagt hätten. Sie bäten darum, auf alle Fälle in die Partei aufgenommen zu werden und dem Bormann zu sagen, sie seien gute Leute.

1933/34 hat man bei Beförderungen vorher in der Partei angefragt und 1937/38 erst recht. Der üblichen Bürokratie, die eben mitmachte, war zunächst auch noch nicht klar, wie der Hase laufen würde. Die allgemeine Meinung, zumindest die Meinung eines erheblichen Teils von vernünftigen Leuten war ja: Der Hitler wird sich schon selbst kaputt machen. Der wird sich so übersteigern, daß er platzt. Das war ein weitverbreiteter Irrglaube. Es gab eine Weile Diskussionen in der Zentrumspartei, sehr viele Beamte gehörten ja dem Zentrum an, und in Preußen trat folgende Überlegung hinzu: Die Bürokratie war gewöhnt an Innenminister wie Albert Grzesinski und Carl Severing, also Leute, die nicht aus der Verwaltung stammten, sondern aus den Gewerkschaften und der Arbeiterbewegung. Göring war von Hause aus Pilot, und diese Beamten sagten sich, mit dem werden wir schon fertig werden. Das dauerte eine Zeitlang, bis sie merkten, daß Göring sofort durchgriff, auftrat wie ein Pascha und überall an Schlüsselstellungen Leute seines Vertrauens reinsetzte. Er holte etwas nach, was die Sozialdemokraten im Innenministerium nur bis zu einem gewissen Grade gemacht hatten. Bis 1933 gab es eben Beamte, die schon unter Wilhelm II. gedient hatten und deren Charakteristikum das des preußischen Reserveoffiziers war. Teilweise waren es doch reine Idioten. Selbstverständlich waren sie Idioten, sonst wären sie nicht einem Rattenfänger gefolgt. Leute, die nichts gelernt, nichts gesehen hatten, nie im Ausland gewesen waren und ihnen fremde Kräfte überhaupt nicht kannten. Ein anderer Teil bestand aus reinen Opportunisten. Zu der Zeit, über die wir jetzt sprechen, gab es noch nicht so viele Leichen, mindestens aber beim Röhm-Putsch hätten sie eigentlich etwas merken müssen, gerade wegen der Ermordung von bürgerlichen Leuten. Die ganze Verwaltung hätte ja aufstehen müssen, als Klausener ermordet wurde. Die ganze Generalität hätte aufstehen müssen, als Schleicher ermordet wurde. Die haben gar nicht daran gedacht. Es war eine Niederlage in ganz großem Maße, an der die Bürgerschaft, teilweise auch die Arbeiterschaft beteiligt war, die ganze Linke beteiligt war. Profitiert haben große Teile des Mittelstandes, in gewissem Sinne das Heer der Arbeitslosen, also diejenigen, die nicht erkannt hatten, daß Hitler Krieg heißt.

Ich habe gewußt: »Die Schlacht ist verloren. Jetzt ist es vorbei.« An der Republik war vorher zwar manches auszusetzen gewesen, jetzt aber hatte man es mit einem Staat zu tun, von dem ich von Anfang an der Meinung war, daß er ein Verbrecherstaat war. Ich muß sagen, daß ich zunächst überlegt habe, was werde ich jetzt machen, werde ich mich da zurecht finden? Ich habe nie gedacht, wie viele, denen es dreckig gegangen ist unter Hitler, das dauert so ein, zwei Jahre, die deshalb nach Holland, Frankreich oder Prag ausgewandert sind und glaubten, sie könnten bald wiederkommen. Ich dachte: Es ist zunächst vorbei und wenn von außen keine Einwirkungen kommen – von England und Frankreich kamen sie nicht, von Rußland kamen sie auch nicht – wird das zunächst eine lange Weile dauern.

Der Staatsstreich war kein Staatsstreich in des Wortes eigentlicher Bedeutung. Er war vielmehr unter lügenhaften Vorwänden und mit Hilfe unerhörter Propaganda inszeniert worden, die dazu führten, Hitler als Reichskanzler zu berufen. Hindenburg hat das in Verletzung seines Amtseides mitgemacht, also war alles legal. Es war so legal, daß die Richter des Dritten Reiches gesagt haben, was sie damals gemacht haben, war ja legal. Die Nacht der langen Messer war eingekleidet in Paragraphen. Wir können von der Nacht der Paragraphen sprechen und deshalb fühlten sich auch sehr viele Beamte keineswegs als schuldig. Der legal zur Macht Gekommene gab legale Befehle, Notverordnungen, Ermächtigungsgesetze. Zur damaligen Zeit war doch, was Hitler ins Ohr von Goebbels flüsterte, ein Befehl. Wenn er sagte, auf dem Bayerischen Platz in Berlin, da sitzen noch Juden auf den Bänken, es muß festgesetzt werden, Juden dürfen nicht mehr auf den Bänken am Bayerischen Platz sitzen, dann war das eine Verordnung, das war ein Gesetz. Das war 1938, und dann kam die Zeit, wo ein Jude nicht mehr einen Kanarienvogel halten oder zu einem christlichen Frisör gehen durfte. Das war alles legal. Der Staatsstreich oder Paragraphenstreich Hitlers besteht aus neunhundert bis eintausend niedergeschriebenen Gesetzen und Verordnungen, und die letzte Verordnung ist die, daß alle Merkmale, die auf ein Verbrechen hindeuten könnten, alle Akten vernichtet werden. Am Anfang steht der Paragraphenstreich und am Ende die gewaltsame Beseitigung der legalen Paragraphen durch Feuer, weil sie eben doch als verbrecherisch angesehen wurden. Ich will nicht hadern, sie können aber mit siebzig, achtzig Prozent der Leute alles machen, sobald es um die Kasse und das Futter geht, gewisse Dinge muß man ihnen allerdings erleichtern. Es hat keine Nacht der langen Messer gegeben, es hat etwas viel schlimmeres stattgefunden, nämlich die Nacht der ordentlichen Verhaftungen, um Leute zu Tode zu quälen.

Man macht als guter Verwaltungsbeamter möglichst keine krassen Entscheidungen, die jeder übersehen kann, sondern man verteilt die Schuld, die einem vielleicht mal vorgeworfen wird, auf Verschiedene. Das ist die Stärke der Bürokratie, daß immer niemand verantwortlich ist und es sein will. Ganz im Gegensatz zu der Geschäftsordnung für die Reichsministerien, nach denen jeder Referent für alles, was in seinem Bereich geschieht, verantwortlich ist! Ich habe bei mehreren Prozessen und einmal auch zum Erstaunen des mir befreundeten Israel-Generalstaatsanwalts Gideon Hausner gesagt: »Mit der Verantwortlichkeit müssen Sie anfangen bei der Geschäftsordnung für die Ministerien. Da sehen Sie, wofür ein Referent Eichmann verantwortlich ist, ob das in Ungarn geschieht oder in Paris.«

Nun, zunächst wurde noch nicht überall geschossen, aber es ging ziemlich bald los – bis Oktober 1933 gab es »nur« 500 Tote. Rechts und links wurden Leute verhaftet, Freunde der verschiedensten Art. (Das geschah noch nicht zwischen dem 10. Februar, wo ich rausgeworfen wurde, und dem 27., an dem eben der Reichstagsbrand stattfand.) Nehmen wir zum Beispiel den früheren Polizeivizepräsidenten Friedensburg in Berlin, der dann in Kassel war und nach dem Krieg Berliner Bürgermeister wurde, der war eingesperrt, oder den politischen Referenten im preußischen Justizministerium, Franz Hermann. Wie es den Leuten in den KZs ging, sprach sich sehr schnell herum. Es wurde aber auch gleichzeitig von bürgerlichen Kreisen gesagt: »Naja, der hat ja während der Zeit der Republik an dieser und dieser prominenten Antinazistelle gestanden.«

Zunächst mußte man feststellen, von wem ging die Verhaftungsanordnung aus – von Göring direkt? Von Hitler direkt? Von Parteileuten oder von der Gestapo? Die bekam ihre Weisung von den verschiedenen Ämtern und man darf nicht vergessen, es waren Listen im Innenministerium aufgestellt worden, wer zu verhaften sei. Wir müssen zwei Sachen unterscheiden: Auf der einen Seite die von oben befohlenen Verhaftungen hoher Beamter, Politiker, linker Zentrumsleute, Sozialisten, von Pazifisten und so weiter. Das war »rechtens«, weil in der Nacht nach dem Reichstagsbrand am 28. Februar 1933 die Notverordnung rausgekommen war: Keine Gerichtsverfahren, Verhaftungen wegen Schädigung des Staates sind ohne weiteres möglich durch die Polizei.

Die andere Gruppe waren die örtlichen Vertreter der Republik-Zeit, die von der SA gefangen und halb totgeschlagen ins KZ gebracht wurden. Das waren zwei verschiedene Maßnahmen. Aber sofort ordnete der Ministerialdirektor Grauert von Görings Polizeiabteilung an, was die SA-Leute gemacht haben, ist auch rechtens, denn die bestelle ich hiermit zur Hilfspolizei. Also ging die Verhaftungswelle durch zwei Kanäle. Bei der ersten Gruppe kam die Gestapo rein und sagte: »Kommen Sie mit«, wie sie es später auch zu mir gesagt haben. Unter der Reichstagsbrandverordnung konnte das mit allen gemacht werden, Großen und Kleinen. Sie haben es mit den Großen in Berlin zentral gemacht, mit den Kleineren haben sie es SA-mäßig gemacht, Nachbarschaftssachen. Göring war eine Art Paravant, ein Schirm, hinter dem die Dinge abgewickelt wurden. Er hätte Ihnen mit der liebenswürdigsten Art, wenn jemand um Enthaftung gebeten hatte, je nach Laune und Zusammenhängen gesagt: »Naja, das war ein Irrtum. Das war die SA, eine Dummheit, man kann die Leute schwer zurückhalten.«

Und zur gleichen Zeit im Sportpalast oder sonstwo hat er den eisernen Besen markiert. Er mußte ja gegenüber der SA den eisernen Besen schwingen und gegenüber dem Ausland vorsichtig sein. Göring und sein späterer Staatssekretär Grauert haben die Exzesse doch der Auslandspresse zuliebe eingeschränkt, die allmählich merkten, was los war. Deshalb hat man das auf die kalte Art gemacht und nicht gleich mit einem Blutbad. Ein Nicht-Schlächter kann viel besser aufräumen als ein gewerbsmäßiger Schlächter, darunter verstehe ich bestimmte Landräte und SA-Chefs, Röhm und diese Sorte, vor denen Hitler und Göring dann selbst Angst bekamen.

Ich saß in Berlin-Dahlem einmal mit der Frau eines hohen Beamten des Justizministeriums zusammen, der durch Freisler, (der zunächst im preußischen Justizministerium gewesen ist) verhaftet worden war – 1933. Dieser hohe Beamte hatte die Frechheit gehabt zu fragen, warum er eigentlich aus dem Ministerium rausgeschmissen worden war. Er wußte genau weshalb, er hatte die politischen Fälle bearbeitet. Der saß nun im KZ Oranienburg, und da ist diese Frau auf folgende Idee verfallen: Ihre Eltern hatten einen Juwelierladen *Unter den Linden*, da kauften die ganzen Schauspieler vom Staatstheater, das gleich um die Ecke stand. Von dort war durchgesickert, man sollte versuchen, sich an die Schauspielerin Emmy Sonnemann zu wenden. Emmy war, wie man heute sagen würde, die ständige Freundin von Hermann Göring. Ich hatte Verhandlungen zur Freilassung eines meiner besten Freunde aufgenommen, saß nun mit seiner Frau in Dahlem im Zimmer und die sagte: »Die Sache scheint zu klappen.«

Ich warnte: »Frau Hertha, seien Sie mit solchen Sachen vorsichtig. Wenn ich nicht den Diels überzeugen kann, den Gestapo-Chef, daß man ihren Mann losläßt, wie will die Emmy das tun? Passen Sie auf, daß Sie nicht auf einen Schwindler reinfallen.«

»Mir ist aber fest versprochen worden durch den Kollegen von Emmy, den Staatsschauspieler, daß sie morgen telefoniert. Kommen Sie morgen her?«

Wir sitzen da. Es klingelt, Emmy Sonnemann: »Morgen kommt Ihr Mann raus.«

Der Mann kam raus; nach dem Krieg wurde er Oberlandesgerichtspräsident. Das war eben eine Usance, das gehörte zum Stil dieses Renaissance-Fürsten, wie er sich selbst bezeichnet hat. Ich habe diese Tatsache dem Göring in Nürnberg vorgehalten in folgendem Zusammenhang: »Sie wußten doch, wie es in den Internierungs- und Konzentrationslagern zugegangen ist!«

Er bestritt, daß es da irgendetwas Böses gab, worauf ich ihn frug: »Warum hat denn Ihre Frau Emmy dafür gesorgt, daß Leute aus dem

Konzentrationslager kamen, wenn es dort so herrlich wie in einem Sanatorium war? Machen Sie Ihre Frau doch nicht schlecht!« Das hat er dann schweigend angenommen.

Emmy Göring war Zeugin bei mir in Nürnberg, weil ich den Staatssekretär Paul Körner, einen Vertreter Görings im Vierjahresplan-Büro, angeklagt hatte wegen verschiedener Verbrechen gegen die Menschlichkeit, Plünderungen und dergleichen. Ein angenehmer Mensch, er ist zu schwer bestraft worden. Er hat zehn Jahre gekriegt im Gegensatz zu anderen Staatssekretären, die viel schlimmer waren, und mit fünf und sieben Jahren weggekommen sind. Dieser Staatssektretär Körner hatte die Emmy Göring als Entlastungszeugin gerufen, ohne die Folgen zu übersehen. (Da war Hermann schon tot.) Ich wollte wissen, wie sie den Körner beurteile. Es ging nämlich um die These der Verteidigung, er habe gar nichts zu sagen gehabt. Ich fragte Emmy: »Hatte er eine große Rolle?«

»Das ist schwer zu sagen.«

»Frau Göring, sagen Sie es mir in einem Worte. War Pilli ein Hampelmann bei Ihrem Mann, wie das hier dargestellt wird?« (Körner wurde Pilli genannt).

»Nein, davon war keine Rede.«

Verteidiger sind eben manchmal ungeschickt. Damit hatte Emmy den Angeklagten unabsichtlich belastet. Das tat mir leid, aber es war nicht anders zu machen. Der Pilli Körner hat mir eine hübsche Zeichnung hinterlassen, aus einem Fenster aus dem Lager Oberursel gesehen, wo ich ihn das erste Mal vernommen hatte.

Emmy hat sehr klein angefangen. In Aussig an der Elbe und an ähnlich kleinen Stadttheatern ist sie gewesen, wo die Sekretärin, die ich seit langen Jahren habe, die Kulissenschieber kannte und dadurch auch mit der Emmy bekannt war, so daß Emmy Göring lange nach dem Tode ihres Mannes, wenn sie etwas wollte oder einen Rat brauchte, oft in meinem Büro anrief. Sie hatte öfters kleine Wünsche, und da sie durch Aussig mit meiner Sekretärin verbunden war, hat die mir das immer erzählt. Emmy Göring ist eines qualvollen Todes gestorben. Sie hatte einen schlimmen Rücken und erst sehr viel später haben die Ärzte gemerkt, daß es Krebs war. Weil ich damals selbst an Rückenschmerzen litt, habe ich mich immer sehr genau erkundigt, wie es ihr ging.

Ich habe der Emmy Göring immer zugute gehalten, daß sie Leute aus Konzentrationslagern befreit hatte. Göring hat sie 1938 geheiratet, war aber vorher schon lange bekannt mit ihr, sie wohnten zusammen in Charlottenburg. Der verstorbene Führer war Trauzeuge. Hermann Göring – muß ich sagen – hat auf mich keinen, gesellschaftsmäßig gesprochen, schlechten Eindruck gemacht. Ein Mann aus besseren Kreisen, dem gegenüber der Reichswehr der unbedingte Gehorsam etwas leichter fiel, weil er teilweise einer der ihren war. Der Vater war ein Korps-Student gewesen, hatte in Straßburg studiert und dann in den afrikanischen Kolonien gelebt als Vertreter des Deutschen Reiches. Man nannte die Leute – es war die unterste Klasse – Resident. Vater Göring kehrte mit seiner Frau zunächst nach Bayern zurück, in Franken hatte er später einen schloßartigen Besitz. Aber die Ehe der Eltern war kaputt, und der kleine Hermann fand aus Gründen der Zuneigung seiner Mutter zu einem Freiherrn von Eppstein eine gute Aufnahme bei diesem Mann. Dessen Vater war ein Berliner Grundbesitzer – ein jüdischer wohlgemerkt –, der Sohn war zu Geld gekommen, und er konnte es sich leisten, dieses Besitztum in Franken der Familie Göring zur Verfügung zu stellen. Und tatsächlich war Göring das Patenkind des rassemäßig – um diesen Ausdruck zu gebrauchen – des rassemäßig jüdischen Herrn Eppstein.

Von Göring stammt der Ausdruck »Wer Jude ist, bestimme ich,« und seine Rassenideologie war nicht so, daß man keine Ausnahmen machen konnte, so wurde behauptet, ob es wahr ist oder nicht, lasse ich einmal dahingestellt. Bei General Milch, dessen Vorfahren angeblich auf einem jüdischen Friedhof in Breslau liegen, hat man damals festgestellt, daß Milch nicht der Sohn seines Vaters sei, sondern die Mutter einen Fehltritt begangen habe. Das war eine häufige Argumentation. Der damalige Ministerialrat Hans Globke und Leute, wie Staatssekretär Stuckart, die dafür im Innenministerium maßgebend waren, haben solche Ausreden anerkannt. Es ging allmählich ums Leben, man wußte doch, daß Jude-Sein ein Verbrechen ist, das auch geahndet werden würde, und da redete man sich raus, indem man den Fehltritt der Mutter behauptete. Der Zweck heiligt die Mittel. Das war deshalb gar nicht so schlimm, weil die Mütter meistens schon tot waren, das waren ja Herren im distinguierten Alter, warum sollte die Mutter nicht mal einen Fehltritt begangen haben? Das war bei den Nazis überhaupt nicht so schlimm; jedenfalls kamen sie damit aus der Klemme raus und sowas ist häufig benutzt worden. Es besteht kein Zweifel darüber, daß dafür auch gezahlt, mit Geld die Rasse aufgewertet wurde. »Was man glaubt, ist einerlei. Nur die Rasse ist die Schweinerei«, das haben schon in der Schule ein paar Jungens hinter mir hergebrüllt. Bei Göring, dessen Patenonkel Eppstein von den Österreichern mal geadelt worden war, als er ein Schloß in Österreich kaufte, waren diese Methoden, die nichts mehr mit der sogenannten reinen Rasse zu tun hatten, am meisten verbreitet, und Emmy Göring hat in solchen Fällen freundlich mitgeholfen.

Ich gehe jetzt nicht auf seine Kriegstaten ein, Göring war ein ungeheurer Wichtigtuer, aber er war nicht dumm. Für mich war sein Hauptcharakteristikum das eines Meisterlügners, das sieht man schon daran, daß eine seiner dicksten Lügen von vielen heute noch geglaubt wird: Die über den Reichstagsbrand. Die Leute *wollen* in Deutschland glauben, was sonst keiner auf der Welt glaubt, daß ein kaum deutsch sprechender fremder Junge aus Holland namens Marinus van der Lubbe, der kaum etwas sah (er hatte nur halbe Sehkraft), der nur einmal, ganz kurz in Berlin war, plötzlich Ende Februar daherkommt, in zwei, drei Tagen das Berliner Schloß ankokelt, sich Kohlenanzünder kauft und dann allein in den Reichstag geht, wo man Benzin und weiß der Teufel noch was gefunden hat. Natürlich ist es ganz kindisch und unkriminalistisch, so etwas zu behaupten und kann im Effekt nur eine Entlastung der wirklichen Täter bewirken.

Der Reichstag brennt!

Die Sache war von langer Hand vorbereitet, und Görings Rolle ergibt sich aus verschiedenen Indizien. Vor dem Reichstagsbrand hatte er durch seinen Staatssekretär Körner schon bei der politischen Polizei nachforschen lassen, wie eine Massenverhaftung von politischen Leuten in einem eventuellen Falle vorbereitet werden könnte. Ich habe den Regierungsrat auf dem früheren Polizeipräsidium gesprochen, einen älteren Herrn, der mir gesagt hat, wie Göring die Sprachregelung gab: ›Gegen rechts darf nicht ermittelt werden.‹ Das rote Plakat, mit dem nach den Tätern gesucht werden sollte, nach Verdachtspersonen, von allen Seiten selbstverständlich, mußte zerrissen werden. Am Reichstagsbrand-Abend hat Göring sämtliche Autos, die im Hofe des Innenministeriums parkten, dort festgehalten. Damit durften die Leute nicht nach Hause fahren. Einen Tag vorher war aus der Polizeischule in Eiche eine große Gruppe von Beamten für den Abend des Reichstagsbrandes nach Berlin beordert worden. Es gibt genug Anzeichen und Indizien, wie etwa, daß nach dem Brand Leute zusammenkamen und feierten, Leute von einem Sprengstoff-Laden, die früher schon der SA Feuerzeuge und Sprengsätze verkauft hatten und den Erfolg ihrer Brennstoffe begossen. Und schließlich hat sich bei mir ein früherer Kamerad Görings aus dem Ersten Weltkrieg gemeldet, weil ihn sein Gewissen nicht ruhen ließ. Er saß am Tage nach dem Reichstagsbrand mit einem anderen Göring-Freund im Aero-Club zusammen, dem späteren Fliegergeneral Loerzer: »Ich verstehe nicht, was die Leute alle für einen Unsinn über den Reichstagsbrand verbreiten. Ich habe von meinem Freunde Göring mit einer Gruppe von SA-Männern den Auftrag bekommen, den Reichstag anzuzünden.« Das ist der von mir als Zeuge benannte frühere Fliegergeneral Freiherr von Freyberg-Eisenberg.

Im Reichstagsbrand-Prozeß hat der Vorsitzende im Urteil verkündet und nachher in der schriftlichen Begründung weggelassen: Es war in diesem Falle gar nicht nötig, nach anderen Tätern zu suchen. Übrigens hat das Reichsgericht damals ausdrücklich gesagt, daß van der Lubbe zusammen mit unbekannt gebliebenen Kommunisten den Reichstag angezündet hat.

Von dem Reichstag haben die Nationalsozialisten nur insofern etwas gehalten, als die Erringung der parlamentarischen Mehrheit ein hervorragendes Mittel zu dem Staatsstreich mit Paragraphen war, ansonsten war der Reichstag für die Leute eine Schwatzbude. Und das haben sie ständig und ständig im ›Völkischen Beobachter‹ und im ›Angriff‹, den beiden großen nationalsozialistischen Zeitungen betont. Vor allen Dingen hat sie am Reichstag gestört, daß immerhin noch eine große Anzahl von SPD- und Zentrums-Abgeordneten drin saß, die doch ein Kristallisationspunkt für sogenannte Staatsfeinde waren. Es lag also nahe, mit diesem Reichstag Schluß zu machen und die Diktatur total zu veranstalten. Bis zur Nacht am 28. Februar galt die Weimarer Verfassung, das heißt, die wichtigen bürgerlichen Rechte der Weimarer Verfassung waren noch in Kraft: Gerichtsverfahren, keine Verhaftung ohne richterlichen Haftbefehl, Pressefreiheit, Versammlungsfreiheit und so weiter.

Brand und vorgetäuschte Manöver sind stets ein Hauptinstrument der Nationalsozialisten gewesen. Bei Berliner Demonstrationen haben sie immer gesagt, obwohl die Kommunisten auch nicht nur unschuldig waren, die Kommunisten haben angefangen. Brand und Vortäuschungsmanöver haben stattgefunden in Posen, dem ›Posener Blutsonntag‹. Deutsche sind angegriffen worden, stimmt, aber nicht von den Polen, sondern in vielen Fällen von verkleideten Nationalsozialisten. Danzig war nicht neutral, wurde behauptet. Deshalb mußte es gleich eingenommen werden. Wieso war es nicht neutral? Es wurden polnische Waffen gefunden, die die Nichtneutralität bewiesen. Und der von mir angeklagte Edmund Veesenmayer, später der Nazi-Zar in Ungarn, hat vorher ein Telegramm ans Auswärtige Amt geschickt, dem Sinne nach: »Jetzt kann's losgehen« und wörtlich: »Das Auffinden der Waffenlager ist bereits gesichert.« Der Vorwand zum Kriegsanfang gegen Polen September 1939: Polnischer Überfall auf den deutschen Gleiwitzer

Sender. Ich habe die Täter gesprochen, die das selbst arrangiert haben. Man hat KZ-Häftlinge aus den deutschen KZs geholt und sie in polnische Uniformen gesteckt. Unter Leitung von Gestapo-Leuten mußten sie den Gleiwitzer Sender überfallen: Nachdem sie das gemacht hatten, sind sie umgebracht worden. Später: Die Slowaken waren angeblich so furchtbar gegen das Deutsche Reich, die haben nämlich immer deutsche Firmen in der Slowakei überfallen und deutsche Autos verbrannt. Der Angeklagte Veesenmayer hat mir erzählt, daß er selbst von der Tatsache gewußt hat, daß deutsche Autos vor deutsche Firmen gestellt wurden und dann von Nazis angezündet wurden, um sagen zu können, die Slowaken haben wieder eine Schweinerei begangen.

Bei Kriegsausbruch wurde behauptet, englische Flugzeuge hätten Freiburg gebombt, die sogenannte Freiburg-Legende, und das wurde in ein Weißbuch aufgenommen. Der Diplomat, der daran beteiligt war, hat mir persönlich erzählt, er wußte, daß nichts davon stimmte. Es waren keine englischen Bomber, die da Bomben auf Freiburg runtergelassen haben. Es waren versehentlich von deutschen Flugzeugen runtergefallene Bomben. Erst jetzt, viele Jahrzehnte später, haben Beamte aus dem deutschen Militärarchiv in Freiburg das Buch geschrieben ›Das Ende der Freiburg-Legende‹. Immer Brand und Brand und Brand.

Oder vorgetäuschte Vorfälle: Die Entlarvung der holländischen Neutralität. Da waren zwei britische Agenten, Stevens und Best, an die holländische Grenze gelotst worden, die man darauf überfallen und sogenannte Dokumente von ihnen genommen hat. Ein Streich von Herrn Walter Schellenberg, dem späteren Leiter des gesamten Geheimdienstes. Man hat immer Vorfälle konstruiert, um dann sagen zu können, die anderen ... Hitler hat einmal zugegeben: Selbst wenn etwas rauskommt, schadet es nachher nichts, wenn die Sache erledigt ist.

Zu den vorgetäuschten Vorfällen gehörte auch der Reichstagsbrand. Leider gibt es noch immer Leute, die von Kriminalistik nicht sehr viel verstehen, auf faule Geschichten reinfallen und nicht wissen wollen, weshalb das erzählt wird. Es *muß* ein Anarchist gewesen sein! Man glaubt nicht, was dieser Irrglaube für Unheil anrichtet und daß er zu einer Entlastung der Nationalsozialisten führt. Ich will nicht auf alle Einzelheiten eingehen, das Wiederaufnahme-Verfahren schwebt noch. Ich vertrete darin seit x Jahren den Bruder des hingerichteten van der Lubbe. Nun muß man bei diesem Reichstagsbrand-Prozeß vom September 1933 folgendes berücksichtigen: Der Vierte Strafsenat des Reichsgerichts war seit Jahren schwer angeschlagen. Er urteilte hauptsächlich gegen links und niemals gegen rechts, das hatte sich in den journalistischen Landesverrats-Prozessen gegen Ossietzky, Gumbel und andere gezeigt. Der Vierte Strafsenat war auf die Lügen der Oberreichsanwaltschaft bereitwillig eingegangen, um Leute wie diese Journalisten zum Schweigen zu bringen. Weil sie der Absicht nach Täter seien, hat man eine Verurteilung konstruiert. Also – der Vierte Strafsenat des Reichsgerichts war auf dem rechten Auge zuverlässig blind.

Die Reichsanwaltschaft war zur Zeit des Oberreichsanwaltes Ebermayer eine tadellose Organisation. Als er wegging, haben sich da Leute angesiedelt wie der Reichsanwalt Jorns, der ein ausgesprochener Verbrecher war. Jorns hat bei den staatsanwaltlichen Ermittlungen wegen der Ermordung von Rosa Luxemburg und Karl Liebknecht in Berlin im Eden-Hotel eine Rechtsbeugung nach der anderen gemacht. Ich kannte die Sache sehr genau aus der Zeit, als ich in der Telefonüberwachung tätig war. Da habe ich viel gehört, wie alles gefingert worden ist, wie den Leuten Dinge in die Schuhe geschoben und die wahren Täter geschützt wurden, daß sie lügen und sich nicht vernehmen lassen sollten und so weiter. Es wird immer noch nicht allgemein zugegeben, daß in der Weimarer Justiz politische Fehlurteile gefällt wurden. Denken wir an die ganzen Entscheidungen über ›Schwarz, Rot, Scheiße‹, da wurden Leute nicht bestraft aus irgendeinem formellen Vorwand. Dann die ganzen Fehlurteile bei Demonstrationen, und die geduldeten Schweinereien, die ständig im ›Völkischen Beobachter‹ standen, die politischen Gemeinheiten gegen die Republik.

Anläßlich einer Verurteilung von George Grosz wegen Gotteslästerung hatte ich einen Aufsatz geschrieben: ›Reichsgericht gegen rechts und links‹ und in der Zeitschrift ›Justiz‹ unter dem Pseudonym ›Procurator‹ veröffentlicht. Darin war der gleiche Fall wie der gegen Grosz konstruiert, aber von rechten Leuten, die ähnliche Sachen gemacht haben. Natürlich kam Freispruch heraus.

Und wenn einer von links kam, fuhr er gleich in den Knast ein. An vorderster Front stand dabei der Vierte Strafsenat, der gegen den Anarchisten van der Lubbe als einschlägig vorbelastet gelten konnte. Der Reichstagsbrand-Prozeß war ein Schauprozeß, der schon von den vorbereitenden Instanzen, dem Untersuchungsrichter Voigt und einzelnen Polizei-Leuten, die man neu in die Brandkommission eingeschleust hatte, vorprogrammiert war, und zwar durch die Göringsche Sprachregelung ›Gegen rechts darf nicht ermittelt werden.‹ Damit war der Prozeß, der mit ›Heil Hitler‹ begann und wohl auch endete, schon genügend charakterisiert. Vorsitzender in diesem Verfahren war der Senatspräsident Bünger, ein früherer sächsischer Justizminister. Frau Bünger hat als Witwe erzählt, daß ihr Mann während des Reichstagsbrand-Prozesses ständig von Beamten der Reichsanwaltschaft bedrängt wurde, daß auch das richtige Urteil gefällt würde. Es war eine furchtbare Dummheit der Kriminalbeamten und des Untersuchungsrichters, in den Prozeß Leute reinzuziehen, die überhaupt nichts mit der ganzen Angelegenheit zu tun hatten, nämlich den kommunistischen Abgeordneten Ernst Torgler, der am Abend vorher angeblich als letzter den Reichstag verlassen hatte und die drei bulgarischen Kommunisten Popoff, Taneff und Dimitroff, den späteren Ministerpräsidenten von Bulgarien. Eine solche Blödheit, das so zu drehen, als ob die Leute irgendetwas damit zu tun hätten, gibt's überhaupt nicht nochmal. Infolgedessen blieb den Richtern gar nichts anderes übrig, als die Leute, die von der Straße auf nichts hin hereingezogen worden waren – abgesehen vom Torgler, der sich ja selbst gemeldet hatte –, freizusprechen. Hitler war mit dem Urteil gar nicht einverstanden, weil er sah, daß die Herren nicht richtig funktioniert hatten. Da er aber vor hatte, Hunderte und Tausende von Kommunisten und andere Gegner des Regimes zu verhaften, mußte er einen besonderen Gerichtshof gründen, nämlich den Volksgerichtshof, wo die Leute als seine Exekutiv-Beamten und nicht etwa als Richter fungierten. Der insofern langweilige alte Reichsgerichtshof hätte das ja gar nicht geschafft, zehntausend Leute abzuurteilen, dazu waren die Richter, die mit dem Reichsgericht groß geworden waren, überhaupt nicht in der Lage. Für diese Aufgaben fanden sich bald Roland Freisler und Genossen. Die Aufhebung der Weimarer Reichsverfassung hätte ein Freisler aber nie absegnen können, dafür nahm man das ehrwürdige Reichsgericht.

Zur Aufhebung der bürgerlichen Rechte brauchte man einen brennenden Grund, ein brennendes Fanal. Das hat Göring geliefert und den richtigen Schuldigen, der den Aufwand rechtfertigte, haben die Reichsrichter geliefert. Im Dezember 1980 hat die Zehnte Strafkammer des Landgerichts Berlin gar nicht lange Faxen gemacht, sondern der Sachlage entsprechend das Urteil des Reichsgerichts aufgehoben und gesagt:

Rechtsbeugung, da sind rechtlich zuviel unzulässige Sachen gemacht worden. Das zeigt sich auch in der Tatsache, daß man einfach den van der Lubbe zum Tode verurteilt hat, obwohl zur Zeit der Tat, am 27. Februar 1933, Brandstiftung gar nicht mit dem Tode bestraft wurde und ein solcher Paragraph erst am Tage danach geschaffen wurde. Damit ist der Fall schon klar. Wir brauchen gar nicht auf weitere Einzelheiten einzugehen.

Das waren Richter, die weiter nichts gemacht haben, als die Sachlage richtig beurteilt. Eigentlich sollte das nichts Besonderes sein und trotzdem kann man ihnen einen gewissen Mut nicht absprechen; dieser Freispruch ist unglückseligerweise sogleich umkämpft worden in Berlin. Die Justiz hat verkehrt reagiert, weil für sie der ganze Fall erledigt gewesen wäre. Aber offenbar wollte man nicht, daß die hohen Herren beim Reichsgericht in dem berüchtigten Vierten Strafsenat, der meist gegen links, aber selten gegen rechts geritten ist, Rechtsbeugung begangen haben. Die Staatsanwaltschaft entschloß sich infolgedessen, sofortige Beschwerde gegen den Freispruch einzulegen. Die Sache kam an das Berliner Kammergericht, das Kammergericht hat erklärt: Berlin ist überhaupt nicht zuständig für alte Reichsgerichtsentscheidungen aus Leipzig. Darauf wanderte das Ding an den Bundesgerichtshof, der sagte erneut, das Kammergericht ist zuständig; also, es war ein Kampf im Dschungel von Paragraphen. Die Hauptfrage an den Bundesgerichtshof war die: »Hat das Leipziger Reichsgericht ein Nachfolgegericht in der Bundesrepublik, vor dem ein Wiederaufnahmeverfahren gegen ein Reichsgerichtsurteil geführt werden kann?«

Ministerialrat Riess aus dem Justizministerium hat das in einer juristischen Zeitschrift begutachtet, der Generalbundesanwalt nahm dazu Stellung und das Bundesgericht hat entschieden: Normalerweise wären wir selbst die zuständige Instanz für ein Verfahren, das seinerzeit in Leipzig begonnen hat, in der Zwischenzeit aber hat in der Bundesrepublik eine Instanzenänderung stattgefunden. Sachen, die ich allgemein als Staatsschutzsachen bezeichnen will und früher vor dem Reichsgericht, dann vor dem Bundesgericht verhandelt wurden, delegiert jetzt der Bundesgerichtshof an die einzelnen Oberlandesgerichte, doch bleibt der Generalbundesanwalt weiter zuständig.

Berlin bekam den van der Lubbe, weil das der Tatort war. Außerdem war in Berlin 1967 auch ein Wiedergutmachungsverfahren gelaufen. Seine Todesstrafe wurde damals posthum gemildert auf acht Jahre

Zuchthaus, weil das für die Brandstiftung angemessen wäre. Mir ging es allerdings um das Wiederaufrollen des Göringschen Schauprozesses; 1974 hatte ich den BGH deswegen um eine Zuständigkeit ersucht – nun war es Februar 82, Berlin war zum wiederholten Male benannt worden. Nach zehnmonatiger Überlegung beschloß das Kammergericht: Nein – das ist kein bindender Befehl vom Bundesgerichtshof, dem wir folgen müssen. Wir stehen weiter auf dem Standpunkt, für das Reichsgericht gibt es in der Bundesrepublik keine Nachfolgeinstanz. Infolgedessen brauche der Fall nicht untersucht zu werden, doch wenn man ihn untersuchte, würde van der Lubbe wohl trotzdem nicht freigesprochen.

Von den neuen Zeugen wurde keiner befragt, unerhörterweise, denn es sind alles alte Leute. Nun schwebt die Angelegenheit wieder beim Bundesgerichtshof, insbesondere mit zwei ehrenwerten Zeugen, die klipp und klar gesagt haben, Göring hat das organisiert. Van der Lubbe war nur ein armer Schlucker, der da als Popanz eingeschleust worden ist. Allmählich haben sich Mitwisser bei mir gemeldet und es müßten Aussagen geprüft werden, die früher nicht bekannt waren. Ich habe im Februar 1983 darauf hingewiesen – ganz egal, was später entschieden wird, solle man doch auf alle Fälle die neuen Zeugen vernehmen. Die sind ja sehr alt, die sterben uns ja weg, einer ist schon gestorben. Ermittlungsrichter des Bundesgerichtes fahren ja auch sonst zu Ermittlungen da und dort hin. Ich habe gesagt, Wiederaufnahmeantrag hin und her, aber zunächst vernehmt doch mal die neuen Zeugen. Fahren sie doch mal herüber nach Ulm und vernehmen den alten Freiherrn von Freyberg, der Mann ist bald 100 Jahre. Dem hat sein alter Kriegskamerad von 1914–18, Loerzer, erzählt, was soll all das dumme Gerede mit dem Reichstagsbrand? Mir hat doch Göring gesagt (vereinfacht): Zieh los mit den SA-Leuten, nun wollen wir es machen, ganz egal, wie. Ob das sonderbar klingt, ob der Freyberg alt ist (er ist ein sehr heller Kopf): Wenn zu mir einer kommt in einer schwebenden Sache, vernehme ich zunächst den Mann und sehe ihn mir an. Schon um ihn eventuell abwimmeln zu können, wenn er mir nicht paßt.

Am 2. Mai 1983 faßten drei Bundesrichter vom Dritten Strafsenat den überraschenden Beschluß: Alles ist längst vorbei. Das Reichsgericht habe in seinem Urteil festgestellt, van der Lubbe sei in dem brennenden Reichstag angetroffen worden,

– die Psychiater hätten festgestellt, er sei bei vollem Bewußtsein gewesen,

– er habe ein Geständnis abgelegt,
– zwar sei das Todesurteil wegen Brandstiftung rechtswidrig gewesen, darum aber 1967 bereits zu acht Jahren Haft umgewandelt worden.

Was immer in dem Wiederaufnahmeantrag vorgetragen sei, könne nicht zu einer Freisprechung führen. Dem 80jährigen Bruder des Hingerichteten wurden selbst noch die Verfahrenskosten auferlegt.

Mit formalistischen Begründungen des Bundesgerichtshofes bin ich allerdings nicht zu überzeugen.

Stand die Entscheidung des Reichsgerichts *nicht* im Zeichen des Hitler-Terrors?

War van der Lubbes sogenanntes Geständnis unzweifelhaft freiwillig?

Hatte Hermann Göring gewiß nicht seine Finger im Spiel? Ist das Reichsgericht bestimmt seiner Pflicht zur Aufklärung des Sachverhalts nach allen Richtungen nachgekommen? Will der Bundesgerichtshof jegliche Rechtsbeugung in diesem üblen Schauprozeß ausschließen?

Entscheidet er wirklich im Zweifelsfall für den Angeklagten van der Lubbe?

Ich habe vor fünfzig Jahren den brennenden Reichstag gesehen und sehe heute brennende Fragen an die deutsche Justiz. Meines Erachtens kann man beim Reichstagsbrand viele Theorien dichten, aber für die Justiz gibt es gar keine Wahl. Der Fall muß ermittelt werden!

Die von mir vorgetragene Wiederaufnahme-Theorie ist folgende: Göring hat den Brand durch seinen Fliegerkameraden des Ersten Weltkrieges, Hauptmann Loerzer, organisiert, der später Luftwaffengeneral wurde. Loerzer hat die Entzündungsmittel bei einer Firma gekauft, deren Angestellter gestanden hat, wir haben früher schon solches für Bombenbasteln und Feuermachen nötige Zeug an die SA verkauft. Nachdem Göring den Entschluß gefaßt hatte, den Reichstag anzuzünden, hat er dem Oberregierungsrat Diels, ab Mitte Februar Chef der neuzuschaffenden Gestapo, befohlen, Listen der Leute anzufertigen, die zu kassieren waren.

Wie kommen die Nazis nun an den van der Lubbe? Ein junger Holländer, nicht sehr intelligent, der nur schwer sehen konnte und in einer Gruppe junger Leute, die mehr oder weniger unklare Vorstellungen anarchistischer Art pflegten, vielleicht irgendwelche Pläne entwickelt hatten, etwas zu unternehmen. Und in dieser Gruppe steckten Spitzel von der später so genannten Gestapo; Holland ist ja nicht so weit von Berlin entfernt und dort schwirrten schon im Dezember und im Januar nationalsozialistische Gruppen herum. Welcher Zufall diese Leute gerade zu Lubbe geführt hat, ist unbekannt. Sein Bruder hat mir ein paar Hinweise auf ihre stille Teilnahme gegeben, aber Spitzeldienste sind immer schwer nachweisbar. Solche Spuren lassen sich in Holland viel leichter verwischen als in Berlin, und außerdem war da zu der Zeit auch ein anarcho-syndikalistisches Zentrum. Man hatte reiche Auswahl an jungen Leuten, denen man eine solche Idee rasch verkaufen konnte, weil sie zu politischen Attentaten neigten. In Berlin sind damals amtlich keine Anarchisten als ausführende Organe großangelegter Sachen bekannt geworden. Solche Pläne waren nicht existent, die Polizei ist doch die erste, die davon was hört. Also steckte man Lubbe dort ein, wo man ihn zu finden hoffte, lotste ihn nach Berlin und traf unterdessen eigene Vorbereitungen. In Berlin darf er dann Kohlenanzünder kaufen und am Schloß und am Wohlfahrtsamt kokeln. Ein nicht-gemeinsames Komplott, denn er weiß ja nicht, daß er geführt wird, kannte nur seinen Führungsoffizier, doch nicht in dieser Eigenschaft, der ihm das Zündeln beibringt, ihn zur einen Seite da reinbugsiert und zur anderen Seite die wirklichen Täter und ihre Helfershelfer mit dem ernsthaften Feuerzeug. Alle Brandsachverständigen vor, nach und in dem Prozeß haben festgestellt, daß keiner allein so etwas fertigbringen konnte. Diese Gruppen haben zusammen den Reichstag angezündet, wobei der van der Lubbe ein willenloses Werkzeug von Strategen war, die er gar nicht von Angesicht kannte.

Nach meiner Ansicht steht bei der Beurteilung des Reichstagsbrandprozesses, den man ganz einfach im Wiederaufnahmeverfahren hätte erledigen können, vielleicht das irrationale Motiv im Hintergrund, die Richter des Reichsgerichts nicht als rechtsbeugende Gestalten in die Geschichte eingehen zu lassen. Seit dem aufhebenden Urteil des Landgerichts Berlin lege ich auf das Rechtsbeugungsargument natürlich besonderen Wert. Doch um einigen Fanatikern und solchen, die keinesfalls die Schuld der Nazis am Brand festgestellt sehen wollen, entgegenzukommen, füge ich hilfsweise noch ein zweites Argument hinzu, um den Fall zu beendigen. Marinus van der Lubbe, obwohl erst 24, kam mit 19, 20 Jahren in Kontakt zu jungen Räterepublikanern, und so pflanzte sich dieser wunderbare Revolutionär Anfang Februar 1933 eben in den Kopf, man müßte versuchen, den Hitler zu vernichten, indem man das Fanal Reichstagsbrand setzt.

»Die Tatsache, daß dieser Hitler, von dem auch in Holland schon soviel zu lesen war, die Diktatur seiner Bande errichtet hat, sehe ich als einen ganz großen Angriff auf das Leben der deutschen Arbeiterschaft an.«

So entschloß sich dieser in Wirklichkeit doch sehr beschränkte Junge, ein Held zu werden und Deutschland zu befreien, fuhr per Autostop (er hatte ja nicht viel Geld, eigentlich gar keins) ganz schnell in das ihm mehr oder weniger unbekannte Berlin und kaufte sich Feueranzünder. Dann hätte er in einem übergesetzlichen Notstand gehandelt, genauso wie ein Offizier, der den Hitler am 20. Juli 1944 töten wollte. Nur hätte dieser unerhört betriebsame, tüchtige, schlaue Mann das Unheil sehr viel früher erkannt, hätte auch nicht zum Mittel der Tötung gegriffen, sondern, eher friedlich veranlagt, den drohenden Staatsstreich, die Vernichtung des Parlaments, mit einer symbolischen Handlung anzuprangern versucht. Keine sehr glückliche Eingebung, nur frage ich das Gericht, was den übrigen Verfassungsschützern dazu eingefallen ist? In diesem Falle – wenn meine Original-Theorie nicht stimmt, daß die Gestapo einen Popanz, ein willenloses Werkzeug aufgegabelt hat, der Recht und Unrecht nicht unterscheiden konnte und darum freizusprechen ist – dann dürfte man diesen tüchtigen 24jährigen, der sich mit all den rechtsstaatlichen Gefahren auseinandergesetzt hat, doch nicht dafür ins Grab hinein als Brandstifter verfolgen. Dann wäre er ja der Widerstandskämpfer Nr. 1 und erst recht freizusprechen. Zumindest könnte man, solange man nichts Genaues weiß, das in dubio pro reo als festgestellt ansehen und damit den Fall lösen, anstatt ein mörderisches Urteil auch nach fünfzig Jahren noch formell bestehen zu lassen.

Die neuen Listen

Ich stand am 27. Februar abends am brennenden Reichstag. Ich kam vom Kurfürstendamm. Mit einigen Journalisten feierten wir bei *Schlichter* die Abreise eines Kollegen, der nach Tokio versetzt worden war. Es telefoniert. Ich sitze neben dem Redner, dem Ullstein-Redakteur Walter Kiaulehn. Walter hielt gerade die Ansprache, der Kellner rief: »Walter Kiaulehn.«

Ich saß links neben ihm und sagte: »Du sollst ans Telefon kommen, Walter«.

»Geh Du mal!«

Ich ging ran.

Ullstein-Zentrale: »Der Reichstag brennt! Alle sollen sofort zum Reichstagsgebäude.«

Ich sagte: »Walter, der Reichstag brennt, hör mal auf mit der Abschiedsrede. Wir müssen weg.«

»Robert, Du Dussel, red nicht so'n Quatsch.«

Ich hab' nicht lange überlegt. Gleich rein in das Auto mit den anderen, wir kommen da an, es loderten Flammen! Es hat überall kräftig gebrannt. (Da hat nicht so'n kleiner anarchistischer Holländer ein bißchen gekokelt, wie später behauptet wurde.) Von der Treppe runter kam Hitler mit Göring und dem Ministerialdirektor Grauert vom Innenministerium auf die versammelten Journalisten zu. Wir standen unten, ich drückte mich etwas beiseite, weil's mir unangenehm war, etwa von Grauert, der mich zuletzt im Innenministerium gesehen hatte, entdeckt zu werden. »Was hat der Kempner da zu tun?« Göring geht auf seinen – wie wir es heute nennen – Pressesprecher Sommerfeld zu und sagt: »Wir haben festgestellt – ich habe die Untersuchung gemacht – die Kommunisten haben den Reichstag angezündet.«

Nach einer halben Stunde sogenannter Untersuchung! Ich fuhr bis zur nächsten Telefonzelle und telefonierte mit Kurt Grossmann, dem Generalsekretär der deutschen *Liga für Menschenrechte.* Ich telefonierte an zwei, drei andere Freunde, ließ Ernst Heilmann, den SPD-Vorsitzenden vom Preußischen Landtag, den ›roten Zaren‹ und Ossietzky wissen, was los war. Ossietzky war im Dezember 1932 aus seiner Strafhaft entlassen worden und befand sich bis zu dieser Nacht in Freiheit.

»Ist was los? Ja. Wir haben schon gehört, der Reichstag brennt.«

Ich sage: »Macht Euch dünne! Es kommen Verhaftungen heute Nacht.«

Ossietzky und Heilmann sagten: »Wir bleiben hier, uns kann nichts geschehen.«

Kapitäne verlassen nicht das sinkende Schiff, war die Idee, und wir verlassen nicht unsere Leute. Die anderen – es kamen inzwischen natürlich munter Telefonate, die Gestapo war noch nicht so gut, daß sie die Telefone abstellte – fuhren wie Kurt Grossmann am nächsten Morgen mit dem Frühzug nach Prag. Sie werden vielleicht fragen, wie ich auf die Idee kam, daß jetzt Verhaftungen kommen? Am 9. Februar war ich aus dem Innenministerium rausgeflogen. Ein paar Tage später traf ich den Diels in einem Lokal, wo wir früher zusammengesessen hatten, es war *Kempinski* in der Stadt. Mit alten Kollegen, – das war nicht gleich so rechts und links paar in die Fresse, weil der Nazi war, nicht wahr, man hatte mit dem Mann fünfhundertmal in der Kantine im Innenministerium Mittag gegessen.

Ich sage: »Diels, was ist los? Was macht Ihr denn jetzt, ist viel zu tun?«

»Ärger und Arbeit! Ich muß Listen zusammenstellen.«

»Was für Listen?«

»Für einen eventuellen Vorgang.«

»Was sind das für Leute, sind das die alten Listen für den Notfall?« Es gab für den Fall eines kommunistischen Aufstandes alte Verhaftungslisten.

»Nein, das sind die nicht. Da sind auch frühere Freunde von uns drunter.«

»Freunde von uns?« sage ich. Diels war Mitglied des demokratischen Clubs gewesen, wir hatten darum eine Vielzahl gemeinsame Bekannte. Auf den Listen waren seine Freunde notiert, mit denen er mal sehr gut stand.

Man muß wissen, es gibt bei jeder Polizei Listen. Es waren Zuhälter drauf, der Vorsitzende von einem Ringverein, Gruppen von Totschlägern, für jeden Fall, wenn etwas passiert. Wenn ein Ringverein plötzlich hochgeht oder irgendwo ein großes Feuer gelegt wird, dann hat man gleich ein paar Leute, die in dem Kreise verkehren und festgenommen werden können, damit die Öffentlichkeit sich beruhigt. Dann kommt der große Satz: »Es ist eine Untersuchung eingeleitet.«

Es waren auch ganz ausgefallene Leute darauf. Man hat doch immer vor diesen Rätegruppen solche Angst gehabt, innerhalb der KPD und links von der KPD gab es so Räteleute, heute würde man sagen Trotzkisten oder Anarchisten. Das waren die üblichen alten Listen, hier ging es aber um brandneue Listen, an die der Diels rangesetzt war. Keine kleinen Leute, sondern Spitzenfiguren, merkwürdig viel Pazifisten, Kreise aus der *Liga für Menschenrechte.* Die wurden für noch gefährlicher gehalten als die übrigen Parteileute aus der SPD und den anderen Staatsparteien. Mit einem Wort: Alles was gut und links war, stand aufgelistet. Auf der anderen Seite hat man die Liga-Leute und Friedensgesellschaft wahnsinnig überschätzt, natürlich weil Einstein da war und die Fürstin Lichnowski und Lehmann Ruszbüldt und Graf Arco, sowie Ossietzky.

Als ich das Reichstagsfeuer sah, fiel mir das alles ein und ich dachte: Aha, jetzt geht's los. Jetzt tritt die Liste in Kraft. Es wird ernst. Ich stand nicht auf der Liste, längst nicht prominent genug. Der Diels hätte mich auch nie auf eine Liste gesetzt, weil ich ihm vor Zeiten die Stellung gerettet hatte.

Dieser Mann war mir verpflichtet. Er war nämlich mit Mädchen etwas locker, und eines Tages beichtete er mir: »Kempner, Sie können mir einen großen Gefallen tun, (da war er noch Demokrat, so um '30, '31), gestern abend ist mir in Berlin etwas passiert. Eine Nutte, bei der ich war, mit der habe ich Krach gekriegt, und dort habe ich meinen Ausweis verloren. Ich fürchte, daß die hier ankommt.«

Am nächsten Tag meldete sich unten beim Portier ein Mädel, das Herrn Diels sprechen wollte und den Minister. Der Portier hatte von mir den Auftrag, wenn da eine kommt, schicken Sie sie gleich zu mir. Kein Minister und kein Diels. Das Mädel kam an und sagte: »Ich bin gestern von einem Mann verprügelt worden, der bei mir war. Der Arm tut mir noch weh, hier ist sein Ausweis. Er soll hier arbeiten.«

Ich sagte: »Na, das ist ja eine schöne Sache. Was wollen Sie denn?«

»Das ist doch eine Unverschämtheit.«

»Den Ausweis muß ich mal nachsehen« und steckte ihn in die Tasche.

»Was wollen Sie mit dem Ausweis?«

»Gar nichts will ich. Aber ich will Ihnen mal was sagen. Was kostet das? Ich kaufe Ihnen den Ausweis ab.«

»Fünfzig Mark, dann ist die Sache gut.«

»Sind Sie denn doof? Hier haben Sie hundert Mark, sowas kostet nicht fuffzig. Nun wollen wir aufschreiben: Ich, Fräulein Lotte, wohnhaft Sowieso-Straße, habe keinen Anspruch gegen einen Herrn, der mich gestern – ich habe geschrieben – ›angetastet hat‹. Na so was! Lotte Sowieso. Hier haben Sie den Hundert-Mark-Schein. Sie wissen im Hause hier nicht Bescheid. Ich bringe Sie selbst runter.«

»Ja, wer sind Sie denn?«

»Ich bin hier Schreiber. Ich schreibe in Akten was rein.«

Und deswegen – können Sie sich denken – hat der Rudolf Diels mich nicht gleich umgebracht. Er gehörte zu den jüngeren Jahrgangsklassen, die eigentlich ins Ministerium gekommen waren, um die alten Herren abzulösen und ein bißchen mehr republikanischen Geist in die Verwaltung zu bringen. Er kam, gefördert von Staatssekretär Abegg, als Demokrat dahin, eine schillernde, sehr interessante Person meines Alters. Man konnte sich mit ihm auch ganz gut unterhalten, man sprach über Rechts-Fälle, er war politisch sehr interessiert, Mitglied des demokratischen Clubs, einer Einrichtung der demokratischen Partei, man sah so jemanden jeden Tag, auf dem Gang, bei Besprechungen, in der Kantine. (Damals gab's noch keine Caféterias, sondern die alte Kantinenart im Keller.) Da war eine Gruppe in meinem Alter, geboren zwischen 1898 und 1901, mit denen man fast täglich zusammensaß. Hans Globke, der spätere Adenauer-Familien-Minister Würmeling, der spätere Regierungspräsident Hoch, der spätere Chef des Verfassungsschutzamtes Nordrhein-Westfalen Tejessy und auch Diels. Ein gutaussehender, großer, schlanker, junger Mann, früherer Korps-Student. Er hatte seine Karriere im Auge und Frauen, von allem aber war da eine Abenteuerlust auf irgendwelche Situationen, die er schaffen konnte. Er war im Innenministerium in der Abteilung ›Politische Polizei‹ und arbeitete in Kommunisten-Sachen. Später wurde er dann, wie gesagt, im Februar 1933 der Chef der neu-zentralisierten politischen Polizei in Berlin. Die alte Abteilung I A wurde überholt, das wurde eine selbständige Behörde als Geheimes Staatspolizeiamt. Es gab Staatspolizeileitstellen in der Provinz, und auch in Berlin selbst – eine lokale Gestapo. Diels war kunstinteressiert und hatte sich schon, bevor man offiziell Leuten Gemälde abnahm, eine ganz nette kleine Sammlung in der Straße *In den Zelten* in Berlin-Moabit zugelegt. Er war gelernter Jurist und auch ein ganz guter Jurist, hatte den Referendar gemacht und dann nicht den Gerichtsassessor, sondern den Regierungsassessor. Das gab's von früher her, das waren Leute, die nur in der Verwaltung tätig sein wollten. Ich hielt mal 1931 einen Vortrag, in dem ich Reden von Hitler, Einstein und anderen Politikern vorführte. Es war eine kleine Plattensammlung mit den Stimmen dieser Leute. Diels kam, war sehr interessiert; ich hörte allmählich, daß er mit Leuten um Schleicher konspirierte, der auch eine gewisse Macht anstrebte in Form einer Militärjunta zuzüglich einzelnen Gewerkschaftlern, ausgebooteten NSDAP-Leuten, wie Gregor Strasser, der mit Hitler Krach hatte.

Eines Tages, im ersten Halbjahr 1932, kam der Staatssekretär Abegg auf die Idee, man sollte einmal mit den Kommunisten sprechen, damit die sich ebenfalls dem Ansturm der Nationalsozialisten gegen die Weimarer Republik entgegenstellten, also eine Art politischer Verabredung. Zwei KPD-Landtagsabgeordnete wurden ins preußische Innenministerium eingeladen zu einer sogenannten geheimen Besprechung beim Staatssekretär, an der auch Diels teilnahm. Er hatte mir davon erzählt und fragte mich, wie ich das fände. Ich hatte kein Urteil abgegeben, weil ich wußte, daß sowas weitergeklatscht wird. Acht Tage später kam diese Besprechung durch Diels ans Tageslicht und von Papen, der damals Reichskanzler war, benutzte diese Besprechung Abeggs mit den beiden kommunistischen Führern als Hauptgrund, den Staatsstreich gegen Preußen zu unternehmen und die Regierung Braun abzusetzen. Diels wurde ein Vertrauter dieser Leute und im neuen Papen-System sehr geschätzt. Er nahm wohl an, das Regime würde am Ruder bleiben und ihm förderlicher sein als das bisherige Regime Braun-Severing. Ein paar Monate später fanden die Verhandlungen beim Bankier Schröder mit den Nationalsozialisten statt, und da hörte ich von Diels, daß er plötzlich nicht mehr ganz so hundertprozentig Papen sei, sondern auf einmal auch mit den Nationalsozialisten zu tun hatte. Er kannte meine Ansicht. Ich habe ihm selbstverständlich gesagt: »Also Sie sind jetzt dabei! Passen Sie mal auf, daß das nicht schiefgeht.«

Dann hat er sich an den zivilen Stabschef Görings, einen Beamten namens Gritzbach, gehängt, mit dem er befreundet war, und allmählich wurde er, bevor noch Göring zur Macht kam, dessen junger Mann. Er fand scheinbar gar nichts dabei. Er war ein Abenteurer und im politischen Sinne charakterlos. Bei Göring war Diels außerordentlich angesehen, weil er sehr gewandt auftrat und auch gesellschaftliche Beziehungen zu Diplomaten pflegte, er hatte eine Weile im Hause des amerikanischen Botschafters in Berlin verkehrt. Solche Leute suchte Göring, die mit fremden Diplomaten mal sprechen konnten. Zuguterletzt wurde die Frau eines Göringschen Bruders frei durch den Tod des Mannes, und der gute Diels wurde mit Göring verschwägert. Er war gar nicht so entzückt darüber, wie er mir sagte. Seine erste Frau, die aus dem Mannesmann-Konzern stammte, war sehr krank, und sie wurden geschieden, damit Diels freikam, um diese alleinstehende Schwägerin von Göring zu heiraten.

Göring übte auf ihn einen gewissen Druck aus, alleinstehende, verwitwete Verwandte zu verheiraten ist ja in allen Fürstenhäusern üblich. Göring und Frau gaben künftig Hinweise, welche Dynastien zusammenkommen könnten. Nun, die Sache wurde aber allmählich sehr ärgerlich, weil Diels doch nicht so die hundertprozentige Rücksichtslosigkeit besaß. Er war ein Abenteurer, aber ein verhältnismäßig weicher Typ. Man konnte mit dem Mann reden. Ich darf nicht vergessen zu erwähnen, daß er auch Leute losgelassen hat, man konnte ihn 33 noch ansprechen. Ich erinnere mich, wie ich wegen des Redakteurs Carl Misch von der ›Vossischen Zeitung‹ mit Diels telefonierte: »Warum ist der Misch verhaftet?«

»Das weiß ich auch nicht.«

»Können Sie sich nicht mal erkundigen? Da ist doch von Ihrem Standpunkt nichts dran. Lassen Sie doch diesen Mann los.« Dann hat er ihn losgelassen.

In einem anderen Fall war der Julius Leber interniert. Seine Freundin Franziska, eine sehr bekannte Schauspielerin, kam zu mir. »Kennen Sie nicht jemanden? Ist da gar nichts zu machen?«

Da habe ich mit Diels und seinem Vertreter telefoniert, der mir sagte: »Wir können da nichts machen. Der ist auf Veranlassung von irgendeinem Höheren eingesperrt worden.«

Leber war Redakteur der SPD-Zeitung in Lübeck. Sie haben ihn dann nach Oranienburg geschafft oder Sachsenhausen, aber der Lübecker Ober-Nazi hat die Hand auf den Fall gehalten, deshalb hat sich Diels nicht herangewagt. Das ganze Vergnügen mit Diels und Göring dauerte eigentlich nur eineinhalb Jahre. Er half noch Gritzbach, dem Chef des Kabinetts Göring, die Geschenke für Görings Geburtstag auszusuchen – von wem man welche Bilder fordern wollte, ob man von der Städtischen Galerie Geburtsbilder für Göring privat anfordern konnte? Aber es stellte sich heraus, daß er nicht der hundertprozentige Nazityp war, und inzwischen drängten die Münchener SS-Leute immer mehr darauf, an die Schalthebel der Macht zu kommen.

Ich traf dann den Diels nochmal bei *Kempinski* und fragte: »Wie sehen die Sachen aus?«

»Für mich faul.«

»Was ist denn passiert?«

»Ich habe den Eindruck, man traut mir nicht recht. Das Geschimpfe auf mich in gewissen Kreisen gefällt mir gar nicht. Ich werde von Ihnen und Ihren Freunden in Paris und Prag angegriffen. Sie wissen nicht, daß die Leute vom Regen in die Traufe kommen würden, wenn ich weggehe.«

Diese Worte sind mir noch genau in Erinnerung.

Ich sagte: »Was meinen Sie damit?«

»Himmler macht große Anstrengungen, nach Berlin zu kommen und Heydrich. Von Best haben Sie ja schon gehört. Sagen Sie mal Ihren Freunden, daß ich nicht der Schlimmste bin.«

»Das werde ich nicht sagen, lieber Diels. Sie sind schlimm genug. Es sind genügend Leute tot in den KZ's.«

»Es wird sich noch manches ereignen.«

Wenige Tage später kam Diels aus Berlin raus und wurde bald darauf Regierungspräsident in Köln. Kurze Zeit später war der 30. Juni 34, der von Himmler und Heydrich in Berlin durchgeführt wurde, unter der politischen Verantwortung des preußischen Ministerpräsidenten Hermann Göring.

Diels war selbst offensichtlich froh, daß er ein bißchen aus der ersten Mordlinie heraus war, es wurde zur Zeit um 33 noch angedeutet, wer verantwortlich für das KZ Sachsenhausen war. Zwar wurde Diels in Zeitungen immer noch genannt als der Chef und Macher der Sache, versteckt oder halbversteckt. Diels war lange für den Bürger, der mit Politik zu tun hatte, ein Symbol – für Verhaftungen von Reichstagsabgeordneten und solche Geschichten. Er galt absolut als Überläufer. Für mich gibt's solche Verräter nicht. Verräter sind Leute, die mir nicht die Wahrheit sagen, sonst können sie tun, was sie wollen. Man fragt solche Leute aus, solange es möglich ist, um sich zu orientieren. Das sind doch Quellen zur eigenen Bildung und Strafverfolgung. Den Diels störte das gar nicht, wenn man anderer Ansicht war, der hätte sich auch mit einem Kommunisten an den Tisch gesetzt. Natürlich denken solche Leute, die man als Quelle betrachtete, sie können von einem selbst auch etwas erfahren und setzen Spitzel auf einen an, auf mich auch.

Die Beziehungen zu Diels waren nicht eigentlich persönlich, auch nicht gesellschaftlich, das Wort Kollege genügt, das deckt alles, die guten und die verbrecherischen Seiten, Menschen, mit ihrem up and down, mit ihrem plus und minus, »denn das Dichten und Trachten des Menschen ist böse von Jugend auf«, das ist darin auch eingeschlossen. Was waren da für liebe Leute unter meinen Kollegen, was waren da für Strolche! Natürlich steht im Hintergrund ein gewisser Crew-Zusammenhalt, Leute, die in der gleichen Gegend wohnen, die man schon auf der Universität gesehen hat, mit denen man vielleicht nebeneinander im Seminar gesessen hat in Berlin oder Freiburg, die als Referendar mit einem anfingen, und dann saß man mit ihnen zusammen bei einer Behörde. Das ist kein Korps-Geist, aber ein gewisser Zusammenhalt. Einige wurden ausgesprochene Nazis, einige kamen ins KZ, andere mußten ins Ausland flüchten. Und wenn ich denselben Leuten später in Nürnberg begegnet bin, dann habe ich mit ihnen selbstverständlich anders gesprochen, als mit einem Fremden. Ich habe ja solche Sachen, wie das Verhalten von Diels, später mit diesem in Nürnberg rekapituliert. Das hat gar nichts mit Freund zu tun, das hat auch nichts mit Feind zu tun. Ich habe mir als zweijähriges Kind durchs Mikroskop die Bakterien ansehen müssen, die die Menschen getötet haben, ich bin aus meiner Referendarzeit gewohnt, mit Mördern und anderen Verbrechern umzugehen, insofern ist mir nichts Menschliches fremd, aber die Anklage ist notwendig. Wenn irgendwo ein gesellschaftlicher Bruch, eine gesellschaftliche Verwundung, eine gesellschaftliche Infektion stattfindet, dann muß der Arzt und der Ankläger den Herd reinigen. Das geschieht manchmal durch eine Amputation und manchmal durch ein Todesurteil.

Ein britischer Offizier, den ich gut kannte, hatte irgendwo in der britischen Zone einen Herrn aufgespickt: »Vielleicht können Sie den als Zeugen gebrauchen.«

Ich sehe mir den Herrn an und sage: »Was wollen Sie denn hier von mir, Diels?« Der hat sich gefreut! Die Leute haben immer versucht, mir die Hand zu geben. Es war ihm nicht unangenehm.

Ich sage: »Diels, was wolln' wir nun machen?«

»Ja, was bin ich denn hier?«

»Ich weiß nicht. Was haben denn die Engländer gesagt? Vielleicht kommen Sie als Zeuge in Betracht, Sie kennen doch die ganze Gestaposache aus 33/34.«

»Ja natürlich, ich hab' ja noch das Beste daraus zu machen versucht.«

»Was heißt das?«

»Na, unter Himmler ging es doch los, kaum daß ich weg war.«

»Nun erzählen Sie mal ein bißchen, wie Sie 1933 die Republik gerettet haben, durch das Einsperren von Ossietzky und Carl Misch und Hans Hirschfeld. Einstein war doch auch auf Ihrer Liste.«

»Tja – ich bin doch noch rausgefahren nach Sachsenhausen, als da die Beschwerden kamen, um zu sehen, ob die Beschwerden über Mißhandlungen berechtigt sind.«

»Was haben Sie denn da festgestellt? Ach, erzählen Sie mir gar nicht, was Sie da festgestellt haben.«

»Wie geht's Ihnen denn, Herr Kempner?«

»Das seh'n Sie doch, ich muß mich mit Ihnen rumschlagen, mit alten Kumpels! Die kommen hierher. Ich will Ihnen was sagen: Da Sie hier in Nürnberg sind, bleiben Sie mal hier. Wir haben im Gefängnis ein extra Zeugenhaus. Sie können auch ein bißchen herumgehen und sich besprechen mit den anderen Kollegen und schreiben Sie doch die Idee auf, wie Sie 33/34 das Schlimmste verhütet haben.«

»Soll ich auch das mit Göring aufschreiben, der nichts von mir wissen wollte? Als Sie verhaftet waren, habe ich auch unter Kollegen gesagt: Der Haftgrund kann gar nicht stimmen.«

Nach ein paar Tagen sagte ich zu meiner Mitarbeiterin Miss Lester: »Wir wollen uns mal wieder mit Diels unterhalten. Holen Sie ihn mal.« Er wurde gebracht und hatte einen ganzen Packen beschriebener Blätter mit dem Tenor: Es war die SA und nicht wir.

»Ich will Sie nicht weiter quälen«, sagte ich. »Sie werden als Zeuge aussagen können, daß die SA, die als verbrecherische Organisation angeklagt war, eine wirklich verbrecherische Organisation war.«

»Ja, das kann ich bezeugen«, das hat er dann auch im Vorverfahren gemacht und hinsichtlich der späteren Gestapo gleichfalls. Nicht seine Gestapo, sondern die von Heydrich und Himmler war die schlimme! Das ist schon richtig, daß die am Anfang nicht völlig verbohrt waren, die Leute um Diels und seine Gestapo. Aber sehr bald hatte die Polizei völlig mitgemacht, Heydrich hatte ja gar nicht soviel rausgeschmissen.

Für Diels war kein Haftgrund da. Wir konnten nicht Leute anklagen, die vor 1939 gegen Deutsche was gemacht haben, es mußte irgendwie mit kriegsverbrecherischen Vorbereitungshandlungen zu tun haben und allmählich fing er an, sich mit der Verteidigung einzulassen. Ich habe ihn dann aus den Augen verloren, bis ich merkte, daß er für irgendeine Illustrierte einige üble Artikel über Nürnberg inspiriert oder geschrieben hatte. Über ›den Mann, der hinter Nürnberg stand‹, das war ich.

Später hat er sich mit jemanden eingelassen, der Recherchen über den Reichstagsbrand machte und hatte dabei geholfen, der Öffentlichkeit eine Mitschuld Görings und anderer Nazis auszureden. Er lebte im Hessischen, besaß wohl noch ein Stück Gut, war also nicht unvermögend. Seine geschiedene Frau ist bei mir in Amerika nach einem Vortrag mal aufgetaucht – die Mannesmann-Frau – sie war ausgewandert. Ich habe mir von ihr über den Diels erzählen lassen. Untreu war er auch noch.

Diels ist dann später unter Umständen verunglückt, die noch nicht ganz klar sind. Der Schuß einer Jagdflinte ging los. Es könnte Selbstmord gewesen sein, da er in einer unangenehmen persönlichen Lage steckte. Ich habe über den Diels noch nach seinem Tode recherchiert wegen der Schießerei mit dieser Jagdflinte.

Die Person Diels tauchte 1982/83 für mich nochmal ganz überraschend auf. Von höchst vertrauenswürdiger Seite wurden mir Äußerungen von Diels aus den fünfziger Jahren bekannt: »Der heimtückische Dicke (Göring) war der Organisator des Reichstagsbrandes, van der Lubbe war nur ein armer Schlucker.« Gleichartige Feststellungen hat er mehrfach wiederholt. Schließlich mußte er es wissen!

Man zieht den Kopf ein

Eine Weile hat in Amerika die Ansicht geherrscht, daß das Nazi-Deutschland von einem Doppelstaat regiert worden wäre. Der verstorbene Professor Fraenkel hat darüber ein Buch geschrieben ›The Dual State‹, als ob noch ein alter Staat und eine alte Bürokratie neben dem völlig neuen System operierte: Für den loyalen Bürger besteht der Normenstaat fort, der nach Gesetz und Vorschrift operiert. Der Volksfeind hingegen sieht sich einem Maßnahmenstaat ausgesetzt, der ungehemmt zupackt. Aber das war doch schief gesehen, tatsächlich haben sich die beiden Systeme durchdrungen, und die Oberhand hat sehr schnell das nationalsozialistische System gewonnen. Man konnte zur Nazizeit unter Umständen im Hotel *Adlon* oder *Bristol* in Berlin völlig unberührt von irgendwelchen Scherereien leben. Man konnte auch sonst, wenn man nicht weiter auffiel, sich einbilden, nach einem alten Ritus zu leben. Aber in Wirklichkeit war es nicht so. Wenn ein ganz harmloser Mensch in Schöneberg oder Wilmersdorf mal auf drei Nächte zu Verwandten kam, so meldete das der Portier des Hauses sofort dem Blockwart (vielleicht war er selbst der Blockwart). Wenn zwei Eheleute sich stritten in einem Ehescheidungsprozeß, dann konnte das ein Prozeß und eine Entscheidung werden, die völlig außerhalb des neuen Systems gefällt wurde, nämlich nach dem alten System. Wenn aber die Frau sich in diesem Rechtsstreit an einen Parteigenossen wandte und erzählte, der böse Mann habe auf den Hitler zu Hause geschimpft, dann setzte die alte Justiz aus, und es kam etwas Neues. Schauen Sie, die Justiz in der Weimarer Republik war in mehr als neunzig Prozent der Fälle absolut intakt, harmlos. Aber die zehn Prozent, die nach nationalsozialistischem Muster nazifreundlich oder kommunistenfeindlich waren, auf die Prozente kommt es an. Das ist das Etikett einer Justiz und eines Staates.

Von tausend Entscheidungen sind vielleicht fünfzig oder hundert interessante Anzeichen für das Verschwinden einer wirklichen Justiz, neunzig Prozent sind das aber gar nicht. Das Etikett für die Justiz oder die Verwaltung sind die neugeordneten Verhältnisse und nicht die alten Sachen, die weiterliefen. Die Gullis bestanden weiter in Berlin und die Wasserversorgung, aber wenn der Betreffende, der das Wasser bekam, ein Jude oder ein Sozialdemokrat war und nicht rechtzeitig zahlte, so wurde er eben anders behandelt als andere Leute. Das war sehr vielen unsympathisch. Die Bürokratie hat allmählich am eigenen Leibe erfahren, daß wirklich etwas Generelles anfing, das eigentlich gar keine Beziehung mehr zur alten Verwaltung hatte. Aber soweit sie nicht betroffen waren oder unmittelbar damit zu tun hatten, haben sie eben mitgezogen. Man hat faule Witze gemacht, wenn wir uns über verschiedene Sachen unterhalten haben. Wenn ich frühere Kollegen fragte:

»Wie sieht's denn aus?«

»Entsetzlich! Furchtbar!«

»Ja was ist denn nun so furchtbar?«

»Wir werden dauernd zum Chef gerufen. ›Warum haben Sie das so gemacht und nicht so?‹«

Die Eingriffe von oben wurden als entsetzlich empfunden. Andere wieder haben gesagt: »Ich habe immer gekämpft um einen höheren Budget-Anteil, jetzt kriege ich endlich mehr Geld für Polizeiuniformen«.

Nicht richtig ist es, wie vielfach behauptet wird, daß die großen Gemeinheiten erst nach 34/35 begangen wurden. Es sind doch schon 33 eine Reihe Politiker ermordet worden und Journalisten wie der Felix Fechenbach. Als ich mal ein paar alte Kollegen aus dem Innenministerium getroffen und gefragt habe: »Was sagt Ihr eigentlich dazu, daß der Hans Hirschfeld verhaftet worden ist?«

Da sagt man plötzlich von dem Kollegen: Der soll aber doch während der Hindenburg-Hitler-Wahl aus einem Fonds den Hindenburg unterstützt haben.

Ich entgegnete: »Selbstverständlich hat er den unterstützt. Ist das ein Grund für eine mehrmonatige Haft?«

Ich war nach meiner Entlassung als Devisen- und Auswanderungsberater tätig zusammen mit dem früheren Berliner Richter Dr. Ernst Aschner. Unser Büro befand sich neben dem Palästina-Amt in der Meinekestr. 9 und zu uns kam eine Unzahl von Mandanten, die allmählich an Auswanderung dachten. Wir mußten Leuten Reisepässe verschaffen, die ausgebürgert worden waren aufgrund einer neuen Bestimmung: Weil sie erst nach 1918 eingebürgert waren, konnten die Behörden sie sofort ausbürgern. Es kamen auch Haftsachen, wir mußten Mandanten oder die Ehemänner von Mandantinnen loseisen, die Behörden oder die Gestapo zu überreden versuchen, Leute loszulassen, die wie alle anderen, ungerecht eingesperrt waren. Meine Verbindung und die meines Kollegen, des Richters, mit den Behörden spielte eine große Rolle. Die betreffenden Stellen haben sich das gefallen lassen. Sie waren ja an der jüdischen Auswanderung interessiert, und vielleicht dachten diese Leute auch im Hintergrund: Ich bin vorsichtig und mache mal eine gute Tat. Natürlich kamen untere Gestapobeamte, um in den Büchern nachzusehen, was wir taten. Aber das war noch eine Zeit, wo man einem Kriminalassistenten, wenn er gekommen war und guckte, was wir gemacht haben, fünf oder zehn Mark gegeben hat, damit er seinen Kindern Spielzeug kaufte, das war ganz selbstverständlich. Man gab ›Beschleunigungsgebühren‹.

Die Verlierer der Partie zögerten oft noch mit der Auswanderung. Es ist zunächst zu sagen, daß sie in sehr verschiedene Gruppen zerfielen. Nehmen wir die herausgeschmissenen Beamten: Die haben noch lange gedacht, ihnen könnte nicht alles genommen werden – Pensionen, Versicherungen. Damals schickten Göring und andere Minister Fragebogen, man sollte angeben, welchen politischen Organisationen man angehört hatte, da wurde teilweise gemogelt. Dann kam die Frage, welche Rasse? Ich hatte auf meinen Bogen geschrieben – das wird so im Mai 33 gewesen sein –: »Ich werde Ermittlungen über meine Rasse anstellen.« Es war eine Zeit, wo man so etwas noch entgegengenommen hat, ohne einen gleich abzuholen.

Allmählich kamen die Verlierer aber doch zu der Ansicht: Es geht nicht länger in Deutschland. Gegen die jüdischen Geschäftsleute wurde noch nicht so scharf wie später vorgegangen, das dauerte bis zur Pogrom-Nacht, auch Kristall-Nacht genannt (9. November 1938.) Die anderen aber überlegten sich: »Was machen wir nun?« Die immer Zionisten gewesen waren, hatten guten Grund, nunmehr in das britische Mandat Palästina auszuwandern. Intellektuelle wandten sich an Kollegen in den USA, die *New School for Social Research*, die sogenannte ›University in Exile‹ wurde gegründet. Hans Staudinger, Staatssekretär im Preußischen Handelsministerium und Gründer der *Preussag* ging dahin, er war Sozialdemokrat und hatte eine jüdische Frau. Andere suchten in England ihre Zuflucht, viele Journalisten in Frankreich.

In den Jahren 34 und 35 haben die Menschen die Kurve allmählich mitgekriegt. Für manche war das sehr schwer, viele gerade meiner jüdischen Mandanten waren doch gute Deutsche. Bessere noch als gute Deutsche, die sich immer wieder gefragt haben: »Was wollen die denn von mir?« Offiziere aus dem Ersten Weltkrieg und dergleichen. Die Rassegesetz-Leute, die eine jüdische Frau oder umgekehrt einen jüdischen Mann hatten, die sind im Jahre 35, als die Nürnberger Gesetze kamen, doch sehr ernst geworden und haben sich überlegt wegzugehen. Aber die anderen, gerade auch viele jüdische Leute, fühlten sich noch sehr an Deutschland gebunden. Ich erinnere mich an einen Herrn in meiner Praxis, der kam nachmittags zum Kaffee und sagte: »Na, gestern abend haben Sie den Goebbels ja wieder im Sportpalast reden lassen! Da werden Sie morgen viel zu tun haben.«

Ich fragte: »Was meinen Sie?«

»Ja, stellt Ihr nicht den Goebbels an, damit er Euch Leute in die Auswanderungspraxis zutreibt?«

»Na, hören Sie mal«, sagte ich, »lieber Herr, machen Sie mit sowas keine faulen Witze. Die Sache ist sehr ernst.«

Eine Redensart war: »Wenn das der Führer wüßte, der würde das nicht billigen«, – das sagten sogar Juden. ›Mein Kampf‹ hatten sie nicht gelesen und man wollte an Verfolgungen einfach nicht glauben. In jahrhundertelanger Assimilation hochgearbeitete Leute! Ein großer Teil hatte politisch gar nichts begriffen. Es war eben eine traurige und gemeine Sache, Hunderte von Jahren in Deutschland gelebt, was will der eigentlich von uns? Wir waren im Heer, wir haben unsere Steuern bezahlt (wie man immer besonders betonte)! Warum sollen wir weg? Warum können Sie uns raten, daß wir weggehen?

Dann gab es die andere Gruppe, die sagte, das ist eine Sache, die kann nicht lange dauern. Deshalb gehen wir erst einmal auf kurze Zeit nach Holland. Da kann man schnell wiederkommen, oder nach Frankreich. Ein hoher Berliner Richter beim Kammergericht, nebenbei Syndikus der Berliner Hutmacher, faßte den Mut, ein Hutgeschäft im Haag in Holland aufzumachen, genannt ›Salon Marlène‹. Dem Mann ging es sehr gut in Haag, bis er eines Tages nach Auschwitz geholt und dort ermordet wurde. Das Traurige war, daß ebenso wie die politischen

Antinazisten, jüdische Leute die Gewißheit baldiger Rückkehr mit weiten englischen und französischen Kreisen teilten. Denn die Tore wurden in diesen Ländern nicht sehr schnell und weit geöffnet. Auf der Evian-Konferenz 38 wurden kaum Öffnungen geschaffen, wo die Leute hinein konnten. Wenn einer Kapital hatte, ging es leichter, wenn auch nicht allzu leicht, denn da gab's noch von Brünings Zeiten her die Bestimmungen über Kapitalausfuhr.

Ich erinnere mich an zwei Bankiersfrauen, denen ich gesagt habe: »Ich rate Ihnen wegzugehen und mitzunehmen, soviel Sie können. Aber Sie können nicht erwarten, daß wir Sie und Ihren Mann mit Goldpfunden ins Hotel *Negresco* nach Nizza auswandern.« (Damals enstand der Ausdruck ›einen auswandern‹.)

Ökonomisch spielte für viele eine Rolle, wie kann ich überhaupt ohne oder mit wenig Geld in meinem Alter, sagen wir mit vierzig, fünfzig Jahren, eine neue Existenz aufbauen? Wie soll ich das anfangen? Ökonomisch wollten viele Leute nicht ran. Schlimm war es für die Juristen, die Anwälte besonders, denen ein nochmaliges Studium im fortgeschrittenen Alter drohte. Leichter war es für katholische Klienten, die durch ihre Geistlichen bessere Verbindungen mit katholischen Kreisen im Ausland hatten. Die fremden Länder waren nicht sehr empfangsfreudig, weil sie selbst die ganze politische Situation nicht verstanden, und viel zu lange mit den Nazis noch rumgefummelt haben. Die Engländer haben die gesammelten Memoranden über die Konzentrationslager und Informationen ihres Geheimdienstes darüber nicht veröffentlicht, um Hitler nicht zu verärgern. Ein paar Tage nachdem der Krieg erklärt worden war, kam alles heraus.

So gab es einen großen Kreis von Leuten, die der Ansicht waren, sie könnten überwintern. Man zieht den Kopf ein, stellt sich tot und versucht, so gut als möglich wie ein Maulwurf zu überwintern. Zu dieser Zeit herrschte auch unter meinen jüdischen Mandanten die Meinung: »Na, es wird nicht so schlimm werden. Wozu diese Unbequemlichkeit?«

Man geht nicht gerne von zu Hause als Vertriebener auf die Straße. »Es wird doch nicht so schlimm werden. Eines Tages werden die Leute einsehen, daß es so nicht geht.«

Je länger einer blieb, desto schlechter waren seine Chancen. Zum Beispiel, die Viehhändler in den kleinen Orten in Bayern, die ganz gut mit der Bevölkerung zusammenlebten, sind verhältnismäßig lange geblieben, vielmehr konnten sie verhältnismäßig lange bleiben. Umso größer war in den Kreisen, die lange gewartet haben, der Verlust. Die fünfunddreißigtausend Juden in Berlin, die sich bis zum Herbst '41 herübergerettet hatten, sind sämtlich ermordet worden; von denen ist kaum einer aus den Lagern zurückgekommen. Sie wurden erst ab Oktober '41 deportiert.

Ein großer Teil aus diesen verbleibenden Kreisen war zu wenig aktiv, hatte generell im Leben zu wenig Initiative, hinzu kam völlige politische Unkenntnis. Für Zionisten und linksstehende Politiker war es klar. Die letzteren sind zu sozialdemokratischen Kollegen und Freunden nach Schweden, Norwegen oder England und vorher nach Frankreich gezogen. Die französische Auswanderung hat, im Ergebnis gesehen, besonders schlimm gelitten. Frankreich hat sich nicht als sehr gut erwiesen, bis es den Franzosen selbst an den Kragen ging. Ich erinnere mich, daß ich die ersten Frankreich-Auswanderer später im Jahre '39 sprach. Da hatten sie noch die Vorstellung, daß die deutschen Panzer in den Sümpfen Polens steckenbleiben würden. In solchen wahnsinnigen Vorstellungen haben exilierte Deutsche in Paris gedacht; große Denker, angesehene Journalisten wie Leopold Schwarzschild, wie Joseph Bornstein haben mir das '39 erzählt. Die Panzer sind gar nicht steckengeblieben im September.

Vorher – 1934, als ich bei der Weltausstellung in Paris mit Georg Bernhard, Schwarzschild, den Leuten vom ›Tageblatt‹ sprach, glaubten die genauso wenig, daß die Hitler-Maschine in Deutschland anhaltend siegreich werden würde. Vor allem glaubten sie nicht, daß Hitler ein so ungeheures persönliches Gefolge bekommen würde. Als ich im Jahre 1935 von der Gestapo verhaftet wurde, sagte mir der vernehmende Kommissar: »Vielleicht sind Sie gar kein so großer Feind Hitlers. In Paris haben Sie in einem ganz kleinen Kreis von Leuten gesagt ›Hitler verkörpert die Seele des deutschen Volkes‹.« Das war für mich ein mildernder Umstand bei der Gestapo.

Daß mein Kollege Aschner und ich die Emigration gefördert haben, war den Nazis gar nicht unlieb gewesen. Deshalb haben sie uns (und auch das Palästina-Amt) überhaupt geduldet, sonst hätten sie uns die Bude zugemacht. Sie haben natürlich sehr genau aufgepaßt, ob wir eventuell Leuten raten, illegal Geld rauszuschmuggeln. Wir bekamen öfters Briefe aus dem Ausland, die zweifellos von Spitzeln geschrieben waren. Sie besagten, man solle doch mit ihnen in Verbindung treten, man könnte eine sehr gute und bessere als die offizielle Quote für den Transfer von Geld verabreden.

Wir halfen der Auswanderung, bis es für mich selbst Zeit war, zu verschwinden. In der Zeit nach dem Übergang vom Diels-Regime auf das Heydrich-Regime wurde ich verhaftet. Ich war vorher nicht viel in Deutschland gewesen, aber immer wieder zurückgekommen. Meine Mutter lebte noch, war jedoch krank. Nach ihrem Tode machte ich ›endgültig Schluß‹. Persönlich habe ich nie gedacht, das ›andere Deutschland‹ müsse im Lande sein. Wenn man in einer etwas international zusammengesetzten Familie lebte, dann war man gegenüber gewissen Erscheinungen wie Antisemitismus schon von früh an sehr hellhörig. Ich habe das auf der Schule in Lichterfelde erlebt, wo schon antisemitische Hetzer in der Klasse waren und von Anfang an geglaubt, daß das eine eingewurzelte Sache ist, die nicht durch übertriebenes Deutschtum weggeschafft werden kann. Als meine Mutter im Jahre 1912 als erste Frau den Titel ›Professor‹ bekam, da stand in einer antisemitischen Zeitung – ›Die Wahrheit‹ hieß das Drecksblatt – ein scharfer Angriff auf Wilhelm, daß er ausgerechnet einer Frau jüdischer Abstammung als erster den Professortitel gegeben habe und noch dazu einer, die nicht in Deutschland geboren war. Damals gab es schon die übliche Anzeige, die nichts nützte und mit fünfzig Mark Geldstrafe endete. Ich bin allergisch gegen diese Dinge und habe sie nie für harmlos gehalten. Das war vielleicht kein politischer Fehler. Es gab auch unter der Monarchie einen gewissen, wie es manchmal genannt wurde ›ehrbaren Antisemitismus‹. Hitler ist es gelungen, das unerhört anzuheizen, die einzelnen antisemitischen Zellen sind unter ihm richtig aufgewühlt worden. Antisemitismus gab's immer, die jetzige Propaganda war etwas Neues. Das kannte man noch nicht in Deutschland. Die Leute wurden damit vernebelt, plötzlich hieß es ›die jüdischen Warenhäuser‹, es gab ja auch andere. Mit genügender Propaganda kann auch Arztfamilien schlechte Zahncreme verkauft werden.

Die antisemitische Propaganda war hauptsächlich auf das Kleinbürgertum ausgerichtet, aber allmählich drang sie auch in Arbeiterkreise ein und vor allen Dingen in Kreise der mittleren Angestellten. Die Hetze wurde verbunden mit dem ›jüdischen Versailles‹ – was Juden geschmiedet hatten, um Deutschland zu schädigen. Die antisemitische Propaganda wurde in schwindelhafter Weise mit der Depression verbunden. Die Leute glaubten, daß die weltweite Depression etwas mit dem Judentum zu tun hatte; die Propaganda brachte das fertig. Man kann heute genau dasselbe machen mit der Ausländerfeindlichkeit, wenn man genügend Propaganda macht. Daß die Ausländer den Arbeitslosen die Stellen wegnehmen, all solchen Unsinn können sie den Leuten einreden.

Das Seltsame aber ist: die ›Endlösung‹ wurde zu einem sehr großen Teil, soweit sie nicht in den unteren Gestaposchichten exekutiert wurde, von Leuten gemacht, die keineswegs geborene Antisemiten waren, die es besser wußten. Und ich habe das deshalb gerade denen, die es besser wußten, am meisten übel genommen, wenn sie mit ihrer Paraphe abgezeichnet haben, daß fünftausend Juden aus Holland nach Auschwitz sollen, und daß fünftausend Juden aus Frankreich nach Auschwitz sollen. Ein Staatssekretär, dem das etwas unheimlich war, daß außer ›Jude‹ gar keine Begründung dafür enthalten war, schrieb hin ›polizeilich gekennzeichnete Juden‹, damit es so wirkte, als ob irgendein Abschaum von Untermenschen, die schon polizeilichen Ärger hatten, abgeschoben werden sollte.

Man muß klar sagen, daß die ›Juden-Geschichte‹ in den höher gebildeten Kreisen als verrückt empfunden wurde. Sie haben es als Störung aufgefaßt und haben auch offen darüber geprochen, daß es unerhört sei mit den Nürnberger Gesetzen, denn es ging ihnen ja selbst an den Kragen. Da hatte eben der Ministrialdirektor von Leyden eine jüdische Frau, die mit Juden kaum zu tun hatte, aber rassemäßig Jüdin war. Je mehr die Versippung in diese Kreise hineinreichte, und in Berlin war sie ziemlich stark, desto mehr ging die Judenpolitik denen auf die Nerven. Es waren nächste Bekannte, denen das passierte, da war plötzlich die halbjüdische Braut des Sohnes, die er nicht heiraten durfte, weshalb er Selbstmord beging. Die Juden-Gesetze, die im Rassenpolitischen Amt der NSDAP oder wie es hieß unter Rudolf Heß ausgearbeitet worden waren, hatten Tausende von Selbstmorden zur Folge oder die Abreise des jüdischen Partners. Soll der sogenannte arische Partner hinterdreinfahren oder sich lösen? Die Leute konnten ab September 1935 ihre Braut plötzlich nicht heiraten, der jüdische Mann die arische Braut und umgekehrt. Es waren mehr Männer, die sich umgebracht haben, aber auch zahlreiche Frauen, manchmal beide zusammen, auch verheiratete Leute, weil sie Angst hatten. Da waren Liebesgeschichten, Brautpaare oder freundschaftliche Partnerschaften, die haben nicht mehr gewagt, mit dem unarischen Partner auszugehen in irgendein Lokal, in dem sie gesehen werden konnten. Nicht weil sie Angst hatten, angepöbelt zu werden, sondern um nicht wegen Rassenschande vor Gericht gestellt zu werden, um nicht abgeholt zu werden; es sind doch Hunderte wegen sogenannter Rassenschande verhaftet worden und in KZ's gekommen. Abgeholt, abgeurteilt und später einfach KZ. Ab September '35 waren diese Partnerschaften – ehelich oder nicht ehelich – in größter Gefahr.

Das Reichsgericht hat das Gesetz der Rassenschande weitestgehend unterstützt. Es ist sogar weit über das Gesetz hinausgegangen in der Abgrenzung: was ist Geschlechtsverkehr und was ist bloß sexuelle Berührung. Die Ausdehnung des Merkmals ›Geschlechtsverkehr‹ auf jedweden Kontakt durch das Reichsgericht hat einen weit größeren Rahmen geschaffen, als in den Globkeschen Kommentaren zu lesen war. Zu dieser Zeit kam die biologische Arisierung auf –, die Beschuldigung der Mutter: »Ich, das Kind, bin gar nicht Sohn meines jüdischen Vaters, sondern bin Opfer des – Gott sei Dank! – Fehltritts meiner arischen Mutter mit einem arischen Partner.« Staatssekretär Stuckart, Regierungsrat Globke und seine Beamten waren im Innenministerium eifrig beschäftigt festzustellen, daß laufend sogenannte arische Mütter einen Ehebruch begangen hatten, so daß der Sohn eben nicht jüdisch war.

Globke hat darüber mit dem bischöflichen Ordinariat gesprochen, wie ich persönlich weiß. Das Gute war, daß in vielen Fällen die Mutter schon tot war und selbst nicht befragt werden mußte. Wenn jemand Offizier war oder ein lieber Verwandter des Gauleiters, oder ein bißchen Beschleunigungsgeld gezahlt worden war, konnte er durch die bloße Behauptung des mütterlichen Fehltritts arisch werden. In der Rassenfrage war der große Hermann Göring nicht so kleinlich.

Es gab in Berlin einen Kreis bedeutender Personen, der sich in einer Art Untergrundfestung eingemauert hatte, und es auf düsteren Wegen immer noch fertig brachte, mit Freunden und Kollegen im Ausland zu verkehren und zu überlegen, was könnte man machen? Ein Kreis, dem es tatsächlich gelungen ist zu überleben, aber es war eine sehr gefährliche Sache und letzten Endes eine kleine Gruppe; hierzu gehörte auch Axel Eggebrecht. Ich hatte zu diesem Zirkel keinen direkten Kontakt, denn ich wollte meine alten Freunde nicht gefährden. Die Gestapo hat uns doch auf die Finger geguckt –, Briefzensur, von woher kamen Briefe?

Es gab auch Personen, die hin und her gefahren sind. Willy Brandt war häufiger noch im Reich, es gab welche aus Paris, die pendelten, Leute, die dafür gesorgt haben, daß Carl von Ossietzky den Nobelpreis bekam, es gab eine Menge unterirdischer Bindungen – sozialdemokratische Kreise, bestimmte Priester, die unter der Soutane nazifeindliches Material oder Nachrichten beförderten, aber das war eine Gruppe, die eben nicht groß genug war, um etwas zu erreichen. Dennoch gab es innerhalb und außerhalb dieser Intellektuellen doch sehr, sehr viele, die riskiert haben, in Deutschland antinazistisch zu arbeiten. Eine böse Erfahrung war, daß gewisse Leute niemanden mehr kennen wollten. Die jüdischen Ärzte sahen allmählich, daß sie nur noch jüdische Patienten behandeln konnten, rausgeschmissene Beamte meiner Art wurden nicht mehr als Anwälte zugelassen. Sehr früh, im Jahre 1933 fingen schon die nationalsozialistischen Anwälte und ihre Komplizen damit an, den Zugang von jüdischen oder politisch verdächtigen sozialdemokratischen Anwälten zu verhindern. Es war direkt eine Art Sturm auf das Kriminalgericht Moabit und das Gericht am Alexanderplatz, um solche Juristen nicht mehr zur Tür reinzulassen. Damals gab es noch nicht einmal gesetzliche Vorschriften, die das Auftreten von irgendwelchen Juristen verhindern konnten, aber viel besser als gesetzliche Vorschriften besorgten es liebe Kollegen mit Unterstützung der SA, daß diese Leute nicht mehr ins Gericht konnten, das galt auch für verhaßte Staatsanwälte und andere Personen.

Ein Mann, wie der erste Berliner Strafverteidiger, Professor Alsberg, wurde einfach nicht mehr reingelassen. Irgendwelche anderen Anwälte wiesen auf diese unerwünschten Elemente hin, hinzu kamen Hilfspolizisten oder SA-Leute und versperrten ihnen den Zugang. Wenn schon welche drinnen waren, ging man in das Anwaltszimmer und hat sie rausgeschmissen. Das war für diese Juristen ein furchtbarer Schlag. Ein Schlag, der Alsberg, der aus Deutschland in die Schweiz flüchtete, bald darauf veranlaßte, Selbstmord zu begehen. Der spontane Terror in Nachbar- und Kollegenkreisen wurde allmählich in »gesetzliche« Bahnen gelenkt und eine nach der anderen kamen die im ganzen eintausend verschiedenen Verordnungen und Gesetze, die alles bis zur Wegnahme des Radioapparates und des Kanarienvogels regelten.

Robert M.W. Kempner und seine Mutter Lydia Rabinowitsch-Kempner

Robert, Nadeschda und Walter Kempner (von links)

Vater Walter Kempner, Walter, Nadeschda, Mutter Lydia Rabinowitsch-Kempner und Robert (von links)

Kempner-Kinder mit ihrer Mutter

Gardeschütze Robert M. W. Kempner (1917)

Student Robert M. W. Kempner (1922)

Nürnberger Gerichtshof während einer Verhandlungspause; links von der Mitte: Robert M.W. Kempner

Robert M.W. Kempner
mit Mitarbeiterin Jane Lester

Robert M.W. Kempner bei einer Vernehmung von Emmy Göring (1946)

Robert M.W. Kempner nach der Vernehmung von Generalfeldmarschall Karl von Rundstedt

Robert M.W. Kempner als Gastprofessor in Erlangen (1947)

Robert M.W. Kempner als Gastprofessor in Erlangen (1949)

Robert M.W. Kempner und Paula Ben Gurion
während des Eichmann-Prozesses in Jerusalem

Robert M.W. Kempner in seiner Bibliothek (Lansdowne, Pa., USA, 1960)

Robert M.W. Kempner mit einem seiner erfolgreichsten Bücher

Kardinal Augustin Bea überreicht Benedicta Maria Kempner eine päpstliche Auszeichnung (1966)

Papst Paul II., Benedicta Maria und Robert M.W. Kempner (1966)

Katzenberger-Prozeß (Nürnberg 1970): Nebenkläger Kempner mit den Verteidigern Steinacker und Eggert

Enthüllung eines Gedenksteins für NS-Opfer (Bonn 1975): Jahn, Kempner, Vogel, Jane Lester

Erich Frey

Krantz-Prozeß: vor dem Angeklagten sein Verteidiger Erich Frey (1928)

Reichstagsbrand-Prozeß: Oberreichsanwalt Karl August Werner (1933)

Reichstagsbrand-Prozeß: Marinus van der Lubbe mit seinem Dolmetscher (1933)

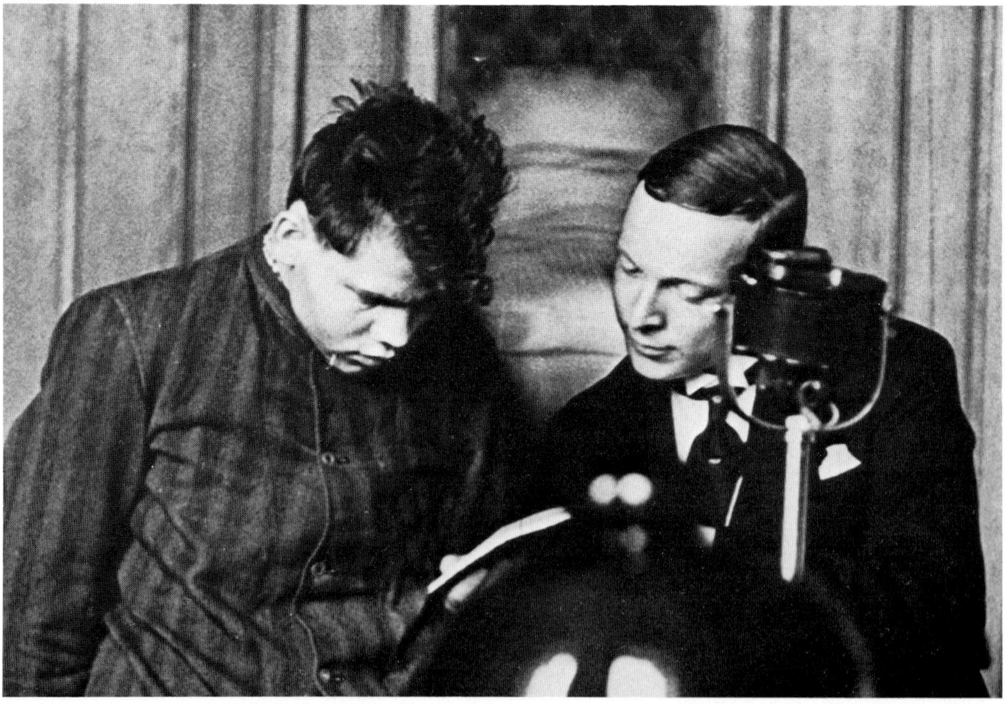

Robert Koch

Albert Grzesinski

Erich Klausener

Carl von Ossietzky

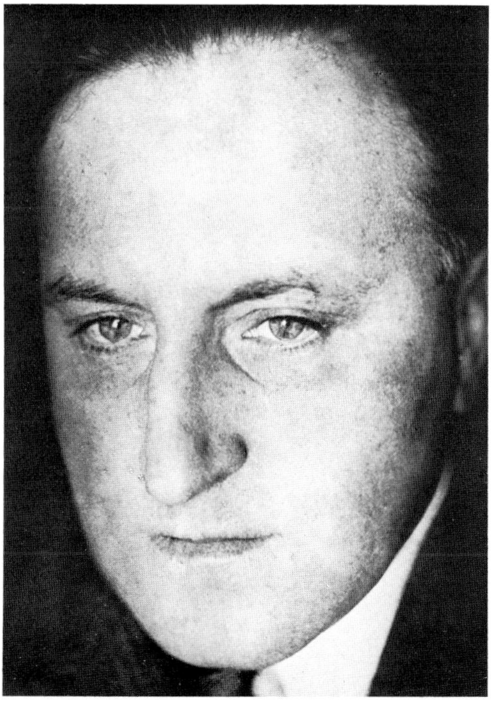

Richter im Kriegsverbrecherprozeß
Von rechts: A. F. Volchkow, UdSSR; Nikitschenko, UdSSR; Lord Justice Norman Birkett, England; Lord Justice Geoffrey Lawrence, England; Francis A. Biddle, USA; Hon. John Parker, USA; Henri Donnedieu de Vabres, Frankreich; Robert Falco, Frankreich

20. November 1945: Eröffnungsverhandlung der Kriegsverbrecherprozesse in Nürnberg.
Von links in der vorderen Reihe: Hermann Göring, Rudolf Heß, Joachim von Ribbentrop, Wilhelm Keitel, Alfred Rosenberg, Hans Frank, Wilhelm Frick, Julius Streicher, Walter Funk und Hjalmar Schacht.
Hintere Reihe: Karl Dönitz, Erich Raeder, Baldur von Schirach, Fritz Sauckel, Alfred Jodl, Franz von Papen, Arthur Seyß-Inquart, Albert Speer, Constantin von Neurath und Hans Fritzsche.
Die Verteidiger sitzen vor den Angeklagten

Am Tisch der US-Anklagebehörde im IMT-Prozeß (1945): links von oben: R. Albrecht, H. Amen, S. Alderman, Th. Dodd; rechts von oben: S. Harris, R. Kempner, Wh. Harris, E. Douglas, R. H. Jackson

IMT-Prozeß: von links: Th. Dodd in Unterhaltung mit F. LaGuardia; hinten links: Robert M. W. Kempner

Die Akademiker haben versucht, Verbindungen zu ausländischen akademischen Zirkeln zu knüpfen. Das Schlimme war, daß Gelehrte, wie Heidegger und andere gar nichts taten, um auch nur Milderungen in einzelnen Fällen von Bekannten durchzusetzen, und jemand wie Carl Schmitt, der große Staatsrechtslehrer, bei diesen Rassensachen von Anfang an mitgemacht hat. Er sorgte, daß jüdische Assistenten sofort entlassen wurden und trat allen Ernstes dafür ein, daß jüdische Gelehrte nicht mehr zitiert werden durften. Ich habe ihm das später vorgehalten. Er war auch einer derjenigen, die nicht gestandene Nationalsozialisten waren, aber gerade diese Typen traten besonders streng auf, denn sie wollten sich ja beweisen.

Ich habe den Professor Carl Schmitt in Nürnberg vernommen, weil in Berlin vom Hauptquartier General Clays die Frage kam: »Warum habt ihr den Carl Schmitt nicht angeklagt? Er ist hier in Berlin in automatischem Arrest, und wir schicken ihn rüber nach Nürnberg.«

Carl Schmitt kam zu mir, wir unterhielten uns sehr kollegial, und er sagte mir, ziemlich am Anfang der Vernehmung, er sei ein intellektueller Abenteurer.

Ich sagte ihm: »Ich bin Abenteurer auf dem Gebiet des internationalen Strafrechts und würde gerne einiges von Ihnen wissen. Müssen wir Sie anklagen, weil Sie die Jugend verführt und zum Kriege gehetzt haben oder geht das nicht? Passen Sie in unser Schema als Kriegsverbrecher?«

Da sagte er: »Wie soll ich das beantworten?«

Und ich entgegnete ihm: »Schreiben Sie eine Abhandlung, warum Sie angeklagt werden müssen, und schreiben Sie gleichzeitig eine zweite, warum Sie nicht als Kriegsverbrecher angeklagt werden können.«

Er kam dann nach fünf, sechs Tagen mit den beiden Aufsätzen zu mir. Meine Assistentin und ich lasen sie in seiner Gegenwart durch. Ich kam gleich zu dem Ergebnis: »Der Aufsatz, der besagt, daß Sie nicht angeklagt werden dürfen, ist besser, und zwar deshalb, weil Sie eben nicht in die Londoner Charta, unser Gerichtsverfassungsgesetz, hineinpassen. Sie haben die Jugend Schlechtes gelehrt, sie haben die jüdischen Mitarbeiter rausgeschmissen. Das sind Schandtaten, die von Deutschen gegen Deutsche ausgeübt worden sind und für die bei uns keine Zuständigkeit besteht.«

Der zweite Aufsatz war sehr schwach. Und da sagt er nebenher: ». . . außerdem, was wollen Sie mit meinen Ansichten über Angriffskriege? Da haben andere ganz andere Sachen geschrieben; der Krieg sei das letzte Mittel im Völkerrecht. Und solche Leute werden auch nicht bestraft.« Ich bin darüber hinweggegangen und habe gesagt: »Herr Professor Schmitt, gehen Sie nach Hause!«

»Muß denn der Haftbefehl nicht aufgehoben werden?«

»Wenn ich sage, gehen Sie nach Hause, dann heißt das, der Haftbefehl muß aufgehoben werden; die Dame hier neben mir wird die Gefängnisbehörde schon instruieren. Sie sind doch in Berlin auch nicht mit 'nem großen Haftbefehl festgenommen worden, weil Sie die und die Stellung hatten.«

»Herr Doktor Kempner«, antwortete er, »ich werde in die Sicherheit des Schweigens gehen.«

Und die hat er auch zunächst gehalten. Ein paar Wochen später – jetzt kommt der Grund, weshalb der Professor Schmitt ein so lieber Mensch für die Anklagebehörde ist – wird in dem Prozeß gegen die Staatssekretäre ein gewisser Professor Erich Kaufmann als Verteidigungszeuge geladen, ein sehr bekannter jüdischer Völkerrechtler, der in Holland überlebt hatte. Professor Kaufmann fing an zu erzählen, daß Staatssekretäre und Minister im Dritten Reich eigentlich gar nichts zu sagen hätten, das sehe man schon an den Unterschriften im Reichsgesetzblatt. Die Unterschriften derer, die was zu sagen hatten, seien größer gedruckt gewesen als die anderen. Ich habe diesen Kaufmann ins Kreuzverhör genommen und ihm gesagt, daß das Druckanordnungen sind und man den langen Namen ›Schwerin-Krosigk‹ mit kleineren Buchstaben schreibt als den kurzen Namen ›Lammers‹. Und ob er noch nie als Professor gelernt habe, wie man ein Gesetz ins Reichsgesetzblatt bringt? Und seltsamerweise fiel mir bei dieser Gelegenheit Carl Schmitt ein, wie er sagte, daß andere Leute noch viel größere Militaristen gewesen seien als er. Sofort telegraphierte ich dem Herrn Professor Schmitt in seine westfälische Heimat: Bitte sofort mitteilen, wer das vom Krieg als letztes Mittel des Völkerrechts gesagt hat und in welcher Zeitschrift es steht. Da er ein intellektueller Abenteurer war, hat er prompt geantwortet, dieses Zitat stamme von Professor Erich Kaufmann. Das war die Anschauung eines jüdisch-nationalen Professors, den die Verteidigung von Weizsäcker als Zeuge über Krieg und Angriffskriege geladen hatte. Daraufhin habe ich ihn weiter im Kreuzverhör vernommen und gefragt: »Gab es so militante Professoren in Deutschland, die den Krieg als das letzte Mittel im Völkerrecht bezeichnet haben?«

»Ich weiß nicht«, sagte er. Sofort verlangte der Vorsitzende: »So dürfen Sie nicht fragen. Sie müssen den Zeugen direkt fragen: Hat ein Professor Sowieso das geschrieben?«

Darauf stellte ich die weitere Frage: »Haben Sie einmal geschrieben, der Krieg sei das letzte Mittel im Völkerrecht?«

Und damit war er natürlich als Entlastungszeuge geliefert. So sind die Leute; genieren sich gar nicht und denken, man findet das nicht. Man dachte natürlich, das macht Eindruck auf die Richter, wenn ein jüdischer Professor versucht, ein paar verbrecherische Staatssekretäre rauszureißen. Man dachte, das wäre ein Clou, es war aber ein kleiner Fehler des sehr tüchtigen Verteidigers Hellmut Becker.

Anfang des Sommers 1934 wurde die Luft sehr dicke in Berlin. Wenn man auf die Behörden kam, war keine gute Stimmung, keine freudige Hitler-Stimmung. Man sagte, was kann noch kommen? Zuviele Kollegen waren verschwunden, umgebracht. Ich dachte um den 20. Juni, das sieht mir hier zu mulmig aus, ich fahre mal weg und bin zur Edertalsperre gefahren, wo ich Freunde hatte. Am Morgen des 30. Juni hörte ich aus dem Radio, was in Berlin geschehen war. Ich kann nicht sagen, daß ich überrascht war und kann nicht sagen, daß ich nicht überrascht war, ich wartete auf irgendwelche Dinge, die ich fühlte, aber nicht näher ausdrücken konnte. In erster Linie beschäftigte mich dann natürlich das, was nahen oder entfernten Bekannten von mir passiert war. Zunächst war ich nicht sehr daran interessiert, welche Nazis umgekommen waren, sondern war an Schleicher interessiert, den man runtergeschossen hatte und an meinem früheren Chef, dem Ministerialdirektor Erich Klausener. Wie war das alles geschehen und warum?

Vieles lernte ich erst später in Nürnberg, aber als ich wieder in Berlin zurück war, erfuhr ich ziemlich schnell, daß Hitler und Göring alle Leute hatten umbringen lassen, von denen sie irgendetwas befürchteten. Sei es, daß sie zuviel wußten, Zeugen des Reichstagsbrandes gewesen oder in dieser antihomosexuellen Ära zu auffällig für die Partei waren. Man erfuhr, daß Hitler alle zusammen am Tegernsee hatte morden lassen. Diese unerhörte Mordserie hat – das muß ganz klar gesagt werden – Hitlers Ansehen bei seinen Gefolgsleuten wenig geschadet und die Massen ganz und gar nicht beeindruckt. Ihnen war ja vorgeschwindelt worden, die Opfer hätten mit den Franzosen konspiriert und den Führer absetzen wollen. Das glaubten die Leute nicht so recht, aber sie dachten, was schadet es, wenn paar – auch vom bürgerlichen Standpunkt aus – der übelsten Leute abgeknallt worden sind. Das hat Hitler in weiten Kreisen gestärkt. (Ich habe François Poncet später, den damaligen französischen Botschafter in Berlin, nach der angeblichen Konspiration gefragt. »Eine reine Lüge«, sagte er.)

Der bürgerlichen Welt war die ganze Aktion natürlich unheimlich. Die Deutschnationalen sahen nun, daß sie endgültig abgesägt waren. Diels wackelte in Köln, wo er jetzt Regierungspräsident war. Er war froh, daß er nicht in Berlin saß, sonst hätte irgendein Heydrich gegen ihn etwas gefunden und angezettelt, und andere Leute in der Provinz freuten sich genauso, daß man sie nicht umgebracht hatte. In den oberen Beamtenkreisen wußte man schon vorher, daß so etwas ohne weiteres möglich war. Eine Überraschung darüber, daß man so schnellen Prozeß mit den Gegnern machte, sie einfach massenweise abknallte, war es nur für die, die das System überhaupt nicht erkannt hatten. Aber einen politischen Effekt hatte das nicht, denn ein dreiviertel Jahr später kamen ja schon die Einführung der allgemeinen Wehrpflicht, die Militarisierung der ehemals besetzten Gebiete des Rheinlands und dergleichen.

Ich habe in Nürnberg von solchen Leuten, die nach dem 30. Juni '34 etwas zurückgestellt oder ins Ausland versetzt wurden und zunächst erzählten, wie sie doch langsam Hitler begriffen hatten, von meinen Mitarbeitern einmal eine große Karte entwerfen lassen, wie die Gehaltsverhältnisse bis Ende des Krieges sich bei ihnen entwickelt hatten. Da hat sich bei den Hitler-Gegnern herausgestellt, daß die Gehälter auch nach dem 30. Juli '34 (bei Papen und wie sie hießen) linear immer höher geworden und bis zum letzten Tag gezahlt worden sind. Das gilt auch in anderem Zusammenhang für Schacht, zwar nicht bis zum letzten Tage, aber auch noch eine ganze Weile.

»Jetzt wird hier das Pogrom anfangen.«

Am 12. März 1935 kamen plötzlich Gestapo-Leute in unsere Wohnung in Lichterfelde und sagten »Mitkommen!« Wir fuhren zur Prinz-Albrecht-Straße und von da aus in das Columbia-Haus in Tempelhof, ein spezielles Gestapo-Gefängnis. Ich wurde gefragt, ob ich Auslandsbeziehungen habe und einen gewissen Berthold Jacob kenne, den Pazifisten und Freund Carl von Ossietzkys.

»Ich habe mit dem seit Jahren keine Verbindung«, sagte ich. Ob ich ihn kenne und wo ich ihn kennengelernt hätte. Das wollte ich natürlich nicht sagen, denn Ossietzky war nicht gerade eine erste Empfehlung bei einer Gestapo-Vernehmung. Wie sich bald herausstellte, war der Name meines Büros in Jacobs Notizbuch gefunden worden, der in der Nacht vorher von der Gestapo in Basel gekidnappt worden war. Das war die erste Entführung eines ehemaligen Deutschen im Ausland. Das Auswärtige Amt und die Gestapo hatten ihn aus Frankreich in die Schweiz gelockt unter der Vorspiegelung, man könnte ihm wieder einen deutschen Paß verschaffen. Warum er meinen Namen in seinem Notizbuch hatte, weiß ich nicht, jedenfalls war kein Beweis dafür da, daß ich, wie vermutet, über die illegale Aufrüstung im Jahre 1934/35 nach dem Ausland berichtet hatte. Jacob hatte über solche Dinge in seiner international verbreiteten Pressekorrespondenz geschrieben. Die Gestapo argwöhnte, daß ich und andere ihn aus dem Inland mit Informationen versorgten. Er wies aber nach, daß seine Kenntnisse samt und sonders in deutschen Zeitungen gestanden hatten. Trotzdem erging ›Schutzhaftbefehl‹ gegen mich wegen Hochverrats, worin der bestanden haben soll, weiß ich nicht.

Das Columbia-Haus war der berüchtigte Folterplatz in Berlin. Ich sah andere Leute im Hof spazieren gehen, Friedensburg zum Beispiel, den späteren Berliner Mitbürgermeister und dachte, es ist zu Ende. Meine Familie bemühte sich, mich rauszukriegen, der Chirurg Sauerbruch, Freund meiner Mutter intervenierte bei Hindenburgs Sohn, man solle mich freilassen. Meine Frau fuhr zu Diels nach Köln, um ihn zu fragen, ob er irgendeinen Rat hätte, was man machen könnte, um mich loszueisen. Meinen Rechtsanwalt, Sidney Mendel, hatte ich noch vor dem Verlassen meines Hauses in Lichterfelde rechtzeitig benachrichtigen können. Mendel, ein großer blonder Mann, wurde bei der Gestapo vorstellig. »Sie sind doch nicht der jüdische Anwalt Mendel!«

Daraufhin hat er seinen Ausweis vorgezeigt, worauf ihm der Gestapobeamte sagt: »Was soll denn das! Solche Ausweise machen wir in unserem vierten Stock jeden Tag!«

Es wurde sogar ein Beamter am Nachmittag in Mendels Praxis geschickt, um festzustellen, ob er das wirklich war.

Meine Freilassung aber haben nicht Diels oder sonstwer bewirkt, sondern der verstorbene Führer. Es gab nämlich ein deutsch-schweizerisches Abkommen. Die Schweizer sagten: Das tritt in diesem Falle in Kraft und wir wollen genau untersucht haben, warum der entführte Jacob, sowie Kempner, Kiaulehn, Aschner und Scheuermann (von der rechtsstehenden ›Deutschen Tageszeitung‹) verhaftet worden sind. Als das schwebte, sagte der Führer: »Ich will von der ganzen Sache nichts wissen, die ist schlecht inszeniert worden. Ich will die Entlassung der Leute.«

Die Schweiz sollte nicht vor das internationale Schiedsgericht ziehen und Erörterungen anregen über die doch tatsächlich vorhandene Umstellung von Polizeibereitschaften in Armeebereitschaften. Also wurde ich mit Hilfe von Herrn Hitler entlassen. Ich ging nicht mehr nach Hause, sondern fuhr bald darauf ins Ausland.

Berthold Jacob wurde gleichfalls entlassen. Weil aber die Polizei eine solche Niederlage nicht auf sich sitzen lassen wollte, hat sie ihn, Jahre danach in Portugal, erneut entführt, nach Berlin gebracht, wo er später auf 85 Pfund abgemagert, in einer Polizeikrankenstube gestorben ist. Man hatte sich ihn reserviert und dachte immer, er könnte vielleicht in irgendeinem Falle mal ausgetauscht werden; Hitler hatte sich für solche Zwecke ein paar Leute aufgehoben.

Meine Mutter wurde wenige Wochen nach dem Anfang des Nazi-Regimes zwangspensioniert. Zunächst hat sie zwei, drei Monate die

›Zeitschrift für Tuberkulose‹ noch weiter redigiert, dann aber fiel sie damit unter das Schriftstellergesetz. Ein Herr wurde geschickt und sagte: »Mir ist befohlen worden, die Redaktion an Ihrer Stelle zu übernehmen. Sie dürfen das nicht weiter tun.«

Ein Arzt, der gar nicht auf die Idee gekommen ist: ich will nicht als Nachfolger auftreten, wenn das der Frau gestohlen wird. Er hat das ohne sich zu sträuben gemacht, ein Nichtnazi.

Ich ging zu Medizinal-Obernazi Klein vom Magistrat hin und sagte: »Was ist mit meiner Mutter? Sie hat im Ersten Weltkrieg was geleistet, Pestfälle bekämpft und dergleichen. Die muß ebenso behandelt werden, wie die Frontkämpfer.«

»Nichts zu machen.«

»Außerdem« sagte ich, »ist sie eingeladen zur Tuberkulose-Konferenz in Rom, wo Mussolini persönlich erscheinen wird. Das macht doch einen schlechten Eindruck, wenn sie sagen muß, ich bin gerade rausgeschmissen worden.«

»Ja, dann können wir das etwas zurückstellen.«

»Wie lange?«

»Das ist nur eine Affäre von Wochen oder Monaten.«

Ich fuhr früher mit meiner Mutter sehr oft morgens in die Stadt, sie ging ins Krankenhaus Moabit und ich zum Kriminalgericht oder Innenministerium. Als eines Tages die ersten Hakenkreuzfahnen in den Straßen erschienen, fing sie im Auto neben mir furchtbar zu weinen an. Ich fragte: »Mutter, was ist denn los?«

Da hob sie ihre Hand, deutete auf die Fahnen und sagte: »Jetzt wird hier das Pogrom anfangen.«

Meine Mutter, die in Kowno geboren war, kannte natürlich von ihren Eltern solche Pogromgeschichten und hat sie wahrscheinlich in ihrer Jugend erlebt. Man warf den Juden doch ewig vor, sie hätten Kinderblut getrunken. Ich erinnere mich, daß in meiner Kindheit ein angeblicher Bluttrinker namens Beilis aus der Gegend meiner Mutter freigesprochen wurde. Die Familie war an solchen Vorgängen immer derart interessiert, daß wir ein Telegramm nach Berlin bekamen: »Beilis freigesprochen.« Obwohl die Zeit der Pogrome teilweise vorüber war, hielt man es für richtig, meiner Mutter dieses kolossale Ereignis nach Berlin zu telegrafieren, daß da ein Jude freigesprochen worden ist.

Seit dem Tage, wo sie angesichts der Fahnen geweint hatte, wußte sie, was da hochkam. Ich begriff das noch nicht ganz. Sie hatte merkwürdigerweise nicht vergessen, daß Vorfahren oder Verwandte von ihr im Pogrom getötet worden sind. Trotz Wilhelm II., trotz Lyzeum-Club, trotz ihrer Freundschaften zur Gräfin Harrach und all den Frauen, die die Frauenbewegung vorwärts bringen wollten, hat sie dem Frieden nie getraut. Sie war sehr traurig darüber. Natürlich blieb sie bis zum letzten Tage in ihrer Stellung mit den verantwortungsvollen Aufgaben der Blutproben und Bakterienuntersuchungen tätig. Eine Frau, die bei Robert Koch gearbeitet hatte, verheiratet mit einem Mann, der bei Robert Koch gearbeitet hatte, eine Frau die in wöchentlichen oder monatlichen Korrespondenzen mit Paul Ehrlich, mit Wassermann und sämtlichen Bakteriologen der Welt verkehrte.

Bei allem Mißtrauen blieb es ihr im innersten Wesen rätselhaft, wie jetzt in Deutschland das passieren konnte, was in Rußland vor Jahrzehnten stattgefunden hatte, und daß jetzt auf einmal in Berlin sie, die von Wilhelm II. den Professoren-Titel erhalten hatte, rausgeschmissen wurde. Dann hat sie zu Hause gesessen und überlegt: Wo kann ich hin? Von einem Bleiben war bei uns nie die Rede. Meine Mutter hat für uns ein Notizbuch mit amerikanischen Adressen nach ihrem Tode 1935 hinterlassen. Von Freunden und Freundinnen am *Womens Medical College* in Philadelphia. Sie hat ihren Freundinnen meinetwegen geschrieben und verhandelt: »Wo kann man hingehen?« Sie war schon sehr krank und hat eine Emigration für sich nicht mehr erwogen. Mein Bruder Walter war damals schon in Amerika an der *Medical School* der Duke University.

Nicht lange nach ihrem 65. Geburtstag starb meine Mutter. Der Schock ihrer Entlassung und meine Verhaftung haben der Krankheit einen rapiden Verlauf gegeben. Wir haben sie auf dem Gemeindefriedhof in Lichterfelde beigesetzt. Als ich nach Kriegsende hinkam und Blumen für das Grab kaufen wollte, fragte der Blumenfritze: »Für welches Grab ist das?«

»Das ist für die Frau Professor Rabinowitsch.«

»Ach, das ist das Grab, das von einer arischen Frau immer gepflegt worden ist. Das habe ich der Gestapo mitgeteilt. Es hat sich nachher herausgestellt, daß das eine Frau Doktor Allard war.«

Da lag eine Eisenstange. Mit der klopfte ich so laut auf den Tisch, daß der Mann einen Todesschreck bekam. Das war das einzige Mal, wo ich eine Pseudogewalttätigkeit gegen einen solchen Strolch verübt habe.

Nach meiner Entlassung aus der Gestapo-Haft verließ ich sogleich Berlin. Ich dachte gar nicht daran, mich nochmal aus Lichterfelde abholen zu lassen. Wir hatten die Nase voll und sind ausgewandert. Ich war zuletzt viel für Mandanten im Ausland gewesen und hatte sondiert, wo Möglichkeiten bestanden. Ist in Frankreich etwas zu machen, ist in Holland etwas zu machen? Ich wußte durch die Fälle, die ich selbst bearbeitet hatte, daß es eigentlich alles schwierige Länder waren. Die Gastfreundschaft für solche Fremdarbeiter wie uns war ziemlich gering. In den skandinavischen Ländern gab es durch sozialdemokratische Regierungen die Chance, Gewerkschaftler und demokratischen Politikern zu helfen –, Willy Brandt, später Wehner und anderen. Holland, ganz dicht an der Grenze, war viel zu gefährlich; da ließen sich eine Reihe von Geschäftsleuten nieder, ebenfalls in Belgien. In England fanden eigentlich nur Prominente Aussichten, der Bekanntheitsgrad spielte die Hauptrolle. Frankreich wurde als Übergangsland betrachtet. Die Franzosen zeigten sich nicht gerade sehr hervorragend in ihrer Gastfreundschaft, wer Kontakte hatte zur französischen Regierung, stand zunächst etwas günstiger da, wie Professor Emil Gumbel, Georg Bernhard, Leopold Schwarzschild, Dichter wie Hasenclever, Alfred Kerr. Für die Schweiz galt auch erstmal das Prinzip, zunächst Eliteemigranten aufzunehmen wie Thomas Mann.

Die Gruppen waren zerstreut, die eine ging schon in der Nacht nach dem Reichstagsbrand in die Tschechoslowakei, das waren aber keine Massen. In England saßen infolge des Münchener Vertrages Sudetendeutsche, Sozialdemokraten. Ich habe mir angesehen, was los war bei der Polizeiverwaltung in Palästina, im englischen Verwaltungswesen, aber das gefiel mir alles schon deshalb nicht, weil ich dachte, das kann nur eine vorübergehende Sache sein. Ich teilte nicht den Optimisnus vieler ehemaliger Deutscher; Hitler sei nur eine Episode. In einem Jahr sind wir wieder zurück.

Eines Tages setzte sich mit mir ein früherer Beamter und Wissenschaftler in Verbindung, der im Pressereferat bei Otto Braun tätig gewesen war, der Professor Werner Peiser. Ein Jurist, der viel beim ›Vorwärts‹ geschrieben hatte und ein Mann, der die politische Situation beherrschte. Werner Peiser war zwei, drei Jahre älter als ich, er hatte das Glück gehabt im Jahre '31/32 als Preußischer Kulturreferent nach Italien versetzt zu werden. In dieser wunderschönen Stellung sollte er, ganz unabhängig vom Faschismus, deutsch-italienische Kunst- und Kulturbeziehungen fördern. Bei den deutschen Instituten, die es in Florenz und Rom gab, fühlte er sich sehr wohl und war mit dem italienischen Kultusminister Guiseppe Bottai befreundet. Den Faschismus sah er genauso wie ich. Bottai sagte ihm, als er nach 1933 von seiner Arbeit sofort gefeuert war: »Sie werden doch dahin nicht zurückgehen, Sie können das gar nicht. Bleiben Sie doch bei uns.«

Dieser Bottai war ein vorausschauender Mann, wie sich auch zeigte, als er am Sturz Mussolinis beteiligt war. Er machte den Vorschlag: »Eröffnen Sie doch bei uns ein Internat und ein College.«

»Woher kommen die Studenten?«

Bottai erwiderte: »Es kommen zu uns schon sehr viele Gäste, die es in Deutschland nicht länger aushalten.«

Eine Art kleiner Auswanderung nach Italien hatte schon begonnen, von Künstlern, Geschäftsleuten, jüdischen und auch politischen Emigranten, nicht aus dem ersten Rang, sondern dem zweiten.

Italien war damals das Land, das die wenigsten politischen Beziehungen zu Deutschland hatte, nämlich 1933/34 gar keine. Der Führer bewunderte den Führer da unten, davon abgesehen waren sie sich spinnefeind. Das war noch die Zeit, wo Mussolini verkündete: »Bei uns war schon die große Kultur, als die Germanen noch als Affen auf den Bäumen herumturnten.« Das war für ihn Pack, einschließlich des Herrn Hitler. So waren die Beziehungen zwischen den Ländern, die Liebe war einseitig. Hitler hat den Mussolini unerhört bewundert für das, was der angeblich geschaffen hätte. Italien war ein Land, in dem schon viele Deutsche gelebt hatten, feine Berliner Leute lernten schon längst vor 33 italienisch. Das Wichtigste aber war, sie konnten nach Italien reisen ohne Visa, sie brauchten auch nach 33 in Berlin nicht zu einem Konsulat gehen. Sie fuhren von Berlin nach Italien nicht nur frei, sondern waren ein angenehmer Gast, der mit guter Währung bezahlte und infolgedessen ohne jede Schwierigkeit Aufenthaltserlaubnis bekam, während sie in Frankreich zur Polizei rennen mußten, ähnlich in England, bei den Holländern gab es auch immer erst Verhandlungen. Wenn ich an Frankreich denke – ich habe noch die Abschriften von Verlängerungen und Verlängerungen – da mußte man betteln und sich dumme Fragen stellen lassen. In dem italienischen Ortsteil von Florenz, in dem ich wohnte, war irgendein netter faschistischer Beamter, der sich ungeheuer freute, wenn wieder ein Gast in seinen Bezirk einzog, denn das war ja bares Geld für ihn. Viele von den Herren hatten noch Nebenluft, ohne daß das formell eine Bestechung war, wie in Frankreich, wo man beim Übergeben der Papiere den Francschein mit herüberschob.

Die Italiener bekamen in den Jahren 33 bis 38 keinerlei Hinweise von der Gestapo. Die arbeiteten nicht zusammen mit den »Leuten, die noch auf den Bäumen herumturnten«, was ging einen der Führer an? Vor allen Dingen gab es keine Judenfrage. In Italien siedelten keine Exilpolitiker, Sozialdemokraten oder ganz Linke, die in der Welt bekannt waren, ein richtiger politischer Flüchtling ging eben nach Frankreich, wo schon die politischen Flüchtlinge vergangener Jahrhunderte hingegangen sind. Man dachte, daß die Franzosen zumindest unter dem Regime Léon Blum sogleich Freunde waren, die in den Büros der unteren Verwaltungsorgane, im deuxième bureau, im Nachrichten- und Spionagedienst den Berliner Parteifreunden um den Hals fallen würden. Man hat sie auch zunächst einmal nicht schlecht behandelt. Es gab die große Anti-Hitler-Zeitung, das ›Pariser Tageblatt‹ in deutscher Sprache, die auch in Frankreich gefürchtet wurde.

All das gab es nicht in Italien, aber es gab Ruhe. Also – Bottai sagte zu meinem späteren Sozius und Freund: »Bleiben Sie hier.« Dr. Peiser machte das Internat auf, – eines Tages kam er nach Berlin und wir saßen im Café *Josty*.

»Kommen Sie doch zu uns. Ärgern Sie sich nicht mit den anderen herum, und wenn's auch für ein paar Jahre ist.«

Ich fragte ihn: »Wie ist das mit Mussolini, ein Faschist . . ., wir werden belästigt werden.«

»Wir werden gar nicht belästigt, Sie können bei uns *political science* lehren und den ganzen wirtschaftlichen Betrieb übernehmen.«

Ich wollte nicht lange zögern, schwierig war nur, daß mein Paß abgelaufen war. Ich ging auf das Polizeirevier in Lichterfelde-West, sagte zum Vorsteher: »Ich brauche eine Paßerneuerung.« Und der guckte so: »Eigentlich muß ich da verschiedene Stellen anfragen.« (Steuer, Gestapo usw.)

»Wann kann ich den Paß kriegen?«

»Ich werde ihn morgen auf dem Nachhauseweg bei Ihnen in der Potsdamer Straße abgeben.«

Als er dann kam und mir den Paß gab, waren schon alle Möbel weg. »Wir kennen Sie ja«, sagte er, »Sie haben doch meinem Sohn beim Eintritt in die Schutzpolizei geholfen.« Ich empfing ihn in einer Bibliothek ohne Bücher. Unter den damaligen Verhältnissen war es sehr schwierig einen Umzug ins Ausland vorzubereiten, vor allen Dingen einen solchen mit riesiger Bibliothek. Das andere hatte ich vorher verkauft, unser lieber Flügel ging für fünfhundert Mark an das *Haus Vaterland* am Potsdamer Bahnhof.

Ich kaufte meiner Frau den Auswanderungsring. Sie hatte irgendwo einen Ring gesehen, nichts besonders Kostbares, und ich sagte ihr, wenn wir den Paß kriegen, kriegst du den Ring, den Auswanderungsring, den sie mit in ihr Grab genommen hat.

Das Haus von Galilei

Wie kommt man raus? Bei Italienreisenden waren die Grenzbeamten und Gestapobeamten nicht so scharf; die haben nicht richtig aufgepaßt, denn wer wird denn auch nach Italien gehen zu dem von uns Nazis heiß verehrten Mussolini? Ich arrangierte dennoch folgendes: Wir reisen nicht zusammen, wenn einer verhaftet wird, muß der andere draußen sein.

Wie es in den Polizeiprotokollen immer anfängt, ›am fraglichen Tage‹ nahm ich ein Köfferchen, ging auf den Flugplatz Tempelhof und fragte: »Wann geht das nächste Flugzeug nach Rom?«

»Wenn Sie sich beeilen«, sagte mir die Dame am Schalter, »können Sie in einer Stunde fliegen. Wir haben ein Sonderflugzeug. Das geht zwar nicht nach Rom, aber nach Venedig und dann nach Kairo. In Venedig wird es aufgetankt.«

»Was ist denn das für ein Sonderflugzeug?« frage ich.

»Der Vater von Rudolf Heß fliegt wieder nach Ägypten, der hat drei Bekannte mit sich und wir suchen noch zwanzig Gäste.«

Dann ging ich mit dem Köfferchen durch, Vater Heß saß schon im Flugzeug. Ich stieg mit anderen mittleren Nazi-Potentaten hinzu. In Gedanken sagte ich mir, daß ich wohl kaum je auf den heimatlichen Boden zurückkommen werde.

Von Venedig aus nahm ich die Bahn, fuhr am selben Tage nach Florenz und erwartete am anderen Tag auf dem schönen Bahnhof von Florenz meine Frau und deren Mutter mit dem wenigen Gepäck, das man so braucht.

Man lebte in Italien, wenn man nicht mit der faschistischen Propaganda und der den Italienern zugedachten faschistischen Überwachung zu tun hatte, als Tourist. Unser Internat war sowieso etwas exterritorial, wir haben außer dem örtlichen Faschisten nie jemand gesehen. Der Kultusminister Bottai hat diese Lizenz irgendwie mit der linken Hand gegeben, teilweise mündlich, und mit unserem großen Lokalfaschisten hatten wir nur einen einzigen ernsten Zwischenfall, der aber durch die italienische Freundlichkeit beigelegt werden konnte.

Das Internat blühte. Es war ein sehr schwieriges Unternehmen und beruhte, wirtschaftlich gesehen, darauf, daß weit über hundert Eltern, die noch in Deutschland saßen, ihre Kinder, die allmählich aus ihren deutschen Schulen vertrieben wurden, vorausschickten. Sie wußten noch nicht recht, wohin die eigene Auswanderung gehen würde, schickten aber ihre Kinder zur Sicherheit raus. Es wurde ihnen mulmig in Berlin.

Wenn Goebbels im Sportpalast eine Rede hielt, bekamen wir gleich darauf einen Stoß Briefe. In den maßgebenden jüdischen Zeitungen in Berlin standen unsere Annoncen auf der zweiten Seite, ich staune heute noch, daß die das druckten. Dem Sinne nach inserierten wir: Wenn Ihr uns nicht Eure Kinder und Studenten schickt, dann werden die umkommen.

Das war noch in den Jahren 35, 36, ja Anfang 37, also noch vor der Kristallnacht, die Annonce ist wenigstens zehn Mal erschienen. Aus unseren Kindern ist später meistens etwas geworden, es waren Kinder von Geschäftsleuten, Anwälten, eine durchweg großbürgerliche Schicht. Es gab natürlich auch arme Kinder darunter, die einen Freiplatz hatten, weil die Eltern nie bezahlen konnten, die mußten mitgeschleppt werden. Von uns kam beispielsweise das sehr kluge Lasker-Mädel, das später in England bei der BBC war, viele der deutschsprachigen Sendungen gemacht hat und später einen deutschen politischen Journalisten geheiratet hat.

Das Internat befand sich auf der Gauklerwiese in Florenz, dem *Pian dei Guillari*, neben der Sternwarte und dem Haus von Galilei, das wir teilweise gemietet hatten. Nebenan war der Turm, von dem aus Galilei die Fall- und Wurfbewegungen untersucht hatte. Wir benutzten fünf Häuser, darunter jenes Haus von Galilei, die *Villa Pazzi*, die einem Engländer gehörte, der nur im Sommer für drei Monate kam, während dessen wir raus mußten und mit der ganzen Schule ans Meer gegangen sind, sowie die *Villa Placci*. Die Angestellten sollten möglichst aus Tirol stammen, damit sie mit den Kindern mal Deutsch sprechen konnten.

Aber wie bekommt man in Italien Lehrer, die dort für ungewisse Zeit und ein kleines Gehalt unterrichten? Wir brauchten viele Lehrer, denn die lieben Eltern sagten eines Tages, wenn sie kamen und die Kinder brachten: »Wir werden später nach England auswandern und wünschen Englisch-Unterricht.«

Irgendwann später kam dann ein Telefonanruf: »Wir haben unsere Pläne geändert, wir gehen in einen südamerikanischen Staat. Wir möchten, daß unsere Kinder jetzt Spanisch-Unterricht erhalten.«

Fünf Minuten später kam ein weiterer Anruf: »Wir haben uns geirrt, sie müssen Portugiesisch lernen.«

Unser Studienleiter war Henry Kahane, Sohn des Regisseurs Arthur Kahane bei Max Reinhardt (heute ein Professor in Illinois); seine Frau, eine Griechin, unterrichtete Englisch. Plötzlich meldete sich vom Hause Ullstein Dr. Leppmann, einer der wichtigsten Goethe-Biographen und seine Frau, er war ein herrlicher Deutsch- und Französischlehrer. Seine Frau, Ida Orloff, eine Schauspielerin, das frühere ›Engelchen‹ bei Gerhart Hauptmann, machte Theaterklassen. Weiter war ein Berliner Professor bei uns, der in Berlin das größte medizinisch-technische Labor gehabt hatte und einen besonderen Kursus für junge Damen durchführte, die medizinisch-technische Assistentinnen werden wollten.

Es war eine Schule mit starkem Anklang an deutsches, aber auch englisches Schulwesen, denn wir hatten die Erlaubnis, das englische Matrix abzunehmen, das ist ein Examen, das vergleichbar ist mit dem Klassenabschluß unseres früheren Einjährigen, also neun Jahre Schule, drei Jahre Vorschule und sechs Jahre höhere Schule. Die Idee, Kinder vorzuschicken, beschränkte sich nicht nur auf unser Internat, ich kenne eine Frankfurter Arztfamilie, die ihre Tochter nach Italien schickte, um sie dort Medizin studieren zu lassen. Die Eltern, die sich noch mit ihrer Tochter in Italien getroffen hatten, wurden nach Theresienstadt deportiert von Gestapochef Baab in Frankfurt, und sind da umgekommen. Eine andere Tochter, ebenfalls in Italien, war später in Nürnberg für mich tätig gewesen und ist nun seit Jahren eine Freundin und enge Mitarbeiterin von mir in Philadelphia: Margot Lipton.

Einer der wichtigsten Punkte, im allgemeinen wenig bekannt, weswegen Kenner Italien sehr liebten, war: Die Existenz eines deutsch-italienisches Devisenabkommens nach dem man aus Deutschland zweihundert Mark monatlich nach Italien überweisen konnte. Zudem bekam man mit Devisen die Gastfreundschaft. So konnte man in

Bologna und Florenz studieren und dort Arzt werden, durch einen italienisch-britischen Vertrag durfte ein in Italien geprüfter Arzt auch in Israel als Arzt tätig sein, denn Israel war britisches Mandat. All diese Vorteile hatten aber zur Voraussetzung, daß Geld vorhanden war.

Die Anmeldeformalitäten in Italien für unsere Schüler waren auch leicht. Eine unserer Sekretärinnen, die mit einem Italiener verheiratet war, wurde zur Polizei geschickt, mit den Anmeldungsbögen, auf denen die neuen Kinder verzeichnet waren. Italien war doch ein wunderbares Land! Die Kinder wurden so angemeldet, wie jeder Italiener. Es war – ganz krass gesprochen – leichter, die Schüler zu bekommen als sie wieder »loszuwerden«. Wann klappte es mit der Auswanderung der Eltern? Wann kriegten die Kinder eine Einreiseerlaubnis in dritte Länder? Wenn sie das brasilianische oder amerikanische Einwanderungsvisum hatten, dann konnte man in dem Augenblick mit dem italienischen Schiff fahren. Das war auch eine bedeutende Sache, die italienischen Schiffe vor dem Kriege. Genua war nicht weit, da fuhr man in zweieinhalb Stunden mit dem Auto hin.

Nicht alle Eltern sind aus Deutschland herausgekommen, manchmal waren nur noch Tanten da und ich mußte mich auf die große Suche begeben. Wenn einer in Deutschland verhaftet wurde, mußte man sehen, wie er wieder herauskam. Kinder in der Fremde sind eine unerhörte Verantwortung! Stellen wir uns vor, wir wären plötzlich gezwungen worden aufzulösen und es wären noch Kinder übriggeblieben!

Den deutschen Behörden war bis 1937/38 mehr oder weniger unbekannt, wie das funktionierte. Eines Tages fuhren vier Nationalsozialisten von der Arbeitsfront vor und wollten meinen Sozius sprechen. An der Schule waren die gar nicht interessiert, das merkten wir erst allmählich. Sie sagten, Peiser besitze doch ein Haus in Berlin-Eichkamp, durch irgendeine Hypothekensache hätten sie davon gehört. Bisher wurde es vermietet, nun waren sie nach Italien gekommen, um ihm das Haus abzupressen, das war ein sehr bedenkliches Zeichen. Allmählich entwickelte sich auf Seiten der Italiener die Freundschaft mit Hitler. Mussolini hatte sich zu bedanken, daß Hitler sich in Tirol nicht zu viel Frechheiten rausnahm und Hitler hatte sich zu bedanken, daß Mussolini nichts gegen den Einmarsch nach Österreich sagte.

So entschloß sich Hitler, im März 1938 nach Italien zu kommen. Vorher gab es schon allerhand Wetterzeichen, ich erinnere mich, daß der Kultusminister Bottai mit Professor Peiser telefonierte, auf der deutschen Botschaft in Rom würde herumgestänkert. In dieser internationalen Schule läse man Zeitungen, wie das ›Pariser Tagblatt‹, das große Emigrantenblatt, und ein Lehrer aus Hamburg hätte sich sehr übel über den Spanischen Bürgerkrieg geäußert. Wir merkten allmählich, was los war. Ich war inzwischen auch ausgebürgert worden. Als bekannt wurde, daß der Führer den anderen Führer besuchte, erschienen Inschriften an Mauern von Antifaschisten: es käme ›Duce del nostro Duce‹. Zwei Tage später kam die italienische Polizei rauf und sagte: »Professor Peiser und Kempner, wir müssen Sie mit runter nehmen.«

Meine Frau telefonierte mit dem deutschen Konsul: »Hier sind Leute erschienen, die nach Lehrern und Kindern gefragt haben. Worum handelt es sich?«

Der Mann war kein Nazi, wir hatten erwartet, daß er sagte »da läuft die folgende Aktion...«, statt dessen sagte er: »Gestern nachmittag sind hier Herren aus Deutschland eingetroffen, die sich bei mir nicht gemeldet haben, Sie wohnen im Hotel. Ich kann Ihnen leider keine Auskunft geben, worum es sich handelt.«

Er wußte tatsächlich nicht, was los war, denn es waren im Hotel Herr Walter Schellenberg und seine Leute abgestiegen. Schellenberg, der Chef des Geheimdienstes, war in Italien erschienen, um den Führerbesuch vorzubereiten. Dazu hatte er all seine Stationen besichtigt, die er außerhalb des Konsulats- und Botschafterkreises hatte: das waren die deutschen Reisebüros. Diese Reisebüros (und auch die anderer Länder, mit denen sie unter einer Decke steckten) waren der neu aufgebauten Spionage-Apparat. Viel besser als das Konsulat, denn da konnte man ablesen, wer ein Billet nach Deutschland bestellt hatte und wo er sich herumtrieb, zum Reisebüro gingen die Leute ganz arglos.

Also, die italienischen Polizisten kamen. Ich sagte dem Kommissar: »Das ist eben Nationalsozialismus. Ich bin Anti-Nazi.«

»Ich habe nachher an der Schule noch mehr zu tun«, erzählte dieser Polizist mir bedeutungsvoll, worauf ich zu ihm sagte: »Erst, lieber Freund, wollen wir mal zu meiner Bank fahren, ich muß da gewisse Auszahlungsanweisungen geben und noch einiges erledigen.«

Das funktionierte ganz ausgezeichnet, wir wurden ins italienische Gefängnis gebracht, mußten unsere Gürtel abnehmen; damit wir uns nicht aufhängten und trafen viele Freunde aus Florenz, die genau solche Opfer wie wir waren. Wir begegneten auch sehr netten Bewachungsmannschaften, Angehörige und Nichtangehörige der faschistischen Partei, die Grips hatten. Zwar haben wir uns mit ihnen nicht über Faschismus unterhalten, aber auf den Führer waren sie merkwürdigerweise alle schlecht zu sprechen. Wir waren dort Geiseln. Die Frauen und älteren Schüler wurden auch geholt. Kahane blieb draußen, er war Österreicher und die Österreicher standen merkwürdigerweise nicht auf der Liste.

Bei den Frauen war es anfangs schlimmer. In einigen italienischen Gefängnissen sind die Wachmannschaften Nonnen, und die verstanden gar nicht, daß dies nicht Diebinnen oder Prostituierte waren, die ins Stadtgefängnis *Santa Theresa* eingeliefert wurden, daß sie sich nicht wie Kriminelle benahmen und auch nicht danach aussahen. Allmählich bemutterten die Nonnen die jüngeren Schülerinnen, die faschistischen Antihitlerianer im Männer-Gefängnis gaben uns allmählich wieder unsere Gürtel, Gabel, Messer und Rasierapparate. Wir aber lebten in der ewigen Angst, daß der Führer vielleicht nicht gesund über den Brenner wieder zurückkäme! Und hätte Schellenberg noch andere Listen als die gewöhnlichen Meldelisten der Polizei, denn dann wären sie erst auf die richtigen Sachen gekommen, die Peiser, Kempner und die anderen in Berlin angestellt hatten. Außerdem war noch keine allgemeine Judenverfolgung, so daß auf den Meldelisten auch keine Rassenvermerke zu sehen waren. Wir waren emigrierte Deutsche.

Unser Stellvertreter, Professor Kahane, wagte es plötzlich, zur Gestapo zu gehen. Erst ging er zu den Italienern und sagte: »Könnt Ihr nicht den Kempner freilassen? Der ganze Betrieb hier oben steht still, wer zahlt die Lebensmittel? Was geschieht mit den Angestellten?«

Der Italiener sagte: »Ich kann hier überhaupt nichts machen. Wir tun nur, was uns befohlen wird.«

Er begleitete Kahane in das Gestapo-Hotel, wo er klipp und klar sagte: »Der Kempner sitzt, den habt ihr verhaftet!«

Für den deutschen Gestapo-Mann war ich ein Niemand, denn er sagte: »Das sind doch meist Juden. Und was sind Sie, was ist Ihre Rasse?«

»Jüdisch«, sagte Kahane.

»Und Sie können keinen Betrieb führen?« meinte der Gestapo-Mann erstaunt, »dann sind Sie in Ihrer Rasse völlig entartet.«

Die Verbindung zwischen dem Institut und den Männern und Frauen im Gefängnis erfolgte durch die Gefängnisgeistlichen. Es bürgerte sich allmählich ein, daß man mit ihnen sprach, plötzlich auf der Toilette verschwand, der Geistliche auch verschwinden mußte und ein Päckchen Briefe unter der Soutane versteckte. Das Institut war ja immer noch vorhanden mit den kleineren Schülern, die nicht verhaftet worden waren.

Nach zwei Wochen kam der Führer heil wieder nach Berlin zurück. Wir wurden entlassen, haben uns beim Kardinal Elia Dalla Costa bedankt für die Tätigkeit des Pfarrers, dann hatten wir die Nase voll. Hitler war allmählich der Führer unseres italienischen Führers geworden. Es trafen weitere drohende Anzeigen und Denunziationen bei der deutschen Botschaft ein, man versuchte, Kinder mit Tricks zu entführen, wenn die Ehe der Eltern geschieden war, es wurde brenzlich. Die gute italienische Zeit war vorüber.

Also schrieb ich an die Freundinnen meiner Mutter. Eine, die auch in ihrem Notizbuch stand, war Dean Tracy vom *Womens Medical College* in Philadelphia, mit der meine Mutter lange bakteriologische und andere Erkenntnisse ausgetauscht hatte. Diese Dean Tracy, eine alte eingefleischte Dekanin der einzigen damals in der Welt bestehenden weiblichen *Medical School*, an der nur Ärztinnen ausgebildet wurden, war die Gesundheitschefin, also Medizinalstadträtin der Zweimillionenstadt Philadelphia geworden. Ich schrieb ihr in schlechtem Englisch: »Dean Tracy, gibt es was für mich in Philadelphia?«

Und da schrieb sie mir zurück: »Ich will Ihnen antworten. Ich habe Ihrer Mutter im Jahre 1898 geraten, in Philadelphia zu bleiben und den Mann nachkommen zu lassen, anstatt zu ihm nach Deutschland zurückzukehren. Außerdem sind Sie ein Jurist, das verstimmt mich bereits gegen Ihre Mutter, und ich habe eigentlich nur mit Medizinern zu tun, da hätte ich Ihnen helfen können. Aber ich will das beides vergessen. Ich habe gestern nachmittag schon Ihretwegen telephoniert, Sie können kommen! Wenn Sie noch etwas Geld haben, dann ist es besser, sonst bürge ich zunächst für Sie.«

Das *Womens Medical College* ist eine Stelle, die bei Weihnachtsgaben bis heute von mir berücksichtigt wird. Ich fühle mich diesen Menschen verpflichtet. Damals habe ich aus Nizza telegraphiert, mich bedankt und bin am 1. September 1939 in USA angekommen.

Foreign Agents

Bevor ich nach Amerika kam, schrieb ich an das amerikanische Justizministerium: »Ihr werdet einen Krieg haben. In diesem Kriege werden interessante Erscheinungen auftauchen. Amerika ist ein melting pot, der Einwanderer aus verschiedenen Ländern zusammengebracht und zu Amerikanern gemacht hat, aber sobald ein Krieg kommt, wird manches davon wieder auseinanderfallen. Vielleicht kann ich Euch helfen, mit diesen Dingen, die ich hier in Europa erlebt habe und die sich zweifellos auch in Amerika entwickeln werden, in dem kommenden Kriege fertig zu werden.«

Auf diesen Brief aus Nizza, der nicht in allzu gutem Englisch geschrieben war, denn ich hatte am Schillergymnasium mehr Griechisch als Englisch gelernt, bekam ich eine Antwort zurück: Wenn Sie in Amerika ankommen, dann melden Sie sich bitte bei uns, was Sie uns erzählen, scheint interessant zu sein.

Kurz darauf kam ein zweiter Brief: An welche Gruppen denken Sie zum Beispiel?

Und ich antwortete: »Wenn Kriegshaß und andere Erscheinungen auftreten, so werden diese Strömungen von verschiedenen nationalen Gruppen ausgehen. Wahrscheinlich auch von Deutschland gesteuert. Es gibt bei Euch sehr viele Deutsche und Italiener, die nicht Amerikaner geworden sind, weil die alten Frauen nicht die Prüfung machen konnten und es ja auch so ging. Ihr habt nicht einmal ein polizeiliches Meldesystem. Wenn aber solche Strömungen auftauchen, dann muß man (das klingt vielleicht etwas faschistisch) ein polizeiliches Meldesystem haben, dann kann man die einzelnen Gruppen wenigstens unterscheiden.«

In den USA entwickelte sich in den Jahren 1938/39 tatsächlich unter den Amerikanern, dieser oder jener Abstammung, eine außerordentliche politische Tätigkeit, die von deutscher nationalsozialistischer Seite sehr gefördert wurde. In einzelne Gruppen, zum Beispiel in die deutsche, wurde über die deutsche Botschaft Geld hineingepumpt. Alles zu dem höheren Ziel, diese Gruppen möchten dafür sorgen, daß Roosevelt nicht wiedergewählt würde und Amerika nicht in den Krieg eintreten sollte. Ich habe das an sich für ein Minderheitenproblem erachtet, das sich aber zu einer ganz großen Gefahr herausbilden könnte, was dann auch geschehen ist. Nicht nur von der deutschen Seite, sondern wie sich später herausgestellt hatte, auch von der japanischen. Diese deutschen Gruppen wuchsen sich dann aus und integrierten in die zunächst rein amerikanische Bewegung *America First* (und deshalb kein Krieg). Eine Verbindung, von der wir heute sagen würden, mit nazistischen und rein amerikanisch-nationalen Tendenzen. Insgesamt war das ein großes Projekt: Amerika aus dem Krieg rauszuhalten, ja nicht den Engländern zu helfen.

Als ich in den USA eingetroffen war, telefonierte ich mit dem Justizministerium: »Sie können mich an der Universität Pennsylvania am *Institute for State and Local Government* besuchen.«

Bald kamen zwei politisch sehr bewanderte Herren aus Washington. Sie sahen mich so an, es waren jüngere Leute aus einer Gruppe, die den Befehl hatte, ihr müßt prinzipiell so gekleidet sein, wie junge erfolgreiche Geschäftsleute. Als ich später mit manchen dieser Herren zusammenarbeitete, da sagte mir einer vertraulich: »Bob, Du trägst so eine schöne Wolljacke und eine Hose in anderer Farbe – wenn wir alle zusammen sind und Besprechungen haben, ist es eigentlich besser, wenn Du auch gekleidet bist wie ein junger *executive*.« Ein erfolgreicher, junger *executive* war gekleidet in gleichartiger Jacke und Hose, ein normaler hübscher Anzug, wie es ihn heute gar nicht mehr gibt. Der Schneider-Anzug konnte von der Stange sein, Hauptsache er sah aus, wie ein Schneider-Anzug. Wenn er von der Stange war – noch besser, denn dann war klar, Du bist einer von uns und fällst nicht auf. Dazu mußte ein weißes Hemd sein, damals war das noch nicht so verwirrt in der Welt wie heute, wo man alles tragen kann. Dazu eine hübsche, passende einfarbige Krawatte.

Ich erinnere mich noch, daß eine einfarbige seidene Krawatte schon vier, fünf Dollar gekostet hat. Ich stand finanziell noch nicht so gut, die Universitätsgehälter waren minimal, und ich wollte eigentlich eine Krawatte für einen Dollar haben, als ich in den Laden reinging. Nun, die beiden jungen Herren fragten mich: »Kannst Du uns verschiedene Gutachten liefern?« Selbstverständlich nur ›you‹ und dann auch bald Bob.

Wenn die Amerikaner einem vertrauen – und das ist das Schöne –, dann vertrauten sie einem wirklich und sagten nicht hintenrum ›aber der könnte die Haare anders kämmen‹. Was sie zu sagen hatten, sagten sie direkt. Ich fragte die zwei, die sich später als Herren aus dem Justizministerium entpuppten: »Wie ist das eigentlich mit der Bezahlung?«

Das war selbstverständlich, daß man bei Verhandlungen über eine Tätigkeit nach dem Wert seiner Arbeit fragte. Da sagten die mir: »Das ist etwas schwierig. Du bist doch eigentlich ein feindlicher Ausländer. Beschäftigen die in Deutschland überhaupt Ausländer in Ministerien?«

»Listen«, sagte ich, »wenn Eure Organisation so ist, daß Ihr keine Fonds für solche Fälle habt, dann ist die ganze Sache nichts wert.«

Da lächelten sie und sagten: »Selbstverständlich gibt es Fonds für alles.«

Bald kamen vom Justizministerium wieder Leute, und denen zeigte ich etwas von meinem Handwerkszeug, das ich mitgebracht hatte. Ich sagte: »Im Hintergrund der Umtriebe steht die Auslandsorganisation der NSDAP. Die ist folgendermaßen geordnet, darüber gibt es Literatur.«

Ich besaß nämlich eine Broschüre meines späteren Angeklagten Ernst Wilhelm Bohle, des Leiters der Auslandsorganisation der NSDAP, die hatte ich mir mitgenommen. In meinem Gepäck waren sieben Kisten mit Dokumenten, zumeist Schriften wie das Handbuch von Bohle. Zusammen mit anderen Quellen war so etwas ein wichtiger Nachweis für die Agenturen der NSDAP im Ausland.

Daraus ging zum Beispiel hervor, daß ein bekannter deutscher Verlag in USA (der heute noch sehr angesehen ist) absolut von der NSDAP gespeist war, und daß bestimmte Vereine weiter nichts waren, als Unterorganisationen der NSDAP. Der Verlag hat an sich nur illustrierte Zeitschriften im Ausland, in der ganzen Welt, verkaufen wollen. Gleichzeitig sind aber tausende von Propagandamitteln reingeschleust worden. Er war eine reine gesteuerte Agentur, so wie die deutschen Reisebüros reine Agenturen waren.

Die NSDAP Auslandsorganisation wollte alle Deutschen, die im Ausland lebten, erfassen, aber nicht auf offen ersichtliche Weise, sondern die Broschüre wies an, wie die Leute organisiert werden sollten, wie der Stamm der Organisation aussah, um den Vereine gerankt wurden. Man trat an gewisse deutsche Einwanderer heran – wobei natürlich die nach 1923 Eingewanderten ein besseres Reservoir stellten als Leute, die vor fünfzig Jahren eingewandert waren, bei denen sich das Deutschvölkische schon längst verflüchtigt hatte. Außerdem waren die Wirtschaftsemigranten, die Welle, die nach dem Ersten Weltkrieg aus Deutschland in die USA flutete, von anderer Art als die politischen Asylanten nach der Niederlage der 1848er Revolution. Es gab darunter viele Handwerker und viele tüchtige fleißige Facharbeiter, unterer Mittelstand. Im Grunde sehr ehrsame Leute, die sich durchgeschlagen hatten durch harte Arbeit, doch in Amerika politisch auf sehr schwachen Füßen standen, allmählich durch Amerika sogar verärgert wurden, weil sie schließlich in die Arbeitslosenzeit hineingerieten und dadurch geneigt waren, dem nunmehr angeblich besser gedeihenden Deutschland gefällig zu sein und sich sogar die Möglichkeit der Rückwanderung in einen angenehmeren Job als in dem kleinen Mittelstand von New York zu sichern. Es schien ihnen, als hätten sich in der Zwischenzeit die Verhältnisse wieder zurückgedreht. Viele ließen sich einspannen von den Nazis – und rückten ran an die *America-First*-Leute, diese ziemlich große Gruppe. Der »Bund« wuchs. ›Warum für Danzig sterben?‹ und so weiter.

Allerdings war das Überrennen von Holland und Belgien den meisten Amerikanern doch in die Knochen gefahren, dem Hitler haben die Leute damals alles zugetraut. Wenn er bis Odessa gehen konnte, warum sollte er nicht in die USA kommen? Auch die Engländer hatten eine furchtbare Angst. Sie spielten für Amerika eine große Rolle – die Sprachgemeinschaft, die Kulturgemeinschaft und dazu kam das ständige Wirken von England zugunsten Polens. Man soll die großen polnischen und jüdischen votes bedenken, diese unerhört großen Minderheiten.

Und dann haben es die Nazis in Amerika sehr blöde und unschön getrieben, sehr wild. Ich meine, einzelne kleine Gruppen, die Sabotageversuche gemacht haben, Nazi-Propaganda, Spionage.

Ständig bekamen die Leute Angst vor Hitler, außerdem gab es doch eine ganze Anzahl Deutsche, die auf die Regierung eingewirkt haben und mit ihr befreundet waren. Stelle man sich die ganzen Akademiker vor, die ganzen Wissenschaftler, durch die es schließlich zur Atombombe kam, Leute, die ständig mit dem *Weißen Haus* in Verbindung waren, die haben sich seit München geäußert. Ich hatte Hunderte von *companions* aller Fakultäten, ob das nun der religiöse Sozialist Paul Tillich war oder Albert Einstein.

Vor allen Dingen hat der Präsident selbst allmählich das Steuer herumgerissen. Was also die Fünfte Kolonne für Deutschland tun sollte, war politisch eigentlich lächerlich: Man hat sich tatsächlich in Berlin eingebildet, man könne eine deutsche Front in Amerika errichten, die auf alle Fälle verhindert, daß Amerika in den Krieg eintritt. Es schwirrten Zeitschriften herum, wie das sehr gut ausgestattete Auswärtige-Amts-Magazin ›Achse Berlin – Rom – Tokio‹, in der deutsche Journalisten schrieben: Ist doch eigentlich unerhört, daß unser japanischer Bundesgenosse immer noch nicht Amerika angegriffen hat.

Das war in Amerika zu lesen, wir haben diese Zeitschriften einfach bei den Verlagen bestellt. Sowohl Berlin wie diese kleinen Kreise, vor allen Dingen aus New York, haben die allgemeine Stimmung unerhört überschätzt. Sie haben gedacht, sie kommen überall durch und haben übersehen, daß auch Amerikaner, die gegen F. D. Roosevelt waren, nicht unbedingt deshalb gerade für Hitler waren. Aber immerhin ließen sich genug Leute beeindrucken, und denen wurde gelegentlich auch ein Prozeß gemacht.

Ich erinnere mich zum Beispiel an einen protestantischen Pfarrer, der dieser Propaganda erlegen war, und weil er immer durch eine *post office box* solches Material bekam und darüber mit einem ukrainischen Geistlichen verhandelte, von dem er dachte, er gehöre zur Auslandsorganisation der NSDAP. Dieser ukrainisch-römisch-katholische Geistliche hat die Geschichte dann erzählt, – (ich war selbst bei diesem Prozeß als Sachverständiger) – und der evangelische Pfarrer ist bestraft worden, als ein *foreign agent*, der sich als solcher nicht angemeldet hatte. Ein ähnlicher Prozeß fand in New Jersey statt, von einer amerikanischen Untergruppe der NS-Arbeitsfront ›Deutsche Arbeitsfront‹. Die hatten in Amerika so ein Ding gegründet und allerhand Schabernack getrieben.

Damals konnten sie als *foreign agents* eingestuft werden. Wer für eine fremde Regierung arbeitete, sollte sich melden, wenn er nicht als Diplomat akkreditiert war. Den Leuten wurde gar nichts nachgetragen, sie konnten tun, was sie wollten, aber wenn sie sich verkleidet haben, war das eben illegal. Wie stellen Sie nun fest, ob einer *foreign agent* ist, ob er der Kaufmann Müller ist, der Moselwein verkauft, oder ein Regierungsrat von Goebbels?

Bei *foreign agents* soll man nicht etwa an Spione denken. Spion ist etwas Harmloses, der wird irgendwann mal von den Militärs gefaßt. *Foreign agent* ist auch der Zuckerkaufmann, der sich nicht gemeldet hat als Hauptverkäufer für Kuba oder der kubanische Handelsmann, der sich in Amerika nicht als *foreign agent* gemeldet hat. Oder der anstelle von ›Wolffs Telegrafenbüro‹, der irgendeine amerikanische Nebenleitung hatte, der hätte sich melden müssen. Ein großer Kaufmann hat kolossale Möglichkeiten und durch den Mann von ›Wolffs Telegrafenbüro‹ konnte allerhand Gutes und Böses durch Nachrichten durchgeschleust werden. (Stationen, die das senden, findet man doch sehr einfach. Ist doch Werbefunk, wenn einer bezahlt, wird's eben gemacht).

All diese Leute, die für ein anderes Government gearbeitet haben, waren *foreign agents* und der Witz war, daß erkennbar sein sollte, wer für wen arbeitete, wer für eine nichtprivate Firma arbeitete.

Es war eine rein formale Angelegenheit: Der Mann hatte sich nicht als *foreign agent* angemeldet, war strafbar, Gefängnis oder Ausweisung. Ich fand heraus, wie die Tatbestände festzustellen waren; teils konnte ich diese Strolche, die vom Dritten Reich als Kaufleute in die USA geschickt worden waren, mit meinen sieben Kisten Handwerkszeug identifizieren, teils kannte ich langsam diese Branche. Ich habe an vielen Prozessen gegen solche Leute mitgewirkt, die Sabotage versucht haben, Roosevelt ermorden wollten, und damit unerhörten Erfolg geerntet.

Es ist auch zu einem großen Prozeß gegen Amerikaner gekommen, gegen den Kreis um einen gewissen Father Coughlin und Angehörige von *America First*. Ihnen wurde vorgeworfen, in Amerika eine ähnliche hochverräterische Tätigkeit auszuüben versucht zu haben, wie sie 1931–32 in Deutschland ausgeübt worden war. Der Tatbestand lautet, daß in diesem Prozeß, in dem ich als Sachverständiger auftrat und einem Kreuzverhör von acht Stunden ausgesetzt war, kolossal viel aus dem ›Völkischen Beobachter‹ zitiert wurde. Ein weiterer Zeuge war hier und anderswo Hermann Rauschning, der frühere Senatspräsident von Danzig, der viele Gespräche mit Hitler über dessen zukünftige Pläne geführt oder mitangehört hatte, Vorläufer der Themen, die später auf dem Obersalzberg immer und immer wieder erörtert wurden: Der Drang nach Osten, die Eroberung der Welt geradezu.

Das hat man Rauschning zunächst gar nicht geglaubt, man hielt das, was er erzählte, geradezu für phantastisch, und er wurde von Gegnern dieser Wahrheit sehr angefeindet. Er mußte geschützt werden, dabei war das ein ganz ruhiger, gar nicht übertreibender Mann. Aber er wurde so bedrängt, daß es ihm tatsächlich schwer fiel, im Kreuzverhör zu antworten. Die Verteidiger dieser Leute gingen scharf ran.

Als ich an die Reihe kam, ging es mit einer Frage los, die mich etwas erschreckte, weil ich nicht wußte, wohin sie zielte. »Sie haben also ein Doppelleben geführt.«

Ich erwiderte: »Ich habe kein Doppelleben geführt.«

Der Verteidiger schaute so tückisch und sagte: »Sie haben das doch selbst geschrieben.«

»I want to see it«, sage ich.

Da stand irgendwo in einem Aufsatz von mir ›. . . in Amerika begann für mich ein neues Leben‹.

Mit solchen albernen Tricks wurde da versucht, jemanden unglaubhaft zu machen, von wegen Doppelleben! Dann ging es weiter: »Welcher Partei haben Sie früher angehört? Für wen haben Sie in Deutschland votiert?«

Der Mann bekam gesalzene Antworten. Mein Staatsanwalt, der das Verfahren geführt hatte, war darüber sehr glücklich und ich hatte eine gute Presse.

Ein solcher Prozeß wird nicht nur im Schwurgerichtssaal in Washington geführt, sondern draußen, auf den Eindruck draußen kommt es an, besonders auf die Wirkung bei den Naziurhebern, die jenseits des Ozeans sitzen, den Drahtziehern. Dabei ist es natürlich sehr wichtig, wenn man aus der Tasche ein paar Pamphlete von diesen Leuten, ein paar Überraschungen, ziehen konnte.

»Woher haben Sie das?«

»Das habe ich mit der Post bekommen.«

»Ja, schreiben die Ihnen denn?«

»Die schreiben ans Postfach und sind stolz, wenn sie einen Postfachempfänger haben, der so etwas anfordert.«

Man kann durch seine Antworten, wenn man fest bleibt, sehr viel erreichen. Für Rauschning war es schwerer, denn er war kein Gerichtshase. Später ist er in Kanada Farmer geworden und hat sich von allem zurückgezogen. Aber ihm gebühren diese ersten Verdienste im Kampf gegen die Nazis in den USA.

Unter den Amerika-Deutschen hatte sich ein Reservoir von Leuten gebildet, die in der US-Justiz mit dem Ausdruck SA gehandelt wurden, da war ein gewisser Kuhn vom Bund mit seinen Burschen, und von denen ging es rüber zu geborenen Amerikanern. Es fanden unter dem Assistent Attorney General, John O. Rogge, sieben bis acht große Prozesse statt, wo es um die Frage ging, ob diese Gruppen das Government umstürzen wollten, eine Art versuchten Hochverrats. Das war natürlich unerhört schwer nachzuweisen. Diese Prozesse, in denen ich als Sachverständiger aufgetreten bin, richteten sich meistens gegen die amerikanischen Gruppen, die dem Ankläger Rogge sehr gefährlich erschienen.

Rogge, der darüber mal geschrieben hat, war so neugierig, daß er, während ich in Nürnberg war, herübergereist ist, um zu untersuchen, wie die Sache wirklich war. Er brachte ein paar FBI-Dolmetscher mit und hat darüber Göring vernommen. (Ich mußte ihm noch den Göring vorführen lassen). Rogge mußte feststellen, daß er seinerzeit recht gehabt hatte, die Sache aber noch viel schlimmer war, als er angenommen hatte. Er war damals sehr interessiert, weil er möglicherweise Vizepräsident werden konnte. Er war groß geworden durch den berühmten Huey-Long-Skandal in Louisiana, den größten politischen Bestechungsfall der Zeit. Bei all solchen Untersuchungen ist es nötig, und in Amerika noch notwendiger, Zeugen zu haben. Zeugen, die gewöhnlich als Kronzeugen bezeichnet werden, obwohl der Begriff etwas verschwommen ist; Leute, die selbst bei oder unmittelbar vor der Tat mit Tätern zusammen waren. Das amerikanische Recht ist da sehr streng, der Mann muß erscheinen. Es darf in dem ganzen Prozeß nichts hearsay sein; also Hörensagen aus drittem Munde, was einer aus dem Kreise einem Manne, der nicht in dem Kreise war, erzählte. Der Zeuge muß dabei gewesen sein, gegebenfalls sogar unter dem Verdacht, mitgemacht zu haben. Zuerst meldete sich bei uns eine Reihe von Leuten, die angegangen worden sind, sich zu beteiligen, von Nazisachen aber gar nichts wissen wollten. Dann kamen welche, die sagten: »An mich ist ein Mann herangetreten, der die Bildung eines Vereins finanzieren wollte.«

Die Gelder flossen aus einem Kriegskosten-Sonderfonds von Goebbels über die deutsche Botschaft in Washington. Mein Freund Rogge hat ewig daran gearbeitet und herauszukriegen versucht, wieviele Leute von diesen Kriegskosten-Sonderfonds gespeist worden sind.

Gelegentlich konnten wir Leute präsentieren, die wir umgedreht hatten. Die sind teilweise dadurch zur Behörde gekommen, weil sie für ihr Einbürgerungsverfahren Angst hatten, wenn sie in solche Dinge verwickelt wurden. Uns haben sie dann erzählt, daß jemand, der gerade aus Deutschland gekommen war, sie kontaktiert hätte: Man müsse doch etwas tun für das endlich wieder auflebende Deutschland, das würde dem Betreffenden selbst und vielleicht einem in Deutschland befindlichen Familienangehörigen noch nützen. Und außerdem warum soll man nicht den großen Führer unterstüzen? Dann haben sie das System der Mitarbeit erklärt. Das wurde oft am Biertisch gemacht.

Bald darauf bekam man das blaue deutsche Weihnachtslicht geschickt, eine blaue Kerze, die am Heiligabend angezündet und ins Fenster gestellt werden sollte, und es flatterten plötzlich laufend Zeitungen mit Nazigeist aus Deutschland ins Haus. Die Leute kamen zu District Attorneys oder zum FBI oder einem Nachbarn, der ihrer Meinung und gleichfalls nicht anfällig war, und dann hat es der Nachbar gemeldet. Wir hatten es gar nicht nötig, in diese Kreise Leute einzuschleusen, um sie auszuhorchen. Es war eigentlich ein sehr primitives Verfahren, technisch sehr einfach, man konnte anschließend diesen und jenen telefonisch überwachen lassen und hatte einen guten Zeugen.

Denken Sie aber nicht, daß ich den lieben langen Tag nur *foreign agents* aufgestöbert habe. Mit der Justiz sind nun mal nicht alle Probleme zu lösen und so passierte es, daß ich vom Government aufgefordert wurde, mich an einer Gegenpropaganda zu beteiligen, die ganz allgemein gegen die Nazi-Indoktrination zielte. Zu der Zeit gab es eine starke deutschsprachige Presse, die unter konstantem Druck stand und die deutschen Rundfunksendungen waren, weil sie von ihren Werbekunden abhingen, auch nicht besonders neutral. Es existierte ein *Office of War Information*, für das selbstverständlich Thomas Mann gesprochen hat und alles, was gut und schön war. Dieses office fragte an: »Hast Du nicht Lust, für das Gebiet von Pennsylvania, was besonders durch deutsche Einwanderer geprägt ist, Sendungen auszustrahlen? Wir werden eine Rundfunkanstalt veranlassen, daß sie Dir einmal in der Woche hierfür Zeit gibt.«

Dann habe ich das arrangiert. Da hat z. B. ein Nobel-Preisträger der Physik und ein Nobel-Preisträger der Medizin im Rundfunksender gesprochen, über die deutsche Wissenschaft, wie sie ausgehöhlt wurde und die Leute von den Nazis rausgeschmissen worden sind. Ferner war dabei der frühere Reichsinnenminister Wilhelm Sollmann. Er lebte nun bei den Quäkern. Mein Freund Otto Reinemann hat gesprochen, ehemaliger Justitiar des Berliner Bezirksamtes Prenzlauer Berg. Er hatte mit Fürsorge zu tun gehabt, kam 1934 nach Philadelphia und entwickelte dort in zwei Jahren einen Stab von vierhundert Mitarbeitern, denn er war Chef des gesamten Gnaden- und Bewährungsfristsystems für die jugendlichen Kriminellen. Er hat über seine Erlebnisse ein Buch geschrieben, ›Fortgerissen‹.

Die Rundfunksendungen haben sie alle gern gemacht und ohne jedes money.

Bei Untersuchungen und Agentenprozessen, wo es um deutsche Fragen ging, wurde Wert darauf gelegt, daß die Leute, die mit mir arbeiten sollten, deutsch sprechen und deutsche termini technici verstehen sollten. Vor Kriegsende wurden für sie Deutschkurse eingerichtet. Aber im Justizministerium zum Beispiel hatte man bei der Auswahl von einer Reihe von Beamten nicht den Wunsch, Deutsche zu nehmen, die eben erst ins Land gekommen waren. Vor allem bei den geheimen Sachen hat man auf eine Gruppe von Menschen zurückgegriffen, die gebürtige und erzogene Amerikaner waren, aber zwei Jahre in Deutschland gelebt und dort gepredigt hatten. Gepredigt als Mormonenpriester, das waren sehr tüchtige Jungen, doch ist der Ausdruck Mormonenpriester nicht unbedingt richtig. Jeder Mormone muß predigen können und zwei Jahre in einem fremden Land missionieren.

Einer meiner besten Mitarbeiter, der zwei Jahre zu seiner Fortbildung als Mormone in Deutschland war, hat viel in Halle gepredigt. Als er mit seiner Predigt mal fertig war, rief er: »Und nun kommt die Ente.«

Die deutschen Zuhörer sind in ein furchtbares Lachen ausgebrochen, er wollte sagen:

»Nun bin ich am Ende.«

Man denkt oft, die Mormonen sind wilde Leute, überall Polygamie, das ist alles ganz anders. Sie wurden bei Anstellungen bei der FBI bevorzugt. Für bestimmte Stellen hat man niemandem getraut, man wußte nicht, wer das war. Wenn ich mit jemandem zusammenarbeite und partout wissen will, wer ist der Mann?, dann kann ich in einer halben Stunde feststellen, wo war der auf der Schule? Wann ist er geboren? Man fragt irgendeinen Kollegen »Kennen Sie den? Hat er Telefon? Ist es unter seiner Nummer registriert?«, da brauchen Sie nur jemanden anzurufen, der das umgekehrte Telefonbuch hat, wo man ablesen kann, was sind für Telefone in einem Hause. So hat man in dreißig Minuten ein gewisses Bild. Aber wie soll eine Behörde im Ausland feststellen, mit wem haben wir es überhaupt zu tun? Was ist ein Preußisches Innenministerium? Alles rätselhaft!

Es gibt keinen Radikalenerlaß in Amerika, aber man ist doch ängstlich, besonders in Kriegszeiten. Da wird von irgendeinem etwas Furchtbares erzählt, der hat eine russische Urgroßmutter. Deshalb ist er doch wahrscheinlich ein spy. Auf diesem Wege kam in Amerika auch die Theorie zustande, Deutsch ist Deutsch. Ganz egal, ob jemand mit Hitler gebrochen hatte, ob er Jude war, ob er im Ersten Weltkrieg war: Deutsch ist Deutsch. Mir ist es auch so gegangen, als vom Justizministerium Leute mit mir über gewisse Dinge verhandelten, da mußte ich irgendwann eine Viertelstunde vor die Tür.

Meine erste wissenschaftliche Arbeit in Amerika, die ich im ›International Law Journal‹ veröffentlicht habe, behandelte die Frage: Auf wen muß im Kriegsfall besonders geachtet werden?

Darin habe ich die landläufige Auffassung zu zerbrechen versucht: »Deutsch ist Deutsch«, indem ich juristisch nachgewiesen habe, (das war das Wichtige), »Deutsch ist eben *nicht* Deutsch«, durch Ausbürgerung, durch Verfolgung und auch durch politische Überzeugung. Es gibt eine sehr alte englische Entscheidung: Nachdem einer einmal rausgeworfen ist, sagt das englische höchste Gericht damals: »He does not owe any longer loyalty to the King.«

Die Beweisführung war gar nicht so einfach wie man meinen könnte, vor dem Abdruck ist das Manuskript zwei-, dreimal zurückgekommen: »Woher weißt Du diesen Punkt? Was bedeutet dieses Zitat?« Damals war in Deutschland noch nicht die November-41-Verordnung, die 11. Verordnung zum Reichsbürgergesetz heraus, worin Juden nach ihrer Deportation formal die Staatsangehörigkeit aberkannt und das Vermögen entzogen wurde.

Meine Arbeit hat einen gewissen Eindruck gemacht und schließlich schöpften die Leute auch ein uneingeschränktes persönliches Zutrauen zu mir. Als mich wieder Vertreter des Justizministeriums in Lansdowne aufsuchten, fragten sie: »Was machen Sie denn immer Sonnabend und Sonntag?«

Ich sagte: »Ich muß am Haus rumpinseln, es ist doch ein altes Haus.«

»Können wir Ihnen helfen?«

»Wie können Sie mir helfen? Wenn ich für Sie tätig bin, das ist doch business!«

»Sie sind doch erst aus Deutschland gekommen. Wir möchten Ihnen auch persönlich helfen.«

»Was hat das mit dem Haus zu tun?«

»Wir schicken mal Sonnabend und Sonntag ein paar Leute von uns, die nichts zu tun haben. Die können bei Ihnen malen.«

»Sind das Maler?«

»Das tun die doch alle zu Hause! Die holen doch nicht einen mit einem Gerüst.«

Und dann erschienen drei Sonntage lang junge Leute, die bei einer Behörde waren, und haben gemalt und das Haus schön hergerichtet. Beim letzten Mal kamen sie an: »Das Haus braucht doch einen Namen! Wenn Sie nichts dagegen haben, schreiben wir in blauer Schrift dran: ›VILLA BERCHTESGADEN‹.«

Ich sagte höflich: »Seid Ihr denn ganz verrückt?«

Exil-Politiker

Amerika war seit seiner Gründung das große politische Auswanderungsland, für die Religiösen, für die Antimilitärs, die 48er Demokraten, Carl Schurz, von Steuben und wie sie alle heißen. Tatsächlich ist es so, daß aus Deutschland eine riesige Anzahl gerade von Demokraten rübergegangen ist. Vor dreihundert Jahren, im Oktober 1683, waren die ersten Deutschen nach Pennsylvania gekommen, weil sie, um es auf berlinisch zu sagen, ›von zu Hause die Schnauze voll hatten‹. Das sind all die Leute aus Krefeld und aus Baden, die plötzlich in den USA erschienen und dort Schriften über Deutschland veröffentlicht haben mit ihren Ansichten über den autoritären Staat. Ich wußte das nicht, bis mir der polnische Delegierte in Nürnberg ein paar von diesen alten Büchern zum Geschenk machte. Ich war entsetzt. Das waren Revolutionäre von heute, was man gegenwärtig über Ökologie spricht, ist Kinderspiel gegen die Auffassungen dieser Menschen.

In Pennsylvania wurde der Ort Germantown gegründet und die Frage, ob Deutsch Landessprache werden sollte, wurde im Parlament mit einer Stimme Mehrheit abgelehnt. Heute noch gibt es kleinere Kolonien der Hussiten und der sogenannten Amish, die ihre Kinder nicht auf die Schule schicken, weil das ein Staatsakt ist. Sie sind auch gegen den Wehrdienst. Dafür lassen sie sich bestrafen. Das ist eine religiöse Sekte, ansonsten aber war das Denken dieser Demokraten und Revolutionäre keine exotische Randerscheinung; es ist ein ganz integraler Teil der amerikanischen Politik.

Und dann noch etwas anderes: Die Mehrzahl der Amerikaner – solange ist das ja noch gar nicht her – war in den letzten paar Jahrhunderten aus Europa ausgewandert, war geflüchtet. Bei der letzten Volkszählung, die auch immer fragt: »Wo ist die Familie her?«, ist man bei den Deutschen bis auf fünfzig Prozent, d. h. deutschstämmig, Deutsche aus Mitteleuropa, Schweizer und Österreicher. Die Leute waren im Jahre 1932 nicht mehr als gute Teutonen zu erkennen, die Söhne besuchten inzwischen amerikanische Schulen, und zwar mit wenigen Ausnahmen bis zum 18. Lebensjahr. Gerade von diesen Kreisen wurde immer gesagt, was kann schon jemand sein, der mit vierzehn Jahren von der Schule muß?

Deshalb wurde mit Recht auf das deutsche Erziehungssystem geschaut. Auf der einen Seite stand die Elite, die eine höhere Schule besucht bzw. bezahlt hatte und auf der anderen Seite die Vierzehnjährigen, die gleich rausgesetzt wurden ins praktische Leben und keine Erziehung mehr in humanities hatten. Das war ein einprägsamer Kontrast, der auch Roosevelt und seine Umgebung beeinflußte.

Die deutsche Einwanderung verlangsamte sich allmählich. Die unbegrenzten Möglichkeiten wurden in der Zeit der Wirtschaftskrise sehr begrenzt, und das Land wurde für die Europäer der Dreißiger Jahre, auch für die Deutschen, etwas weit Entferntes, das man ängstlich betrachtete, zumal die Schilderungen über Amerika außerordentlich phantastisch waren, so daß sich der Berliner Geschäftsmann vom Dönhoffplatz keine rechte Vorstellung machen konnte, was er dort zu tun hätte?

Die Anti-Nazi-Emigration hat im Gegensatz zu den vorangegangenen Generationen politischer Auswanderer in Amerika nicht ein Ideal realisieren wollen. Ein Teil davon saß buchstäblich auf gepackten Koffern und spekulierte auf den Staat, der dem Hitler'schen folgen würde.

Alle modernen Staaten sind von Kindern der Niederlage, von Leuten, die zu Hause Prügel bekommen hatten, gegründet worden. Die tschechoslowakische Regierung von den Leuten, die in Pittsburg saßen, die russische Regierung von Leuten, die während des Ersten Weltkriegs im *Café Bellevue* in Zürich zusammensaßen und in geschlossenen Transporten von Zürich mit deutscher Hilfe nach Rußland zurückgebracht worden sind. Allerdings haben die Deutschen keine Exilregierung gehabt, wie die Polen in London. Doch handelte es sich bei denen um ein festes Gefüge von Leuten, die zusammenhielten und nicht von Leuten, die sehr stark auseinanderstrebten.

Von allen Parteien bis zu früheren KPD-Vorsitzenden und Reichskanzlern war unter den Deutschen alles vertreten. Stellen Sie sich vor, von vielen meiner amerikanischen Freunde und Bekannten wurde ein gewisser Putzi Hanftstaengl als das höchste As betrachtet.

Putzi war eine Art Freund Hitlers und ausländischer Presseverbindungsmann der Partei, bis er sich mit Hitler verkrachte, nach England ging, dann nach Amerika kam und in einem besonders gepflegten Hause untergebracht wurde, irgendwo auf dem Lande, wo die Leute ihn besuchten. Er spielte ihnen auf dem Klavier vor und gab unglaublich viel Quatsch von sich. Es waren so verrückte, auch personalpolitische Sachen. Sie sind mir öfters vorgelegt worden, und man hat wissenschaftlich an mir gezweifelt, wenn ich schlankweg sagte: »Glaubt doch nicht so einen Unsinn.« Putzi kannte alles ganz genau, aber wenn man gesellschaftlichen Klatsch kennt, kann man noch nicht ohne weiteres sagen, wie die Konstellation England-Rußland-Frankreich ist.

Man hat sich doch zu der Zeit in Amerika immer an Leute gehalten, die irgendwo von irgendjemand mal einen Fußtritt bekommen haben, so wie Hanfstaengl, sie wußten angeblich etwas! Er wußte genau, was Hitler am soundsovielten tun würde, wenn die politicians in England oder Rußland so oder so auftraten. Man dachte, er könnte wirklich dazu beitragen, etwas vorzusehen.

Putzi machte das aber nicht auf einer solchen gesunden Basis, wie mein Freund Louis de Wohl, der ein echter Voraussager war, ein echter Prophet, denn er hat nach den Sternen geguckt, nach denselben Sternen, wie Hannussen oder Heß oder Hitler selbst. Er konnte nach den Sternen sagen, ob Hitler nächsten Mittwoch angreifen würde in der Normandie oder erst in drei Monaten. Das war eine echte Kunst, die sehr oft stimmte.

De Wohl war ein interessanter Mensch, der berühmte Bücher geschrieben hat, historisch-katholische Romane. Gar nicht zu vergleichen mit den politischen – ich sage nicht Schwindlern –, sondern gewissen Medizinmännern im Exil, die als Weise angesehen und aus Geheimfonds bezahlt wurden (obwohl sie gar nicht hinterdrein erkennen konnten, was sich während ihres Wegganges ereignet hatte).

Ein sehr ernster Mann war Hermann Rauschning, der sich mit Hitler rechtzeitig verkracht hatte und Tatsachen, wirkliche Tatsachen über Pläne brachte. Rauschnings Bücher hatten ein viel größeres Potential als etwa Fachbücher, sie waren eine Erleuchtung. Denn der Mann war ein seriöser Konservativer und hatte nichts zu tun mit ›Untermenschen‹, also Demokraten, Sozialdemokraten und Juden. Das hätte ihm zwar nicht in Amerika geschadet, aber es ist doch ganz etwas anderes, wenn ich jemanden bringe, der nicht von vornherein Ressentiments gegen Hitler hatte. Er war um so glaubhafter. Weil Rauschning bald in die Landwirtschaft ging, konnte man ihn als Zeuge vorstellen mit den Worten: ›Das ist ein Farmer.‹ Das klingt anders, als wenn ich sage: »Mein Zeuge ist politischer Emigrant, der in New York darauf wartet, daß er wieder zurückkehren kann.« Der wohlhabende Mann ist eben ein besserer Zeuge, als der arme Mann.

Zehn Autominuten von meinem Haus entfernt liegt ein College für Jungen, eines der drei großen Colleges, die von Quäkern gegründet wurden. An diesem Haverford College war Edmund Stinnes Professor geworden, der älteste Sohn aus dem großen Stinnes-Reich.

Nach dem Tode seines Vaters Hugo hätte eigentlich Edmund das Imperium erben sollen, doch wurde der von seiner Familie nicht anerkannt, weil er ein Friedensfreund war und nicht gerade ein Ruhr-Magnat im Kohlenpott. Infolgedessen haben die Brüder ihn mehr oder weniger ausgebootet, er sollte nicht weiter der Chef der Familie sein. Sogar mit seiner alten Mutter hatte er Probleme und war eine zeitlang von ihr entfremdet, weil er der unbotmäßige Sohn war. Wenn plötzlich bei den netten weißen Schlotbaronen ein schwarzes Kücken auftaucht, geht das in einem Konzern, ob der an der Ruhr liegt oder Hohenzollern heißt, nicht glatt über die Bühne. Er wurde abgefunden und ging mit ein paar Millionen Mark in die Emigration. Natürlich war er der Klügste von der gesamten Gesellschaft. An die Quäkerreligion ist Stinnes wahrscheinlich durch seine Frau Marga von Schulze-Gaevernitz herangekommen. Ihr Vater war vorübergehend freisinniger Reichstagsabgeordneter gewesen, vor allem aber ein berühmter und wohl auch der einzige Quäker-Nationalökonom. Die Quäker sind eine der größten Friedenssekten von Anno dazumal, prinzipiell und rigoros. Überall in der ganzen Welt, nicht nur in Amerika, gibt's die Quäker-Meeting-Places, ihre Kirchen. Sie tun viel Gutes und haben zum Beispiel nach dem Ersten Weltkrieg die große Quäker-Speisung in Deutschland gemacht.

Schulze-Gaevernitz war mein Lehrer in Nationalökonomie in Freiburg. Ich war gelegentlich in seinem Haus eingeladen und kannte daher

Marga fast als Kind. Sie entwickelte sich zu einer gutaussehenden, sehr patenten jungen Frau, die auf dem Hof von Stinnes oberhalb Asconas ein bescheidenes, aber international sehr verflochtenes Leben führte. Sie war mit Edmund aus der Schweiz geflüchtet, als es dort brenzlig wurde. Stinnes wurde dann Professor am Quäker-College, blieb Pazifist und hat sich auch vieler jüdischer Emigranten angenommen.

Margas Bruder war Gero Schulze-Gaevernitz, kurz Gero Gaevernitz genannt. Gero war schon kurz vor 39 nach USA ausgewandert und wurde dort die rechte Hand des Geheimdienstchefs Allen Dulles, dem europäischen *Office of Strategic Services Chief* in Bern. Er spielte eine denkwürdige Rolle bei den Verhandlungen des Herrn SS-Generals Wolff mit den Italienern über den vorzeitigen Waffenstillstand mit Italien im März/April 1945.

Auf dem Grundstück von Stinnes, in einem versteckten Häuschen am Wasser, fanden die ersten Besprechungen mit dem früheren Himmler-Stabschef, Karl Friedrich Wolff statt, die zu dem frühzeitigen Waffenstillstand, allerdings sehr kurz vor der allgemeinen Niederlage, führten. Immerhin wurde dadurch eine Anzahl deutscher und amerikanischer Soldaten gerettet, die in den letzten vier Wochen noch hätten fallen können.

Während der Verhandlungen klopfte man dem Wolff ein bißchen auf die Schulter und sagte ihm: »Sie haben das gut gemacht, und Ihnen wird deshalb auch nichts passieren.«

Später trat dieser Wolff in Nürnberg als Zeuge auf und erzählte über seinen Briefwechsel mit einem gewissen Herrn Heydrich, daß sie, Wolff und Heydrich, gegenseitig ausgemacht hätten, daß möglichst viele Angehörige des auserwählten Volkes nach Treblinka geschafft werden müßten (also in den Tod) und daß man sich gegenseitig für die beschleunigten, wöchentlich vermehrten Todeserfolge gratulierte. Nachher, anstatt sich ruhig zu verhalten, hat Wolff plötzlich in illustrierten Zeitungen über seine Heldentaten bei der Kapitulation gesprochen, so daß den Bayern eingefallen ist: Das ist ja der Italiener Wolff, der vorher bei Himmler war und die furchtbaren Polen-Sachen gemacht hat. Schließlich wurde ihm in München von Staatsanwalt Benedikt Huber ein Prozeß wegen Mordbeihilfe gemacht und Gaevernitz kommt zu mir und sagt: »Um Gottes Willen, der hat mich als Entlastungszeuge geladen, weil ich ihm damals gesagt habe, Dir wird nichts passieren.«

Ich habe Gaevernitz gesagt: »Ein *intelligence officer* kann nicht

Straffreiheit für Massenmorde in Polen versprechen. Sagen Sie die Wahrheit, wie das damals war, wenn Wolff das als mildernde Umstände verwenden kann, dann ist das seine Sache.«

Wolff wurde zu zehn Jahren Freiheitsstrafe verurteilt, kam aber wegen angeblicher Haftunfähigkeit nach nicht allzu langer Zeit frei.

1983 spielte Wolff in dem Skandal um die gefälschten Hitler-Tagebücher eine nicht völlig durchsichtige Rolle.

Durch Edmund Stinnes bin ich Heinrich Brüning wiederbegegnet, der ebenfalls nach Amerika geflüchtet war und an der Harvard-Universität lehrte. Er war ein konsequenter Einzelgänger, hochgeachtet, dessen Stimme auch in Washington gehört wurde.

Zwar hatte er einige gutachtliche Äußerungen über die Zukunft Deutschlands abgegeben, hielt sich aber lange Zeit von den New Yorker Emigranten-Kreisen fern, die Zukunftsideen für Deutschland schmiedeten. Dazu zählten Max Brauer, der frühere Oberbürgermeister von Altona, der Minister Grzesinski, Herbert Weichmann und andere. Ich will hier nicht auf die Politik Brünings eingehen, der ja noch sehr lange dachte, man könnte mit Nationalsozialisten verhandeln. Noch bei der Hessenwahl war der Versuch gemacht worden, die Burschen zu beeinflussen. Brüning war für mich eine Respektperson, ein würdevoller, ruhig sprechender Mensch, von dem man doch trotz politischer Andersgläubigkeit anerkennen muß, daß er das Beste wollte, daß er auch einen sozialen Ausgleich erstrebte, trotz gewisser semi-militärischer Methoden. Ich gehöre zu den Menschen, die während der Weimarer Republik in Koalitions-Regierungen dachten, zu denen eben auch das Zentrum gehörte, ob dort klerikalreaktionäre Tendenzen vorhanden waren oder auch ganz andere Tendenzen, wie beim Pater Muckermann und bei den Jesuiten des Zentrums: Ich spreche prinzipiell von beiden Seiten, von der Gruppe, wie sie mir als Koalitions-Kind entgegentrat.

Ich erinnere mich noch genau an die Situation, wie der Reichskanzler Brüning mit Stinnes und mir in einem Raum in dem Quäker-College saß, dort hatte er einen Vortrag gehalten. Gleich nach den ersten Worten hatte er sich an mich gewandt und fragte: »Warum haben Sie mich 1932 überwachen lassen?«

Ich erwiderte: »Herr Reichskanzler, ich hab' Sie doch nicht überwachen lassen.«

»Das ging von der preußischen Polizei aus.«

»Der Chef der preußischen Polizei«, sagte ich, »war ja ihr Parteifreund, der Ministerialdirektor Erich Klausener. In Wirklichkeit ging es von dem gar nicht aus, sondern von höchster Stelle im Reichswehrministerium, dem General Schleicher. Offenbar hatte Schleicher gedacht, Sie würden durch Leute belästigt, die Ihnen schaden könnten und man wollte hören, ob man Sie aus einer Gefahr befreien muß. Das unglücklicherweise die von Ihnen entdeckte Abhörsache hängengeblieben ist, dafür kann die preußische Polizei nichts.«

Natürlich wollte Brüning mir keine Vorwürfe machen und wir haben uns über das große Thema unterhalten, das ihm sehr am Herzen lag (es war schon ziemlich spät im Kriege): »Was wird aus Deutschland?«

Im Hintergrund stand natürlich die unangenehme Frage, die ich, junger Dachs von 44 Jahren, dem alten Herrn, dem ich nicht zu nahe treten wollte, nicht auszusprechen wagte: »Was streben Sie denn an? Werden Sie zurückkommen, Herr Reichskanzler?« Und das war das einzige, was mich in Wirklichkeit interessierte.

Ich will hier einflechten, daß sich ein Übersetzer in Nürnberg über mich beschwert hat, weil ich zu Göring »Reichsmarschall« gesagt habe. Selbstverständlich war Göring für mich Reichsmarschall, und wenn ich jemanden vernehme, dann schlage ich ihm nicht erst mit der Hand aufs Maul, sondern versuche, eine Ebene zu finden, und die kann man mit dem betreffenden Menschen nur finden, wenn Sie entsprechend seiner Größe, seiner verbrecherischen Qualität und seiner guten Seiten mit ihm verhandelt. Vielleicht hätte ich zu Hitler ›mein Führer‹ gesagt, wenn ich ihn zu vernehmen gehabt hätte, denn was die Leute wirklich waren, wird durch eine solche Anrede noch klarer und unangenehmer.

Natürlich will niemand bei einer solchen Katastrophe, wie sie Brüning hat hinnehmen müssen, gestehen, daß man immer eine politische Mitschuld hat. Er stand auch hundertprozentig zu dem, was er getan hatte: Er hatte ja Aussichten, er sah Möglichkeiten, die vom rein politischen Gesichtspunkt von anderen verhunzt worden waren, sonst wäre alles nicht so gekommen! Im Nachhinein hat er dies auch so in seinen Memoiren dargestellt, über die er, soweit ich weiß, eingehend mit Papen gesprochen hat, der ihm als Reichskanzler gefolgt war.

Ich habe mich einmal mit Papen über Brüning unterhalten. Waren sich natürlich spinnefeind, einer auf der rechten Seite und einer auf der noch rechteren Seite des Zentrums und deshalb besonders boshaft zueinander: Wer hatte nun alles falsch gemacht? Ich sagte: »Sie, Herr von Papen, haben eben alles richtig machen wollen und haben das Schlimmste gemacht.« (Zu Papen habe ich nie ›Herr Reichskanzler‹ gesagt, fällt mir hierbei ein. ›Herr von Papen‹ war mir angenehmer.)

Während ich mit Brüning sprach, kam mir auch der Gedanke, das Thema Hindenburg anzuschneiden, weil er ein besonderer Hindenburg-Protegé gewesen war. Aber man will bei einem kleinen Abendbrot nicht Schlachtfelder auftun. So ein Mensch verdrängt auch viel zugunsten seiner Zukunft, dabei war er politisch nackt und bloß. Ich meine, er hat gedacht und konnte sich innerlich nur daran aufrecht erhalten, daß er noch eine bedeutende Figur war oder dazu werden könnte. Aber es ist irgendwie nicht weitergegangen mit ihm. Er hat mehr als andere verloren, weil er mehr besessen hatte. Er wurde zu einer Art Eremit, stürzte sich nicht in die Knäuels der Vereinigungen, Clubs und Aufrufe. Die Sekretärin war immer bei ihm, die auch die Memoiren schrieb.

Brüning war doch ein großer Skeptiker. Seine Skepsis bezog sich darauf: Wie werden sich die Deutschen nach dem Kriege benehmen, wenn sie wieder in politischer Freiheit sind? Und das wußte er auch nicht. Wird das gut gehen? Und wenn, *wie* und mit *wem* wird's gutgehen? Er hat in seinen Erinnerungen viel über die ganzen Verhältnisse geschrieben, aber natürlich ist kein Satz in den Erinnerungen, die für das große Publikum geschrieben sind, enthalten, der da sagt: In der Nacht habe ich mir überlegt, wie kann das bei diesen Leuten gut gehen, nachdem all dies passiert ist?

Das war doch, wofür er lebte: Daß Deutschland wieder ein ordentliches, nichtaggressives demokratisches Land würde, in dem er eine große Rolle spielen könnte. Aus diesem Gespräch und einem weiteren ging auf der einen Seite sein Wunsch hervor, noch einmal mitzumachen und auf der anderen Seite seine Skepsis: Kann ich's schaffen? und werden die, die dann das Sagen haben, mich akzeptieren? Bin ich ein altes Eisen heute, wo ich hier frisch lebendig bin, einen schönen Vortrag gehalten und mit euch Abendbrot gegessen habe?

Man sah diesen inneren Kampf, obwohl Brüning ein Mann von äußerster Zurückhaltung war. Er wußte, was unter sechs Leuten gesprochen wird, ist publik, ist jedem letzten Endes zugänglich – nicht gerade seinen Feinden, denn man würde so etwas nicht an spätere CDU-Gründer weitertragen. Ein Beamter ist immer im Amt, das habe ich in Berlin gelernt von Ministerialdirektor Klausener: »Vergessen Sie nie, daß Sie Tag und Nacht im Amt sind; und sagen Sie nicht, ›das habe ich in einer privaten Gesellschaft besprochen‹.«

Brüning hatte die gleichen Ideen, wie sie später im Bonner Grundgesetz ihren Ausdruck gefunden haben, nur etwas weniger föderalistisch. Er war in manchen Dingen doch ein Zentralist und konnte sich außerdem sehr schwer vorstellen, wie die Mehrheit sich entscheiden würde.

Aber da kommen wir in eine schwierige Diskussion. Ist das mit der Demokratie alles so richtig? Ist sie das einzige System, wenn wir die Demokratie heute – im alten Sinne – doch schon verloren haben? Wenn nur noch die Medien, die Gewerkschaften, die großen Konzerne, die Multis etwas zu sagen haben.

Meine Begegnungen mit Brüning kamen auch im Justizministerium zur Sprache. Es ist nicht so, daß es meine Sache gewesen wäre, Berichte über Leute zu schreiben, mit denen ich zusammengetroffen bin. Aber bei der Gestaltung der zukünftigen deutschen Nachkriegspolitik hat man selbstverständlich mit den Dezernenten diskutiert oder ist gefragt worden: »Ist denn Brüning noch groß? Kann der was schaffen?«

Zu meiner Verwunderung stellte ich fest, daß mit Brüning absolut gerechnet wurde, gleichzeitig tauchte allerdings der Verdacht auf Gegensätze zu Adenauer auf. Adenauers Name zirkulierte in Amerika schon sehr früh. Aber es lag nahe, daß ein zurückkommender Reichskanzler und ein Mann, der im Zentrum eine große Rolle gespielt hatte und lange Jahre preußischer Staatsrat gewesen war, zu rivalisierenden Größen werden konnten. Und eines darf man doch nicht vergessen: Die Stänkerei zwischen allen möglichen Konkurrenten für politische Ämter. Die war damals im Exil nicht kleiner als heute in Bonn, Berlin oder sonstwo, die wurde bei der verminderten Anzahl von Konkurrenten noch viel schärfer, bis sich etwas Verbindliches herauskristallisieren konnte.

Am Beispiel Brünings läßt sich auch der große Unterschied feststellen zwischen den jüngeren Leuten, die in den USA noch etwas werden konnten und den vielen älteren, die einen stärkeren Drang hatten, zurückzugehen. Die älteren, das waren Severing und Grzesinski. Es war so schön, wie Minister Grzesinski mich in New York nach meiner Ankunft abholte, und ich nachher zu Hause erzählte: »Ich glaube, ich bin für ihn noch der Assessor Kempner.«

Wenn man sich mit früheren Ministern unterhielt, selbst bei solchen Leuten, die einem nahe standen, wie etwa Severing, besaßen die Herren immer eine etwas paternalistische Art gegenüber Jüngeren, davon konnten sie sich nicht freimachen. Sie waren eben Beamtenpolitiker, was viel gefährlicher ist als Parteipolitiker. Denn der Parteipolitiker ist nicht immer in den Machtapparat eingespannt, diese aber hatten immer an den Schalthebel der Macht gesessen. Sie waren ein Stück Staatsapparat. Ich will das nicht verstaubt nennen, aber es ist eine andere Welt gewesen, die jedesmal zurückgeguckt hat, wenn sie nach vorn ging. Viele hatten noch die Aura des kaiserlichen Geheimrats. Diese Kreise haben eben nicht so gegen Hitler, Hindenburg und alles, was damit zusammenhing, gekämpft. Da hat der Abgeordnete Ernst Heilmann, den ich unerhört schätzte und der später ermordet wurde, (er war ein rechter Sozialdemokrat) eben gesagt: »Ich nehme einen Schnaps, und dann wähle ich Hindenburg«, der für ihn eben das kleinere Übel als Thälmann war.

Es waren immer die Sachen mit den kleineren Übeln, das Wort spielte eine dauernde und eine fürchterliche Rolle. Auf der anderen Seite standen, – heute nennt man sie die ›Jungtürken‹, zu denen ja auch generationsmäßig ältere Herren gehören. Das war nicht von einem bestimmten Alter abhängig, sondern davon, ob man von außen, außerhalb der Verwaltung hereingekommen war. Der Minister Grzesinski, ein Mann, über den kein Mensch mehr spricht, weil man ihn nicht kennt, brachte aus seiner Kasseler Zeit den Journalisten Fritz Tejessy in das Innenministerium, der Chef der kleinen Abteilung wurde, die die Personalien der Schutzpolizei und der Kriminalpolizei unter sich hatte.

Solche Personen, die überall hereingebracht worden waren, konnten eine starke Macht innerhalb der Koalition ausüben. Fritz Tejessy, der Ministerialrat geworden ist, obwohl er nie Beamter gewesen war, wurde natürlich sofort von Papen entlassen. Auch er wartete in der Emigration, kam zurück und wurde Chef des neugegründeten Verfassungsschutzamtes in Nordrhein-Westfalen. Er hat da in den ersten Jahren viel ›Gutes‹ getan, ist jedoch bald gestorben. Tejessy und ich gehörten zu einer neuen Generation, die von Anfang an ganz andere Ansichten hatte. Zum Beispiel die Art, in der Brüning die Weimarer Reichsverfassung – ich möchte nicht sagen, suspendierte, aber in einer Art auslegte, die nicht mehr demokratisch war, das hätte unsere Gruppe im Leben nicht gemacht.

Eines Tages erhielt ich aus New York den Anruf einer alten Bekannten aus Berlin, Ruth Fischer, ehemalige Vorsitzende der Kommunistischen Partei Deutschlands. Sie fühlte sich von früheren Parteigenossen verfolgt, denn im Zuge eines stalinistischen Kurswechsels war sie hinausgesäubert worden. Nun bekam sie Stipendien von der Harvard Universität und war zu Kriegszeiten eine gesuchte Auskunftsperson.

Sie wußte natürlich genau, warum Stalin im Jahre 38 gehustet hatte, und ich sagte: »Selbstverständlich werde ich dafür sorgen, daß Sie beschützt werden.«

Die städtische Polizei von New York hat öfter nach ihr geguckt, und die Hauptsache war, sie war dann beruhigt, als sie eine Telefonnummer kriegte, unter der sie im Notfall schnell den Personalschutz anrufen konnte. Ob sie tatsächlich verfolgt war, kann ich nicht beurteilen, es wäre aber sehr logisch, denn sie offenbarte der Harvard Universität und anderen Stellen ihre Kenntnisse und – richtig oder nicht richtig – das hat die früheren Genossen sehr geärgert. Da saß die arme Ruth Fischer in USA, natürlich zunächst ohne money, ihr einziges Kapital bestand in ihrem Wissen, ihrem Wissen politischer Verhältnisse der KPD. Das Gefährliche für jede Auskunftsperson ist aber, daß die Leute, die einen fragen, immer mehr wissen wollen. Es hat keinen Sinn ewig zu sagen: »Ich habe einen Fußtritt von Stalin bekommen« und dann fangen solche Personen an, zu dichten. Das ist gefährlich, weil sie ja nichts mehr Neues wissen. Aber sie konnte selbstverständlich politische Vorgänge auswerten, sie war eine sehr kluge, energische Frau, hatte die berühmten Brüder – sie war eine geborene Eisler, mit den Brüdern aber intim verkracht – und spielte zeitweilig eine größere Rolle im Deutschen Reichstag. Sie war eine der tonangebenden Persönlichkeiten, sprach temperamentvoll, und war noch jung, zwei, drei Jahre älter als ich.

Im Reichstag trug sie gelegentlich einen großen Ausschnitt, daraufhin hat der sehr witzige sozialdemokratische Abgeordnete Hofmann einmal gesagt: »Folgende Punkte, die meine Vorrednerin Ruth Fischer gesagt hatte, entsprechen nicht der nackten Wahrheit, die sie hier sonst vor uns entfaltet hat.«

Im persönlichen Umgang war sie amüsant und hat mich einmal furchtbar beleidigt, als wir über Hitler sprachen und sie sagte: »Was haben Sie immer mit dem Hitler, Herr Kempner. Stalin! Hitler wird in ein paar Jahren ein Gewächs auf dem Müllhaufen sein. Aber man wird jahrhundertelang noch immer über Stalin sprechen.«

Sie hat mich wissen lassen wollen, daß dieser Hitler historisch eine Null ist und Stalin sich immer eine angeleuchtete Gipsfigur verdienen wird.

Ruth Fischer ist später wieder nach Europa gekommen, hat Vorträge gehalten und war mit Margarete Buber-Neumann befreundet. Wenn die ein Referat hielt, hielt Ruth auch ein Referat. Margarete Neumann war die Witwe des Heinz Neumann, der so eine Art politischer egg head für Ernst Thälmann gewesen ist.

Schließlich habe ich Ruth Fischer in ihrer Wiedergutmachungssache beraten. Sie war rausgeschmissen worden aus ihrer Stelle als Sozialbeamtin am Prenzlauer Berg in Berlin. Nachdem die KPD sie verstoßen hatte, ging sie zur SPD und bekam eine Stelle als Wohlfahrtspflegerin; sie hatte den Beruf gelernt von dem sozialdemokratischen Jugend- und Wohlfahrtsstadtrat Professor Walter Friedländer, meinem Freund, der jetzt 90jährig Emeritus an der Universität von Kalifornien in Berkeley ist.

Am Prenzlauer Berg saß Ruth im Zimmer neben dem später von Willy Brandt besiegten Berliner SPD-Vorsitzenden Franz Neumann von der Geschlechtskranken-Fürsorge und neben dem Zimmer einer gewissen Ruth Hahn, einer sehr tüchtigen Sozialarbeiterin, die in die Wohnungen der Fürsorgezöglingseltern ging und später Frau Ruth Kempner wurde.

Das war ein sehr schwerer, ein furchtbarer Bezirk für die Mädels. Sie mußten beispielsweise die verprügelten Kinder den Vätern oder Müttern wegnehmen und in ein Heim bringen, die meisten haben dort unter Lebensgefahr gearbeitet. Mit dieser ganzen Clique vom Prenzlauer Berg bin ich noch heute in Verbindung.

Ihr Wiedergutmachungsfall hatte seine Tücken, denn man hat natürlich bei ihr, im Gegensatz zu all den anderen Frauen oder Männern, die dort tätig waren, gesagt: Es gibt einen Ausnahmeparagraphen, wer als Mitglied der Kommunistischen Partei zum Sturze der Republik mit beigetragen hat, der soll keine Entschädigung bekommen. Deshalb war es sehr schwer, sie bei der Bundesregierung durchzusetzen, obwohl sie nach dem Reichstagsbrandprozeß lange gesessen hatte.

Für die Amerikaner war das Schillernde an so einem Menschen wie Ruth Fischer, das oft gefährlich sein kann, nicht sonderlich anstößig. Von daher erklärt sich, daß mir Manuskripte oder Gutachten gerade dieser Leute vorgelegt wurden mit der Frage: »Können wir aus dem

Changierenden etwas Konkretes rausnehmen für unsere eigene politische oder militärische Aktion?«

Nun ist es gerade bei der Ruth Fischer eine schwierige Sache, sie wirklich wahrheitsmäßig und korrekt beurteilen zu können, weil sie doch hin und her schwankte: KPD, dann wieder nur ein Flügel der KPD, dann wieder nur einzelne Männer, unter deren Einfluß sie stand, noch später Frankreich oder Kuba, wo sie langgewandert ist, dann auf einmal bei den Harvard-Leuten, – letzten Endes ein armes Luder.

Hervorzuheben ist, daß sie in der amerikanischen Zeit einen unerhörten Fleiß entwickelt und wahrscheinlich fleißiger gearbeitet hat als jemals in Deutschland, denn bei diesen Sachen, die Sie den Harvard-Professoren vorlegen, könnnen Sie nicht quatschen. Die Leute, die nicht daran gewöhnt waren, haben ja von der wichtigsten Sache der politischen Wissenschaft keine Ahnung gehabt. Das Wichtigste ist die Quelle.

Stalin hat dies und das gesagt! *Wann* hat er das gesagt? *Wo* steht das? Wann hat er das zum *ersten Mal* gesagt? Hat er das jemals widerrufen?

Ich bin meinen Freunden und amerikanischen Kollegen sehr dankbar, daß sie mich gelehrt haben, was wissenschaftliches Arbeiten heißt. Immer, wenn ich etwas abgegeben hatte, fragte sie mich: Wie ist das hergeleitet? Sieh doch mal auf Deinen yellow pages nach, was Du da geschrieben hast.

Ich sage, ich habe gar keine yellow pages, ich hab das gleich auf weiße Bogen geschrieben. (Yellow pages sind die Bogen fürs Unreine, die gelb sind und Linien haben für die ersten Sätze, Gedanken und Zitate). Das hat mich erst mein großer Lehrer und Freund Stephen B. Sweeney gelehrt, der da sehr pingelig war. Er reichte mir einen yellow block und eine Schere ins Zimmer, worauf ich ganz naiv fragte: »Was soll ich denn mit der Schere?«

Da sagt er: »Wenn Du die yellow pages geschrieben hast, dann wirst Du den zweiten zum achten Absatz machen und den fünften als zweiten nehmen, damit es logisch ist. Und da mußt Du schneiden und es mit scotch tape wieder zusammenkleben.«

Diese amerikanische Arbeitsmethode hat auf die deutschen Universitäten später einen großen Einfluß gehabt. Sie sehen gleich bei jemandem, der sorgfältig arbeitet, wie ist das belegt?

In diesem Zusammenhang dürfen wir nicht vergessen, daß der Ausdruck *Politische Wissenschaft* in Deutschland vor 1945 überhaupt noch nicht existierte. Damals gab es in Amerika die *political science*, das heißt, die politischen Vorgänge wurden genauso seziert, wie der tote Körper in der Anatomie und aus diesem Grunde haben mir meine Freunde gesagt: Schön und gut, juris utriusque, aber hier bei uns mußt Du unsere *political science* studieren, die genau feststellt, warum wieviel Prozent der Leute so wählen und wieviel Prozent anders wählen, – die die Staatsverwaltung, die Gemeinde wissenschaftlich behandelt, angefangen von den Finanzen bis zum Bodenbelag. Alles, was es an deutschen Universitäten nicht zu lernen gab: wie eine Gemeinde verwaltet wird, ob das Pflaster der Brücken aus Holz oder aus Asphalt sein soll und was günstiger und billiger für die Gemeinden ist – wie man die Schulden macht und sie wieder zurückzahlt. Öffentliche Finanzen gab's doch früher kaum an einer Universität hier in Deutschland.

Heute wird das versucht an den Verwaltungsakademien und auch den Hochschulen, zum Beispiel am Otto-Suhr-Institut an der Freien Universität Berlin. Interessant ist, daß dort deutsch-amerikanische Professoren damit anfangen, Männer wie Fraenkel, O. Flechtheim, R. Loewenthal und andere, die in Amerika studiert hatten.

Für mich war es ein großes Glück, daß ich in Philadelphia an der Universität arbeitete. Es gab nur wenige Kollegen aus Deutschland und ich wurde herzlich aufgenommen. Unser Institut erhielt erheblich Zuschuß von der Fels-Stiftung. Samuel Fels, dessen Vater aus Deutschland stammte, war in ganz Amerika durch die Fabrikation der Fels-Naphta-Seife bekannt.

»Heimweh nach Hitler hatte keiner.«

Die Theorie der gepackten Koffer galt sehr viel in der ersten Zeit der Emigration, wo sich viele sagten: Wir werden in Holland abwarten, wir werden in der Schweiz abwarten, in der Tschechoslowakei und Frankreich.

Zahlreiche frühere Mandanten und Freunde von mir haben in der Schweiz angefangen, wie Erich Maria Remarque, der schon sehr früh aus Berlin wegging und sich am Lago Maggiore ansiedelte. Ein weiterer mit mir befreundeter Schriftsteller war Richard Katz, der im Ullstein-Haus ›Die grüne Post‹ zur Blüte gebracht hatte und bekannt gewesen ist durch seine Reiseschilderungen ›Heitere Tage bei braunen Menschen‹, später ›Der Blick über den Gartenzaun‹. Er hat auch über Juwelen geschrieben, ein sehr interessanter Mann.

›Heitere Tage bei braunen Menschen‹ klingt heute ganz komisch, früher war das so ein Buch, was jeder Konfirmand bekam, es spielte irgendwo in Tahiti. Katz hatte sich angesiedelt, als man in diesen Schweizer Orten jedes verfallene und nicht verfallene Haus kaufen konnte, da war das noch nicht so eine Goldküste für die nouveaux riches.

Auf einmal drängte es immer näher heran. Man hörte von Eroberungsplänen für die Schweiz. Wenn mal etwas in Europa knallt, dann wird die Schweiz auch nicht verschont.

Das hatte schon 1935 angefangen, als der pazifistische Schriftsteller Berthold Jacob aus der Schweiz gekidnappt wurde. Damals begann Hitler, furchtbar auf die Schweiz zu schimpfen, weil sie die Rückgabe des Mannes unter außenpolitischem pressure durchgesetzt hatte. Die Schweiz wurde also allmählich gefährdet und die heiteren Tage vergingen. Besonders die früheren Deutschen bekamen mit Recht Angst.

Durch die politischen und militärischen Eroberungen Mitteleuropas war das Gros der Leute so bedroht, daß sie nach Übersee drängten, angefangen von England bis nach Amerika, oder nach Israel.

Remarque ging nach USA und Richard Katz ging nach Südamerika. Außerdem spielte vielleicht im Hintergrund eine andere Sache eine Rolle, man wollte die Schweiz nicht belasten. Nicht, daß jemand gedrängt hätte: Geht mal nach Amerika, aber die Stimmung war so.

Den Unterschied zwischen den Flüchtlingen aus Deutschland, die zunächst in Europa waren und denen, die gleich nach Übersee ausgewandert sind, haben die Kriegsereignisse aufgehoben, – die Besetzung Frankreichs und die große Flucht über Marseille oder über Portugal/Spanien mit den letzten Schiffen. Der Umschlagplatz für diese traurige menschliche Fracht war Marseille und die iberischen Häfen. So gelangte auch Herbert Weichmann mit seiner Frau nach New York. Tatsache ist, daß auch für die Klügsten die Niederlage Kontinental-Europas – es war ja tatsächlich der militärische und politische Zusammenbruch eines Kontinents (von England einmal abgesehen) – beim besten Willen nicht vorstellbar gewesen war.

Denken Sie an Georg Bernhard, den Chefredakteur der ›Vossischen Zeitung‹ und demokratischen Reichstagsabgeordneten, wie lange der in Paris gesessen hat. Oder an Albert Grzesinski. Ich habe viele dieser Freunde nach ihrer Ankunft getroffen. Obwohl ich gar nicht so früh in Amerika war, kamen die ja noch viel später.

Ich erhielt deren Hilfeschreie, denn die große Frage war zunächst das *Affidavit*, die eidesstattliche Versicherung einer schon in Amerika befindlichen Person, daß sie sorgen und bürgen würde, falls die einwandernde Person in finanzielle Schwierigkeiten geraten sollte. Wo gab's so viele Leute, die ein *Affidavit* geben konnten und wer kannte die? Das war jedoch die Voraussetzung und kam zur Quote noch dazu.

In den noch normalen Zeiten war es für Deutsche verhältnismäßig leicht, nach USA auszuwandern, weil nach dem amerikanischen Einwanderungssystem aus einem bestimmten Lande jährlich eine bestimmte Anzahl Personen einwandern konnte. Die deutsche Quote war sehr groß, während für asiatische Völker teilweise überhaupt keine Quoten existierten, denn die Einwanderungspolitik der vergangenen Jahrzehnte hatte darauf abgezielt, das anglosächsische Element, zu dem auch das deutsche rechnete, zu vergrößern, das romanische Element kleiner zu halten, und das asiatische fast ganz auszuschalten. Wenn einer hingegen in Südamerika geboren war, lief es sehr einfach.

Bis 1938 dachten die Menschen vielfach, es geht noch, wir werden mal sehen, wie's weitergeht. Es gab in Deutschland noch mehrere Jahre Zusicherungen für jüdische Frontkämpfer, – Redensarten, die keinen wirklichen Wert hatten. Doch man wartete. Man wartete treudeutsch, patriotisch. Und dann, auf einmal, geschah im November 38 die Kristallnacht, die erste Mordnacht. Auf einmal sollte es rausgehen aus Deutschland. Die deutsche Quote wurde überfüllt. Viele versuchten es, über Rußland nach Shanghai zu kommen. Shanghai war eine internationale Siedlung, für die es überhaupt keine Beschränkungen gab.

Henry Kissinger war schon früh aus Fürth ausgewandert und nach Amerika gelangt. Aber die Masse der Flüchtlinge saß eben fest, war bis zum Westen Frankreichs vorgedrungen, wollte nach Amerika und Amerika war teilweise zu.

Einige sind zunächst nach Kanada und später nach USA geflüchtet oder in Kanada geblieben. Ich erinnere mich an die Frau eines Freundes, die glücklich aus der Tschechoslowakei kommend auf den arktischen Inseln nördlich von Kanada gelandet war und solange als Ärztin bei den Eskimos aushalten mußte, bis die Einwanderungsquote, die für sie sehr ungünstig stand, als eine in der Tschechoslowakei Geborene, ihr einen Platz anwies.

Die deutschen Juden hatten mehrfach Pech. Denken Sie an die Menschen, die vor dem Ersten Weltkrieg im deutschen Posen geboren sind, – sie gehörten nicht mehr zur deutschen Quote. Das war jetzt Polen, und die polnische Quote war besonders mistig.

Ich will hier nicht auf die ganze Einwanderungspolitik eingehen, die ein sehr düsteres Kapitel war und mit dem größeren Druck immer schlimmer wurde. Jedenfalls kam es zu einer großen Unterstützung durch neu-amerikanische Hilfskomitees, in denen solche Menschen wie die Frau des ehemaligen Staatssekretärs im Handelsministerium, Staudinger arbeitete. Mit Müh und Not erreichten diese Komitees, daß die Menschen auf sogenannte *Emergency*-Visa einwandern konnten. Die meisten kamen zu zweit und manchmal hat man kurz vor der Emigration noch geheiratet, das spielte ja eine Rolle bei der Visaerteilung. Denken Sie mal, wenn eine Frau in Posen geboren war und der Mann aus Berlin stammte, dann hat sie den Berliner natürlich geheiratet.

Für die einzelnen gab es lange Wartezeiten bei den Konsulaten. Wenn es eine einzelne Einwanderung war, mußte nachgeprüft werden, ist das eine sittliche, eine ordentliche Person? Denn in dem Antragsbogen stand oben dem Sinne nach: »Sind Sie schon der Prostitution nachgegangen?«

Innerhalb der sogenannten Mischehen waren die arischen oder nichtarischen Teile zu 99 Prozent sehr treu. Ab und zu kam es schon vor, daß bei einem Ehepaar der eine Teil so hitlerbeeinflußt war, daß er den Standpunkt vertrat: »Du jüdisches Mistvieh kannst allein auswandern.« Das wurden dann natürlich sehr bekannte Fälle, wenn sie passierten, aber sie passierten selten, sehr selten. Die Frauen waren unerhört ergeben und treu, auch in schwierigen Lagen. Die Männer auch. Es gab natürlich Männer, die später Freundschaften mit einer anderen schlossen, das war aber nicht so einfach wie sie gelegentlich dachten. Sie können doch in Amerika nicht eine Frau auf der Straße ansprechen, ohne eine Maulschelle zu kriegen. Mir fällt dabei ein, wie bei der ersten Mannschaft deutscher Beamten, die ich nach dem Kriege für das State Department in die USA führte, ein späterer Konsul war, der immer fragte: »Wo kann ich denn hier Bekanntschaften machen?«

Die Antwort: »Das können Sie hier nicht.«

»Na, wenn ich jemanden sehe oder nebenan im Café?«

Wir haben gesagt: »Seien Sie lieber vorsichtig.«

Der wußte doch gar nicht, in welcher Gegend er jemanden anspricht. Ich wollte nicht noch Theater haben, weil sich ein deutscher Beamter schlecht benommen hat.

New York, wo man gewöhnlich landete, glich in mancher Hinsicht Berlin, darum blieben die meisten gleich dort hängen und bezogen Quartier. Große Häuser, noch ein bißchen an alte Berliner große Brocken erinnernd, gepflegt, aber sehr platzbeschränkt.

Immer, wenn einer neu ankam, gab's einen Altmöbelhändler, der so einen ganzen Einrichtungskram für hundertfünfzig Dollar abgab. Man kauft doch überhaupt nur second hand – zwei Couchen und zwei Stühle.

Eine Wohnung kostete damals sechzig bis hundert Dollar. Von meinem Standpunkt als ewiger Vorortbürger aus, ob der nun Lichterfelde hieß oder Lansdowne – *suburb is nice* – war das alles fürchterlich. Nicht, daß ich in Villen gelebt hätte, aber ich lebte doch in einer Landschaft.

Ich erinnere mich, wie ich eine gute Freundin von mir, Hedwig Wachenheim, besuchte, die frühere SPD-Landtagsabgeordnete, die die Braut des ersten kriegsgefallenen Parlamentariers aus dem Ersten Weltkrieg gewesen ist, des SPD-Abgeordneten Ludwig Frank. Er war aus der Mannheimer Gegend, jedoch Bayer, weil die Pfalz damals zu Bayern gehörte, und Hedwig war, wie man früher sagte, seine Verlobte. Sie spielte in den New Yorker Emigrantenkreisen eine große Rolle.

Hedwigs Zimmer war so, daß man in der Septemberhitze froh war, aus dem Durchzug herauszukommen. Es war ein Appartement in New York, in der Gegend vom Vierten Reich, so nannte man das, ein Viertel, wo allgemein Amerikaner wohnten, da hatten sich aber viele Emigranten zusammengefunden, in der Gegend von der 72. Straße in New York West, 72., 73. bis rauf zu hundert. Kleine Wohnungen, mitten in der Menge und dem Gedränge von New York, von mir aus gesehen sehr traurig. Aber da war der Drang nach politischer Gemeinsamkeit, insofern waren sie zufrieden.

Wenn die Leute aus Philadelphia, die alle besser als die New Yorker lebten, diese New Yorker sonnabends, sonntags einluden, dann haben sie uns doch beneidet und sind immer wieder aus ihren Wohnlöchern gekommen. Sie hatten in New York noch nie einen Rhododendron gesehen, es sei denn, sie machten große Ausflüge, aber sie hatten keine Autos.

Für unsereins waren das selbstverständliche Sachen, ohne daß wir mehr Einnahmen hatten, heute noch haben wir Freunde und Freundinnen, die gern Sonnabend, Sonntag nach Lansdowne kommen, wo sie eine Veranda haben, von der aus sie kein Meer von Dächern sehen, sondern ein Flüßchen und Blumen. Aber all diese Menschen, denen ich oft gesagt habe: »Na, zieht doch weg von New York«, wollten nicht im Traum mit uns tauschen.

»Nein, aus New York kann man doch nicht wegziehen. Da ist nebenan das Theater, da ist das Konzert, da ist der Drugstore. Da ist alles, was man zum Leben braucht.« Die Leute waren nicht rauszukriegen, bis auf die Kalifornier, die sind auch viel freier geworden.

Wir waren natürlich wenigere und dichter am Amerikanismus dran. Wenn der amerikanische Universitätsprofessor am Hunter-College fünf Meilen weg wohnt, ist das etwas anderes, als wenn der Mann drei Schritte neben Ihnen lebt und der Nachbar ist. In den kleinen Vororten ruft man eben die Polizei an, wenn man verreist, damit sie einen Blick auf das Haus wirft, oder sagt ihr: Schicken Sie doch mal den Kerl vorbei, der uns den Öltank immer nur dreiviertel voll füllt. Oder meine Frau ist jeden Morgen den Berg rauf zur Kirche gegangen, da lernt man die ganze Gesellschaft kennen, ohne daß sie einen belästigt. Die Leute spazieren auch ganz zwanglos ins Haus: »I just want to see you«, Sonntag nachmittag, »Want a cup of coffee?«

»Yes.«

»Die Frau Kempner hat noch Kuchen.«

Es war natürlich kein Berliner Kuchen. Gott sei Dank gab es doch immer die großen deutschen Cafés. Kaum daß sich die Leute in New York wiederfanden, machten sie sofort ein *Café Eclair* auf. Das war was Wunderbares, da gab's noch einen Mohrenkopf. Außerdem traf man die Freunde oder wenigstens Freunde der Freunde, wo man sagte: »Sind Sie nicht die . . .?«, woraus dann gemacht wurde »Cin-cin-na-ti?«

Das ist wie überall, da sitzen die Chilenen in Paris in *dem* Café, die Khomeny-Perser in *dem* Café und die Nicht-Khomenys in dem anderen. Sie dürfen eins nicht vergessen, es wird mit dem Wort ›Emigranten‹ gearbeitet! In Wirklichkeit waren die Menschen ja längst Amerikaner in amerikanischen Betrieben, die tägliche Arbeit war ja nicht deutsch.

Es gab Juristen, Kaufleute, Taxifahren war immer eine gute Sache, obwohl es irrsinnig anstrengend ist. Die höchste Klasse waren natürlich die Professoren, die an Colleges unterkamen. Wenn Sie die Stellenannoncen in der Zeitung ›Aufbau‹, dem ausgezeichneten Zentralorgan für all diese Menschen, ansehen, dann können Sie heute noch an den Anzeigen sehen, wie die sozialen strata zusammengesetzt waren: Höherer Mittelstand, unterer Mittelstand.

Viele fingen an als Tellerwäscher. Der Mann, der Preußen den Garaus gemacht hat, fing als Tellerwäscher in New York an, das war mein Freund Wilhelm, später William Dickman, Rechtsanwalt in Berlin in der großen Firma von Bruno Weil. Er bekam mit Mühe und Not ein Stipendium, hat in Philadelphia Jura studiert und saß später in der *Legal-Division* von General Clay. Dort hat er den Entwurf des Kontrollratsgesetzes gemacht, das auch Preußen formell aufgelöst hat. Er war mir noch sehr gefällig, als ich mitten in unseren Prozessen stand und den Ruf an eine Universität als Professor für neuere Geschichte bekam. Ich wollte zuerst Nürnberg zu Ende machen und habe Dickmann gefragt: »Hast Du nicht genug vom military government?«, und da hat er diese Stelle ausgefüllt.

Nehmen wir mal die Juristen. Da war natürlich eine große Gruppe von Anwälten, die mußten vielfach umsatteln. Denn ob sie in Berlin Anwalt in Handelssachen waren, mit Verwandten in großen Geschäften, für die Zahlungsbefehle erlassen, Prozesse um Rückgabe von Dingen, Firmenumwandlungen erledigt wurden, oder ob sie dasselbe in den USA tun konnten, war ein himmelweiter Unterschied. Denn der Fall über den heute verhandelt wird, entscheidet das angelsächsische Recht in vielen Fällen nicht nach einem Gesetzbuch oder einer Verordnung, sondern dieser Wandlungsprozeß beispielsweise bei der Rückgabe eines schlechtgebauten Hauses wurde ja in England im Jahre 1514 entschieden. Das war der Case irgendeines Lord Hazelwood gegen irgendeinen Lord Brickburn. Und wenn Sie nicht genau wußten, was das für ein Case war, dann waren Sie verloren.

Von solchen Cases existieren Tausende und Abertausende. Die kann man in Büchern nachlesen, ob das Schuldcases sind oder Obligationsrechte oder Partnerschaftscases. Für das Gedächtnis meiner Freunde und Kollegen war das eine unerhörte Anstrengung, niemand hat da durch die Finger geguckt, um einem zu helfen. In dem nach römischem Recht gebildeten Systemen wie in Deutschland lebt die Justiz hingegen vom statutorischen Recht, da guckt man in das Bürgerliche Gesetzbuch oder das Handelsgesetzbuch und Feierabend.

In der ersten Zeit war es noch nicht so schlimm, weil deutsche Examina anerkannt wurden. Aber die amerikanischen Anwälte sorgten dafür, wie immer in solchen Situationen, um Überflutungen zu vermeiden, daß schwierige Nach-Examina gemacht wurden. So mußten diese Anwälte teilweise ein völlig neues Studium absolvieren und ein ungeheuer gutes Gedächtnis aufbieten.

Als ich mal mit John Edgar Hoover, dem Chef des FBI, über irgendeinen Fall sprach und wir dann auch auf persönliche Dinge kamen, sagte er mir – ich war ganz erschrocken: »Sagen Sie keinem, daß Sie ein Attorney waren.«

»Mr. Hoover, what's wrong?«

»Wenn jemand fragt, was Sie sind: Sie sind ein Fachmann auf dem Gebiet der Verwaltung, der Polizei und der politischen Wissenschaft.«

Das hing damit zusammen, daß es in den USA circa zweihunderttausend Juristen gibt, die sehr oft Geschäftsleute, Versicherungsleute sind. Wenn einer Anwalt ist, bereitet ihm schon die Frage, ob er lediglich für *eine* Anwaltsfirma arbeiten soll, Verdruß. »Freier Anwalt« ist keine

Empfehlung, und diese Anwaltschwemme ist noch viel, viel größer geworden.

Die Juristen, die rüberkamen, waren zu neunzig Prozent reine Anwälte und nur zu zehn Prozent als Verwaltungsjuristen tätig gewesen wie Hans Simons, ein früherer Regierungspräsident, oder Staudinger als Staatssekretär.

Für die deutschen Ärzte gab es ebenfalls Schwierigkeiten. Erst wurden Examina anerkannt, und später überall Hürden in Gestalt nochmaliger Prüfungen aufgebaut. Einerseits war das ein Ausdruck der Konkurrenz, im übrigen aber sehr berechtigt, denn die Medizin verfügte hier inzwischen über die moderneren Methoden.

Es war nicht mehr wie in den 90er Jahren, als Leute vom Robert-Koch-Institut, wie meine Mutter, rüberkamen, die Leute am Rockefeller-Institut belehrten und neue Erkenntnisse mitgebracht hatten. Schon in den Jahren vor Hitler wurden Verfahren aus USA nach Deutschland eingeführt. In Berlin guckten viele Leute nach dem amerikanischen Zahnarzt und waren stolz, einen ergattert zu haben. Selbst Hitler und Göring ließen sich Herrn Blaschke kommen, der an der Universität von Pennsylvania studiert hatte, Hofzahnarzt wurde und später die Gebisse der Leichen identifizieren mußte.

Herr Blaschke war ein sehr lieber Mann, den ich in Nürnberg vernommen habe und der mir erzählte, wie die einzelnen Herren sich beim Zahnarzt benommen haben. Die Ärzte, die diese Doppelausbildung hatten, besaßen später alle eine florierende Praxis.

Die deutschen Flüchtlinge gingen natürlich zu ihren Leuten, mit denen sie darüber sprechen konnten, wo es ihnen weh tat und sie nicht mit dem Finger darauf zeigen mußten. Wenn im Krankenhaus eine Krankenschwester Deutsch sprach, war das immer eine gewisse Erleichterung.

Wie Remarque mir einmal erzählte: »Plötzlich konnte ich im Krankenhaus nicht mehr Englisch.« Auf der Intensivstation fangen Sie plötzlich an, Deutsch zu reden, dann ist's beim besten Willen weg und Sie können nichts machen. Dennoch war es in der Krankenpflege bitter genug, weil frühere Ausbildungszertifikate nicht anerkannt wurden. Nehmen wir mal die ganze Gruppe der deutschen Krankenschwestern, die in jüdischen Kliniken gewesen waren, – auf einmal saßen sie da! Ihre amerikanischen Kolleginnen hatten darauf gedrungen, daß zwischen der *registered nurse* und der *practical nurse*, der nichtregistrierten, gewöhnlichen Krankenschwester ein entscheidender Unterschied gemacht wurde. Man wollte, wie es in jedem Lande ist, die Fremdarbeiter nicht so leicht ranlassen.

Ich erinnere mich an Dutzende von Fällen befreundeter Damen, mit denen ich überlegt habe, wie man so etwas unterlaufen könnte. Eine von ihnen war die Witwe des 1933 ermordeten Sozialdemokraten Felix Fechenbach, sie hat es niemals zur *registered nurse*, mit all ihren Privilegien, gebracht, sondern war immer eine gewöhnliche Krankenschwester, was mir und anderen durchaus genügt hätte. Aber es war wohl bei bestimmten Arbeitssituationen, wie Rezeptverschreibungen, ein schweres Handicap. Oder ich erinnere mich an Trude Aschner, eine ganz ausgefuchste, perfekte Kriegsnurse aus dem Ersten Weltkrieg. Darüber hinaus hatte sie in Berlin große praktische Erfahrung als städtische Sozialarbeiterin.

Ganz unglücklich kam sie zu mir und sagte: »Ich will weiter nurse bleiben. Das habe ich doch gelernt, schon 1912 in Berlin.« Ich sage: »Trude, das is' eben nich.«

Und was wurde sie? Masseuse in einem großen Kurkomplex namens ›Grossinger‹, unweit von New York, ein jüdisches Domizil, zu dem die Leute aus dem Umkreis von vielen Kilometern ankamen. Trude war dabei sehr glücklich, und ich habe mich auch einmal von ihr behandeln lassen. Ich hatte Rückenschmerzen und sie sagte: »Ich werde das sofort beseitigen.«

Ich mußte mich hinstellen, sie stellte sich hinter mich, ich faßte ihre Arme und dann schmiß sie mich über sich herüber. Ich sage Ihnen: Nie wieder!

Sobald diese Frauen Anstellungen bekamen oder freiberuflich tätig wurden, war es nicht das Schlechteste, und bei den Eliten schon gar nicht.

Die Wissenschaftler machten – um das dumme Wort zu benutzen – doch meist Karriere, besonders im Kriege, als Personal gebraucht wurde. Die großen Wissenschaftler, Einstein und die Kreise um Oppenheimer, waren überhaupt *top*.

Doch zunächst kam die Mehrzahl der Emigranten ohne Geld mit den berühmten zehn Mark in der Tasche und sie waren froh, wenn ihnen von Organisationen oder Verwandten Affidavits gestellt wurden, mit denen man nachzuweisen hatte, über mindestens 5000 Dollar zu verfügen, so daß man nach der Einwanderung nicht etwa der Wohlfahrt anheimfiel.

Das galt für jeden Einwanderer, für französische Journalisten genauso wie für deutsche Professoren. Denn damals war Amerika ein sehr armes Land. Das Schlimmste an der Situation war, daß die Gewerkschaften infolge der Arbeitslosigkeit nicht immer gerade sehr freundlich waren und ihr Einfluß bewirkte, daß es nicht – wie in manchen anderen Ländern – hieß: Fremde raus, sondern Fremde erst gar nicht herein.

Also dem Durchschnitt ging es in den ersten Jahren sehr dreckig und es erregte großes Aufsehen, als ein Göttinger Augenarzt und seine Frau in einer solchen Situation Selbstmord begingen; die Zeitungen waren voll davon – war das wirklich notwendig, ist für die Leute nicht genügend gesorgt worden?

Tatsächlich wurde jeder im Durchschnitt zunächst herunterdegradiert, der normale Zivilanwalt kam auf einen Buchprüferjob. Als Professor Hans Kelsen, einer der bedeutendsten Staats- und Völkerrechtler seiner Zeit zu der Refugee-Organisation ging und um Hilfe bat, da wurde ihm von der Sachbearbeiterin gesagt: Vielleicht können wir Sie bei einem kleinen College außerhalb des Staates New York als Deutschlehrer verwenden.

Das wirtschaftlich Gefährliche an der deutschen Emigration war, daß sie sich so schlecht verteilte; von den Künstlern an der Westküste abgesehen. Man wollte doch in New York bleiben, und die Hilfskomitees hatten oft Schwierigkeiten, sogar offene Stellen in Denver oder in Cincinnati zu besetzen. Ich hatte diese Sorgen nicht, weil ich von Anfang an Philadelphia ausgewählt hatte, wo noch eine ganze Anzahl alter etwas vergilbter Verbindungen meiner Mutter bestanden. Manche dieser älteren Damen habe ich gelegentlich besucht; sie waren in den Jahren, um 1870–80 geboren, einer Zeit von unvorstellbarem Wissenschaftsoptimismus. Man konnte sich durchaus fragen, was bewirkt die Medizin verglichen mit der Waffentechnik? Aber diese alten Wissenschaftlerinnen waren weiter an den modernen Forschungen interessiert und betrachteten die Irrwege der sozialen Entwicklung im 20. Jahrhundert als den Wahnsinn der anderen Fächer. Allgemein waren die Kreise um die *University of Pennsylvania* von F. D. R. für den Kriegseintritt. Dann kam der Schock von Pearl Harbour. Die Emigranten hatten alle einen schweren Fehler, sie sprachen einen schweren Akzent. Das klingt harmlos, den Akzent schluckt man, aber ist das ein Deutscher? Muß man den nicht überwachen lassen, weil er ein Agent Hitlers war oder noch sein könnte? Im Jahre 41, nachdem alle Juden in Deutschland durch Verordnung ausgebürgert worden waren, schwand langsam der Verdacht, besonders nachdem die jungen Leute, die zweite Generation der deutsch-jüdischen Einwanderer in die neue Armee eingezogen worden waren. Die Eltern konnten damals in kleinen Läden arbeiten oder in die Stellen von Angestellten nachrücken, die ihrerseits eingezogen waren. Die Armut der Eltern endete indirekt durch die zweite Generation, die wirklich kulturell Amerikaner geworden waren. Bei einem berühmten Krebsforscher, der an der Berliner Charité gearbeitet hatte, fand einmal eine Geburtstagsfeier des Jungen statt; wir standen da rum, und ich fragte die Mutter: »Wollen wir nochmal reingehen?«.

»Nein, ich gehe da nicht rein.«

Ich sagte: »Was ist denn los?«

»Mein Sohn will nicht, daß eine Frau dabei ist, die einen starken Akzent hat.«

Das war die Stieftochter von Robert Musil.

Für die Emigranten, für Reich und Arm, spielte ein Presseorgan eine große Rolle, das auch immer sehr stark in Washington beachtet wurde, das war die in deutscher Sprache erscheinende Zeitschrift ›Aufbau‹. Ein weiteres Emigrantenblatt war die sozialdemokratische ›Deutsche Volkszeitung‹, an der Max Brauer mitarbeitete, der spätere Hamburger Bürgermeister. Der Reichstagsabgeordnete Gerhard Seeger, der Hauptredakteur Rudolf Katz, wurde später Justizminister in Schleswig-Holstein und schließlich Bundesverfassungsrichter.

Der wirklich bedeutende Mann, der den ›Aufbau‹ groß gemacht hat, war der Berliner Journalist Manfred George. Die Zeitung wurde aber nicht allein der glänzenden Artikel wegen gelesen, sondern auch für die phantastischen Annoncen auf jedem Gebiet. Wenn eine Krankenschwester gesucht wurde, ein Kinderpfleger oder vor allen Dingen, wenn Emigranten, die nicht weiterkommen konnten, ihr Mitgebrachtes verkauften, dann stand das im ›Aufbau‹ verzeichnet. Das Blatt, dessen jahrlanger Mitarbeiter ich bin – Herbert Weichmann stand ihm organisatorisch zur Seite –, floriert heute noch und wird in der ganzen Welt gelesen.

Die kulturelle Assimilation wurde natürlich hervorragend durch die Universitäten gefördert. In New York wurde die University in Exile gegründet, die *New School for Social Researches*, an der Hans Simons lehrte, Hans Staudinger, E. J. Gumbel und der große Psychiater Birnbaum. Dieses Institut wirkte in sehr starkem Maße am Kampf gegen

Hitler durch seine Experten mit und war eine von deutschen Generalstäblern in mancher Hinsicht sehr gefürchtete Organisation. Sie wurde ständig von Washington konsultiert, besaß zugleich als Universität alle Rechte der Promotion, wurde von einem völlig gemischten Publikum besucht und beschäftigte wirklich intressante Lehrer. Ich kannte einen Apotheker aus der Wittelsbacher Straße, nicht weit vom Kurfürstendamm, der in Amerika nie einen drug-store haben wollte und Professor für Griechisch und Latein wurde. Mehrere Jahre nach dem Kriege erhielt Theodor Heuss von der Universität im Exil die Ehrendoktorwürde. Der Dekan der sogenannten *graduate faculty*, Hans Simons, verlieh ihm die Auszeichnung und übersetzte die Heuss'sche Dankesrede ins Englische. Das war doch eine interessante Zusammenarbeit. Hans Simons hatte den Vorzug, einstmals der faktische Direktor der Deutschen Hochschule für Politik in Berlin gewesen zu sein, einer Schule, die das Werk von Theodor Heuss war. Und denken Sie – Theodor Heuss wurde Bundespräsident und sein früherer Direktor Hans Simons wurde der Mann, der ein deutsches Grundgesetz in gewissen Richtungen beeinflussen sollte. Ich muß daran erinnern, daß es der Sohn des deutschen früheren Reichsgerichtspräsidenten und Außenminister Simons war, der im Stabe von General Clay die Verhandlungen mit den deutschen Parlamentariern über die Schaffung des Grundgesetzes führte. Die Struktur der Bundesverfassung ist in sehr starkem Maße von ihm geprägt worden. Die Einfügung der Artikel über die Menschenrechte, die starke, vielleicht zu starke Verankerung des Föderalismus mußte einer erst einmal vorbringen und durchsetzen. Simons hat sich viel mit Carlo Schmid und Walter Menzel, dem Schwiegersohn seines früheren Minister Severing unterhalten und die ganzen Jahre über Kontakt zu Heuss behalten. Kurz vor seinem Tode in USA sind Simons Papiere über die Verfassungsgebung von ihm vernichtet worden; er wollte die Einzelheiten nicht der Nachwelt preisgeben.

Das deutsche Exil wird oft verwechselt mit dem Exil der Künstler, Literaten und all derer, denen beim Auswandern etwas vorauseilte: Ihr Ruf. Deren Situation war mit der Massenemigration nicht zu vergleichen. Für die Gruppe der Schriftsteller wie Thomas Mann, Erich Maria Remarque, Jakob Wassermann, Franz Werfel wurde Kalifornien ziemlich schnell eine Heimat. Natürlich muß man bei einem Mann wie Brecht oder Erwin Piscator einschränken, daß in gewissen Kreisen die politische Couleur störte; das war natürlich ganz beiderseitig und auch nicht besonders furchtbar. Die entsprechenden Frauen spielten ebenfalls eine große Rolle; für jemanden wie Heinrich Mann war vieles schwieriger zu verkraften, das lag oft an den Persönlichkeiten. Die kulturelle Leistung und ihre politische Bedeutung dieser Menschen wurden bei den amerikanischen Politikern in Washington anerkannt. Sie waren bei Eleanor Roosevelt eingeladen und wurden von F. D. R. im Weißen Haus empfangen. Also, Heimweh nach Hitler hatte keiner.

War Crimes Commission

Roosevelts Rolle begann Jahre vor 1932. Seine geistige und wirtschaftliche Mission, der *New Deal,* – ein Spielerausdruck, man mischt die Karten neu, spielt ein frisches Blatt auf, – das bedeutete, aus der zusammengekrachten Wirtschaft wieder etwas aufzubauen unter sozialen Gesichtspunkten. Nicht den Kapitalismus alter Prägung, sondern eine Wirtschaft für den Mittelstand, für den kleinen Mann.

Das hat sich in USA durchgesetzt mit einer kolossalen demokratischen Mehrheit, im Gegensatz zu der old fashioned republikanischen Mehrheit – eine völlige Revision, beinahe Revolution der Wirtschaftsanschauung. Und Roosevelt wurde ja auch gerade deshalb von Hitler sehr angefochten, weil er eine Art soziale Revolution gemacht hatte, die im krassen Gegensatz zu der hitlerschen Revolution gestanden hatte.

Der Unterschied zu Hitler war von Anfang an, daß bei diesem alles auf der Basis aufgebaut worden ist: Wir machen ein größeres Reich, wo die Untermenschen und Sklaven weit hinein bis Rußland den sozial besserzustellenden mittleren Volksgenossen unterstützen. Diese ›soziale Revolution‹ Hitlers hatte ein Reich von Sklavenhaltern im Hintergrund. Voraussetzung dazu waren Krieg und die Wiederaufrüstung. Dies schuf die Möglichkeit, vorübergehend eine bessere Wirtschaft zu schaffen. Diese bessere Wirtschaft stand immer im Zeichen des Krieges und ist darin auch zusammengebrochen. Denken Sie daran, daß mit Hitler auch das Heer groß wurde und daß Amerika zur Zeit des Kriegsausbruchs praktisch keine Armee hatte, das mußte erst alles werden.

Im Schatten der Armee, im Schatten der Wiederaufrüstung war die soziale Besserstellung der Deutschen möglich, ohne daß gleich für jeden Arbeiter zu erkennen war, um Himmelswillen, dieses Besserstellen kostet in fünf, sechs Jahren vielleicht unser Leben.

Man hätte vermuten können, daß sich in Amerika zu dieser Zeit auch ein Hitler hätte finden lassen. Ich wende mich dagegen, daß immer gesagt wird, die Krise hat den Hitler herbeigeholt. Die Wirtschaftskrise in Amerika war viel schlimmer als in Deutschland, und trotzdem hatte kein Hitler irgendeine Chance.

Wenn die Krise in Amerika auf egalitäre und solidarische Weise überwunden wurde und in Deutschland auf rassistische und aggressive Weise, so lag das eben daran, das darf man nicht verschweigen!, daß der autoritäre Gedanke noch seit Wilhelms Zeiten drin steckte. Die *Social Security,* unter Bismarck fünfzig Jahre früher eingeführt als in Amerika, hat in Deutschland ja nicht gerade den liberalen Gedanken gefördert. Im Gegenteil, Bismarck wollte damit die SPD kleinkriegen.

Nun kann man einwenden, daß die gesetzliche Verankerung der *Social Security* im *New Deal* eine Art Caritas gewesen ist. Diese paar reichen Leute vom Hudson River konnten es sich leisten, von oben herab sozial und revolutionär auf dem Gebiete zu sein. Doch wenn ein Kapitalist liberal denkt, dann ist er nämlich wirklich liberal und sozial fühlend. Nehmen Sie jemanden, der ein Architekt des *New Deals* war, in Deutschland aber mit anderen Dingen assoziiert wird: Henry Morgenthau, ein sehr wohlhabender Mann.

Zunächst war er ein furchtbarer Mensch, er wollte, daß Deutschland ein grüner Staat würde, mit Weiden und Wäldern, und daß die Leute glücklich ohne Stahlindustrie, Chemieindustrie und Pillenindustrie lebten.

Schon sein Vater war ein progressiver Politiker und Vertreter der Menschenrechte. Er hat als einziger in seiner Eigenschaft als amerikanischer Botschafter in der Türkei die Welt auf den ersten Holocaust unseres Jahrhunderts aufmerksam gemacht, nämlich die Ermordung von 1,5 Millionen christlichen Armeniern in den Jahren 1914 bis 1916. Er hatte einen Riesenkrach mit dem deutschen Botschafter, denn die Türken haben sich immer darauf berufen: Unsere deutschen Bundesgenossen sind während des Krieges gleichfalls der Ansicht gewesen, wir müßten hier reinen Tisch machen. Es war sehr schwer, der deutschen Botschaft im Ersten Weltkrieg beizubringen, daß das doch keine gute Sache war mit der Ausmerzung des armenischen Volkes.

Mit Morgenthaus Hilfe wurden die Liquidierungen gestoppt, und eine kolossale Einwanderung von Armeniern nach Amerika begann. Das war Morgenthaus Vater.

A b s c h r i f t .

Dr. K l a u s e n e r   Berlin, den 24.II.1933

Ministerialdirektor

Lieber Herr Kempner !

Mit Bedauern - wenn auch nicht unerwartet - höre ich, dass nun auch Sie zu den vielen meiner alten und bewährten Mitarbeiter gehören, die nach mir die Polizeiabteilung verlassen müssen. Ich bedauere das nicht nur für Sie persönlich, sondern auch nicht zuletzt im Interesse des Staates und der Polizei. Ich habe Ihnen in diesem Augenblick persönlich herzlichst für Ihre treue Mitarbeit zu danken; herzlichst zu danken, dass mich mein volles Vertrauen auf Ihre hervorragenden juristischen Fähigkeiten und Ihre reichen Erfahrungen niemals getäuscht hab. Sie haben die gesamten Rechtsbeziehungen der preussischen Polizei betreut. Bei einer Organisation von 75 000 Köpfen Personal mit den unzähligsten Beziehungen zum Publikum und den ungezählten Millionen an Lieferungen, bei den zahllosen Anträgen aller Art will das schon etwas bedeuten. Die Presse nennt Sie jetzt " Chefjustitiar " der Polizei. Wenn Sie diesen Titel auch amtlich nicht geführt haben, sachlich ist er tatsächlich berechtigt. Ich konnte mich bei der Riesenarbeit, die ich selbst hatte, nicht um Einzelheiten kümmern. Umso bedeutsamer war mir Ihre Arbeit. Ich wusste stets, dass, wenn Sie zu einem Vergleich rieten, tatsächlich nicht mehr zu erreichen war, dass der Prozess, zu dem Sie rieten, bereits gewonnen war.

Mit besonderer Freude denke ich an unsere gemeinsame Arbeit am Polizei- und Verwaltungsgesetz zurück.

Ich wünsche Ihnen persönlich alles Gute für Ihre Zukunft und hoffe, dass unsere persönlichen Beziehungen auch in Zukunft aufrecht erhalten bleiben.

Mit herzlichem Gruss

gez. Ihr K l a u s e n e r .

Supreme Court of the United States
Washington, D. C.

CHAMBERS OF
ROBERT H. JACKSON

December 11, 1946.

Dr. Robert M. W. Kempner,
112 Lansdowne Court,
Lansdowne, Pennsylvania.

My dear Dr. Kempner:

I would not want to close up the work at Nurnberg without telling you how much I appreciate the work you did as a member of the Nurnberg prosecution staff from July 1945 until the end of the trial on October 1, 1946.

It was a pleasure to be in close contact with your work throughout, beginning with your organization of the analysis of captured files of the economic section of the general staff and of the section in charge of anticipating the defense moves. Your liaison work with defense counsel was something for which you were peculiarly fitted and was of great value to us. The trial briefs prepared under your direction against the individual defendants and the dossiers on prosecution of defense witnesses were of great assistance, and your work in presenting the case against Wilhelm Frick and the cross-examination of defense witnesses of the Reich Cabinet won high praise, as did also your work before the Commissioners in dealing with the organizations and your help in the interrogations. It was very helpful to have at hand an advisor acquainted with Continental law and familiar with the sources of evidence in Germany.

For your intelligent, diligent and faithful work I have great appreciation. I hope you will find satisfactory work in this country now that the trial is over and all of my good wishes go with you.

Sincerely yours,

Robert H. Jackson

ROBERT H. JACKSON

THE INSTITUTE FOR ADVANCED STUDY
Founded by Mr. Louis Bamberger and Mrs. Felix Fuld
PRINCETON, NEW JERSEY

den 11. Dezember 1947

Dr. R. M. W. Kempner
Deputy Chief of Counsel
Office of Chief of Counsel
for War Crimes
Nurnberg, Germany
APO 696 A, Postmaster N.Y.

Sehr geehrter Dr. Kempner:

Ich danke Ihnen sehr für die grosse Liebenswürdigkeit, mir die Anklageschrift gegen die Hauptschuldigen auf dem Gebiete der politischen Führung zuzusenden. Ich habe diese Schrift mit Befriedigung gelesen. Hoffentlich finden diese abscheulichen Verbrecher die verdiente Strafe.

Ich habe auch eine vage Erinnerung, dass die Anklageschrift gegen die Verbrecher auf dem Wirtschaftsgebiete dabei war, habe aber trotz vieler Bemühung diese nicht wieder finden können. Ich wäre sehr dankbar, wenn Sie mir auch diese senden würden, falls Sie ein Exemplar entbehren können.

Mit aller Hochachtung,
A. Einstein.
Albert Einstein.

NAHUM GOLDMANN

12, AV. MONTAIGNE
75008 PARIS

13. Juli 1980.

Herrn Robert Kempner
Feuerbachstr. 16
6000 Frankfurt a.M.

Lieber Herr Kempner,

Ich danke Ihnen für die guten Wünsche zu meinem Geburtstag und die Uebersendung Ihres Buches, das ich mit grossem Interesse lesen werde.

Ich freue mich, die Gelegenheit zu haben, Ihnen für Ihre Wirksamkeit in all diesen Jahren, besonders in der grossen moralischen Aufgabe der Bestrafung der Nazi-Verbrecher, zu danken. Ich habe sie immer hoch bewertet.

Sollte ich mal wieder in Frankfurt sein, werde ich mir erlauben, Sie anzurufen, um Sie zu sehen.

Mit besten Grüssen und Wünschen,

Ihr

N Goldmann

Dr. Nahum Goldmann

Vernehmung des Verteidigungszeugen Fabian Freiherr von Schlabrendorff im Prozeß XI (Wilhelmstraßenprozeß) am 30. Juni 1948 in Nürnberg. (Kreuzverhör durch den US-Anklagevertreter Dr. Robert M. W. Kempner.)

30. Juni-[illegible]-BKr-9-Loronz
[illegible]ilitaorgorichtshof [illegible]r. IV, Fall XI

KR[illegible]UZV[illegible]RH[illegible]R

DURCH DR. K[illegible]PNER: (spricht doytsch)

F: Horr von Schlaborondorff, Sio waron doytschor [illegible]fizior, nicht wahr?

A: Jawohl.

F: Wann sind Sio oinborufon wordon zur aktivon Tätigkoit?

A: Als Soldat?

F: Ja.

A: Das kann ich auf don Tag nicht mohr gonau sagon, Es ist zu Anfang dos Kriogos 1939 gowoson.

F: 1939, gut. Und Sio waron Soldat, bis wann?

A: Bis zu moinor Ausstossung aus dor doutschon [illegible]ohrmacht im Oktobor 1944.

F: Und an wolchor Front waron Sio?

A: [illegible]ch bin im [illegible]oston gowoson. Ich bin dann nach [illegible]ondigung dos [illegible]ostfoldzugos nach dom Oston gokommon, und von da ab bin ich droi Jahro an dor Ostfront gowoson.

F: [illegible]io oft sind Sio im Laufo dor Jahro 1939 bis 1943 von Fronteinsatz nach Borlin gofahron und habon boi oinor solchon Gologonhoit Horrn von [illegible]oizsaookor gosprochon - - - - zwoimal, fuonfmal, zohnmal?

[illegible]: Don Baron von [illegible]oizsaookor habo ich schaotzungswoiso siobon- bis achtmal gosprochon, abor ich bin sichor viol oofter in Borlin gowoson.

F: Sio habon Baron [illegible]oizsaookor siobon- bis achtmal zwischon 1939 und 1943 gosprochon?

10654

A: Ja.

F: Ist das nicht etwas hoch gegriffen, nicht wahr?

A: Ich bin sehr viel oefter in Berlin gewesen, es ist eher moeglich, dass die Zahl zu niedrig gegriffen ist.

F: Und in diesen sieben- bis achtmal sind Sie in naeheren Kontakt mit ihm gekommen, nicht wahr?

A: Jawohl.

F: Sie haben vorhin gesagt, dass es noetig waere, bei der Vorbereitung von Attentaten gegen Hitler die Dinge miteinander abzustimmen, sonst ist ein Attentat ganz sinnlos.

A: Jawohl.

F: Militaerische Schlussfolgerung , ja?

A: Jawohl.

F: Als Sie am 13. Maerz 1943 ein Attentat auf Hitler unternahmen, ist das Datum richtig?

A: Das Datum ist richtig.

F: Wir haben Sie dieses Attentat mit Herrn von Weizsaecker abgestimmt, der Ihr Vertrauter war?

A: Dieses Attentat ist nicht mit dem Baron Weizsaecker abgestimmt worden.

F: Haben Sie ihm ueberhaupt etwas ueber dieses Attentat erzaehlt, das Sie vorhatten?

A: Niemals. Das hatte seinen Grund darin, dass wir solche ernsthaften Dinge nur solchen Persoenlichkeiten vorher bekannt gaben, die unmittelbar von diesen Dingen mit ergriffen wurden.

F: Nun war doch das aber der aussenpolitische Stuetzpunkt, nicht wahr? Wie wollten Sie Hitler umbringen? Und Sie haben uns vorhin gesagt, ohne eine solche Koordination waere die Staatsmaschine nicht weiter gelaufen. Wer sind, das ist meine Frage, die Aussenpolitiker, die Ihnen nacher als Weizsaecker standen, denn Sie Ihr Attentatvorhaben mitgeteilt haben?

A: Ich habe vorhin schon gesagt, dass meine Taetigkeit innerhalb der Widerstandsbewegung sich bisher stark auf den militaerischen Kreis beschraenkte, soweit es um aussenpolitische Fragen ging, habe ich persoenlich im wesentlichen nur gesprochen mit Oster, Donany und Canaris. Als das Attentat vom 13.Maerz 1943 eroertert wurde, war fuer dieses Attentat militaerisch massgebend die Niederlage von Stalingrad, die bevorstehende Niederlage in Afrika, dadurch war, sowohl bei den Soldaten wie im Volke, eine erhebliche psychologische Lockerung des Bodens. Weiter die Tatsache, dass der General der Infanterie Olbricht, der Chef im Heeresamt beim Befehlshaber des Ersatzheeres erklaerte, er werde nach dem Attentat in der Lage sein, in Berlin die Staatsgewalt in seine Haende zu nehmen. Diese Persoenlichkeiten sind es, die ihrerseits mit ihren aussenpolitischen Referenten die weiteren Besprechungen zu fuehren hatten.

F: Haben Sie Herrn Oster, Herrn Donany oder einen anderen der Generale beauftragt, wegen der aussenpolitischen Konsequenzen eines solchen Attentates auf Hitler, dass diese Herren sich mit Herrn von Weizsaecker in Verbindung setzen?

A: Ich hatte innerhalb - - -

F: Ich frage Sie, ob Sie die beauftragt haben, Das kann man glaube ich mit "Ja" oder "Nein" beantworten.

A: Nein, ich hatte sie auch nicht zu beauftragen.

F: Schoen. Ihnen ist es, wie nicht anders zu erwarten war, furchtbar gegangen, als Sie verhaftet wurden, nicht wahr?

A: Jawohl.

F: Das war wann?

A: Das war in der Zeit vom 17.August 1944 bis 5.Mai 1945.

F: Sind da viele Personen verhaftet und umgebracht worden in der Zeit?

A: Jawohl.

F: War da eine Welle von Haussuchungen in Berlin und Vernehmungen?

A: Das kann ich, fuer die Zeit waehrend ich verhaftet war, nicht sagen.

F: An diesem Tag?

A: Das kann ich auch nicht sagen, weil ich an der Ostfront verhaftet wurde. Ich habe ueber die Zustaende im Innern nichts gehoert, weil ich vollkommen abgeschlossen war.

F: Als Sachverstaendiger fuer die Widerstandsbewegung, der Sie ja ueber viele Personen hier Auskunft gegeben haben, moechte ich von Ihnen wissen, ob die sogenannte Sippenhaftung damals eine Rolle spielte, dass man Verwandte, Kinder, Grossmuetter, Tanten von angeblichen Widerstandsleuten verhaftet hat?

A: Meines Wissens hat diese Frage der Sippenhaftung eine grosse Rolle gespielt.

F: Wissen Sie, ob die Verwandten des Herrn von Weizsaecker verhaftet oder vernommen worden sind von der Gestapo zur damaligen Zeit?

A: Das weiss ich nicht.

F: Ist Ihnen bekannt, ob und wann welchen Beitrag zur Widerstandsbewegung Herr von Kessel, Herr Nostiz oder die Gebrueder Kordt geleistet haben?

A: Das weiss ich aus eigener Wissenschaft nicht - - -

F: Danke.

A: - - - sondern ich habe spaeter nach dem Krieg - - -

F: Nach dem Krieg nicht. Mich interessiert, ob Sie aus eigener Wissenschaft etwas wissen. Welche Beziehung, noetig fuer die Widerstandsbewegung zwischen deutschem Auswaertigem Amt und auslaendischen Kreisen, hat Herr von Weizsaecker Ihres Wissens etabliert?

A: Ich habe darueber von drei Seiten - - - von dem Reichskriegsrat Hans von Donany gehoert.

F: Haben Sie selbst etwas davon gewusst oder gemerkt oder gesehen?

A: Ich habe selbst nichts davon unmittelbar aus eigener Wissenschaft gewusst.

F: Sie haben gesagt, dass Herr Halder Informationen von Herrn von Weizsaecker erhalten hat. Ist Ihnen bekannt, dass Herr von Weizsaecker durch sein Vertrauen zu Herrn von Etzdorff, Herrn Halder folgendes hat wissen lassen: " Ich bin - - - ", und zwar am 16.Januar 1943, " ich bin erfreut, dass die Frontlage sich konsolidiert; Einnahme von Baku - - schwerer Schlag auf Kopf der Russen, man solle militaerisch unter keinen Umstaenden erlahmen!" Das waren geheime Notizen des Herrn von Etzdorff. Kannten Sie die?

A: Von den Notizen ist mir nichts bekannt.

F: Da er ihn gleichzeitig informiert hat, im Krieg gegen England: " Gegenseite hat beschlossen und unterschrieben mit Fuehrer ", mit Hitler "keinen Frieden zu schliessen. Um die Englaender hiervon loszubringen , muesse man ihnen entscheidende Schlaege versetzen." Ist Ihnen das bekannt, dass Herr von Weizsaecker durch Herrn von Etzdorff eine solche Nachricht an Halder hat gelangen lassen?

A: Nein, von solcher Mitteilung ist mir nichts bekannt.

SCHLABRENDORFF

DURCH DR.KEMPNER:

F: Ist Ihnen bekannt, dass Herr von Weizsaecker zu Freunden geaeussert hat bei solchen militaerischen Siegen, bei einer solchen neuen Ordnung in Europa muesse man auch Verbrechen mit in Kauf nehmen?

A: Nein, davon ist mir nichts bekannt.

F: Haben Sie jemals mit dem frueheren Generalstaatsanwalt Lautz vom Volksgerichtshof oder Herrn Hupponkothen Gespraeche gehabt, persoenliche Gespraeche?

A: Nein.

F: Nein. Sie haben gesagt, dass der Verteidiger von Herrn von Weizsaecker Ihnen ein Dokumentenbuch, 60-B, vorgelegt hat.

A: Ja.

F: Hat er Ihnen auch zufaellig die Dokumentenbuecher 59, 60-A, 61, 62 und 63 vorgelegt?

A: Das kann ich nicht mehr mit Bestimmtheit sagen, wie die Bezifferung der Baende war.

F : Wieviele Dokumente haben Sie gelesen ueber Herrn von Weizsaeckers Beteiligung an der Deportation der Juden nach dem Osten, die er, wie ihm die Anklage vorwirft, unterschrieben hat? Ich spreche nicht von Kenntnisnahmen.

A: Ich habe eine ganze Anzahl solcher Dokumente, wie Sie sie beschrieben haben, gelesen.

F: Wieviele Widerstandskaempfer hatten Sie in Ihrer Bewegung, die solche Dokumente unterschrieben haben?

A: Wir hatten z.B. SS-Obergruppenfuehrer Nebe. Er hat auch mit einer ganzen Reihe solcher Sachen zu tun gehabt.

F: Wissen Sie nicht das mindestens, dass Nebe mit den Massenmorden der Juden im Osten zu tun hatte?

A: Im Gegenteil. Ich kenne Obergruppenfuehrer Nebe aus seiner Taetigkeit als SS - und Polizeifuehrer der Polizeigruppe Mitte. Ich habe waehrend des Kriegs mit ihm mehrfach verhandelt. Ich weiss, dass er waehrend dieser Zeit alles versucht hat, um die Ermordung von Juden und Russen zu verhindern -

F: Ja.

A: - oder auf ein Mindesmass herabzudruecken.

F: Ja.

A: Aber er stand in einem furchtbaren Konflikt, wegzugehen, und es anderen zu ueberlassen, die nicht 10, sondern 100 % toeten wuerden, oder es auf ein Minimum herabzudruecken.

F: Als Sachverstaendiger der Widerstandsbewegung frage ich Sie dann als Schlussfrage: Wieviele Juden darf man denn ermorden, wenn man das Endziel hat, Hitler zu beseitigen – wieviele Millionen?

A: Ich wuerde sagen, niemanden.

DR.KEMPNER: Danke schoen.

DR. BECKER: Keine weitere Frage.

VORSITZENDER RICHTER POWERS: Gut. Der Zeuge kann sich zurueckziehen, und wir wollen unsere 15-Minutenpause einschalten..

Morgenthau junior war derjenige, der als erster mit einer ganz revolutionären Geste den Kordon von alten State-Department-Bürokraten gesprengt hat und für die Aufnahme von jüdischen Flüchtlingen Ende des Krieges in Amerika gesorgt hat. Da war es schon sehr spät am Tage. Doch vermochte Morgenthau noch etwas zu erreichen, ich erinnere mich besonders an Flüchtlinge auf einem Schiff, welches irgendwelche Bürokraten nicht landen lassen wollten, weil die Passagiere nicht unter die Einwanderungsquote fielen.

Die Rettungsmanöver waren eine lang umstrittene Sache, wobei auch gewisse jüdische Kreise zögerten, weil sie ihre eigene politische Macht im Staate gefährdet wähnten. Ähnlich benahmen sich deutsche Juden in der Weimarer Zeit in bezug auf die Zuwanderung der sogenannten Ostjuden und deren Einbürgerung, sie wollten mit ihnen wenig zu tun haben.

Die Blindheit der damaligen Zeit kann man heute nicht verstehen. Erklären Sie mal jemandem, daß die Leute nach dem Münchner Abkommen wirklich geglaubt haben: peace in our time. Kein Mensch, den ich kenne, kein Hitler-Gegner der damaligen Zeit war der Auffassung, da gehen wir in die Knie vor Hitler.

Ich war zu der Zeit noch nicht in Amerika und las die Nachricht an einem Leuchtschreiber in Nizza. Man kann sagen, was ich auch später immer wieder hörte, die Welt war erlöst, die Welt war erlöst. Ich persönlich auch, weil man natürlich dachte, Gott sei Dank bist Du nicht mitten im Krieg, in einem fremden Lande.

Es kamen doch immer wieder die Versicherungen Hitlers: »Alles, was ich will, ist dies und jenes.« Das klang überall angenehm in den Ohren, es hat unerhört eingeschläfert. Hitler ist damals eben gerade als *Nicht*-Gewaltmensch akzeptiert worden: Das ist ein furchtbarer Mann, aber er erreicht alles mit friedlichen Mitteln.

Zu einer Zeit, als es schon längst Konzentrationslager gab, wo schon viele Tausende umgekommen waren, wagte das *Foreign Office* in London die Berliner Berichte der Britischen Botschaft über KZs, über die Vorgänge, die Flüchtlinge aus Berlin erzählten, über die man bereits ein Manuskript vorliegen hatte, nicht zu veröffentlichen, weil – wie ich schon sagte – das die außenpolitischen Beziehungen erschweren könnte.

Dieses Manuskript, der erste große KZ-Bericht, wurde erst unmittelbar nach dem September 1939 veröffentlicht. Damals waren schon zahlreiche deutsche Flüchtlinge in England ansässig, wie zum Beispiel der jüngste Reichstagsabgeordnete, der SPD-Mann Gerhard Seeger, ein Pazifist, den pazifistische englische Freunde aus Oranienburg schließlich herausgekriegt hatten.

Diese Passivität war einer der Gründe, aus denen später Rudolf Heß dachte, er könnte etwas erreichen, es sei gar nicht so schlimm mit der deutsch-englischen Feindschaft, wie es bisher ausgesehen hatte – trotz der Bombardierungen von Coventry und Warschau.

Es gab auch in England eine ganz starke Gruppe, die Träger solcher Ideen war. Der damalige König gehörte selbstverständlich dazu und der damalige Cliveden-Set, der in England einen großen Einfluß hatte. Es wurde hintenherum von den Nazis immer wieder versucht, die Friedlichkeit ihres Regimes zu betonen. Erst der Beginn der wirklichen Feindlichkeiten änderte die Situation, und da waren es die Exilregierungen, hauptsächlich die Polen in London, die einen starken Druck ausübten und die Verbrechen veröffentlichten, die passiert waren.

Allmählich sickerte durch, daß der äußere Kriegsanlaß, Überfall auf den Gleiwitzer Sender, eine vorgeschwindelte Sache war. Durch die polnischen Verbindungen in London wurden allmählich auch Schandtaten bekannt, wie die Vernichtung der polnischen Intelligenz. Man denke an die Ermordung der Lemberger Professoren, eine Angelegenheit, derentwegen noch heute ein Strafverfahren in Hamburg bei der Staatsanwaltschaft schwebt. Bei der Frage, wer dabei beteiligt war, tauchte stets ein späterer Bundesminister auf, der irgendwie damit zu tun hatte. (Ich nenne den Herrn nicht, denn ich will nicht zehn Klagen haben; es laufen noch welche.)

In der Sache ›Lemberger Professoren‹ vertrete ich die Angehörigen der Opfer. Einer der Beschuldigten, der in einem südamerikanischen Staat lebt, ist trotz starken Drängens bisher nicht ausgeliefert worden. Die Ermordung der Intellektuellen schloß die Vernichtung der Geistlichen in Polen ein, bei der sehr merkwürdige Dinge auf seiten einiger Personen auftraten, die beim Auslandsamt der protestantischen Kirche in Polen eine stark antipolnische Rolle spielten. Doch wird so etwas wohl nie vollständig aufgeklärt werden.

Damals tauchten die ersten Einsatzgruppen auf, Mordbataillone, die von der Vernichtung der polnischen Intelligenz zu den Massenvernichtungen der Juden übergingen. Über die Einsatzgruppen in Polen, die sogenannte ›Aktion Tannenberg‹, ist in einem Gerichtsverfahren die Rede gewesen, worin der Amtschef der Gestapo und zeitweilige Vertreter Heydrichs, der als Verfasser der Boxheimer Dokumente aufgefallene Werner Best, bei dem Berliner Landgericht mit einer riesigen Anklage belastet worden ist. Das Verfahren ist vor achtzehn Jahren eingeleitet worden, hat in Berlin mehr als zehn Jahre geschwebt und niemals eine Hauptverhandlung erlebt. Best saß kürzere Zeit in Untersuchungshaft, wurde aufgrund eines ärztlichen Attestes entlassen, das Verfahren schleppte sich hin. Schließlich gelangte es an die westdeutsche Justiz nach Mühlheim, wo es eine einzige Strafkammer gibt, verzögerte sich wegen Überlastung dieser Kammer um weitere Jahre. Im Frühjahr 1982 endete es wegen Verhandlungsunfähigkeit des Angeklagten, bedingt durch normalen Altersverfall!

Die polnische Exilregierung drängte nach dem Einmarsch in Polen immer stärker darauf, daß etwas gegen die Morde in Polen geschehe. Die Polen verlangten die Androhung einer Bestrafung der Verbrecher nach dem Kriege.

Die gesamten alliierten Staaten haben sich dann im Januar 1943 zusammengesetzt und die Erklärung von St. James veröffentlicht, wo Strafverfahren gegen die Übeltäter durch einen gemeinsamen Gerichtshof der Alliierten vorgesehen wurden.

Im Jahre 1942 gab es die große jüdische Demonstration im Madison Square Garden, New York, nach der jeder wissen konnte, was er nicht wissen wollte, daß die Judenvernichtung im größten Stil bereits stattfand. Hier wurden Einzelheiten über das Ausrotten der Juden erzählt, über die große Anzahl getöteter Rabbiner und den Fortgang der Deportationen aus Westeuropa im Rahmen des Vernichtungsprogramms, teilweise mit Fotos belegt, die von deutschen Urlaubersoldaten aufgenommen worden waren.

Es ging bereits nicht allein um die polnischen Juden, denn es hatten schon Deportationen aus Frankreich stattgefunden, und seit dem 17. Oktober 1941 fuhren die ersten aus Berlin.

Später in Nürnberg habe ich SS-Führern und Regierungsmitgliedern vorgehalten: »Das hat im Madison Square Garden stattgefunden, das hat in England öffentlich gestanden, und ihr habt davon nichts gewußt!?«

Wenn jemand weiter leugnete, habe ich ihm entgegnet: »Mein sehr verehrter Herr Gruppenführer, es war gerade Ihre Pflicht, den Londoner Sender abzuhören. Waren Sie Ihrem Führer nicht treu, und haben Sie Ihre Pflicht verletzt?«

Eines Tages klingelte bei mir das Telefon in Lansdowne, eine Dame wollte mich in einer dringenden Sache sprechen. Sie besuchte mich zusammen mit ihren beiden Söhnen und erzählte mir, daß ihr dritter Sohn aus Deutschland nicht nach den USA habe mitkommen können. Er sei wegen einer leichten geistigen Störung in einer Anstalt in Württemberg zurückgeblieben.

Er war bei der medizinischen Untersuchung zur Vorbereitung für das Ausreisevisum nicht durchgekommen. Das amerikanische Konsulat stellte in solchen Fällen, wie auch bei Tuberkulose, keine Visa aus; die Ärzte waren zu der Zeit sehr streng.

Die Söhne erzählten, Freunde der Familie, die in Deutschland für den armen Jungen sorgten und ihn manchmal in der Anstalt besuchten, hätten geschrieben, daß er abtransportiert worden sei. Eines Tages sei die Nachricht eingetroffen, er sei an einer Lungenentzündung gestorben.

Und allmählich kamen fünf oder sechs Personen zu mir. Sie hatten meine Aufsätze im ›Aufbau‹ gelesen, und wollten wissen, ob man etwas gegen das plötzliche Versterben von Verwandten in Anstalten tun könne, die schwindelhaften Todesurkunden, die große Aktion gegen die sogenannten nutzlosen Esser, in sinnverkehrter Weise Euthanasie genannt.

Das waren im Altreich die ersten großen Massenmorde durch Gas.

Ich hatte schon im Oktober/November 1940 läuten gehört, daß Maßnahmen gegen die Kranken im Gange seien, und schrieb sofort – unter einem Decknamen – an den damaligen Innenminister Wilhelm Frick, der mich ausgebürgert hatte, daß ich von einer modernen Aktion in Richtung Gnadentod gehört hätte. Ich sei seit vielen Jahren wissenschaftlich an diesem Thema interessiert, ob ich nicht etwas Näheres darüber erfahren könnte.

Ich bekam einen sehr netten Brief zurück, nicht direkt vom Innenministerium, sondern von einer nachgeordneten Behörde, und verschiedene Druckschriften und Artikel über Vernichtung lebensunwerten Lebens geschickt.

Das Problem der Sterbehilfe hatte mich schon interessiert, als ich in Freiburg studierte. Ich wollte zeitweilig eine Arbeit darüber schreiben bei dem Professor für Gerichtsmedizin an der Freiburger Universität, Hoche.

Gemeinsam mit einem gewissen Binding hatte Hoche ein Standardwerk über diese Frage geschrieben, das geradewegs die Möglichkeit der Tötung unheilbar Geisteskranker propagierte. Hoche's Buch diente den Nazis als Vorlage im wissenschaftlichen Gewande für die Ermordung von Menschen, die als lebensunwert erklärt wurden.

Die Frage hatte mich lange beschäftigt, wie die medizinische, juristische und moralische Seite der Sterbehilfe beurteilt werden soll, die Ärzte unter Umständen erteilen können.

Mein Arztvater hatte viel davon erzählt: Wann darf man die tödliche Spritze geben? Vier Stunden vor dem voraussichtlichen Ende oder überhaupt nicht? Alles Dinge, die man nicht mit Mordaktionen vergleichen darf.

Ich bekam also aus Berlin eine Reihe von Artikeln und Druckschriften mit Ausführungen, wo nicht geschrieben stand, wir haben bereits mit einem neuen Verfahren angefangen und die Patienten in besonderen Anstalten zusammengezogen. Die Antwort war durchaus vorsichtig, nur wenn angefragt wird, wie ich das getan hatte, »da ist eine neue wissenschaftliche Aktion im Gange«, und man bekommt darauf Schriften, die absolut und hundertprozentig *pro* Gnadentod agitieren, dann war ja klar, was da gespielt wurde.

Wenn man sich bei denen erkundigte, ob eine so herrliche neue, wissenschaftlich begründete Aktion auch in Amerika eingeführt werden könnte, war immer eine verschleierte Antwort möglich. Ich habe später Wilhelm Frick deshalb angeklagt.

Der Radius der Verbreitung und auch die Ausstrahlung der Euthanasie-Aktion waren viel größer als bei den Verbrechen in Polen, die in diesen Wochen noch far away lagen. Die polnischen Mitteilungen gingen in erster Linie an die Exilregierung nach London. Aber die medizinische Massenvernichtung erfuhr man in Rom, denn die Nonnen und Ärzte in großen deutschen katholischen Anstalten haben dem Vatikan Mitteilung gemacht, und die Nachrichten zirkulierten in zahllosen deutschen Familien. Tatsächlich wurden Hitler und die Reichskanzlei allmählich überlaufen mit Eingaben von NSDAP-Mitgliedern, deren Angehörigen so etwas widerfahren war.

Diese Tat konnte ja gar nicht in der Welt geheim bleiben.

Die Kinder in Hessen spielten ›Hadamar‹: Auch Du wirst bald durch den Kamin gehen!

Ein Brief dieses Inhalts wurde von dem Bischof von Limburg an die Reichskanzlei geschrieben.

Der Oberpräsident der Provinz Hessen, Prinz Philipp – Schwiegersohn des italienischen Königs – war sogar bei Hitler persönlich vorstellig geworden, um gegen die Anordnung Hitlers vom 1. September 1939 Einwände zu erheben. Antwort: »Prinz, Sie müssen härter werden!« Nachdem ich den Brief des Bischofs entdeckt hatte, konnte ich in Nürnberg später die Kenntnis des Mordapparats durch die Befehlsgeber darauf fußen lassen, Leute verhören und Beweise führen.

Den technischen Tötungsvorgang kannte man zunächst noch nicht. Es war für die Zeitgenossen, auch für mich, ungeheuerlich, auf den Gedanken zu verfallen, Menschen zusammenzusperren und Gas auf sie einströmen zu lassen. Ich dachte damals mehr an Spritzen, wie sie ebenfalls verwandt worden sind. Das waren die ersten Massenverbrechen, die damals, Ende 1939 und dann 1940, an mich herangetragen wurden. Überrascht war ich nicht, denn ich habe von Anfang an den Grundsatz vertreten, das war mein Glaube: Bei Hitler ist nichts unmöglich.

Seitdem 1933 nach dem Reichstagsbrand zuerst Freunde von mir abgeholt wurden, seitdem Heilmann, Ossietzky und all diese Menschen eingesperrt wurden, seitdem war mir klar, daß da nichts auszuschließen ist.

Ich bin in einem Hause aufgewachsen, wo die Skepsis eine große Rolle spielte. Mein Vater saß im Vorstand der Deutschen Gesellschaft zur Bekämpfung des Kurpfuschertums. Es waren von 1939 an selbstverständlich nicht alle Ärzte, die den Eid des Hippokrates brachen, sondern die immerhin recht große Gruppe der Psychiater, die an sich schon mit besonderen Umständen und menschlichen Leiden zu tun haben und dadurch näher am Tod von Menschen stehen als der gewöhnliche Arzt. Da sie täglich dem Tod und langem Vegetieren von Kranken beiwohnten, hatten sie vielleicht schon vorher im Hinterkopf die Idee gehegt, wie es mit dem Nutzen beschädigten Lebens bestellt sei.

Hitler besaß eine große Kenntnis von allem, was die Leute zu tun bereit waren, nicht nur die Ärzte. Er hat irgendwie an das Schlechteste im Menschen geglaubt.

Die meisten Psychiater schwenkten auf die ihnen allmählich unterbreiteten Theorien schrecklicherweise ein. Es nimmt nicht einen Deut von der Größe des Verbrechens, wenn ich sage, sie waren schon vorher für das Verbrechen programmiert, regelrecht programmiert durch theoretische Schriften.

Mit kleinen Schritten kann man auch in das Massenverbrechen hineingeraten, das ist das Schlimme. Dazu genügen ganz kleine Schritte.

Als ich von der St. James-Erklärung erfuhr, daß die Kriegsverbrecher als Mörder nach dem zu erwartenden siegreichen Ende des Krieges angeklagt werden sollten, war ich natürlich höchst interessiert. Es dauerte bis Oktober 1943, ehe die *International War Crimes Commission,* damals nicht nur von neun, sondern siebzehn Ländern unterstützt, zustande kam.

Zunächst wurden in mehreren Ministerien geeignete Beamte zur Vorbereitung einer solchen Tätigkeit gesucht; im Justizministerium wie auch im Kriegsministerium wurden Abteilungen gegründet. Eines Tages bekam ich einen Telefonanruf von einem Oberstaatsanwalt in Washington, mit dem ich in *sedition*-Fällen und in *foreign-agent*-Fällen zusammengearbeitet hatte, ich solle mich im Kriegsministerium melden.

Dort saß ich einem Herrn gegenüber, den ich gar nicht kannte, der zu mir sagte: »Wir wollen eine *War-Crimes-Abteilung* schaffen, können Sie mir Leute empfehlen, was können Sie selbst tun?«

Ich wußte überhaupt niemanden, der Deutsch sprach und sich mit dem Thema beschäftigt hatte, doch stand dem Kriegsministerium eine Menge Personal zur Verfügung.

In der Rechtsabteilung gab es eine Anzahl Kriegsgerichtsräte, die noch nicht auf dem Kriegsschauplatz waren, die man kurz die *court-martial*-Leute nannte. Ferner arbeitete dort eine ganze Anzahl jüngerer Herren, die noch nicht in Europa gewesen waren, bald aber herübergeschickt werden sollten.

Die damaligen Chefs im *War Department,* Stimson, McCloy, Petersen, ursprünglich ein Bankpräsident, den ich aus Philadelphia kannte, überließen der *War-Crimes*-Abteilung die Durchführung von Ermittlungsverfahren.

Dazu gehörte zweierlei: 1. die Verbrechen genau zu bestimmen. Aufgrund der Meldungen fiel es nicht so schwer, Ort und Stelle von Vernichtungen festzustellen. Wir kommen jetzt rüber auf 1943, die *War Crimes Commission,* mit ihrem Hauptsitz in London, hatte in allen alliierten Ländern Abteilungen, das ging runter bis Brasilien, hoch nach Norwegen. Die Sammlung des Materials war von den Engländern, den Polen, den Tschechen und den Ungarn gut vorbereitet. Die Schwierigkeiten begannen bei Punkt 2: Wer sind die Kerle, die im einzelnen für die Greuel verantwortlich sind? Man klagt ja nicht das Deutsche Reich an, sondern muß individuelle Täter ausfindig machen.

Es begann damit, daß Listen von Personen angefertigt wurden, die innerhalb des Materials genannt waren. Selbstverständlich kamen Hitler, Himmler und Göring rasch auf die Liste, aber wichtig war es auch, daß all die Personen, die in Polen und Rußland gewütet hatten, und die Chefs der Einsatzkommandos gelistet wurden. Woher kriegte man die?

Wir müssen dabei bedenken, daß sehr, sehr viel Material schon während des Krieges an die Alliierten gelangt war. Es gab zum Beispiel einen Herren im Auswärtigen Amt, der häufig Reisen in die Schweiz machte und bei dem amerikanischen *Office of Strategical Services* in Bern Vorgänge bezeichnete und die Personen nannte, die mit diesen Vorgängen zusammenhingen. Der betreffende Herr reiste unter einem diplomatischen Vorwand nicht einmal, sondern fünf- bis zehnmal von Berlin nach Bern – ein Beamter des Auswärtigen Amtes, der den Krieg überlebte.

Ein Mann, der im Führer-Hauptquartier bestimmten Verhandlungen beigewohnt hatte, fühlte sich eines Tages veranlaßt, in die Schweiz zu fahren. Dort besuchte er den Sohn eines alten Freundes, einen Dr. Sagalowitz. So erfuhr Sagalowitz plötzlich Gespräche aus dem Hauptquartier, wie man die ›Endlösung‹ in der Judenfrage geplant und teilweise schon durchgeführt hatte. Sagalowitz teilte die Nachricht dem Vertreter des Jüdischen Weltkongresses in Genf, Riegner, mit, der sie nach Washington und London übermittelte. Die Vertreter der englischen und amerikanischen Regierung wollten zunächst überhaupt nichts glauben, bis in weiteren Besuchen Erläuterungen gegeben wurden. Der Name des Informanten ist bis heute noch nicht bekannt geworden, weil Sagalowitz schwören mußte, ihn nie zu nennen. Von Amerika gesehen, waren das keine V-Leute, sondern Menschen, die aus Gewissensbedrängnissen solche Dinge weitergaben. Ihre Angaben wurden durch mehrere glaubhafte Berichte von Flüchtlingen aus den Todeslagern erhärtet.

Das *War-Crimes*-Register wuchs von Tag zu Tag, und es war ein geradezu unheimlich großes Register, mit dem die Personen, die das zu bearbeiten hatten, kaum fertig wurden. Sie brauchten nicht genau aufzupassen, ob ein bestimmter Vorgang in Riga sich so oder anders zugetragen hatte, sondern sie notierten zunächst die Namen.

Auch das war eine furchtbare Arbeit, weil Namen ja nie genau sind. Wir dürfen nicht in Namensbegriffen wie Himmler oder Göring denken, sondern irgendein Schulze.

Wenn jemand auf die Liste raufkam, wurde zunächst versucht, ihn besser zu identifizieren, als er gemeldet war. Der deutsche Eifer erleichterte das, denn man hatte ja bis zu einem bestimmten Rang hinunter die Listen der meisten SS-Offiziere, die jedes Jahr veröffentlicht wurden. Man hatte die Listen der Richter und Staatsanwälte, man hatte auch schon zu sehr früher Zeit den Aufbau bestimmter Einsatzgruppen bekommen. Die Wachmannschaften der Konzentrationslager waren sogar die ersten, die bekannt wurden. Die arbeiteten gar im allgemeinen nicht unter geheimen Namen. Ich war selbst in einem Gestapolager verhaftet, die Gefangenen kriegen furchtbar schnell heraus, wer wer ist. Wenn es deutsche Gefangene sind, merken sie am Akzent, woher der Betreffende stammt. Es gab in jedem Lager kritische Menschen, Schreiber, Mediziner, die nicht gleich getötet wurden. SS-Leute, auch wenn sie von den Gefangenen nur einen Spitznamen bekommen hatten, die ›blutige Brigitte‹ oder ›Todesengel‹ ließen Briefe herumliegen, auf denen die richtigen Namen standen.

Späterhin spielte eine große Rolle, daß die amerikanischen und die englischen Truppen während des Einmarsches alles Material gesammelt hatten, das übriggeblieben war. Grundsätzlich ist, abgesehen von Gestapo-Akten, die verbrannt worden sind, *alles* übriggeblieben. Das ging so weit, daß man nicht nur Verzeichnisse von Beteiligten in einem Ministerium fand, sondern daß die Verzeichnisse der Täter sogar vervielfältigt und an verschiedenen Stellen gelagert worden sind.

Hilfreich waren außerdem die Bürobeamten. Wenn die verhört wurden über Chefs, wollten sie zu ihrer eigenen Rechtfertigung zeigen, daß sie nicht die Täter waren, und haben sehr oft auf bestimmte Vorgesetzte aufmerksam gemacht.

Die große Schwierigkeit war nicht, die Täter herauszufinden, sondern sie später auszusieben und einem wirklichen Tatbild zuzuordnen.

Bald tauchte natürlich die Frage auf: »Wer soll angeklagt werden?«

Jeder Staat besaß ja seine Hauptverbrecher, die Tschechen hatten ihre Leute, die Polen, die Ungarn. Die Vertreter der Nationen fanden sich in London zusammen und hielten dort unter Vorlage einzelner Akten ihre Vorträge, so daß man sehr schnell wußte, welche Verbrecher der oder jener Staat auf die Liste gesetzt haben wollte. Das war keine allzu schwere Wahl.

Bei der *War Crimes Commission* wurde das polnische Material bearbeitet von Mitgliedern der polnischen Exilregierung, das holländische Material von holländischen Beamten, und so existierten Sachverständige für jedes einzelne Land.

In den Länder-Abteilungen kannte doch jeder, der da arbeitete, den deutschen Verwaltungsaufbau. Die holländischen Offiziere und Angestellten des holländischen Kriegsministeriums wußten, wer die Juden aus Holland deportiert hatte. Die Russen kannten aufgrund der Sprachschwierigkeiten bestimmte deutsche Einheiten nur unvollständig, aber in Frankreich war durch die Widerstandsleute soviel bekannt, daß man mehr Namen hatte, als sie von irgendeiner Justiz hätten verarztet werden können.

Die *War Crimes Commission* hatte lange Listen mit Tätern aufgestellt, die große Frage aber war noch offen: Was soll überhaupt stattfinden?

Die Engländer unter Churchill waren zunächst ungefähr bis März 1945 der Meinung: »Keine Prozesse!« Die Schlimmsten sollten durch militärische Pelotons erschossen werden, wie es bei sogenannten Kriegsverbrechern früher üblich war.

Die Russen vertraten zunächst den Standpunkt: Es sollten bis zu 50 000 Hauptkriegsverbrecher in wenigen Wochen im Morgengrauen ohne weitere Erörterung hingerichtet werden, wenn sie eine bestimmte Stellung innegehabt hatten und auf der Kriegsverbrecherliste genau identifiziert waren.

Zu dieser Zeit entschied F.D.R., daß der Angehörige des *Supreme Court,* Justice Robert H. Jackson, der vorher Generalstaatsanwalt gewesen war, den Kampf für einen internationalen Gerichtshof, zusammengesetzt aus Vertretern der Alliierten, vorbereiten sollte.

Jackson, der hierin mit Recht eine Mission sah, begann, Berater für diesen Job heranzuziehen: Judge Rosenmann aus New York – ein sehr bekannter Richter –, ein wichtiger Mann aus der *War Information Agency* namens Bernays, und, weit entfernt davon, der Professor Felix Frankfurter sowie Juristen von der Harvard Universität, die als zusätzliche Ankläger herangezogen wurden, darunter der Historiker Telford Taylor, der damals als Oberst bei der *Intelligence* in London tätig war, wo er einschlägiges Material sammelte.

Ich erinnere mich an eine Konferenz in Washington, auf der die Frage diskutiert wurde: Hier der Morgenthau-Plan – ein ruhiges Land, grün, sauber, ohne Pillen, Autos und schädlichen Dünger, eine Idee, die gelegentlich als Rache angesehen wurde, und auf der anderen Seite die Vorstellungen Justice Jacksons und des Staatssekretärs im Kriegsministerium Stimson, Erziehung, aber auch Bestrafung walten zu lassen.

Sollte man diese Leute, die soviel angerichtet hatten, so ohne weiteres gehen lassen? Morgenthau war im Grunde genommen gegen Kriegsverbrecher-Prozesse, ich bin ihm auf dieser Konferenz zum erstenmal begegnet. Morgenthau war ein energischer Mensch, auf der anderen Seite hatte er, möchte ich sagen, auch gewisse gemütliche Züge. Er war gar kein Scharfmacher, sondern bei ihm trat seine unerhörte Sachlichkeit und sein enormes Wissen auf finanziellem Gebiet hervor. Er hatte auf alle ökonomischen Fragen eine wirklich gut präparierte und vorsichtige Antwort. Er war kein Freund plötzlicher Entscheidungen, sondern ein sehr überlegter Mensch. Allerdings hatten seine Deutschland betreffenden Ideen bald an Attraktivität verloren. Die *New-Deal*-Kreise sagten sich, es muß etwas anderes getan werden. Wir haben eine Mission durchzuführen: Eine Art *New Deal* für Deutschland, insbesondere auf dem Gebiet der education und bei den Staatsbeamten.

Ich gehörte zu der Gruppe des Justice Jackson. Ich bin nie auf die Idee gekommen, daß es für die Zukunft Effekt haben könnte, wenn 50 000 Leute verschwinden. Das hätte gar keinen Effekt nach einem Krieg mit fünfzig Millionen Toten. Ich habe immer den Standpunkt vertreten, wenn man gegen jemanden vorgeht, dann muß das auf legalem Wege erfolgen. Dafür nehme ich lieber das kleinere Übel in Kauf, daß irgendein Verbrecher Polizeipräsident wird. Es gibt ja auch in Friedenszeiten genug Leute, die Posten haben und Verbrecher sind, die man nicht gleich umbringt.

Ich bin gegen derartige Militär-Pelotons, die letzten Endes Gestapo-Methoden sind. Das wäre Wasser auf die Mühlen derer, die da sagen: »Ihr seid auch nicht besser als die Gestapo!« Ich halte mich da an die Grundsätze des internationalen Rechts, ich bin gegen Mord, ganz egal, wie er vollstreckt wird und Leute umbringen ohne jedes Verfahren – das ist in meinen Augen Mord. So ist es eben.

Diese Hinrichtungsidee, die eine Weile im Londoner *Foreign Office* und bei Churchill starken Anklang fand, ist erst im März/April 1945 durch Justice Jackson und seine Berater überwunden worden. Das hat ziemlich lange gedauert, bis seine Idee allen einleuchtete: Wir müssen einen internationalen Gerichtshof haben, einen internationalen Militärgerichtshof. Mit dem müssen wir nach dem Völkerrecht richten.

Es ist sein historisches Verdienst. Die Franzosen stimmten ihm bei, schließlich waren die Engländer der gleichen Ansicht und die Russen auch. Erst als alle seiner Meinung waren, hat man ein Gerichtsverfassungsgesetz für dieses Gericht gebildet und Statuten für die Durchführung der Prozesse aufgestellt. Das war das ›Londoner Charter‹ vom 10. August 1945.

Ich war schon vorher auf Veranlassung des Kriegsministeriums als einer der für etwaige Prozesse in Frage kommenden Staatsanwälte bestimmt worden und weilte im Frühsommer 1945 in London und Paris, wartend, wann dieser Prozeß beginnen werde.

Ich flog in der Uniform eines Zivilisten der Armee nach Europa. Es hatte da jeder eine Art Rangangleichung an die militärischen Dienstgrade. In London war das Statut noch nicht fertig. Es war schwierig auszuarbeiten.

Als wir noch in Washington mit all diesem Material der *War Crimes Commission* saßen, kam ich einmal in die einzigartige Lage, daß mir aufgetragen wurde: Entwerfen Sie doch mal eine Anklage. Es ist nämlich ein großer Schritt für jeden Praktiker, aus einer Masse von Berichten über Verbrechen eine Anklage zu formulieren. (Ich habe im Winter 1944/45 mal Anklagen gegen Göring und Wilhelm Frick entworfen, die zu einer Verurteilung wegen Mordes führen sollten.)

Eine schwerwiegende Entscheidung war die Strategie. Wie sollen diese Prozessc geführt werden?

Justice Jackson vertrat immer den Standpunkt, der IMT-Prozeß soll in der Art eines Prozesses vor einem Appellationsgericht geführt werden: Trocken und auf der Grundlage von Dokumenten: »Wir brauchen kaum Zeugen.«

Zur Feststellung des Sachverhaltes und für die Nachwelt sollten die Nazis sich selbst durch ihre eigenen Dokumente anklagen.

In Nürnberg existierte tatsächlich die Situation, daß man technisch in neunzig Prozent der Fälle ohne einen Zeugen das Verfahren hätte durchführen können, einfach anhand der deutschen Dokumente.

Auf der entgegengesetzten Seite stand anfangs General William ›Wild Bill‹ Donovan, der Chef des *Office of Strategic Services* (der Organisation, die im Kriege gegründet wurde, weil Amerika früher kaum ein richtiges Spionage-Abwehr- und Nachrichtensystem in fremden Ländern hatte).

Donovan war am Anfang in Nürnberg. Er war für einen großen Prozeß mit eindrucksvollen Zeugen, und Jackson hatte allmählich auch immer mehr Zeugen geladen, wie den ungarischen Reichsverweser Nikolaus von Horthy oder einen bekannten Arzt, der medizinische

Experimente mit angesehen hatte, einen Metropoliten aus Rußland – die waren schon etwas, woran sich nicht nur die Justiz, sondern auch die Medien erfreuen konnten.

Ich erinnere mich an einen russisch-orthodoxen Priester, der am Tag vor seiner Vernehmung ganz in Zivil mit mir beim Abendbrot saß. Am anderen Morgen kommt er in vollem Ornat, wird von den russischen Anklägern aufgefordert: »Nun erzählen Sie einmal, wie das in Ihrer Kirche an diesem Tage war«, und berichtet kolossal dramatisch, wie die Bombenflugzeuge kamen und seine Gemeinde aus der Kirche flüchten wollte und der Kirchenvorplatz gebombt wurde. Solche Zeugen konnten natürlich für die Allgemeinheit sehr viel bildhafter den gesamten Vorgang schildern.

Das reine Dokumentenprinzip anzuwenden war nicht möglich. Dennoch hat Jackson seine Absicht verwirklicht, denn es bestehen ja drei Viertel des Nürnberger Materials aus Dokumenten.

Es waren vier Mächte als die Akteure in Nürnberg bestimmt, gleichzeitig waren sie die Vertreter von über zwanzig anderen Staaten, die die Londoner Charter, die Gerichtsverfassung vom 10. August 1945 gezeichnet hatten. Und nun tauchte die große Frage auf: Wer? Wie? Was? Ohne die Rolle der Engländer, Franzosen und Russen zu verkleinern, ist es eine historische Tatsache, daß die treibende Kraft die Amerikaner waren.

Zunächst der Anklagepunkt Angriffskrieg: Die Ächtung des Angriffskrieges, die schon 1928 durch den Kellogg-Briand-Pakt erfolgt war, sollte zu einem statutarischen Recht werden, geschriebenes Völkerrecht und nicht nur völkerrechtliches Gewohnheitsrecht. Es sollte einen Charakter haben wie die Genfer Konvention. Das war die ganz große Justizidee von Jackson.

Er hatte sich sehr viel und etwas sehr Großes vorgenommen. Weil alle Staaten denken, daß man durch Strafjustiz Verbrechen verhindern kann – diese Auffassung ist in allen Kulturstaaten und Nichtkulturstaaten unbestritten –, stellt sich die Frage:

Warum soll nicht auch der Krieg, die schlimmste aller Mordtaten, durch ein völkerrechtliches Gesetz zu verhindern sein?

Es waren natürlich Ideen, die zu dem Komplex gehörten, den Präsident Wilson nach dem Ersten Weltkrieg verkündet hatte: Selbstbestimmungsrecht der Völker, ewiger Friede, alles Dinge, die nicht funktioniert hatten. Zu diesem Programm gehörte auch die Idee, durch einen großen Gerichtshof der Welt klarzumachen, was für Verbrecher die Militaristen sind, die Angriffskriege vorbereiten, mit dem Endziel, dadurch künftige Angriffskriege möglichst unmöglich zu machen.

Das war insoweit eine revolutionäre Idee, wobei gleich ein Punkt vorwegzunehmen ist: Das ganze Völkerrecht besteht aus revolutionären Ideen. Bis auf wenige Ausnahmen enthält es kein statutarisches, sondern Gewohnheitsrecht.

Es gab statutarische Bestimmungen über die Behandlung von Kriegsgefangenen, über die Behandlung der Zivilbevölkerung, Haager Abkommen und so weiter, aber im Haager und all diesen Abkommen stand niemals drin, wie ein Täter, der gegen diese Vorschriften handelt, bestraft wurde und daß er überhaupt zu bestrafen ist. Das stand nicht drin.

Das Verbot der Angriffskriege war bereits geregelt im Kellogg-Briand-Pakt von 1928. Nach einer langen Konferenz einigten sich die Franzosen, Engländer, Deutschen und andere Staaten in Paris darauf, daß kein Staat einen kriegerischen Angriff mehr gegen andere Staaten unternehmen dürfte.

Niemand konnte sich darauf berufen, daß Angriffskriege nicht als Völkerrechtsverletzung galten.

Ich erwähne das deshalb, weil in Deutschland oft der Standpunkt vertreten wurde: Es gab ja gar kein schriftliches Gesetz oder Statut, wonach Angriffskriege verboten waren. Das ist eben das Geheimnis oder Nicht-Geheimnis des Völkerrechts und der angelsächsischen Methode, daß es hierauf gar nicht ankommt, sondern daß das Recht von einem Fall zum anderen weiterentwickelt wird.

Als man mit allgemeinen strafrechtlichen Bestimmungen vor vielen hundert Jahren in England anfing, mit staatlichem Recht, da wurde plötzlich den Leuten, die bisher ungeschoren Handelsleute angegriffen und von Bergen auf die Jäger heruntergeschossen hatten, so etwas verboten.

Dabei waren unter denen, die Überfälle machten, doch Freunde des Königs.

Aber eine revolutionäre Gruppe setzte sich mit der Idee durch, das zu verbieten.

Als die Leute vor Gericht kamen, haben sie nicht mit der faulen Ausrede (das ist für die angelsächsische Rechtsprechung eine Ausrede) gearbeitet: »Aber das stand doch nirgends, daß wir auf einmal keine Überfälle mehr machen dürfen.« Für viele im kontinentalen Recht erzogene Juristen war das ein Schock, daß sich das Völkerrecht weiterentwickelt, und sie hielten den in Kontinentaleuropa geheiligten Grundsatz ›Nulla poena sine lege‹ entgegen. Keine Bestrafung ohne ein statutarisches Verbot der Tat.

Die Anwendung deutschen Strafrechts in Nürnberg, wie es die *nulla poena*-Rufer letzten Endes verlangten, weil es das ihrer Auffassung nach zur Tatzeit für die Angeklagten verbindliche Gesetz gewesen sei, ist Hunderten der hervorragendsten Juristen aus Dutzenden von Ländern, die Nürnberg geplant und durchgeführt haben, nie in den Sinn gekommen.

Wenn Sie als Sizilianer in Chicago einen Eifersuchtsmord vom Zaun brechen, werden Sie nach amerikanischem Recht verurteilt, egal was in Sizilien gilt.

Die Nürnberger Angeklagten hatten Verbrechen gegen Bürger von über einem Dutzend Staaten geplant und auf deren Territorium durchgeführt. Natürlich mußten sie nach einem in diesen Ländern längst bestehenden Recht bestraft werden.

Das anglosächsische Recht schließt gar nicht aus, daß sich die Tatbestände weiterentwickeln, die Täter entwickeln sich auch weiter. Das war die besondere Mission Jacksons und seines Kreises: das Völkerrecht weiter zu entwickeln ein für allemal, damit nicht wieder so gräßliche Dinge passieren.

Hinzu traten die Taten, die als Verbrechen gegen die Menschlichkeit angesehen wurden: Morde an Kriegsgefangenen, an Juden, an der Zivilbevölkerung.

Es ist in Nürnberg von der Verteidigung auch manchmal leise gesagt worden: »Menschlichkeitsverbrechen – das ist ja auch ein nachträglich konstruierter Tatbestand – Nulla poena sine lege.«

Worauf ich stets geantwortet habe: »Mord ist in allen Kulturnationen strafbar. Und diese Strafe ist sogar uralt, denn als Moses die Gesetzestafeln schrieb, da gab es einen Paragraphen ›Du sollst nicht töten‹.«

Wenn mal ein Angeklagter darauf hinwies: »Woher sollte ich denn wissen, was ein Menschlichkeitsverbrechen ist?« habe ich ihm erklärt, daß er es aus der Zeit wußte, da er noch Religionsunterricht, ob in Zivil oder auf der Kadetten-Anstalt, gehabt hatte.

Aber nun will ich Ihnen sagen, worauf ich persönlich immer Wert gelegt habe: Um diese verschiedenen Verbrechensarten in einer Anklage zusammenzubringen, habe ich mich immer darum bemüht: Niemand soll wegen Anstiftung zu einem Angriffskriege allein bestraft werden, niemand soll wegen Mitwirkung in einem Angriffskriege bestraft werden, der nicht auch Menschlichkeitsverbrechen, das heißt ganz persönlich Morde oder Raubmorde, begangen hatte, zu denen auch die klassischen Kriegsverbrechen gehören, Tötung von Geiseln und Gefangenen, Mißhandlungen.

Nürnberg hält aus rein technischen Gründen Menschlichkeits- und Kriegsverbrechen auseinander, denn Kriegsverbrechen waren in der Haager Konvention besonders festgelegt. (Natürlich hatte die Endlösung mit dem Krieg nichts zu tun. Nur daß ohne Krieg keine Endlösung zu machen ist.)

Ich spreche deshalb über diesen Punkt, weil ich der streng kontinentalen Rechtsauffassung in gewissem Sinne entgegenkommen wollte. Ich werde gleich sagen, worin sich dieses Entgegenkommen weiter ausdrückte. Wenn man die Liste der Verurteilten durchsieht, findet sich eine merkwürdige Sache, die kaum jemandem aufgefallen ist, nämlich daß Rudolf Heß der einzige ist, der wegen Mitwirkung und Vorbereitung an den Angriffskriegen bestraft worden ist, ohne daß er gleichzeitig wegen eines wie auch immer gearteten Morddeliktes angeklagt war.

Das ist eine juristische Groteske, daß Heß einzig und allein wegen der Angriffskriege verurteilt worden ist.

Es lag aber nicht an Heß, sondern an einem Manko der Londoner Statute, daß Verbrechen von Deutschen gegen Deutsche vor 1939 – vor Kriegsanfang – nicht in Nürnberg bestraft werden sollten. Sie gehörten nicht in unsere Anklage, und die Frage, war Heß im Röhm-Putsch involviert, das waren ja Morde, oder an der Rassengesetzgebung und all ihren Folgen beteiligt, wurde aus diesen Zuständigkeitsgründen nie untersucht. Das war ausgeklammert unter dem Rubrum ›Deutsche gegen Deutsche!‹

Die Zuständigkeit in Nürnberg waren Angriffskriege, Mitwirkung in jeder Form, Vorbereitung, Durchführung, Zugehörigkeit zu verbrecherischen Organisationen.

Das sogenannte Organisationsverbrechen, angeklagt waren SA und

SS, SD, Gestapo, Reichsregierung und Generalstab, wurde ebenfalls scharf kritisiert. Rechtsanwalt Carl Haensel, Mitverteidiger der SS, hat sich noch in seinen Erinnerungen darüber verwundert, daß Organisationen als solche verurteilt worden sind. Daran ist gar nichts Befremdliches.

Die verbrecherische Organisation gibt es im deutschen Strafgesetz auch. Mit dem Strafgesetzbuch, Paragraph 128, 129, haben wir ja schon 1930–32 versucht, gegen die Nationalsozialisten vorzugehen.

Plötzlich wurde in Nürnberg öffentlich verbreitet, eine ganz neue Anklage-Sorte: ›Verbrecherische Vereinigung‹! Heute ist der Tatbestand der Mitgliedschaft in einer kriminellen Organisation wieder aufgelebt, wir brauchten ihn damals, um in späteren Prozessen gegen das niedere Personal der Verbrecherorganisationen vorgehen zu können, ohne nochmal den ganzen Beweis von vorne zu führen. Man mußte nur nachweisen, daß diese betreffende Person der Organisation angehörte. Dieses Schema war hilfreich, hat aber in einzelnen Fällen gar nicht geklappt und in anderen Fällen nur halb.

Eine Schwierigkeit bei allen organisiert begangenen Gemeinschaftsverbrechen ist die Überführung der Leute, die mit von der Partie sind, vielleicht sogar die Drahtzieher, die am Tatort aber nie auftauchen. Das anglosächsische Recht kennt für solche Fälle den sehr weitgehend gefaßten Begriff der *conspiracy,* Verschwörung, im deutschen Recht eine erweiterte Mittäterschaft.

Sie sitzen alle in einem Boot, oder wie der verstorbene Goebbels gesagt hat, eine »verschworene Gemeinschaft«.

Der Gangster kann ruhig auf dem Frisierstuhl zur Stunde gesessen haben, als ein paar Häuser weiter der Überfall passierte. Er ist in der Sache mit drin, bei der Beratung vorher und der Beuteverteilung nachher, und braucht nicht von Anfang bis Ende so mitgemacht zu haben, wie es der deutsche Begriff der Mittäterschaft verlangt.

Die Tatsache, daß er mit denen unter einer Decke steckt, erleichtert den Beweis.

Der Anklagepunkt *conspiracy* zum Angriffskrieg und zur Begehung von Kriegs- und Menschlichkeitsverbrechen wurde von den Amerikanern vorgetragen. Dadurch war die amerikanische Anklagevertretung in *jeder* Sache drin; sie konnte sich darum kümmern, ob in einem der Kriegsgefangenenlager – wie das doch zu Tausenden geschehen ist –

russische Kriegsgefangene einfach ermordet wurden, obwohl es sich prinzipiell um eine russische Angelegenheit handelte. Mit der *conspiracy* waren wir überall drin.

In der Regel sah die Verteilung vor, daß die Sachen, die in Frankreich passiert waren, der französische Anklagepunkt wurde, die (nehmen wir Coventry), welche in England passiert waren, klagten die Engländer an.

Wem aber gehörte, sage ich jetzt ganz brutal, Lidice? Diese östlichen Sachen, auch in Polen, gehörten den russischen Anklagevertretern.

Aber – jetzt kommt der Haken: Wer hatte die Dokumente über alles im Fall Lidice, was geschehen ist, bevor der Heydrich in Prag umgebracht wurde? Die Amerikaner! Wer hatte die Gefangenen-Angeklagten? Sie waren, bis auf wenige Ausnahmen, in amerikanischer Gefangenschaft! Das war ein Unterstrom im IMT-Prozeß, aber er war bemerkbar, juristische Folgen hatte er nicht.

Nun kam das Interessante: Wer erhebt die Anklage gegen die einzelnen Personen? Es ging ja nicht nur darum, daß Göring, Kaltenbrunner, Seyß-Inquart, Speer bei gewissen Mordveranstaltungen irgendeine Führung innehatten. Die Angeklagten mußten verteilt werden. Und wie bei allen Staatsanwälten, die etwas taugen, ließ sich doch kein Anklagevertreter einen anständigen Mörder entgehen! Darum haben sich die Leute schon auf dem Kriminalgericht Moabit herumgehauen.

Mein Kollege Tom Dodd hatte die Idee, er wolle alle Kreuzverhöre machen. Er leitete im Anklagestab einen Strategieausschuß und stand später in Connecticut zur Wahl als demokratischer Abgeordneter und später Senator.

Jackson, der Chef, mußte natürlich Göring nehmen, aber wer bekam den sonderbaren Rudi Heß?

Die Engländer wählten die beiden Generäle Keitel und Jodl, die Admiräle Dönitz und Raeder sowie Franz von Papen. Am Ende war ein Angeklagter so gut wie der andere, und wir gaben uns mit den Aufgaben zufrieden.

Als man mich fragte: »Wen nimmst Du denn?«, sagte ich: »Ich nehme den Frick, den Innenminister, der hat mich ausgebürgert. Nicht deshalb, aber er hat die ›nutzlosen Esser‹ getötet.«

Das hatte ich alles schon zusammen.

»Den kennt aber doch niemand!« sagte Tom Dodd.

Herr Frick hatte Unglück, ein wirklich großes Unglück. Seine Sekretärin rief mich auf ihrem Krankenbett nach einem Autounfall ins Krankenhaus. (Meine Mitarbeiter dachten, ich sollte dort gekidnappt werden.) Sie sagte: »Herr Dr. Kempner, ich muß Ihnen einiges noch vor meinem Tode sagen.«

Ich sage: »Was ist es denn, Erika?«

Sie war nämlich *meine* frühere Sekretärin im Preußischen Innenministerium gewesen und auf einem Umwege über das Polizeipräsidium Berlin zum Reichsprotektor Frick in Böhmen und Mähren gelangt, als der auf dem Schaukelstuhl im Hradschin saß und die Gnadengesuche von Todeskandidaten ablehnte. Das wollte sie alles loswerden.

Ich habe ihr gesagt, was mein Vater in solchen Fällen seinen Patientinnen gesagt hat: »Eine Frau mit solchen Augen stirbt nicht so schnell.«

Sie ist auch gesund geworden und war später bei einer Entschädigungsbehörde tätig. Mich haben die Vermögensverhältnisse von Frick interessiert, und sie erzählte mir, wie er vor Kriegsende gewisse Staatskonten auf Privatkonten seiner näheren oder weiteren Umgebung überführt hatte. Das habe ich Fricks Verteidiger erzählt.

»Seien Sie froh«, sage ich, »daß das kein Anklagepunkt ist. Wir haben hier nur mit Mord zu tun.«

Später teilte er mir mit, daß er das dem Frick weitererzählt hat, worauf der antwortete: »Dann werde ich mich nicht als Zeuge in eigener Sache Herrn Kempner stellen.«

Die Ermordung der Geisteskranken hat ihn nicht weiter belastet, aber Unterschlagung kann doch besonders nicht jemand zugeben, der im Lichte des braven Beamten gestanden hat. Wenn das irgendein Kaltenbrunner ist oder ein Streicher! Aber nicht der Mann, der das Ideal echten nazistisch-deutschen Beamtentums war!

Frick hat auch immer hübsche Geburtstagsgeschenke gemacht, und da ich neugierig bin, habe ich gefragt: »Erika, was haben Sie denn vom Dritten Reich geerbt?«

Da hat sie überlegt und gesagt: »Ich habe hübsche Bilder vom Frick zum Geburtstag geschenkt gekriegt. Ich konnte mir was aussuchen in der Galerie in Prag. Das war entartete Kunst, da konnte ich was nehmen.«

»Da haben Sie wenigstens *etwas* gehabt vom Dritten Reich!«

»Nein«, sagte sie, »ich wurde ausgebombt.«

Das Nürnberger Laboratorium

Die Anklage begann nicht mit einer weitschweifigen Schrift, sondern mit dem, was im amerikanischen Recht *indictment* genannt wird, einer Zusammenstellung der Straftaten. Die Anklage gegen all die Nürnberger Leute umfaßt nur ein paar Seiten (und eine Anklage gegen einen gewissen Werner Best in der Bundesrepublik wegen Vergehen in Polen zählt tausend Seiten).

Nachdem die grundlegende Anklage, etwa ein Absatz pro Person, erhoben ist, müssen die betreffenden Anklagevertreter einen *trial-brief* machen, das Sündenregister des angeklagten Individuums zusammenstellen.

Da passierte folgendes, was mich persönlich sehr betraf: Der Prozeß war schon im Gange, November/Dezember 45: Die großen Outlines waren schon geschaffen worden, die halbe Geschichte des Dritten Reichs, die großen Komplexe: Da waren Leute gemordet, Länder überfallen und geplündert worden, und plötzlich, Ende Dezember, wurden die Strategen des Prozesses, ganz hervorragende Juristen, gewahr: Was ist denn mit den einzelnen Angeklagten los? Der Punkt, dessentwegen sie da sitzen, muß ja herauspräpariert werden. Das Schuldkonto des einzelnen muß mit Dokumenten offenbart werden: Der hat am 5. Dezember in der Ukraine Juden ermordet, von dem wurde in Frankreich die Kirche angezündet, um Leute umzubringen.

Die Arbeit in den ersten zwei Monaten bezog sich auf das Verbrechen als historisches Ganzes. Dann aber mußten wir die einzelnen Leute eines bestimmten Tatbeitrags überführen, er muß an dem Tag auch akkurat dabeigewesen sein. Und an diesem Punkt sieht man doch den starken Einfluß des Kontinentalrechts.

Nach angelsächsischem Recht hätte es formal genügt zu sagen, was ich schon anführte: Der Gangster war an dem Tage beim Friseur, er hat nachher noch ein bißchen Beute abbekommen, aber das brauche ich nicht zu beweisen, immerhin war er Mitglied der Gang.

Die amerikanisch-englische Judikatur zur *conspiracy* war sehr einfach, aber in Nürnberg setzte sich allgemein die Ansicht durch, man solle das nicht so durchziehen.

Ich habe immer gesagt, wenn ein Kollege von mir darüber sehr traurig war: »Wem Gott ein Amt gibt, dem gibt er nicht nur Verstand, sondern außerdem gibt er ihm auch die Haftung für seine Verbrechen.«

»Um Gottes willen, Bob, dann müssen wir ja die ganze Geschäftsordnung der Ministerien durchgehen. Das sieht ja so unglaubwürdig aus.«

Wenn da stand ›Referat X‹ und wir hätten gesagt: »Referent war Y, also ist er schuldig«, so einfach wollten wir uns das doch nicht machen. Es mußte jedem einzelnen Einzelschuld nachgewiesen werden.

Der Stratege Commander Albrecht kam zu mir: »Wir müssen eine Abteilung schaffen«, meine anderen Abteilungen hatten schon weniger zu tun, wie etwa die Abteilung, die Argumente vorauszudenken hatte, die die Angeklagten vorbringen würden und dafür die Antworten schaffen mußte.

»Also bilde Du eine Abteilung und lasse die *trial-briefs* schreiben, die speziellen Anklagepunkte, gegen die *individual defendants.*«

Als Amerikaner sagten sie nicht: »Machen Sie mal schnell!«, sondern: »Also Bob, wir haben das Problem«, und dann fügt man noch nett hinzu: »Du bist der geeignete Mann!«

Es war schon aussortiert, was die Engländer übernehmen sollten, doch waren noch über zwölf *trial-briefs* zu versorgen.

»Nimm Dir, wen Du willst.«

Da habe ich dann eine Anzahl Herren und Damen von anderen Teams mit Ach und Krach losgeeist. Die Leute mußten ihren Weihnachtsurlaub abbrechen, alles funktionierte sehr gut, dauerte bis März. Bis dahin wurden die einzelnen *trial-briefs* vorgetragen, und dann fingen die Verteidiger an.

Die Aufstellung der Sündenregister war eine sehr schwierige, aber dankenswerte Aufgabe. Unter den Autoren fand sich ein hervorragender Dolmetscher, Graf de Kayserlingk, ein deutsch-amerikanischer Jurist, Sohn des früheren kaiserlichen Militärattachée in Petersburg, der 1918 nach Deutschland berichtet hatte, daß der Lenin und der Trotzki ganz faule Köppe seien, die sich nicht lange halten könnten.

Klaus de Kayserlingk war immer sehr stolz auf den Bericht seines Vaters. Er war Volljurist und als Dolmetscher zu niedrig plaziert.

»Klaus«, sagte ich, »Du machst den Seyß-Inquart.«

Er atmete auf, daß er etwas Juristisches tun konnte. Eine andere glänzende Lawyerin war Harriet Setterberg, die aus einem Washingtoner Ministerium kam. An Harriet gab ich die Akte Hans Frank, Polengouverneur.

»Das ist ein ganz einfacher Fall, sorg Dich nicht zu sehr.«

»Wieso einfach?«

»Der Idiot hat Tagebücher geführt, und die haben wir von A bis Z. Du brauchst nur die schlimmsten Stellen raussuchen.« (Lückenlos standen da diese grauenhaften Sachen: »Diese Parasiten müssen ausgerottet werden.«)

Harriet hat den *trial-brief* Frank glänzend aufgebaut. Leider ging es ihr wie manchen Juristen, die mit großen Schwierigkeiten an diesen Fällen gearbeitet hatten, daß sie in der Hauptverhandlung den Fall nicht vortragen konnte, weil die Obrigkeit die Personen bestimmt hatte, die in der Hauptverhandlung vortragen. Der Betreffende mußte sich in einer Woche einarbeiten in die Anklageschrift eines anderen.

Eine Gruppe will ich nicht vergessen, die zu einem großen Teil an der Arbeit und dem Aufbau dieses ganzen Gerichtsstaates mitgewirkt hat, das waren die wissenschaftlichen Hilfsarbeiter, die jeder Abteilung zugeteilt waren, insgesamt vielleicht fünfzig bis sechzig Männer und Frauen.

Sie kamen aus Universitäten, hatten mal *political science* studiert, waren für ein paar Jahre Lehrer gewesen oder Assistentinnen in einem Ministerium, das sich mit deutschen Angelegenheiten befaßte.

Als ich diese *research assistents* in Washington engagierte, suchte ich im Prinzip immer jemanden, der in Deutschland oder Amerika geboren war, in Deutschland oder Amerika sein Abitur gemacht und in beiden Ländern irgend etwas studiert hatte, das als Grundlage für die Beschäftigung in Nürnberg eine Rolle spielen konnte. Diese Personen spielten eine sehr große Rolle bei dem Aufbau des Systems und wurden in Nürnberg die richtigen Politologen.

Denken Sie an die Analyse der Dokumente! Der Angeklagte weiß, worum es sich handelt, daß das ein Beweisstück ist, er hat auch bereits die englische Übersetzung. Aber der horrende Unterschied zwischen einer Übersetzung und einem Original! Dessen ist man sich ja nicht immer bewußt. Den mußte die betreffende Dame dem Ankläger, der kein Deutsch sprach, genau klarmachen.

Er mußte sie und sie ihn fragen: Was sind die springenden Punkte, auf die Sie in der Hauptverhandlung hinauswollen? Inwiefern ist das Dokument hier belastend? Und weiter: Wen belastet es denn? Da oben ist der Name abgekürzt, da unten steht er voll ausgeschrieben, aber völlig unlesbar.

Es war ein unerhörtes politologisches Laboratorium, das von den USA vorbereitet worden war, weil dort diese Teams geschult wurden, die sich auf unsere Dokumente stürzten.

Tatsächlich war der Nürnberger Gerichtsstaat die größte politologische und historische Forschungsstätte, die jemals existiert hat. Wo sonst hat jemand einen Staat so systematisch durchforscht, wie das in Nürnberg geschehen ist?

Gewöhnlich sagt man: Da gab's den Nürnberger Prozeß. Nürnberg mußte aber erst geschaffen werden.

Im Herbst und Winter 45/46 war Nürnberg ein Zentrum der Welt. Berlin war nichts Besonderes, sondern eine zerstörte Stadt. Die Pariser, Londoner, Römer fingen allmählich wieder an zu leben. Die ganze Welt schaute aber auf Nürnberg, wo die einstigen Schrecken der Völker abgeurteilt wurden.

Zunächst aber war kein Gericht da, in Wochen mußte ein Gerichtsstaat geschaffen werden. Die eigentlichen Nürnberger gab es kaum, viele waren im Felde geblieben, existierten nicht mehr, oder sie traten völlig in den Hintergrund gegenüber der Armee. Man sah sie jedenfalls nicht, denn es gab keine Geschäfte, und auf der Straße spazierten die Soldaten, die in Kasernen in der Nähe einquartiert waren.

Als erstes hatte man in ganz Deutschland ein Gebäude suchen müssen. Dieses Gericht mußte sich ein Gericht suchen, ein Gefängnis suchen. Was war der geeignete Ort? Man kam auf Nürnberg aus verschiedenen Gründen – vor allem aber war da noch ein Gerichtsgebäude, der große Justizpalast, vorhanden, der fast unzerstört war.

Dieser alte große Kasten mit dem kleinen Anbau, wo reihenweise Leute durch Sondergerichte justiziell ermordet worden waren. Statt der Reichsparteitage, statt der Nürnberger Rassengesetze begann an dieser Stelle etwas Neues.

Das Gericht tagte in einem Raum, in dem im Jahre 1942 der Vorsteher der jüdischen Gemeinde, ein gewisser Katzenberger, wegen angeblicher Rassenschande mit dem Tode bestraft, in dem sogenannte Plünderer, Priester wegen Meckereien in der Kirche, genannt ›Wehrkraftzersetzung‹, verurteilt worden waren.

Das Gefängnis mußte renoviert, ein Fahrstuhl im Gang vom Gefängnis zum Gericht mußte wieder hergestellt werden. Für dreihundert Journalisten wurde die Tribüne ausgebaut. Das Schlimmste aber war: Diese vier Mächte und die zwanzig Staaten, die sie vertraten, mußten auch ihre Gerichtsoffiziere senden. Den tschechischen General, den polnischen Richter, den holländischen Ziviljuristen mit seinem Stab, der Däne, der Norweger. Da waren Leute zusammen, die sich zu neunzig Prozent gar nicht verständigen konnten. Wie sollte in vier, fünf Wochen ein Gericht zustande gebracht werden, in dem sich die Leute untereinander verstehen konnten?

Da half der Professor und Sprachwissenschaftler Professor Léon Dostert, Eisenhowers Dolmetscher. Man hatte nämlich gehört, daß ihm einige Wochen vorher bei den United Nations der große Wurf gelungen war: die Simultan-Translation. Wie kriegte man eine Simultan-Translation nach Nürnberg?

Es gab zwar eine amerikanische Firma, die so etwas aufstellte, aber zwischen New York und Nürnberg war eine kleine Reise nötig für Apparate, Techniker, Elektriker; Teppiche mußten gefunden werden, die die vielen Leitungen abdeckten.

Dostert machte sich auf, um in Amerika und später in Europa vierhundert, fünfhundert Dolmetscher und Übersetzer zu suchen. Alles strömte nach Paris und London, wo er Examen abhielt, um Personal zu engagieren.

Die besten russischen Dolmetscher kamen aus Amerika, alte Einwanderer aus den Jahren 1910, 1920, besonders aus der Zeit nach der russischen Revolution. Es kamen auch ehemalige Deutsche, die vor den Nazis nach London oder sonstwohin geflüchtet waren, da übersetzte einige Wochen später in einem Glaskasten unter Hunderten der spätere Schriftsteller Hildesheimer, ein Herr Hans Lamm, der nun seit dreißig Jahren als Präsident der jüdischen Gemeinde München wirkt, die Gräfin Doris de Kayserlingk.

Auf einmal war es möglich, daß ein englischer, amerikanischer, französischer Richter in seiner Sprache hören konnte, was ein russischer Ankläger, ein deutscher Verteidiger oder ein polnischer Zeuge vor sich in das Mikrophon sprach; da hörten die Verteidiger und die Angeklagten in deutscher Sprache, was Richter Lawrence da von oben herab zu dem Staatsanwalt sagte. In Sekunden war alles zu verstehen, und in Sekunden mußten die Richter daran denken, daß sie eine rote Lampe anmachen mußten, wenn sie sich plötzlich über einen Antrag unterhalten wollten, damit ihre Apparate blockiert waren und ihre Beratung nicht durch den ganzen Saal auf sechshundert Leute herunterdröhnte.

Um ein Gericht zu schaffen, mußten junge Damen und Herren aus Amerika, aus Rußland und sonstwoher gechartert werden, die per Stenoapparat protokollierten, was ihnen per Kopfhörer in die Ohren geklungen war, in der Sprache, die sie verstanden. Woher diese Leute nehmen in vier, fünf Wochen? Woher die Sekretärin nehmen, die schnell schreibt?

Da meldeten sich telefonisch bei mir fünf, sechs junge Damen aus Berlin, die inzwischen etwas älter geworden waren, eine davon war bei Frick gewesen, die andere im Reichsministerium: »Sie kannten doch meine Freundin, der haben Sie diktiert.«

»Komm so schnell Du kannst über die Grenze. Man kann keine Fahrkarten schicken, sieh, wie Du rüberkommst, melde Dich in Berlin bei der amerikanischen Stelle.«

Und da kamen die plötzlich an, unsere amerikanischen Mädels haben ihnen erstmal Schuhe und etwas Vernünftiges zu essen gegeben. Da war kein Radikalenerlaß, nach dem ich mich richten mußte, ich habe erst fünf Wochen später Genaueres beim Kaffee in der Kantine erfahren.

»Wer war denn Ihr letzter Boß, Inge?«

»Na, doch der Nebe, der Widerstandskämpfer.«

Zu der Zeit, als sie bei ihm war, war er noch kein Widerstandskämpfer. Bei den Sekretärinnen der Mörder wurde nicht viel gefragt. Die waren froh, daß sie die herrliche Stellung hatten. Wo gab's denn solche Gehälter?

Die wissenschaftlichen Mitarbeiter stammten aus den amerikanischen Ministerien und aus England, die mußten verfrachtet werden. Die französischen Damen, noch in halber Widerstandsbekleidung, ohne Jacken und vernünftige Schuhe, mußten erstmal eingekleidet werden. Ferner mußten Personen engagiert werden, die Dokumente lesen konnten. Es gibt sehr wenige Leute, auch unter Beamten, die eine Paraphe entziffern können.

Da saß die Witwe des Universitätsprofessors Wolf, der schwere Bücher über Schuldrecht geschrieben hatte, da saß eine patente Frau über solchen Dokumenten, das war die Julia Kerr, die Frau des Berliner Theaterkritikers Alfred Kerr, der ursprünglich Kempner hieß, in London lebte und dort an die Kriegsverbrecher dichtete: »Sie verdienen diese Hatz / like rats.«

Hunderte von Mitarbeitern saßen mit der Frau Wolf und der Julia Kerr, entzifferten Unterschriften und Aktenzeichen. Das alles mußte zusammengesucht und rübergebracht werden, zusammen mit der Trokkenmilch und den Trockeneiern.

Ein schwieriges Kapitel war das Auftreiben von Zeugen. Angeklagte, Mörder gab es wie Sand am Meer. Die waren da, aus denen mußte man nur die wichtigsten, gut dokumentierten Leute heraussuchen und sich überlegen: Wer war der Schlimmste? Aber die Zeugen zu kriegen! Nicht in vier Wochen, nicht in vier Monaten, gestern mußte der Mann da sein.

Er war bestellt und erschien nicht! Der arme GI kam und erzählte, er hatte zwei von Hamburg nach Nürnberg zu bringen, der eine mußte austreten und kam nicht wieder. (Dessen Bekanntschaft machte man erst viele Jahre später, als seine Tarnexistenz als Dr. Sawade in Flensburg aufflog. Er war Sachverständiger für psychiatrische Gutachten, ein gewisser Dr. Heyde, der im sogenannten Reichsausschuß saß, dessen Tätigkeit in der Ausmerzung behinderter Kinder bestand.)

Die Tschechen oder die Engländer kamen und sagten: »Wir haben dem großen Bericht der *War Crimes Commission* aus dem Jahre 1944 entnommen, daß im Kriegsgefangenenlager Oradour das und das passiert ist. Wo ist der Mann?«

Erstmal, wer ist der Mann? Es mußte durch Hunderte von Telefongesprächen gesucht werden, wo der Mann sein könnte. Ob er selbst Täter war oder ob er Zeuge war oder ob er beides war.

Unserer Fahndungsabteilung kam zugute, daß eine große Anzahl von Personen in Lagern für automatischen Arrest saßen. Entweder als internierte SS-Leute, als kriegsgefangene Militärs oder frühere Beamte vom Range eines Regierungsrates aufwärts, die eingesammelt worden waren, oft aber nicht unter ihrem eigenen Namen. Leider sind aber manche bereits mit Hilfe privater oder einer kirchlichen Organisation entwichen, unterm Lagerzaun durch, über Rom nach Südamerika eingeschleust, wie ein gewisser Eichmann.

Um den richtigen Mann zu finden, bediente man sich der verschiedensten Mittel. Den Personaldirektor Ribbentrops, Hans Schröder, einen Mann mit hohem SS-Rang – ›Ehrenrang‹, wie er das nannte –, mußte ich bitten, mir eine Liste aufzustellen: »Wo haben Sie zuletzt von all ihren Leuten gehört, ich möchte die gerne sprechen.«

Dann erzählte er. Einer war bereits bei einem Rundfunksender aufgetaucht und hatte dort eine kleine Stelle, der andere wirkte in einer Bank. All diese Probleme zu lösen war die Pflicht der amerikanischen Armee, nicht zu vergessen einer Armee, die es im Jahre '41 kaum gab und die auch erst aufgebaut werden mußte.

Quartiere mußten geschaffen werden, Verpflegung mußte besorgt werden, die Richter mußten in beschlagnahmten Häusern untergebracht werden. Die Inhaber oder Inhaberinnen der Villen, in denen russische, amerikanische, französische oder englische Richter waren, zogen in das Dachgeschoß oder in den Keller und beköstigten die Leute sehr bereitwillig. Es sind große Freundschaften entstanden zwischen diesen ehemals wohlhabenden Nürnbergern und ihren Besetzern.

Alles war improvisiert und hatte zu neunzig Prozent geklappt, was an der Begeisterung der Beteiligten lag. Sie fanden eine neue Heimat, nachdem der Krieg zu Ende war. Vorher waren viele im Felde gewesen, die Kameraden der 160000 toten amerikanischen Jungen in Europa. Und dann muß ich Ihnen eine sehr eitle Sache sagen: Wenn die Amerikaner so etwas unternommen haben, die Armee, dann platzt es nicht.

a) Weil sie talentiert im Denken sind und b), das waren keine Leute zum Schießen, sondern Techniker, Organisatoren.

In dieser Armee waren die ersten Manager aus den USA, Universitätsprofessoren, alles, was gut und teuer war. Nicht zu vergessen, es war auch eine Sache des Geldes, so einen Apparat aufzubauen, das hat ungeheure Kosten verursacht, allerdings längst nicht so ungeheuer wie die Kosten für zehntausend Flugzeuge, die zuvor aus dem Boden gestampft werden mußten.

Ein Kunststück für sich war es, die Zeugen unterzubringen – Zeugen der Anklage sowohl wie Zeugen der Verteidigung. Sie blieben manchmal lange Zeit. Zunächst einmal gab es den Zeugenflügel im Gefängnis für *material witnesses,* das waren Zeugen, die selbst als Täter in Frage kamen und für die Haftgründe vorlagen.

Problematisch waren all die anderen – das ging von meinem früheren preußischen Innenminister Carl Severing bis zu Herrn Gisevius, von der früheren Kaiserlichen Hoheit, dem Kronprinzen, bis zum Admiral Horthy und dem französischen KZ-Opfer Madame Couturier-Vaillant; die konnte man ja nicht alle zusammen wohnen lassen.

Wenn eine Seite Zeugen präsentierte, mußte der Gegenseite mehrere Tage vorher davon mitgeteilt werden, damit sie sich darauf einrichtete. Wußte ich, daß in ein paar Tagen ein Zeuge aus dem Auswärtigen Amt erscheinen würde, dann prüfte ich, wie weit war er mit dem betreffenden Angeklagten nicht verwandt und verschwägert, sondern geistesverwandt. Wie würde der zu Ribbentrop stehen?

Dazu gehörte auch, daß gewisse Kreise von Zeugen sich schon am Bahnhof in Nürnberg von einem im Gerichtssaal als Zuhörer herumsitzenden Kollegen ihre Sprachregelung holten. Wir haben das erst sehr spät entdeckt und wunderten uns zunächst, daß der oben beschriebene Zeuge schon jede Frage vorher wußte, die überhaupt gestellt werden konnte. Da waren ganze Vereine am Werk, gegründet aus Personen, die nicht unmittelbar mit den Verbrechen zu tun hatten, aber was heißt hier unmittelbar? Es waren eben solche »die mit ihren Kränzen / sich am Duft der Sünde weiden / Doch die letzten Konsequenzen / doch vermeiden . . .«

Diese Clubs der Übriggebliebenen stammten aus der SS oder aus dem Auswärtigen Amt, Leute, die mit der Abteilung Deutschland, den Legationsräten Horst Wagner, Eberhard von Thadden, Franz Rademacher zu tun hatten. Insofern kommt's mir immer so lächerlich vor, wenn mir gewisse Nürnberger Verteidiger sagen: »Sie hatten doch als Ankläger mit den Amerikanern die Oberhand, und wir hatten nicht genug Telefone und waren die Dummen.«

»Aber hören Sie mal, lieber Doktor«, erwidere ich dann meistens, »die Bahnhofs-Kollegs, die Ihre Entlastungszeugen von Ihren früheren Amtsbrüdern auswendig gelernt haben, sind doch viel besser als dieses oder jenes Dokument!«

Einige der Entlastungszeugen, die die Verteidigung geladen hatte, stammten selbst aus dem Täterkreis. Wenn die Anklage aus diesem Kreise einen Belastungszeugen wählte, hat die Verteidigung darauf hingewiesen, daß der Betreffende selbst ein Mörder sei und darum unglaubwürdig.

Solche Leute brauchten nicht herumgekriegt zu werden, sie haben sich gern freiwillig angeboten. Ihre Motive kenne ich im einzelnen nicht. Darunter habe ich auch Mitbeteiligte der Endlösung gehabt. Ich erinnere mich an einen gewissen Legationsrat Klingenfuß aus dem Auswärtigen Amt, der erzählt hat, was Rademacher und Wagner gemacht haben.

Soll man Mörder gegen Mörder aussagen lassen? Das ist von einem Verteidiger in der IMT-Verhandlung beanstandet worden. Ich bin aufgestanden und habe nur den einen Satz gesagt: »Mörder können auch gegenüber Mordgenossen die Wahrheit sagen, aus welchem Grunde, das spielt keine Rolle.«

In jedem dritten Strafprozeß sagt irgendein Zeuge, der im weitesten Sinne Mittäter ist, gegen seine früheren Genossen aus. Dagegen würde ich keine Einwendungen erheben, solange er die Wahrheit sagt.

Von ideal denkenden Menschen wird das Wort Kronzeuge immer mit einer gewissen Mißachtung ausgesprochen. Warum wird es einem Verbrecher übelgenommen, wenn er über die Verbrechen seiner früheren Mittäter erzählt? Das ist im Interesse der Gerechtigkeit, und im allgemeinen wird Kronzeugen sehr selten eine wirkliche Straffreiheit gewährt.

In Nürnberg ist keinem einzigen Kronzeugen die Aussage honoriert worden. Der Zeuge Ohlendorf, Einsatzgruppenchef, ist zum Tode verurteilt worden. Der Zeuge Höß, Kommandant in Auschwitz, ist in Polen hingerichtet worden, der Zeuge Wisliceny, Eichmann-Komplize, ist in der Tschechoslowakei hingerichtet worden. Wenn die deutschen Gerichte solche Täter später nicht bestraft haben, hat das mit dem Internationalen Militär-Tribunal nichts zu tun.

Die Zeugen der Anklage waren sehr verschieden. Ich habe Zeugen gehabt, die haben uns kolossale Sachen erzählt, beispielsweise der eben erwähnte Personalchef des Auswärtigen Amtes, Schröder. Der hat uns buchstäblich alles erzählt, die Personalien der Leute, und er hat sogar die Leute selbst gesucht. Er wußte auch viel über den Goldschatz des Auswärtigen Amtes. Plötzlich hat er sich aber der Verteidigung als Zeuge angeboten. »Was wird nach Nürnberg? Was mache ich dann?« Das geht in den Köpfen mancher dieser Leute vor.

Hjalmar Schacht hatte als Entlastungszeugen den ehemaligen Gestapo-Beamten Hans Bernd Gisevius geladen. Gisevius war nicht erst seit dem IMT-Prozeß als Widerstandskämpfer bekannt, denn er hatte seit

Jahren zusammen mit der OSS in Bern gegen Hitler gearbeitet. In einzelnen Punkten hatte er mit Schacht konspiriert.

»Gisevius, mit dem Schacht haben Sie zusammengearbeitet«, habe ich ihm gesagt, »da müssen Sie aussagen, was Sie wissen. Womit aber hat Frick Ihre Entlastung verdient?« Denn obwohl er gar nicht danach gefragt worden ist, hat er den Frick im Verhältnis zu Himmler als den Harmlosen dargestellt. Auf Gisevius haben daraufhin sogenannte echte Widerstandskämpfer geschimpft. Mit seinem späteren Buch waren auch nicht alle glücklich, und man verlangte eine Hervorhebung der eigenen Rolle, womit Gisevius gewiß nicht allein stand.

Von Anfang an ist er ein intimer Feind von Rudolf Diels gewesen. Beide waren junge Leute, und sie haßten sich abgöttisch. Gisevius hätte uns später am liebsten angezeigt, weil wir gegen Diels nicht vorgegangen sind. Er war etwas jünger als ich und saß mit meinem Bruder in einer Klasse. Vater Gisevius war Oberverwaltungsgerichtsrat – die Familie wohnte in Lichterfelde eine Ecke weiter von uns im Wediggenweg –, und der Sohn Hans Bernd wurde ein ziemlich unangenehmer Student, der allerhand rechtsradikale Streiche machte. Ich hatte zuletzt gehört, daß er als Assessor im Staatsdienst untergekommen war, bis er eines Tages in Nürnberg als Entlastungszeuge für Hjalmar Schacht auftauchte. Tatsächlich hatte er mit ihm in der Widerstandsbewegung zusammengearbeitet. Schacht bekam ja allmählich von Göring die Nase voll, war hin und her geschwankt und von einem bestimmten Zeitpunkt an absolut gegen das NS-Regime. Darüber besteht kein Zweifel. Immerhin hat Schacht seine Pension als Reichsbankpräsident fast bis zum Ende des Krieges bezogen, so daß man annehmen könnte, so schlimm kann die Gegnerschaft nicht gewesen sein. Er hat zwar immer betont, er sei nicht in die Partei eingetreten, aber wir haben ihm vorgehalten, daß er immerhin das Goldene Parteiabzeichen erhalten hatte, und das war ja nicht gerade bestimmt für Widerstandskämpfer. Gisevius erzählte dann von seiner eigenen Tätigkeit, er war bei dem geheimen, militärischen Nachrichtendienst gewesen. Bei dem Canaris steckte eine ganze Anzahl dieser Leute, die ihre Geheimdienststellung dazu benutzten, ganz andere Sachen zu unternehmen.

Gisevius' amerikanischer Führungsoffizier, der ihn während seiner Nachrichtentätigkeit für Allen Dulles in Bern betreut hatte, war ein guter Freund von mir, den ich später einmal gefragt habe, ob der Mann denn gute Nachrichten geliefert habe? Durchaus, – die Sachen seien hieb- und stichfest gewesen, »das war ein sehr tapferer Mann«.

»Womit war er so tapfer?«

»Wenn ich ihn über die Luft wieder nach Deutschland eingeschleust hatte und wenn er dann wieder mit Müh' und Not zu uns zurückkam – das verlangt ganz von selbst viel Tapferkeit.« In Nürnberg haben wir Gisevius gesagt: »Nun setzen Sie sich bei uns hin und schreiben Sie alles auf!« Er bekam einen Raum und eine Maschine und war dadurch der erste, der den Widerstand beschrieben hat. Ein Buch unter dem Titel ›Bis zum bitteren Ende‹. Gisevius ist es in seinen letzten Jahren ziemlich elend ergangen; er war krank und mußte mit der Bonner Regierung ausführlich um seine Pension feilschen. Ein früherer Beamter von Frick, ist er denn würdig, eine Pension zu erhalten? Dann ist ein Gutachten eingeholt worden, ob es wirklich stimme, daß er Widerstandskämpfern eine *message* aus Amerika gebracht hätte und hin- und hergeflogen sei? Schließlich hat man ihm eine kleine Pension bewilligt. Widerstandstätigkeit ist nicht besonders hoch honoriert worden. Gestorben ist er in der Schweiz.

Der Begriff Widerstandskämpfer ist sehr umfangreich, ebenso wie der Begriff Edelstein. Es gibt echte, halbechte und gläserne, in jeder menschlichen Gesellschaft. Es ist aus den verschiedensten Motiven gehandelt worden, mehr will ich dazu nicht sagen, ich bin Ankläger und kein Moralrichter.

Ich habe zum Beispiel dem ungarischen Reichsverweser Admiral Horthy immer zugute gehalten, daß er dem deutschen Kommissar Veesenmayer und Konsorten ins Gesicht gesagt hat: »Judengesetze gut und schön, aber ermorden lassen will ich meine Juden nicht.«

Wenn Horthy aussagte, brauchte er sich vor niemandem zu genieren. Er berichtete Tatsachen, wie das in Budapest gewesen war. Vor Gericht hinterließ er einen sehr soliden Eindruck, denn man führt einen solchen Zeugen nicht gerade mit seinen Schwächen auf, sondern unterstreicht die Zeit, in der er wirklich von den Nazis betrogen wurde.

Horthy hatte eine Annehmlichkeit: Wir saßen mit ihm abends im *Grand Hotel Nürnberg,* er war in Begleitung seiner Schwiegertochter. Der Mann spielte nicht die Rolle, sondern war in seinem Alter eine Art Serenissimus. Wenn aber die Sache heikel für ihn wurde, fragte er immer seine Schwiegertochter: »Wie war denn das damals?« Eine sehr geschickte junge Frau, die immer eine gute Ausrede parat hatte und ihm soufflierte. Es störte ihn überhaupt nicht, was wir dachten.

»Ich habe meine Juden nicht abschlachten lassen. Dazu mußte ich erst vom Hitler verhaftet werden!« hat er gesagt.

Das ist wahr. Er hat die verlangten antisemitischen Bestimmungen eingeführt, doch diese Bestimmungen waren für die Juden in allen drei faschistischen Staaten im Endergebnis verhältnismäßig günstig. In Italien, in Spanien und, solange Horthy dran war, in Ungarn sind die Juden bei diesen Leuten viel besser weggekommen als in den nichtfaschistischen überfallenen Staaten. Das ist eine merkwürdige Sache, nicht wahr?

Franco, dessen Freund ich nicht bin, wie man sich denken kann, hat Gutachten schreiben lassen, daß seine Juden sephardische Juden seien und deshalb unter gewisse Verordnungen nicht fielen, die man von ihm erwünschte. In Italien war es ähnlich, da habe ich es selbst miterlebt, wie es den Juden recht lange verhältnismäßig gut erging, und viele überlebten im italienisch besetzten Teil von Südfrankreich, während in dem von Deutschen besetzten Teil die bekannten Mordaktionen durchgeführt wurden. Mussolini hat direkt angeordnet, die Juden aus dem italienisch besetzten Frankreich sollten in Ruhe gelassen werden, ebenfalls die Flüchtlinge aus Deutschland.

Ich sah ja die Korrespondenz aus dem Auswärtigen Amt: Es sollte später auf Mussolini raufgeschlagen werden, damit er das endlich unterläßt.

Selbstverständlich spielte die militärische Lage immer eine Rolle für die Partner und Satelliten. Die Slowakei saß näher dran an der Wehrmacht und konnte sich nicht groß bewegen, aber Tiso war darüber hinaus ganz übel, gar nicht zu vergleichen mit Horthy, Franco und Mussolini. Das hatte sich schon viel früher gezeigt, als Hitler noch ganz auf dem Wege des Sieges war. Ich finde, diese Kontrast-Tatsachen sind vielsagender als manches andere.

Ich habe Horthy später noch einmal in Portugal getroffen. Er hatte mich gebeten, ihn zu vertreten, ich dachte: »Was ist denn das für ein Mandant?« und besuchte ihn auf seinem Sitz in der Nähe von Lissabon.

»Ich habe noch Ansprüche gegen Deutschland!« (Er sprach sehr gut Deutsch.)

»Admiral«, sagte ich, »was sind denn das für Ansprüche?«

Es stellte sich heraus, daß Hitler ihm eine prächtige Yacht zum Geschenk gemacht hatte und eine deutsche Stelle, nachdem die Freundschaft in den letzten Kriegsjahren brüchig wurde, die Frechheit besessen hatte, die ihm vorher geschenkte Yacht zu beschlagnahmen.

»Können Sie sich für den Fall interessieren?«

Ich habe ihm gesagt, daß das eine sehr schwierige Wiedergutmachungssache sei und nicht das geeignete Mandat für mich. Er fragte mich dann, ob er mir ein Honorar überweisen dürfe.

»Nein, aber würden Sie so freundlich sein, Ihren Namen auf eine Briefmarke mit Ihrem Kopf zu schreiben?« Bis heute besitze ich noch diese Briefmarke.

»Haben Sie Lust hier zu verteidigen?«

Wenige Tage vor Prozeßbeginn rief mich der *Chief Clerk* des Gerichts an, den Justice Jackson sich vom *Supreme Court* mitgenommen hatte. »Etwas Unangenehmes ist los, wir haben übersehen, daß wir für den Generalstab gar keinen Verteidiger haben.« Ein großer Teil der Anwälte, das habe ich noch nicht erwähnt, mußte als Offizialverteidiger bestellt werden.

Woher nimmt man Anwälte für Massenmörder? Am schlimmsten war die Anwaltskammer Köln, auf die waren wir gar nicht gut zu sprechen. Sie hat zunächst verboten, Mitglieder der Kölner Anwaltschaft nach Nürnberg gehen zu lassen. Aber nicht aus dem Grunde, den man vermutet, sondern aus dem gegenteiligen Grunde: Solche Mörder soll ein Anwalt des jungen, kaum geborenen deutschen Staates nicht verteidigen. Die sollen umkommen! Was natürlich ein bißchen gefährlich war, denn nachher wären andere Anwaltskammern auch auf die Idee gekommen.

Wir wollten die besten Verteidiger, die da waren. Wenn es kein Duell gab im anglo-amerikanischen Verfahren, wo alles vorgetragen werden muß und der Richter nicht plötzlich mit Akten kommen kann, war der Prozeß tot.

Also wurde ich angerufen, und ich sage: »Selbstverständlich«, man wollte ja keinen Ärger haben, »it's not my business, aber ich tu' mein Bestes.« Mir fiel plötzlich ein, daß ich zwei Wochen vorher in Wiesbaden gewesen war, wo ein Militärgericht über die Euthanasiemorde in Hadamar verhandelte.

In der Pause stehe ich herum und unterhalte mich mit einem jungen Anwalt: »Wo waren Sie denn früher tätig?«

»Ich habe eine kleine Praxis gehabt.«

»Und während des Krieges?«

»Da war ich Leutnant.«

Ich sage: »Nehmen Sie es mir nicht übel, wenn ich Sie in ein paar Tagen anrufe, mich interessiert, wie die Sache ausgeht, ich habe auch mit diesen Nutzlose-Esser-Affären zu tun.«

Nun, ich telefonierte an den Rechtsoffizier des Gouverneurs von Hessen in Wiesbaden: »Wer ist ein jüngerer Anwalt im Hadamar-Prozeß, der Leutnant im Kriege war?«

Eine halbe Stunde später: »Das ist ein Rechtsanwalt Hans Laternser.«

»Schicken Sie ihn her!«

Die packen den Laternser in einen Jeep, und er erscheint am selben Tage in Nürnberg.

»Ich bin verhaftet worden. Was habe ich denn getan?«

»Herr Kollege, alles in bester Ordnung. Haben Sie Lust, hier zu verteidigen?«

»Was für eine Sache?«

»Generalstab.«

»Wie ist denn die Anklage?«

Ich bat eine Dame: »Schnell eine Anklage holen, was mit dem Generalstab los ist.«

So begann Laternsers Karriere. Er ist bei dieser Klientel geblieben, und mein Freund, der verstorbene Generalstaatsanwalt Fritz Bauer, hat mir später gesagt: »Ich verzeihe Ihnen nie, Kempner, was Sie mir damit angetan haben.«

»Warum?«

»Was der uns für eine ungeheure Arbeit gemacht hat!«

Aber es gab auch in Nürnberg großgewordene Anwälte, wie den vorzüglichen Erich Schmidt-Leichner aus Frankfurt, deren Praxis sich nachher sehr weit von diesen Nazis weg entwickelt hat, die Geschäftsleute als Mandanten haben, jüdische Angeklagte verteidigen. Nürnberg war 1946 das einzige große Mandat, das es überhaupt gab, wenn nicht jemand fester Angestellter bei der Industrie war, die im Oktober 45 noch gar nicht existierte.

Zunächst haben meine Kollegen und ich es als selbstverständlich betrachtet, daß Anwälte nicht die politischen Ansichten der Angeklagten teilen müssen. Man nimmt das Mandat als Anwalt so, wie es ist. Erst allmählich hat sich nämlich der Grundsatz herausgebildet: Der Linke muß vom Linken verteidigt werden und der Rechte muß vom Rechten verteidigt werden. Zwar gab's das immer, aber nur in kleinen Cliquen und nicht in dieser Ausschließlichkeit wie heute.

Mit Recht oder Unrecht hat sich neulich ein linker Angeklagter bei Gericht beschwert, daß ihm als Offizialverteidiger der als Naziverteidiger tätig gewesene Rechtsanwalt Fritz Steinacker, der früher mit Rechtsanwalt Laternser assoziiert war, beigeordnet wurde. Der würde ihn nicht verstehen. Es ist selbstverständlich etwas Richtiges bei solchen, sagen wir, Weltanschauungsprozessen. Es gibt eben Priester, es gibt Leute, die Gräber schaufeln, und es gibt Anwälte. Sicher färbt das ab.

In Nürnberg allerdings gab es oft Spannungen zwischen Verteidigern und Angeklagten. Nehmen wir Rechtsanwalt Kurt Kauffmann, der den Kaltenbrunner verteidigt hat, die haben doch gar nicht übereingestimmt. Kauffmann sollte all die Lügen Kaltenbrunners vortragen, daß er von nichts gewußt habe. Der ehrwürdige Otto Stahmer war gar nicht einverstanden mit all dem, was Göring von ihm gefordert hat.

Ich erinnere mich auch an den Landgerichtsdirektor i. R. Alfred Thoma, den Verteidiger von Alfred Rosenberg. Der war oft wütend auf den Mann, weil er das nicht mitmachen konnte. Thoma kam immer Freitag nachmittag mit einem Stoß von Anträgen zu mir. Rosenberg wollte immer irgendwelche uralten Zionisten als Zeugen geladen haben, die einmal in Prag die Herrschaft Judas befürwortet hatten, inzwischen aber längst auf dem jüdischen Friedhof lagen, und lauter solche Sachen.

Ich sagte zu Thoma: »Herr Kollege, Sie kommen immer am Freitag mit diesen grauenhaften Anträgen, die Sie sich da bei Ihrem Mandanten eingeholt haben. Ich will nicht übers weekend Ihre Anträge beantworten müssen, ich will nach Karlsbad. Da gibt's nämlich noch was zu essen, das besser ist als Eipulver.«

»Sitzen Sie mal jeden Abend zwei Stunden mit dem Rosenberg zusammen in der Zelle und bereiten so etwas vor!« sagte mir der Thoma und setzte ganz naiv hinzu, »dann verlangt er noch, daß ich ihm alles glaube.«

Was ist das für ein Verhältnis zum Mandanten, wenn der Herr Alfred Rosenberg auf seine Frage: »Was wird aus mir werden?« von dem Verteidiger hört (Alfred Rosenberg war doch aus dem Baltenland): »Über allen Wipfeln ist Ruh / über allen Gipfeln spürest Du / kaum einen Hauch / die Vöglein schweigen im Walde / Warte nur Balte ruhest Du auch.«

Die Angeklagten besaßen das Recht, einen Anwalt ihrer Wahl zu bestimmen. Das hatte zunächst nur eine beschränkte Bedeutung, weil viele ihre Anwälte nicht bezahlen konnten. Selbstverständlich kam der Angeklagte Schacht mit dem früheren Vorsitzenden des deutschen Anwaltvereins, dem Rechtsanwalt Rudolf Dix. Natürlich war er in der Lage, auch noch den Professor Herbert Kraus aus Göttingen als zweiten Verteidiger zu nehmen. Manche der Herren Angeklagten hatten drei, vier Anwälte, nämlich diejenigen, die bezahlen konnten.

Jetzt kommt die andere Gruppe: Ich kenne niemand, wen soll ich nehmen? Dazu gehörte der Reichsmarschall Göring. Ja, soll er etwa von dem hinterzogenen Geld bezahlen? Das mußte doch erst losgeeist werden. Das nimmt man doch nicht Frau und Kind weg. Dafür ist der Staat da, wenn er einen schon anklagt.

Also wurde Göring die Liste von Anwälten vorgelegt, und damit verfuhr er mehr oder weniger wie religiöse Leute, die mit dem Bleistift in die Bibel tippen, um einen Namen für ihr Kind zu finden. Göring wählte den Rechtsanwalt Stahmer, einen älteren, sehr ruhigen Herrn, Mitglied der Anwaltskammer in Schleswig. Alle aber, ob vom Mandanten bezahlte oder nicht bezahlte Verteidiger, bekamen das gleiche Geld vom Gericht und vor allen Dingen die oft viel wertvolleren Zutaten, nämlich die Erlaubnis, sich ihr Quantum Zigaretten und alkoholische Getränke zu besorgen und Quartiere zu nehmen.

Obwohl ich nicht zum Gericht, sondern zur Anklagebehörde zählte, war ich der Verbindungsmann zwischen Verteidigung und Gericht, hatte den Herren die Verfahrensweise zu erläutern und ihre Wißbegier zu stillen. »Wie wird dieser Job sein?« (›Job‹ sagten die deutschen Anwälte damals noch nicht. Erst drei Monate später.) Manche waren in der Wolle gefärbte Nazis, manche waren bürgerliche Anwälte, die sich durchgewurstelt hatten, manche waren wirklich dagegen gewesen.

Und dann kam die entsetzliche Frage an mich: Ich bin ja nun in Nürnberg und möchte das gerne machen. So ein Mandat gibt's ja nie wieder. Soll ich das machen? Wozu raten Sie mir?

»Mein lieber Kollege«, sage ich, »zunächst möchte ich mal von Ihnen wissen, wollen sie monatelang von Ihrer Familie getrennt sein? Wollen Sie sich eine neue Praxis aufbauen, da Sie ja früher in Magdeburg waren?«

Oder: »... Sie, der Sie vorher Anwalt in München waren – wollen Sie da fehlen, gerade in der Aufbauzeit, um bei uns zu sein?«

Oder: »... mein lieber Kollege, an Ihrer Stelle würde ich mich hier nicht allzulange blicken lassen, auch wenn Sie Ihre Anwaltskammer hierher geschickt hat. Ich weiß nicht, ob es nicht etwas gefährlich ist, wenn der Zeuge aus Frankreich sagen wird: Da sitzt ja der ehemalige Beamte, der früher in Frankreich war und die Deportationen kannte, als auf uns draufgehauen wurde. Das ist doch nicht angenehm, wenn Sie vom Anwaltsstuhl aufstehen und als Entlastungszeuge für jemand auftreten müssen?«

Und der Mann, ein sehr tüchtiger Jurist, hat gesagt: »Ich werde mir lieber ein neues Zuhause schaffen.«

Ich sage: »Verschwinden Sie. Das ist ein sehr kostbarer Rat, den ich Ihnen rechtzeitig gebe.«

Es war ein Zufall, daß ich gerade *seine* Verstrickung kannte.

Eines Tages kam ein amerikanischer Captain mit einem deutschen SS-Offizier aus dem SS-Internierungslager bei Nürnberg mit einem schweren Koffer. Die Wache unten telefonierte oft zu mir rauf, einfach weil ich Deutsch konnte, und sagte: »Hier sind zwei Herren aus dem Lager, die wollen zu Justice Jackson.«

Die zwei kommen hoch, ich sage: »Captain, was ist in dem Koffer?«

»Der Koffer ist voll Hunderttausenden von Reichsmark für den Verteidiger der SS. Das haben die Internierten im Lager gesammelt.«

Jeder hatte etwas mitgenommen, oder die Angehörigen verfügten über Summen, und wenn Sie zweitausend Leute haben und jeder gibt hundert Mark, ist das eine ganz schöne Honorar-Spende. Ich wußte nicht recht, was ich machen sollte, und habe dem betreffenden Anwalt gesagt: »Wissen Sie, dieses Sammeln auf der einen Seite und Offizialverteidiger auf der anderen Seite – ist das nicht eine unsaubere Geschichte?«

Der Captain und der Sturmbannführer haben dann den Koffer bei diesem Anwalt gelassen, doch die SS hat großes Pech mit ihm gehabt, denn er roch schon zu Beginn der morgendlichen Verhandlung sehr nach Alkohol, war außerstande, seine Mandanten noch richtig zu verteidigen, und schied alsbald aus.

Ferner gab es den Rechtsanwalt Robert Servatius, der den Fritz Sauckel verteidigt hat. Später einmal habe ich ihn gefragt: »Wie sind Sie denn auf diese Klienten gekommen?«

Daraufhin erwiderte er mir: »Es war mein Stolz, in Nürnberg zu sein. Es war mein Stolz, in Moskau zu sein, als Adenauer über die Rückkehr von Kriegsgefangenen verhandelte, und später wollte ich auch in Jerusalem sein.« Dort hat er Eichmann verteidigt. Also, wir sehen die verschiedenen Einstellungen.

Von den ehemaligen SS-Anwälten erschienen nur zwei, allerdings waren alle Anwälte in irgendeiner nationalsozialistischen Juristenorganisation gewesen. Die Russen guckten immer sehr genau, was die Leute früher gemacht hatten. Die hielten etwas von einem anti-nationalsozialistischen Radikalenerlaß, aber wir kümmerten uns nicht darum und waren froh, wenn wir einen guten Anwalt hatten. Dem konnte man widersprechen, mit dem konnte man die Argumente austauschen, und mit dem konnte man eine vernünftige Gerichtsverhandlung führen.

Die Anwälte waren insoweit kooperativ, als sie der Londoner Charter unterstanden und den maßgebenden Bestimmungen, in denen stand: Der Prozeß soll zügig geführt werden. Zügig! Das steht in keiner deutschen Strafprozeßordnung. Am Anfang haben ja einige Anwälte gesagt »Wir machen hier nicht mit. Das ist alles ungültig« und haben den entsprechenden Antrag gestellt. In zehn Minuten war der Antrag abgelehnt, aus, Schluß. Die Angeklagten selbst akzeptierten das Verfahren und setzten nicht auf Obstruktion, was sie leicht hätten tun können (bis auf Heß, dem das nichts eingebracht hat). Sie nährten immer noch die Hoffnung.

Die Hoffnung, daß die Russen eines Tages in Nürnberg sein würden und dann die Angeklagten, zusammen mit den Amerikanern, irgendwie von der Bildfläche verschwinden würden. Es bildeten sich auch einige ein, daß ihnen wirklich das Unrechtsbewußtsein fehle.

Sie müssen zunächst von der Tatsache ausgehen, daß alle Angeklagten viel mehr wußten als ihre Verteidiger. Die Verteidiger waren im Feld gewesen, hatten sich mehr oder weniger für Politik interessiert, waren normale Lebemenschen. Was wußte Herr Stahmer, was Göring in dem riesigen deutschen Großreich zwischen Ural und Atlantik alles angerichtet hatte? Was wußte der Verteidiger von Heß, was der für Gesetze unterschrieben hat, was der innere Grund war für den Flug nach England? Was wußte der Offizialverteidiger von Kaltenbrunner über das Reichssicherheitshauptamt? Nicht sehr viel.

Es gab ein paar Verteidiger, die wußten ein bißchen mehr als der

Durchschnitt, aber keinen, der soviel wußte wie der Mandant. Oft sind Verteidiger zu mir gekommen und haben sich erkundigt: »Mein Mandant hat mir heute folgendes erzählt. Wie war das eigentlich im Auswärtigen Amt? Wie war das in Görings engerem Kreis? Gibt's da Dokumente?«

»Was er Ihnen erzählt hat, ist richtig.«

»Ach, ich konnte das kaum glauben.«

Ich denke nochmals an Rechtsanwalt Kubuschok, der Papen verteidigt hat. Wie oft haben wir über den gesprochen! Ein schlesischer Magnat und Freund Papens hatte seinen eigenen Anwalt, Kubuschok, der katholisch war wie Papen, diesem empfohlen. Doch was wußte Kubuschok von Papens Tätigkeit in Ankara? Wenn Papen ihm über seine Botschafterzeit in der Türkei erzählte: »Nach Ankara bin ich doch vom Führer abgeschoben worden...«, ging daraus nicht hervor, was Papen in Wirklichkeit damals noch durch die Hände gegangen ist. Daß er das Material der ganzen Konferenz von Jalta durch einen Spion besorgt hat, welcher die rechte Hand des englischen Botschafters in der Türkei, Sir Knatchbull Hughesen, war. Alles hat Papen bekommen, bezahlt und richtig weitergeleitet. Er ist bis zum letzten Tage noch ganz schön für den Führer tätig gewesen. Was wußte Kubuschok davon?

Viele Verteidiger haben ihren Mandanten nicht über den Weg getraut, darüber ist gar kein Zweifel. Manchmal *wollten* sie ihnen trauen, weil sie die Anklagen nicht für möglich hielten. Ich habe den Betreffenden auch im Interesse der Anklage gesagt: »Lassen Sie sich doch nicht so leimen«, um zu vermeiden, daß man in der Hauptverhandlung mit einem Aufwand von über tausend Menschen über Sachen streitet, die läppisch sind und zur Sache nicht beitragen. Es haben sich schon mal Angeklagte eingebildet, wenn sie diese idiotischen Lügen vorbrächten, wäre das vielleicht ein Pluspunkt für sie. Kubuschok war durch Ruhe, Vorsicht und Skepsis gegenüber seinem Mandanten ein glänzender Verteidiger. Hätte der Papen all den Bla-Bla-Schwindel vorgetragen, wie er es vorhatte, dann wäre er wahrscheinlich verurteilt worden.

Es gab doch viele Verteidiger, die klug genug waren – das gibt's in Deutschland auch – sich durch die Art des Vortrages das Wohlwollen des Gerichts zu sichern. Dazu gehörte Kubuschok.

Juristische Argumente gab's doch immer, die ganz gut waren. Dönitz wurde von Kranzbühler vorgehalten, er solle der U-Boot-Flotte die

Anweisung gegeben haben, auf dem Wasser treibende Matrosen versenkter Schiffe ertrinken zu lassen!

»Haben die Engländer in Norwegen gleichfalls gemacht.«

Kranzbühler hatte klugerweise den US-Admiral Nimitz angeschrieben. Der bestätigte das und fügte hinzu, die Rettung Ertrinkender sei in Kriegszeiten nicht immer üblich. Daraufhin schlug der Grundsatz *tu quoque,* ›Auch Du‹, zumindest psychologisch durch. Obwohl gegen den Grundsatz viel einzuwenden ist.

Wenn ein Täter aus irgendwelchen Gründen unbehelligt bleibt, entschuldigt das nicht einen anderen Täter. Wenn Nimitz sich die Folgen überlegt hätte, wäre er vielleicht zurückhaltender gewesen. Er hat ganz spontan reagiert von Seemann zu Seemann!

Cross examiners

Ein großer Prozeß bietet einem Anklagevertreter gewisse Möglichkeiten für seine zukünftige Laufbahn. »Was sagen die Leute zu Hause, wie ich mit dem Angeklagten fertig werde?« Wie oft geschah es, daß einer meiner Nachbarn von der Anklagebehörde morgens bei mir reinkam und sagte: »Bob, hast Du nicht etwas für mich?«

Das hieß: »Hast Du nicht ein gutes Dokument, daß ich heute beim Kreuzverhör im Gerichtssaal präsentieren kann?« Das wirkt in der ganzen Welt; die Rechtsseite, die juristische und kriminalistische, ist eine Sache, die Prozeßführung außerhalb des Gerichtssaals durch die Medien eine andere.

Juristen bei der Staatsanwaltschaft sind immer ehrgeizig, wenn sie gut sind und keine Schlafmützen und Pflaumen. Es gibt auf der ganzen Welt keinen Anklagevertreter, der nicht umstritten ist. Ein Anklagevertreter kann deshalb politisch auch nie etwas werden.

Denken Sie an Dewey, den Republikaner, er war Anklagevertreter in New York, hat einen Teil der dortigen Mafia-Gangster ausgerottet – na, der wird doch nie zum Präsidenten gewählt werden können. Die Unterströme sind immer gegen ihn.

Ein Staatsanwalt erpreßt grundsätzlich andere Leute. Er bringt sie zur Anklage, obwohl sie nichts getan haben. Glauben Sie vielleicht, daß die amerikanischen Geschäftsfreunde der in Nürnberg angeklagten IG-Farben-, Krupp- und Flickleute auf die Ankläger in Nürnberg gut zu sprechen waren? Was ist der Josiah DuBois von solchen Kreisen in den USA angestänkert worden! Nur weil wir Kommunisten sind, haben wir die Firmen angeklagt und so'n Blödsinn. Die Nürnberger Richter sind auch ständig angepöbelt worden mit der Redensart: Das sind minderwertige Provinzleute!

Es gibt selbstverständlich wie bei allen Sachen auch einige Idealisten, die aus juristischen oder philosophischen Gründen sagen: das eine oder andere macht der Staat, die Anklagebehörde oder das Gericht falsch. Fragen Sie immer bei solchen Sachen: Wer bezahlt was?

Ich weiß doch, wer Artikel gegen mich in Zeitungen eingesetzt hat, Gesindel, bezahlte und unbezahlte Sympathisanten von Verbrechern und Mördern. Sehen Sie heute die Staatsanwälte an, wie sie angerempelt werden – zu Recht oder Unrecht. Die Justiz wird aber nicht an Staatsanwälten zugrundegehen, die was tun, sondern an denen, die aus Angst vor dem Tun, aus Nichtstun, Nullen sind.

Dazu zählten die Nürnberger Ankläger ganz und gar nicht, sie wollten wirklich zum Ziel kommen und für ihr Land, eingeschlossen sich selbst, etwas schaffen. Sie müssen eines bedenken, all diese Herren waren ja geübte Juristen und Kenner der politischen Szene zugleich. Sie kamen aus Ministerien, waren Universitätsprofessoren – nehmen Sie zum Beispiel den mir befreundeten General Telford Taylor, seinerzeit Professor für *political science* und Geschichte an einem berühmten College.

Er wurde im Jahre 41 Offizier, kam zur *military intelligence* und erhielt nun in Nürnberg die Aufgabe, sich des Generalstabs als verbrecherischer Organisation anzunehmen. Nach seiner Rückkehr in die USA wurde er Anwalt und Professor, veröffentlichte zahlreiche Bücher und wenn man sieht, in welcher Weise er dem berüchtigten Senator McCarthy als einer der ersten entgegengetreten ist, ohne Rücksicht auf seine Person, ohne Furcht und Tadel – da kann man sich vorstellen, wie er in Nürnberg gewesen sein muß. Das hat Justice Jackson auch erkannt und deshalb veranlaßt, daß Taylor als sein Nachfolger bei den zwölf Nachfolgeprozessen mit dem Rang eines Generalmajors 1946 ernannt wurde.

Taylor und meine anderen Kollegen behandelten ihre Angeklagten mit der kalten la main. Sie hielten diese Gestalten, im Unterschied zu heute, nicht für aufregende Persönlichkeiten. Beeindruckt waren sie nur durch die Taten und das Verhalten der Täter. Justice Jackson haben die als Personen, soweit ich das beurteilen kann, überhaupt nicht bewegt, und Tom Dodd, der Verantwortliche für die politische und juristische Strategie des Prozesses, konnte sehr oft gar nicht verstehen, wenn Dr. Gilbert, der Psychologe, ihm berichtete, worüber er im Gefängnis mit den Angeklagten gesprochen hatte. Tom stand mehr oder weniger auf dem Standpunkt, ein überflüssiges Zeug, was er da erzählt!

Für niemanden aus unserem Kreise hatten die Angeklagten irgendeine Ausstrahlung. Niemand behandelte sie als ehemalige große Leute, geschweige denn Könige. Ich habe gelegentlich einmal gesagt: »Auf meine Angeklagten lasse ich nichts kommen. Wie kannst Du denn sagen, das ist ein kleiner Mann? Das waren ganz große Kerle, mit denen wir fertig werden müssen!«

Selbstverständlich waren sie größere und kräftigere Personen als ein mittlerer Staatsanwalt oder Verteidiger, doch nur größer im Verbrechen und nicht in irgendeiner geistigen Qualität. Das war ja auch der Grund, weshalb sich Juristen in Washington, London oder Paris gern engagieren ließen.

Neben mir, bei den Franzosen, saß Edgar Faure, der spätere Ministerpräsident; der paßte genau auf, daß von seinem französischen Stück ihm nicht etwa ein Part weggenommen wurde: Das will ich schaffen!

Denken wir an meine englischen Nachbarn einen Tisch weiter im Gerichtssaal. Da saß der große Sir David Maxwell Fyfe.

Englischer Hauptankläger war Sir Hartley Shawcross, ein Kabinettsmitglied der kürzlich ins Amt gekommenen Labour-Regierung. Er war an Nürnberg unerhört interessiert, verfaßte seine Reden selbst und begriff jede Situation. Ohne ein Wort zu verlieren, verstand er auch die furchtbare politische Dummheit der Engländer in ihren Verhandlungen mit Hitler zehn Jahre zuvor.

Zweiter Mann war Sir David Maxwell Fyfe, der nicht Chef sein konnte, weil er noch aus der vorherigen Regierung stammte. Doch während Shawcross sehr viel abwesend war, blieb Sir David dauernd präsent, ein ganz, ganz gelehrter und geschulter *cross examiner,* der noch einen großen Vorteil hatte: Man merkte sogleich, er war in London viel näher an der Situation drangewesen als jemand, der aus den Vereinigten Staaten kam. Schließlich ist London gebombt worden, hatte England in einer absoluten Gefahr gestanden, was bei Amerika nicht der Fall war. Ebenso wie ich persönlich den Vorteil oder den Nachteil hatte, viel dichter an der ungeistigen Atmosphäre der Herren von der Anklagebank zu sein und daher leichter verstand, mit Göring umzugehen als Justice Jackson, der ein großer Mann war, aber die Praxis dieser Leute doch nur schachspielmäßig beurteilen konnte.

Sir David Maxwell Fyfe wußte vorher, was Göring ihm antworten würde. Das ist die Hauptkunst bei einem solchen Verhör – den zweiten und dritten Zug zu kennen und zu planen. Die Kunst Sir Davids war es, seine Befragung so aufzubauen, daß Antwort auf Antwort folgen mußte und dann am Schluß die Konstruktion des Gegners durch eine letzte Frage zusammenbrach.

Zunächst muß man ein Kreuzverhör völlig trennen von einer Vernehmung *vor* der Hauptverhandlung, in der man den Angeklagten ausforschen will. Was sagt er, was gibt er zu, wie wird er sich benehmen? Da kann man verschiedene Methoden anwenden, ich habe oft den Standpunkt vertreten, den Betreffenden zunächst mal lügen zu lassen. Das war sympathischer, als wenn er erst allerhand Ausreden brachte und nicht glatte Lügen, weil man ihm dann nachweisen konnte »Bube – Dame – König – As«, und die Sache war erledigt. Man brauchte sich nicht weiter herumzuplagen, was man aber hätte müssen, wenn man zu früh auf den Mann eingeht. Das betrifft die Vernehmungen *vor* der Hauptverhandlung.

Das Kreuzverhör besteht in der wechselweisen Vernehmung durch Ankläger und Verteidiger. Wenn der Staatsanwalt seinen Anklagezeugen vernimmt, »Schluß« sagt, und zur Verteidigung gewendet, »it's your witness«, versucht die andere Partei, den Zeugen in das sogenannte Kreuzverhör zu nehmen und alle belastenden Antworten, die er dem Staatsanwalt gegeben hat, kaputtzumachen und zu durchkreuzen.

Das tut sie, indem sie meinetwegen nachweist »Das können Sie an dem Tage gar nicht gesehen haben, da waren Sie gar nicht im Dienst«. Der Zeuge muß möglichst mir »Ja« oder »Nein« antworten.

Umgekehrt hat die Verteidigung natürlich ihre Zeugen, etwa den Angeklagten selbst, der als Zeuge in eigener Sache auftritt, genau instruiert, daß er nur das sagt, was für seine Verteidigung günstig ist: »Ich habe das nie erlebt«, »Zu der Zeit war ich auf Urlaub«, »Das ist nicht meine Unterschrift«. Dies sagt der Angeklagte als Zeuge in eigener Sache – unter Eid, dann bekommt ihn der Ankläger:

»Wie lange waren Sie Justizminister, Herr Schlegelberger?« (Der Staatssekretär Schlegelberger amtierte eine Zeitlang als geschäftsführender Justizminister.)

»Von Januar 41 bis August 42.«

»Vorhin haben Sie aber gesagt, ›diese Angelegenheit fiel nicht in mein Ressort‹. Was ist denn der Unterschied zwischen einem aktiven Justizminister, der die Aufsicht über etwas hat und dem Ressort, von dem Sie sprechen?«

Dann fängt der Mann an, so schnell er kann, einen Unterschied zwischen den Worten »Ressort« und »Ministertätigkeit« zu konstruieren, der absolut lächerlich ist, so daß man ihm seine Aussage im ersten Verhör nicht glaubt.

Oder er hat gesagt: »Von diesen Gesetzen weiß ich nichts, damit hatte ich nichts zu tun.«

Dann fragt der Anklagevertreter im Kreuzverhör: »Schauen Sie doch mal, ich habe hier fünf Bände des Reichsgesetzblattes, und da steht ständig Ihre Unterschrift drunter. Ist da nicht ein gewisser Gegensatz?«

»Ja, daran habe ich nicht gedacht. Das ist jetzt schon fünf Jahre her.«

Dann stößt man nach und sagt: »Waren Sie mal beim Arzt?«

»Nein.«

»Dann haben Sie sich früher nie auf Gedächtnis- und Hörfehler zurückgezogen?«

Es ist vorgekommen, daß nicht wirklich hartgesottenen Angeklagten in ihrer Bedrängnis Tränen in die Augen steigen und das Verhör abgebrochen wird: »Es ist mir genug.«

Im Kreuzverhör hat es Sir David Maxwell Fyfe zu einer unerhörten Vollendung, auch Vorahnung gebracht. Man muß sich ja ausdenken, was wird der eins nach dem anderen antworten. Ich habe manches Kreuzverhör gemacht, schlechte und gute, und es hat sich herausgestellt, daß die Vorbereitung der einzige Weg zum Erfolg ist.

Ich habe einmal mit dem früheren Reichsminister und Chef der Reichskanzlei Hans Heinrich Lammers ein Kreuzverhör geführt, vorher fünfzig Fragen schriftlich ausgearbeitet und immer eingefügt, was er vermutlich sagen würde. Es war eine Nacht lang Arbeit, und ich habe gesehen, daß diese ganz subtile Art der Vorbereitung meistens des Rätsels Lösung ist.

Das anglo-sächsische Recht bietet dem Angeklagten große Vorteile, denn er hat es nicht nötig, gegen Akten des Gerichts anzukämpfen, die der deutsche Richter zur Vorbereitung der Hauptverhandlung seit Wochen studiert hat und oft viel besser kennt als der Staatsanwalt oder der Verteidiger. Auch der Verteidiger hat im anglo-sächsischen Recht eine weit günstigere Stellung, darum haben die Nürnberger Verteidiger sämtlichst später darauf gedrängt, daß gewisse Rechte der Verteidiger in die deutsche Strafprozeßordnung übernommen werden.

Der Strafverteidiger Schmidt-Leichner hat immer wieder gedrängelt und gedrängelt, daß ins deutsche Prozeßrecht diese Verbesserungen reinkämen.

Auf der anderen Seite jedoch waren die unerhörten Freiheiten, die Angeklagte und Verteidiger haben, durch einen Umstand im anglo-sächsischen Recht etwas gezügelt: den *Contempt of Court!* Wenn ein Verteidiger oder Staatsanwalt sich über eine Anregung oder einen Wunsch des Gerichts hinwegsetzt und irgendwelche Frechheiten anbringt, kann er sofort bestraft werden.

Schwerer war für die Verteidiger anfangs, einen englischen Gerichtsvorsitzenden wie unseren Lord immer zu verstehen. Der deutsche Richter würde in diesem Falle sagen: »Antrag ist abgelehnt.« Fertig!

Unser Lord-Richter hat zum Beispiel einmal einem Verteidiger gesagt: »Ich glaube, das habe ich heute vormittag schon gehört.«

Der Übersetzer hat das richtig übersetzt und doch völlig falsch, denn es hieß in echtem Deutsch: »Kommen Sie mir mit der Sache nicht wieder, ich habe die Nase voll.«

Aber diese Mentalität haben die Herren schnell gemerkt, es waren ja in der Mehrzahl gewitzte Leute. Man sieht also, daß es eine Mischung aus anglo-sächsischem Recht und kontinentalem Recht war. Für die Verteidiger gewiß nicht leicht, doch was die Leute früher an deutschem Strafprozeßrecht an der Universität gelernt hatten, war auch minimal gewesen, und wenn einer ein intelligenter Verteidiger war, hat er sich in die Techniken sehr schnell hineingearbeitet.

Im anglo-sächsischen Verfahren ist der Vorsitzende eine Art Schiedsrichter und hat nur zu richten, was der Ankläger vorbringt und was der Verteidiger vorbringt. Man wird in den gesamten Nürnberger Protokollen sehr wenige Ergänzungsfragen des Vorsitzenden oder eines Beisitzers finden.

Der Hauptvorzug ist, daß der Verteidiger den ganzen Prozeßstoff mit dem Angeklagten so vorbereitet, daß dieser als Zeuge in eigener Sache auftreten kann. Man kann also zunächst die ganze wohl vorbereitete Meinung und Ansicht des Angeklagten durch diesen selbst projektieren. Das geht so weit, daß nach deutschem Strafprozeßrecht dem Verteidiger der Vorwurf gemacht werden könnte, er habe ihn infiltriert und es vielleicht mit der Wahrheit nicht so genau genommen.

Denken Sie nur daran, daß es nach deutschem Strafprozeßrecht immer wieder ein Hallo gibt, wenn ein Verteidiger sich die Zeugen vorher ins Büro kommen läßt und mit denen den Fall bespricht. Da kriegen die Leute leicht Anzeigen wegen Verleitung zum Meineid.

Der anglo-sächsische Angeklagte wird auf seine Aussage vereidigt, es gibt aber keine Prozesse wegen Meineids in solchen Fällen. In der ganzen Rechtsgeschichte gibt's keine. Von all den Angeklagten im IMT-Prozeß haben nur zwei es nicht gewagt, als Zeuge in eigener Sache auszusagen, einer war mein Angeklagter Wilhelm Frick.

Im Gegensatz zu der englisch-amerikanischen Methode steht das deutsche Strafrecht. Nach deutschem Strafrecht wäre dieser Prozeß nie zu führen gewesen, weil das eine veraltete Prozedur ist, die sich für große Verfahren nicht eignet, das sieht man schon an der langen Dauer großer deutscher Prozesse.

Zunächst ist im deutschen Strafrecht der Richter der Herr des Verfahrens. Er hat die Akten gelesen und sich dadurch, bewußt oder unbewußt, schon eine bestimmte Meinung gebildet. Ich habe bei allen deutschen Strafrichtern, mit denen ich gearbeitet habe, festgestellt, daß sie vor Eintritt in die Hauptverhandlung sich aufgrund der Akten schon, oft unbewußt, eine Meinung gebildet hatten. Immer wieder, bevor wir in die Hauptverhandlungen gingen, wurde darüber gesprochen.

»Wie sieht die Sache aus?«

»Ist 'ne faule Sache!« Schon eine Meinung aufgrund der Akten gebildet!

Natürlich ist keiner vorher schuldig, aber es ist die Luft, die Atmosphäre, die den Angeklagten umgibt. Die Karikatur dessen war Freisler, der »Rübe ab« sagte, bevor er in die Verhandlung ging, was selbstverständlich sonst niemand tut oder denkt. Aber selbst in dem Prozeß, wo der Richter noch so sorgfältig ist, steht der Angeklagte ungünstiger da als im englisch-amerikanischen Verfahren, wo alles, was gegen ihn spricht, erst mündlich vorgebracht werden darf in Anwesenheit des Verteidigers.

Ein weiterer Vorteil ist, daß der Richter Beweisanträge viel souveräner ablehnen oder ihnen folgen kann als in Deutschland. Der englische Richter hat keine Akten, er weiß über den Fall, was er in der Zeitung darüber gelesen hat. Er hat ihn aber nicht studiert. Er durfte ihn sogar nicht studieren, das wäre eine Pflichtverletzung. Theoretisch hört er davon das erste Mal, wenn der Staatsanwalt sagt, die und die Sache trage ich vor.

Ich glaube, es ist sehr schwer in einem Prozeß die Wichtigkeit der einzelnen Verbrechen gegeneinander abzuwägen. Man muß das zur Anklage bringen, was man an einem bestimmten Tage hat, hinterher stellt sich manchmal heraus, daß es zu klein und manchmal, daß es zu groß behandelt worden ist. Wir kannten in Nürnberg das Umbringen von Kriegsgefangenen in Lagern, der eine Fall in Sagan hat auch für eine Anklage genügt; plötzlich standen dreißig Lager vor uns und nach dem IMT-Prozeß fünfzig Lager. Das volle Bild der Ermordung und Aushungerung Millionen russischer Kriegsgefangener durch Armeeangehörige ist erst jetzt durch ein Buch des stellvertretenden Chefs der Ludwigsburger Zentrale zur Aufklärung von NS-Verbrechen, Christian Streit, bekannt geworden.

Bedenke man, daß wir ein solches Dokument wie das Wannsee-Protokoll erst vor dem Wilhelmstraßenprozeß im März 47 gefunden haben, infolgedessen war die Verschwörung, die Mittäterschaft aller einzelnen Ministerien, des Finanzministeriums, des Auswärtigen Amtes unter Ribbentrop, zur Zeit des IMT-Prozesses nicht in vollem Maße klar. Oder die Frage der Schuld von Heß, die ganze Judengesetzgebung, die dazu gehörte, konnte in Nürnberg nicht verfolgt werden, weil das ein Fall von ›Deutsche gegen Deutsche vor dem Kriege‹ war. Deshalb ist er eben unschuldig, sagt sein Anwalt Seidl bis heute, weil er nur wegen dieses morbiden Anklagepunktes, des Angriffskrieges, bestraft worden ist. Alles andere verschwindet in der Senkgrube, es stinkt, aber weiter nichts.

Es sind oft ganz merkwürdige, wie es beinahe aussieht, kleinkarierte juristische Gesichtspunkte hemmend gewesen. In der Euthanasieanklage gegen Frick mußte ich nachweisen, daß auch tschechische Kranke umgebracht worden sind, denn es war durchaus fraglich – ich hab' das mit Mühe und Not durchgesetzt – ob die Euthanasie-Aktion ein Verbrechen nach der Londoner Charter war. War das nicht etwas, was auch ohne Krieg hätte stattfinden können?

Ich habe deshalb lieber die Konstruktion gewählt: Diese Verbrechen sind gegen die Zivilbevölkerung besetzter Gebiete begangen worden. Ich brauchte daher eine Feststellung der tschechoslowakischen Regierung, daß Tausende von Tschechoslowaken auf diese Weise umgebracht worden waren.

Wenn man die einzelnen Punkte abwägt, die in Nürnberg zur Anklage gekommen sind und auch die einzelnen Angeklagten, die rausgegriffen wurden, darf man nie vergessen, daß trotz aller Vorbereitungen hier ein

Prozeß war, der nach einem halben Jahr zur Anklage gebracht werden mußte.

Ich bin bei der Vorbereitung in Washington anhand von drei, vier Dokumenten oft gefragt worden: »Ist das wirklich so?«

»Das, was wir vor uns haben, sind fünf Prozent. Ich kann aber garantieren, daß hundert Prozent existieren.« Das Ausmaß der Verbrechen war viel größer, als wir im Jahre 42/43 wußten, das bezog sich fast auf alles.

Ich war immer ein Gegner der Todesstrafe, aber dabei standen mir solche Fälle vor Augen, mit denen ich in jungen Jahren als Verteidiger bei Frey zu tun gehabt hatte. Nachdem mir die Taten der Nürnberger Angeklagten bekannt geworden sind, habe ich meinen Standpunkt geändert, weil für solche Massenverbrechen die Todesstrafe die angemessene ist. Sie ist ja in Nürnberg in sehr, sehr vorsichtigem Maße angewandt worden.

»Belehren Sie mich!«

Ich befand mich in Paris und blätterte die ersten Dokumente aus dem Archiv von Hitlers Weltanschauungschef Alfred Rosenberg durch, als eines Tages die Order kam: »Sofort nach Deutschland!« In einer zweimotorigen Militärmaschine wurde ich zum kleinen Flughafen Eschborn bei Frankfurt gebracht. Und da saß ich nun. Es hat mir überhaupt keine Beklemmungen verursacht. Es war für mich eine wichtigere Fahrt als von Washington nach San Francisco, ich erinnere mich aber nicht, besondere Rührung verspürt zu haben. Es war für mich eine andere Berufsaufgabe, direkt am Tatort.

Meine Aufgabe war, hier in Deutschland eine große juristische Aktion mitzugestalten und die Steine, die furchtbaren Steine auf dem Wege zu einem neuen Staate zu beseitigen, denn an diesem Plan hatte ich bereits drei Jahre mitgearbeitet.

Aufregend wurde es erst, als ich in Fechenheim bei Frankfurt in der Chemie-Fabrik Casella einen großen Teil des Heeresarchivs vorfand und die Handschrift der Mörder sah. Das war bewegend! Nicht, daß ich im Flugzeug die Grenze überflogen hatte; das war derselbe grüne Rasen, und da lagen Trümmer. Trümmer hatte ich schon nach dem Ersten Weltkrieg in Belgien und Nordfrankreich gesehen und die Reihen von weißen Kreuzen bis an den Horizont.

Dann kam einer der entscheidenden Augenblicke. Ich ging in Frankfurt am Main in das dortige Gebäude der Reichsbank und stand im Keller auf einmal vor Dutzenden von Kisten, großen hölzernen Kisten, die vorher in einem Salzbergwerk in Thüringen untergebracht waren. Amerikanische Truppen hatten sie hierher gebracht.

Ich sage zu der MP: »Machen Sie mal auf!« Er öffnet, und ich sehe ausgebrochene Goldzähne, Goldplomben, goldene Lorgnetten, wertvolle Etuis. Jeder Gegenstand stammte aus einem Raubmord. Mit der Ermordung war der Raub der letzten Plombe verbunden. Das war das erste Bild vom Nachkriegsdeutschland. Ich hatte nicht entfernt daran gedacht, so etwas einmal zu sehen.

Die Behälter hatten bereits in der Berliner Reichsbankzentrale gestanden, wo Präsident Walter Funk während eines Mittagessens mit dem SS-Obergruppenführer Oswald Pohl darüber verhandelt hatte, daß für die Lieferung dieses Goldes die Quote für die Lieferung des schwarzen Uniformstoffes für die SS erhöht werden könne. Nach der Verhandlung erfolgte die Besichtigung der Beute zusammen mit dem Vizepräsidenten Emil Puhl.

Ein kleiner Teil der Plomben war schon im Osten eingeschmolzen worden, das Material war sehr wertvoll. Es gab Kenner, die sich schon kleine Goldbarren hergestellt hatten, um sie nach Hause zu schicken.

Solche privaten Einschmelzungen waren eigentlich verboten, man hat sogar einzelne SS-Leute dafür bestraft. Ich habe einen SS-Kriegsgerichtsrat, der eine solche Bestrafung veranlaßt hatte, später gefragt: »Ist das nicht eine sehr merkwürdige Sache?« Er war stolz, daß er jemanden bestraft hatte, und verstand meine Frage gar nicht, warum man für den kleinen Diebstahl jemanden bestrafte und das Herausreißen der Goldplomben aus den Ermordeten mit Ruhm und Medaillen belohnte.

Ich bin als jemand zurückgekommen, der seit Jahrzehnten Verbrechern einer bestimmten Sorte zur Aburteilung verhelfen will. In der Linie, in der ich seit den zwanziger Jahren gearbeitet habe, mit dem einen Unterschied: Jetzt hatte man sie mal. Man hatte sie nicht nur selbst, sondern auch ihre eigenen Geständnisse in den Aufzeichnungen und Tagebüchern, wo sie sich ihrer Heldentaten gerühmt haben, und in ihren Befehlen: »Ich ordne an, daß . . .«

In dieser Eigenschaft bin ich nach Nürnberg gekommen und ebenso meine Kollegen. Rache und dergleichen Ausdrücke passen da nicht. Es war genauso, wie wenn meine Eltern vor meiner Geburt am Skutari-See in Albanien die Malariafliegen beseitigt haben. Darum bin ich gekommen. Wie kam *ich* da rein?

So merkwürdig es klingt, es war selbstverständlich. Zwangsweise hatte ich meinen Standort von Berlin nach Philadelphia und Washington verlegt und sofort, als die Frage eines Gerichts und von Anklagen akut wurde, daran mitgearbeitet.

Bei mir war der Unterschied zu vielen anderen der: Ich hatte mich mit diesen Fragen eigentlich seit 1922/23 in Berlin beschäftigt. Für mich waren die Ermordung Kurt Eisners, Walther Rathenaus oder Matthias Erzbergers Fälle, die mich schon früh sehr ergriffen und über die ich vom Beginn meiner juristischen Laufbahn an geschrieben habe.

Meistens bedurfte es keines Drucks auf geeignete Juristen, nach Nürnberg zu gehen, ich nehme einige Emigranten aus, die das auf alle Fälle nicht machen wollten. Erstens wollten sie nichts mehr mit Deutschland zu tun haben, und zweitens hatten sie Angst, in den USA ihre schwer erworbene gute Stellung zu verlieren.

Diejenigen, die mit Deutschland Schluß gemacht hatten, empfanden wohl wie ein Kollege, der mir sagte: »Ich habe zu viel hinter mir und zu wenig vor mir.« Ein jüngerer Mann noch, den ich engagieren wollte.

Für mich selbst spielte es keine Rolle, ob ich gegen die Strolche von Amerika aus vorgehe oder von Paris oder von Berlin aus.

Selbstverständlich ist durch die Erziehung in Deutschland seine Geschichte ein wichtiger Teil von mir, aber doch nicht ausschlaggebend bei der Frage, wie man ein Verbrechen bekämpft. Mir hat einmal Ferdinand Friedensburg bei einer Konferenz gesagt: »Ich seh' an Ihren Augen, Sie sind ein guter Deutscher.«

Ich sage: »Da sehen Sie was Falsches in meine Augen rein.«

Die Qualität ist doch nicht ›made in Germany‹, sondern: »Was denkt er über Menschenrechte? Was denkt er über die Notwendigkeit eines Weltstrafgerichtshofes?« Das sind Qualifikationen. Mir steht ein guter englischer Jurist viel näher als irgendein fauler Kopp in Hamburg.

Für die Verbrecher war meine Mitwirkung in Nürnberg sehr unangenehm.

»Den können wir schwerer beschwindeln. Vielleicht haben wir es bei einem jungen amerikanischen Kriegsgerichtsrat, der gerade aus dem Felde gekommen ist und sich bisher mit Diebstählen zu befassen hatte, leichter.«

Jetzt sahen sie, was los war. Jetzt standen sie jemandem gegenüber, der von ihren Sünden wußte. Selbstverständlich war das unangenehm, ist doch ganz klar! Andererseits stellen sich Verbrecher auf einen ein.

Immer, wenn ein Gefangener aus der Zelle zum Verhör gebracht wird, dann weiß der Mann ja ganz genau, mit wem er sprechen wird und welche Charakteristika der Vernehmende hat. Woher weiß er das? Die Wache, irgendein GI aus Tennessee, kann den Namen des Vernehmungsbeamten nicht lesen, vielleicht kann er das Zimmer lesen. Der Gefangene guckt ihm freundlich über die Schulter und spricht: »Ach, ich werde Ihnen gleich sagen, zu wem wir gehen.« Dann weiß er Bescheid über das Weitere, weil schon alles besprochen worden ist im Gefängnis. Dieses Angeklagtenmilieu war eine Welt für sich, die meisten sind ja keine Idioten gewesen, sondern intelligente Menschen, soweit der IQ in Frage kam. Die Idioten waren in der Minderheit.

Die Nürnberger Verhöre waren für die Beteiligten recht unerquicklich. Stellen Sie sich vor, das Gros in fremder Sprache lief über Dolmetscher. Dadurch wird der ganzen Unterhaltung der Charme genommen. Wenn mir ein Angeklagter zeigen wollte, wie gut er englisch sprach, sagte ich stets: »Wenn Sie englisch sprechen, dann höre ich nur die Hälfte, das kann ich nicht so gut verstehen. Mit mir müssen Sie berlinisch sprechen, dann werden wir uns sehr gut verständigen. Sonst hat's keinen Zweck.«

Da fragt man zunächst: »Woher sind Sie? Wie sind Sie aufgewachsen?«

Staatsanwalt ist kein Papierjob. Man muß sich doch in die Seele der Leute einnisten und in diesen Jahren besonders. Was glauben Sie, was die verurteilten Leute mir noch vor vier, fünf Jahren gesagt haben? »Wenn Sie wüßten, was das für mich bedeutet hat, daß ich mich mit Ihnen unterhalten konnte.« Am Rande habe ich mir manchmal überlegt, was mit den Betreffenden passiert wäre, wenn sie sich nicht mit mir hätten unterhalten können. Nehmen wir mal an, sie hätten die Belastung eines zwanzigjährigen Verfahrens in der deutschen Justiz erduldet, ob es nun gut oder schlecht ausgegangen wäre. Die Leute haben nach Abschluß ihrer Verhöre teilweise gesagt: »Ach, kann ich hier nicht noch ein bißchen bleiben? Ich könnte vielleicht über diese oder jene Sache Auskunft geben ...«, Dinge, die eine Nebenrolle spielten, ich habe erst gar nicht verstanden, was da los war. Die wollten noch nicht in die deutschen Entnazifizierungsbehörden hinein.

Vergessen wir die Justiz eine Sekunde. Nürnberg war doch neben allem anderen ein unerhörtes, noch nie dagewesenes psychologisches Laboratorium. Ein Versuch der Seelenforschung, der Suche nach der Motivation dieser Verbrecher. Es waren doch nicht SS- oder Gestaposchergen, denen man gesagt hat: »Die drei dort müssen umgelegt werden!«, und in zehn Minuten waren sie tot. Das waren Herren, bei denen ganz andere Gesichtspunkte eine Rolle spielten.

Zunächst mußten sie alle einmal das Herz ausschütten, sie haben in Dutzend Jahren nicht gesprochen und nun ihr ganzes Leben zu erklären versucht. Wenn man jemanden besser kennt, kennt man auch seine Verbrechen besser. Die Leute waren unerhört interessant, ihr verbrecherischer Dynamismus. Warum ist dem einen jede Schandtat gelungen, der andere ist nur ein Halbseitiger geblieben? Warum?

Ein einfallsreicher Angeklagter kann den Ankläger auch in eine bestimmte Richtung führen. Die Leute versuchen ihre Tricks an einem. Die meisten waren sehr dynamische, energische und geschickte Personen, die einen ganz intensiven verbrecherischen Willen auf bestimmten Gebieten durchgesetzt haben. Ob sie die Sklavenarbeiter haben hungern lassen, ob sie den Juden vor der Auswanderung den letzten Pfennig aus der Tasche gezogen haben, ob sie mit Hitler konspiriert haben, wenn er gesagt hat, wir werden Polen angreifen und hierfür irgendeinen Vorwand schaffen, wenn wir gesiegt haben, fragt kein Mensch mehr danach.

Es gab viele Gründe dafür, warum diese Kulturmenschen eher als sie es sich hätten träumen lassen, als politische Kriminelle einsetzbar waren: Die Tatsache, daß viele von ihnen eine schlechte Erziehung hatten, daß sie zu wenig gelernt haben. Sie hatten keine Erziehung genossen, die ihnen eine geräumige Perspektive vermitteln konnte. Die Tatsache, daß die meisten von ihnen vom Ausland überhaupt keine Ahnung hatten, die Tatsache, daß sie noch durch das frühere Militär leicht zu kuschen gewohnt waren, wenn einer Befehl gegeben hat. Die Tatsache, daß sie eben Beamte waren und man durch Willfährigkeit etwas werden konnte. Da bin ich wer!

Manchmal haben sie sogar ihre Schandtaten übertrieben, so daß ich sagte: »Das haben Sie gar nicht gemacht, Sie waren ja nicht dabei. Das haben Sie aber ins Tagebuch hineingeschrieben, weil Sie es nach dem Siege vorzeigen wollten, als Beweismittel für eine Dekoration oder für die 250 000-Mark-Gabe von Hitler.« Das alles gehört zur Motivation.

Natürlich haben die Leute versucht, uns mit kleinen Sachen hinters Licht zu führen. Ich ermittelte ein bestimmtes Thema, und der Betreffende erzählte dann von anderen Dingen, die mich auch interessierten, aber gar nicht zur Sache gehörten. So kam ich von seinen Verbrechen ab. Ich wollte von einem sehr großen Verbrecher des Auswärtigen Amts verschiedenes wissen, und er sagte: »Das war aber nicht das größte Verbrechen, an dem ich beteiligt war. Sie wissen ja gar nicht – als wir den Bakterien-Krieg machen wollten und Bakterien in der Türkei gesucht haben – das ist eine interessante Geschichte! Das müssen Sie mal überlegen.«

Wenn sie gemerkt haben, daß ihnen das gefährlich werden könnte, haben sie natürlich zu schwindeln angefangen und wenn es sein mußte, ihre Kollegen belastet. An kritischen Stellen habe ich sie gefragt: »Und das haben Sie selbst geglaubt, was Sie mir hier erzählen?«

»Na ja«, kommt dann. Dieses »Na ja« spielte überhaupt eine Rolle bei Antworten. Ich habe immer wieder die Leute gefragt: »Belehren Sie mich! Wie finanziert man eigentlich einen Krieg? Wie macht man so eine Endlösung. Wir wissen, wie es anfängt, aber wie haben Sie das alles durchgesetzt? Wie haben Sie die Menschen erfaßt, die Juden in Holland? Welches Meldesystem haben Sie da eingeführt? Wieviel weibliche Hilfskräfte hatten Sie? Haben die das alles mitgemacht?«

Ihre Verbrechen haben sie eigentlich nicht erklären können, da waren sie sehr klein und dürftig. Sie haben zusammen mit ihren Verteidigern alle möglichen Ausreden versucht, wie, daß sie gerade an dem Tag Urlaub hatten oder bei der Wannsee-Konferenz um zehn Uhr gerade aufs Klo mußten und die entscheidenden Sachen nicht gehört haben und dergleichen. Ich habe manchem Minister gesagt: »Herr Minister, Sie verteidigen sich ja wie früher die kleinen Ganoven in Moabit. Muß denn das sein?«

Eines Abends, es war noch vor Prozeßbeginn, ruft mich der *Chief Clerk* an und sagt ganz aufgeregt: »Etwas Furchtbares ist passiert. Das bringt uns alle ganz durcheinander: Anruf aus Berlin, Hitler lebt, es soll gar nicht stimmen, daß er verbrannt ist.« Also kam der Hitler in Nürnberg an, in einem Jeep und mit zwei Militärpolizisten.

»Wir haben eine große Bitte an Sie«, ruft mich der *Chief Clerk* wieder an, »wir müssen ihn anklagen, er muß noch reingeschoben, sogar vorgeschoben werden. Der *court* hat die Absicht, Sie als Offizialverteidiger zu bestellen.«

Ich sage: »Ich bin doch seit Monaten bei der Anklage tätig. Wir haben jetzt Oktober.«

»Ja, aber Sie sind noch nicht vor Gericht für die Anklage aufgetreten. Justice Lawrence wird mit Jackson sprechen. Der muß sie freigeben.«

»Mir ist die Sache nicht angenehm«, sage ich, »ich liebe den Mann nicht so.«

»Man muß nicht alle seine Mandanten lieben, wie bestimmte Leute denken.«

»Ich hasse den Mann. Hab' gegen ihn gekämpft, und jetzt soll ich ihn verteidigen?«

»Sie kennen genau die amerikanischen ethischen Grundsätze für die Anwaltschaft, darüber ist jahrelang gestritten worden, es gibt gar keinen Grund, ihn nicht zu verteidigen. Jeder Angeklagte, das steht in jeder Strafprozeßordnung, muß einen Verteidiger haben.«

Ich sage: »Der Mann will mich vielleicht gar nicht.«

»*Wir* bestellen den Offizialverteidiger, Mr. Kempner!«

Also, ich wurde bestellt.

Hitler sitzt unten in der Zelle, irgendwie angepinselt und für die Wachen nicht zu erkennen. Er wird raufgebracht, ich sage: »Nicht ins Vernehmungszimmer. Ich will ihn in meinem Büro haben.«

Kurze Begrüßung. »Hier bin ich nun«, usw.

Den Tisch hab ich so gestellt, daß er nur mir gegenüber sitzt und mein Vertreter und die bei solchen Vernehmungen anwesenden Damen hinter ihm sitzen, und die Stenografin auch. Der Hitler, ganz heiter, fragt: »Wie werden Sie mich nun verteidigen?« Eine Frage, auf die ich im ersten Moment gar nicht so gefaßt war. Ich dachte, es gibt erst ein kleines Plauderstündchen, damit wir uns wieder näherkommen und an alte Berliner Zeiten erinnern, wo ich seine Zeitung ab und zu verbieten ließ, Denkschriften gegen ihn gemacht hatte und wegen Hochverrats und Meineids gegen ihn vorgehen wollte.

»Herr Hitler«, sage ich, »bleiben Sie mal hier sitzen, ich will eine Sekunde rausgehen. Ich hole mir ein Glas Wasser.«

Ich bitte zwei der Damen, sie sollen mal mit rauskommen. Wir stehen im Korridor. Ich weiß wirklich nicht, was ich dem Hitler sagen soll und drehe meine Gedanken hin und her, was ich für die Verteidigung tun könnte. Wie ein Blitzstrahl geht mir etwas durch den Kopf, ich gehe zurück zu dem Herrn Hitler, wir setzen uns wieder hin.

»Herr Hitler«, sage ich, »ich werde Sie verteidigen. Dazu brauchen wir keinen Zeugen, ich glaube, Sie haben sogar gewisse Chancen. Hier im Keller bei uns sitzt seit Wochen Ihr Hoffotograf, Herr Hoffmann. Ich werde Herrn Hoffmann bitten, mir bei der Zusammenstellung der Verteidigung zu helfen. Ich werde Filme vorführen, wie Sie in Nürnberg dahinten auf dem Parteigelände gesprochen und wo Hunderttausende geklatscht haben, daß Sie der richtige Mann sind; die werden wir dem Gericht vorführen. Anschließend werde ich Filme vorführen aus dem Reichstag, wo Sie 1939 eine Rede gehalten haben: ›Nicht ich werde untergehen, sondern die Juden werden untergehen!‹ Neben Ihnen hat der Reichsminister Lammers gesessen und auf der anderen Seite Ihr Stellvertreter, der war ja damals noch im Land, und die Abgeordneten und die beiden Herren neben Ihnen haben geklatscht wie irrsinnig. ›Unser Führer wird das machen.‹ Dann werde ich Sie bei anderen Gelegenheiten vorführen, wo die Jugend Ihnen zugejubelt hat in einer Weise, an die Sie selbst niemals geglaubt haben. Ich werde zeigen, wie Ihnen all die Menschen zugejubelt haben und sagen: Wenn jemand so bejubelt worden ist, dann heißt das, daß Millionen das gebilligt haben und daß Sie selbst der Meinung sein konnten, sie tun etwas Gutes. Und das Gute, an das Sie gedacht haben, auch wenn andere das jetzt für schlecht halten, das muß zu einem Freispruch führen. Aber Ihre innere Einstellung und was das deutsche Volk zu Millionen gefühlt hat, dieses Argument ist vielleicht nicht ganz durchschlagend. Sie werden darum zusammen mit ausländischen Diplomaten bei der Olympiade 1936 gezeigt. Das wird uns Herr Hoffmann vorkurbeln. Ich werde Sie in München auf die Leinwand bringen, wie Sie den Frieden in Europa gerettet haben und auch weiter gerettet hätten, wenn die anderen vernünftig gewesen wären. Und zum Schluß, da wir zwei russische Richter haben, werde ich den Filmstreifen vorführen, wie das halbe Polen von Ihnen in wenigen Wochen, im Interesse eines besseren Polen, Deutschland angegliedert worden ist. Und ganz zum Schluß werde ich den Film zeigen, wo der deutsch-russische Vertrag mit Herrn Ribbentrop, dem Staatssekretär Gaus und Molotow geschlossen worden ist – wie die da alle sitzen und zeigen, wie glücklich auch die östliche Hälfte von Polen geworden ist, nachdem es die Russen eingeheimst haben. Selbstverständlich werden wir auch den Grad der freudigen Mitarbeit Ihrer Minister und Generäle klarstellen, die immer alles auf Sie persönlich schieben. Ich kann Ihnen sagen, ich habe große Hoffnung für einen Freispruch.«

Das ist eine Filmidee von mir, ›Hitler auf der Nürnberger Anklagebank‹, ich habe das einmal mit Heinar Kipphardt besprochen.

Kleine Strolche mit großen Erfolgen

Man muß gesehen haben, wie blitzschnell alle die Jubilanten umgekippt sind, sobald die Macht verloren war. Hitlers Verteidigung hätte natürlich seine Spießgesellen hinten runterpurzeln lassen, die in der Voruntersuchung gesagt haben: »Alles Befehl, wir wußten von nichts, hätten es auch nie gebilligt und haben nicht applaudiert.«

Juristisch ausgedrückt fehlte – wie heißt der schöne Ausdruck? –: »Das Bewußtsein der Rechtswidrigkeit.« In Nürnberg wären wir schon mit dem Hitler fertiggeworden, heute wiederum leichter als damals. Inzwischen hat man in verschiedenen Quellen direkte Hinweise auf mehrere Führerbefehle gefunden, die auf die Endlösung zielen. Der Führer im IMT-Prozeß hätte allerdings eine etwas andere Beleuchtung des ganzen Anklagegemäldes bewirkt. Das Abschieben der Schuld von fast allen Angeklagten auf Hitler wäre zusammengebrochen: »Er hat das alles bestimmt, wir konnten nicht anders ... es war Krieg, ... wir wußten überhaupt nicht, daß das eine strafbare Handlung war« und ähnliche faule Ausreden.

Ohne jeden Zweifel hätten sich dann die Angeklagten offensiv verteidigt. Sie hätten von dem guten Glauben an eine bessere Zukunft sprechen müssen, von der wirtschaftlichen und kulturellen Blüte durch das Hitlerregime. Nach deutschem Recht wäre dann prompt die Frage der Subjektivität aufgetaucht. Wo wäre das Unrechtsbewußtsein? Was wäre noch bösartig gewesen?

»Wir haben das eben für gut gehalten!« Was glauben Sie, was das für eine Arbeit ist, dem Hitler ein intaktes Unterscheidungsvermögen für Recht und Unrecht nachzuweisen! Schwieriger als bei einem NS-Richter. Man hätte angefangen mit seiner Wiener Zeit.

Zum Glück hat das Londoner Statut für solche Spitzfindigkeiten keinen Raum gelassen. Meine Kollegen von der Anklage haben sich in das Gewissen dieser Leute nicht besonders vertieft. Solche Art politischer Hochstapler kommen und gehen in den Vereinigten Staaten. Eigentlich hat man sie viel mehr mit Gangstern verglichen als mit irgendwelchen Charismatikern. Dazu mußten erst Psychologen kommen, um sich die Burschen genauer anzusehen und zu dem Schluß gelangen, der Schacht hat einen enormen IQ und viele Bücherschreiber wußten nachher sowieso alles besser. Aber wenn man mit so ’nem Göring im Zimmer gesessen und ihn vernommen hat – da war doch kein bißchen Helligkeit irgendeiner Ausstrahlung.

»Warum wird wie mit einem Besen / denn so ein König ausgekehrt? Wären’s Könige gewesen / so wären sie noch unversehrt.«

Das hat damals jemand gedichtet, weil es auf einmal so kleine Männekens waren und nichts Königliches an ihnen übriggeblieben ist. Bei der Beurteilung der Leute, die im IMT-Prozeß erschienen sind, hatte ich ein etwas anderes Gefühl. Für mich waren sie, was sie immer waren: Kleine Strolche mit großen Erfolgen. Es war keine Substanz hinter den Leuten, sie waren aufgeblasen von Natur und obendrein noch aufgeblasen worden. Man kann auch mittelmäßige Kreaturen aufblasen, aber das hatte leider den Effekt, daß Millionen in Deutschland und auch im Ausland auf die Blase reingefallen sind. Hätte man rechtzeitig in den Ballon hineingestochen, so wäre es gar nicht zu alledem gekommen.

Wenn ich mich erinnere an die Verhandlungen in Preußen mit Hitler über Demonstrationen und Proklamationen, es steckte wirklich nichts dahinter als das große Maul, das dem Publikum imponierte. Frank ist hinterher erschienen, wenn etwas schiefgegangen ist, Hitler und Goebbels kamen, um ihre Propagandavorhaben durchzubringen. Sie sind zur Polizei geschickt worden; man hat sie ins Innenministerium gar nicht gelassen, weil man zunächst sagte, das ist nicht unsere Ebene, das soll der Polizeipräsident von Berlin mit ihnen aushandeln.

Ich habe Freunde von mir gefragt, die da verhandelt haben: »Was ist denn mit denen los?«

»Gar nichts«, haben die mir gesagt, »die Menschen *wollen* sich faszinieren lassen.«

Das war das wahre Geheimnis. Bluff! Bluff! Der Bluff Chamberlain gegenüber, der Bluff Stalin gegenüber. Merkwürdig, wie politisch hochgestellte und ganz ausgekochte Personen aus den verschiedensten

Ländern so auf Bluff reinfallen. Ich habe oft zu Kollegen gesagt: »Aber das können Sie sich doch jeden Tag in Moabit ansehen, daß ein Gauner erzählt hat, was er alles besitzt und alles kann und darauf irrsinnige Summen bewilligt erhalten hat.« Auf sowas ist die ganze Industrie reingefallen!

Angesichts der Feigheit der Gegenseite war Hitlers Erfolg wiederum nicht überraschend. Nicht nur, daß sie auf den Bluff reingefallen ist, sie hat noch mit ihm Rückversicherungsverträge abgeschlossen: Wir glauben nicht, daß es was wird, aber wenn es was wird, dann sichern wir uns die Teilnahme. Warum haben Hugenberg und Papen sich darauf eingelassen? Weil sie leben wollten; darum sind sie eben auf den politischen Anhänger aufgestiegen und mitgefahren. Sie haben leider weniger nach dem Prinzip geguckt, als danach: »Was kann bei dieser Angelegenheit für mich rauskommen?«

Das war der Standpunkt und das war andererseits die Kunst; es hing gar nicht mit Charisma zusammen. Geschicklichkeit! Darum bin ich nicht davon ausgegangen, daß all die Leute vor Gericht zu irgendwelchen gehabten Überzeugungen stehen würden, sondern es wiederum, wie sie dachten, geschickt aufziehen: Befehlsnotstand . . . andere haben das auch gemacht . . . es hätte keine Judenverfolgung ohne den Vertrag von Versailles gegeben! Die Sachen, die sie vorgebracht haben, schienen mir ziemlich eindeutig, waren aber leider so quallig, daß man dagegen juristische Argumente kaum vorbringen konnte.

Zunächst mußte man mit ziemlich viel Mühe und Arbeit all die Bestimmungen und die Judikatur über den Befehlsnotstand präsentieren. Weiteres Argument: Staatsnotstand: »Das Dritte Reich stand in einer Notwehrsituation.«

Staatsnotstand war teilweise vom Reichsgericht akzeptiert worden. Versailles hat an allem Schuld, angefangen von Hitler bis zur Endlösung. Bei den Fememordprozessen wurde so etwas vorgeschützt: Wir mußten den Mann umbringen. Innerhalb der illegalen schwarzen Reichswehr zur Zeit der Weimarer Republik war es üblich, einen, den man nicht leiden konnte, umzubringen unter dem Vorwand des Verrates: »Wir mußten den Mann von Staats wegen umbringen!« Wenn der Mann etwas über unsere Organisation ausgesagt hätte, dann wäre die ganze Truppe aufgeflogen, also Staatsnotstand! In ganz merkwürdiger Weise sind solche Geschichten anerkannt worden.

Dann kam todsicher das politische Argument: Wir können doch nicht so schlecht gewesen sein, denn gewisse englische und französische Kreise haben doch den Führer anerkannt und sind alle nach Berlin zur Olympiade gereist.

Doch wie auch immer die Taten beurteilt werden sollten – hilfsweise wurde vorgebracht, daß der Eine vom Anderen nichts gewußt habe, nur sein Vertreter im Amt gewesen sei und vom Nebenmann nicht informiert worden wäre.

Leider bin ich erst sehr spät darauf gekommen, daß nach der Geschäftsordnung der Ministerien, die in der Hitlerzeit genauso galt wie vorher, ausdrücklich stand: Für alles, was durch meine Hände geht, bin ich verantwortlich, ob Befehl oder nicht Befehl, wenn ich nicht einen Vermerk mache, daß ich damit nicht einverstanden bin; wegen der vielen Paragraphen war das bedeutsam. Dann hatte er leider die Paraphe gemacht, aber »ich habe gerade nicht hingeguckt, was da drin stand«.

Bei der Auswahl der Angeklagten bemühte man sich, Personen zu nehmen, die in möglichst vielen Ländern ihre Verbrechen begangen hatten, das war ein wichtiger Gesichtspunkt. Über Göring, den zweiten Mann im Staat, war gar kein Zweifel, ebensowenig über Heß, als Stellvertreter des Führers. Die beiden Militärs und die zwei von der Marine standen auch fest, aber wer war der Nächste? Ribbentrop selbstverständlich als Außenminister und Alfred Rosenberg, der Präzeptor der nationalsozialistischen Weltanschauung, als Ostminister. Ferner hatte man den früheren Außenminister von Neurath, Minister zu einer Zeit, da es noch nicht ganz so schlimm war. Dann kamen die komplizierteren Fälle: Papen mußte dabei sein als Steigbügelhalter, Schacht als der Mann, der das Geld für die Angriffskriege gegeben hatte, Fritzsche mußte die Propaganda verantworten, auf Sauckel lastete immerhin ein Heer von Zwangsarbeitern, von denen Tausende um Tausende umgekommen sind. Sauckel wirkte so klein und unscheinbar, daß er auch ein unscheinbarer Verbrecher wurde.

Das Schlimme bei einer solchen Auswahl sind die psychologischen Gesichtspunkte, weshalb sich jeder Angeklagte vor der Hauptverhandlung in Moabit erstmal rasieren läßt und einen besseren Anzug anzieht. Diese Sauckels und Streichers sahen aber in keinem Anzug so aus wie Speer und Schacht.

Unser Anklagerahmen paßte allerdings sehr schwer auf den Streicher, zu seiner Anklage bekam ich zunächst eine ganz flaue Sache vorgelegt. Mein Chef und ich waren entsetzt, »wo sind denn die ganzen Archive vom ›Stürmer‹?«

Man ist dann nochmal mit einem feinen Kamm über die Schmierereien rübergegangen und hat dabei, das kann man sehr klar am Urteil sehen, eine Menge herausgeholt, das direkt auf Mord hinauslief.

Schirach mußte auch verarztet werden, weil er die Jugend verführt hat. Wo aber findet man den Verführten, der aufgrund der Tatsache, daß er beim Schirach war, am anderen Tage Morde begangen hatte? Da war nichts zu machen, wir saßen da mit dem Schirach.

Erst Wochen später, das sind ja dann immer sehr schwierige Erwägungen, kamen meine Kollegen und ich zu weiteren Ansätzen und sagten uns: Ob er die Jugend verführt hat, schön und gut, das interessiert juristisch nicht, denn damit können wir nichts anfangen. Aber die Sache mit den fünfzigtausend Juden, als er Gauleiter in Wien war, das ist die Belastung, und so war es auch.

Die Tatsache, daß der Professor Carl Schmitt die Jugend verführt und durch seine Schriften die Eroberungslust der jungen Juristen gereizt hat, reichte unter dem Londoner Statut auch nicht aus, um ihn anzuklagen. Er ist moralisch der größte Verbrecher, Anklägern sind hier aber die Hände gebunden.

Schmitt hatte eine territoriale Großraumtheorie in die Welt gesetzt, die das historische Rezept der hitlerschen Hegemonie in Europa sein wollte. Aber wie wollen Sie nachweisen, daß das nur durch kriegerische Mittel geschehen konnte? Und wie wollen Sie nachweisen, daß das *nur* auf dem Wege gemacht werden konnte, den Hitler eingeschlagen hat? Die ganze Kausalität – mit der sitzt man ja da.

Wo ist der Punkt, der nachweist, daß Schmitt den Überfall auf Polen direkt geistig vorbereitet hat? Es gibt ja Verträge, Konstellationen, durch die das gleiche zu bewirken ist. Sie können ja nicht in einem Prozeß sagen: »Na, anders hätte es logisch gar nicht gelingen können!«

Sie müssen etwas schwarz auf weiß von dem Mann haben. Wenn der Schmitt geschrieben hätte: ›... und wenn's nicht anders geht, dann müssen wir eben einmarschieren‹, dann wäre er geliefert gewesen, aber ohne dem kann man nichts machen. Eine Anklage und ein Urteil sind nicht so leicht, da muß akkurat geprüft werden. Daran erkennen Sie die allgemeine Lüge, zu sagen, aus Rache haben sie sich diesen und jenen rausgegriffen, das ist doch Quatsch.

Zu allen Beweisnöten tritt bei diesen Angeklagten das manische Abstreiten des Offensichtlichen. Ich habe manchmal vorgeschlagen: »Sagen Sie doch, wie's war, es wird durchaus nicht besser und nicht schlimmer. Die Richter werden Ihnen so und so kein besonderes Entgegenkommen zeigen.«

Gelegentlich hat man gedacht – zum Beispiel bei Baldur von Schirach, der manches erzählt hat – der würde besser wegkommen. Vielleicht hat er dadurch fünf Jahre gerettet. Die anderen, die gelogen haben, sind in Zweifelsfällen damit allem zum Trotz günstiger gefahren, und zwar aus einem sehr einfachen Grunde, den man auch in gewöhnlichen Prozessen sieht. Es bleibt immer der Zweifel: »Na, ist vielleicht doch ein bißchen Wahrheit an dieser Verteidigungslüge dran?« Es ist immer schwer, in einem Indizienprozeß ein Urteil gegen den Angeklagten zu fällen.

Nach dem alten Grundsatz ist das Geständnis die Krone der Beweismittel. Es vereinfacht den Prozeß, wenn der Mann gestanden hat und das Verfahren geht schnell über die Bühne. Theoretisch ist er ganz anders zu behandeln als der große Lügner, in der Praxis bewährt sich das Gegenteil. Die Angeklagten haben die menschliche Hemmung, die auch bei amerikanischen Richtern vorhanden ist, nach Kräften ausgebeutet. Natürlich haben auch die Staatsanwälte im Interesse des ganzen Klimas Wert darauf gelegt, Geständnisse zu bekommen. Ein Ankläger, der nicht sehr lange in Nürnberg war, der Geheimdienstchef Donovan hat zum Beispiel versucht, von Göring ein Geständnis zu bekommen. Es wurde darüber zwischen Görings Verteidiger und mir gesprochen. Göring stellte zunächst, sofern er überhaupt sprechen würde, Bedingungen: Er wollte beispielsweise wenigstens erschossen und nicht gehenkt werden. Ich beriet mit Justice Jackson, der sagte: »Solche Geschäfte machen wir nicht.«

Generalfeldmarschall Keitel wollte ein Geständnis ablegen. Alles war schon vorbereitet, daß Keitel die große Erklärung abgibt, die Presse wußte, daß ein großer Tag bevorstand. Am Abend vorher kommt Keitels Verteidiger zu mir und sagt: »Der ist umgefallen.«

Das war der sehr offene Rechtsanwalt Otto Nelte, der später eine Schrift über das grauenhafte Verhalten von mörderischen Generälen geschrieben hat. Nelte sagte: »Sie werden genauso enttäuscht sein wie ich. Keitel hat mir soeben einen Brief geschrieben: Er will nicht!«

In dem Brief stand drin, daß Göring es ihm *verboten* hatte, – typisch

Keitel. Er hätte durch sein Geständnis untere Chargen entlasten können und aussagen: »Das habe ich befohlen, lauter verbrecherische Order.« Damit wäre die Staatsanwaltschaft natürlich sehr einverstanden, um anderen Angeklagten, den Lügnern, zu zeigen: Es ist doch alles Schwindel, was ihr da erzählt habt.

Göring wollte den Keitelschen Standpunkt nicht einnehmen – von vornherein nicht. Wir hatten Göring bereits nahegelegt: »Warum wollen Sie vor der Nachwelt *so* dastehen und sich nicht schützend vor ihre Leute stellen, indem Sie sagen: ›Ich hab das arrangiert, ich bin's gewesen, und für die Leute, die mir gefolgt sind, muß ich die Verantwortung übernehmen.‹« Diese Feigheit war das, was mich außerordentlich gestört hat. Obwohl Göring sich vergleichsweise offensiv verteidigte, hat er immer wieder eingeschoben, was ihm alles verheimlicht wurde, und von hinten betont: »In der letzten Zeit war ich doch ganz getrennt vom Führer. Der wollte mich ja verhaften!«

Kurz vor seinem Bekenntnisversuch war Keitel in eigener Sache vernommen worden und sehr weit gegangen. Allmählich jedoch lernte er, wie man es in einem Kriminalprozeß lernt, immer mehr zu verdrängen. Das ist ja nicht eine spezielle Eigenschaft vom Herrn Keitel.

Dabei hilft das Strafgesetzbuch ein bißchen, indem es den Begriff der Reue eingeführt hat, und schließlich vergibt auch die Kirche –, »den Ketzern furchtbar – doch den Sündern gnädig«. Es wird immer weniger, daran glauben sie selbst allmählich, und bald ist nichts mehr da von innerer Schuld. Speer hat diese Richtung bis zum Ende seines Lebens durchgehalten.

Frank hat mit derselben Methode zu operieren versucht. Aber im Gegensatz zu Speer kam immer wieder heraus, daß er es vielleicht doch nicht so meinte und alles nur für das Gericht bestimmt war. Darum blieben Zweifel an seiner Aufrichtigkeit hängen.

Schacht ist erfolgreich zum Angriff übergegangen, das Material gegen ihn war nicht so dick wie bei den anderen. Und für fast jeden Richter spielte die Frage eine Rolle: Wie weit ist der wegen Mordes Beschuldigte von den Leichen entfernt? Je weiter er weg steht, desto harmloser sieht der Mann aus.

Schacht trat auch als Widerstandskämpfer auf und hatte in Gisevius einen notorischen Widerstandskämpfer als Entlastungszeugen.

In der Tat hatte Schacht eine kurze Zeit im KZ zugebracht, eine

Anzahl der Herren hat ja in Buchenwald gesessen. Ich habe mir gerade vor ein paar Tagen von einem Anwalt, der fünf Jahre in Buchenwald war, berichten lassen, was mir vorher nicht ganz klar war, daß es sich um eine kilometerweit entfernte Dependance von Buchenwald gehandelt hat. Ein Sonderlager, das nicht zur Vernichtung, sondern zur Erhaltung von Personen diente, die man eventuell als Geiseln zum Austausch benutzen konnte. Da saßen Léon Blum, Schacht und nach dem faschistischen Zusammenbruch Mafalda, die Tochter des Königs von Italien mit ihrem Gemahl Prinz Philipp, Oberpräsident von Hessen. Mafalda ist in Buchenwald umgekommen, allerdings durch einen Bombenangriff.

Als ehemaliger Buchenwald-Häftling war Schacht ausgesprochen arrogant, auch gegenüber seinen lieben Mitangeklagten. Daß er eine gewisse Trennung von denen konstruierte, hat ihm sehr genützt. Er gehörte nicht zu dieser *gang,* das sah man schon. Wer diese Arroganz wagt, vor allem in der Gefahr, bei dem gehen manche Menschen davon aus, auch Richter, daß dies für seine Unschuld spricht.

Wenn Sie gewöhnliche Gangster fragten, dann hörten Sie: Bei *dem* Haftrichter mußt du frech auftreten, und bei dem anderen mußt du sehr bescheiden sein, dann hast du besondere Chancen. All diese psychologischen Dinge zählen.

Schachts Freispruch wurde häufig damit erklärt, daß er Verbindungen hatte. Natürlich kannte er die Finanzleute der ganzen Welt, aber das hat weder den englischen Richter noch den amerikanischen Justice Biddle in irgendeiner Weise beeindruckt. Biddle ist ein starker Liberaler gewesen, der nicht auf Industrieverbindungen von einem Angeklagten etwas gegeben hat.

Die englische Schriftstellerin Rebecca West beklagte in einer Reportage, Justice Jackson sei bei einem Kreuzverhör dem Schacht und vor allem Göring nicht gewachsen gewesen. Das ist sehr leicht hingeredet. Ich habe darüber mit Jacksons Freunden oft gesprochen und die Frage aufgeworfen: Wer wäre solchen Kennern denn gewachsen gewesen? Jemand, der denen vorgehalten hätte, Sie Strolch, Sie Lügner? Was macht man mit so einem, um ihm gewachsen zu sein?

Sir David Maxwell Fyfe hat Papen im Kreuzverhör zur moralischen und intellektuellen Null entblößt. Nur war der auch mehr eine Null als Schacht, außerdem ist er trotz seiner Kläglichkeit im Kreuzverhör freigesprochen worden.

Man hätte gegen Schacht noch gründlicher ermitteln müssen; zum großen Teil war es ein Fehler der Ermittlung. Es gab noch genügend Gemeinheiten Schachts, die ihn moralisch degradiert hätten.

Auf der anderen Seite wog die Konferenz von Evian, die sein Verhalten hätte entlasten können durch die Frage: »Wer nimmt Juden auf?« Er hat versucht, in Evian etwas durchzudrücken. Hinzu kamen seine privaten Rettungsaktionen für Juden; wenn die groß zur Sprache gekommen wären, hätte das vielleicht pro, vielleicht contra Schacht gewirkt. Pro, weil er geholfen habe; contra, weil daraus hervorging, daß er Bescheid wußte, was sich abspielte. Mehr Ermittlungen hätten mehr zutage gebracht, günstige wie ungünstige Dinge. So, wie die Beweislage war, mußte man hinnehmen, daß es eben mehr Fehlurteile bei Freisprüchen gibt als bei Verurteilungen.

Schacht hat übrigens gute Verteidiger genommen, keine nazi-artigen Gestalten, sondern Dr. Dix, der in Berlin wirkliche Widerstandskämpfer verteidigt hatte und den Göttinger Völkerrechtler Professor Herbert Kraus, ein weißhaariger Herr, der durch seine ruhige Art und seine gesamte Persönlichkeit beeindruckte. Die beiden Verteidiger von Schacht wirkten direkt als eine Art Eideshelfer, wie man sie früher im alten deutschen Prozeß hatte: Wenn zwei gute Männer für den Angeklagten eintreten, dann muß an dem etwas dransein.

Frick war hinterhältig. Das hatte sich zuletzt noch in Prag gezeigt, wo er selbst diejenigen Kreise, die ihm gegenüber politisch zurückhaltend waren, belogen und betrogen hat. Daß er sich dann soviel Geld in die eigene Tasche gesteckt hat, offenbart ein hemmungsloses, finanziell verkommenes Subjekt.

Die Wildesten sind bei der NSDAP nicht immer die Schlimmsten gewesen. Mit Wilden konnte man früher besser sprechen als mit Verlogenen. Wenn man mit den wilden Leuten Verhandlungen geführt hat über Demonstrationen, kam es meistens zu funktionierenden Verabredungen –, später gab es die Personen von gauleiter-artigem Wesen, die nach außen hin für ihre Parteigenossen sehr geschrieen und dann für paar hundert Mark plötzlich geschwiegen haben. Auf der anderen Seite standen sehr sture und gar nicht wilde Typen –, die die Verbrechen mit der kalten la main begangen haben, und dazu gehörte auch Frick.

Er war für die ganze antijüdische Gesetzgebung verantwortlich, für Personenstandssachen, für Paßangelegenheiten, Fragen der Staatsangehörigkeit, er hat eine kolossale Macht gehabt.

Denken wir auch an die Personalpolitik für die ganze innere Verwaltung, die Vorbereitung von Kursen für die Beamten, die in Posen oder in Prag eingesetzt werden sollten, die Delegierung von Beamten zur Geheimen Staatspolizei. Die Anordnungen für die »nutzlosen Esser« kamen alle aus dem Innenministerium, Himmler hatte mit denen nichts zu tun. Frick hat gebilligt, daß im besetzten früheren Posen Tuberkulosekranke umgebracht wurden. Er hat die Leute zu Ehrenariern geschlagen, hat die Verwaltung von oben bis unten korrumpiert, die Nazigesetze in den besetzten Gebieten eingeführt – in Österreich, in Polen und in der Tschechoslowakei. Er war für alle Ausbürgerungen verantwortlich. Er war Befehlsgeber und oberste Instanz für alle Nervenheilanstalten und der Vorgesetzte von Conti, dem Reichsärzteführer; seine Mutter war die Vorsitzende der Reichshebammenschaft.

Frick zeigte sich gegenüber den Leuten, die ihn im Vorverfahren vernommen haben, stur und gar nicht entgegenkommend. Er war eben ein Fanatiker, der mit Hitler schon in frühester Zeit den Putsch in München gedreht hat und noch bevor das Dritte Reich existierte, der erste nationalsozialistische Minister in Thüringen war.

Dabei hat er den Versuch gemacht, Hitler zum Polizeibeamten in Hildburghausen zu bestellen, damit ein Deutscher aus ihm wurde. Wir haben in Preußen dagegen so viel Krach gemacht, daß nichts daraus geworden ist. Hitler ist erst im Frühjahr 32 durch seine Ernennung zum Regierungsrat in Braunschweig deutscher Staatsangehöriger geworden.

Ich habe mit Frick nie gesprochen. Ich wollte mir nicht durch nachträgliche Erzählungen ›Warum, wieso, weshalb‹, die nur Lügen hätten sein können, das klare dokumentarische Bild verschmutzen. Er war schon vernommen und dabei ist überhaupt nichts rausgekommen. Frick hat sich so gut wie gar nicht verteidigt, »Es war alles Gesetz«, darum war alles in Ordnung.

Ich ziehe aus der Tatsache, daß die Täter all ihre Morde in Gesetzesform gekleidet haben, die entgegengesetzten Schlüsse. Sie haben doch Gesetze über Gesetze gemacht. Warum muß ich eine Verordnung über »Nacht und Nebel« machen? Warum muß das alles schriftlich formuliert werden, damit es Gesetz ist? Warum hat man einen Reichstag, der das immer als Gesetz stempeln muß –, ein Ermächtigungsgesetz? Warum hat man geglaubt, mit dem Gesetz ist etwas geheiligt?

Wir müssen an folgendes denken: Fast alle der Angeklagten hatten zwei Leben. Der Göring war ja mal Fliegeroffizier und nicht Schlächter. Ribbentrop war ja mal Sektverkäufer und nicht ein idiotischer Reichsaußenminister und Puppe von Hitler. Keitel und Jodl waren ja mal auf der Kadettenanstalt in Lichterfelde und hatten ein anderes Militär gelernt, als »Jawohl, mein Führer, Heil Hitler«. Das steckte noch in ihnen.

Ich will nicht ausschließen, daß etwas davon auch während des Nürnberger Verfahrens gegenwärtig blieb: Daß es früher mal anders war und vielleicht auch mit den sogenannten Siegern noch eine Verständigungsebene vorhanden wäre. Sie stellten sich doch dem Gericht, wollten allerdings mit allen Mitteln einen Freispruch herausholen. Diese Leute haben solange an Wundermittel geglaubt, daß sie auch jetzt noch irgendetwas für sich erhofften. Andere wollten beweisen: Wir sind noch da! Göring: »Wir sind ein Opfer dieser rachelüstigen zwanzig Anklagemächte, aber wir sind noch da!«

Göring hat in einem seiner vier hinterlassenen Briefe geschrieben: Wenn man mich erschießen würde, wäre ich damit einverstanden gewesen, aber die Schande unter das Fallbeil zu kommen, gönne ich dem Gegner nicht. Aber vielleicht kommen die Russen nach Nürnberg? Vielleicht kommt der verstorbene Goebbels noch mit einer Medizin?

Tatsächlich war es der Verteidiger von Rudolf Heß, der spätere bayerische Innenminister Seidl, der auf eine vermeintlich rettende Idee kam: Wie er sagte, beruhte die Idee auf dem Tip eines amerikanischen Journalisten hinsichtlich des Hitler-Stalin-Paktes. Es existierte dort ein geheimes Zusatzprotokoll, das Absprachen über den beiderseitigen Einfall in Polen enthalte. Eigentlich war ein Tip nicht nötig, denn in dem Gerichtssaal saßen Ribbentrop, der das Zusatzprotokoll vereinbart hatte, der frühere Außenminister von Neurath, der es kannte, und ein Dutzend Leute, die über den gesamten Pakt einschließlich Zusatzprotokoll glänzend Bescheid wußten.

»Wenn ich diese Geschichte durch einen Zeugen vor Gericht bringe«, dachte Seidl, »müßte sie den Prozeß irgendwie zum Platzen bringen. Weil ein Staat, der selbst mit Hitler Angriffskriege geplant hatte, sechs Jahre später seine Vertreter als Richter nach Nürnberg schickte.«

So startete Seidl den großen Versuch, Unterstaatssekretär Friedrich Gaus als Zeugen auftreten zu lassen. Gaus war ein älterer Jurist, ziemlich groß, etwas Glatze, unerhört höflich, korrekt, und er kannte die Politik und Geschichte des Auswärtigen Amtes von A bis Z.

Die russischen Richter protestierten, es entbrannte ein Kampf um die Zulassung. Die Mehrheit der Richter sagte, Gaus solle vernommen werden. Die Ladung von Gaus durch die Order der nicht russischen Richter geschah innerhalb des Falles Heß und sollte noch eine jahrzehntelange Bedeutung für die Verärgerung der Russen in der Frage der Begnadigung von Rudolf Heß haben.

Denn was nun vor Gericht auftauchte, war ja wirklich für die Sowjetunion nicht angenehm und ihren Richtern höchst peinlich. Daß da etwas existierte, wußten sie als hochrangige Personen, und selbstverständlich wußten auch die russischen Anklagevertreter um Alexander Rudenko, alle sehr energische Persönlichkeiten, was nun auf sie zukam.

In dem Augenblick, wo Seidl damit anfing: »Wir müssen einen Zeugen hören, der...«, begann ein ungeheures Telefonieren mit Moskau.

Mit dem Abkommen von München im November 1938 begann im Grunde der Weltkrieg. Ein Strafrechtler könnte sagen »Krieg durch Unterlassung«, indem man sich darauf einigte, alles hinzunehmen und nichts gegen die Forderungen Hitlers zu tun. Die Formulierung des englischen Premiers: »Jetzt haben wir peace in our time« war die größte Selbsttäuschung, der sich Staatsmänner hingeben konnten; sie pflanzte in Hitler den Glauben, er könne ungestraft buchstäblich alles bekommen. Unter den Diplomaten, die seinerzeit in mittleren Rängen an München beteiligt waren, fand ich später nicht einen, der die Gefahr erkannte, daß der peace in our time sehr schnell in einen Krieg verwandelt sein würde. Noch nicht ein Jahr später, September 1939, kam es zum Polenfeldzug, und im August 1939 war etwas ganz Merkwürdiges geschehen, der Hitler-Stalin-Pakt. Sein wahrer Charakter war die Teilung Europas, vielleicht sogar der Welt, in zwei Einflußsphären.

Ab Frühjahr 1939, bis in den Sommer hinein, einigte man sich auf gewisse Hegemonialzonen in Europa. Wie mir Gaus geschildert hat, muß das sehr dramatisch gelaufen sein. Zwar hatte Hitler schon zu früher Zeit den politischen Traum, das deutsche Territorium bis zum Ural auszudehnen, mußte aber für eine Weile sein Augenmerk ausschließlich auf die Invasion in Polen richten, so daß er die Russen vorübergehend als seine politischen Partner brauchte.

Sein Pakt mit Stalin war also von ihm aus gesehen ein politischer Hinhalte-Pakt. Das hat auch Friedrich Gaus nie bestritten. Für ihn war das ein unerhörtes Werk, das er geschrieben hatte –, der Entwurf des Hitler-Stalin-Pakts, die ganz große Sache seines Lebens. Dabei hat er zeitweilig geglaubt, Stalin würde sich ganz gut mit Hitler vertragen können, was natürlich ein Irrtum war, weil Hitler viel weitergehende Ziele hatte: Die Ukraine – Kornkammer Deutschlands. Auch wenn es bei Hitler nicht immer so klar war, ob's wirklich bis zum Ural gehen sollte, so ist doch beim Fressen der Mund immer voller geworden. Es war im großen Ganzen ein ausgefeiltes Unternehmen und keine Frühstücksidee, selbst wenn es teilweise danach aussah.

Hitler hatte eine Wochenschau gesehen, in der Stalin auftrat und zu Gaus und Ribbentrop gesagt: »Der ist ja gar nicht so schlimm, vielleicht läßt sich mit dem reden.« (Nachdem er allmählich doch bei den Engländern und Franzosen hinten runtergefallen war.) Ribbentrop und Gaus: Fahren Sie doch nach Moskau!

Gaus hat dort mitausgehandelt; wenn Sie so einen Minister haben, wie den Ribbentrop und außerdem einen Mann wie Gaus, der von Anbeginn im Auswärtigen Amt gewesen ist bis zu seiner Nürnberger Zeit (wo wir neben ihm das Auswärtige Amt fortgesetzt haben), dann gibt es keinen Vertrag ohne Gaus. Ribbentrop konnte das alles doch nicht formulieren, das mußte Vater Gaus machen.

Zurückblickend ist es merkwürdig, daß ein politisch unfähiger Mensch von Hitler auf den Außenministersessel gedrückt wurde mit einem unerhörten Gegner in der Regierung, dem Herrn Goebbels.

Es gab eben manchmal Leute, die Hitler in ihrer Politik angenehm waren, vielleicht gerade als Gegner von Goebbels, um den ein bißchen runterzutunken. Ribbentrop verfügte allerdings über finanziellen Hintergrund, ihm gehörte ein Teil einer internationalen Sektfirma, nämlich Henkell-Trocken, wo er hineingeheiratet hatte, die Verbindungen, die man bekam, waren auch nicht übel. Er hatte auch gewisse gesellschaftliche Erfolge, die politische Erfolge in London wurden, das hat Hitler vielleicht imponiert. So einen Herrn von Ribbentrop kann man in gewissen Situationen gebrauchen, auch wenn Goebbels ihn für einen Scharlatan hielt. Dreißig Prozent seiner Zeit mußte Gaus für Ribbentrop damit verbringen, die frechen Briefe von Goebbels zu beantworten.

Gaus war, wie ein Altphilologe aus unserem Stab sagte, der »griechische Sklave des Auswärtigen Amtes«, nicht gottergeben, sondern Ribbentrop und jedem Auswärtigen Amt ergeben, der seinen jeweiligen Herren anbetete. Er hat einen Vertrag für die Welt geschmiedet und einen Vertrag gebrochen, wenn andere ihn als reif für den Bruch angesehen haben. Begeistert war er nicht davon. Er war nur begeistert, wenn ich mal einen seiner früheren Kollegen beim Lügen ertappt habe, dann hat er mir die Hand geschüttelt.

Mich hat er oft belehrt und mir im Laufe der Zeit unerhörte Dinge erzählt. Ich habe mir von Gaus die Einzelheiten des deutsch-russischen Verhältnisses zwischen 1939 und dem Juli 1941 aufschreiben lassen. Das war für Gaus nicht leicht zu schreiben, ich hatte ihm ein Zimmer zur Verfügung gestellt und wissen wollen, ab wann Stalin den Nazis verdächtig wurde (als er Litauen und Lettland so schnell eingeheimst hatte) und wie das deutsch-russische Verhältnis sich über lange Jahre hinweg entwickelt hatte.

So erfuhr ich auch, daß zur Zeit, als mein Freund, der Berliner Vizepolizeipräsident Weiss, die russische Handelsvertretung durchsuchen ließ, dahinten in Rußland deutsche Flugzeuge hergerichtet und deutsche Flieger für die Schwarze Reichswehr ausgebildet wurden.

Also der große Tag mit Friedrich Gaus rückte heran, und er erzählt dem Gericht die ganze Geschichte, als ein Jurist von hohem Grade, der den Tatbestand berichtet, wie er abgelaufen war. Das Zusatzprotokoll wurde zum ersten Mal in seinem Wortlaut vor Gericht enthüllt. Niemand hatte bis dahin geglaubt, daß eine solche Vereinbarung wirklich schwarz auf weiß festgenagelt war, insofern war es eine absolute Sensation. Die Richter waren selbstverständlich im ersten Augenblick überrumpelt, daß dies hier zur Sprache kommen konnte.

Im internen Zirkel versicherten die russischen Richter ihren amerikanischen, britischen und französischen Kollegen, sie seien nicht befangen, selbst der Vatikan hätte Verträge mit Hitler abgeschlossen, England hätte sowohl mit der Sowjetunion als auch mit Hitler Verträge abgeschlossen – seien von daher Bedenken gegen die englischen Richter herzuleiten? Das war auch nicht der wunde Punkt, aber so etwas wurde eben vorgetragen. Das politische Problem war ganz simpel: Von Anfang an hatte Justice Jackson einen Gerichtshof gegen die Nazi-Kriegsverbrecher ins Leben rufen wollen, an dem Amerikaner, Russen, Engländer und Franzosen als Vertreter der über 20 anderen Nationen als Richter teilnehmen sollen. Er hatte scharfe Argumente zu bekämpfen; anschließend an die amerikanische Diskussion mußten die drei Verbündeten erst überredet werden, diesem Gerichtshof beizutreten. Von amerikanischer Seite war man sehr froh, daß die Russen dann von Anfang an mitmachten. Nicht eine von den 29 Mächten, die Nürnberg gemacht haben, sagte: Aber die Russen gehören doch eigentlich nicht da hin. Man wünschte sich eine geschlossene Front.

Juristisch lag der Fall zwiespältiger. Engländer, Amerikaner und Franzosen wußten, daß auch im Leben ihrer Völker schon Situationen vorgekommen waren, in denen sie Urteile vor Kriegsgerichten gefällt hatten, gegen die der Angeklagte immer hätte geltend machen können, daß die Richter wegen Besorgnis der Befangenheit abzulehnen seien. Alle Richter sind an den Verbrechen ihres Landes beteiligt und somit befangen, darum ist nicht herumzukommen. England und Frankreich waren an München beteiligt gewesen. Haben bei Hitlers Einmarsch in die Tschechoslowakei nicht teilgenommen, haben ihn aber erlaubt, waren Gehilfen.

Der deutsch-russische Einfall in Polen war bereits während der Vereinbarung des Londoner Statuts kein Geheimnis.

Die Kröte hatte man geschluckt, das gehörte zur Kriegskoalition. Darum war Nürnberg trotzdem nicht handgreiflicher ein Tribunal der Sieger, als das in einem jeden Gericht der Fall ist. Ich für meine Person gehe davon aus, daß in jedem Prozeß nicht direkt aber indirekt die Richter in ihrer Stellung Sieger einer herrschenden Klasse sind, die über eine besiegte Gruppe richten müssen. Nehmen wir ein ganz einfaches Beispiel: Solange Abtreibung strafbar war, haben sich die Richter ganz gleichgültig, ob ihre Nichte dergleichen verbrochen hatte, auf den Standpunkt gestellt, daß der Verstoß gegen den § 218 eine strafbare Handlung ist. Ein paar Wochen später, nachdem das Gesetz stark eingeengt worden war, repräsentierten die Richter auf einmal nicht mehr die siegreiche Gruppe gegenüber den angeklagten Frauen und mußten die freisprechen. Wer andere dem formalen Gesetz unterwirft ist immer Sieger, wenn auch nicht immer ethischer Sieger. Ich will damit sagen, daß die irrationalen Motive der rationalen Urteilsfindung sehr oft vorherrschen, daß die objektive Reinheit der Gerichte stets einen schmutzigen Fleck hat. Mit der immanenten Gerechtigkeit ist es eben nicht so weit her. Das ist der Nachteil der Justiz überhaupt.

In der juristischen und der moralischen Bewertung der russischen Teilnahme am IMT-Prozeß muß ich eines jedoch an erster Stelle nennen: Die größten Frevel und Verbrechen haben auf russischem Boden stattgefunden. Rußland hatte die meisten Opfer an Soldaten und Zivilisten gebracht; weit mehr als all die anderen Mächte zusammen. »Was wollt Ihr Amerikaner?« konnten die Russen unwiderleglich sagen, »Ihr habt doch nur 160 000 Tote in Europa gehabt, um Hitler kaputt zu kriegen. Wir haben Millionen gehabt.«

Rechtlich entscheidet hier der Gesichtspunkt der Güterabwägung: Das Recht auf Bestrafung der Täter, die Millionen russischer Landsleute umgebracht hatten, ist weit größer als das prozessuale Recht der Angeklagten, nur von Richtern abgeurteilt zu werden, deren Staaten in den letzten Jahrzehnten immer reine politische Hände hatten. Die sowjetischen Richter hatten die Legitimation von den Opfern und das genügte. Womit Herr Stalin sich sonst noch strafbar gemacht hatte, das war in diesem Prozeß nicht Gegenstand der Beweisaufnahme. Die deutschen Verbrechen in Rußland haben seine Richter berechtigt, daran teilzunehmen.

Die Zahl der Toten wiegt schwerer als irgendein prozessuales Argument. Ihnen ihre Richter zu verweigern, das wäre politisch, juristisch und moralisch unmöglich gewesen. Und so wurde dieser Einwand der deutschen Verteidiger als Intermezzo zurückgewiesen, und die Russen nahmen an dem ganzen Verfahren teil. Diese Entscheidung fiel einstimmig, ansonsten waren die Herren Richter sich häufig gar nicht einig.

So hatten wir zum Beispiel oft die andere Ansicht der russischen Richter, die in mehreren Fällen anstelle von Freiheitsstrafe die Todesstrafe haben wollten. Andererseits hatten wir die Ansicht des amerikanischen Richters Francis Biddle, der ein Todesurteil für Speer haben wollte. Der Freispruch von Schacht war umstritten, alle vier Staaten waren zunächst mit den Freisprüchen von Schacht und Papen in keiner Weise einverstanden. In Zweifelsfällen entscheidet dann oft der menschliche Eindruck. Es gibt Menschen, die schuldig sind und einen unschuldigen Eindruck machen, und es gibt Menschen, die einen schuldigen Eindruck machen und absolut unschuldig sind.

In der Weimarer Republik gab es einen berühmten Prozeß in Magdeburg, wo der Schuldige laufen gelassen worden ist. Der Kommissar, der das veranlaßt hatte, wurde von einer Untersuchungskommission danach befragt und antwortete: »Sehen Sie sich den Mann an: Sieht so ein Mörder aus?« Aber der Mann, von dem er sprach, *war* der Mörder.

»Mordprozeß Haas« hieß die Sache. In Nürnberg war's genauso. Da wirkte der eine mehr schuldig als der andere, obwohl sie für mich alle schuldig waren, weil ich ihr Sündenregister kannte. Bei Goebbels' Ministerialrat Fritzsche konnte ich nicht viel Schuld im Sinne des Mordes sehen, obwohl er die Mordparolen herausposaunt hatte. Die Bösen waren zunächst einmal von den Richtern her gesehen diejenigen, bei denen die schwersten Dokumente vorlagen. Das war bei Göring, bei Frank und bei Kaltenbrunner. Bei Streicher war das dokumentarische Beweismaterial nicht so dick, weil es durch so viele üble Phrasen verkleistert war und wir schließlich darauf zurückgreifen mußten, daß er in Artikeln über die Deportation der Juden immer wieder von der Einbahnstraße sprach. Daraus ging klar hervor, daß auch er wußte, daß die Deportierten niemals auf diesen Planeten zurückkehren würden. Neben den Dokumenten zählte aber in allen Fällen die Art der Verteidigung und die Eleganz des Auftretens, da schnitten naturgemäß diejenigen besser ab, die so eine Art Anstandsbonus hatten. Es galt zweifellos für Schacht, Papen, Speer, Neurath, und ein solcher Bonus des bürgerlichen Aussehens und Verhaltens fehlte bei Sauckel, Kaltenbrunner, Streicher, und es existierte sogar eine kleine Divergenz zwischen Keitel und Jodl, die allerdings beide zum Tode verurteilt wurden. Die vorübergehende Geständnisfreudigkeit Keitels zur Entlastung seiner Untergebenen und der ganzen Armee war indirekt auch den Richtern bekannt geworden. Frick hat sich durch sein Schweigen sicherlich geschadet. Er schwieg jedoch aus Angst, daß seine Geldmanipulationen nicht zutage träten und man ihn deshalb als einen ganz schmierigen Wicht betrachten würde, weil er von der *Böhmischen Staatsbank* in den letzten Tagen vor dem Einmarsch an Freunde und Verwandte große Kontenüberweisungen gemacht hatte. Die Gelder haben wir der Sippschaft wieder abgejagt.

Ich habe nach dem Ende des IMT-Prozesses verschiedene persönliche Schriftstücke von den Angeklagten gesammelt, einfach als Erinnerung, hatte weiter nichts mit dem Prozeßthema zu tun, und da bekam ich auch einen Zettel, den ich heute noch besitze, von Heß, eine kleine Notiz. Nachdem Psychiater von drei oder vier Nationen Heß untersucht und unter Eid festgestellt haben, daß er an einer furchtbaren Vergeßlichkeit litt, an Gedächtnisschwund, behielt ich ein schwaches Mißtrauen, obwohl ich ein Arztkind bin. Ich lese also die Notiz und da steht, daß Heß zu seiner Verteidigung verschiedene Bücher aus Bibliotheken herausgesucht haben will über Großraumpolitik, die schon vor Hitler in den Köpfen verschiedener Autoren schwelte. Vordenker war ein gewisser Albrecht Haushofer, und Heß beauftragte nun Dr. Seidl, ein Buch von Haushofer zu besorgen, und zwar aus folgender Bibliothek – steht auf dem Zettel –, drittes Regal an der Stirnwand, oberste Reihe, ganz außen rechts. Ein Wunder!

Als Justice Jackson mit einigen Kollegen und mir am 2. Oktober 1946 nach USA zurückflog, war er sehr aufgemuntert und zufrieden. Er wollte selbstverständlich nicht in Nürnberg weilen, bis die Frage einer eventuellen Begnadigung geklärt war. Er wollte auch nicht auf Hinrichtungen warten. Das war schließlich nicht seine Aufgabe. Im Flugzeug begann er, seiner Sekretärin Elsie Douglas gleich seinen Bericht an Präsident Truman zu diktieren. Jackson war doch vom Standpunkt des amerikanischen *Supreme Court* viel zu lange schon in Nürnberg. Wir müssen bedenken, daß alle, die im Jahre 1945 nach Nürnberg zogen, zunächst einmal für ein paar Monate gekommen waren. Sie hatten von ihren Behörden zu Hause einen Urlaub auf vielleicht ein halbes Jahr erhalten. Ich erinnere mich noch, daß ich an das Justizministerium schrieb: Die Sache dauert hier viel länger. Aus ein paar Monaten wurden schließlich über vier Jahre.

Täter in weißen Kitteln und schwarzen Roben

Mehr als zwanzig, zweiundzwanzig Leute gehen nicht auf eine Anklagebank, sonst wird man mit einem solchen Prozeß nicht fertig. Es ist ein Wunder, daß in fünf Monaten überhaupt dieser Riesenprozeß durchgeführt werden konnte. Denken wir einmal ganz bescheiden: Wie lange dauert es bei einer Berliner oder Frankfurter Strafkammer, bis eine Sache zustande kommt?

Während die Herren über ihren Anklageschriften saßen, kamen plötzlich wieder neue Stöße von Beweismaterial zur Kenntnis, und während des Prozesses ergab es sich dauernd, daß etwas nachgeschoben werden mußte. Ich sagte deshalb, im IMT-Prozeß sind nur dreißig Prozent der verbrechensintensiven Gestalten vorgenommen worden. Bei dieser Fülle von besseren Angeklagten konnten auch nicht alle Tätersparten vertreten sein. Die Blutrichter haben sich alle erst viel später ins Bewußtsein gebracht. Ich habe den Namen Freisler nicht in einer einzigen ausländischen Zeitung gelesen, auch nicht, daß da im Volksgerichtshof eine Mannschaft von Henkern wütete.

Vergessen wir nicht, heute haben wir eine andere Generation, sie sind schlauer. Man wußte, wie Göring und die ganzen Ungrößen hießen –, aber es war im Ausland und auch in Deutschland nicht so bekannt, daß Zehntausende Mordurteile gefällt worden waren und von der Militärjustiz nochmal über Zehntausende. Die Richter-Verbrecher waren irgendwo im Nebel verschwunden.

Während und nach dem IMT-Prozeß haben einige Politiker und Sympathisanten der Täter gesagt, es hätte sich gehört, daß die vor deutsche Gerichte und nicht vor das IMT kämen. Allerdings ist es eine unerhörte Blödheit, zu denken, geschweige denn zu sagen, deutsche

Richter hätten das alles tun können – den IMT-Prozeß! Es gab gar keine Personen, die geeignet und bereit waren, diese Prozesse zu führen, das wäre erst viele Jahre später möglich gewesen. Man hatte doch die Erfahrung vom Ersten Weltkrieg, wo versucht worden war, einige Kriegsverbrecher abzuurteilen –, ohne jedes Resultat. Übrigens wollten die Deutschen, die eine Zuständigkeit besaßen, alles andere, nur nicht diese Leute aburteilen. Um Gottes Willen, Finger davon!

Ich habe dem bayerischen Ministerpräsidenten Högner angeboten, »wollen Sie nicht den Streicher? Das ist doch ein Bayer, wir wissen nicht, ob der unter das Londoner Statut fällt. War der wirklich ein Hauptkriegsverbrecher oder nur ideologisch beteiligt?«

»Tun Sie mir das nicht an. Wir werden doch überhaupt nicht mit dem fertig.« Und später erst recht nicht. Keiner wollte die Leute haben, jeder von denen hatte einen Verwandten, der Wähler war.

Einige Zeit bevor er aus dem Amt schied, war ich mit drei Rabbinern bei Adenauer. Rabbis, die sich aus Israel koscheres Essen mitgebracht hatten und mit denen er sich eine halbe Stunde über orthodoxe Fragen unterhalten hat. Diese Rabbiner waren Entschädigungsmandanten von mir, fielen aber unter keine der maßgebenden Bestimmungen. Es waren ganz ausgefallene Fälle, die es immer gibt, das Krummste vom Krummen, obwohl sie in Wirklichkeit das Herz der Opfer waren, der Kern derer, die umgebracht werden sollten. Na schön.

Adenauer war die letzte und höchste Stelle, an die ich mich wenden konnte. Wenn man was brauchte, war er da, eher als andere. Als ich reinkam, wollte er mich ein bißchen aufziehen: »Darf ich mit Ihnen denn noch Deutsch sprechen?«

Ich sage: »Weiß ich nicht, ob Sie berlinisch verstehen.«

Am Schluß, zwischen Tür und Angel bemerkte er: »Ich bin froh, daß die Amerikaner uns das in Nürnberg abgenommen haben!« Wörtlich.

Bevor noch in Nürnberg der IMT-Prozeß zu Ende war, wir warteten alle auf das Urteil, bat mich General Taylor, einmal zu ihm rüberzukommen und erzählte mir, er sei vom Kriegsminsterium beauftragt worden, eine Anzahl weiterer Prozesse als Hauptankläger durchzuführen.

»Wir werden diese Prozesse allein führen ohne die anderen Alliierten. Sie werden uns zur Seite stehen, aber nicht als Richter mitwirken.

Gesetzliche Grundlage ist ein der Londoner Charter nachgebildetes Kontrollratsgesetz Nr. 10. Ich weiß nicht, wieviel Prozesse wir führen, aber wollen Sie eine Abteilung ›Politische Ministerien‹ bei mir übernehmen? Sie werden den Rang eines stellvertretenden Hauptanklägers erhalten.«

Taylor war bereits entschlossen, drei Industrieprozesse zu machen.

»Wieviel Prozesse Sie über die Ministerien machen, das überlasse ich Ihnen, aber wir müssen auch mit dem Budget rechnen.«

Ich ging nach Washington und suchte dort eine Weile nach Anklägern, wissenschaftlichen Mitarbeitern und kam im Februar 1947 nach Nürnberg zurück. Taylor erzählte mir, einen Prozeß hätte er schon dem Juristen Charles M. La Follette übergeben: den Juristenprozeß.

Das Glück war, daß der junge hoch talentierte Ankläger, Ben Ferencz, der Akten des Reichsjustizministeriums suchte, einen Teil hiervon schon in der russischen Zone gefunden hatte.

Ben Ferencz (später der Anwalt-Sozius von General Taylor und Direktor der *Jewish Claims Conference*) leitete eine Zeit lang in Berlin die Sammelstelle für die Dokumente. Ein unerhört tüchtiger Mensch; wenn er irgendwo auf die Suche ging, brachte er auch etwas mit und ließ sich nicht von anderen sagen, wir können das nicht finden. In den Akten des Reichsjustizministeriums standen zwar all die beamteten Mörder verzeichnet, doch enthielten sie nicht viele Urteile, die man hätte gebrauchen können.

Erfreulicherweise tauchte das Sondergericht Nürnberg auf. Warum? Von dem hatte man plötzlich Akten. Inzwischen war nämlich Camille Sachs bei uns erschienen, jüdischer Abstammung, aus dem Exil zurückgekehrt und nun Landgerichtspräsident in Nürnberg.

Als er von einem Juristenprozeß hörte und ich mit ihm draußen auf dem Hof vor unserem Gerichtsgebäude darüber sprach, wer denn die blutigen Kerle seien, die als Justizmörder tätig waren, da zeigte er in Richtung Dachboden und sagte:

»Da oben!«

»Was ist denn da so schön?«

»Da liegen die ganzen Urteile.«

Über unseren Köpfen auf dem Dachboden unseres Gerichts, in dem der IMT-Prozeß abgehalten worden war, lagen die Urteile der Nürnberger Blutrichter.

Der schlimmste in Nürnberg bekanntgewordene Justizmord war der Fall Leo Katzenberger. Einer der grauenhaftesten Fälle in diesem Prozeß.

Katzenberger war der letzte Vorsitzende der jüdischen Gemeinde in Nürnberg-Fürth um die Jahre 1941/42. Man wollte ihm unbedingt eins auswischen. Er wäre sowieso deportiert worden, doch wollte man im Gau des Antisemiten Julius Streicher der Öffentlichkeit etwas besonders Handfestes darbieten. Dieser Katzenberger besaß ein Haus, und im Erdgeschoß hatte sich ein Fotogeschäft eingemietet. Schon bald tauchte eine Denunziation auf, daß der Hauswirt sogenannte Rassenschande mit der Inhaberin des Fotogeschäftes betrieben habe. Man hat beobachtet, daß er seine Mieterin besucht hatte, und es habe danach das Badewasser gerauscht. Also mußte irgend etwas geschehen sein, was gegen die Rassengesetze verstieß. Sie wurden zur Polizei geschleift und allerhand Verhören unterzogen. Die beiden ließen sich auf Unterhaltung mit der Polizei ein, es blieb ihnen ja nichts anderes übrig. Es kam zum Vorschein, daß im Wohnzimmer über geschäftliche Angelegenheiten gesprochen worden sei –, ob das Geschäft ginge, ob das Geschäft nicht ginge und dabei habe die junge Frau gelegentlich auf dem Schoße des jüdischen Herrn Katzenberger gesessen. Verhaftung, Anklage wegen Rassenschande vor dem Sondergericht!

Die Sondergerichts-Vorsitzenden waren außer den Volks-Richtern die Schlimmsten. Solche Herren haben wir im Juristenprozeß angeklagt. Die Sondergerichte waren an den einzelnen Landgerichten für besondere Straftaten gebildet worden, die mit dem Krieg und mit der Rassengesetzgebung zusammenhingen. Die Sondergerichte sind nicht zu verwechseln mit den Standgerichten der SS, die ja auch Unzählige umgebracht haben, so zum Beispiel den Reichsgerichtsrat von Dohnanyi in Flossenbürg.

Der Vorsitzende im Fall Katzenberger stellte sich auf absonderliche Weise hinter den Staatsanwalt, der gar nicht so sicher war, ob der Tatbestand, selbst soweit zugegeben, für eine Rassenschande-Anklage genügte. Für die Rassenschande war zumindest irgendeine Art des geschlechtlichen Zusammenseins die Voraussetzung und nicht nur ein im übrigen sehr zweifelhaftes Auf-dem-Schoß-Sitzen.

Der Vorsitzende Rothaug rannte immer wieder zur Staatsanwaltschaft: »Wie weit ist der Fall?« Ein Gutachten wurde eingeholt, ob der betagte jüdische Hauswirt noch über die Fähigkeiten verfügte, Rassenschande zu begehen. Auf den Gutachter wurde hinten herum auch wieder eingedroschen. Es kam nach ständigem Drängen Rothaug's zur Hauptverhandlung, und es brauchte nicht lange, bis Katzenberger, der dauernd angebrüllt wurde, wegen Rassenschande verurteilt war.

Die Frau war wegen angeblichen Meineids im Vorverfahren mitangeklagt. Rothaug und seine zwei Beisitzer sprachen ein ungeheuerliches Urteil aus, sie verhängten die Todesstrafe, obwohl Rassenschande nicht mit dem Tode, sondern mit Freiheitsstrafe bedroht war. Während der Verhandlung drang Rothaug ständig auf Auskunft, zu welcher Tageszeit dieses Verbrechen angeblich ausgeübt worden sei, und das war, wie angegeben wurde, am Abend, wenn es dunkel war. Nun existierte damals ein Gesetz, wonach für Taten, die in der Dunkelheit ausgeübt wurden (»unter Ausnutzung der Verdunkelungsbestimmungen«) die Todesstrafe drohte. Dieses Gesetz betraf Plünderungen in der Dunkelheit, keineswegs aber Rassenschande. Eine groteske Rechtsbeugung wurde benutzt, um gegen den jüdischen Gemeindevorsteher zu einem Todesurteil zu kommen.

Vor dem Nürnberger Militärtribunal verteidigte sich Rothaug damit, daß der Sachverhalt unter dem damaligen Gesetz strafbar gewesen sei, und er habe nur nach dem Gesetz geurteilt. Zu seinem Unglück aber waren seine Beisitzer – das Sondergericht bestand aus drei Richtern – umgefallen und erzählten teilweise zu ihrem eigenen Schutz, sie seien zwar Mitglied des Richterkollegiums gewesen, doch habe sie das dauernde antisemitische Geschimpfe angewidert. Rothaug habe immer wieder die Staatsanwaltschaft genötigt und schließlich den Angeklagten unter Geschrei zu Tode verurteilt. Aufgrund dieses Sachverhalts wurde Rothaug im Nürnberger Juristenprozeß zu lebenslänglicher Haft verurteilt.

Für seine Beisitzer, die alles ausgeplaudert hatten, begann fünfzehn Jahre später eine schwierige Zeit, denn sie wurden von der deutschen Justiz angeklagt. Gegen beide – Karl Josef Ferber und Heinz Hugo Hoffmann – kam es im selben Gerichtssaal, in dem zunächst Katzenberger justiziell umgebracht worden ist, in dem später Rothaug vom Militärtribunal verurteilt wurde, zu einem Prozeß, eingeleitet von

Oberstaatsanwalt Hans Sachs, dem Sohn Camille Sachs', dem die Entdeckung des Katzenberger Urteils zu verdanken war.

Die Konstruktion der Nürnberger Staatsanwaltschaft war klar, Hoffmann und Ferber hätten das Recht gebeugt, indem sie das Verdunkelungsgesetz in rechtswidriger Weise mit der sogenannten Rassenschande verbunden hätten. Infolgedessen lag eine vorsätzliche Tötung – justiziell eingefädelter Mord – vor.

Es kam natürlich zu mehreren Instanzen und in der letzten bin ich von den beiden in Israel lebenden Töchtern zum Nebenkläger bestellt worden. Am Morgen des Prozeßbeginns wurde ich durch einen Zeitungsartikel überrascht, der meldete, ich sei 1946/47 während des Juristenprozesses in das Zimmer eines Untersuchungsbeamten reingegangen, wo der Beisitzer Ferber als Zeuge gerade vernommen wurde und hätte gesagt: »Wenn er lügt, behalten Sie ihn gleich hier.«

Das war glatte Propaganda, um mich als Vertreter der beiden Töchter madig zu machen. So wurde dieses Verfahren von notorischen Sympathisanten propagandistisch ausgeschmückt, um den Prozeß zu Fall zu bringen. Von rechtsradikaler, manchmal auch von anderer Seite ist es absolut üblich, nach der blöden Methode vorzugehen: ich bin auf der Polizei verprügelt worden, und deshalb bin ich unschuldig! Diese Angeklagten, ihre Sympathisanten, in vielen Fällen sind es auch gewisse Verteidiger, denken, wenn sie den Richter, Staatsanwalt oder Nebenkläger des Prozesses madig machen, dann ist das gut für den Fall. Gewöhnlich fängt es mit einem Befangenheitsantrag gegen die Richter an. Dann wird als zweiter Akt, wenn das drei-, viermal abgelehnt wird, der Staatsanwalt angepöbelt. Das gehört heute zu politischen Prozessen: »Mürbemachen des Gerichts! Vielleicht fällt mal ein Schöffe um! Dann muß wieder von vorn angefangen werden.«

Der Prozeß gegen den Richter Hoffmann war hochinteressant. (Ferber war auf halber Strecke wegen cerebral-sklerotischer und psychischer Störungen ausgefallen.) Zunächst kamen die früheren Richter-Kollegen und Staatsanwälte herein und bezeugten wahrheitsgemäß, daß man auf sie als Untersuchungsrichter und Anklageführer im Falle Katzenberger eingedrungen sei: »Das muß schnell gehen, wir wollen den zum Tode verurteilt haben.«

Besonders informativ berichtete ein früherer Staatsanwalt, dem folgendes vorgehalten worden war: Katzenberger hatte ein Gnadengesuch gegen das Todesurteil eingereicht, das nach Berlin ging und in die

Hände des Staatssekretärs Freisler gelangte (er war damals noch nicht Mordrichter am Volksgerichtshof, sondern Staatssekretär im Reichsjustizministerium) und ausgerechnet Freisler sagte: »Ich muß Ihnen erklären, daß die Verbindung des Dunkelheitsparagraphen mit der Rassenschande eine etwas gewagte Rechtskonstruktion ist, um ein Todesurteil zu erzielen.« Begnadigt wurde Katzenberger allerdings nicht.

Solche Gnadengesuche gingen ja massenhaft im Reichsjustizministerium ein. Wenn da einer der Justizbeamten mit einem Stoß Akten zum Freisler raufging, um die Fälle zu besprechen, tuschelten die Kollegen: »Wieviel Köpfe trägt der wohl heute unterm Arm?«

Zurück zum Nürnberger Schwurgericht. Katzenberger war geköpft worden, und der beisitzende Richter Hoffmann trug daran nach Ansicht der Staatsanwaltschaft Mittäterschuld. Hoffmann versuchte, alle Schuld abzuleugnen und erhielt am 5. April 1968 in einem erstinstanzlichen Urteil eine zweijährige Gefängnisstrafe wegen Totschlags. Die Oberstaatsanwälte Sachs und Prandl begnügten sich nicht mit diesem Urteil, gingen vor den Bundesgerichtshof in Revision und der Fall wanderte nach Nürnberg zurück.

Der Bundesgerichtshof hatte eine Prüfung verlangt, ob nicht Mord durch die Beisitzer gegeben war. In dieser neuen Hauptverhandlung war ich Nebenkläger. Die Zeugen marschierten alle ein zweites Mal auf und jetzt wurde auch die angeblich rassengeschändete Fotografin Seiler vorgeladen. Sie reiste aus der DDR an und erzählte, was es mit den sogenannten Tätscheleien auf sich gehabt hätte und daß dieser Großvater Katzenberger wirklich nichts Sexuelles angestellt hatte. Sie wurde von dem Verteidiger furchtbar gequält, ob nicht doch auf dem Schoß . . ., beim Streicheln des Armes oder der Schenkel . . . und solche Geschichten.

Ich vernahm sie nur sehr kurz: »Frau Seiler, ich habe nur eine Frage: War Sex dabei oder nicht?«

»Keineswegs!«

Sie war sehr tapfer und klar in ihrer Aussage, jetzt schon fast eine ältere Dame.

Selbstverständlich gehörte zu diesem Rassenschandeprozeß auch ein Termin zur Vernehmung der Töchter in Israel. Ich bin da nicht mitgeflogen. Irgendwelche Fragen wurden mit Katzenbergers Töchtern besprochen, ob der alte Herr aggressiv gewesen sei und so weiter. Es wurde auch gefragt, auf welche Weise sie eigentlich zu mir gekommen wären und mir die Vollmacht erteilt hätten – eine völlig ungehörige Frage! (Natürlich durch die jüdische Gemeinde.)

Nach einer gewissen Zeit erhielt ich von der Staatsanwaltschaft einen Anruf: »Sie brauchen nicht mehr nach Nürnberg zu reisen.«

»Was ist passiert?«

»Der Angeklagte Hoffmann ist in Hofheim bei Frankfurt in einer Anstalt, weil er sich geistig schwach fühlt.«

Die nächste Verhandlung sollte in dieser Anstalt in Hofheim stattfinden. Ich fuhr hin und fragte herum in dem Ort: »Wo ist denn hier die Anstalt?«

Da sagte mir eine Frau am Wege: »Lassen Sie mich in Ihr Auto steigen. Ich führe Sie dort hin, ich bin dort Krankenpflegerin.«

»Was ist denn das für 'ne Quetsche?«

»Das ist ein Privatsanatorium für leichte Nervensachen.«

Ich kam in ein gutes Haus mit Gelände drumherum. Da fand in einem von dem Publikum abgeschirmten Saal die Hauptverhandlung statt. Verteidiger Steinacker und Eggert, Oberstaatsanwalt Prandl sowie ich begrüßten uns freundlich mit dem Vorsitzenden, Landesgerichtsdirektor Wagmut Riege und den Beisitzern Specht und Oft, die den Prozeß bisher mühsam durchgezogen hatten. Auch der Gefängnisarzt aus Nürnberg war anwesend. Hoffmann sah nicht gerade ganz munter aus, sondern hatte sich zumindest akklimatisiert an der Luft einer solchen Anstalt. Wir waren drei-, viermal dort zu Terminen. Er wurde von zusätzlichen Ärzten geprüft, der behandelnde Arzt der Anstalt hat ihn auch untersucht, er sollte die üblichen Zahlen wiederholen, die die Psychiater immer abfragen. Die Verteidiger hatten ein medizinisches Lexikon in der Hand, um bei den psychiatrischen Ausdrücken mitzukommen. Lange Rede – kurzer Sinn: Die Mehrheit des Gerichts war der Ansicht, daß das Altgedächtnis des Angeklagten nicht so schlecht wäre, aber das Neugedächtnis (Kurzzeitgedächtnis) miserabel geworden sei, folglich könne er nicht behalten, welche Dinge am Tage zuvor besprochen worden seien.

Bei der Prüfung des Neugedächtnisses wurde er gefragt, ob er die verschiedenen Personen, die da im Souterrain-Raum waren, erkenne, welches eigentlich ihre Funktion sei (»Was ist das für ein Mann? . . . Ist das ein Nebenkläger?«). Er gab vage oder gar keine Antworten und so wurde das Verfahren wegen Verhandlungsunfähigkeit eingestellt.

Ich fragte noch mehrfach danach, ob sich das Gedächtnis des Kollegen Hoffmann inzwischen verbessert hat, denn sonst wäre er ja unfähig, seine Anwaltspraxis in Darmstadt weiterzuführen. Ich hoffe, daß er seine Klienten mit einem starken Gedächtnis behandelt, denn sonst könnte es ja schlecht für sie sein! Der Staatsanwalt hat sich lange Gedanken darüber gemacht, ob es nicht unvorsichtig gewesen war, Revision einzulegen, um ein Urteil wegen Mordes gegen beide Sonderrichter zu erreichen. Hätte er das nicht getan, dann wäre die erstinstanzliche Gefängnisstrafe gegen Ferber und Hoffmann rechtskräftig geworden. Sie gelten jetzt als unbestraft. 1983 wurde das mörderische Urteil gegen Katzenberger amtlich gelöscht.

Im Nürnberger Juristenprozeß ging es im Wesentlichen um Rechtsauseinandersetzungen: Handelt ein Richter strafbar, wenn er nach dem geltenden, wenn auch verbrecherischen Gesetz handelt? Alle Angeklagten sind auf solchen Rechtsfragen herumgeritten, sie wußten ja darüber Bescheid und erhoben rechtliche Einwände gegen das ganze Strafverfahren. Es habe kein Gesetz gegeben, daß das, was sie getan hätten, strafbar sei, vielmehr seien sie ausnahmslos geltenden Gesetzen gefolgt. Die amerikanische Staatsanwaltschaft hat immer wieder entgegnet: »Damit könnt ihr nicht kommen. Ihr wußtet alle, daß da Mordtaten geschehen.«

Der Nürnberger Juristenprozeß hat ein Richterprivileg, wie es im deutschen Strafrecht existiert, nicht anerkannt. Ein Richter, dessen Spruch ein Verbrechen ist, haftet dafür, egal ob es durch Anwendung von Gesetzen oder durch Verdrehung von Gesetzen zustandegekommen ist. Man ging davon aus, daß die Richter, ebenso wie andere Menschen, ob es Gestapo-Beamte, Diplomaten oder gewisse Wirtschaftler sind, für das verantwortlich gemacht werden können, was sie angerichtet haben. Weder für die Anklage noch für das Gericht ist es je strittig gewesen, daß Richter, die solche Schandurteile gefällt haben, weiter nichts sind, als die Gehilfen Hitlers.

Sie haben sich ja in Verhören immer darauf berufen: »Hitler ist unser oberster Richter, zu dem er sich selbst gemacht hat, und wir haben seinem Befehl oder seinem Gesetz zu folgen.« Das hielt man für eine Verteidigung: »Wir haben nach Hitlers Gesetz gehandelt.«

Das Juristenurteil sagt den Richtern völkerrechtlich bindend, es gibt noch etwas Höheres als den Befehl von Oben durch verbrecherisches Gesetz! – das Gebot der Gerechtigkeit, dem sie hätten folgen müssen.

Die Richter stellten im Juristenprozeß nur einen Teil der Verurteilten. Eine andere Tätergruppe hatte als Beamte des Reichsjustizministeriums justizielle Morde veranlaßt mittels Verordnungen, Erlasse und Gesetze. Hauptangeklagter war der langjährige Staatsekretär und zeitweilig amtierende Justizminister Franz Schlegelberger, ein Jurist der alten Schule, der schon lange vor Hitler vieles geschrieben hat, was Studenten lesen mußten. Ein Mann, der noch alles besser wußte aus der früheren Zeit.

Er war vielleicht von allen Angeklagten in Nürnberg derjenige, der die klarste Vorstellung davon hatte, was eigentlich Gerechtigkeit ist. Allmählich verstrickte er sich völlig in dem Hitler-Netz. Mir ist ganz unverständlich, wie er sich davon hat umgarnen lassen.

Ich habe Schlegelberger lange gesprochen; zunächst geriet er im IMT-Prozeß zu mir ins Kreuzverhör. Dem Verteidiger der angeklagten Reichsregierung Kubuschok, der auch den Freispruch Papens erzielt hatte, war eine kleine Unvorsichtigkeit unterlaufen. Er hatte Schlegelberger nämlich als Entlastungszeugen für den Nachweis benannt, daß die Reichsregierung keine eigentliche Organisation sei, wie die SS oder die Gestapo. Schlegelberger kam in den Zeugenstand. Ich hatte das Kapitel Reichsregierung zu betreuen und fragte mich: Was kann ich eigentlich diesem Zeugen entgegenhalten? Ich bat meine Herren zwei Nächte vorher, sämtliche Reichsgesetzblätter durchzusehen, auf denen sich der Name Schlegelberger befand. Er stand unter zig Verordnungen, war an der berüchtigten Polenstrafrechtsordnung beteiligt und ständig genannt bei Sachen, die ihn an sich belasteten, aber nicht unbedingt als strafbare Handlung im Sinne unseres Statuts angesehen werden konnten.

Ich lenkte das Kreuzverhör auf die Juden-Politik, und Schlegelberger versagte völlig, indem er erst leugnete, daß Juden umgebracht wurden und auf weiteres Befragen erzählte, wie er bestimmte Dinge zu mildern versucht hätte. Natürlich war das eine Riesendummheit, erst zu behaupten, von nichts zu wissen, und als ich die Gesetze über Mischlinge anschnitt, erzählte er, wie er überall abgeschwächt hatte. Also fragte ich ihn: Wenn Sie soviel verhindert und das Gesetz gemildert haben hinsichtlich der Halbjuden, wenn Sie eigens die Möglichkeit der Sterilisation geschaffen haben – dann verstehe ich das nicht ganz, warum haben Sie das eigentlich getan?

Da zuckt er etwas zurück, worauf ich sage: »Ich meine, ich verstehe das deshalb nicht, weil Sie vorhin gesagt haben, Sie wußten nicht, was den Juden passiert. Wenn Sie nichts wußten, hatten Sie doch gar keinen Anlaß, sich für irgendwelche Milderungen einzusetzen!«

Und das war der Schluß der Vorstellung, ihm standen die Tränen in den Augen. Merkwürdig, wie wenig Angeklagten oder Zeugen in Nürnberg Tränen in die Augen kamen. Nur den Opfern, wenn sie als Zeugen auftraten!

Das hat mich etwas bewegt, wie ein solcher Mann, der auf der Universität und später bei der Ausbildung immer als ein glänzender Jurist präsentiert wurde, plötzlich weinend dasaß und zugeben mußte: Ich habe das natürlich gewußt, deshalb habe ich ein paar Dinge gemacht, durch die einzelne Gruppen noch ihr Leben retten konnten. Das war durchaus der Fall, es gab doch Milderungen, einzelne wurden nicht erfaßt, diese merkwürdigen Verhältnisse gab es. Der Juristenprozeß (der die Klausel ›Deutsche gegen Deutsche‹ beiseite räumte) hat Schlegelberger ein beträchtliches Sündenregister vorgehalten, darunter die schwere Belastung, daß er es war, der 1941 die Konferenz einberufen hat, bei der den Oberlandesgerichtspräsidenten und Generalstaatsanwälten verboten wurde, Mordanzeigen gegen die Vernichtung der sogenannten unnützen Esser nachzugehen. Die Herren sollten solche Anzeigen niederschlagen.

Es war Schlegelbergers Ministerium, das mit dem SS-Justitiar vereinbart hat: Es darf nicht gegen Leute vorgegangen werden, die Morde an Juden begangen hatten. Damit hatte der große Parade-Jurist aus republikanischer Zeit sich zum Komplizen der schauderhaften Massenmorde gemacht, sie gedeckt und vertuscht. Die Richter verurteilten ihn zu lebenslanger Haft. (Die Heidelberger Staatsanwaltschaft hat leider versagt, als eine Anzeige Simon Wiesenthals vorlag gegen einen SS-Juristen, der an dieser Vereinbarung mitgewirkt hatte. Die Begründung lautete dahin, daß die offizielle Vereinbarung erst stattfand, nachdem eine große Anzahl der Juden schon vernichtet war. Infolgedessen sei bei der Vereinbarung kein Mordwillen festzustellen.)

Der Juristenprozeß hat das große Publikum nicht so aufgeregt. Das ist bei einem Verfahren, wo es um bürokratische Verbrechen geht und das Blut nicht gleich vor den Augen des Publikums fließt, nie der Fall. Debatten gibt es da nur in Kollegenkreisen. Gustav Radbruch, der politisch prominenteste Hochschuljurist der Weimarer Zeit, hat einige formale Beanstandungen angemeldet, als ich den Fall mit ihm in Heidelberg besprach, fand die ganze Unternehmung allerdings sehr richtig. Viel ist im Kopf der heutigen deutschen Juristen nicht davon hängengeblieben.

Wenn wir heute zurückblicken, ist es aber eine Tatsache, daß aus dem Juristenprozeß noch viel mehr hätte herausgeholt werden können als herausgeholt wurde. Die Angeklagten waren meistens Ministerialbeamte aus dem Justizministerium. Es hätten mehr Richter drin sein müssen, Richter vom Volksgerichtshof, der Herr Rehse und andere. Die Aufgabe war schwer genug, aber ich habe im Innern gedacht – vielleicht aus Eitelkeit –, es hätte anders besser gemacht werden können. Der Prozeß wurde vorzüglich geführt gegen die Leute, die dort angeklagt waren, vielleicht hätten einige der großen lehrreichen Prinzipien noch unmißverständlicher herausgearbeitet werden können. Leider kann das jemand, der mit der deutschen Justiz noch nie zu tun hatte, wirklich schwer tun.

General Taylor war am Juristenprozeß besonders interessiert und hatte entschieden, daß dies ein Sonderkomplex sei, den man von den übrigen politischen Ministerien abtrennen müsse. Eine Sondergruppe, geleitet von dem bekannten Anwalt und früheren Abgeordneten La Follette wurde beauftragt. Ich habe noch veranlaßt, daß der spätere Oberstaatsanwalt in Frankfurt, Buchthal, ein sehr tüchtiger, früherer Berliner Staatsanwalt namens Jacoby und Untersuchungsbeamte, die Deutsch konnten, den amerikanischen Anklägern beigeordnet wurden. General Taylor, als Chef der ganzen Expedition, hat die Anklagerede eröffnet und in diesem rund fünfzehnminütigen Teil die Kennzeichnung der NS-Richter gefunden: »Sie haben den Dolch unter dem Talar getragen.«

Die Nürnberger Nachfolgeprozesse wurden nach dem Kontrollratsgesetz Nr. 10 geführt, einer Variante abgeleitet von der Londoner Charta vom August 1945. Es machte nicht die Unterschiede zwischen Täterschaft und Beihilfe wie das deutsche Recht, sondern betraf einheitlich die ganze Befehlskette. In der Praxis spielte die Art der Teilnahme durchaus eine Rolle bei der Höhe der Bestrafung. Tatsächlich haben auch die amerikanischen Richter die direkten Täter meist viel härter bestraft, als diejenigen, die etwas weiter vom Tatort entfernt waren. So sind merkwürdigerweise die Techniker der Vernichtung, dummerweise Schreibtischtäter genannt, immer leichter bestraft worden als die, die das Opfer in die Grube gestoßen haben.

Der eigentliche Konzentrationslager-Prozeß war das Verfahren gegen das Wirtschafts- und Verwaltungshauptamt der SS. Dieses Amt war die Zentrale für das ganze Lagerwesen, die Dienstanweisungen an die Kommandanten herausgab.

Die Lager sind auf verschiedenste Weise finanziert worden. Im Budget des Reichs, das unter der Hoheit des Reichsfinanzministeriums unter Schwerin-Krosigk stand, war auch ein Posten für die Konzentrationslager enthalten. Zu den Massenmorden, Vergasungen, Erschießungen und so weiter, gehörten Nebenprodukte. Strafrechtlich gesagt: Es ging nicht um Mord, sondern um Raubmord, um ganz gewöhnlichen Raubmord größten Stils – systematisch arrangiert. Aus den Haaren der Toten wurden Abdichtungen für U-Boote hergestellt und all das ging hinunter bis zu den Zähnen und Goldplomben, die den Opfern nach der Ermordung herausgebrochen wurden.

Ich hatte mit dem Amtschef Pohl das erste Mal schon im Laufe des IMT-Prozesses gesprochen, mehrere Jahre, bevor er selbst angeklagt wurde. An seinen Auskünften war ich darum besonders interessiert, weil der frühere Reichsbank-Präsident Funk in dem ersten Prozeß, im IMT-Prozeß angeklagt war. Ich hatte mich darum zu kümmern, wie die Anklage aussehen sollte. Funk erzählte mir, wie die Reichsbank zu diesen grauenhaften Raubgegenständen gekommen war. Die habe ein SS-Obergruppenführer Oswald Pohl in die Reichsbank schaffen lassen. (SS-Obergruppenführer entspricht einem Generalsrang in der Armee.) Pohl kam ins Vernehmungszimmer. Ein ziemlich großer Mann mittleren Alters. Der saß im Nürnberger Gerichtsgefängnis, hinter dem Justizgebäude, wo alle anderen saßen von Göring bis zu den kleinsten Angeklagten. Er hatte weiter keine Klagen. Ich habe die Gefangenen immer gefragt, die ich zu vernehmen hatte: »Haben Sie Klagen? Wie ist das da?« Über äußere Umstände haben sie sich selten beschwert, nur daß sie manchmal mit jemandem anderen zusammengelegt werden wollten oder irgendetwas.

Nun – er saß ganz friedlich da vor mir. Ein ziemlich ruhiger Mann. Gar nicht eigentlich tough, wie man sich einen Chef aller Konzentrationslager vorstellt. Wir haben uns ganz zivil unterhalten. Er erzählte, was ich im wesentlichen schon wußte, daß er sich eines Tages beim Reichsbankpräsidenten Funk gemeldet habe: er lagere einige Schätze aus dem Osten, das sei doch Staatsgut (nachdem schon manches von Einzelpersonen beiseite geschafft worden war) und müßte bei der Reichsbank abgeliefert werden.

Funk sei erst gar nicht so entzückt gewesen, doch hätte man dann vereinbart, daß diese Sachen bei der Reichsbank abgeliefert würden. Bei Funks amtlicher Tätigkeit in der NS-Wirtschaft, sei Pohls hohes Ziel im übrigen gewesen, eine größere Quote guten Uniformstoffs für die SS bewilligt zu bekommen. Es gab ja immer mehr SS-Leute, die gut aussehen sollten und auf der anderen Seite wurde der Stoff knapp. Es wäre doch eine gute Gelegenheit, diese Ablieferung der Goldwaren zu verbinden mit der Bitte, die Stoffquote zu erhöhen.

Ich fragte dann Pohl: »Wie war das denn gewesen? Haben Sie dort Mittag gegessen? Wie war's im einzelnen?« Da war er erst etwas zögernd, daß sie schon beim Mittagessen verhandelt hatten.

Ich sage: »Und dann gingen Sie nach dem Essen mit Herrn Funk und dem Vizepräsidenten Emil Puhl runter in den Reichskeller. – Und was war dann noch?«

»Das brauche ich Ihnen nicht zu erzählen. Das wissen Sie doch schon alles.«

Pohl meinte dann, es sei überhaupt kein Gegenstand der Debatte, daß er wußte, wie seine Kostbarkeiten den ermordeten Personen vor der Tat gestohlen oder nach der Vergasung den Leichen abgenommen worden waren. Über die Massenmorde wurde gesprochen, als wenn man eine große Geschäftsangelegenheit verhandelte. Ohne Zaudern erzählte er all die Sachen, keine Spur von Verdunkelung.

Warum geben manche Leute zu und manche nicht? Pohl sah und vermutete mit Recht, daß wir alles wußten. Er war seinem Schicksal ergeben und rechnete damit, daß er nicht viel Milde zu erwarten hatte.

Ich begegnete Pohl dann später in seinem Prozeß. In der Hauptverhandlung machte er letzte Verteidigungsversuche bzw. sein Anwalt machte sie für ihn und behauptete plötzlich, das wäre gar nicht die Beute aus den Konzentrationslagern gewesen, die in Frankfurt lag, denn die Sachen seien doch nach Berlin geliefert worden. Der zweite Einwand war, die Fotos der Kisten in Frankfurt seien keine echten Fotos, denn die angeblichen Goldzähne befänden sich jetzt in der Hand der Russen in den thüringischen Salzminen. Es war eigentlich eine lächerliche Art zu argumentieren, denn wir haben sofort Zeugen dafür gestellt, wie die Transportvorgänge abgelaufen waren. Zuletzt kam der Einwand, ich hätte die Bekenntnisse gewissermaßen aus ihm rausgelotst, und er hätte Sachen zugegeben, die nicht stimmten. Ich sagte dem Herrn Kollegen der Verteidigung (ich wollte nicht wegen so einem Blödsinn als Zeuge auftreten), daß noch nie so wenig von jemandem rausgelotst worden sei, wie von dem Pohl. Der hat eben erzählt.

Es ist eine merkwürdige Sache –, soweit Geständnisse in Nürnberg vorgekommen sind und die Wahrheit erzählt wurde, hatten die betreffenden Leute jahrelang mit keinem vernünftigen Menschen über die Vorgänge gesprochen, an denen sie unmittelbar beteiligt waren. Entweder waren sie gute KZ-Mörder, dann brauchten sie es sich nicht gegenseitig unter die Nase zu reiben, oder sie waren schlechte KZ-Mörder, Schwächlinge, dann hat sie der verstorbene Führer, ohne ihnen gram zu sein, bald in eine schonendere Tätigkeit versetzt.

Bevor Pohl verurteilt wurde, kamen natürlich laufend Eingaben an, um Lebenslänglich zu erwirken anstatt der Todesstrafe. Als längere Zeit nach der Verurteilung und vor der Hinrichtung zuguterletzt in 1951 eine Delegation von Herren des ersten Deutschen Bundestags bei dem amerikanischen Hochkommissar erschien und bat, Pohls Strafe in Lebenslänglich zu verwandeln, da ging McCloy aus sich heraus und sagte: Er verstehe den kolossalen Einsatz der Herren für Pohl nicht. Und vor allem verstehe er eines nicht, daß die allermeisten Bittgesuche, die an ihn gerichtet wurden, für eben jenen Pohl einträfen, der nach allem was ihm vorliege, einer der Fürchterlichsten gewesen sei.

Es waren natürlich auch Tausende von SS-Leuten unter den Petenten; aus den Schreiben ging ja nicht immer hervor, daß sie von früheren Untergebenen stammten. Das war der Versuch, für den Notfall dadurch auch die eigene strafrechtliche Stellung zu bessern: »Unser großer Held und Führer Oswald Pohl ist begnadigt worden. Warum dann gegen uns?«

Die Person Pohl war eine Art Höhepunkt dieses SS-Wirtschafts- und Verwaltungsprozesses. Ich persönlich, und darüber ist oft debattiert worden mit amerikanischen und deutschen Freunden, habe zur Frage der Schuld verschiedener Täterfiguren eine ganz feste Meinung: Der Staatssekretär mit der weißen Weste, die überhaupt gar keine irgendwie gearteten blutrosa Sprenkel hatte, dieser Staatssekretär, und davon gab es mehrere, die unterzeichnet haben, fünftausend Juden können aus Frankreich oder sonstwoher nach Auschwitz abgeführt werden, diese Herren, die bei Parties in gutgebügelten, gestreiften Hosen auftraten, sind genausolche Mörder, wie Herr Pohl, der diese Sendungen menschlicher Körper von der Reichsbahn in Auschwitz und Treblinka entgegengenommen hat und ihnen noch die Zähne ausbrechen ließ.

Denn zunächst war das Vermögen der durch Raubmord Geendeten von einem Finanzminister beschlagnahmt worden. Dann wurde das Reichssicherheitshauptamt und das Auswärtige Amt eingespannt. Dann wurde bei denen gesagt, achtet auf den Mussolini, daß der endlich seine Judenpolitik strenger macht und auch die Leute nach Auschwitz deportieren läßt, die in dem italienisch-besetzten Gebiet Frankreichs steckten.

Wenn man die Täter beurteilen will, wenn man sie überhaupt milder oder strenger einstufen will, dann existiert nur *ein* Urteilsmaßstab: Die, die es besser wußten, die feinen Pinkel sind schwerer zu bestrafen als die Kerle und Rowdies, die bei anderen Behörden waren und handgreiflich mit den Morden zu tun hatten.

Die einen waren die Zuträger der Opfer, sie waren die Zuhälter für die Gestapo. Sie haben die Menschen zugehalten an die Mord-Techniker. Die anderen Mörder, die das Messer in der Hand hatten oder Einheiten befehligten, die mit Gas oder Pistole arbeiteten, waren meistens einfachere Leute. Sie hatten weniger Schulbildung, bis auf eine Gruppe von besonderen SS-Führern. Sie hatten weniger Erziehung, Schule, Kultur, als Herren, die Abitur gemacht, Jura studiert hatten und in der großen Politik ihr unseliges Wort führten.

Ich habe in sehr vielen Vernehmungen angefangen mit der Frage: »Wo waren Sie in der Schule? Was haben Sie gelernt? Hatten Sie Religionsunterricht? Haben Sie etwas über das Gebot ›Du sollst nicht töten‹ gelernt? oder kannten Sie das nicht?«

Fast alle kannten es. So habe ich weitergeforscht in ihrer Bildung und Unbildung.

Der Ungebildete war mir als Anklageverteter und vor allem als Mensch, wenn man einen Unterschied zwischen Mördern machen will, der sympathischere Mörder als der Gebildete. Deshalb machte auch der Wilhelmstraßen-Prozeß mit seinen studierten Ministern, Staatssekretären und Diplomaten (die sind doch ganz was Feines!), einen viel fürchterlicheren Eindruck auf die Seele als manch anderer Prozeß, wo man vom Angeklagten sagt: »Was kann man von dem schon erwarten?«

Das ist keine Entschuldigung, aber für die Bemessung der Verantwortlichkeit des einzelnen von Bedeutung.

Eine gewisse Ausnahme stellten die Einsatzgruppenführer dar, das war eine Auslese, eine sehr merkwürdige Auslese. Sie verdanken ihre Posten einer Art bürokratischer, antimilitaristischer Strömung in der SS.

»Wir von der SS und im Reichssicherheitshauptamt wollen unsere eigenen Offiziere und Koryphäen haben und suchen deshalb im akademischen Bereich der SS unsere Chefkiller aus.«

Sie wollten mit der Armee nicht unmittelbar zu tun haben, da herrschte eine gewisse Konkurrenz. Es gab in einzelnen Kreisen der SS auch die Sucht, SS-Eierköpfe zu sein. Man denke an Personen wie Best, Ohlendorf, da gab es ›exquisite‹ Geister, die auch in der SS-Zeitung ›Das Schwarze Korps‹ schrieben, wo Gunther D'Alquen Redakteur war –, den ich auch mal vernommen habe. Solche Gruppen standen auch gar nicht so eng mit Himmler. Die wollten was besseres sein, und waren hier die besseren Mörder.

Der Einsatzgruppenprozeß war vom juristischen Standpunkt aus einer der bestgeführten. Ben Ferencz, damals ein ganz junger Mensch, ich weiß nicht, ob er schon dreißig war –, hatte das Glück, über die Einsatzgruppenberichte zu verfügen und konnte dem Gericht in kürzester Zeit sein Material vorlegen. Er brauchte für die Anklage noch nicht ein Viertel der Zeit, die nachher die Verteidiger brauchten, um ihre Argumente vorzubringen. Das war ein Sonderfall, wie Ben seine Sachen zusammenhatte und wie er das vortrug. Es hat einen niederschmetternden Eindruck gemacht, denn es handelte sich um Vorkommnisse, die niemand geglaubt hätte.

Der Vorsitzende in diesem Verfahren, Michael Musmanno, war einer der Richter, mit dem ich den größten persönlichen Kontakt hatte, weil uns nicht nur die juristische Seite, sondern auch die Psychologie der

Verbrecher interessierte und wir beide darüber irgendwann einmal etwas zu Papier bringen wollten.

Musmanno hat zunächst buchstäblich nicht verstanden, daß es Menschen gibt, die solche unmenschlichen Dinge vollbringen. Ich glaube, er hat dazu bis zum Schluß gebraucht, dann aber das Problem sehr gut begriffen. Er wußte, daß der Mensch weder gut noch böse ist, sondern aus Gutem und Bösem zusammengesetzt ist, wie die Zwittergestalt Dr. Jekyll und Mr. Hyde. Der eine Teil dieses Menschen hat die vernünftigsten Sachen gemacht und der andere Teil widmete sich dem perfekten Verbrechen.

Musmanno entschied, daß in den Nürnberger Prozessen nur die verbrecherische Seite des Menschen zur Verhandlung stehe, die in keiner Weise entschuldigt wird durch sogenannte gute Taten. Denn Massenmorde werden nicht dadurch weniger, daß der Mörder gelegentlich barmherzige Werke vollbracht hat. Je besser er von Zeit zu Zeit war, um so fürchterlicher wiegen die Verbrechen. Das Schlimme an den Einsatzgruppenchefs war doch für Musmanno, daß sie häufig Doktorentitel hatten.

Als sich der Prozeß dem Ende näherte, schloß er sich ein und betete acht Tage in Klausur, bevor er sich zur Urteilsverkündung einfand. Er war ein sehr frommer, ein revolutionärer und ein kluger Mann, der als Richter am *Supreme Court of Pennsylvania* wirkte, ein Aufrührer, der immer gegen das Unrecht kämpfte. Als junger Mann war er ein Rädelsführer derer, die sich gegen den politischen Prozeß gegen die Anarchisten Sacco und Vanzetti wandten und nach deren Verurteilung eine unerhörte Tätigkeit aufboten, um zu beweisen, daß das ein Skandal ersten Ranges sei. Nach der Hinrichtung Sacchos und Vanzettis führte Musmanno einen regelrechten Justizkampf.

Unter den Nürnberger Anklägern waren ausgesprochen viele, die in der Justiz als Liberale bekannt waren, Wissenschaftler von der Harvard-Universität, General Taylor, einstige Studenten von Justice Frankfurter. Sie erwiesen sich als ganz ausgezeichnete Ankläger.

Das ist eben völlig anders in den Vereinigten Staaten als in Deutschland und überhaupt in Mitteleuropa, wo man in der Justiz gern jemanden beschäftigt, der weder als junger Jurist noch später Anlaß zu irgendwelchen politischen Anständen gegeben hat.

Das hat unter anderem darin seinen Grund, daß die Richter gewählt werden. Wenn in einem Bezirk eine linke Mehrheit ist, dann wird eben ein revolutionärer Richter gewählt. Wenn irgendwo eine Richterstelle freisteht, werden zunächst einmal die Anwaltskreise und die Universitätslehrer befragt: Wer mag denn ein guter Richter sein? Die Bewerber müssen in ihrem Bezirk als Juristen oder als Politiker Besonderes geleistet haben. Da werden doch nicht Personen ausgesucht, wie das in Deutschland üblich ist, die schon junge Richter sind, die in der Justizbürokratie längst Wurzeln geschlagen haben, wobei durch den Wechsel vom Staatsanwalt zum Richter noch eine ganz besondere Sorte zustande kommt.

Der Richter Musmanno war, ehe er nach Nürnberg gelangte, vielseitig herumgekommen. Als hoher amerikanischer Marineoffizier landete er mit den Besatzungstruppen in einer italienischen Stadt, hat dort das amerikanische Besatzungsregime errichtet und übernahm dann gewissermaßen die Stelle des Bürgermeisters. Seine Verhandlungführung und sein Urteil im Einsatzgruppenprozeß bewirkten noch viele Jahre später, daß ihn Generalstaatsanwalt Hausner als Zeuge zum Eichmannprozeß nach Jerusalem rief. Die Einsatzgruppenführer waren ja gewissermaßen die Vorgänger von Eichmann gewesen und in Jerusalem hatte man ein ähnliches Problem wie in Nürnberg: Man war mit den Täternaturen nicht so recht bekannt, man kannte nur die Opfer. Aber wie das alles von der Täterseite gemacht wurde, war völlig neu.

Vor einiger Zeit meldete sich bei mir eine hessische Bauersfrau: »Können Sie bewirken, daß ich Entschädigung bekomme?«

»Warum, was ist?« frage ich.

»Ich bin gar keine hessische Bauersfrau, sondern als polnisches Kind von den Nazis aus meiner Heimat entführt worden. Mein Vater war Pole, aber meine Mutter gehörte dem deutsch-völkischen Kreis an. Ich wurde verschleppt und in Deutschland untergebracht.«

»Das ist ein etwas schwerer Fall«, sage ich. »Sie kommen jetzt zu mir im Jahre 1977.«

»Ich konnte nicht früher kommen, denn ich wußte nicht, wer ich war.«

»Haben die Eltern mit Ihnen als Kind Deutsch gesprochen?«

»Ja.«

»Dann wollen wir mal einen Entschädigungsantrag stellen.«

Ich habe eine Eingabe gemacht und das Entschädigungsamt in Wiesbaden sagte – wie zu erwarten – das ist ja viel zu spät. Ich habe mich dort beschwert, denn wie kann jemand einen fristgemäßen Antrag stellen, der noch gar nicht existent war. Der war doch ein nullum von Entschädigungsberechtigtem. Soeben hat die Frau ihre Herkunft erfahren. Die Sache ging bis zum Oberlandesgericht in Frankfurt. Die Herren, die ich kenne und sicher einem Entschädigungsberechtigten gerne geholfen hätten, wiesen mich gleichfalls ab, sie sahen keine Möglichkeit einzugreifen. Genauso erging es der Schwester meiner verkehrten Bäuerin, die ursprünglich von der Gestapo verhaftet war, dann als deutsch ausgesondert und gleichfalls nach Deutschland verladen wurde.

In dem Nürnberger Prozeß gegen das Rasse- und Siedlungshauptamt der SS veranschaulichten derartige Schicksale die Durchsetzung der verrückten Rassetheorien des Naziregimes. So sahen die Unkosten aus bei der Schaffung einer germanischen Elite, für die man Menschenzüchterorganisationen und Unterorganisationen gründete und besondere Lager eröffnete. In diesem Prozeß trat zutage, daß die Nationalsozialisten die einen mordeten und auf der anderen Seite einen Typus züchten wollten, in dem Germanenkult und Rassenspleen konstitutionell waren. Kinder wurden beispielsweise in Polen zusammengetrieben, die rassisch als einwandfrei galten, darum hat man sie nicht getötet, sondern in Lager gefaßt und später nach Deutschland transportiert. Das war die Kehrseite der Medaille: Töten und dann eine nordische Sklavenhaltergeneration schaffen.

Der Ärzteprozeß hat auf die Richter einen ungeheuren Eindruck gemacht, denn das waren die letzten, von denen man geglaubt hat, daß sie Menschen umbringen! Der Ankläger, mein Freund Alexander Hardy, Katholik aus der Bostoner Gegend, ein kräftiger Mann, hat wirklich mit der Wucht seiner Argumente die damaligen Richter überzeugen können, daß das Brechen des Hippokrates-Eides, den die Ärzte mal geleistet hatten, eine besonders gemeine Art der Verletzung der Menschenrechte war. Hardy hat sich nicht gerühmt, er hat mich aber oft darauf hingewiesen, daß er derjenige war, der die meisten Todesurteile erzielt hatte. Nun traten diese Ärzte auch in einer Lügenhaftigkeit, mit einer Feigheit auf, die vielleicht eindrucksvoller war, als bei allen anderen Angeklagten. Diese penetranten Heucheleien: »Wir wollten doch den Versuchspersonen nur etwas Gutes tun« haben einen sehr, sehr schlechten Geruch hinterlassen. Außerdem waren sie so dicht wie möglich am Opfer dran. Von anderen Verbrechen haben die Richter gedacht, die liegen zu weit entfernt von den Tätern, wie die Sklavenarbeit dahinten irgendwo bei Auschwitz. Und was hinzutritt – man muß sich mit dem Opfer identifizieren können.

Der Richter fragt sich doch unwillkürlich, was kann *mir* unter Umständen mit so einem Arzt passieren. Ein Arzt und Menschenexperimentator geht dem Richter unter die Haut und ein Arbeiter in Polen eben nicht. Das sind menschliche Erwägungen.

Ich habe oft mit Hardy darüber gesprochen: Die Fälle, wo die Menschenversuche an die Reihe kamen, wirkten weitaus erschütternder als die Tötung von jemandem, der – wie mancher sagt – sowieso in einer Irrenanstalt saß. Das waren psychologisch die besseren Fälle. Wenn allerdings damals nicht Menschen wie Alexander Mitscherlich die ganze Skala der ärztlichen Kriminalität vor dem deutschen Publikum ausgebreitet hätten, wäre sie völlig in Vergessenheit geraten. Ein Teil der Angeklagten, wie eine gewisse Frau Doktor Herta Oberhauser konnte nach ihrer Haftentlassung noch jahrelang in der Bundesrepubik praktizieren, und wenn ein Professor Gerhard Rose in irgendeiner Form mal angegriffen wurde, dann hat er große Erklärungen abgegeben, warum er trotz all der Leichen eine reine Seele ist.

Der Ärzteprozeß hatte einen ganz winzigen kleinen Nachfolger: In Dachau befand sich ein Priester-Block, in dem ebenfalls Menschenexperimente gemacht wurden. Der Priester-Block – mit über tausend Häftlingen – war für die Ärzte deshalb so wichtig, weil sie davon ausgingen, daß die dort verhafteten Priester besonders gute Versuchsobjekte und bestimmt keine Kranken seien, sondern verhältnismäßig gesunde Personen, so daß man bei den Versuchen ausschließen konnte, daß jemand bereits kränkelte und sowieso gestorben wäre. An den Priestern sollte die Reinheit des Versuchs bewiesen werden. Dabei ist eine große Anzahl Priester umgekommen und schwer verletzt worden.

Dennoch hat es jahrelang gedauert, bis der Arzt, der diese tödlichen Experimente in Dachau vollzogen hat, schließlich vor wenigen Jahren unter Anklage stand, währenddessen die deutschen KZ-Priester immer wieder energisch bei den Münchener Behörden auf die Eröffnung des Verfahrens drängten. (Ich konferierte damals oft mit dem KZ-Priester, dem Geistlichen Rat Richard Schneider, der fünf Jahre in Dachau interniert war. Ein Kollege vom Ordinariat hatte ihm später erklärt: Mit euren Predigten seid Ihr viel zu offen gewesen!)

Der angeklagte Arzt versuchte sich damit herauszureden, daß er gar nicht zu dem Lager gehört habe, sondern von einzelnen Lagerärzten als eine Art Konsiliarius hinzugezogen worden sei. Nun waren die Priester verhältnismäßig milde Zeugen, das fing schon damit an, daß die polnischen Priester ungern wieder nach Dachau kamen, wo sie gesessen hatten. Als der Prozeß vor sieben, acht Jahren endete, bekam dieser Arzt zehn Jahre Gefängnis. Aber die Sache ging glimpflich aus, der Arzt wurde krank und haftunfähig. Ich weiß nicht, ob er heute noch seine ärztliche Praxis im Rheinland unterhält. Als es nach dem Urteil um die weitere Tätigkeit dieses Mannes ging, war damals die Rede davon, daß sich seine Patienten unerhört für ihn einsetzten, denn er sei für sie ein glänzender Arzt, den sie nicht verlieren mochten. Wenn man haftunfähig ist, kann man trotzdem ein sehr guter und tüchtiger Arzt sein!

»Muß ich Sie hier wiederfinden!«

Es waren in Nürnberg 199 Personen als Hauptkriegsverbrecher ausgewählt und angeklagt worden, gemessen am Unmaß der Verbrechen ein ganz kleiner Prozentsatz. Als Hauptkriegsverbrecher sind nicht 200 sondern mehr als 2000 zu bezeichnen, was immer noch eine konservative Ziffer ist, eine zurückhaltende. Wo waren diese Hauptkriegsverbrecher?

Sie saßen in irgendeiner Gefangenschaft, im Anhaltelager, waren zu Scharen verhaftet, Staatssekretäre aus verschiedenen Ministerien, Vortragende Räte wie ein gewisser Horst Wagner im Auswärtigen Amt, oder der Staatssekretär Ganzenmüller aus dem Verkehrsministerium, über den es schwerwiegendes Material gab bezüglich der Zusammenarbeit zwischen Gestapo und Reichsbahn zur Bereitstellung von Zügen für die, wie es in einem Schreiben hieß, »Angehörigen des Auserwählten Volkes«, die vom Getto Warschau nach Treblinka zu befördern waren.

Zu der anfänglich offenen Frage »Wie werden sich die Angeklagten benehmen?« gehörte die Überlegung »Wie müssen wir uns vor denen schützen?« Die Sicherheitsleute kamen oft zu mir und sagten: »Haben Sie eine Waffe?« Fast alle waren zunächst der Ansicht, die Angeklagten haben noch Waffen, sind rabiat und springen plötzlich auf die Richter. Nichts dergleichen ist passiert. Ich habe den Sicherheitspolizisten gesagt: »Ich habe meine Waffe hier hinten in der Hosentasche, das ist das Organisationsbuch der NSDAP.«

Wenn einer dumme Redensarten führte, er hätte mit den Sachen nichts zu tun, habe ich die Liste der SS-Ränge rausgenommen, ihm gezeigt, auf welcher Seite er steht, daß er ein SS-Gruppenführer war und ihn gefragt: »Wollen Sie wirklich Ihrem Führer untreu werden? Wie oft muß der Hahn krähen, damit Sie den Führer verleugnen?«

Ich kam mir immer merkwürdig vor als Unterstützungskraft für den verschwundenen Führer.

Ich hatte einmal den Staatsminister im Präsidialamt Otto Meißner zu vernehmen und wollte gerne wissen, ob er überhaupt ein Verbrecher war, der auf die Anklagebank gehörte oder nur seinen verschiedenen Herren Ebert, Hindenburg und Hitler zu treu gedient hatte. Bevor ich zum Meißner nach Oberursel gefahren war, hatte ich mit einem befreundeten Bankier zu Abend gegessen, der mich fragte: »Mit wem unterhalten Sie sich denn morgen?«

»Mit dem Staatsminister Meißner.«

»Ach«, sagte er, »vor zwei Jahren in Sylt standen unsere Strandkörbe und Sandburgen nebeneinander.«

»Worüber haben Sie sich damals unterhalten?«

»Na, so über das übliche, was man so sprach: Ende des Krieges etcetera.«

Der betreffende Bankier hätte mir ebensogut sagen können, ich hätte vielleicht eine Bestechung an den Mann bringen müssen, um meine nichtarische Frau über Wasser zu halten.

Und da es an einem Septembertage war, an dem ich den Meißner zu vernehmen hatte, sage ich ihm: »Hier ist es eben nicht so gemütlich wie am Strande von Sylt, wo Sie vor zwei Jahren noch die schönen Sandburgen gebaut haben.«

»Ich wußte gar nicht, Herr Doktor, daß Sie mich so lange beobachtet haben. Daß die Amerikaner so gründlich sind!«

»Tja«, sage ich, »ist nun mal so.«

Es ist gut alles zu wissen, was den Betreffenden bewegt. Sie müssen mit dem Minister sprechen, als wenn Sie sein engster Kollege gewesen wären, mit dem Landgerichtsrat, als wenn Sie zur gleichen Zeit neben ihm Referendar bei Gericht gewesen sind. Sie müssen dem General unbedingt erzählen, daß Sie in Lichterfelde gewohnt haben, die jungen Leute von der Kadettenanstalt genau kennen, die nur zehn Minuten von mir entfernt wohnten und auch von meinen Gymnasiallehrern erzogen wurden, die zusätzlich bei den Kadetten unterrichteten. Für eine junge Mörderin früher in Moabit mußte man auch ein gewisses Mitleid und Verständnis aufbringen dafür, daß man eben einen untreuen Geliebten mal umbringen kann.

Die Nürnberger Angeklagten haben geradezu das Bedürfnis gehabt, sich auszusprechen. Es war nach dem Kriege und die Leute waren noch eine gewisse Tonart gewöhnt. Sie wollten mir immer die Hand geben, doch habe ich nie einem Besucher je in meinem Leben die Hand gereicht, denn das war von zu Hause aus als unhygienisch verboten, Menschen die Hand zu reichen. Meine Eltern trugen nicht mal Eheringe, weil sich darunter Bazillen verbergen konnten. Bei uns durfte nichts an den Händen sein als waschen, waschen, waschen. Meine Eltern hatten noch vor dem Ersten Weltkrieg, als sie Forscher bei seiner Majestät in Potsdam waren, von ihm die geistreiche Bemerkung gehört: »Seife, meine Herren! Seife ist die Hauptsache!«

An einem schönen Sommertage fuhr ich mit einem gräßlichen Jeep von Frankfurt nach Hessisch-Lichtenau. Ein großer Teil der höheren Beamten der inneren Verwaltung war in Hessisch-Lichtenau, in einer früheren Munitionsfabrik, untergebracht. Am Steuer saß der Kollege Ickes, ein Sohn des früheren Innenministers von Roosevelt; man ist über Stock und Stein gefahren, die Autobahn war aufgerissen, und wir stehen nun vor diesem Anhaltelager für Ministerialbeamte.

Es war zu klären, ob da für bestimmte Fragen Zeugen interniert waren, die etwas wußten.

Ich trete ein in das Lager Hessisch-Lichtenau, da kommen mir drei Herren entgegen. Der eine, sehr dünn, trug – obwohl es nicht Winter war – einen langen Mantel, eine Art Kasack. Ein Antisemit hätte bestimmt gesagt, das ist der typische Rock eines Juden. Ich staune, der Mann geht auf mich zu, und ich sage: »Um Gottes Willen, muß ich Sie hier wiederfinden, Globke!«

Er sei Ministerialrat gewesen und gehöre zu den Leuten, die gleich in den automatischen Arrest gekommen sind.

»Ickes«, sage ich, »warten Sie ein bißchen, ich hab' hier einen alten Bekannten gefunden«, und wir verschwanden in einem Zimmerchen.

»Globke, was war los? Nun erzählen Sie mal ein bißchen.«

Ich hatte kein Thema parat, auf das ich ihn zunächst mal festlegen konnte.

»Erzählen Sie nicht über sich. Sie waren im Innenministerium bei Frick, ich bin interessiert an der Euthanasieaktion.«

»Das war doch nicht in meiner Abteilung.«

»Wir brauchen uns doch nichts vorzumachen,« sage ich, »wenn man mit den Leuten von der Medizinalabteilung Mittag ißt, erzählt man sich doch, was da vor sich geht, auch wenn's Hitler nicht will.«

Und da hat er mir die ganze Euthanasie-Sache erzählt. Ich habe solche Menschen, wie Globke, nur ein, zwei Mal persönlich vernommen, und als es an die scharfen Sachen ging, habe ich gesagt: »Sie werden von Herbert Schönfeld und Walter Speier vernommen werden«, zwei Amerikanern deutsch-jüdischer Abstammung, die Anwälte in Berlin gewesen waren.

Ich spreche mit einem Bekannten nicht über seine Verbrechen.

Für Nürnberg war Hans Globke als Ministerialrat völlig uninteressant, trotzdem haben wir genaue Untersuchungen über ihn angestellt. Ich habe einem Mitarbeiter eines Tages gesagt: »Sucht mal alles, war Ihr gegen Globke findet«, und da gab's eben keine Unterschrift mit irgendeiner direkten Beteiligung an der Endlösung. Wir kamen immer wieder auf den Kommentar: Globkes schwarzer Punkt (aber ›schwarzer Punkt‹ paßt hier nicht, denn er war ja immer ein Zentrums-Mann gewesen) ist selbstverstänlich die Tatsache, daß er an einem Kommentar zu den Nürnberger Rassegesetzen vom Jahre 1935 mitgewirkt hatte. Und noch vor Erlaß der Rassegesetze wies er die Standesbeamten an, Eheschließungen zwischen Juden und Ariern zu verhindern. Der Fall Globke ist eine Frage für sich. Ich bin – werden Sie vielleicht sagen – voreingenommen. Aber ist es nicht leichter, jemanden, den man sehr genau kennt, mit dem man in der Kantine des gleichen Ministeriums im Alter zwischen 28 und 32 Jahren hunderte Mal zu Mittag gegessen hat, richtig zu beurteilen, als Menschen, die einem ferner stehen?

Selbstverständlich saß er in einem Boot mit den anderen. Aber auch bei Leuten, die zusammen in einem Boot saßen, mache ich große Unterschiede zwischen einer aktiven mörderischen Tätigkeit auf der einen Seite und einer Randfigur auf der anderen Seite. Tatsache ist, daß Globke während der ganzen Zeit Nachrichten über nationalsozialistische Schandtaten aus dem Reichsinnenministerium über den Berliner Bischof Preysing nach Rom hat gehen lassen. Bestimmte Sachen wurden in Genf und im Vatikan durch Globke bekannt. (Als er später Kanzleramts-Staatssekretär und rechte Hand Adenauers wurde, entfachte das politischen Streit. Für die sogenannten Mischlinge freilich war sein Rassegesetz-Kommentar günstig.)

Die Mentalität der Leute in Hessisch-Lichtenau war bedrückend. Zunächst hatte man zu viele Kollegen auf verhältnismäßig kleinem primitiven Raum zusammengepfercht. Es kamen Spannungen auf, da es zum größten Teil Ministerialbeamte waren, die lange gemeinsam in Berlin, Unter den Linden und in der Wilhelmstraße Dienst getan hatten.

Ich traf einen Herrn, der mal kurze Zeit mein Vorgesetzter gewesen war, andere waren Abteilungsleiter bei der Berliner Polizei, mit denen man mal telefoniert hatte, ein weiterer war schon mit mir auf dem Amtsgericht am Alexanderplatz –, »das war doch ein furchtbarer Generalstaatsanwalt in Moabit, den wir hatten im Jahre Sowieso, existiert der eigentlich noch?«

Das beamtete Berlin und das Gerichtswesen war doch eine Kleinstadt. Und diese Berliner Kleinstadt bestand aus mehreren Vierteln. Da waren die Preußen auf der Ostseite der Wilhelmstraße, da waren die Reichsbeamten auf der Westseite, die ich weniger kannte, und da waren die Hunderte von Referendaren, mit denen man zusammen im Referendarkursus beim Repetitor gewesen war. Menschen, die in ähnlichen Lokalen in Berlin verkehrten, mit denen man auf der Universität zusammengewesen war – da gab's keine Gedächtnislücken.

Wenn man in einer gewissen Crew aufwächst, zusammen dieselben Vorgesetzten hat, dann vergißt man sie nie im Leben.

Im übrigen waren die Leute ja nicht alle Verbrecher, sondern Personen, die, wie sie sagten, auch unter Hitler im Interesse Deutschlands, besonders während des Krieges, ihre Pflicht getan hätten. Und jeder, in unserem Anhaltelager gewissermaßen in fremde Lande verschlagen, freute sich, mal so einen Amerikaner aus der Besatzung wiederzusehen.

Für die Menschen war eines völlig unerklärlich: Weshalb sie eigentlich verhaftet waren. Manche wußten es schon, aber viele betrachteten sich gar nicht als Verbrecher. Einige waren es auch gar nicht im strafrechtlichen Sinne, sondern nur im moralischen Sinne. Die konnten nicht verstehen, daß die amerikanischen Besatzungsbehörden von dem Standpunkt ausgegangen waren: Zunächst sind einmal alle Beamten von einem bestimmten Rang an zusammenzufassen und in Internierungslager zu verbringen. Das war nicht aus Sicherheitsgründen wichtig – es bestand keine Angst, daß die Ministerialräte plötzlich Überfälle auf Truppen machen würden – sondern weil dic Listen der Internierten mit den Listen der *War Crimes Commission* verglichen wurden. Wer sich dort wiederfand, wurde festgesetzt, das war eine ganz vernünftige

Anweisung. Man wußte bei Personen, die einen bestimmten Dienstrang besaßen, daß sie an einer bestimmten Stelle angehalten worden sein mußten. In dem Lager der Ministerialbeamten ging es äußerlich ganz ordentlich zu und vor allem gab es nicht so viele Ausbrecher wie in anderen Lagern; es war nämlich in manchen dieser Anhaltelager eine Kleinigkeit, herauszukommen. In den SS-Lagern ging das hin und her, ein und aus, Tausende sind geflüchtet. Die Bewachung war nicht sehr stark, oft nicht viel wert, so ein Anhaltelager war ja nicht auf die Dauer eingerichtet. Es gab ein weiteres Bürokraten-Lager, wo die Beamten des Auswärtigen Amtes saßen, von denen sind wiederum viele geflüchtet.

Ein bißchen Auswärtiges Amt hatte sich in der Nähe von Stuttgart etabliert. Leute, die dachten, sie wären das zukünftige Auswärtige Amt. Alle in Freiheit und Anwärter auf Posten in einem zukünftigen Ministerium der Bundesrepublik. Abteilungsleiter, Sachbearbeiter, Legationsräte und Personen, die wußten, der lange Arm der Amerikaner würde nicht dazu reichen, auch sie anzuklagen. Man hatte da schon vieles vorbereitet für etwaige Strafverfahren. Plötzlich hatten diese Herren sich um eine kirchliche Hilfsstelle herumgruppiert, lauter Sympathisanten des Wilhelmstraßen-Prozesses, die das kleine Heer der diplomatischen Entlastungszeugen befehligten, untereinander herumhörten, wer wird denn der nächste Zeuge sein, ein Empfangskomitee auf dem Bahnhof in Nürnberg postierten und ganz wie früher im Auswärtigen Amt ihre Sprachregelungen abmachten, was sie denn sagen sollten auf die Frage: »Was hatte das Auswärtige Amt mit jüdischen Belangen zu tun?«

Sie hatten auch schon für die kommende Entnazifizierung eine Persilschein-Fabrik für Diplomaten gegründet. Die untereinander gar nicht so verschworene Gemeinschaft hat eben nach außen wie Pech und Schwefel zusammengehalten, auch wenn es innerlich immer furchtbaren Zank gegeben hatte, der Zuständigkeiten wegen. Da mußte man zum Reichsminister Hans Heinrich Lammers gehen, der von mir im Wilhelmstraßenprozeß angeklagt wurde.

Lammers, Chef der Reichskanzlei, holte dann die Entscheidung des Führers ein; sein Zimmer hatte zwei Türen, durch die eine kamen die Gäste herein, durch die andere ging Lammers in den Raum des Reichskanzlers und kam nach zehn Minuten raus, dann hatte der Führer entschieden, wie der Krach geregelt werden sollte. Der Führer war aber gar nicht dahinten gewesen, sondern steckte wer weiß wo –, er schlief ja immer sehr lange. Das war eben die Kompetenz eines Chefs der Reichskanzlei; der war eine Art Vize-Führer.

Dies wurde für mich in Nürnberg immer klarer. Schauen Sie, diese Menschen waren ja zur Hitlerzeit viel unabhängiger, als sie es vorher gewesen waren und fühlten sich nahezu unabsetzbar. Sie brauchten doch auf kein Parlament zu hören! Was konnte ein Staatssekretär in der Republik schon unbeaufsichtigt machen? Aber jetzt – wenn sie nicht gerade etwas taten, was den richtigen NS-Bonzen, den alten PGs nicht gefiel – konnten die Leute fast anstellen, was sie wollten. Wenn man sich nicht gerade antinationalsozialistische Sachen zuschulden kommen ließ, wurde man von niemandem angeschnauzt, da war man doch Liebkind.

Der Staatssekretär Bohle vom Auswärtigen Amt fragte mich mal: »Na, was hätten Sie denn gemacht als junger Mann, wenn der Hitler Sie gleich als Ministerialdirektor oder Staatssekretär da reingebracht hätte?«

Ich sage: »Der Unterschied zwischen Ihnen und mir ist der, daß er mich eben nicht gefragt hat! Er wußte ja schon genau, wen er nimmt.«

Gelegentlich hieß es (wie manche Herren damals sagten, »darf ich mir auch mal eine Frage erlauben?«): »Was hätte ich denn tun sollen?«

Es gab immer medizinische Gründe in der Bürokratie, um sich auf einen weniger gefährdeten Job abschieben zu lassen. Aber die meisten haben es gar nicht für nötig gehalten, solche Ausreden zu gebrauchen.

»Was wäre denn aus mir geworden?« hat mir ein Staatssekretär in einem Verhör gesagt.

»Das ist ganz einfach«, sage ich, »was aus Ihnen geworden wäre. Wenn Sie sich irgendwie gedrückt hätten, säßen Sie nämlich nicht hier. Dann säße ein anderer hier, und Sie wären damals in Pension geschickt worden.« Es gibt ja aus der Bürokratie kaum jemand, der wegen einer Art Sabotage je in ein Konzentrationslager geschickt worden ist.

Sie dürfen eins nicht vergessen: Der verstorbene Herr Führer war einer der hervorragendsten Personalchefs. Er hat die Leute immer dahingesetzt, wo sie hinpaßten. Zum Belügen des Apostolischen Nuntius brauchte man gewandte Leute mit grauen Schläfen und zu anderer Tätigkeit brauchte man Fleischer. Wer da bei der SS den richtigen Tötungsjob nicht vertragen konnte, dem wurde das ja gar nicht übel genommen. Es ist kein SS-Mann bestraft worden, der nicht mehr konnte und mal umgekippt ist an einer Grube. Der konnte sich woanders hin versetzen lassen, wenn er als zu weich empfunden wurde und kam nicht mal an die Front. Hitler wußte schon, wen er wohin stellte. Den Herrn Best ins Reichssicherheitshauptamt, und ganz harmlose Kreaturen an Jobs, die auf andere Weise furchtbar waren. Aber diese Unschuldsmenschen haben einfach nicht bemerkt, was sie anrichteten.

Noch ein anderes Argument kam hinzu –, manche sagten »es war doch gerade Krieg, und da konnte man nicht kneifen«. Seit wann es im Kriege üblich war, ganze Völker auszurotten, wußten sie aber weiter auch nicht zu sagen.

Auf der anderen Seite gab es hohe politische Beamte, die alles, bis auf Morde, mitmachten. Die Verträge schlossen. Ich hab den Unterstaatssekretär Gaus, Chefjustitiar im Auswärtigen Amt schon unter Stresemann gefragt: »Wie ist denn das alles möglich?« Das war für ihn ganz selbstverständlich, »ich war doch nur der große Formulierer«. Er hat nie eine Endlösungs-Sache unterschrieben, sonst wäre er mitangeklagt worden.

Die meisten Verhöre fanden in Form einer Unterhaltung statt, allerdings immer mit Zeugen, wie ich schon erwähnt habe, wenn keine Zeugen dabei sind – meine Mitarbeiter oder Kollegen –, dann heißt es später: »Der Angeklagte ist erpreßt worden.« So etwas wird bei jeder Kriminalsache probiert. Um das zu verhindern, hat man auch gelegentlich bei besonders hartgesottenen Sündern einen Abhörapparat eingestellt (der war dann in der Lampe, die auf dem Tisch stand), um zu zeigen, daß der Ton nicht besonders aggressiv war. Eine abwegige Vorstellung, weil unmittelbar nach dem Kriege die Angeklagten und Zeugen sprechen wollten; sie wollten expektorieren und sich damit erleichtern.

Eine entscheidende Voraussetzung für die Durchführung des Nürnberger Verfahrens war die hohe Zahl der Beteiligten, die Einstellung sehr guter Leute, die ordentlich bezahlt wurden. Übrigens, für einen Angeklagten brauchte man mindestens zwei Staatsanwälte, das war der Grundsatz, den ich aufgestellt habe. Ferner brauchte man einen Stab von Hilfsstaatsanwälten, Mitarbeitern und schließlich die logistische Unterstützung der amerikanischen Armee, von der alles für den Gerichtshof und die Anklagebehörde Notwendige angefordert werden konnte. So ein Verfahren gegen 21 Leute geht eben nicht ohne eine Gruppe von – ich übertreibe nicht – Hunderten von Leuten, die dahinterstand. Das waren unerhört wichtige Helfer und Könner, durch die man alles sehr schnell feststellen konnte. Sie brauchten so einer wissenschaftlichen Dame nur ein Dokument zu geben und in zehn Minuten kam es zurück mit entsprechenden Informationen: »Das ist aus folgenden Gründen nichts wert...«; das nächste Dokument: »Ich bin aus der Sache nicht schlau geworden und deshalb zu unserem sachverständigen Zeugen Staatssekretär Gaus gegangen; der hat seine Lupe genommen und die Paraphen von Herrn A, Herrn B und Herrn C gesehen.« Damit war die Sache gelaufen.

In Nürnberg wurde nicht wie von deutschen Staatsanwälten heute bei der Polizeibehörde im Schwarzwald angefragt, »bitte vernehmen Sie einmal den Herrn Sturmbannführer«. Da wären wir nie fertig geworden. Wir holten uns die Leute selbst.

Es kommt selten vor, daß man als Vernehmungsbeamter ebenso gut wie der Vernommene weiß, was er gemacht hat. (Doch hat er nicht immer ein sehr gutes Gedächtnis und muß jedes Mal wieder verdrängen.) Das exakte Wissen von den im Auswärtigen Amt verübten Taten rührte von den sämtlichen Dokumenten dieses Ministeriums her, die wir ausgewertet hatten, so daß man sagen konnte: »Sitzung vom 20. 1., hier ist Ihr eigenes Protokoll. War es denn so, wie Sie aufgeschrieben haben?« Letzten Endes kam es in Nürnberg doch immer wieder darauf an, für welche verbrecherische Tätigkeit eines Individuums sind die Dokumente vorhanden? Nur mußte man erst die Sachen finden, irgendwo in den Salzminen oder auf dem Dachspeicher des Gerichts. Grundsätzlich kann man alles finden, was versteckt ist, manchmal sogar ohne langes Suchen.

Ein »Hofrat« vom Auswärtigen Amt kommt zu mir und sagt: »Denken Sie nicht, daß ich mit den Schandtaten verbunden bin. Ich kann Ihnen das beweisen.«

»Wie können Sie das beweisen, Herr Hofrat?«

»Aus den Akten, die haben wir in einer Villa versteckt.«

Abgesehen von solchen netten Erlebnissen, kann man sich auf eine gewisse Voraussicht verlassen: Wo muß etwas deponiert sein? Wer erzählt das? Hat der eine geschiedene Frau?

Der Witz war, noch vor Nürnberg, die Idee zu haben, im Winter 44/45

Teams von hochgebildeten Leuten auszubilden, die alles zu entdecken wissen. Das haben die amerikanischen Suchteams hervorragend gemacht. Teilweise waren es Soldaten, teilweise Offiziere, Studenten, Doktoren. In dem Lande gibt's doch alles.

Zur Auswertung der Dokumente waren exzellente Fachleute eingestellt worden. In der Aktenzentrale Berlin arbeitete der frühere Ministerialrat Fritz Corsing aus dem Preußischen Staatsministerium. Ferner war eine sehr tüchtige Anwältin tätig, Mary Taylor, die Frau General Taylors und ein wissenschaftlich sehr angesehener Herr, Professor Werner Peiser, ehemals Preußisches Staatsministerium, mein Sozius von der Gauklerwiese in Florenz, der nun aus dem Süden der Vereinigten Staaten gekommen war. Werner Peiser hatte vor der Dokumentenarbeit bereits eine Stellung als deutschsprachiger Berater eines der Gerichtshöfe. Die Richter konnten schon mal Übersetzungen eines deutschen Dokuments in die Hand bekommen, die sie einfach nicht verstanden. Dann konnten sie Peiser fragen, was sie eigentlich vor sich auf dem Tisch liegen hatten. Auch Professor Ossip Flechtheim war ein großer Dokumentenkenner.

Die Fahndungsabteilung mußte sich zusätzlich um die angekommenen Zeugen kümmern, die einfühlsam untergebracht werden mußten. Im Zeugenhaus, das eine ungarische Gräfin leitete, war es für die Betreffenden nicht immer sehr angenehm, denn hier wohnten Zeugen der verschiedensten Couleur. Unsere Zeugen waren keine Rowdies, sondern, abgesehen von ihrer verbrecherischen oder anderen Tätigkeit, meist feine Herren; sie haben sich nicht gerade die Köppe eingeschlagen, sondern wollten lediglich voneinander nichts wissen. Es gab oft heikle Situationen, denn nicht jeder der Herren hatte ein Einzelzimmer.

Dann schlossen einzelne dieser Zeugen plötzlich Damenbekanntschaften in Nürnberg und es mußte in verschiedenster Hinsicht Ordnung geschaffen werden. Es war verzwickt genug, daß Belastungszeugen und Entlastungszeugen zusammen wohnten, die bei ihren abendbrotlichen Unterhaltungen nicht gerade sehr glücklich waren. Wenn ich meinen früheren Chef, den Zeugen Carl Severing, fragte: »Wie geht es Ihnen denn?«, dann seufzte er:

»Ganz gut, aber in diesem Zeugenhaus ist es entsetzlich. Wen ich da alles treffe!«

In der deutschen Bürokratie besteht ein gewisses Prinzip, daß jeder seinen Posten so lange wie möglich behalten will, am liebsten lebenslang. In Nürnberg bestand die einzige Gruppe, die es sich bequem machen wollte, aus denen, die plötzlich Verlobte in Deutschland fanden und hier bleiben wollten. Deren Schaffen war vielleicht psychologisch ein bißchen beeinflußt hinsichtlich der Schnelligkeit. Ansonsten war es das Bestreben von mehreren tausend Leuten, die allmählich durch all die Prozesse hindurchwanderten, möglichst schnell die Sache zu Ende zu führen und wieder nach Hause zu gehen, nach Amerika. Die Atmosphäre in diesem Justizstaat war prinzipiell von dem Drang erfüllt, fertig zu werden. Wir wollten eine große Aufgabe vollenden und diese unter dem Gesichtspunkt: Es soll statuiert werden, daß offizielle Staatspersonen Verbrechen begangen haben und sie dafür zur Rechenschaft gezogen werden müssen wie jeder andere Verbrecher. Nürnberg war eben kein Prozeß, sondern ein Justizstaat, eine Enklave in Deutschland mit eigenen Gesetzen, Londoner Charter, Kontrollratsgesetz Nr. 10, und in den wesentlichen Punkten nur vom US-Präsidenten abhängig.

Ich will in diesem Zusammenhang nicht darauf eingehen, warum etwas Ähnliches in Deutschland nicht funktioniert hat. Das ist eine Sache für sich. Allerdings beleuchtet das Nürnberger Beispiel die Anstrengungen, die unternommen werden können und die unternommen werden müssen, auch wenn nicht all die Möglichkeiten von Nürnberg bei späteren deutschen Prozessen verfügbar waren. Jedenfalls hätten wir uns geniert, Leute jahrelang festzuhalten, wie das im Majdanek-Prozeß geschehen ist. Wir waren ebenso interessiert, die Unschuld eines Eingelieferten festzustellen wie die Schuld. Denn dadurch wurden wir gleich eine Menge Leute los, die denunziert worden waren. Täglich gingen Briefe bei Justice Jackson ein, körbeweise Beschimpfungen: ›Warum ist der losgelassen worden? Warum ist der nicht verhaftet worden?‹

Aus irgendeinem Grunde gab es hierfür keine Abteilung ›Briefe und Drohbriefe‹, das war bürokratisch nicht vorgesehen. Unglücklicherweise hatte Jackson gesagt: »Schickt alles zu Bob rüber.« Ich hab's meinen Mitarbeitern gegeben, aber ich konnte sie auch nicht all diese dämlichen Briefe lesen lassen und so sind sie pflichtwidrig überhaupt nicht gelesen worden.

Der Ordner D

Ich war Chef der Abteilung ›Politische Ministerien‹ und im Februar/März 1947 fing ich an zu überlegen: »Was ist das Wichtigste?«

In Frage kamen das Auswärtige Amt, die Reichskanzlei, geeignet für einen zweiten Prozeß zusammen mit dem Innenministerium, und das Reichssicherheitshauptamt, das in zwei, drei Prozesse aufgeteilt werden mußte: die beamtete Seite, Schellenbergs Geheimdienst und diese SS-Leute, die nicht unmittelbar zur unteren *executive* gehörten.

Ich saß also auf meinem Sessel, hatte meine Mitarbeiter engagiert oder aus anderen Verfahren, die zu Ende gingen, zusammengesucht, und da ereigneten sich merkwürdige Dinge: Ich kannte nur wenige AA-Dokumente, weniger als von anderen Behörden, die bekundeten, wie das Reichssicherheitshauptamt Deportationen durchgeführt hatte.

Also sagte ich den Dokumentenfahndern: »Da muß noch anderes Material vorhanden sein. Ich habe Briefe gelesen vom Reichssicherheitshauptamt an das Auswärtige Amt.« Und zu meinem Erstaunen hörte ich: Die Geheimakten des Auswärtigen Amtes sind vollständig erhalten und nach Berlin gebracht worden. Sie waren in verschiedenen Stellen gelagert, sorgfältigerweise hatten die Herren selbst sich viele Mikrofilme anfertigen lassen, damit nichts verloren ging.

Ich telefonierte mit meinen Berliner Mitarbeitern, alles herüberzuschicken, was dort war; es bestand ein Verdacht, weil ich von Eichmann-Leuten, die bei irgendeiner Gelegenheit vernommen worden waren, gehört hatte: Wir haben bei Deportationen ja immer im Auswärtigen Amt angefragt. Wir hatten ja immer Zustimmung.

Zuerst verstand ich gar nicht, wozu man für einen Mord noch Zustimmung braucht. Allmählich klärte sich auf, was das hieß. Zu den schriftlichen Anfragen wurden Antworten gefunden, in denen stand: »Zurück an das Referat Eichmann. Mit dem vorgesehenen Transport ist das Auswärtige Amt einverstanden«, paraphiert – von unten rauf – Rademacher, Wagner, über den Unterstaatssekretär, Leiter der politischen Abteilung bis hinauf zum Staatssekretär. Allmählich wurde mein Schreibtisch überrollt von Dokumenten des Auswärtigen Amtes.

Ich lief mit diesen Dokumenten zu Taylor: »Ist denn sowas möglich?!«

»General Taylor, diese Dokumente sind in dem Geheimarchiv des AA gefunden worden!«

Zugetraut habe ich dem Hitler-Regime alles, nur eines nicht, daß sie das alles in sämtlichen Einzelheiten schriftlich gemacht und sorgfältig aufgehoben haben. Das ging mir doch zu weit für meinen bürokratischen Verstand. Zwar lassen viele notorische Verbrecher, nachdem sie die Tat begangen haben, plötzlich ihr Werkzeug liegen. Es gibt selten das *perfect crime*. Doch trat in diesem Fall noch ein Grund hinzu, den ich erst später erfahren habe:

Das Ministerium Ribbentrop wollte von 1938 an vor Hitler beweisen, daß es ebenso tüchtig war wie die Gestapo selbst. Man hatte nämlich von Himmler, Heydrich und auch von Goebbels einige Vorwürfe bekommen und mein Zeuge Gaus bekam von Ribbentrop aufgehalst, nicht nur die Drohbriefe von Goebbels, sondern auch noch die von Himmler zu beantworten.

Taylor hat gestaunt über diese Dokumente, obwohl er die militärischen Befehle von Keitel, Jodl, vom Generalstab und Konsorten kannte, und auch die Einsprüche von einzelnen, die nicht mitmachen wollten, wie General Blaskowitz. (Daran haben wir zuerst gesehen, daß etwas nicht in Ordnung war.) Dennoch war das Skurrilste, was sich überhaupt denken läßt, unsere Unkenntnis vom Dritten Reich.

Wenn der vorzügliche Historiker Raul Hilberg fragt: »Warum gab's kein Kapitel Endlösung im IMT-Prozeß?« antworte ich: Das Wort Endlösung gab's damals noch nicht einmal. Es gab die Toten, es gab Befehle vom Reichssicherheitshauptamt, es gab verschwommen die Einsatzgruppen, nur am Rande, soweit die Chefs, wie ein Herr Ohlendorf, das ein bißchen erzählten. Keiner hat mitgeteilt, auf welche organisatorische Weise er Mörder gewesen war. Die Verantwortung wurde zwar regelmäßig anderen in die Schuhe geschoben, namentlich dem Vorgesetzten: aber nur »meiner« da oben, der Heydrich, nicht dessen Komplizen durch die ganze Bürokratie. Und wenn ein Herr Staatssekretär Schlegelberger, der soviel juristische Werke geschrieben hatte, da reinkam, und über die Judenvernichtung erzählte, dann wußte er ebensowenig wie ich, wie groß der Apparat war. Das hat man anfangs absolut nicht überblickt, trotz geheimer Berichte.

Unser wichtiger Zeuge im IMT-Prozeß, der ungarische Anwalt Rudolf Kastner, wie auch die Berichte der Polen, Tschechen und Holländer, bestätigten, daß ungezählte Personen ermordet worden waren. Wer hat die umgebracht? Zunächst der Mann, der sie in Krakau oder Budapest festgenommen hatte. Da haben wir ja die Mörder! Ein gewisser Adolf Eichmann hat das organisiert, und der hatte einen Chef, den Heydrich. Der Supermörder war Göring, der am 31. Juli 1941 an Heydrich den Befehl gegeben hatte: »Organisiere Du das.«

Als das Material vom Auswärtigen Amt eintraf, telefonierte ich nach Berlin: »Das ist nicht nur die Politische Abteilung des Auswärtigen Amtes –, da muß es noch etwas anderes geben.«

»Why do you say so?«

»Weil es stinkt, weil der Rauch noch was vernebelt.«

Eines Tages, vielleicht vierzehn Tage später, es war noch im März, erhalte ich einen Anruf: »Ich habe hier etwas gefunden.«

»Was ist das?«

»Protokoll einer Konferenz.«

Ich sage: »Wo war denn das?«

»Am Wannsee, 20. Januar 1942.«

»Kommen Sie damit herüber! Fliegen Sie los!«

Das Protokoll kam an, ich las es durch, rief die wissenschaftlichen Mitarbeiter herein: »Lest mal.«

Ich renne zu Taylor rüber und nehme jemanden mit, der ihm das gleich übersetzt.

»Woher ist das?«

»Aus dem Ordner D (Abteilung Deutschland), betrifft Endlösung der Judenfrage.«

Auf dem Rücken des Ordners stehend! »Endlösung der Judenfrage.«

Ich blätterte in den Akten und fand, daß diese Konferenz schon im Dezember 1941 stattfinden sollte. Sie war vertagt worden, weil in Pearl Harbour der Krieg gegen die USA begonnen hatte. Es war deshalb erst auf den 20. Januar draußen nach Wannsee eingeladen worden, wo ein

Quartier der Gestapo war, und auch Interpol ihr Hauptquartier hatte (dieselbe Interpol, die uns später die entflüchteten Nazis nicht gefangen hat, weil sie sich ihren Statuten gemäß nicht mit politischen Fällen befaßt). Das war eine große Sache, man mußte im Winter mit den Autos raus nach Wannsee fahren. Da hat's geschneit damals, wie ich gehört habe, es war glatt und wie wir später durch Herrn Eichmann erfuhren, der in Jerusalem diese Situation seinem Vernehmer Captain Avner Less schilderte, hat er anschließend noch gemütlich zusammengesessen mit Heydrich und einen Cognac getrunken und war glücklich darüber, daß »unsere Vorschläge«, wie er wörtlich sagte, »von den Päpsten der Verwaltung anstandslos angenommen worden waren«. Es gab keinen Widerspruch, man war einverstanden.

Mit Recht wollten sich diese Teilnehmer bei mir später rausreden. Es war doch entsetzlich, was da entdeckt worden war. Sie hatten die Bedeutung des Projektes von Anfang an erkannt. Wenn Heydrich zu so etwas einlädt, weiß man doch schon, was los ist. Wie akkurat die Teilnehmer Bescheid wußten, geht schon aus ihrer Angst hervor, überhaupt dabeigewesen zu sein. Der springende Punkt der Besprechung war nämlich im Protokoll festgehalten. Europa sollte vom Westen nach Osten durchkämmt, elf Millionen Juden der Zwangsarbeit ausgesetzt werden und wer noch übrig blieb, war auszumerzen. Letzteres hatte man mündlich formuliert, wie Eichmann erzählte. Im Protokoll hingegen ist das Wort ›Ausmerzen‹ ziemlich unelegant damit umschrieben worden, daß der die Zwangsarbeit überlebende Teil der Sonderbehandlung unterzogen werde.

Wie übersetzt man ›Sonderbehandlung‹ und kann man einen Ausdruck bilden ›Final Solution‹? Das Konferenzprotokoll mit seiner unmenschlichen Sprache mußte von Jane Lester, meiner wissenschaftlichen Mitarbeiterin, ins Englische gebracht werden. Nun war ich daran interessiert, auch einige der höchsten Beamten zu sprechen, nachdem offenbar geworden war, daß die Endlösung der Judenfrage kein Exklusiv-Rezept vom Gestapo-Führer Heydrich gewesen war, sondern quer durch die Ministerien ging – eine Querschnittlähmung von höchsten gutbezahlten Beamten. Konnte man sie deshalb anklagen? Ich mußte Akteure sehen, die das ausgeführt hatten.

Ribbentrop war bereits tot, die Staatssekretäre waren von 38 bis 43 Ernst von Weizsäcker und von 43 bis zum Schluß Graf Steengracht von

Moyland. Keiner von beiden war bei der Konferenz zugegen. Der Hauptmacher im Auswärtigen Amt, der Unterstaatssekretär Luther, hatte sich leider in den letzten Tagen Berlins selbst umgebracht, war allerdings schon vorher wegen persönlicher Dinge mit dem Auswärtigen Amt verkracht. Der fehlte, aber es lebten noch seine Unterlinge sowie die Vertreter aus den anderen Ministerien und Parteistellen: der frühere Staatssekretär Görings vom Vierjahresplan, Erich Neumann, der Vertreter Bormanns, der Herr Gerhard Klopfer und der spätere Staatssekretär Friedrich Wilhelm Kritzinger aus der Reichskanzlei von H. H. Lammers.

Ich bat die Fahndungsabteilung, die zivilen Anhaltelager durchzusuchen. Die wußten besser als ich, wo die Herren stecken könnten. »Sehen Sie zu, daß Sie noch den einen oder anderen von den SS-Leuten schnappen, die dabei waren, ein gewisser Eichmann . . .«

Ein paar Tage später kam das Ergebnis, die ersten Teilnehmer der Wannsee-Konferenz erschienen bei mir. Bis auf einen wußte keiner, daß eine solche Konferenz zur Endlösung der Judenfrage überhaupt stattgefunden hatte. Einer erinnerte sich plötzlich daran, daß er an den Wannsee zu einer Konferenz über Kriegsangelegenheiten eingeladen worden war.

»Wurde dort auch über Judensachen gesprochen?«

»Nein, daran kann ich mich nicht erinnern.«

»Was hat denn der Herr Heydrich mit dem Kriege zu tun gehabt?«

»Das weiß ich auch nicht mehr so genau.«

Dann fragte ich einen Staatssekretär: »Sie wissen wirklich gar nichts davon?«

»Nein.«

Ich sage: »Machen Sie sich doch nicht schlechter als Sie sind. Sie sind doch ein tüchtiger Mann, der einzige, der damals aufgestanden ist und gesagt hat: Warum soll man denn die Juden töten? Die kann man doch zur Arbeit heranziehen!« (Das war Staatssekretär Neumann.) Und langsam kam in sein Gedächtnis zurück, daß er an einer Konferenz teilgenommen hatte.

Ich fragte einen anderen: »Sind da nicht fürchterliche Sachen verhandelt worden?«

Daraufhin kam etwas Zögerndes heraus und ich sagte: »Ich will Ihnen einmal etwas vorlesen: ›Unter entsprechender Leitung sollen nun im

Zuge der Endlösung die Juden in geeigneter Weise im Osten zum Arbeitseinsatz kommen. In großen Arbeitskolonnen, unter Trennung der Geschlechter, werden die arbeitsfähigen Juden straßenbauend in diese Gebiete geführt, wobei zweifellos ein Großteil durch natürliche Verminderung ausfallen wird. Der allfällig endlich verbleibende Restbestand wird, da es sich bei diesem zweifellos um den widerstandsfähigsten Teil handelt, entsprechend behandelt werden müssen, da dieser eine natürliche Auslese darstellend, bei Freilassung als Keimzelle eines neuen jüdischen Aufbaus anzusprechen ist.

Im Zuge der praktischen Durchführung der Endlösung wird Europa von Westen nach Osten durchgekämmt. Das Reichsgebiet einschließlich Protektorat Böhmen und Mähren wird, allein schon aus Gründen der Wohnungsfrage und sonstigen sozialpolitischen Notwendigkeiten, vorweggenommen werden müssen.

Die evakuierten Juden werden zunächst Zug um Zug in sogenannte Durchgangsghettos gebracht, um von dort aus weiter nach dem Osten transportiert zu werden . . .‹«

Also, nun saß ich da mit dem Wannseeprotokoll und den Antwortschreiben an Eichmann: »Wir sind damit einverstanden, daß die Juden abtransportiert werden.« Ich war natürlich vom Standpunkt der Anklage interessiert, *wer* alles solche Anfragen im Auswärtigen Amt bekommen hatte – in welcher Angelegenheit? Der Tatbestand war klar. Die gesamte politische Abteilung von Oben bis Unten mit einigen wirklichen Ausnahmen (die wenigen Widerstandskämpfer, die in London auf solche Dinge aufmerksam gemacht hatten, wie Solf, der am 20. Juli hingerichtet wurde), waren darin verwickelt. Ich überlegte mit meinen Kollegen, wie der Fall anzufassen sei. (Ich mußte mich ja vorsichtig an die Leute herantappen und das nicht mit der kalten la main machen.) Da kam mir ein glücklicher Umstand zu Hilfe.

Ich erinnerte mich, daß der Justitiar des Auswärtigen Amtes, der große Formulierer, der den Hitler-Stalin-Pakt formuliert und gebrochen, der schon unter Stresemann Verträge geschrieben hatte, noch als Zeuge im Gefängnis saß. Auf Photos sah man ihn im Hintergrund mit seiner Glatze, wie er gewissermaßen der deutschen Partei beim Hitler-Stalin-Pakt die Feder in die Hand drückte. Das war eine Person, die Respekt einflößte, besonders, wenn man früher einmal ein junger Justitiar im Innenministerium gewesen war. Ich sagte mir, ich werde mal den großen Kenner fragen, was es eigentlich mit der Judenpolitik im Auswärtigen Amt auf sich hatte, von der zu hören war, daß es sie gar nicht gegeben habe.

Nun – Gaus kam und es war sehr nett. Wir saßen an meinem Tisch, und ich fragte ihn: »Uns sind hier die ganzen Dokumente aus Ihrem Auswärtigen Amt in die Hände gefallen, erzählen Sie mir mal, wieweit war das Auswärtige Amt an der Judenausrottung beteilung?« (Es war nicht die Frage, ob oder ob nicht, sondern wieweit.)

Er hat eigentlich wie ein älterer Lehrer reagiert und hielt einen kleinen Vortrag: »Tja, das war ja für Ribbentrop immer eine schwierige Frage, was wir dem Reichssicherheitshauptamt antworten sollten. Die haben immer sehr höflich angefragt, denn wir mußten ja gucken, was wird aus dem betreffenden Lande später? Wird es annektiert und ein Teil Deutschlands? Wird es später dem Osten zugeschlagen, bei der damals möglichen Teilung Europas? Wir mußten an Mussolini natürlich anders schreiben, damit er sich um die Judenfrage kümmerte, als an Horthy und an Tiso in der Slowakei. Das waren die diplomatischen Überlegungen, die von unten, dem Referenten für das Land an den Staatssekretär gingen und an die ›Abteilung Deutschland‹ mit Luther und vorher Horst Wagner an der Spitze.«

»Wie haben Sie selbst darüber gedacht?«

Da kam natürlich sofort: »Ich habe nie einen derartigen Rat gegeben. Ich habe die politischen Entscheidungen Ribbentrops formuliert, selbstverständlich war ich dagegen. Wissen Sie, ich bin ja mit Ricarda Huch verwandt.«

»Wollen Sie«, sagte ich, »Ihr Gewissen nicht mal erleichtern in dieser ganzen Angelegenheit?«

»Ich werde mir das alles einmal überlegen.«

»Waren Sie Mitglied der NSDAP?«

»Nein, bin ich nicht gewesen.«

»Überlegen Sie mal jetzt im Jahre 1947 – was kann man noch tun mit der ganzen Schweinerei?«

Zwei Tage später meldete er sich. Wir gingen hinter dem *court house* in den Pegnitz-Wiesen spazieren. Ich sage: »Was kann man tun, um den Augias-Stall auszumisten? Das Auswärtige Amt war doch eine Mörderbande. Über Ihr Schicksal kann ich Ihnen gar nichts sagen. Wenn wir Dokumente von Ihnen finden, daß Sie bei den Judensachen mitgewirkt haben, sind Sie mit drin, wenn wir keine finden, sind Sie nicht mit drin.

Sie wissen, daß die Russen sich auch für Sie interessieren.« (Sie hatten sich die Enthüllung des Hitler-Stalinschen Zusatzprotokolls gemerkt.)

»Das letzte, was ich tun kann, ist die Wahrheit zu sagen«, sagte Gaus. »Das hat für Deutschland noch mal eine Bedeutung.«

»Schreiben Sie das auf. Ich will gar nichts wissen. Schreiben Sie einen Brief an General Taylor.«

Dieser handgeschriebene Brief wurde dann in der ›Neuen Zeitung‹ in München auf der ersten Seite veröffentlicht. Ein sehr interessantes Dokument, das heute völlig unbekannt ist. Wir haben Gaus dann aus der Haft entlassen, es gab kein einziges Papier mit seiner Unterschrift, noch einen Zeugen, der gegen ihn auftreten konnte. Später bin ich angepöbelt worden, ich hätte Gaus auf dem Spaziergang mit der Bemerkung erpreßt, die Russen interessierten sich für ihn. Ich habe jedem Gefangenen mitgeteilt, wenn ein fremder Staat etwas wollte, weil ich mich dazu verpflichtet fühlte – übrigens mit der inneren Absicht, *wir* wollen die Herren verarzten und nicht fremde politische Gesichtspunkte reinbringen lassen. Selbstverständlich ist von allen Sündern des Auswärtigen Amtes die ungeheure Belastung verspürt worden, wenn ›einer von uns‹ sagte: Das stimmt alles, was in den Dokumenten steht. Man brauchte nicht auf irgendeinen Eichmann zu warten, der unmittelbar Beteiligter war, sondern hatte jemanden, der bei all den Leuten bis zu dieser Minute als objektiv gegolten hatte und jede Paraphe kannte.

Eines Tages kam ein Herr mit grauen Schläfen, gut angezogen, in Haltung, der Staatssekretär des Auswärtigen Amtes von 38 bis 43, den Jahren, in denen die Endlösung nicht nur angelaufen, sondern schon zu zwei Dritteln durchgeführt war. Ernst von Weizsäcker, zuletzt Botschafter beim Vatikan, war auf unsere Ladung aus Kressbronn am Bodensee, wo er wohnte, herbeigereist, weil man ihm vielleicht in Rom gesagt hatte: »Du wirst nicht verhaftet werden, wenn Du da ankommst.«

Um es vorweg zu nehmen, er ist von meinem Standpunkt aus eine der tragischsten Figuren des ganzen Wilhelmstraßen-Prozesses. Wir kamen bald ganz gut ins Gespräch. »Wie ist das in Kressbronn? Vielleicht komme ich mal und sehe mir das an. Wir wollen uns über etwas hier unterhalten, nämlich über die Mitwirkung des Auswärtigen Amtes an irgendwelchen jüdischen Vorgängen.«

»Herr Dr. Kempner, Sie wissen aus Ihrer früheren Berliner Tätigkeit vor 33, daß das Auswärtige Amt mit Judensachen nichts zu tun hatte.«

»Na, ganz allgemein können Sie das doch nicht sagen« erwiderte ich. »Im Ersten Weltkrieg hat es doch sehr viel damit zu tun gehabt und hat dem Ludendorff eine gewisse Politik, die Rolle des Befreiers der Juden vom russischen Joch, zugeteilt. In Ihrem Hause hat doch wegen dieser jüdischen Sachen damals ein gewisser Nahum Goldmann mitgearbeitet. So ganz kann das doch nicht richtig sein.«

»Damals ging es aber nicht um eine Vernichtung der Juden; man wollte den Juden gegen die Russen helfen.«

»Herr von Weizsäcker«, sage ich, »was ist denn das hier für ein Papier? Da steht an einen gewissen Herrn Eichmann geschrieben, soundsoviel Juden können nach dem Osten deportiert werden.«

»Zeigen Sie mir das bitte, was habe ich damit zu tun?«

»Herr von Weizsäcker, wenn Sie genau lesen, ich gebe Ihnen meine Lupe, schauen Sie doch mal, was ist denn da oben rechts in der Ecke? (Ich hatte vorher, weil ich meinen eigenen Augen nicht traute, das Papier dem Herrn Gaus gezeigt. Er hatte mir gesagt: »Selbstverständlich ist das die Paraphe von Weizsäcker.«) Hier, Sie haben zugestimmt.«

»Das kann mir so durch die Hände gegangen sein. Ich weiß gar nicht ...«

»Das ist nicht nur durch Ihre Hände gegangen«, sage ich. »Sie haben doch einige Änderungsvorschläge gemacht. Sie haben dazu in gewisser Weise Stellung genommen. Sie haben eingefügt ›näher polizeilich gekennzeichnete Juden‹. Die Nazipolizei in Paris sollte erstmal nur an gewisse Gruppen rangehen.«

»... Ich war nicht in Paris. Ich weiß das gar nicht.«

»Aber *ich* weiß, daß man erst an die staatenlosen und deutschen Juden rangehen wollte und dann an die französischen Juden, um die Leute in Vichy nicht zu sehr aufzuregen.«

»Tja, wenn ich so langsam nachdenke ...«

»Herr von Weizsäcker«, sage ich, »seien Sie ganz ruhig. Erinnern Sie sich jetzt vielleicht, nachdem ich Ihnen das gezeigt habe?«.

»Ja, ich erinnere mich. Ich habe mich darüber sehr aufgeregt. Ich habe das abends zu Hause erzählt – diese furchtbare Sache.«

»Ist das nun das einzige, das Sie mitabgezeichnet haben, oder ist das mehrfach vorgekommen?«

»Ich erinnere mich nur an das.«

»Herr von Weizsäcker – aber hier und hier, mit den Holländern und Belgiern ...«

»Ich bin erschüttert!«

»Also wir wollen nicht weitermachen«, sage ich. »Sie sind erschüttert.« Da stand so ein altes Sofa im Zimmer. Ich sage: »Setzen Sie sich erstmal hin.«

Weizsäcker war einer der vier Staatssekretäre des Auswärtigen Amtes. Ich wollte nicht allein entscheiden, was mit ihm geschehen sollte, das ging ja meinen Chef an. Nachdem ich einige dieser Vernehmungen geführt hatte, ging ich damit zu General Taylor und erzählte, was passiert war. »Schön«, sagt er, »wir müssen ihn jetzt wohl verhaften lassen. Das wird der erste Angeklagte im Auswärtigen Amt-Prozeß sein.« Vierzehn Tage später wurde Weizsäcker, der bisher ein freier Zeuge war, nach Nürnberg gebracht und ins Gerichtsgefängnis eingeliefert.

»Sie wissen«, begrüßte ich ihn, »das war klar, daß Sie hierher kommen mußten.« Ich hatte ihn bei den ersten Sitzungen gefragt: »Würden Sie wieder nach Nürnberg kommen?« Er hatte bejaht. Aber ich wollte ihn nicht ins Gefängnis einladen, das gibt's nicht. Ich hatte ihm inzwischen geraten: »Nehmen Sie sich bald einen Anwalt.« Und er erzählte mir, daß er mit dem Berliner Anwalt Hellmut Becker befreundet sei, der zu der Zeit auch unten in Kressbronn lebte, der Sohn des früheren preußischen Kultusministers Becker, eines sehr geschätzten demokratischen Mannes, der bis 1931 im Amt war.

Ich dachte mir von diesem Moment an »Was wird der Weizsäcker sagen, wenn bei den nächsten Sitzungen weitere Dokumente gezeigt werden?« Es gab nicht nur Paraphen, sondern auch Unterschriften, Unterstreichungen, die von ihm herrührten. Nachdem er drei oder vier Anwälte engagiert hatte, darunter einen Amerikaner (sein Sohn Richard und der Legationsrat Sigismund von Braun halfen der Verteidigung), die alle sehr verschiedenartig vorgingen, hörten wir plötzlich die Version: »Ich hatte mit dem Dokument nichts zu tun, das ist so über den Tisch gegangen. Über meinen Tisch sind sehr viele Dinge gegangen, die ich nicht mit der Feuerzange angefaßt hätte.«

»Aber unterzeichnet«, dachte ich bei mir.

Wir fuhren nach Kressbronn, um kurz Frau von Weizsäcker zu sprechen und die ganze Atmosphäre kennenzulernen. Sie sagte: »Sehen Sie die Hände meines Mannes an. Es ist ausgeschlossen, daß diese Finger so etwas unterzeichnet haben.«

Auf einmal tauchte die Version auf: »Ich habe das gemacht, um Schlimmeres zu verhüten.« (Worauf wir ihn gefragt haben, was denn das Schlimmere war, das noch verhütet werden konnte.)

Also zuerst: »Das war ich gar nicht, dafür war ich nicht zuständig«, danach: »das war mit innerem Widerstand«, anschließend: »eigentlich wollte ich Schlimmeres verhüten« – Versionen, die sich oft widersprachen.

Ich habe einmal ganz offen mit Hellmut Becker darüber debattiert: Wenn ich in der Lage von Weizsäcker gewesen wäre, hätte ich gesagt: »Das war eine furchtbare Zeit, ich habe das eben mitgemacht, hier stehe ich, ich kann nicht anders.« Stattdessen begann eine monatelange Diskussion über den Wert der einzelnen Unterschriften. Man versuchte, die eine oder andere als belanglos abzustreiten.

Aber allmählich wurde die Tragik des Falles sichtbar: Auf der einen Seite stand der Versuch, sich herauszureden und (vom Standpunkt der Verteidigung richtig) in den Vordergrund zu bringen, daß er, Weizsäk-ker, in puncto Angriffskrieg, insbesondere gegen Rußland, gewarnt hatte, daß es schiefgehen könnte. Selbstverständlich auch deshalb gewarnt hatte, damit das bisher erreichte Großdeutsche Reich nicht vom Jahre 40 an würde zurückstecken müssen. Es war doch genug von Krakau bis an den Atlantik. Sollte es so bleiben!

Andererseits kam allmählich der emsig geschürte Gruppendruck zum Vorschein. Wenn er die volle Wahrheit gesagt hätte, wäre die Folge gewesen, daß zehn bis zwanzig Diplomaten des Auswärtigen Amtes wegen Mordtaten von den Alliierten oder der deutschen Justiz hätten angeklagt werden müssen. Seine früheren Beamten, die in Stuttgart einen Kreis hatten, wären nie wieder in eine Stellung gelangt. Die Pflicht zur Wahrheit kontrastierte mit der vermeintlichen Pflicht, Kollegen zu schützen, die als Mordgehilfen in Betracht kamen. Dieser Druck von außen ist nie ganz klar vor die Öffentlichkeit hingetreten, allenfalls dadurch, daß die Nürnberger Gerichte von der Clique angepöbelt wurden: »Wenn Ihr Weizsäcker und solche Leute verfolgt, dann arbeitet Ihr den Kommunisten in die Hände!«

Das paßte zu der Zeit des Kalten Krieges. Große Schlagzeilen: »Das sind die Kempners in Nürnberg, die verhindern, daß Deutschland und Amerika gerettet werden können.«

Ich persönlich glaube, Weizsäcker allein hätte sich anders verhalten. Er hat sich selbst sehr unangenehmen Situationen ausgesetzt, weil er nicht richtig aufpaßte und erklärte, er hätte von nichts gewußt –, keine Ahnung, was Auschwitz war. Und rasch kam die Kalamität.

Die Verteidigung lud als Entlastungszeugen seinen Sohn Carl Friedrich, den Philosophen, und der erklärte im Kreuzverhör, sein Vater sei über die damaligen Geschehnisse furchtbar unglücklich gewesen. Wenn er abends nach Hause gekommen sei, habe er darüber mehrfach geklagt. Krasser Gegensatz zu der Unwissens-Theorie! Die Ladung dieses Entlastungszeugen war ein Bumerang.

Ebenfalls zu Weizsäckers Entlastung war der spätere Verfassungsrichter und echte Widerstandskämpfer Fabian von Schlabrendorff geladen. Ich habe im Kreuzverhör mit ihm das Problem diskutiert: Was darf man mitmachen, wenn man hintenherum gegen den Nationalsozialismus arbeiten will? Wieviel Juden darf man dann töten lassen? Herr von Schlabrendorff bekannte: »Niemanden!«

Als Erfolg seines zweifellos vorhandenen Zwiespalts kam gegen Weizsäcker ein sehr mildes Urteil mit zwei Drittel Mehrheit zustande, zunächst sieben Jahre Haft, später auf fünf Jahre reduziert. Mit der Konsequenz, daß die Herren des Auswärtigen Amtes, die mit von der Partie gewesen waren, von nun an selbstverständlich sagten: »Wir haben dieses und jenes unterschrieben, schön und gut, Herr von Weizsäcker kam aber doch mit einer kleinen Strafe davon.« Staatssekretär von Steengracht, Weizsäckers Nachfolger, wurde ebenfalls zu fünf Jahren Haft verurteilt.

General Taylor hat in seiner kurzen Denkschrift über Nürnberg betont, daß er das Urteil für zu milde hielt und war erst recht nicht damit einverstanden, daß im Revisionsverfahren die Bestrafung wegen Beteiligung am Angriffskrieg gestrichen wurde. Warum Franz Schlegelberger zu lebenslänglicher und Weizsäcker zu fünf Jahren Haft verurteilt wurde, ist schwer zu verstehen. Staatssekretäre waren sie beide, Nationalsozialist war keiner. Sie waren Bürgerliche, beide wußten es besser, Schlegelberger allerdings war ein ganz anderer Typus; er war auch nicht Gesandter in Norwegen und in der Schweiz gewesen mit einer Schweizer Schwiegertochter und einem Sohn, der im Kriege gefallen war. Der hätte auch nicht gewagt, die gesamte Presse mobil zu machen und behaupten zu lassen, wir nützten Sowjetrußland, wenn wir gegen einen solchen Mann vorgehen. Das war mehr eine ruhige Sache. Er war genauso Staatssekretär, Schlegelberger aber war von ganz anderem

Format, in gewissem Sinne auch in sich gekehrter; vor allen Dingen nicht das politische Drum und Dran und soviele Kollegen, die Mittäter waren.

Der Fall Weizsäcker hat überall größtes Aufsehen erregt und später seine Nachwirkungen in der Besetzung von Stellen im neuen Auswärtigen Amt unter dem Minister Heinrich von Brentano gehabt. Der spätere Botschafter in USA, Karl Knappstein, er war damals CDU-Abgeordneter, sprach sich sehr entschieden gegen das Hereindrängen und Hereinpushen von Personen aus, die früher in dem Augiasstall mitgewirkt hatten; eine dokumentierte Artikelserie des Journalisten Michael Mansfeld in der ›Frankfurter Rundschau‹ unter dem Titel: ›Ihr naht Euch wieder, schwankende Gestalten‹ hat vieles verhindern können –, wenn auch nicht alles. Endgültig half erst der Generationswechsel. Das ganze ist allmählich eine historische Angelegenheit.

Der Fall Weizsäcker war aber doch ein lehrreiches Exempel, das auch für die Zukunft Geltung hat, beispielsweise hinsichtlich des Drucks auf die Anklagebehörde durch bestimmte Zeitungen und Interessenten. Besucher kamen, wie eine bekannte Geschäftsfrau: »Wenn Sie Weizsäcker anklagen, wird das einen neuen Antisemitismus in Deutschland hervorrufen.« Ich habe solchen Leuten gesagt: »Wenn ich Mordbeschuldigungen gegen jemanden auf meinen Tisch bekomme, wäre es eine strafbare Handlung, wenn ich solche Tatsachen unterdrückte, die feststehen und um die nicht 'rumzukommen ist. Man kann sich über ihre Bewertung streiten, aber das Gericht hat zu entscheiden.« In dem Text des Urteils sind sehr ausgewogene Ausführungen zu lesen, gerade über den Fall Weizsäcker und seine Mitwirkung an der Endlösung. Ähnliches gilt für seinen Unterstaatssekretär Ernst Wörmann, Leiter der Politischen Abteilung, der dieselbe Strafe erhielt.

Seine damalige Braut, er hat kurz danach geheiratet, kam nach dem Urteil zu mir. Sie wollte sich irgendwie aussprechen (das wollten übrigens viele Angehörige). »Wie soll ich jetzt weiterleben?« Manchmal handelte es sich auch um Leute, die wenig begütert waren.

Der Frau Wörmann sagte ich: »Ihnen kann man gratulieren, denn Ernst Wörmann ist ja gut dabei weggekommen.«

Da sagte sie zu mir (sie war eine sehr fromme Frau): »Das ist ja schön und gut, aber was wird der da oben eines Tages sagen, wenn er da Eintritt haben will?«

»Er wird ja wohl noch lange unten mit Ihnen glücklich leben können, seine Strafe wird er ja doch nicht voll abzusitzen brauchen.«

Die Angehörigen wußten doch seinerzeit, daß furchtbare Sachen vorgingen. Es gab da niemanden, der aus allen Wolken fiel.

Für das Auswärtige Amt waren ja zahlreiche Wohnungen von deportierten Juden als nunmehr frei beziehbar zur Verfügung gestellt worden. Die Frauen von AA-Beamten in Berlin waren glücklich, daß sie eine neue Wohnung hatten. Der Ministerialdirigent Otto von Erdmannsdorff hatte beispielsweise eine solche Unterkunft, wie er mir berichtete. Er war früher in Ungarn Gesandter gewesen und ist im Wilhelmsstraßen-Prozeß freigesprochen worden, weil die blutigen Sachen zu seiner Zeit noch nicht angelaufen waren.

Dem Weizsäcker, der gar kein harter Mensch war, sind die Dinge selbstverständlich nahegegangen. Ich werde nie vergessen, daß er noch als freier Zeuge vom Gespräch mit mir ins Zeugenhaus zurückkehrte und unterwegs dem begleitenden britischen Soldaten sagte: »Ich glaube, ich habe den vernehmenden Herrn heute sehr belogen.«

Es ist nicht meine Sache, den Wert seiner Überlegung zu kommentieren; durch Weizsäckers Schweigen sind wie gesagt, zahlreiche frühere Kollegen gerettet worden, die später in das Auswärtige Amt reindrängten und während des Prozesses hinter oder vor ihm standen, um zu gucken, ob der aus dem Boot der Belasteten rausspringt, denn dann kippt es. Vielleicht hatte er zu viele Verteidiger; das ist eben das schizophrene menschliche Verhalten in solchen Fällen: Weizsäcker konnte und wollte sich nicht durchringen, auszusagen, wie Gaus es getan hatte.

Man könnte meinen, Gaus hatte leicht sagen, er war in der Judensache nicht dringewesen. Aber der Mitangeklagte Ernst Wilhelm Bohle, ebenfalls Staatssekretär im Auswärtigen Amt, der hier ernsthaft belastet war, erklärte mir:

»Herr Kempner, Sie wissen sehr viel aus den Dokumenten, die Sachen waren aber hundertmal schlimmer.«

Ich habe immer wieder empfohlen zu sagen: »So war es eben. Die wahnwitzigen Dinge, die geschehen sind und an denen ich beteiligt war –, ich kann sie heute kaum erklären, ich kann nur die Opfer um Entschuldigung bitten, sonst gar nichts.« Ob das immer die klügste Verteidigung ist, steht auf einem anderen Blatt.

In der gleichen Situation wie Weizsäcker stand der Herr von Steengracht, sein Nachfolger. Denn von 1943, als Weizsäcker als Vatikanbotschafter fortging, bis 1945 hat das Morden weiter stattgefunden, die ganze Ungarnaktion lief unter Steengrachts Leitung.

Bei ihm sind keine solchen Zwiespalte aufgetreten. Er hat sich sehr ruhig, ohne irgendwelche Diskussionen und ohne ein Geständnis abzugeben, verteidigen lassen. Sein Verteidiger, Rechtsanwalt Carl Haensel, schaffte sehr elegant alle Sachen aus der Welt, die seinem Mandanten hätten schaden können. Wir reichten die Dokumente ein, kein großer Widerspruch, keine Argumente.

Die Frage, wie man am besten verteidigt, ist eigentlich nicht schwer zu beantworten: »Mein Angeklagter war eine kleine Maus, die manchmal an übel riechenden Sachen geknabbert hat. Sonst war er ein sehr feiner Mensch.«

Natürlich war es für manche Angeklagte etwas Furchtbares, daß der Zeuge Friedrich Gaus sein Arbeitszimmer nicht weit von uns hatte und schrieb und schrieb und von meinen Damen betreut wurde. Die ganze Angeklagten-Welt hat sich von Gaus distanziert. Seine Kollegen, die haßten ihn so, und Weizsäcker war erschrocken!

Es war kein angenehmes Zusammentreffen, als ich Gaus und Weizsäcker gegenüberstellte und wir Widersprüche zwischen den beiden über gewisse Vertragsabschlüsse erstmal klarstellen mußten, denn es gab ja keinen Vertrag ohne Gaus. Zwei Herren, die sich früher im Auswärtigen Amt ständig begegnet waren. »Es war bitter« sagte Gaus, »es war bitter.«

Zu beider Verhältnis gehörte, daß Gaus – ganz bescheiden ein Mann der Arbeit – lebenslang auf seiner Stelle gesessen und gewartet hat, zum Staatssekretär aufzurücken, bis Weizsäcker, der ein bißchen ehrgeiziger war, die Position während der Hitler-Zeit gekriegt hat. Zufällig – ich weiß nicht, ob Weizsäcker sich noch für einen Zeugen hielt oder für einen zukünftigen Angeklagten – waren die zwei sich einmal auf der Straße in die Arme gelaufen.

»Guten Tag, Herr Weizsäcker«, hat Gaus gesagt.

»Herr Gaus, Sie werden verstehen, unsere Wege haben sich jetzt getrennt ...«

Man kann diese Menschen gar nicht vergleichen. Weizsäcker war doch vom Auswärtigen Amt aus gesehen ein ungelernter Arbeiter. Er war Marineoffizier gewesen, und damit ging's 1918 zu Ende. Allmählich arbeitete er sich hoch und wurde Gesandter in der Schweiz –, war nicht zu vergleichen als Auswärtige-Amts-Figur mit Gaus. Der war die Seele des Auswärtigen Amtes, hatte seine Pflicht getan, ohne damit sonderlich weit zu kommen. Das war nicht ein Mann, der mit gestreiften Hosen zu Parties ging wie all die anderen. Gestreifte Hosen und nie was gelernt. (Vielleicht mal irgendeinen kleinen Kursus gemacht.)

Gaus hatte nicht mehr unter Wilhelm gedient, war keiner von den Geheimen Räten und eine sehr unabhängige Person. Ein griechischer Sklave, der immer klüger war als seine Herren; nicht überheblich, nur mit dem Stolz, es besser zu wissen. Das hat er in seiner Weise ausgenutzt, indem er es nicht gezeigt, sondern unterdrückt hat. Sein Talent kam erst in seinen Entwürfen zum Vorschein. Das war sein Leben, seitdem er als junger Dachs das Justitiariat zu Stresemanns Zeit bezogen hatte. Daß das AA allmählich eine Verbrecherhöhle wurde, in der man arbeitete, bedeutete gar keine Umstellung. Genauso wurde weitergemacht, Auswärtiges Amt wurde gemacht, war sein Haus. Das ist ja das Furchtbare bei all den Leuten. Der sitzt ganz friedlich an seinem Juristentisch und auf einmal kommt so'n Ribbentrop und er muß für den die Antwort aufsetzen an Himmler auf die Erkundigung, warum noch nicht genügend SS-Männer ins Auswärtige Amt aufgenommen worden sind. Ich habe Gaus gefragt, was er da geschrieben hat?

»Wir haben einfach nachgewiesen, wieviele wir schon drin hatten.«

»Schreiben Sie mal die Namen auf, Herr Gaus.« Da hat er eine Liste gemacht, wie sich's gehört. Und der Personalreferent, Ministerialdirektor Hans Schröder, der auch für mich gearbeitet hat, der mußte erst seine Kollegen fragen: »Soll ich alle aufschreiben oder kann ich nicht den und den weglassen?« Das ist der Unterschied zwischen Menschen, Gaus hat eben alle Leute aufgeschrieben.

»War einer besonders schlimm?«

»Der hier war äußerst faul.«

»Streichen Sie ihn am Rand an.« Es ist doch nett, mal jemanden zu haben, der einem gefällig ist und einen nicht belügt. Das war sein Berufsstolz. Immer die Wahrheit zu sagen und zu dienen. Wir unterhielten uns einmal ganz friedlich über Naziverbrechen und ich sagte ihm, das war doch folgendermaßen, und er entgegnete: »Nein, Sie haben nicht recht, Herr Minister!« Geistig war er noch so sehr mit dem Amt verwoben, daß ich für ihn plötzlich Herr Minister wurde.

Er zeigte uns oft etwas sehr Schönes –, seine goldene Uhr, die ihm Ribbentrop geschenkt hat; mit einem eingravierten Namenszug. Eine Taschenuhr für die Weste mit Sprungdeckel, sowas war damals fürs ganze Leben. Er wollte sie mir vererben, ohne Scherz! Ich habe nach seinem Tode oft gedacht, was ist eigentlich aus der Uhr geworden?

Der Mann saß vom Mai 1945, bis ich ihn 1947 rausgelassen habe, im Gefängnis mit demselben Anzug. Er war immer in schwarz gekleidet, etwas abgetragen, sehr groß und ganz kahlköpfig, ein begabter Mathematiker, der natürlich Griechisch konnte. Er saß am großen Tisch in seinem Zimmer, mit diesen dicken Augenbrauen, und hat ständig geschrieben. Ein alter *lawyer*, der die Dinge endgültig aufklären will. Seine Familie kam ursprünglich aus der Landwirtschaft, aber unjunkerliche, mehr Hannoveraner-Landwirtschaft, nicht preußische Landwirtschaft. Dorthin zog er sich später auch zurück –, auf das Gut seines Bruders an der Harzgrenze. Sein Hobby war seine dreizehnjährige Enkelin, ein intelligentes kleines Mädel. Er hat ihr Englisch beigebracht. Sonst hatte er nichts mehr. Damals war er Mitte Sechzig, aber er wirkte so fragil und urgroßväterlich. Ich habe ihn zuletzt gesehen im Hause seines Bruders an einem kummervollen Tag. Er war ganz müde, weil er mit der Familie die vorige Nacht durchwacht hatte. Das Pferd – »Es ist immer etwas Heiliges an einem Pferd«, sagte er – hatte Magenkrämpfe bekommen und war am Morgen gestorben.

Der Zar in Ungarn und der klügste Angeklagte

Ein besonders übles Kapitel war die Judenausrottung in Ungarn. Chef und eigentlicher Zar in Ungarn war ein gewisser Edmund Veesenmayer, ein in die Wolle gefärbter Nazi, der im Auswärtigen Amt gelandet war und den Titel ›Reichsbevollmächigter für Ungarn‹ trug. Der Herr hatte schon eine bewegte Vergangenheit hinter sich. Angefangen hatte er um 1933 bei dem Angeklagten Keppler, das war der große Ariseur. Mit der Zeit war Veesenmayer eine Art Stoßtrupp zur Verfügung des Auswärtigen Amtes geworden. Er war Diplomat, und wo wirklich was los war und es etwas anzubrennen gab, da wurde er eingesetzt.

Man mußte zum Beispiel, um 1939 Danzig einzunehmen, feststellen, daß es nicht neutral war. Da schickte man unter anderem Herrn Veesenmayer nach Danzig. Nachdem er einige Tage da gewesen war, war Danzig nicht mehr neutral. Denn wenig später traf das gewünschte Telegramm im Auswärtigen Amt ein: Das Auffinden von Waffenlagern ist bereits gesichert. Da hatte er bereits nicht-neutrale Waffen aus Berliner Hand deponiert, die man empört finden konnte.

Dann wurde es brenzlig in der Slowakei. Die abgetrennte Slowakei unter Tiso war noch nicht so richtig deutschfeindlich, und da stellte man vor bestimmte Geschäftshäuser deutsche Autos mit deutschen Nummernschildern und die brannten auf einmal los. Bomben unter Autos zu legen war damals noch nicht so einfach wie heute. Endlich konnte man berichten, deutsches Eigentum ist auf offener Straße in Preßburg von anti-deutschen Elementen zerstört worden.

Dann war da so ein merkwürdiger Staat, Ungarn, von dem man nicht recht wußte, was man aus ihm machen konnte. Waren die pro-deutsch, waren sie es nicht? Der Reichsverweser Horthy war persönlich ein sehr vorsichtiger Mann. Er war schon immer judenfeindlich gewesen, aber die Juden lebten dort noch einigermaßen; nicht nur in Budapest, sondern auch in der Provinz. Außerdem waren neue Juden ins Land gekommen durch die Zuteilung karpato-russischer Gebiete. Man traute ihm nicht so recht. Da schickte das Auswärtige Amt nach Rücksprache mit dem Reichssicherheitshauptamt den Herrn Veesenmayer zur Berichterstattung nach Ungarn. Ein scharfer Bericht kam zurück, daß Ungarn total verjudet sei, mit Leuten an der Spitze, die nicht als tragbar angesehen werden könnten. Danach hat man Veesenmayer zum Reichsbevollmächtigten ernannt. Und schließlich schickte man den richtigen Sachverständigen, Herrn Adolf Eichmann, hinterher, damit er die Deportation organisierte. Es ging bald los, man umzingelte die Juden in der Provinz, einige versuchten, nach Budapest zu fliehen. Dann kamen ins Auswärtige Amt nach Berlin die Erfolgsberichte an: »Bis heute sind bereits soviel zigtausend Juden abtransportiert.« Vierzehn Tage später ein neuer Bericht. Es ging rauf bis zu über 400 000 Opfer.

In der Zwischenzeit kamen Telegramme von Roosevelt, vom Papst Pius XII., Horthy solle die Deportationen doch endlich stoppen. Aber mit Horthy war nicht viel los. Eines Morgens zog Veesenmayer mit den entsprechenden Leuten zum Schloß, eine neue Regierung wurde gebildet unter Stojay, einem ungarischen Nazi, ehemaliger Gesandter in Berlin. Horthys Sohn wickelte man in einen Teppich und schaffte ihn weg, Vater Horthy kam in Deutschland unter Hausarrest. Mit den ungarischen Juden war es mehr oder weniger zu Ende, und Veesenmayer berichtete und berichtete seine Erfolge.

In Budapest, wo die Masse der ungarischen Juden saß, trat zum Schluß folgendes ein: Himmler, der 44 seiner Sache nicht mehr ganz so sicher war, fing an, mit einem der größten ungarischen Fabrikanten, einem gewissen Weiss, zu verhandeln: Wäre diese jüdische Firma nicht ein Objekt für den Fall, daß er, Himmler, sich aus Deutschland vielleicht einmal zurückzöge, so daß sie alsdann von ihm geleitet werden könnte? (Als Ruhestellung Fabrikdirektor in Ungarn!)

Es wurden verschiedene Kapital-Transaktionen vorbereitet und man begann mit den Budapester Juden zu verhandeln: Lastwagen und Kaffee im Austausch mit dem Verzicht auf Morde. Rudolf Kastner und Joel Brand verhandelten mit dem SS-Offizier Kurt Becher und anderen. Es wurden auch tatsächlich eine ganze Reihe Budapester Juden losgelassen und sie gelangten in die Schweiz.

Kastner wurden nach dem Kriege in Israel schwere Vorwürfe gemacht, nicht nur, weil er mit Kriminellen verhandelt hatte, sondern auch, weil er bei der Auswahl der zu Rettenden persönliche Bekannte berücksichtigt habe. Da ist etwas dran, was aber meines Erachtens gar nicht belastend ist. Wenn ich heute tausend Menschen auswählen müßte, die ich retten kann, dann nehme ich zunächst die Leute, die ich kenne – nämlich aus meinem Ort. Jeder, der nicht auf die Rettungsliste kam oder sein Angehöriger, war nachher selbstverständlich ein Todfeind von Kastner.

Es gab unter den verschiedenen Fraktionen des Judenrates in dieser heißen Rettungssituation ein ständiges Hin und Her. Soll man's überhaupt machen, soll man lieber in den Tod gehen, als mit den Banditen da zu verhandeln? Von Schweizer Orthodoxen wurde teilweise abgeraten. Wer da eine moralische Schuld hat – das kann ich nicht beurteilen.

Gewisse Kreise in Israel hielten das Retten von ein paar tausend Juden durch Kastner an sich nicht für unzulässig, nur daß Kastner diesem Becher, seinem Verhandlungspartner von der SS, nach dem Krieg eine Art Persilschein ausgestellt hatte.

Ich kannte Kastner gut, er war ein ausgezeichneter Zeuge im IMT-Prozeß gewesen und war auch für die Veesenmayer-Anklage wichtig. Im Hintergrund wimmelte auch immer Becher herum, wenn Veesenmayer vernommen wurde. Ich wollte Becher nicht als Zeugen auftreten lassen. Als Informant war er ausgezeichnet, konnte Berichte von Kastner unterstützen, so daß wir die geeigneten Fragen stellen konnten, Kastner ließ sich dazu her, ihm den Persilschein auszustellen, dahingehend, daß Becher damals bei den Verhandlungen Lastwagen gegen Menschen eine positive Rolle gespielt hat.

Kastner verschwand aus Nürnberg, ging nach Israel, fand dort eine nicht allzugroße staatliche Anstellung und wurde später von seinen Feinden ermordet. Becher hat nach dem Krieg eine schöne Karriere gemacht, lieferte von seinem Getreidegeschäft nach Israel und ist angeblich zum Millionär aufgestiegen.

Veesenmayer hatte vor seinem Ungarn-Einsatz noch ein anderes kleines Unternehmen lancieren wollen, eine U-Bootfahrt, einen Unterwasser-Einbruch in Irland oder Nordengland. Er wollte Saboteure absetzen, aber die Sache klappte nicht, weil jemand im U-Boot Blinddarmentzündung bekam und man schnell zurück mußte. Gelegentlich waren diese Leute sehr mitfühlend.

Edmund Veesenmayer war, zynisch gesagt, ein angenehmer Angeklagter. Man brauchte ihm die Verbrechen nicht immer aus der Nase zu ziehen, es stand alles schwarz auf weiß, geradezu chronologisch, er erklärte, wie die Sache war und wurde auch vernünftig von Rechtsanwalt Karl Doetzer verteidigt. Ich sagte, es hatte niemand Tränen in den Augen außer Schlegelberger. Es gab aber noch einen, der bei mir in der Kammer geheult hat, das war Veesenmayer. Warum, weiß ich nicht, irgendwie gingen ihm die 400 000 Opfer jetzt nahe.

Ich habe mit Edmund Veesenmayer kein Mitleid, das sei fern von mir. Aber was jetzt kommt, ist noch viel schlimmer: Veesenmayer war im Auswärtigen Amt etwas als wilder Mann bekannt und mußte deshalb seine Berichte zu einer Art Aufsichtsperson schicken. Diese Aufsichtsperson im Auswärtigen Amt war einer der klügsten Angeklagten, die mir je begegnet sind, der Botschafter Karl Ritter.

Er war der Mann, der für glatten Ablauf sorgte, außenpolitisch durfte das Unternehmen Veesenmayer keinen Staub aufwirbeln. (Wir sind kurz vor dem Einmarsch der Russen in Ungarn.) Ritter nahm die Berichte entgegen, billigte sie und sorgte dafür, daß das Vernichtungsband immer weiter laufen konnte. Ich vernahm Karl Ritter, der außerdem die Aufgabe gehabt hatte, wirtschaftliche Fragen im Auswärtigen Amt zu ordnen und Verbindungsmann zum Hauptquartier der Armee war. Er bekam von dort sämtliche Berichte und mußte Ribbentrop und seinen Führer auf alles diplomatisch Bedeutsame aufmerksam machen. Dieser ›klügste Mann‹, übrigens ein Freund von Friedrich Gaus, war kein Nationalsozialist, sondern ein Zyniker, der sich gesagt hat –, na, das mache ich eben mit bis zu einem gewissen Grade.

»Wie haben Sie das alles durchgehalten, mit engen jüdischen Freunden auf der einen Seite, Aufsichtsbeamter für Herrn Veesenmayer, Verbindung mit der Armee?« fragte ich ihn beim Verhör.

Antwort: »Ich habe eben von morgens bis abends gearbeitet. Auch als die Bomben über Berlin fielen, bin ich nicht aus dem Amt gegangen.«

»Herr Ritter«, sage ich, »das ist ja das Schlimme.« Da war er ein wenig erschrocken, daß Arbeit etwas Schlimmes sein könnte.

»Erklären Sie doch ein bißchen, wie kann ein Mensch in sich das alles verarbeiten, diese Veesenmayer-Berichte? – Ihre Dienststelle war eine

Zentrale, in der alle militärischen Bewegungen bekannt wurden und neben Ihnen saß übrigens ein Mann, der uns alles übermittelt hat, was bei Ihnen passiert.«

»Mr. Kempner, ich habe Ihnen schon gesagt, ich hatte den ganzen Tag zu arbeiten. Ich mußte mich doch wehren gegen die Dummheit meines Chefs, um vieles in Ordnung zu bringen.«

»Was heißt ›die Dummheit‹ Ihres Ministers, das war doch kein Schwachsinniger.«

»Aber ja! Als ich berichtete habe, daß Franklin D. Roosevelt nach 41 gesagt hat: Wir werden im nächsten Jahr 50 000 Flugzeuge bauen, ist Ribbentrop zum Führer gegangen – er hatte alles vorher mit mir besprochen – und hat ihm gesagt: Die USA wollen 50 000 Flugzeuge bauen! ›So ein Unsinn, dazu braucht man Aluminium, das haben die doch gar nicht‹, sagt der Führer, ›Selbstverständlich haben die das nicht, das ist reine Großmäuligkeit von Roosevelt!‹ Und nachher sprach ich mit Ribbentrop darüber,« erzählt mir Ritter. »Und ich frage bescheiden: ›Ich hab' Ihnen doch heute früh aus dem *Iron Age* (der amerikanischen Zeitschrift über Eisen und Aluminium) berichtet, wie die Produktion in Amerika ist. Haben Sie das nicht dem Führer gesagt?‹ – ›Ja, ich habe ihm gesagt, daß soundsoviel tausend Tonnen produziert werden.‹ – ›Herr Minister, ich habe es Ihnen doch im *Iron Age* gezeigt, Sie haben leider drei Nullen vergessen.‹ Sie sehen, welchen Ärger ich hatte. Wenn in einer Statistik stand zehn Millionen, haben sie gelesen Hunderttausend.«

Ritter war schwierig anzuklagen. Was ist eine Art Aufsichtsbeamter, der kontrolliert, daß die Fließbänder der Judendeportationen auch immer funktionieren, der die Berichte entgegennimmt. Was ist das? Ritter und ich haben darüber gestritten, man konnte mit ihm über seine eigene Krankheit ganz gut verhandeln. Ich sagte:

»Herr Botschafter, wir werden Sie in der ungarischen Sache anklagen, der Tatbestand ist klar, das Gericht wird entscheiden.«

»Weswegen werde ich noch angeklagt?«

»Sie hatten die Verbindung zur Armee und bearbeiteten internationale Kriegsgefangenen-Angelegenheiten. Sie wissen ganz genau, was in den Kriegsgefangenenlagern mit den Entflohenen passiert ist. Das ist ein Kriegsverbrechen alten Stils.« Ritter kam mit einer Strafe von vier Jahren Haft davon. Aber Sie sehen, wie solch eine Persönlichkeit, bei dem Gisevius ein und aus ging, eingekreist von jüdischen Freundschaften, den ganzen Tag arbeitend, im Hintergrund der Feind in Gestalt eines seiner oberen Beamten, wie solch ein Kopf, den Nationalsozialismus gesinnungsmäßig einen Dreck interessierte, sich verirren konnte.

Wie soll man sich erklären, daß ein Ritter die ungarischen Deportationen trotz vieler Behinderungen, der Gefahr seitens ausländischer Staaten, doch glatt durchführte? Bei Hitler war es der Aberglaube, daß er nicht siegen könne, solange Juden existieren. Erst müssen mal die Juden weg. Und Ritter hat eines gewußt und geglaubt: daß die Judenvernichtung der einzige große Sieg des Führers in diesem Zweiten Weltkrieg sein würde, und so käme vielleicht doch etwas für das Dritte Reich heraus. Man kann den Gedankengängen solcher Ritter wirklich schwer folgen. Für die bescheidene Strafe durfte sich Ritter bei seinem Verteidiger Erich Schmidt-Leichner und Horst Pelckmann bedanken.

Weizsäcker hatte eine andere Reaktion, für den ist das bestimmt eine Tragik gewesen, ganz egal, wie man über ihn denkt. Für den Veesenmayer war das alles viel leichter, auch nach dem Urteil. Nach seiner Entlassung hat er geschwiegen und wurde Kaufmann.

Ich bin Veesenmayer im ersten Frankfurter Auschwitz-Prozeß wiederbegegnet. Er sah ganz normal aus, er ist nicht einer, der dick wird. Es ist mir immer unangenehm, wenn einer von denen nicht dick wird, denn den anderen kann ich sagen: »Sie haben seit Nürnberg zwanzig Kilo zugenommen. Das ist böse für Sie, denn Sie werden schlimmer enden, als wenn Sie in Nürnberg schwer verurteilt worden wären.«

Doch ich will nicht so viel philosophieren über Leute wie Veesenmayer und kann auch sagen warum: Weil in Wirklichkeit da gar keine Philosophie drin ist. Das sind Unmenschen ohne jede Moral, Strolche. Und Strolche benehmen sich mal so und mal so. Wie es gerade aus den kriminellen Hirnen rausgekommen ist.

Ich saß mit dem befreundeten Generalstaatsanwalt Fritz Bauer und dem Schauspieler Curt Jürgens im Zuschauerraum beim Auschwitz-Prozeß. »Ein Bekannter von Ihnen ist Zeuge«, sagte Bauer.

»Wer ist es?«

»Nein, das verrate ich nicht.« Edmund Veesenmayer kommt und wird als Zeuge der Verteidigung vernommen.

Woher konnte man wissen, was in Auschwitz passiert? Das konnten die Angeklagten nicht wissen, meinte die Verteidigung. Und Veesenmayer erzählte, daß man das wirklich nicht wissen konnte. Wenn ein so hoher Herr, der die Verschickung von vielen hunderttausend Juden nach Auschwitz verantwortete, nicht wußte, was da eigentlich geschah, so war das eine Entlastung für die Angeklagten. In der Pause kam er von vorne zurück in den Zuschauerraum und sah mich da sitzen.

»Herr Veesenmayer«, sage ich, »was haben Sie da eigentlich erzählt? Ich habe das gar nicht alles verstanden. Sie haben doch ganz gut gewußt, was in Auschwitz passierte. Wir waren uns doch darüber schließlich einig in unseren verschiedenen Rücksprachen und Verhören.«

»Ja . . . ja . . .« – Ausreden, ganz was Dummes kam.

»Veesenmayer, vielleicht haben Sie inzwischen vergessen, was Sie in Nürnberg wußten, aber eines begreife ich nicht. Sie haben hier gesagt, Sie wußten überhaupt nicht, warum Sie in Nürnberg verurteilt worden sind. Wollen Sie das hier unter Eid stehen lassen? Sie kommen doch in Teufels Küche mit einem Meineid.«

»Habe ich das wirklich gesagt?«

»Hundert Prozent! Aber wenn Sie vergessen haben, weshalb Sie in Nürnberg verurteilt worden sind, dann kann ich es Ihnen ja noch mal erzählen.«

Bauer hatte das halb gehört und schimpfte: »Da haben Sie die furchtbaren Folgen für unsere deutsche Justiz, wenn solche Leute jetzt frei rumlaufen und als Verteidigungszeugen in Mordprozessen auftreten.« Selbstverständlich hat das Frankfurter Auschwitz-Gericht Veesenmayers Ausführungen nicht ernst genommen. Der Vorsitzende, Senatspräsident Hofmeyer, war einer der besten Strafrichter der Bundesrepublik, bei dem es nichts zu fackeln gab. Sein Ersatzrichter war Dr. Hummerich, der die ungarischen Verhältnisse ausgezeichnet kannte. Aber da saßen noch die Geschworenen, die Presseleute, die den einen Tag da waren und am anderen kam der Kollege – für die meisten war Veesenmayer gar kein Begriff. Wenn so einer in Freiheit auftritt, macht das schon einen Eindruck. Es gibt Vorsitzende, die dann zum Staatsanwalt oder Verteidiger sagen: »Meine Herren, wollen wir nicht lieber auf den Zeugen verzichten?« Aber bei der deutschen Strafprozeßordnung war das nicht so einfach. Wenn der Richter rigoros entscheidet: »Diesen Zeugen will ich nicht sehen«, fängt das Elend wieder an: Ist das ein Revisionsgrund, weil der Zeuge vielleicht etwas Ungeheures zur Entlastung der Angeklagten hätte sagen können? Allmählich haben diese sogenannten Entlastungszeugen Angst gekriegt, weil ihnen dieser oder jener Nachbar auf die Füße getreten ist.

Perfektes Verbrechertum

Im Frühjahr 1947, noch während ich mit der Anklage des Wilhelmstraßen-Prozesses beschäftigt war, kam ein Ukas aus Washington, wir sollten finanziell kürzer treten. Zwölf Prozesse seien o.k., weitere Anklagen müßten jedoch zusammengelegt werden. Man fing an zu sparen, der Krieg war zu Ende und es gab Abgeordnete, die für solche Unternehmen aus politischen und sonst welchen Gründen kein großes Interesse hatten.

Telford Taylor rief mich und sagte: »Wir müssen in den Wilhelmstraßen-Prozeß noch verschiedene aufnehmen, die nicht aus dem Auswärtigen Amt sind.« Ich hatte parallel eine Anklage gegen die Reichskanzlei vorbereitet, die fix und fertig war. Sie betraf sechs Herren, an der Spitze der Chef Hans Heinrich Lammers. Sie ist nie zum Leben gekommen und liegt noch heute in meinem Safe. Auf einmal mußte ich Hans Heinrich Lammers zum Auswärtigen Amt hinzunehmen, ferner Finanzminister Lutz Schwerin von Krosigk, den ich lieber zusammen mit der Reichskanzlei angeklagt hätte, den Landwirtschaftsminister Walter Darré, den Minister Otto Meißner, den Geheimdienst-Chef Walter Schellenberg, den Staatssekretär Wilhelm Stuckart aus dem Innenministerium Paul Körner (Vier-Jahres-Plan), Otto Dietrich (Propagandaministerium), den hohen Ministerialbeamten Hans Kehrl aus dem Rüstungsministerium von Speer, den Vizepräsidenten der *Reichsbank* Emil Puhl und schließlich den Direktor Karl Rasche von der *Dresdner Bank* sowie Paul Pleiger. Es war eine sehr gemischte Verbrechergesellschaft.

Hans Heinrich Lammers, ein Korpsstudent, war in der Verwaltung aufgewachsen. Man hat ihn sofort herangezogen und in den Vordergrund geschoben, als Papen anfing. In Preußen kam er uns schon immer verdächtig vor, wegen der Dinge, die er als Ministerialrat im Reichsministerium des Innern tat. Unter Hitler ist er dann als Chef der Reichskanzlei in die NS-Sachen hineingekommen. Als die jüdischen Organisationen am Anfang der Schweinereien zur Verwaltung gingen, um sich zu beschweren, da log er ihnen noch vor: Wir sind gar nicht gegen die Juden, wir sind gegen die Ostjuden. Unseren lieben, seit hundert Jahren assimilierten und angestammten Juden wird nicht das geringste passieren. (Bekundung meines Freundes E. G. Löwenthal vom *Zentralverein deutscher Staatsbürger jüdischen Glaubens*.) Ein paar Wochen später kam schon das Gesetz zur Säuberung des Berufsbeamtentums heraus, worin einer der wichtigsten Paragraphen, die Entfernung der Juden aus allen amtlichen Funktionen gebot – seien es Beamte, seien es Ärzte.

Lammers wuchs zusehends innerhalb der Verwaltung und wurde von Hitler zum Chef seiner Reichskanzlei gemacht, obwohl er kein Ur-Nazi war, sondern eine politische Figur der Rechten, voll von jahrelangem Verwaltungswissen. Der Führer wählte ihn, weil er einen Kenner brauchte. Nicht als sein Kontaktmann zur Verwaltung, sondern als sein verlängerter Arm, der an den Hebeln der Staatsmaschine wirkte. Als Ribbentrop zeitweilig keinen direkten Zutritt zu Hitler hatte, mußte Lammers auch manche Aufgabe des Auswärtigen Amtes erledigen. Natürlich hatte er mit einzelnen Herrschaften seine Schwierigkeiten. Ein alter Nazi wie Alfred Rosenberg machte ihm seine Vorwürfe. Er war eben viel mehr als eine graue Eminenz.

Lammers war für seinen Verteidiger Alfred Seidl eine schwere Last, der im Zweifelsfall sagte, dafür sei er nicht zuständig gewesen. Ich glaube, es hat Rechtsanwalt Seidl auch nicht immer gepaßt, daß er so kleinkarierte Argumente vortragen mußte –, diese alberne Phrase: »Was wollen Sie von mir, ich war doch nichts anderes, als eine Art Reichsnotar, der alles bescheinigt, was vom Führer kommt, und die Akten aus den anderen Ministerien koordiniert.«

In Wirklichkeit war er die treibende Kraft für die Durchführung aller Wünsche Hitlers und die Koordination der Ministerien. Auf der anderen Seite, der Dritte in diesem Trio, welches das Reich geleitet hat, war Martin Bormann. Er war für Hitler derjenige, der alles in Ordnung halten mußte, was durch die Partei-Instanzen ging. Beiden war eines gemeinsam, sie mußten den Willen des Führers in die Tat umsetzen. Lammers verfügte dafür über den ganzen Apparat der Ministerien, die ganze Verwaltung und klebte an der Seite von Hitler.

Er gehörte auch zu denjenigen, die auf Teufel komm raus die Unwahrheit sagten und nichts wußten, bis man es ihnen zeigte. Den Veesenmayer konnte man verteidigen, die Tatsachen waren klar, er hat nicht groß gelogen, da konnte man bloß auf die Idee kommen, das psychologisch zu erklären. Wenn man aber eine so lederne Aktenfigur hatte wie den Reichsminister Hans Heinrich Lammers, der so ungeheuer viel wußte, verlor ein Verteidiger leicht den Durchblick. Veesenmayer wußte nicht viel mehr als sein Verteidiger, Lammers aber konnte mit skurrilen Argumenten kommen und Erklärungen geben, die kaum zu untersuchen waren. Von seinem Verteidigungsstandpunkt aus war das auch nicht so blöd, aber es war doch mickrig. Ich ging noch davon aus: Wo sind die Helden des Dritten Reiches, die aufstehen: »Hier bin ich, Gott helfe mir. Amen!«? Die habe ich immer gesucht.

Allmählich, in fünfzigjähriger Tätigkeit im Strafprozeß, habe ich eingesehen, daß der, der gesteht, meist schlechter dran ist als der, der lügt. Denn bei dem Lügner bleibt oft beim Gericht ein kleiner Zweifel: War er denn in diesem Punkte wirklich schuldig? Ich, der Richter, bin nicht hundertprozentig überzeugt, ob der Mann nicht in diesem Punkt doch recht hat. Wir fällen ein Kompromiß-Urteil. In den sicheren Sachen sprechen wir ihn schuldig, und da, wo er so erfolgreich gelogen hat, daß wir ihm die Lügen nicht nachweisen können, da lassen wir ihn laufen.

Ich erinnere mich noch an ein Lammers-Verhör, wie ich ihn danach fragte, ob er nicht die Reden von Hitler über die Judenausmerzung mitangehört hatte. Und er hatte nicht gehört, wie Hitler 1939 im Reichstag diese Vernichtungsdrohungen ausstieß. Also ging ich runter zu Hitlers Leib- und Hoffotographen Heinrich Hoffmann, der unten im Gerichtsgebäude mit seinen ganzen Aufnahmen saß.

Bestimmte Aufnahmen durften von niemand anderem als von Hoffmann gemacht werden. Durch einen glücklichen Zufall hatten wir im Parterre des Nürnberger Gerichts, (dieses merkwürdigen Gerichts, wo eben auf dem Speicher die Akten über die Rassenschande lagen und unten im Souterrain die ganzen Fotografien von Hitler, seiner Umgebung und bestimmter Staatsakte) diese sehr brauchbare Bildersammlung parat, die später eine private Firma aufgekauft hat und wohl heute noch von Hoffmanns Sohn benutzt wird. Wir dürfen ja nicht vergessen, daß da enge Beziehungen zum verstorbenen Führer existierten, denn die verstorbene Eva Hitler hatte ja bei Hoffmann gelernt. Das war nicht so, als ob man einen fremden Fotografen engagiert hatte, er gehörte zur Familie. Hoffmann und seine Sammlung waren aufgefunden worden –, ich glaube ziemlich sicher, beide gleichzeitig – jedenfalls haben unsere klugen Gerichtsfahnder gleich diesen Fachmann engagiert und ihm Wohnung, Brot und eine neue Stelle gegeben. So konnten wir immer, wenn nötig, zu Hoffmann sagen: »Geben Sie uns doch mal was aus Ihrem Schatzkästlein« und ich ging dieses Mal runter und fragte: »Was haben Sie denn vom Lammers?«

Hoffmann war ein sehr angenehmer Verhandlungspartner, der sofort zu suchen anfing, und da fand er eine Fotografie, wo der Führer im Reichstag sprach und Lammers – neben ihm – klatschte! Auf dem Foto war genau notiert: Reichstag, Sitzung mit Datum, an dem Hitler über die Judenvernichtung gesprochen hatte. Ich hielt das Lammers vor und auf einmal konnte er sich langsam erinnern.

Hoffmann besaß erfreulicherweise auch die Fotos von den Veranstaltungen, wenn Hitler Feldherren, die gesiegt hatten, oder Zivilisten, die im Reich für ihn tätig gewesen waren, kleine Geschenke überreichte. Die Erinnerungsfotos, auf denen 250 000 Mark oder 500 000 Mark von Lammers an einen der Würdigen verteilt wurden, fand ich lückenlos und wohlgeordnet in der Sammlung. Die Beträge hatte man immer angenommen, ich weiß nicht weswegen –, weil man gegen den Führer war oder weil man für den Führer war. Jedenfalls Hitlers Grundsatz, daß kleine Geschenke die Freundschaft erhalten, schlug durch.

Lammers blieb nun, dem Führer Beifall klatschend, in der Atmosphäre. Daraufhin erzählte er, wieviele Leute er gerettet hatte. Er hat all die Leute gerettet, die beim Führer Eingaben gemacht haben und zum Beispiel schrieben: »Das ist eine Gemeinheit, daß kranke Menschen einfach als nutzlose Esser umgebracht werden.« Die hat er sämtlich gerettet. Sie staunen, was jetzt kommt: Denn hätte er diese Eingaben dem Führer vorgelegt, so wären diese Petenten bestimmt verhaftet worden.

In der Reichskanzlei saß ferner der vorzügliche Staatssekretär Kritzinger. Er hat nie behauptet, daß er ein Widerstandskämpfer war, dafür aber erzählt, wie ihn das Grauen packte, als er von Soldaten aufgenommene Fotografien von Mordszenen im Osten sah. »Und was haben Sie nun gemacht?« fragte ich Kritzinger, der auch an der Wannsee-Konferenz teilgenommen hatte. Darauf gab es keine vernünftige Antwort, nur eine wahre Antwort: »Ich hab' eben weitergemacht und gewartet, bis das Ende kam.«

Der von mir Angeklagte Otto Meißner – freigesprochen – war mit Lammers, der viel größer war, aber auch viel verbrecherischer, nicht zu vergleichen. Meißner war eine Erbschaft aus der Republik, er amtierte bereits als Leiter der Präsidialkanzlei beim Sozialdemokraten und Reichspräsidenten Friedrich Ebert. Ich will seine Stellung nicht verringern, wenn ich sage: Er war damals schon im Vorzimmer, blieb da bei dem nächsten Reichspräsidenten, Hindenburg, hat auch treu und redlich dem Führer gedient und das Gehalt für seine in vielem einflußreiche Stelle (z. B. Gnadensachen) bis zuletzt bezogen.

Meißner hat eine wichtige Rolle bei der sogenannten Machtergreifung gespielt. Er war beteiligt, als Hindenburg Hitler zum Reichskanzler ernannte, den er noch Wochen vorher als ›böhmischen Gefreiten‹ bezeichnet hatte. Der Winter 32/33 war deshalb Meißners große Stunde, weil er viel näher an Hindenburg dran war als Papen, Schleicher oder sonst jemand. Meißner und Hindenburgs Sohn Oskar hatten ständig das Ohr des Reichspräsidenten.

Es ist teilweise übertrieben, daß Hindenburg nicht ganz klar war. Er wußte schon, was er wollte. Aber wenn er dauernd seine *news* von denselben Leuten bekam, so war er eben mit deren Ideen infiltriert worden. Meißner hatte im Zuge der Zeit gehandelt; ob er wirklich den Irrglauben teilte: »Wir werden dem Hitler schon die Zügel anlegen« – denn das hat Papen tatsächlich geglaubt –, das kann ich nicht sagen.

Ich kannte Meißner nur in den Fragen, die bei der Preußischen Verwaltung auftraten. Denken Sie an die merkwürdige Geschichte der mehrfachen Amnestien, durch die Nazi-Verbrecher plötzlich begnadigt wurden. Goebbels hat doch, soweit mir bekannt ist, nie gesessen, nicht einen Tag, obwohl er x-mal bestraft worden ist. Polizei- und Amnestiefragen wurden von uns aus oft mit Meißner selbst oder seinen Referenten telefonisch geklärt. Das ging sehr einfach, und da kam eben mal so'n Meißner selbst ans Telefon.

In Hitlers Präsidialkanzlei hatte Meißner immer noch die ganzen Begnadigungsfälle in seiner Hand, die gingen vom Justizministerium in seine Präsidialkanzlei. (Nicht zu Lammers in die Reichskanzlei, sondern in die Gnadenkanzlei Hitlers, und das war die Präsidialkanzlei.) Er hat die Gnadengesuche mit dem Votum des Justizministers, ob das gerade Freisler, Thierack oder Schlegelberger war, vorgelegt und von Hitler unterschreiben lassen: »Abgelehnt!«

Als Meißner mit mir ein Wiedersehen feiern durfte, war das anfangs etwas putzig. Er fragte mich, wie schon der eine oder andere zuvor: »Wie darf ich Sie denn jetzt anreden?«

»Herr Meißner, was sagt man zu einem alten Bekannten? Wollen wir uns ein bißchen unterhalten?« Ich wollte erst gar nichts gegen ihn unternehmen. Wir überlegten noch: Wird das mal ein Zeuge oder wird das ein Angeklagter?

Er saß in Oberursel, wo wir einige Minister versammelt hatten. Ich habe dort im Sommer 45 gewissermaßen den letzten Sitzungen des Reichskabinetts präsidiert. Im IMT-Prozeß gehörte es zu meiner Aufgabe, die Anklage gegen die Reichsregierung durchzuführen. Wir kamen nicht durch. Nicht nur der Generalstab ist freigesprochen worden, sondern auch die Reichsregierung. Das waren nach Ansicht des Gerichts keine Organisationen, wie die Gestapo oder die SS und darum konnten es auch keine verbrecherischen Organisationen sein, – das war die juristische Erklärung. Die Richter sagten: »Wenn die Anklagebehörde etwas mit der Reichsregierung machen will, dann muß jeder einzelne Minister angeklagt werden für die Taten, die er persönlich durchgeführt hat oder hat durchführen lassen.« Dadurch kam der Wilhelmstraßen-Prozeß überhaupt zustande, wo dann Herren Meißner und Lammers oder Finanzminister Schwerin-Krosigk oder Landwirtschaftsminister Darré als Mitglieder der Reichsregierung mit ihren Staatssekretären als Vertreter angeklagt wurden.

Zunächst waren die Herren sehr glücklich darüber, daß sie nicht als Reichsregierung anerkannt und infolgedessen keine verbrecherische Organisation waren. Das hat Rechtsanwalt Kubuschok, der in keiner Weise mit diesen Leuten sympathisierte, durch juristische Argumente erreicht. Ich erinnere mich noch an die letzte Sitzung der Reichsregierung in der Villa in Oberursel bei Frankfurt, wo die Herren noch einmal, allerdings in ihrer Eigenschaft als Gefangene, zusammengetreten sind und sich über die Möglichkeiten einer guten Verteidigung unterhalten haben.

Die Villa war früher mal ein Heim für alte Schwestern und Lehrerinnen gewesen. Für uns war es ›Haus Alaska‹, ein Geheimname für dieses

Haus, das nicht innerhalb des Lagers Oberursel lag. Dort saßen die Minister und einige Staatssekretäre, unter anderem auch ein gewisser Hjalmar Schacht. Meißner wurde angeklagt wegen Mitwirkung an der justitiellen Mordmaschine. In der Präsidialkanzlei waren Tausende von Gnadengesuche zu bearbeiten, nicht nur wegen der zivilen Schandgerichte, sondern auch wegen der militärischen. Aber die Anklage war trotzdem schwierig und unsere juristische Begründung zu dünn für das Gericht. Wir hatten noch Fälle von Deutschen gegen Deutsche in die Anklage hineingenommen, sowie häßliche finanzielle Transaktionen. Aber die erkannte das Gericht ebenfalls nicht an und er wurde freigesprochen. Natürlich war seine Tätigkeit als Chef der Präsidialkanzlei auf Null heruntergeschraubt worden. Da er im persönlichen Umgang kein unangenehmer, frecher, sondern ein verbindlicher Zeitgenosse war, dem man glaubt und gegen den wenig Dokumente vorhanden waren, so ist er unbestraft weggekommen.

In Meißners Vernehmung war ich auch auf die Frage aus, wer ist schuldig und mitschuldig an den Angriffskriegen? Und auf die mir am Herzen liegende Frage: »Wie macht man denn eigentlich so einen Krieg? Wie finanziert man das?«, sagte er zu mir: »Da müssen wir einmal den Herrn Schwerin-Krosigk fragen, der sitzt in einem Zimmer da hinten in meinem Flügel.«

Das war ein besonders feiner Mann, der noch in den Wilhelmstraßen-Prozeß hineingekommen war, Reichsfinanzminister Schwerin-Krosigk. Ein sehr gebildeter Mensch, der sich in voller Unschuld fühlte. Daß unter der räuberischen Erpressung der Einsatzgruppen und durch allerhand wirtschaftliche Manipulationen Polen ausgeraubt worden ist, kam ihm offenbar nicht zu Bewußtsein. Außerdem ging die Endlösung quer durch alle Ministerien, der eine organisierte den Raub, der andere kassierte.

Ich bin für die Anklage von Schwerin-Krosigk mal den Etat vom Reichsfinanzministerium durchgegangen, und da standen Ausgaben für Konzentrationslager. Dadurch war die Unschuld des Chefs des Reichsfinanzministeriums etwas in Frage gestellt. Trotzdem ist er später in der Bundesrepublik noch zu manchen öffentlichen Arbeiten zugezogen worden. (Auch östliche Länder haben sich etwa den Herrn Schacht als Sachverständigen engagiert, wenn's ihnen dreckig ging. Ich weiß nicht, ob's nach der Konsultation noch dreckiger oder besser ging.)

Schwerin-Krosigk wirkte auf mich scheinheilig, er wollte etwas Besseres sein als die übrigen Angeklagten. Er war ja einer derjenigen, die noch vom Kabinett Papen herüberkamen, und hatte schon vorher als anerkannter Finanzmann gewirkt.

Zu Beginn der Vernehmungen habe ich ihm vorgeschlagen: »Sie sind ein ehemaliger *Rhode Scholar*, Sie sollen der Bekennenden Kirche geholfen haben, möchten Sie hier nicht der Wahrheit die Ehre geben?« Da schwankte er zuerst, hat aber dann angefangen, genau solche Unwahrheiten zu sagen, wie die anderen. Nach seiner Haftentlassung machte er allerhand merkwürdige Sperenzchen und behauptete, das Urteil gegen ihn sei von Anfang an auf zehn Jahre festgelegt worden. Die Verhandlung sei Hokuspokus gewesen. Seine Behauptung beruhte darauf, daß mich sein Verteidiger Stefan Fritsch gefragt hat: »Was glauben Sie, was Schwerin-Krosigk bekommen wird?« Darauf sage ich ganz nach Gefühl: »Wenn der mit zehn Jahren wegkommt, ist er gut bedient.« Daraus schloß der Klient, daß das ganze Verfahren nur Mache war.

Verurteilt wurde er wegen Verbrechen gegen die Menschlichkeit und Plünderung: zehn Jahre.

Ich möchte in diesem Zusammenhang erwähnen, daß zu Recht oder Unrecht eine erhebliche Anzahl von Personen durch die Tatsache, daß sie in Nürnberg angeklagt worden sind, überhaupt ihr Leben gerettet hat. Gegen Schwerin-Krosigk etwa lag ein polnisches Auslieferungsersuchen vor. Doch meine Behörde in Nürnberg sagte, wir haben Schwerin-Krosigk hier, wir haben die ganzen Vorarbeiten geleistet, selbstverständlich wird er hier abgeurteilt. Ich glaube nicht, daß er in Polen mit zehn Jahren davongekommen wäre. Und Veesenmayer, den die Ungarn haben wollten, hätte dort auch mit anderen Folgen als zwanzig Jahren rechnen müssen. Aber warum sollten wir plötzlich solche Angeklagten aufgeben? Das waren unsere Angeklagten, das war das Gericht, in das wir Vertrauen hatten, die gehörten nach Nürnberg. Aus einem sehr einfachen Grunde, sie hatten ihre Verbrechen in *mehreren* Ländern begangen. Dieser Grundsatz hat zu ihren Gunsten ausgeschlagen, weil sie deshalb in Nürnberg verurteilt wurden, wo weniger Wahrscheinlichkeit bestand, daß sie mit dem Tode bestraft wurden.

Es war schwer für mich, jemanden zu finden, der die Anklage von Schwerin-Krosigk übernahm. Bei mir meldete sich ein amerikanischer

Anwalt, ein Klassenkamerad von General Clay, von der Militärakademie in West Point. Wenn einem so jemand in Washington empfohlen wird, nimmt man ihn normalerweise. Also sagte ich ihm: »Schwerin-Krosigk ist ein schwieriger Fall, deutsche Finanzen ... Wer ist zuständig für das Einkassieren von Raubrittergut?«

Er hatte gar keine Ahnung. »Ich werde damit anfangen. Bitte stellen Sie mir zehn Jeeps mit zehn Chauffeuren zur Verfügung, damit ich in Deutschland herumfahren, das Material sammeln und Zeugen vernehmen kann.«

»Mein lieber Mann«, sage ich, »das brauchen Sie gar nicht. Erstens haben wir nicht zehn Jeeps, und das wäre auch Unsinn. Sie müssen ohne Jeeps durch die Aktenberge fahren mit der elektrischen Eisenbahn.«

Nach vier Wochen war immer noch nichts da, obwohl ich ihm eine deutschsprachige Hilfskraft beigegeben hatte. Clay versicherte uns am Telefon: »Wenn er es nicht schafft, werden wir ihn schon woanders unterbringen.« Er bekam dann einen ganz guten Job bei einer internationalen Kommission, von der ich noch nie etwas gehört hatte, der ›Internationalen Donau-Dampfschiffahrtskommission‹.

Wir fanden im Büro des früheren amerikanischen Außenministers Dean Acheson einen glänzenden Mann, Charles Horsky, und er baute dann eine erstklassige Anklage. Jeder Angeklagte hatte einen bis zwei Staatsanwälte, die sich nur mit seinem Fall beschäftigten.

Selbstverständlich konnten wir uns nicht leisten, für jeden Angeklagten drei Staatsanwälte zu haben, denn das wäre vielleicht notwendig gewesen, da die Angeklagten in dem Wilhelmstraßen-Prozeß 68 Verteidiger hatten.

Ein weiterer Angeklagter, den ich im Wilhelmstraßen-Prozeß übernehmen mußte, war der Chef des Deutschen Geheimdienstes, Walter Schellenberg. Ein sehr netter Mensch. (Wir dürfen das Wort ›sehr netter Mensch‹ nicht moralisch nehmen, sondern mehr wie meine Tante dies auffaßte, denn ich fragte sie mal: »Was heißt sehr netter Mensch?« – »Na, nett sind sie alle«, hat sie gesagt.) Also ein umgänglicher Mensch, man will ja nicht so einen sturen Angeklagten haben.

Er gehörte zum Typ der jungen NS-Intellektuellen und war nach dem Abitur schon ziemlich früh in diese Branche reingekommen. Das erste Mal war ich ihm, allerdings nicht persönlich, begegnet, als er im Frühjahr 1938 den Besuch Hitlers in Italien vorbereitete, bei dem ich selbst verhaftet wurde; das war eine Aktion Schellenberg.

Er war eine Art Überbleibsel aus dem IMT-Prozeß. Dort hatte Schellenberg eine Lücke gefüllt, die endgültig erst vor wenigen Jahren durch die Forschung geschlossen werden konnte: Schellenberg war der erste, der über die enge Zusammenarbeit zwischen der SS, den Einsatzgruppen, allen sonstigen SS-Einheiten und -Verwaltungen und dem nach Osten vorrückenden Heer berichtet hat. Im IMT-Prozeß war das zunächst noch nicht bekannt für uns, und damals war Schellenberg sehr behilflich. Ich habe auf diese für Laternser und seinen Generalstab – sehr peinliche – Zusammenarbeit hingewiesen. Also war Schellenberg eine Zeit lang bei der Anklage lieb Kind.

Was macht man mit einem solchen Kronzeugen? Es gab in Nürnberg nicht das Prinzip erst Kronzeuge und dann läßt man ihn fallen. Er wimmelte da immer herum, logierte im Gefängnis, loslassen konnte man ihn nicht.

Auf einmal hieß es zu meinem Schrecken: »Bob, den Schellenberg mußt Du auch nehmen.« Ich kannte gar keinen Staatsanwalt, der über das Wehrmachtsthema Bescheid wußte. Rechtsanwalt Laternser hatte im Interesse des Generalstabs so weit wie möglich alle Vorwürfe weggefegt. Der arme Schellenberg wartete, was nun mit ihm passieren würde. Wenn er sich in einer deutschen Verwaltung bei mir vorgestellt hätte, ohne Schellenberg zu sein, so würde man diesen jungen Assessor auf den ersten Blick durchaus in ein Amt empfohlen haben. Er war nicht aufdringlich und wußte sehr viel von dem Apparat. Mir war es unsympathisch, mit ihm selbst zu verhandeln, weil die Anklagebehörde im IMT-Prozeß ihn bereits benutzt hatte. Ich gab den Fall einem Kollegen meiner Abteilung und wir fanden etwas sehr Merkwürdiges, eine Aktion Zeppelin.

Schellenberg, der sehr tüchtig in der Aufklärung im Nahen Osten war, hatte in Zusammenarbeit mit dem sogenannten Mufti von Jerusalem, Teams zusammengestellt, die mit dem Fallschirm arbeiten konnten und bestimmte Sachen hinter der Front erkundeten. Das war eine löbliche Nachrichten-Tätigkeit, die keine strafbare Handlung war, nur stellte es sich heraus, daß die Leute bei der Rückkehr nach Berlin erschossen wurden. Diese Geheimnisträger, oft vom Mufti empfohlene Araber darunter, wurden umgebracht. Nicht, weil sie schlecht, sondern weil sie gut gearbeitet hatten und wußten, was an Ort und Stelle geschah.

Ich fragte Schellenberg einmal nach einem solchen Fall und er antwortete:

»Das mußte ich ja. Der Mann war tuberkulös.«

Ich sage: »Bringen Sie alle tuberkulösen Agenten um?« und der nächste, der zurückgekehrt ist und dann ermordet wurde – »Was war mit dem?«

»Das war ein Homosexueller.« Schellenberg mußte doch irgend etwas sagen und dachte, das sei eine gute Ausrede. Er ist im Zusammenhang mit dieser Aktion Zeppelin verurteilt worden, bekam eine sehr milde Strafe (sechs Jahre), ist dann nach Norditalien gezogen und dort in ziemlich jungen Jahren durch Krankheit elendiglich umgekommen. Gottes Mühlen mahlen langsam.

So ein Geheimdienstchef ist eine Person für sich, der hat eine ganz andere Moral als andere Leute. Für ihn gibt es nämlich keine Moral, kein Recht, für ihn gibt es nur: ich muß etwas Interessantes nach Hause bringen. (Heutzutage viel weniger, weil die Geheimsachen heute in den wissenschaftlichen Zeitschriften der anderen Länder stehen, man muß sie nur finden.) Aber das war noch der alte praktische Geheimdienst. Typisch für Schellenberg war, daß er in seinen Memoiren diese völlig nutzlosen und grundlosen Erschießungen seiner eigenen früheren Agenten überhaupt nicht erwähnt hat, derentwegen er verurteilt wurde.

Schellenberg hatte eine Sonderstellung innerhalb des Reichssicherheitshauptamtes, er war eine Person außerhalb des Gesetzes und eine Verurteilung wäre nach juristischen Gesichtspunkten sehr schwer gewesen, wenn nicht diese glatten Morde vorgelegen hätten. Er ist wegen nur eines Falles verurteilt worden, bei dem das Beweismaterial eindeutig war. Wir hatten noch mehrere solcher Fälle, aber wollten nicht erst wieder einen unerhörten Apparat aufziehen, um nach Toten zu suchen, von denen wir nicht mal die Namen wußten.

Das Dritte Reich war eine der größten Organisationen für perfektes Verbrechertum, weil mehr als bei allen anderen bekannten Verbrechen, die Zeugen rechtzeitig umgebracht wurden. Beim Mord hat man doch sehr oft Zeugen. Hier hat man jedoch neben dem Opfer noch den Zeugen des Mordes ermordet. Am 30. Juni 34 bereits hat man Zeugen für allerhand Verbrechen beseitigt, sowie für den Reichstagsbrand. Für das Verdecken der Verbrechen war von vornherein vorgesorgt, und darauf wurde geachtet bis zur letzten Stunde, bis zur Vernichtung der Spuren in gewissen Konzentrationslagern.

Von dem IMT-Urteil am 2. Oktober 46 bis zum Urteil im Wilhelmstraßen-Prozeß am 11. April 1949 war eine lange Zeit vergangen. Das Wilhelmstraßen-Urteil war fünf Monate beraten worden, anschließend verstrich noch eine Zeit für die Revision. Aber in den drei Jahren war ja auch noch etwas anderes passiert: Es gab nicht mehr die *alliance* mit der Sowjetunion, die am ersten Urteil mitgewirkt hatte. Im Gegenteil, es herrschte die Stimmung ›Möglicherweise kommen die Russen; was wird aus dem Territorium der Bundesrepublik?‹ Ich hatte in meinem Stabe eine Dame, deren Eltern aus Rußland stammten. Sie kam jeden zweiten Tag und sagte: »Was wird denn nun aus mir werden?«, dabei war es gar keine hysterische Person. Inzwischen ging die amerikanische Politik dahin: Wir müssen die Deutschen zu unseren Verbündeten umdrehen.

Am 2. Oktober 1946 war ich mit dem IMT-Prozeß fertig geworden und hatte die Wintermonate 1946/47 in Philadelphia und im *War-Department* in Washington verbracht. So traf ich mit zahlreichen Personen zusammen, die mich nach Nürnberg fragten: »Wie war es denn da?« Wie die Menschen so sind, wollten sie immer etwas über die Exekutionen wissen, mit denen ich persönlich ja nichts zu tun gehabt hatte. Ob die Asche der Hingerichteten wirklich in der Nähe von Pullach zerstreut worden sei?

Zunächst passierte mir das Unglück, daß Justice Jackson, der von der ›New York Times‹ die Aufforderung erhielt, über das Thema »Wie wirkt Nürnberg auf die Deutschen« zu schreiben, entschieden hatte: »Das mußt Du schreiben, Bob.« Ich bin froh, daß ich diesen Aufsatz lange nicht gelesen habe, denn ich fürchte, daß ich damals etwas Falsches schrieb. Der Tenor lautete, daß die Wirkung eine tiefe und nachhaltige war.

In den USA war man im Grunde genommen mit den gesamten Prozessen sehr einverstanden, gelegentlich hörte man: »Ihr habt zu lange gemacht, Ihr hättet die schneller aburteilen müssen.«

Schließlich dürfen wir die große Menge von Angehörigen der 160 000 amerikanischen Jungen nicht vergessen, die sich totschießen lassen mußten, damit der Nationalsozialismus kaputtging. Diese Familien waren selbstverständlich für Bestrafung. Dann denke man an die großen polnischen Minderheiten, die großen polnischen Städte wie Pittsburg, Buffalo, Chicago auch, wo oft polnische Mehrheiten in den Gemeindeparlamenten herrschten. Genauso dachten die kolossalen ungarischen

Kolonien, die Tschechen, die Russen und auch die deutschen Emigranten, sie alle hatten natürlich nichts an Nürnberg auszusetzen. Ich weiß, daß die Polen immer sagten: »Uns zu milde.«

Aber auch die Anglo-Amerikaner waren mit den Prozessen zufrieden, bis eine kleine politische Gruppe auftrat, die sich aber sehr schreierisch gebärdete und von Nürnberg gar nichts wissen wollte. Ihre politische Tendenz war auf alle Fälle gegen Roosevelt und Truman gerichtet. Man versuchte mit Schimpfen auf Nürnberg für die nächsten Wahlen etwas herauszuholen. Es waren keineswegs Sympathisanten von Verbrechern, aber es waren Sympathisanten einer Strafvereitelung. Es gab in Chicago/Illinois viele davon, es gab welche in den Mittelstaaten, dem sogenannten Middle West zwischen beiden Meeren. Diese Gruppen entstanden überall.

Wenn ein bestimmter Abgeordneter in einem Bezirk viele der Anti-Nürnberg-Leute hatte, dann fing er damit an, im Parlament Beanstandungen zu machen und dabei wurden auch die Kosten erwähnt. Ob da anti-russische Gefühle keimten angesichts der Tatsache, daß in Nürnberg mit den Russen zusammengearbeitet worden war – solche Dinge standen anscheinend im Hintergrund. Denn immer wieder tauchte die Frage auf, auch von Juristen: »Die Russen haben doch in Polen auch einen Angriffskrieg gemacht«, worauf es schwer eine andere Antwort gibt als die allgemeine: »Wenn alle Richter sich an die Nase fassen und überlegen würden, welche Sünden sie selbst schon begangen haben, dann gäbe es überhaupt keine Justiz.«

In diesen drei Jahren 46–49 änderten sich nicht die Gesetze, wohl aber die Auffassung über das Anwenden von Gesetzen, ohne daß das irgendwie ausgesprochen wurde, ohne daß es den Richtern selbst und uns bewußt geworden ist, daß wir in den drei Jahren unser Denken veränderten. Das schlug sich nieder in milderen Strafen. Je weiter weg von den Untaten und dem Mai 45, um so milder wurden die Anschauungen – insbesondere über Strafhöhe. Die Klarheit über die Taten und das Beweismaterial war unerhört angewachsen und – sagen wir ruhig – der Mut zur Bestrafung war gesunken.

Im IMT-Prozeß waren von der Staatsanwaltschaft keine Strafhöhen beantragt worden. Wir haben genau überlegt, soll es dabei bleiben, und es wurde entschieden, daß keine Strafhöhen beantragt werden sollten.

Aber man mußte ja im Schlußplädoyer etwas sagen und so erklärten wir, etwa bei Weizsäcker und Steengracht: ›Das sind Angeklagte, die mit Ribbentrop zu vergleichen sind‹ oder ›Das sind Angeklagte, die mit Frick zu vergleichen sind – das ist ein Angeklagter, Schwerin-Krosigk, der mit seinem Amtskollegen, dem Reichswirtschaftsminister Funk, zu vergleichen ist.‹ Die Angeklagten wurden kategorisiert, nach den Aufgehängten, aber es wurde nicht eine Jahreszahl gefordert, sondern den Richtern wurde ein unausgesprochenes Strafmaß zur Überlegung gegeben.

Wir haben lange gerätselt, wie werden die Strafen ausfallen? Die Freisprüche von Meißner und dem Ministerialdirigenten Erdmannsdorff waren für die Gesamtsituation uninteressant, allerdings haben uns die Strafmaße unerhört erstaunt. So waren die Strafen für die Täter aus der wirtschaftlichen Sphäre höher, als für die feinen Herren aus dem Auswärtigen Amt mit den blutgesprenkelten weißen Westen. Die Anklagebehörde konnte absolut nicht verstehen, warum der Angeklagte Paul Körner, der im Vierjahresplan tätig gewesen war, zehn Jahre bekam, (desgleichen Lammers und Veesenmayer) und die Staatssekretäre Weizsäcker, Steengracht und Keppler nur fünf Jahre. Es war uns auch unklar, warum der Angeklagte Bohle, Chef der Auslandsorganisation der NSDAP, fünf Jahre bekam, obwohl er sich in mehreren Anklagepunkten offen für schuldig bekannt hatte. Im Stillen dachten er und seine Verteidigerin, Elisabeth Gombel (und ich auch), er würde etwas weniger kriegen, weil man das honorieren sollte.

Wir drei haben da irgendwie übereingestimmt, denn Bohle war der einzige von den 199 Angeklagten, der sich in Nürnberg für schuldig erklärt hat. Das war natürlich ein kolossaler Schlag für die anderen, sie haben ihn dann dafür im Gefängnis gepiesackt. Ich habe immer an den Spruch des alten Berliner Landgerichtsdirektors Siegert denken müssen, bei dem ich gelernt habe und der am Anfang der Verhandlung sagte: »Angeklagter, sagen Sie die Wahrheit, dann sichern Sie sich die Milde des Gerichts.«

Sein ehrliches Geständnis hat Bohle nichts genützt. Aber, wie sich das gehört, haben wir diese Sprüche hingenommen. Da es nun einmal die Ansicht des Gerichts war – von zwei Dritteln der Richter, einer wollte überhaupt kaum Bestrafung –, so haben wir mit diesen Urteilen vorlieb genommen und keine öffentliche Kritik daran geübt. Im deutschen Publikum ist immer wieder die Frage aufgetaucht: »Ja, war denn so wenig an denen strafrechtlich dran, daß sie nur sieben Jahre bekamen, die dann auf fünf Jahre ermäßigt wurde?«

Das war der Gang der Zeiten. Wir waren ja alle erfreut, daß unsere rechtlichen Gesichtspunkte durchdrangen und der ganze Holocaust (damals gab es diesen Ausdruck noch nicht), das gesamte verbrecherische Fresco doch gemalt werden konnte. Wir glaubten vor allem, daß es nunmehr diesen Leuten, die da bestraft worden waren, samt ihren Sympathisanten, nicht gelingen würde, wieder in eine öffentliche Verwaltung zu kommen.

Some shooting

Es ist vielfach nach dem Kriege angenommen worden, daß der Einmarsch der amerikanischen Truppen über Aachen oder über Bayern eine Art Spaziergang gewesen ist. Der Weg, wurde argumentiert, sei ja durch die Luftbombardements schon freigemacht worden. Nichts ist falscher als das; bei dem Einmarsch sind noch Tausende amerikanischer Soldaten getötet worden. Es wurde noch immer Widerstand geleistet. Ich erinnere mich sogar an Orte, in der Nähe von Aachen, die zurückerobert werden mußten, nachdem sie von Hitlers restlicher Armee nach der amerikanischen Besetzung wieder eingenommen worden waren. Auch die Vorgänge von Malmedy zeigen, wie wenig einfach die Niederwerfung war (anders der Widerstand in Mitteldeutschland, wo schon soweit vorgerückt war, daß man ohne allzugroße Verluste weitermarschieren konnte). Berücksichtigen Sie auch die vielen Toten bei den Küstenlandungen, die deutschen Soldaten, die dort besiegt werden mußten, und die hohen amerikanischen Opfer vor Remagen.

Ich kann nur immer wieder betonen, was in der deutschen Öffentlichkeit auch nicht richtig gewürdigt wird, sondern nur bei den amerikanischen Müttern: Um den Hitler zu kippen, war der Tod von 160000 Amerikanern nötig, zusammen mit den britischen, französischen und vor allem russischen Opfern. Ich vergesse nie die Soldaten in dem Zusammenhang. Unter den Amerikanern waren Hunderte, die aus Deutschland stammten. In der Army mußte unter dem *draft law* auch jemand Dienst tun, der noch nicht Bürger war, später allerdings schneller eingebürgert wurde. Bei der Einziehung hieß es manchmal: Schickt nicht so viel frühere Deutsche nach Deutschland, besonders wenn es jüdische Jungs sind. Die werden gleich gekillt bei einer Gefangennahme. Schickt sie nach Japan! Aber das ist nie durchgeführt worden.

Jüdische Kriegsgefangene wurden aus den gewöhnlichen deutschen Lagern gleich abgetrennt. Man hat die Gefangenen überprüft, ob sie beschnitten waren, ob sie deutsch konnten, gelegentlich hatten welche sogenannte jüdische Namen; das waren natürlich recht unzuverlässige Feststellungen. Die Jungen waren teilweise erst vier, fünf Jahre von Deutschland fort – aus den Jahrgängen 1918/19, Kissinger ist einer davon gewesen, geboren 1923.

Ich habe neulich eine deutsche Mutter getroffen, die mit Ihrem Mann in Belgien untergekommen ist. Die Eltern waren sehr stolz, daß es dem Jungen noch gelang, nach USA zu gehen, und sie ihm ein Visum beschafft hatten.

Im Laufe des Gesprächs habe ich ganz naiv gefragt: »Was machte er in USA?«

»Er ist eingezogen worden und in Deutschland gefallen.«

Nicht als Kriegsgefangener, sondern im Gefecht gefallen. Die meisten, von denen ich spreche, sind gefallen. Aber die Angst, was Ihnen passiert, wenn sie gefangengenommen würden! Leider hat es nicht funktioniert, Leuten bestimmte Frontabschnitte zu ersparen. Sie wissen, wie das beim Kommiß ist, da wird man nicht so individuell behandelt.

In jüngster Zeit ist breit diskutiert worden, was die alliierten Truppen alles versäumt haben. Warum sind die Gleise nach Auschwitz nicht bombardiert worden und die Gaskammern? Warum bekam der Aufstand im Warschauer Ghetto keine Waffen geliefert?

Daß die allgemeine politische Lage und das Eingreifen vieles zu wünschen übrig ließ, ist doch ganz klar. Ich hatte zum Beispiel dem Kriegsministerium mal den Vorschlag gemacht, natürlich nicht die Lager zu bombardieren, wo die Häftlinge drin sind, sondern alle Gestapo-headquarters. Man sollte sich spezialisieren auf die Gestapobüros, wo die Listen von den Juden aufbewahrt sind. Ich habe die Adressen vorgelegt – in Berlin in der Prinz-Albrecht-Straße, in Frankfurt im Westend. Ich bin damit nicht durchgekommen, ich weiß heute noch nicht, warum.

Es ist vieles unterlassen worden, darüber besteht gar kein Zweifel. Aus Überbelastung, aus Besserwisserei. Aber ich mache den Leuten, die etwas unterlassen haben, weniger Vorwürfe als den Tätern. Manche Kreise lieben, das zu vermischen. Die denken, weil Hilfe unterlassen worden ist, entlastet das die Verbrecher; – in der Richtung ging manchmal die Verteidigung in Nürnberg: Wenn die schon früher eingegriffen hätten gegen Hitler, wäre ich, der Scharführer, gar nicht erst nach Polen gelangt und hätte keine Pistolen in die Hand gekriegt, um Juden zu ermorden.

Das ist keine Verteidigung.

Ich bezweifle gar nicht, daß vieles versäumt wurde und es wird Zeit, daß man darüber spricht. Nur – die Leute, die bei der Remagen-Brücke verwundet worden sind, sagen mit Recht – ich kenne viele von denen –, davon wird nicht gesprochen! Über die Befreier vom Hitler-Regime. Selbstverständlich wird der 20. Juli erwähnt, aber wievielmal mußten der 20. Juli und die Opfer des 20. Juli verhundertfacht werden, bis man den Hitler weggekriegt hat im April 45. Sehr interessant ist, daß bestimmte Leute, denen das später sehr übel genommen worden ist, die Sprengladungen, die neben der Remagenbrücke eingebaut waren, nicht gezündet haben, so daß ein Teil der Truppen den Rhein überqueren konnte. Es gab immer noch einzelne Nachhutkämpfe, doch entwickelten sich nicht die von amerikanischer Seite befürchteten Werwölfe, die sich in Wäldern verstecken und dann auf die Besatzungstruppen losgehen konnten.

Zu den Befreiungsopfern zählen auch abgeschossene amerikanische Flieger, die in vielen Fällen nicht als Kriegsgefangene behandelt, sondern von der Bevölkerung oder SA- und SS-Leuten gelyncht wurden – wie beispielsweise in Rüsselsheim. Diese Lynchjustiz hat man von Oben gefördert und leider ist sie nicht widerstrebend, sondern bereitwillig, ohne Skrupel, befolgt worden. Das Leben galt unter dem Hitlerregime überhaupt nichts, das sieht man an den abgestürzten deutschen Fliegern.

Wenn sie sehr beschädigt waren, kamen sie sofort in ein Krankenhaus und wurden als sogenannte nutzlose Esser ärztlich beseitigt. In der Anstalt Hadamar, wenige Kilometer nördlich von Frankfurt, sind deutsche Flieger wegen ihrer Kopfverwundungen ermordet worden. Bis zum heutigen Tage war nicht dahinterzukommen, welche Personen das gemacht haben.

Ich war einmal in einer Militärkrankenanstalt in Philadelphia, um einen jungen Mann zu sprechen, der seinerzeit vor dem Nazi-Regime aus Deutschland flüchten mußte und später in der amerikanischen Armee kämpfte.

Dieser Mensch, der eine Hüftverwundung davontrug, und sehr stark gehbehindert war, klagte über seinen Zustand. In dem riesigen Veterans' Krankenhaus herrschte eine sehr traurige Atmosphäre, viel schlimmer, als in jedem anderen Krankenhaus, weil die Aussicht auf Besserung viel geringer ist als in anderen Fällen, wo die Leute noch von der Hoffnung existieren können.

In den amerikanischen Veterans' Krankenhäuser lebt eine riesige Anzahl der Kriegsveteranen, wahrscheinlich weit mehr als 150 000 Personen. Ich habe diese Menschen öfter gesehen, weil sie häufig Demonstrationen gemacht haben, um die Öffentlichkeit auf ihre Lage aufmerksam zu machen. Wie in vielen Krankenanstalten fehlt eben manches, und wenn Menschen keine Beine mehr haben, keine Arme oder nur noch einen, dann klagen sie über Behandlung und Versorgungsfragen. In einigen Fällen haben deutsche Kriegsveteranen Delegationen in solche Anstalten geschickt, aber die Verbindung zwischen deutschen und amerikanischen Veteranen ist natürlich größer unter Gesunden und Halbkranken als unter Leuten, die als Opfer Hitlers auf Lebzeiten in *Veterans Hospitals* sind.

Auf der anderen Seite habe ich, als ich mich umsah, dort auch Personen getroffen, die sehr gut mit ihrer Verwundung zurechtgekommen sind. All diese Leute haben das Recht, sich ständig untersuchen zu lassen, der Staat trägt die Kosten und zahlt ziemlich großzügige Pensionen. Mehr noch als die chirurgischen Schäden und Verletzungen, Herz- und Lungenleiden, die von den Schüssen herrühren, haben die Gehirnverletzten den schlimmsten Eindruck auf mich gemacht. Ich habe mit zwei, dreien gesprochen, darunter ein junger Mann, der aus Deutschland stammte.

Das Geschehnis, wie er in Deutschland angeschossen worden war, ließ sich nur mit großen Schwierigkeiten recherchieren. Er konnte es kaum noch beschreiben, ich ermittelte den Vorgang dann mit Hilfe der amerikanischen Armee. Der Mann konnte nicht einmal klagen. Er war mit 22, 23 Jahren in den Krieg eingezogen worden, seine Verletzung entstand durch einen Schuß während der regulären Kampfhandlung. Der Kopfschuß hat Verbindungen zum Gehirn zerstört. Sein Aussehen war für den Besucher eine einzige Anklage gegen jeden Krieg überhaupt.

Ich versuchte, ihm klarzumachen, wer ich war und daß ich auf Veranlassung seiner Schwester ihm helfen wollte. Er war ja ohne

Robert M. W. Kempner und Mitarbeiterin Jane Lester

Kreuzverhör der Reichsregierung durch Robert M. W. Kempner

Verteidiger-Besprechung

27. Juli 1964: Kempner beantragt bei Generalstaatsanwalt Günther in Berlin-Moabit die Einleitung von Strafverfahren wegen Morden an Widerstandskämpfern des 20. Juli 1944.

Fritz Bauer

Ernst Bohle

Heinrich Brüning

Lucius D. Clay

Rudolf Diels

Bill Drews

Ruth Fischer

Wilhelm Frick

Alfred Jodl, Alfred Rosenberg, Franz von Papen, Hans Frank (sitzend), Arthur Seyß-Inquart, Wilhelm Frick am 2. März 1946 in Nürnberg

Friedrich Gaus

Hans Bernd Gisevius

Hans Globke

Ernst Hanfstaengl

Hermann und Emmy Göring

Heinz Hugo Hoffmann

Karl Josef Ferber

Nikolaus von Horthy

Robert H. Jackson

Wilhelm Keitel

Otto Kranzbühler

Hans Heinrich Lammers

Hans Laternser

David Maxwell Fyfe

Otto Meißner

Robert M. W. Kempner und Michael M. Musmanno

Henri Morgenthau

Oswald Pohl

Franz Rademacher

Hermann Rauschning

11. Februar 1940: Unterzeichnung des deutsch-russischen Wirtschaftsvertrages. Mikojan, Schnurre, Ritter.

Alfred Rosenberg

Franklin D. Roosevelt

Hjalmar Schacht

Walter Schellenberg

Franz Schlegelberger

Gustav-Adolf von Steengracht

Edmund Stinnes

Johannes Stumm

Graf Lutz Schwerin-Krosigk

Telford Taylor

Bernhard Weiss

Ernst von Weizsäcker

Franz-Joseph Würmeling

Edmund Veesenmayer

Zweifel ein Naziverfolgter, hatte seine Schulbildung verloren und hierfür gab es dann zuerst fünftausend Mark, später nochmal die gleiche Summe. Ich hatte mich bei dem Arzt vorher erkundigt, ob ich überhaupt nach diesen Ereignissen fragen könne, ohne neue schädliche Aufregungen zu bringen. Aber der Arzt entgegnete, unterhalten Sie sich doch mit ihm; er ist sprachbehindert. Sehen Sie zu, daß Sie mit Deutsch oder Englisch auskommen. Wir haben dann ein sehr zerstückeltes Gespräch geführt.

»Wissen Sie noch, wie Sie krank geworden sind?«

»Ja, in Deutschland.«

»Sind Sie da im Kriege von einer Krankheit angesteckt worden?«

»You mean infection? What is an infection?«

Und dann sagte er ganz klar: »Some shooting.«

Pennsylvania's Mission to Prussia

Zu mir kam ein Maler. Der war mir von Bekannten empfohlen worden, weil er den amerikanischen Truppen bayerische Gebirgslandschaften von Tür zu Tür verkaufte. Ich sagte ihm: »Das will ich nicht sehen, keinen Apfelbaum, den Sie dem GI als deutsche Landschaft andrehen. Sie können etwas anderes tun. Malen Sie mir zur frühen Morgenstunde, wenn die Sonne auf die zerstörte Burg von Nürnberg scheint, eine Trümmerlandschaft mit aufgehender Sonne.« Ich besitze von dem Manne zwei Bilder zerstörter Kirchen in Nürnberg.

Diese Gemälde machten einen tieferen Eindruck auf mich als die Wirklichkeit. Die kaputten Häuser haben mich nicht so furchtbar aufgeregt, denn mir war klar, daß diese Häuser in wenigen Jahren in viel besserer Weise aufgebaut werden würden. Das war bei dem Erdbeben in San Francisco genauso, und ich habe diesen Teil der Zertrümmerung viel mehr als eine Naturkatastrophe angesehen. Die Leute lebten eben in einem Erdbebengebiet furchtbarer Art. Weite Strecken in Hessen und Bayern, die ich auf dem Wege in die Internierungslager durchfuhr, waren sehr bald blühende Landschaften. Ich habe mir nicht immer die Trümmer ausgesucht, um auf denen spazieren zu gehen. Da bin ich später nur entlanggegangen mit meinem Freund Kolb aus dem Preußischen Innenministerium, der Oberbürgermeister von Frankfurt wurde. Walter Kolb sagte immer: »Das verdanken wir unserem Führer«, diese Redensart habe ich oft benutzt, wenn mich Leute auf solche schrecklichen Anblicke aufmerksam gemacht haben.

Der mir befreundete Bankier Heinrich Kirchholtes in Frankfurt, der eine jüdische Frau hatte, die mit ihm überlebte, versicherte mir allerdings: »Mit dem Aufbau kann es sehr schnell gehen. Das ist gar nicht so schlimm, auch wenn es furchtbar nach Zerstörung aussieht, denn ein großer Teil der Anlage liegt intakt unter der Erde. Die Wassersysteme, die Lichtsysteme sind nicht alle zerstört worden.«

Ich trat dem damaligen Deutschland ohne Gefühle, absolut objektiv gegenüber. Ich habe viel zu viel erlebt, als daß ich bei all diesen Dingen noch Gefühle entwickeln könnte. Als ich zu kleinen Zirkeln in die Universität Heidelberg eingeladen wurde, entstand eine Diskussion, ob ich Deutschland hassen oder nicht hassen würde. Was heißt da hassen? Wenn ich an ein Krankenbett komme, hasse ich doch nicht den Patienten, sondern die Krankheit. Ich kann die von diesem Verbrechertumor Befallenen nur bedauern. Sie müssen aber aus der Gesellschaft soweit wie möglich ausgeschaltet werden, so daß sie sich nicht wieder in den deutschen Staatskörper einwurmen.

Für mich existierte nicht das Verbot der *fraternisation*. In meiner beamteten Eigenschaft als ein Staatsanwalt, der die Hintergründe von Verbrechen und die sozialen und psychologischen Zusammenhänge erforschen mußte, sprach ich mit den Bankiers, den Landräten und ihren früheren Sekretärinnen. Als frühere Schulkameraden hörten, daß ich in Deutschland war, haben sie mich besucht. Das war eine große Freude, daß ich ihnen Zigaretten, Apfelsinen und Schokolade geben konnte. Und dann traf man alte Freunde wieder und besuchte sie, das halbe alte Preußische Innenministerium saß im Anhaltelager von Hessisch-Lichtenau. Die Hauptsache war im Gespräch nach fünfzehn Minuten oft: »Hast Du nicht zu Hause ein paar Stiefel, die Du schenken kannst?«

Überhaupt bin ich kaum einem unfreundlichen Menschen begegnet. Der einzige Vortrag, bei dem ich das Mißfallen der Zuhörer erntete, fand vor zwei-, dreihundert Beamten bei Bonn statt, als ich sagte: »Ich spreche hier nicht von zwei S, sondern von den drei großen S, der *senility*, der *security* und der *seniority*, die das Beamtentum leider durchdrangen.« Die Zuhörer waren entsetzt, daß ich dieses System geißelte und ihnen vorhielt, sie seien eingeschwenkt, bloß weil ein Gefreiter die Rekruten in andere Richtung kommandiert hätte.

Oft hatte ich den Eindruck, daß es in Deutschland überhaupt keine Nationalsozialisten gegeben hat. Ein Satz hieß: »Wir haben die furchtbaren Sachen alle nicht gewußt!«, ein zweiter: »Wir selbst hätten es sowieso nicht verhindern können!« und drittens hieß es auch sehr oft: »Wir selbst sind natürlich nie Nazis gewesen!«

Ich habe die Betreffenden darauf aufmerksam gemacht, daß sie vor mir keine faulen Ausreden suchen sollten, gerade weil sie ja keine Verbrecher seien. Mir könnten sie ruhig die Wahrheit erzählen, ich wollte mich orientieren.

Andererseits kamen Leute, die die Nase so voll hatten, daß man ihnen zu einer baldigen Auswanderung verhelfen sollte. Die wollten raus, weil ihnen oder ihren Angehörigen zu viel passiert war. Und dann gab es noch die Schicht der neuen Politiker, die dieses Land in eine Demokratie verwandeln sollten. Ein Teil hatte innen überwintert, ein Teil hatte in der Emigration diesen Augenblick auf gepackten Koffern erwartet. Die meisten waren politisch erprobt in der verlorengegangenen früheren Republik. Ich sagte einmal Walter Menzel, dem Schwiegersohn meines früheren Ministers Carl Severing, dem späteren Innenminister von Nordrhein-Westfalen: »Jetzt sitzen wir da, das ist der Erfolg der Dinge, die wir 1933 nicht abwehren konnten oder wollten.«

Natürlich wäre es Unfug zu erklären, das sei die Schuld von Braun, Severing oder Brüning. Sie verantworteten ja nicht die wichtigste Ursache, die wirtschaftliche Krise; man kann nicht die Leute abservieren, weil sie einmal in Monaco die Kugel auf die falsche Stelle angesetzt haben. Vergessen Sie nicht, daß die mit Fußtritten und unter Morddrohungen rausbefördert worden sind.

Selbstverständlich ist das eine unerhörte Niederlage gewesen, daß 1928 bei den Wahlen noch demokratische Mehrheiten für die Mitte vorhanden waren, die vier Jahre später, 1932, an Nationalsozialisten und Kommunisten verloren worden waren. Die abgetretene, fortgejagte Regierung ist immer ein Verlierer, und im Exil waren das dann die einzigen, die zur Verfügung standen. Andere Leute gab es kaum, mit denen sich was hätte aufbauen lassen. Solche Jugendlichen wie Willy Brandt, die später erst allmählich reinkamen, waren äußerst selten.

Es saßen ja auch im Londoner Exil keine Polen, die zurück an die Regierung zu schicken waren, als die ehemaligen Verlierer. Von den Tschechoslowaken, die Hitler herausgeschmissen hatte, konnte niemand anderes benutzt werden, als die Masaryk-Leute und die Benesch-Leute.

Die deutschen Exil-Politiker saßen in alle vier Winde zerstreut. Außerhalb Amerikas existierten prominente Zirkel in der Schweiz. Der frühere Reichskanzler Wirth gehörte zu einer Gruppe in Zürich, in

Locarno existierte ein kleiner Kreis um Otto Braun, irgendwo in der Schweiz saß der spätere bayerische Ministerpräsident Wilhelm Högner, und alle hofften, schnell über die Rheinbrücke bei Basel zurückzukehren. Högner war ein Jurist, der indirekt schon zur Zeit des Hitlerputsch-Prozesses eine Rolle spielte. Wenn man so will, war er auch ein Verlierer, dennoch wurde Högner später ein ausgezeichneter Ministerpräsident. Wenn Sie Heinz Kühn sehen, späterer Ministerpräsident in Düsseldorf, der die größte Zeit in Belgien gewesen war – so war das eine hervorragende Wahl, sowie die der ersten Bürgermeister Hamburgs Max Brauer und Herbert Weichmann. Das *come-back* der Besiegten von Weimar hat nicht geschadet. Viel schlimmer war es, wenn die Helden der Endniederlage, die Schlachten verloren und Tausende von Menschen auf dem Gewissen hatten, wieder benutzt worden sind.

Die weimarische Altherrenriege ist allerdings nichts mehr geworden, Brüning nicht, Braun und Severing auch nicht. Selbstverständlich hat man angenommen, daß nach einer Übergangszeit neue unverbrauchte politische Kräfte herangezogen wurden. Ob diese gut oder schlecht waren, kam auf die Frage an: »Wer hat sie gewählt?« Das ist doch der Nachteil der Demokratie. Aber noch war die Besatzung da; auf die militärische Besatzung hat man immer den größten Wert gelegt, damit sich nicht plötzlich wieder irgendwelche Bocksprünge ereignen.

Die amerikanische Verwaltung, die ja zunächst Besatzungverwaltung war, verhielt sich zuerst sehr zurückhaltend, die Emigrationspolitiker herüberkommen zu lassen. Dieser Prozeß hat viel länger gedauert, als bei den Russen. Die Kommunisten, soweit sie in Amerika oder in Mexiko waren, konnten sehr schnell in die russisch besetzte Zone hineinkommen. Man wollte in die US-Zone 45/46 zunächst keine früheren deutschen Politiker einlassen, die sind alle erst später gekommen.

Mit manchen habe ich debattiert: Wie kann man das Beste, was wir erstreben, mit dem Möglichen vereinbaren? Von meinem Standpunkt aus waren die im Ausland Gewesenen, wenn sie jetzt in Deutschland auftraten, viel wetterfester. Daneben hatten sie, ganz gleich aus welchen Gründen, unerhört zugelernt. Die Demokraten drinnen hatten Information und ausländische Reaktionen ja nur durch den Rundfunk, gelegentliche Beziehungen und geheime Boten bekommen. Fast jeder der Emigranten hatte eine Art zweite Ausbildung erfahren, entweder auf Universitäten oder im praktischen Leben.

Wo hätte Weichmann in Deutschland nochmal *accountant* gelernt, diplomierter Buch- und Wirtschaftsprüfer? Das ist für einen späteren Bürgermeister gar nicht uninteressant. Herbert Weichmann war immer ziemlich kompromißlos. Die Daheimgebliebenen neigten beim politischen Neubeginn stärker zu Kompromissen. Das lag daran, daß sie im Lande viel mehr Verbindungen zu nicht-demokratischen Kreisen, zu Opportunisten, zu klügeren Nazis hatten. Für die im Ausland war der Trennungsstrich viel stärker als für diejenigen, die in Deutschland, um ihr Leben zu retten, zu manchen Kompromissen bereit sein mußten und vor allen Dingen eins geübt hatten: zu schweigen. Die im Ausland konnten reden. Eins der Arrangierungsmittel war einfach, Maul halten. Diese Menschen schwebten in einer ständigen Gefahr; es war eine kolossale Kunst, sich da überhaupt durchzuschlängeln und trotzdem bei seiner Meinung zu verbleiben. Im Dritten Reich war es doch nicht so wie bei Karl Liebknecht, der sich auf den Potsdamer Platz stellte und gegen den Krieg wetterte, ganz egal, ob er verhaftet würde oder nicht.

Da war noch Wilhelm II., über den man hübsche faule Witze im ›Simplicissimus‹ machen durfte. Wer in einer so riskanten Zeit innerhalb Deutschlands leben mußte, hatte in dieser oder jener Weise mit Personen von der anderen Seite der Barrikade zu tun, schon aus blankem Selbstschutz, um sich abzustützen. Ich würde gar keinen so scharfen Ausdruck wie Akrobat hier anwenden, das waren meist sehr kluge und gewandte Leute. Ob sie politisch Fehler gemacht haben, ist etwas ganz anderes.

Dementsprechend agierte diese Gruppe nach 45 auch flüssiger, konzilianter in Fortsetzung dessen, was sie seit der Geburt gemacht hatten. Wem muß ein Oberbürgermeister alles die Hände schütteln, oder nicht schütteln. Es gab auch Ungeschickte, denen es schwerfiel –, nicht wegen der Gesinnung, die es einfach menschlich nicht konnten. Die nicht die Hand ausstrecken konnten. Manche Leute sind für menschliche Beziehungen geeignet und andere gar nicht. Das können große Begabungen sein und wollen im stillen Kämmerlein arbeiten.

In vielen Fällen, wo ich Menschen für Stellen engagieren mußte, sagte ich mir, die nächsten zwölf oder fünfzehn Monate, wo ich den Mann brauche, werde ich nicht mit ihm auskommen, denn der kann ja nicht lachen. Er hat nicht ein einziges Mal während des ganzen Interviews gelacht. Auf zehn, zwölf Punkte muß man achten und nebenbei darauf:

kann er lachen? Vielen, denen das Lachen vor 1945 vergangen war, hatten damit nachher die größten Schwierigkeiten, während ich mir theoretisch sehr wohl vorstellen kann, daß ein Mann, der in SS-Uniform rumgelaufen ist, sich bei der Durchführung von Anordnungen viel folgsamer und geeigneter zeigt. Personen mit fragwürdiger Vergangenheit können viel sicherer, zuverlässiger sein, als selbst der Mann, der aus dem Ausland zurückkam. Allerdings waren das Ausnahmen. In der Regel hatten die Emigranten einfach mehr erlebt, einen weiteren Blick erworben und waren auch überhaupt nicht zu politischer Akrobatik geneigt.

Hinzuzufügen ist, daß im Punkte antinazistischer Wetterfestigkeit jemand wie Eugen Kogon womöglich noch härter auftrat, doch gab es von den Personen, die, wie auch Kurt Schumacher, so lange im KZ gesessen hatten, nur sehr wenig Überlebende. Die Gräben zwischen Emigrierten und Dringebliebenen sind durch persönliche Freundschaft und Zusammenarbeit sehr schnell zugeschüttet worden, besonders bei den Parteimenschen. Sie besaßen gemeinsame Interessen, haben mit gemeinsamen Wohnungen angefangen, so daß die, die noch über eine Wohnung verfügten, den aufgenommen haben, der aus dem Ausland kam und so groß sind die Gräben nicht, wenn man erst wieder am selben Tische zu Mittag ißt.

Aber wissen Sie, wenn eine Regierung in Bonn oder in den einzelnen Ländern gebildet wurde, so habe ich zunächst einmal geguckt, wer von den Kandidaten ist aus dem Ausland zurückgekommen? Wieviele sind noch drunter, die während des Krieges nicht in Deutschland gelebt haben? Und ohne jedes schlechte Gefühl gegenüber den anderen war es für mich immer eine Beruhigung, wenn noch einige Personen dazwischen waren, die im Ausland geweilt hatten. Ich fühlte mich da sicherer. Nicht, daß jeder von denen eine viel edlere Gestalt war als der zu Hause Gebliebene. Doch fühlte ich für Deutschland besser, wenn jetzt jemand drin war, der ausländische Reaktionen kannte. Das Wort Emigrant hatte für viele Kreise keinen guten Klang. Vom Emigranten ging es gleich zum Landesverräter, nicht wahr. Was der wohl da draußen gemacht hat! In Wirklichkeit hat jeder, der im Ausland war, an der Kriegsführung teilgenommen, und für mich spielt es keine Rolle, ob ich in Berlin oder Washington Hitler bekämpfe.

Tatsächlich hat die Emigration den Wiederaufbau kolossal erleichtert. Der Austausch von Professoren, die in New York gewesen waren und später in Berlin oder Frankfurt lehrten, andererseits die Goethehäuser in USA und anderswo, die überfüllt waren von Emigranten: das hat sehr viel beim Brückenbau geholfen.

Solange es ein Hin und Her gab, Menschen, deren Beruf es war, zwischen Deutschland und Amerika hin- und herzupendeln, waren die deutsch-amerikanischen psychologischen Beziehungen viel besser als zur heutigen Zeit, wo diese ganze Gruppe weggefallen ist. Beide Seiten bedauern sehr, daß es diesen Typ nicht mehr gibt, den Pendler, der ständig um einen Ausgleich bemüht ist. Jetzt ist ein kritischer Augenblick gekommen, wo die scharfe Polemik um die Ausländer, die Amerikaner, die Waffen, mehr Raketen oder weniger Raketen geht: das kann ein Wendepunkt sein. Aber solange amerikanische Truppen in Deutschland stehen, hat der Wendepunkt keine Bedeutung. Deutschland ist vulkanischer Boden. Wir wissen doch nicht, wann der ›Mount Washington‹ wieder spuckt und wie er spuckt. Das geht hier gut, solange Deutschland mit den USA vernünftig auskommt. Solange hier über 100000 Mann sind, geht alles gut und einigermaßen.

Die große Frage der amerikanischen Deutschlandpolitik hieß: Wen kann man nach dem großen Debakel zum Wiederaufbau einspannen? Dazu mußte eine ziemlich große Organisation geschaffen werden, die Listen von brauchbaren Leuten vorbereitete. Das geschah in der *OSS*, dem *Office of Strategic Services*, unter General Bill Donovan, einem sehr energischen klugen Mann. Nun hatte Amerika das Glück, daß es immerhin ein paar tausend Menschen gab, die die deutschen Verhältnisse kannten. Man brauchte ja nicht in großem Umfang deutsche Politik zu kennen, es genügte, wenn einer das Landgericht in Frankfurt kannte, die Landratsämter in Bayern oder in Niedersachsen kannte, das Fabrikwesen in Dortmund oder Köln und dessen Verwaltung. Eigentlich gab es für jede Sparte, jede kleine Region jemanden, der einmal dort gelebt hatte. Diese Leute wurden benachrichtigt und gefragt: »Ist Herr Schulze für den Wiederaufbau von Deutschland verwendbar?«

Das ist natürlich eine unerhört schwierige Frage. Es gab Personen, zu denen man unbedingt Ja sagen konnte, es gab die zweite Gruppe der schrägen Vögel, wo man nie wußte, wieweit die auf der Kippe standen, und dann gab's die unzweifelhaften Verbrecher, die faulen Köppe. ›Brauchbar – Schräger Vogel – Mistvieh‹ – das war die Abstufung. Die Untersuchung bezog sich hauptsächlich auf Verwaltung, Justiz und Universitäten.

Nehmen wir mal irgendein Gericht, bei dem 150 Menschen tätig sind. Da kann der zukünftige Justizamtmann, der Gerichtsschreiber, der noch die früheren Akten kennt, für die Zukunft ebenso wichtig sein, wie der Präsident. Zunächst mußte man das Reservoir feststellen: »Wen haben wir denn?«, dazu brauchte man die Register der betreffenden Verwaltungen. Wieviel Richter amtieren am Landgericht Bamberg, wer sind die Präsidenten? Wer ist da noch? Das Register durfte nicht von 1938, es mußte von 1941/42 sein. Es gab ja auf dem kaufmännischen Sektor, auf dem Zeitungssektor viele Amerikaner, die in Deutschland gelebt hatten. Zwischen den Amerikanern und den deutschen Emigranten herrschte eine sehr kameradschaftliche Zusammenarbeit. Wenn jemand als Spezialist auf einem Gebiet bekannt war, fragte man: Hast Du Lust, an Deutschland mitzuarbeiten? Hier sind hundert Fragebögen, schreib mal Dein Urteil rein. Es standen Namen auf den Fragebögen drauf, beispielsweise Namen aus dem *Deutschen Justizkalender*, wo die Namen der Präsidenten und Richter jedes Gerichts verzeichnet waren. Landgerichtspräsident in Frankfurt, Landrat in Ostpreußen, Bürgermeister in Magdeburg. Eine sehr schwierige und sehr nützliche Arbeit, mit der halb Deutschland durchgecheckt wurde. Das New Yorker Büro leitete eine Mrs. Rado. Wenn dort ein Mensch mit einem Wissen bekannt wurde, ist sofort jemand angereist mit einem Packen Fragebögen. Die Ausarbeitung der Fragebögen geschah wie folgt:

Name, Vorname, wie alt, seit wann im Dienst, und dann kamen die interessanten Fragen. Welcher Partei hat er früher angehört? Was hat er für Urteile gefällt? Mit wem hat er zusammengearbeitet? Wann hat man das letzte Mal von ihm gehört?

Diese ganzen Sachen fingen schon zur Zeit von Stalingrad an. Auf die positive Liste kam keiner, ohne daß drei Personen für ihn gebürgt haben. Das ist nicht so schlimm. Wenn ich mich an den Kreis der Menschen erinnere, die ich persönlich kannte in Verwaltung, Justiz und Universitäten, so wußte ich doch von diesen circa tausend Personen, wie sie sich während des Hitler-Regimes verhalten haben. Allmählich durchsickerte über die Schweiz vieles, über Schweden, über Verwandtschaften. Da hörte ich laufend: »Der Sowieso ist auch umgekippt.«

Bei den Universitätslehrern war das ganz einfach, die hatten ja alle was für die Nazis veröffentlicht oder eben die Schnauze gehalten. Unter den Ärzten gab es fachliche Verbindungen und es bestand bis Ende 1941 noch ein lebhafter Briefwechsel zwischen Deutschland und Amerika.

Die Resultate der geprüften Fragebögen wurden den *public-relations-officers* der Besatzungsarmee ausgehändigt, denn hinter dem kämpfenden Korps kamen die Administratoren, die diese Listen brauchten. An wen wendet man sich, wenn man in eine Stadt hineingeht? Zunächst versucht man es mit dem Pfarrer, mit dem früheren Bürgermeister konnten Sie nichts anfangen, der war gewöhnlich getürmt, ferner interessierten Männer und Frauen, die aus KZ's oder irgendeiner Verborgenheit losgekommen waren. Wo wohnt Adenauer? Wo wohnt Severing?

Für die Armeeangehörigen, die mit den Listen rüberzogen, wurden Universitätskurse eingerichtet; ich habe elf Wochen mit solchen Offizieren gepaukt, gleich an mehreren Universitäten, weil so viele gebraucht wurden. Man griff auch auf Professoren an den Universitäten zurück und versuchte, sie als Zivilangehörige der Armee zu rekrutieren. Es gab unter ihnen einen Prozentsatz von Personen, die die deutschen Verhältnisse kannten, auch einige *refugee*-Professoren, doch für die Mehrheit war ein solch riesiges Unternehmen, ein Land durchzuleuchten und durchzusieben, trotz ihrer Intelligenz und ihrer hohen Allgemeinbildung zu schwierig. Was wußten selbst Professoren der Germanistik vom Aufbau der Verwaltung? Was ist so ein Landrat, zu dem sie hin aufs Landratsamt gehen mußten? Es gab auch kein Lexikon auf dem Gebiet, wir mußten die englischen Bezeichnungen entwickeln.

Der Landrat war der *Chief of the County*. Aber was macht er? Was macht ein Landgericht? Wenn Sie das erzählt haben, steht sofort jemand auf und fragt, ob's das in Amerika auch gibt? »Nein, das ist hier alles anders als in Deutschland. Dort gibt's nur eine kleine Bundes-Justiz, und sonst ist die Justiz Sache der Länder. Da hat der Attorney-General in Berlin gar nichts zu sagen, was die in Bayern oder Hamburg machen. Hunderte von Fragen kamen, um das klarzukriegen. Darin sind die Amerikaner sehr genau und viel neugieriger, als ich es an deutschen Universitäten erlebt habe, weil sie sehr praktisch sind. Die erzählen nicht, ein Landrat ist jemand, der folgende Examen machen muß ... Also, die Deutschlandreisenden wurden gefüttert für das Sandkasten-Spiel, das kein Sandkasten-Spiel blieb. Als man hinkam, an Ort und Stelle, erschien alles wieder anders, die Adressaten waren geflüchtet, waren tot, bei dem hat man sich geirrt, der andere war unerwartet umgekippt.

Ich habe mir immer gedacht, wenn ich plötzlich in China an einer solchen Säuberung hätte teilnehmen müssen, da wäre nicht viel rausgekommen, selbst wenn ich noch soviel Instruktionen bekommen hätte. Gleichzeitig mit meiner Marschorder nach Nürnberg bekam ich ein Angebot, an der politischen Säuberung auf dem Gebiete des Polizeiwesens in Berlin mitzuwirken. Aber ich sagte mir etwas egoistisch, Nürnberg ist ein einzigartiger Versuch, den man nicht vergessen wird, und eine solche Berliner Säuberungsaktion ist etwas sehr Problematisches. Ich hatte an gewissen Säuberungsaktionen in korrupten Verwaltungen als Disziplinarstaatsanwalt teilgenommen und dabei kaum etwas erreichen können, weil die Dinge viel zu verzwickt waren und einer den anderen deckte.

Während der Kurse habe ich mir immer wieder überlegt, was ist das eigentlich für ein Blödsinn, in der deutschen Verwaltung –, die politische Überbelastung, die vom monarchischen autoritären System, gar nicht von Hitler, herrührt. Ich habe zu einer sehr frühen Zeit, 1942, darüber einen verrückten Aufsatz geschrieben, der viele Leute aufgeregt hat, ›Pennsylvania's Mission to Prussia‹. Mein Standpunkt war: Es wird zu viel regiert, und es soll weniger regiert werden. Laßt doch die Leute alleine im Kreise Hochtaunus. Was geht das andere an? Die Menschen sollen ihre Bedürfnisse in den einzelnen Regionen regeln, das muß nicht unbedingt durch ein Gängelband von Berlin oder München geschehen.

Ich habe mich immer dafür eingesetzt, daß bei der Neuordnung nicht nur ein staatliches Föderativsystem eingeführt werden muß, das ist noch viel zu wenig. Man müßte die Regionen, die einzelnen Kreise viel selbständiger machen, ohne daß sie von oben gegängelt werden. In Deutschland und schon in Amerika haben wir zig *Round-Table*-Konferenzen und Experimente gemacht, dieses Übel aufzuheben. Einmal kam mir der Gedanke: »Versucht doch mal, eine Stadt zu simulieren, wo nur die technischen Dienste noch existieren; Wasser, Elektrizität, Straßenreinigung – ausschließlich technische Dienste ohne den politischen Überbau.« Daran sah man erst, was für ein Fluch das Zuvielregieren ist, und zwar an der unerhörten Multiplikation der Beamtenstellen. Die Zahl der Beamtenstellen ist in den *counties* der USA viel, viel geringer. Ebenso ist die Zahl der örtlichen Polizeiverwaltung weitaus kleiner, aber bedeutend effektiver. Wenn ich vergleiche, wie der Bürger einer Zehntausend-Einwohnerstadt in einem hessischen Kreise zu seiner Polizei steht, und wie ich mit meiner Polizei in einer ähnlichen Stadt in USA stehe, so ist das völlig verschieden. Das sind meine Vertrauensleute; wenn ich verreise, erhalten sie eine Postkarte und wissen, daß sie fünfmalsoviel um das Haus herumfahren und auf die nächtlichen Beleuchtungsverhältnisse achten. Hier kann ich dem Beamtenfond nicht fünfzig Mark geben, damit die Streife aufpaßt. In Lansdowne kriegen die Leute selbstverständlich für ihren Hinterbliebenenfond 25 Dollar zu Weihnachten. Das ist keine Bestechung, das sind meine Leute, für die ich Steuern zahle. In Deutschland nennt sich das ›Dein Freund und Helfer‹, aber das reale Verhältnis ist eben nicht so, und das liegt an dem alten Polizeibegriff, von dem wir damals in Preußen Ende der zwanziger Jahre herunterwollten, der Vorstellung: das sind die Oberen, denen Du zu parieren hast.

Im Vergleich der Wirksamkeit so eines FBI zu Polizeibehörden, wie ich sie kannte, gingen mir die Augen auf angesichts dessen, was in Deutschland alles nicht gemacht wurde: Der Umgang mit dem Bankgeheimnis, die Aufzeichnung von Telefongesprächen, die technischen Instrumente, der vorzügliche Fahndungsapparat (ohne polizeiliche Melderegister) –, alles Sachen, die unerhört Geld kosten und in der deutschen Verwaltung früher unbekannt waren. Ob richtig oder falsch, aber wenn die Amerikaner etwas anfassen, dann tun sie es sehr energisch und gründlich und lassen es nicht schleifen.

Ich bin nach dem Ersten Weltkrieg in einer großen Versammlung eines Demokratischen Jugendbundes aufgetreten und habe erklärt, es wäre doch das Beste, wenn sich die neue Deutsche Republik in einer verfassungsmäßigen Form den Vereinigten Staaten von Amerika anschlösse (ein Vorschlag, der den starken Eindruck der Menschenrechtsideen widerspiegelt). Wie war es nun im Jahre 1945, als Deutschland zu einem großen Teil von amerikanischen Truppen besetzt war? Ich habe oft gesagt, es wäre das Beste, wenn die Bundesrepublik der 51. Amerikanische Staat würde. Sie befindet sich ja gar nicht so weit von den Vereinigten Staaten entfernt. Vom Westen Europas nach New York ist es kürzer als von New York nach Alaska. Der heutige amerikanische Staat Hawaii liegt weiter weg von Washington als Bonn. Hat sich wirklich der Wunschtraum amerikanischer Politiker erfüllt, daß da ein amerika-ähnliches Gebilde entsteht – eine vorgeschobene amerikanische Insel, ein kultureller westlicher Stützpunkt, vor allen Dingen auch militärischer Stützpunkt?

Franklin D. Roosevelt hatte wenig mit Deutschland zu tun gehabt, ich glaube, er ist einmal als Student durchgeradelt. Um ihn herum gab es aber viele an Deutschland interessierte Berater, so hat er seine große Mission, die *New Deal*-Idee, in seiner persönlichen Deutschlandpolitik auf die Mission Deutschland übertragen. Man kann es eben auch ohne Krieg und ohne Tod machen und viel besser. Von diesem Augenblick an bekam der Westen Deutschlands eine amerikanische Infrastruktur.

Von den Dollars und den ›Experten‹, welche man früher in Deutschland nicht kannte, schweige ich. Fangen wir mal mit dem Bundestag an. Entsprechend der amerikanischen Gepflogenheit bekam jeder Abgeordnete einen oder zwei vom Staat bezahlte wissenschaftliche Mitarbeiter. Man staunte manchmal, was ein Abgeordneter schon nach wenigen Stunden dem gegnerischen Redner an Argumenten und Fakten vorhalten konnte, zum Beispiel alles, was dieser selbst früher einmal zum Thema geäußert hatte. Die betreffenden Assistenten, Doktoren der *political science*, hatten das alles sehr schön vorbereitet. Das heißt, nicht der Chef, aber sein Mitarbeiter war amerikanisiert. Diese Einrichtung des wissenschaftlichen Hilfsarbeiters hatte sehr weitgehende Folgen für den politischen Stil. Auch andere parlamentarische Strukturen, die der Verwissenschaftlichung und Versachlichung dienten, wie die Ausschußarbeit, waren vom American Congress übernommen worden.

Eine der wichtigsten Errungenschaften, die aus Amerika kamen, war die Gewerbefreiheit. Man konnte doch in Deutschland früher keine Apotheke aufmachen, wenn man sie nicht von seinem Vater oder aber ein erkauftes Apotheken-Privileg hatte. Sie mußten eine Erlaubnis für die Eröffnung des kleinsten Gewerbeunternehmens einholen, mußten zur Polizei gehen, wie man bei allem zur Polizei gehen mußte, und wurde geprüft, ob man würdig war, das zu machen. Die Polizei erlaubte es oder erlaubte es nicht. Heute kann man bis auf wenige Einschränkungen des Ordnungsamtes machen was man will.

Noch etwas Entscheidendes: Es wurde eine strenge Trennung eingeführt zwischen Polizei und Ordnungsdingen, zwischen Exekutive und Nicht-Exekutive. Die Polizei kann keine Demonstration verbieten, das kann nur das Ordnungsamt der betreffenden Stadt. Wenn in München eine Demonstration verboten werden soll, so hat das durch den Oberbürgermeister zu geschehen oder seinen Mann, der die inneren Angelegenheiten macht. Früher gab's sowieso keine Demonstrationen, kein Mensch kannte das Wort – »Versammlung unter freiem Himmel« hieß das; – auch so eine amerikanische Sache. Das Bundeskriminalamt kann niemanden festnehmen, es darf nur Ermittlungen führen, das Bundesamt für Verfassungsschutz darf nur beobachten. Festnehmen muß dann die örtliche Polizei. Vor jeder zentralen Einrichtung, auch bei der Polizei, hatte man in Amerika große Bedenken. Darum schuf man die Pflicht zur Aufsplitterung in Ordnungsämter und Polizei und die wechselseitigen Beschränkungen der Ermittlungspolizeien und der Exekutive, die allein festnehmen darf. Das hat man so ausgeklügelt aus Angst, daß da wieder eine Gestapo oder ähnliches aufkommen könnte.

Die Verfügung über die Polizei wurde durch eine zusätzliche strenge Trennung erschwert. Der Bürgermeister von Frankfurt oder sonstwo kann keine Polizei einsetzen, kann nicht so einfach Polizei heranholen, das kann nur der hessische Innenminister, denn die Polizei untersteht dem Lande und nicht der Stadt. Das ist ein großer Unterschied, die beiden Personen können den Fall ganz verschieden beurteilen, denken Sie an eine Stadt mit sozialdemokratischer Mehrheit, in einem Land mit konservativer Regierung.

Das hat unter Umständen Konsequenzen bei der gerichtlichen Anfechtung der Aktionen.

Von amerikanischer Seite wurde ständig darauf Wert gelegt, daß jeder Bürger, der von staatlichen Organen gestört wird, vors Verwaltungsgericht ziehen kann. Ich lese ständig Urteile der Verwaltungsgerichte, die anders denken als die Verwaltung. Der Oberbürgermeister will keinesfalls die Demonstration, das Verwaltungsgericht sagt, die Gefahr eines Krawalls ist für das Verbot zu vage. Der starke Schutz des Bürgers durch diese Einrichtungen ist entstanden durch die intensive Amerikanisierung der Infrastruktur. Sie finden das besonders ausgeprägt in den früheren amerikanischen Zonen, in Bayern und in Hessen. In der früheren britischen Zone gibt es wieder andere merkwürdige Sachen, die dort von der britischen Besatzungsmacht eingeführt wurden. Die Oberbürgermeister der Städte haben dort vor allen Dingen Repräsentationspflichten. Der Chef der Verwaltung ist der sogenannte Stadt- oder Kreisdirektor, er ist der wahre Administrator. Die Engländer haben das für einen idealen Zustand erachtet.

Die Amerikanisierung der Bundesrepublik zeigt sich ebenfalls in der Abschaffung Preußens. Da, wo Preußen stand, sind heute mehrere Länder: Niedersachsen, Schleswig-Holstein, Nordrhein-Westfalen, Hessen, mit Ministerpräsidenten, Staatssekretären, Ministerialräten, natürlich zehn oder zwanzig Mal soviel Ministerialräten, als es zu der Zeit von Preußen gab. Damals wurde ganz Preußen, zwei Drittel des Reiches, mit dreißig Ministerialräten im Innenministerium regiert. Diese auf amerikanischer Überlegung beruhende Inflation beruht darauf, daß man in USA zentralisierte Stellen immer als gefährlich für die Demokratie betrachtete. Ein Preußen wäre angeblich gefährlicher gewesen, als die vier, fünf späteren Einzelländer. Dabei ging man fälschlich von amerikanischen Verhältnissen aus. Die amerikanischen Einzelstaaten sind ja Riesengebilde, manche größer als die gesamte Bundesrepublik. Wenn man dort gegen eine zu starke Zentralisation durch Washington ankämpft – und auch jeden Tag ankämpft – so hat das seinen Sinn. Aber was ist das schon für eine Zentralisation, wenn Niedersachsen und Schleswig-Holstein verbunden würden ohne zwei separate Regierungen?

Dem amerikanischen Einfluß verdankt man auch, daß keine Armee existiert. Es gibt ein bundesrepublikanisches Heer, das doch in Wirklichkeit ein der NATO zugehöriges Teilheer ist. Das bedeutet etwas ganz anderes als früher.

Die Universitäten versuchte man nach amerikanischem Muster umzubilden. Die Tyrannis der Ordinarien gegenüber allen anderen Kollegen des gleichen Faches sollte beschnitten werden. Das Entsetzliche wurde gefordert, daß bei bestimmten Angelegenheiten sogar die Assistenten und das technische Personal mit zu bestimmen hätten. Das hat erst die Studentenbewegung durchgesetzt, allerdings war die von der amerikanischen Bürgerrechtsbewegung inspiriert. Die Hochschulreform jedenfalls glich dem amerikanischen Modell und das ist kein Wunder, denn die aufmüpfigen Studenten waren ja häufig drüben gewesen, auf Einladung. Eine gewisse Politisierung der Universität ging ohnedies von dem Import der *political science* aus. Unter der Leitung des ehemaligen deutschen Professors Carl Friedrich aus Heidelberg, der in Amerika lebte, wurde das Fach an allen Universitäten eingerichtet. Ich habe selbst mehrere Jahre auf Einladung des bayerischen Kultusministers Alois Hundhammer an der Universität Erlangen politologische Kollegs über Vergleichende Verwaltung- und Rechtswissenschaft gehalten.

Damals hatte ich solche Studenten wie den späteren Chef des Bundeskriminalamtes, Horst Herold, der später die Verbrechensbekämpfung durch Computer und andere Techniken modernisiert hat.

Im Laufe der Nachkriegszeit habe ich vor Hunderten von Studenten gesprochen, auch in Nürnberg.

»Sind Sie überhaupt Deutscher?«

»Auf Ihre Frage werde ich Ihnen etwas viel Interessanteres erzählen: Ich bin genauso Gefreiter des Ersten Weltkrieges wie Ihr verstorbener Führer.« Stellen Sie sich den Tumult vor!

Der Nürnberger Generalstaatsanwalt Kleinknecht, den ich zufällig im Auditorium sah, sagte: »Seien Sie froh, wenn Sie hier gut wieder herauskommen«. Aber es war nicht so schlimm.

Wissen Sie, diese sonderbaren Sachen, die es früher in Deutschland nicht gegeben hatte, so etwas wie eine »Initiative«, überall ein »Forum«, das aus dem Boden sprießt, ein »hearing«, manchmal gleich ein »Internationales Tribunal« (das kommt mir besonders bekannt vor), die leidenschaftliche öffentliche Diskussion der Themen vor Ort, daran bin ich ja mitschuldig, weil das die Amerikaner nach Deutschland eingeschleppt haben.

Vor zehn Jahren ging es erst richtig damit los. Seitdem habe ich gewisse öffentliche Vorträge vermieden.

»Lieber Robert, soll ich?«

Nürnberg war, wie ich ständig sage, nicht eine Staatsanwaltschaft wie in Berlin, Frankfurt, New York oder sonstwo. Das war eine Festung des Glaubens an das Völkerrecht, eine ungeheure juristische und historische Forschungsanstalt. Außerdem war es noch etwas ganz anderes: eine Verbindungsstelle zu weiten Kreisen in Deutschand und Amerika. Es gab noch keinen guten Postverkehr, aber es gab die *APO*, die *Army Post*. Durch dieses *Army Post Office* erhielt ich Hunderte von Paketen von amerikanischen Bekannten zugestellt, die in Deutschland Freunde hatten. Neben mir war ein ganzes Zimmer voll von Paketen mit Kleidungsstücken und Nahrungsmitteln, die meine Mitarbeiter durch die deutsche Post weiterbefördern mußten. Diese treuen Seelen konnten ebenso einen guten Schriftsatz vorbereiten wie ein Paket mit Wolle aus Amerika besorgen für eine deutsche Kollegin zum Stricken. Es kam schon einmal so eine MP, der sich wunderte, was die Paketstapel sollten.

Das war aber noch nicht alles. Man mußte Trauzeuge sein, denn die Leute fingen an, sich zu verheiraten, man mußte Grabreden halten, denn es starben Mitarbeiter, wie der frühere Berliner Wirtschaftsstaatsanwalt Jacobi, an dessen Grab ich die traurige Pflicht hatte, zu sprechen. Geheiratet wurde vor dem deutschen Standesamt: amerikanisch-amerikanisch, Anklagevertreter und wissenschaftliche Mitarbeiterin, deutsch-deutsch, französisch-amerikanisch und wenn man das Pech hatte, der Chef der betreffenden Abteilung von Heiratskandidaten zu sein, so spielte man bei diesen Angelegenheiten ein geradezu führende Rolle und diese staatsanwaltliche Tätigkeit ging so weit, daß man von Nürnberger Familien gebeten wurde, Pate zu sein.

Für mich waren diese Nebenbeschäftigungen besonders aufreibend, weil die meisten meiner Kollegen, gebürtige Amerikaner, wenn sie nicht gerade zufällig eine Braut gefunden hatten, nach außen gar nicht die notwendigen Fäden hatten. Also wurde ich gefragt: »Bob, hier tut's mir weh, will aber nicht in das Militärkrankenhaus, kennst Du nicht jemand?« Oder dann kamen die Gelbsüchtigen an, es herrschte plötzlich eine kleine Gelbsuchtepidemie. »Nun mal raus hier«, sage ich.

Nürnberg bestand nicht nur aus Henkern und Gehenkten. Es war ein Staat mit allen Lebensängsten, Lebensehrgeiz, in dem es alle Konfessionen, alle politischen Ansichten, alle Leidenschaften gab. Dann war ich auch eine Anlaufstelle für Folgendes.

Briefe kamen von früheren Kollegen: »Soll ich zurück nach Deutschland oder soll ich hier bleiben?« Es gab niemanden in Deutschland oder sehr wenige, die einen Rat geben konnten. Aber es war auch fraglich, ob ich einen guten Rat geben könnte. Ich sprach über diese Frage auch gerade an dem Tage, als mich die Delegierten vom SPD-Parteitag besuchten. Es fand nämlich im Sommer 1947 in Nürnberg unter einem großen Zelt der sozialdemokratische jährliche Parteikongreß statt.

Wir bereiteten gerade den Wilhelmstraßen-Prozeß vor, da bekam ich plötzlich Besuch von einigen alten sozialdemokratischen Bekannten, darunter eine sehr gute Freundin, die in Preußen Regierungspräsidentin in Hannover gewesen war, die Thea Nolte-Bänisch, ihr Mann war noch am letzten Kriegstag gefallen. Sie wollten sich mal ansehen, was wir in Nürnberg so machten und haben sich eine Stunde in die Verhandlung gesetzt, die Sozialdemokraten, wie Hunderte anderer Besucher auch. Sie waren alle ohne Ausnahmen Freunde der Prozesse. All das andere, die »Rachejustiz«, kam ja erst später durch verbrecherische Eierköpfe auf. Es waren doch keine Geisteskranken, die mich besuchten.

Wir steckten mitten drin in der Geschichte und ich sagte: »Wir wollen hier nicht solange herumstehen und quatschen. Kommt übermorgen in meinen Garten.« Wir wohnten in einem kleinen Häuschen in Fürth, nicht weit von der Pegnitz, das einem Bäckermeister gehörte. Das Häuschen war nicht groß, aber wenn man genug Stühle in den Garten stellte, konnten dreißig bis vierzig Leute kommen. Und da saß dann Luise Schröder, Carlo Schmid, Fritz Sänger (er war wohl damals Chef von ›dpa‹) und zahlreiche Leute aus der SPD-Führung.

Kurt Schumacher hatte ich schon am Vormittag in einem Restaurant des Hauptquartiers gesprochen. Ich fragte ihn, ob er nicht mit in den Garten kommen wollte, sagte es aber sehr vorsichtig, denn ich wußte, warum es kaum möglich war. Als er mich begrüßte und schwer aufstehen konnte, kam mir das noch furchtbarer zu Bewußtsein, als wenn ein Berichterstatter in guter Verfassung einem etwas über den Mann vorjammert.

Die Hauptfrage bei uns im Garten – wo meine Frau und meine wissenschaftlichen Mitarbeiterinnen sich stark im Stullenmachen betätigen mußten – von Carlo Schmid und Luise Schröder immer wieder gestellt, hieß: »Kommen die Russen hierher? Wann kommen die Russen?« Das ging so weit, daß mich einer der Herren fragte: »Stimmt es, daß amerikanische Listen existieren, wer mitgenommen wird, wenn die Russen kommen?« Ich wollte natürlich keine Antwort geben (später ist die Geschichte rausgekommen) und sagte dem Interessenten: »Wenn es so etwas gäbe, wären Sie bestimmt drauf.«

Zu dieser Zeit hatte ich allerdings mehr Anfragen von Übersee-Sozialdemokraten, die aus der Emigration heimkehren wollten. Es kam ein sehr dringender Brief von einem früheren Kollegen, den ich besonders schätzte, schon weil er Arzt-Sohn war, Herbert Weichmann. »Lohnt sich das noch politisch, wenn ich zurückkäme?« Er hat meine Antwort hieraus einmal veröffentlicht in einer seiner Schriften. Dann schrieb mir Fritz Tejessy, mein Nachbar im Innenministerium, der dauernd Krach mit den reaktionären Polizeioffizieren hatte. »Lieber Robert, soll ich, soll ich nicht?« Ich riet Tejessy zu. Er wurde Chef des ersten Amtes für Verfassungsschutz in Nordrhein-Westfalen und wirkte dort mehrere Jahre.

Ich bekam einen Brief des langjährigen Presse-Chefs im Innenministerium, Hans Hirschfeld, auch ein Arzt-Sohn: »Soll ich?«

Er kam zurück und wurde ein getreuer Mitarbeiter Willy Brandts in Berlin.

Es wurde nach einzelnen Persönlichkeiten gesucht, die einen untadeligen Ruf hatten. Sehen Sie sich die ersten Botschafter an, die nach London oder Paris gingen! Es gab keinen ehemaligen deutschen Professor, der zurückwollte und nicht mit Kußhand angenommen wurde, doch sind die meisten nicht zurückgekommen, weil sie inzwischen verwurzelt waren an den amerikanischen Universitäten. Trotzdem wurden viele von ihnen immer wieder eingeladen und haben Vorträge gehalten an der Freien Universität Berlin, in Heidelberg, wie E. I. Gumbel, Walter Friedländer, die beiden Marcuses.

Eines Tages hatte ich im Bundesinnenministerium zu tun, als dort geprüft wurde, wen man für den Posten des Leiters des Bundesamtes für Verfassungsschutz vorschlagen solle. In das Zimmer des Ministerialdirektors stürmte plötzlich der Staatssekretär Ritter von Lex: »Ich bin mitten in der Sache Otto John. Jemand hat gesehen, daß Sie im Hause sind. Was ist denn das für ein Mann? Wir haben etwas mit ihm vor.« Er hat mir nicht gesagt, wofür Dr. Otto John, der frühere Lufthansa-Jurist und ein echter Widerstandskämpfer, bei uns in Nürnberg als Sachverständiger und Zeuge tätig gewesen, in Betracht käme. John wurde oft über den deutschen Widerstand befragt, denn er hatte seinerzeit enge Verbindung zu Josef Müller auf der einen und Lord Halifax auf der anderen Seite gehabt, und war bereits 1938/39 über Verhandlungen mit dem Vatikan unterrichtet. John war uns in Nürnberg ein sehr treuer Mitarbeiter, wußte über die Widerstandsvorgänge mehr als andere und stellte auch die Dinge weder zu klein noch zu groß dar.

Ich antwortete von Lex: »Ich halte John für einen guten Mann und finde, daß man ihn beschäftigen soll.« Das Auswärtige Amt hatte es nämlich in der gemeinsten Weise abgelehnt, ihm eine diplomatische Stelle zu geben. Und das, obgleich Bundespräsident Heuß es vorgeschlagen hatte. Grund: John hat doch mit der amerikanischen Anklagebehörde – gegen Verbrecher im Auswärtigen Amt – zusammengearbeitet. John ist als Verfassungsschutzpräsident von faulen Leuten nach Ost-Berlin verschleppt worden. An dieser Aktion war ein sehr zwielichtiger Berliner Frauenarzt beteiligt, es hat Alkohol und alles mögliche dabei eine Rolle gespielt, Dinge, die man nie beweisen kann, allerdings war John kein Verräter, das ist totaler Blödsinn; er ist nicht rübergegangen, um Sachen auszuplaudern.

Zwei Wochen, bevor John verschwunden ist, erhielt ich einen Anruf von ihm bei mir zu Hause in Philadelphia.

Ich sage: »John, was machen Sie denn hier?«

»Ich will zum FBI, da habe ich etwas zu besprechen.«

»Wie ist der Verfassungsschutz?«

Da klagte er bitter. Um ihn herum viele »alte Kameraden«.

»Beziehen Sie sich auf mich und erzählen Sie es dem John Edgar Hoover. Aber machen Sie es nicht schlimmer und nicht besser.«

Aus zwei Fällen, mit denen wir zu der Zeit gemeinsam befaßt waren, kann ich es als ausgeschlossen ersehen, daß John aus Übereinstimmung mit dem Osten die Grenze überquert hat.

Die Frage der Rückkehr von Freunden habe ich zumeist mit einer positiven Empfehlung versehen. Ich will jetzt einmal einen etwas verschiedenen Fall schildern: In Schleswig-Holstein regierte eine Zeitlang als Ministerpräsident der Sozialdemokrat Hermann Lüdemann, ein früherer preußischer Oberpräsident von Oberschlesien. Er war Zeuge bei mir in Nürnberg gewesen, im Dritten Reich war es ihm furchtbar ergangen und nun suchte er einen Generalstaatsanwalt, dem er vertrauen konnte.

Wenn jemand wie Lüdemann Stellen besetzen wollte, dann lagen ihm Ideen an ehemalige Nationalsozialisten wirklich fern. Aber woher sollten die Leute für diese Aufgaben genommen werden? Man hatte nichts Gescheites und kam immer wieder auf alte Karrieristen zu sprechen. Also fragte er, ob ich nicht zu ihm nach Kiel kommen wollte.

»Um Gottes willen, das ist ja sehr nett, was Sie mir da vorschlagen.«

»Haben Sie sich doch nicht so«, sagt der Lüdemann, »andere sind ja auch zurückgekommen. Mein Justizminister ist doch Rudolf Katz (der spätere Bundesverfassungs-Richter).« Wenig später wurde mir die Leitung einer obersten Bundesbehörde angetragen und damit wäre genauso wie in Kiel die Wiederannahme der deutschen Staatsbürgerschaft verbunden gewesen. Das wollte ich nicht. Über dreißig Jahre Preuße und über vierzig Jahre US-Bürger, dabei fühle ich mich wohl.

Ich bin sehr viel gependelt zwischen Amerika und Deutschland, und eines Tages schlug Georg-August Zinn, der frühere hessische Ministerpräsident, mir vor: »Lassen Sie sich doch in Frankfurt als Anwalt nieder.« Das hing damit zusammen, daß laufend Auseinandersetzungen mit der Besatzung liefen: Anklagen gegen Besatzungspersonal, Zwistigkeiten zwischen deutschen und amerikanischen Stellen, Auseinandersetzungen über beschlagnahmte Wohnungen. Hinter Zinns Vorschlag stand die Idee: Sie können, der Sie beide Rechtsseiten kennen, schlichten und vermitteln.

Die Niederlassung war nicht gleichbedeutend mit der Aufgabe der amerikanischen Staatsangehörigkeit. Also machte ich bei der Anwaltskammer in Frankfurt die entsprechende Zulassungseingabe mit dem Abitur- und Assessorexamenszeugnis und bekam eine Ablehnung. Herr Rechtsanwalt Max L. Kahn, ein Überlebender des Holocaust, erklärte mir, als Amerikaner könnte ich nicht in Deutschland zugelassen werden. Das wäre nicht anti-amerikanisch gemeint.

Ich guckte nach – wo kann denn das stehen, und fand im Gerichtsverfassungsgesetz die Vorschrift: Der Antragsteller müsse einen Assessor in Deutschland gemacht haben. Weiter nichts. Daß zufällig ein solcher Assessor später eine andere Staatsangehörigkeit annahm, konnte ja das Gesetz nicht voraussehen. Ich informierte den hessischen Justizminister Erwin Stein. Er brachte die Angelegenheit an einem Vormittag in Ordnung. In meiner 1951 eröffneten Praxis kam mir sehr zugute, daß ich bei juristischen Differenzen zwischen der Bundesrepublik und den USA kaum Konkurrenz und außerdem keine Anwaltsgegner hatte. Denn im allgemeinen habe ich nur einen Gegner gehabt, die Staatsbehörde. Es war ein sehr angenehmes Verhältnis zwischen den deutschen Behörden und mir.

Von hiesigen Mandanten bekam ich nur unangenehme Sachen. Ein Flüchtling aus der Ostzone war von einem Amerikaner um Juwelen im Werte von einer Million erleichtert worden, wie er sagte. Zwei ehemalige deutsche Abwehr-Offiziere treffen sich unverhofft in Frankfurt. Und der eine sagt: »Du, ehemaliger Abwehr-Kollege, hast mich in Berlin den Russen ausgeliefert.« Darauf wurde der Kollege verhaftet. Einige Stunden später bekomme ich einen Anruf von der amerikanischen Militärbehörde: »Unser früherer deutscher Kontaktmann sitzt bei den Frankfurtern hinter Gitter. Wir glauben, das ist ein Fall für die amerikanische Justiz.«

Ich sage: »Ich kann dem Oberstaatsanwalt Kosterlitz nicht sagen, das war ein amerikanischer Vertrauensmann, der gewisse Pflichten hatte. Wie können wir das beweisen?«

Da es nun mal eine Tatsache war, trat ich den Beweis an, daß dieser Mann, ein früherer deutscher Offizier, in einer ›Operation X‹ tätig gewesen war. Er wurde dem Zugriff der deutschen Justiz entzogen, großer Krach zwischen McCloy und dem hessischen Ministerpräsidenten Zinn. Was tun? Ich sage: »Es gibt nur eines, um diesen ganzen Skandal zu verhindern, er muß ausgeflogen werden.« Das geschah dann unter großem Ärger – einem merkwürdigen Ärger. Das Militär kann natürlich jeden rausfliegen nach Amerika, nur hatte der Mann zwei Hunde, und die amerikanische Einwanderungsbehörde sagte: »Schön und gut, Ihr könnt den Menschen reinbringen, die Visumsache ist in Ordnung. Aber die Hunde haben ja nicht die Impfungs-Karenzzeit!«

Also haben sie dic Hunde nicht reinlassen wollen. Doch schon vorher hatte die Ehefrau gesagt: »Ohne die Hunde fahre ich nicht.«

Sie fuhren – die Leute waren froh, daß sie nach Amerika kamen und weder mit der deutschen noch mit der amerikanischen Justiz etwas zu tun hatten.

Der Mann ist vor einigen Jahren in Südamerika verstorben.

Danach hatte ich einen großen Zollprozeß in Berlin um illegalen Zigarettenschmuggel. Amerikanische Zigaretten waren über den Osten und, als ›Ostsache‹ deklariert, durch den Zoll geschleust worden. Ein junger Jude und andere Beteiligte saßen deshalb in Moabit; die hatten nämlich das Prinzip der sogenannten ›Zebrasendungen‹ erfunden: ein Waggon legal und ein Waggon illegal. Auf diese Weise waren ungeheure Mengen verschoben worden. Solche Geschichten waren damals in Berlin sehr üblich. Ich sage zu dem jungen Mann:

»Wie kommen Sie zu diesen faulen Sachen?«

»Da war ein polnischer Oberst, der mich angeheuert hat, und der hat mir versprochen ›Ich Dich mache Millionär‹.«

Die Verhafteten sind dann auf Riesenkaution herausgekommen. Ich mußte über Büroschluß noch die Gerichtskasse offenhalten lassen, damit alle Koffer mit Zehn- und Hundertmarkscheinen für die Kaution abgezählt werden konnten.

Das war ein sehr tüchtiger Junge, als ich ihn fragte, ob er auch das Honorar zahlen könnte, schrieb er seiner Freundin: »Gib dem Doktor fünftausend.«

In den fünfziger Jahren haben die Klienten noch bar gezahlt.

Eines Tages wandte sich ein Albaner an mich, ich sollte an das Auswärtige Amt herantreten, er habe Ansprüche.

»Womit hängen die zusammen?« frage ich.

»Ich habe der Hitler-Regierung große Dienste geleistet und bin mit falschen Pfund-Noten bezahlt worden. Ich verlange Ersatz.«

»Wo war das?«

»In der Türkei.«

»Ach, da sind Sie der Herr Cicero, der aus den Geheimschränken des englischen Botschafters Sir Knatchbull-Hughesen die ganzen Geheimpapiere über die Jalta-Konferenz herausgenommen und an Botschafter von Papen verkauft hat!«

Der Mann wurde Cicero genannt, weil er so wunderbar gesprächig war. Er hatte sich in einer Nacht bei von Papens Vertreter angemeldet, einem Verwandten von Ribbentrop und die Protokolle ausgeliefert. Und wie das Auswärtige Amt nun einmal war: ganz großartige Sache, weil aber all diese Nachrichten für die Beamten in Berlin so ungeheuerlich klangen, haben sie sie nicht geglaubt. Sie dachten, die deutsche Botschaft in der Türkei sei einem Schwindler in die Hände gefallen. So hat man ihn ausbezahlt – zur Hälfte in echten und zur Hälfte in gefälschten Noten, und für diese wollte er Ersatz haben.

Ich mußte das Mandat ablehnen, denn ich war in Nürnberg mit dieser Angelegenheit befaßt gewesen, da konnte ich nicht nachher auf der anderen Seite für diesen Verräter tätig werden.

Unter den mir gemäßeren Fällen waren die Wiedergutmachungssachen von Professor E. J. Gumbel, dem Pazifisten, den die Universität Heidelberg rausgeschmissen hatte und von Professor Friedrich Wilhelm Förster, ebenfalls ein einflußreicher Pazifist.

Gumbel, ein Statistiker, war in der Republik aufgefallen durch sein Buch über acht Jahre politische Justiz, an dem ich mit ihm zusammengearbeitet habe. Seine Frau, genannt Putti, war die Tochter eines deutschen Generals, eine sehr charmante und politisch großartige Person. (Ich nenne hier einige Namen von Mandanten mit ausdrücklicher Erlaubnis.)

Im Jahre 1932 hatte Gumbel in Heidelberg erklärt, statt der Soldatendenkmäler sollte man als Symbol des Ersten Weltkrieges lieber eine weiße Rübe auf einen schönen Gedenkstein stellen. Die damals sehr nationalistischen Studenten schlugen unerhörten Krach. Es kam etwas Unterstützung von Professor Radbruch, aber die meisten Leute in der Fakultät waren sehr furchtsam. Niemand wollte sich im Jahre 32 angesichts der drohenden NS-Studenten kraftvoll für ihn einsetzen. Fazit: Ohne Pension rausgeschmissen, Lehrauftrag entzogen.

Gumbel ging nach Lyon, später nach Amerika und wurde dort ein wissenschaftlicher Held. Er konnte nämlich voraussagen, wann der Mississippi und andere Flüsse wieder Hochwasser bekommen würden. Aus statistischen Daten hatte er errechnet, daß es in Abständen von bestimmten Jahren erschien und so konnte er unerhörte Prognosen aufstellen. Wie das in einem solchen Falle ist, wurde er sofort vom Verteidigungsministerium und vom Innenministerium gekapert, das die Flüsse betreute.

Nach großem Kampf habe ich erreicht, daß die Konsequenzen aus

Gumbels Äußerung im Jahre 32 als nationalsozialistisches Unrecht anerkannt wurden. Denn nur, wenn die Nazis ihn nach 1933 rausgeschmissen hätten, wäre ein klarer Anspruch auf Wiedergutmachungsbezüge gegeben.

Selbstverständlich wurde das nicht spontan gemacht, man hat erstmal abgelehnt, mit der Behauptung, das sei ja kein nationalsozialistisches Unrecht. Es war bei dem Jahre 1932 eben immer etwas mühsam nachzuweisen – doch der Stuttgarter Kultusminister erteilte der Behörde dann etwas Nachhilfe.

Ebenfalls Schwierigkeiten hatte Professor Friedrich Wilhelm Förster, der schon 1922 weggegangen war und in seinen Ansprüchen vom Land Berlin negativ beschieden wurde. Ich habe dann mit der Konstruktion gearbeitet, daß nach 33 all seine Schriften verboten wurden. Nachdem der Bundesgerichtshof mir recht gegeben hatte, konnte ich mit dem Land Berlin einen Vergleich schließen.

Die Verwaltungsbeamten sind da nicht unwillig. Wenn ich hingehe und sage: »Das kann ich niemandem in USA sagen, daß Sie den Gumbel nicht wiedergutmachen wollen. Ich laß mich nicht Ihretwegen von meinen Freunden backpfeifen«, dann sagen die Leute schließlich: »Also Herr Kempner, ausnahmsweise . . .«

Natürlich kamen viele Leute zu mir, die mich aus Nürnberg kannten.

An einem Sonnabend klopft es in meinem Büro an die Türe. Ich machte selbst auf, sonnabends war sonst niemand im Büro: »Wen wollen Sie sprechen?«

Antwort: »Sie wollte ich sprechen. Kennen Sie mich nicht aus Nürnberg?«

»Nee,« sage ich, »da waren nicht Leute mit so dickem Bauch wie Sie.«

»Sie haben mich aber selbst vernommen.«

»Wie sind Sie denn in Nürnberg weggekommen?«

»Sehr gut, sehr gut.«

Und da fällt's mir wieder ein: »Ach, Sie sind das ja, Brigade-Führer! Sie sind wirklich viel zu gut weggekommen, aber das verdanken Sie nicht mir. Das war leider so.« Es gab eben Randfiguren, die falsch ausgewählt worden waren. »Was verschafft mir die Ehre?«

»Sie wissen doch, ich bin nach meiner Haftentlassung damals nicht nach Hause gegangen, sondern zu jemand anders gezogen.«

»Was soll ich denn dabei?«

»Können Sie mir nicht bei meiner Scheidung helfen?«

»Hören Sie mal, ich bin vielleicht Ihr Familienstaatsanwalt, aber nicht Ihr Familienscheidungsanwalt. Gehen Sie doch zu Ihrem Verteidiger.«

»Sie wissen doch, Herr Doktor, der war nicht so besonders.«

»Weshalb wollen Sie geschieden werden?»

»Nach soviel Jahren will ich doch alles legalisieren. Können Sie nicht mit meiner Frau sprechen?«

»Um Gottes willen«, sage ich, »das liegt mir eigentlich gar nicht.«

»Meine Frau hat doch immer bei Ihnen im Vorzimmer gewartet, wenn Sie mich besucht hat.«

»Wieviel wollen Sie denn Unterhalt zahlen? Sie sind doch ein Knauser und wollen nicht zahlen, wie ich Sie kenne. Heutzutage, bei Ihrer Statur, als Kaufmann, sind tausend Mark das Minimum.«

Oh und ach. Ich hab' dann einen Nürnberger Verteidiger angerufen, der hat mit der Frau gesprochen, in ein paar Monaten war der Mann geschieden. Er ist wiedergekommen:

»Wie kann ich mich bedanken?«

Ich sage: »Kommen Sie mir nicht mit Präsenten für meine Büro-Damen. Sie können sich bedanken, indem Sie den Mund halten!«

Solche Typen, nicht gerade so ulkige, kamen immer wieder. Das ist eine gewisse Anhänglichkeit an Nürnberg, die finden Sie sehr oft in größeren Prozessen. Der Angeklagte, der Verteidiger, die Staatsanwälte kennen sich und wenn sie jahrelang jeden Tag mit denselben Leuten zusammen sind, dreschen sie ja nicht aufeinander los.

Besonders anhänglich war immer die Emmy Göring. Stellen Sie sich all die Prozesse vor, wegen Rückgabe der Bilder, die Göring von städtischen und staatlichen Museen zu seinem Geburtstag geschenkt worden waren.

Ich hatte mal die Angelegenheit der Brillanten zu bearbeiten, die der Familie Rothschild gestohlen worden, zunächst in Görings Schmuckkästlein wanderten und dann bei einem Juwelier in Liechtenstein auftauchten. Emmy hat diese Juwelen nicht getragen, das hatten die Leute nicht nötig, gestohlene Brillanten zu tragen. Die existierten als Anlage, mit sowas rennt man nicht herum. Verkaufen konnte man sie auch schwer, das sind Sachen, die in einschlägigen Kreisen selbstverständlich notiert sind. Die Leute konnten nichts machen mit den Juwelen, doch Emmy hätte sie lieber behalten. Sie kränkelte auch und hat die Vorgänge alle nur sehr schwer verkraftet.

Eines Tages bekam ich in Amerika aus Washington den Anruf eines israelischen Diplomaten: »Wenn Sie mal wieder im Lande sind, kommen Sie doch bitte rein, wir haben eine wichtige Frage.« Es seien Überlegungen im Gange (das war noch vor der Zusammenkunft Ben Gurion/Adenauer), ob Israel nicht unabhängig von den individuellen Wiedergutmachungsansprüchen eine pauschale Entschädigung bekommen kann. Die Regierung ist sich nicht ganz sicher; können Sie feststellen, ob wir nicht schlankweg abgewiesen werden, oder ob wir zu Verhandlungen kommen können.

Als ich wieder in Deutschland war, telefonierte ich mit Adenauers rechter Hand, Globke: »Kann der Bundeskanzler genau beantworten, ob Anträge auf Verhandlungen abgewiesen werden, oder wäre man zu Zahlungen geneigt?« (Es hatte ja bereits Wiedergutmachungsverhandlungen mit der amerikanischen Organisation ›IRSO‹ gegeben.)

Globke rief zurück: »Sie können sicher sein, daß wir auf Verhandlungsvorschläge eingehen werden.«

Ich fuhr in der Weihnachtsnacht, am 24. Dezember 1950, in einem völlig leeren Triebwagenzug auf der Strecke Frankfurt–Zürich, um dann weiterzufliegen nach Israel. Ich saß vorne bei dem Lokomotivführer, der Zug war so einsam und geheimnisvoll. Die Bundesrepublik hatte zu der Zeit keinerlei konsularische Beziehungen oder sonstige Beziehungen zu Israel. Ich kam an und berichtete: »Wendet Euch ruhig an Deutschland. Ihr werdet dort ein angenehmes Echo finden.«

»Können wir uns darauf verlassen?«

»Sonst wäre ich gar nicht gekommen, sondern hätte Euch gesagt: ›Hände weg!‹«

Das sprach sich herum, und ein Diplomat sagte öffentlich: »Die Verhandlungspläne zwischen Israel und der Bundesrepublik sind eine Schande. Das ist Sündengeld und stinkt.« So war damals noch, auch in manchen Regierungskreisen, die Stimmung.

Ich persönlich war der Ansicht, daß man Geld nicht zu verschmähen brauche, wenn es von jemandem kommt, der es mir vorher geraubt hat. Es lebten immerhin zehntausende deutsche Beraubte in Israel und kranke polnische Juden aus den KZ's, für die der Staat sorgen mußte. Zunächst sollten einmal die Entschädigungspflichten statuiert werden und dann würde man weitersehen. Wie ich einem privaten Gläubiger auch sage, wenn der Schuldner etwas anbietet: »Erst mal sehen, mit was er rüberkommt, wollen wir mal die erste Zahlung abwarten, dann wird sich das schon weiterentwickeln.«

Unter den Regierungsleuten hatte ich natürlich in erster Linie Fühlung mit Herren, die aus Deutschland stammten. Manche von ihnen kannte ich, da sie meine Mandanten in der Berliner Devisenberater-Praxis zwischen 33 und 35 gewesen waren, für die ich die Einwanderung besorgt hatte mit den tausend englischen Pfund, der einzigen Summe, die man mitnehmen konnte.

Ich habe die moralischen Bedenken, von einem strengen israelischen Standpunkt berechtigt, aber nicht geteilt. Immer wieder sind Freunde von mir gekommen – ich erinnere mich noch an Szenen auf dem Bahnhof in Frankfurt: »Von denen will ich nichts nehmen.« Zwei Wochen später war der Brief da: »Nicht erwähnen, daß ich keine Entschädigung nehme.« Ich bevorzuge den Standpunkt, wer geschädigt hat, muß zahlen. Wenn ich ein reicher Mann bin, kann ich vielleicht sagen: Was heißt Entschädigung, ich haue Dir ein paar in die Fresse, wenn ich Dich wiedersehe. Aber ist es eine Schande, den zur Rechenschaft zu ziehen, der mich kaputtgemacht hat?

Ich habe meine öffentliche Stellungnahme auf die Erklärung beschränkt: »Wenn Israel und Bürger Israels Entschädigungsleistungen haben wollen für das, was den Bürgern angetan worden ist, so kann man das nicht durch Telepathie, sondern nur durch Verhandlungen erreichen.« Diese erste Fühlungnahme führte sehr rasch zu offiziellen Gesprächen, die Nahum Goldmann und andere recht erfolgreich zum Abschluß gebracht haben.

Ich interessierte mich für Israel, für die Opfer des Holocaust, für Angelegenheiten der Amerikanischen Armee und des State-Departments, und plötzlich stürzten Leute auf mich zu, aus jüdischen Kreisen, katholischen Kreisen, Widerstandskreisen, ich sollte ihre Entschädigungssachen vertreten. Das kam wie ein Gewitter, und ich bin an zahllosen Fällen beteiligt gewesen.

Es ist die einzige große Wiedergutmachungssache, die je in der europäischen Geschichte vorgekommen ist, und man hat versucht, sie so gut wie möglich zu lösen. Wenn man vergleicht, wie miserabel die Dinge in Österreich gelaufen sind und überhaupt nicht gelaufen sind in Staaten wie der DDR, dann kann man sagen, daß durch die Bundesrepublik immerhin etwas Einmaliges geleistet worden ist – trotz der auf medizinischem Gebiet häufig gemachten Schwierigkeiten. Das hing damit zusammen, daß die Konstruktion des Entschädigungsgesetzes von guten Juristen gemacht war und nicht von Verwaltungsjuristen. Man hat die Bestimmungen in einer gewissen Hast gemacht, und sie sind niedergelegt in dem Abkommen von Luxemburg, wo die Bundestagsabgeordneten Böhm, Küster und andere auf deutscher Seite eine großartige Arbeit geleistet haben.

Da sind verschiedene Gesetze – zunächst einmal das Wiedergutmachungsgesetz, betreffend identifizierbares Vermögen, Grundstücke, Juwelen und Porzellan, die Göring und Komplizen gestohlen hatten.

Mit meinen Kollegen R. I. Levin und Waldemar Frank hielt ich gute Verbindung mit der *United Restitution Organization*. Ihren führenden Juristen Kurt May und Ernst Katzenstein von der *Jewish Claims Conference* gelang es, mit Bonn zu einer befriedigenden Lösung zu kommen. Ohne ihren Einsatz hätte in dem Entschädigungsapparat manches nicht geklappt.

Dann tauchten dort solche wahnsinnigen Sachen im Gesetz auf: Hat er das Service in die Bundesrepublik gebracht oder blieb es auf dem Boden der DDR? Denn Wiedergutmachung für außerhalb der Bundesrepublik verlorene Gegenstände gibt es nicht. Also ganz schwierige Feststellungen nach dem Prinzip, ob der Samen des Teufels kalt oder warm ist. Wurde das jüdische Haus verkauft unter Druck oder ohne Druck?

Wir hatten seit ewigen Zeiten ein Haus in Lichterfelde. Hatte das irgendetwas mit den Nazis zu tun, daß das ein ganz Fremder gekauft hat? Die Mutter, eine Frau Lydia Rabinowitsch-Kempner, ist im August 1935 gestorben. Deshalb haben die beiden Söhne verkauft. Zum Beweis dafür hat der Käufer und spätere Beklagte einen Fotografen auf den Parkfriedhof von Lichterfelde geschickt, wo auf dem Grabstein der Todestag im Jahre 1935 stand. War das nicht die Zeit, wo der Robert Kempner ausreiste und der Professor Walter Kempner schon in den USA war? Selbstverständlich sei das Haus nach dem Tode der Mutter und nicht wegen der Nazis verkauft worden! Ich hatte genug von der widerlichen Prozeßführung und erledigte die Sache mit einem lächerlichen Vergleich.

Gewöhnlich hieß es: Der jüdische Besitzer wollte ja von sich aus sein Eigentum loswerden. Natürlich wollte er es loswerden. Er mußte es nämlich loswerden, auch wenn er noch nicht geahnt hat, daß er ein paar Jahre später durch den Kamin gejagt werden würde.

Meine These lautet, daß man die Wiedererstattung viel pauschaler hätte machen müssen, wer Diebesgut hat, muß es eben zurückgeben. Mußte der Beweis, daß etwas Diebesgut ist, nicht von dem Bestohlenen geführt werden? Sollte der Dieb nicht erklären, warum es kein Diebesgut ist und er es rechtmäßig erworben hat?

Betrachten wir einen anderen Fall: Mein Mandant Erich Maria Remarque ist schwer geschädigt worden. Alle seine Rechte wurden ihm gestohlen, seine Bücher verbrannt und seine Schauspiele verboten, nicht mehr aufgeführt, sogar in anderen Staaten nicht aufgeführt aufgrund internationaler Lizenzabkommen. Damit waren ihm seine Einnahmequellen aus Verkauf und Tantiemen genommen. Die Entschädigungsgesetzgebung kam, Remarque bat mich, seine Ansprüche geltend zu machen. »Was haben Sie verloren?«, fragte ich ihn.

»Alles, was ich in Deutschland hatte, die Rechte und mein Auto.«

»Na, mit dem Auto ist das ja nicht so schlimm«, sage ich, aber er hing irgendwie sehr an dem Auto, das in gar keinem Verhältnis stand zu dem unerhörten finanziellen Schaden. Ich stellte einen Antrag – abgelehnt! Begründung: Nachdem er mit seinem Buch ›Im Westen nichts Neues‹ beim Ullstein Verlag Millionenauflagen erzielt hatte, sei die ganze Sache damit gestorben gewesen. In späteren Jahren hätte das Buch kein Mensch mehr gelesen, insbesondere nicht zwischen 1939 und 1945.

Ich fasse mir an den Kopf; für das, was nach dem Kriege gedruckt worden ist, hat Remarque erhebliche Tantiemen bekommen.

Es gab noch eine weitere Möglichkeit. Wie hoch ist der Berufsschaden, nicht der Eigentumsschaden? Bei dieser Frage kam es darauf an, ob der Antragsteller nach seiner Schädigung wieder eine ähnliche Stellung als Schriftsteller, Anwalt oder Kaufmann erringen konnte. Ist er jetzt bedürftig oder nicht, Nachweise, Einnahmen, Steuererklärungen!

Unter meinen Entschädigungs-Mandanten waren Ärzte, Juristen, Kleiderfabrikanten, sowohl in Israel, aber vor allen Dingen in Pennsylvania und New Jersey, wo viele sich Hühnerfarmen angelegt hatten. Sie wurden die ›Eierjeckes‹ genannt. (›Jeckes‹ ist der deutsch-jüdische Ausdruck in Israel für die Deutschen, weil sie ständig Jacken getragen haben.) Sie sind ganz gut zurechtgekommen mit ihren Hühnern. Das dauerte so lange, bis schlaue Leute dachten, wie das immer so ist, wenn einer mit fünftausend Hühnern gut auskommt, dann werden wir zehntausend anschaffen, denn sie legen doppelt soviel Eier. Das war natürlich ein großer Reinfall, als die Eier-Schwemme aufkam. Ich bin da öfters mal zu denen rausgefahren, zwischen Philadelphia und dem Ozean, da war eine richtige deutsche Eier-Kolonie, nicht weit von Ocean-City und Atlantic-City, wo die großen Spielstätten sind. Das waren also Mandanten verschiedenster Art von mir, zuvor Ärzte, Anwälte, die dann Hühner züchteten, was eine etwas ruhigere Beschäftigung war, wo sie nicht von anderen Leuten abhingen. Ihre späteren Ansprüche wiederum hingen gar nicht mit den Hühnern zusammen, sondern einfach damit, was sie in Deutschland gewesen waren und verloren hatten.

Remarque wurde ein solcher Berufsschaden nicht zuerkannt! Ungeeignet! Durch eine Intervention des Berliner Innensenators Lipschütz, der sich für solche Wiedergutmachungssachen interessierte, bekam Remarque schließlich dennoch die Hauptsumme für gestohlenes Eigentum.

Langwieriger noch kämpften die Antragsteller, die Gesundheitsschäden davongetragen hatten. Sie mußten sich oft genug von anfechtbaren Gutachten emsiger Amtsärzte auseinandernehmen lassen. Sie splitterten den Körper der kranken KZ-Opfer in verfolgungsbedingte und nichtverfolgungsbedingte Schäden auf. Weisen Sie im Zweifelsfalle einmal nach, ob ein Nervenschaden KZ-bedingt oder »anlagebedingt« ist!

Verglichen damit war es für die nichtanlagebedingten Nationalsozialisten, die wieder ihre alten Beamtenstellungen in der Bundesrepublik ansteuerten, weitaus bequemer.

Es gab den Artikel 131 des Grundgesetzes, der den früheren Beamten aus der Hitler-Zeit die Wiedereinstellung gestattete, es sei denn, ihnen konnten unmenschliche und verbrecherische Taten nachgewiesen werden. Sie selbst brauchten natürlich nicht nachzuweisen, daß sie eine lilienfarbene weiße Weste hatten. Hier mußte jedesmal der Staat den Nachweis führen, daß sie an verbrecherischen Handlungen beteiligt gewesen waren. Das war eine praktische Pauschalregelung. Weil man das ganze Beamtenheer angeblich brauchte, hätten sie sonst in der Bundesrepublik die Leute auf der Straße anhalten und fragen müssen: »Wollen Sie Polizist, Ministerialrat, Amtsarzt oder Landgerichtsvorsitzender werden?« Das ist eine Grundlage Null, und die gibt's eben nicht.

Da es zur damaligen Zeit noch keine Verfassungsschutzämter gab, die mit solchen Zuständigkeiten betraut waren, konnten Untersuchungen in einschlägigen Fällen kaum stattfinden. Man rutschte rein. Es gab jetzt einen Prozeß um Ermordungen in Polen, in dem als Zeuge am Rande ein Mann auftauchte, der nach dem Kriege Landesminister geworden war und nun zu meinem Erstaunen als einstiger Vorgesetzter des wegen Mordbeihilfe belangten Angeklagten aussagte. Man konnte den Staat nicht aufbauen, ohne die angeblichen Sachverständigen, die Leute wurden routinemäßig eingestellt. Ich hab mal den Innenminister von Nordrhein-Westfalen, Menzel, gefragt: »Wieviele hast Du denn von der Sorte drin?«

»Unzählige! Ich kann sie gar nicht zählen!«

»Könnt Ihr das nachprüfen?«

»Nur sehr beschränkt.«

Es gab eine Reihe von Polizeibeamten, die wieder rausgeschmissen worden sind. Die hatten bei ihrer Einstellung nichts verschwiegen, sondern wahrheitsgemäß gesagt, sie seien immer Polizeibeamte gewesen. Zufällig war ans Licht gekommen, daß sie etwa in der Ukraine bei den Einsatzgruppen mitgewirkt hatten. Während der NS-Zeit waren sie gewöhnliche Polizisten, gewöhnliche Soldaten, gewöhnliche Verwaltungsbeamte gewesen.

In zahlreichen Fällen sind auch Pensionen verweigert worden, so zum Beispiel manchen der Herren, die in Nürnberg verurteilt worden waren und trotzdem nachher Pension verlangt haben, wie Schlegelberger. Er war ja normaler 131er und bezog zunächst auch seine Staatssekretärs-Pension. Dann hat das Landesministerium gesagt: »Wird weggenommen.« Rechtsanwalt Kubuschok hat geklagt, daß Schlegelberger ein 131er ohne unmenschliche Handlungen sei, ist aber abgewiesen worden. In einem solchen Falle wird von der Bundesversicherungsanstalt eine gewöhnliche Altersrente bewilligt; die Bundesregierung ist verpflichtet, den Betrag nachzuzahlen, den der Betreffende als Versicherter hätte einzahlen müssen, wenn er nicht Beamter, sondern Angestellter gewesen wäre. Daraufhin kriegt er dann seine Altersversorgung, das hieße bei Schlegelberger statt 3000 DM vielleicht nur 1200 DM..

Die Frage ist ja auch, wenn wir alle Nürnberger Fälle durchgehen: Ist vielleicht bei einem in Nürnberg Verurteilten angenommen worden – auch wenn er zwei, drei, fünf Jahre bekommen hat –, daß er nicht unmenschlich gehandelt hat?

Ich weiß das nicht. Ich bin der Frage, was die Leute später bekommen haben, nicht nachgegangen, weil sie mich nichts anging. Diese Bezüge für verbrecherische Staatssekretäre oder Generäle sind das ewige Geheimnis der Pensionsbehörden.

Das Gnadenfieber

Begnadigungsgründe gibt es immer, habe ich von meinem Lehrer, Dr. Erich Frey, in Berlin gelernt. Damals hatten wir einen Polizisten vertreten, der ein Mädel ermordet hatte, ein Sexualverbrechen. Das Urteil kam und ich fragte meinen Chef: »Was machen wir jetzt?«

Und da antwortete er mir: »Kempner, jetzt fängt die Gnadenarie an.«

»Was ist das, Herr Doktor?«

»Sie müssen sich umsehen und Kollegen des Mandanten finden, die aussagen, daß er im Dienst ein recht netter, hilfreicher Mann war, und daß er sich sehr um seine Tante gekümmert hat. Das werden Sie allmählich zusammentragen und dann gehen wir die Instanzen rauf bis zum Preußischen Justizminister. Wenn das noch nicht hilft, werden wir einige Landtagsabgeordnete finden, die für den Fall Interesse haben, weil das ein medizinisch merkwürdiger Sexualmord war.«

Und seit den Zeiten meines lieben Herrn Frey um 1925 bis heute ist es nach jeder schweren Bestrafung üblich, in erster Linie mit Kollegen, die den Betreffenden kannten oder ihn in ihrer Firma brauchten, die Gnadenarie anzustimmen.

Es ist kennzeichnend, wie den Nürnberger Angeklagten gegenüber die Stellungnahme der Öffentlichkeit in den Jahren seit 45 gewechselt hat. In den Jahren 45, 46, 47 wollte überhaupt niemand etwas mit den Leuten zu tun haben, mit allen nicht. Von oben bis unten waren alle Verbrecher, ganz schlimme Typen, und Nürnberg war fünfhundertprozentig gerechtfertigt. Der Wandel trat 1948, 49, also am Ende der Nachfolgeprozesse, ein.

Selbstverständlich wurde immer versucht, mit irgendwelchen Argumenten die Anklage zu obstruieren, wie das in vielen Prozessen der

Fall ist. Es gab immer pseudohumanitäre Argumente, der Herr habe doch auch mal was Gutes gemacht und wenn man gegen ihn vorginge, werde das den Nationalsozialismus wieder hervorlocken. Zu dieser Zeit waren es Einzelpersonen, richtige Lobbyisten, die von den Angeklagten, ihren Verwandten und Freunden gespickt waren. Bezahlte Elemente, die ganz unabhängig von der juristischen Verteidigung diese Leute rausreißen wollten und in der Presse schrieben, was für ein furchtbares Verfahren es wäre, diese ehrenwerten Männer festzuhalten. Die Verbrechen wurden im allgemeinen in solchen Zeitungsaufsätzen verschwiegen. Das ist doch immer so.

Es gibt einen deutschen Journalisten, der in Nürnberg an den Türen herumgegangen ist und sich Namen von Sachbearbeitern notiert hat, die er für jüdisch hielt. Die Listen hat er herumgereicht und für gewisse Antisemiten war ein Verzeichnis von jüdischen Übersetzern immer ein Grund zur Aufregung.

Zwei Dinge, die bei den Nürnberger Prozessen schwach gerieten, waren Öffentlichkeitsarbeit und das Gefängniswesen. Im Gefängnis paßten leider keine erfahrene Beamte aus *Sing Sing* auf, die die Gefahrenquellen eines Gefängnisses kennen. Da der Irrglaube herrschte, die Techniker der Massenmorde seien selbst Leute, die Messer in der Tasche trugen, hatte man mit der Verwaltung des Gefängnisses Militärpolizisten beauftragt, die gar nicht direkt dem Gericht unterstanden. Und wie das nun mal bei Militärpolizisten und Soldaten vielfach ist, wurde bei unseren großen Kerlen, die jeden Mann, der mit einer Waffe käme, gleich niederhauen konnten, mehr Wert darauf gelegt, daß ihre Helme, Schuhe und das Koppelzeug auch richtig glänzten. Dabei wurde übersehen, daß diese Verbrecher im Gefängnis sehr viel Unfug anrichten konnten in puncto Verdunkelung, Verabredung und Befehlen. Da konnte man sehr viel machen, wenn man richtig zusammenhielt.

Nachdem die Urteile gefällt waren, gingen zwar nur noch Ärzte, Geistliche und Friseure hinein, aber es steht fest, daß im Gefängnis einer Besatzungsmacht im fremden Land die Situation sehr schwer zu übersehen ist. Kavaliershaft war es nicht, aber eine Haft unter menschenwürdigen Umständen. Wir wollten ja nicht mit Gestapo-Kerkern antworten.

Beschwerden kamen regelmäßig von den sogenannten »Rotjacken«, den zum Tode verurteilten SS-Leuten, daß die Entscheidung über ihre

Begnadigung zu lange dauerte. Bald nachdem das letzte Urteil gefällt war, fing es an: Stürmische Briefe, die Verurteilten sollten doch bald begnadigt und rausgelassen werden, überschwemmten das Justizministerium, das Auswärtige Amt und das Kanzleramt Adenauers. Thomas Dehler erhielt eine besonders große Sammelmappe dieser Schreiben. Natürlich zielten die Petitionen zunächst auf die Umwandlung der noch nicht vollstreckten Todesstrafen in lebenslängliche Strafen.

Vollstreckt waren die Todesurteile des IMT- und des Ärzte-Prozesses. Es schwebten noch die Todesurteile aus den SS-Prozessen einschließlich derer gegen die Einsatzgruppenchefs. Im IMT-Prozeß waren die Todesstrafen ziemlich bald nach der Verurteilung und der Bestätigung des Urteils durch General Clay vollstreckt worden. Das war eine politische Entscheidung: es sollte zügig gehen, damit nicht noch mehr Aufregung und Unwillen aufkamen. Das oft vorgehaltene Hinauszögern der späteren Todesstrafen haben die Betreffenden selbst veranlaßt. Nicht das Gericht hat die Vollstreckung hinausgezögert, sondern auf Veranlassung der Verteidiger wurde sie immer wieder hinausgeschoben, weil pausenlos neue Eingaben gemacht wurden.

Ein Gnadengesuch an eine deutsche Stelle, ein Gnadengesuch an eine amerikanische Stelle. Man versuchte es zunächst bei General Clay in Berlin, dann ging es weiter mit Eingaben an den Deutschen Bundestag. Dann wanderten Eingaben nach USA, die einen zum *Supreme Court*, der gesagt hat, wir sind für diese Verfahren nicht zuständig, andere versuchten, *US-congressmen* wild zu machen, man hat sich an Senator Joseph McCarthy gewandt und gesagt: das ist ja nur kommunistisches Gerede, daß die Angeklagten so schlimm sind, und diese Kommunisten hatten in Nürnberg ihre Handlanger unter den Richtern und Staatsanwälten, was natürlich gerade bei dem Todesurteil gegen Ohlendorf völlig unsinnig war. Der Richter Musmanno war ja ein sehr strenggläubiger Katholik und ihn plötzlich als Kommunistenhelfer anzuschwärzen, das machte nicht sehr großen Eindruck. McCarthy hat auch nicht groß reagiert, etwa Leute geschickt, wie er das sonst getan hat. Man sah ziemlich genau, wie das politische Spiel lief.

Immer wieder wurde darauf hingewiesen, im IMT-Prozeß hätte ein russischer Richter und sein Vertreter mitgewirkt, und es wurde so getan, als wären die auch bei den Nachfolgeprozessen dabeigewesen. Plötzlich erschienen Artikel über die ›Kempners von Nürnberg‹, wo sehr vorsichtig, weil die Leute noch Angst hatten, angedeutet war, eigentlich hätten doch die Kommunisten eine ganz ähnlich Linie und solche Schwindelgeschichten. Da war ein ewiges Hin- und Hergeziehe; die Sache aufhalten, geschickt aufhalten, das war ein wichtiger Versuch.

Dann wurde versucht, die Kirchen einzuspannen, der württembergische Bischof Wurm ging voran. Auf der einen Seite hatte er das Stuttgarter Schuldbekenntnis abgegeben und andererseits verbreitete er Unwahrheiten über die Kriegsverbrecherverfahren. Also eine groß angelegte Gnadenarie, Geld war auch dahinter.

Vom Standpunkt der Verteidiger wurde mit Recht Himmel und Hölle in Bewegung gesetzt und gefleht, jedesmal noch aufzuschieben. Und das geschah auch entsprechend, denn man wollte ihnen nicht die Rechts- und Gnadenmittel abschneiden, das war eben die Liberalität dieses Verfahrens. Heute sitzen in den Vereinigten Staaten genauso über tausend Personen, die zum Tode verurteilt sind und eine Begnadigung viel eher erwarten können, wenn es gelingt, die Sache hinauszuziehen. »Ach, nach so langer Zeit«, heißt es dann.

Der Druck auf die Nürnberger Urteile ging zunächst von den Verwandten der Verurteilten aus. Die Familien, Verbände, großen Firmen und militärischen Vereinigungen sind vorgeschoben worden. In der Sache selbst wurde juristisch argumentiert:

Der Verurteilte war doch gar nicht so schlimm, das Gericht hat das zwar festgestellt, und General Clay hat es bestätigt, aber wenn man näher in die Sache einsteigt, ließe sich das entscheidende Dokument sowieso auch anders auffassen. Der Onkel hat sich doch irgendwie gegen das Hitler-Regime ausgesprochen, und außerdem ist da noch die arme Frau und das arme Kind ... Ein Konglomerat von Argumenten, wie es jeder tüchtige Verteidiger sammelt. Und der begleitende Ansturm wurde immer stärker: Die verrücktesten Behauptungen wurden aufgestellt – wenn die Leute hingerichtet oder nicht bald losgelassen würden, dann käme der Antisemitismus wieder heraus.

Hochkommissar John J. McCloy hat sich die größte Mühe gegeben, diesen Wust durchzugehen. Selbst für Endlöser, die nur milde Strafen erhalten hatten, wurde gebettelt.

Dieser ganze Gnadenapparat reichte bis ins Landsberger Gefängnis, wo die Nürnberger Verurteilten saßen.

Es wurde eine massive Korrespondenz geführt, die durch die Hände eines Verurteilten ging, der mir oft darüber erzählte, welche Stellen eigentlich alle angeschrieben worden waren von der Lobby und umgekehrt. Das war ein reuiger Sünder, dem diese ganze Sache nicht paßte, der Gauleiter der NSDAP Auslandsorganisation Ernst Wilhelm Bohle. Er mußte in den Vorzimmern des Gefängnisses arbeiten, weil die Gefängnisgenossen ihn bedroht hatten und während der Spaziergänge belästigten, weil er die gräßliche Wahrheit ausgesprochen hatte, daß die Endlösung das furchtbarste Verbrechen des Jahrhunderts gewesen sei. Er war nicht von ihrer Partei und wurde infolgedessen im Gefängnis als Verräter charakterisiert.

In der deutschen Öffentlichkeit ist immer wieder die Frage aufgetaucht: »War denn so wenig strafrechtlich an der Sache dran, daß nur sieben Jahre herauskamen, die dann auf fünf Jahre ermäßigt wurden?« In der Bevölkerung herrschten kaum Kenntnisse darüber, warum die Angeklagten Kriminelle sein sollten.

Gerade bei den Industriellen sind die wahren Gründe nicht richtig bekannt geworden. Kein Mensch weiß das, wenn sie heute jemanden nach Krupp, Flick und den IG-Farben befragen, wird man ihnen antworten, sie waren angeklagt, weil sie so mächtige Industrielle, nicht aber weil sie Ausnutzer von Sklavenarbeitern oder Plünderer waren. Der Rundfunk hat zwar laufend berichtet, aber es ist wahrscheinlich nicht richtig erklärt worden. Man hat nicht hingehört. Wichtigste Adressaten waren für die Nürnberger Verteidiger die politischen Parteien in Deutschland und in USA. Man wandte sich zunächst an die auf dem Rechtsgebiet erfahrenen Politiker der CDU, auch an die SPD, dann aber spielte sich die damalige FDP und einige Rechtssplitter nach vorne.

Die FDP stellte mit Thomas Dehler den Justizminister, als diese Frage akut war. Ich kannte ihn recht gut, er war in Nürnberg gewesen, hatte sich die Prozesse angesehen und uns sogar durch einige Hinweise auf gewisse Strolche geholfen, die daraufhin angeklagt wurden. Um so erstaunter war ich, daß Thomas Dehler als Justizminister den Gnadenwünschen in vielen Fällen entgegenkam. Die Lobbyisten, Verwandten und Sympathisanten waren aufgefordert worden, sich an das Justizministerium zu wenden, das für diese Zwecke eine besondere Rechtsschutzstelle eingerichtet hatte, die auch die in vielen europäischen Ländern verurteilten und einsitzenden deutschen Kriegsverbrecher betreute. Es hat leider nie jemand unternommen, diese ungeheure Quelle von Material auszuwerten, von wem diese Begnadigungswünsche ausgingen. (Heiner Lichtenstein war leider erfolglos.) Man hätte sich auch die Geldgeber ein bißchen näher ansehen können.

Je schwerer der Betreffende belastet war, um so mehr Briefe und Gesuche gingen für den ein. Etwas, was mir einfach nicht in den Kopf gegangen ist, war die Auskunft, daß die meisten Petitionen an das Justizministerium, damals für den Chef der Konzentrationslager und all dieser anderen schauerlichen Verbrennungsinstitute, Oswald Pohl, eingegangen sind.

Das Unglückselige von meinem Standpunkt aus war, daß die Gnadenwünsche in gewissem Sinne der damaligen amerikanischen Politik gar nicht ins Gehege kamen. Das war in der Zeit, wo die Wiederbewaffnung langsam begann, der Korea-Krieg drohte und bald schon anfing, so daß die Frage einer Art Bundesgenossenschaft der Republik mit den USA stärker in den Vordergrund trat. Die Bundesrepublik war Zulieferer für die amerikanische Bewaffnung und steckte im Aufbaustadium der Bundeswehr.

Die Industriellen, die Krupp-, Flick- und IG-Farben-Leute, kamen mit den passenden Argumenten: Wenn Deutschland wieder aufgebaut werden soll, dann müssen wir in ganz starkem Maße daran mitwirken, und unsere gefangenen früheren Chefs müssen entlassen werden.

Zugunsten der Generäle wurde maßgebenden Personen in Bonn eingeredet: Es kann kein Heer aufgestellt werden, irgendeine Wiederaufrüstung innerhalb einer westlichen Allianz ist überhaupt nicht möglich, solange noch der letzte General (und es war ja eine ganze Anzahl) unten in Landsberg oder bei den Briten in Werl im Gefängnis sitzt.

Der erste in der Seilschaft war der verurteilte General in seiner Zelle. Der sagte seinem Verteidiger: »Du mußt Dich mit dem unbelasteten General, meinem früheren Kameraden in Verbindung setzen, der wird mich schon nicht fallenlassen, und soll in Bonn sagen ›Keine Soldaten, solange noch jemand sitzt‹.« Daraufhin suchte Rechtsanwalt Laternser, der den Generalstab verteidigt hatte, einen seiner Generäle auf, der bei ihm Zeuge gewesen war und mit Straftaten selbst gar nichts zu tun hatte. Der wurde nach Bonn und zu amerikanischen Stellen geschickt und dort erfuhr man, daß unter den besagten Umständen keiner der früheren höheren Offiziere an der Aufrüstung und an der Richtung des Amtes Blank, Vorgänger des Verteidigungsministeriums, mitwirken werde.

Eine phantastische Idee. Weil ein paar Verbrecher im Gefängnis sitzen, kann keine Armee aufgebaut werden. Dann erzählte mir der Kollege Laternser bei einem Spaziergang in Frankfurt: »Stellen Sie sich vor, jetzt kommen die SS-Leute zu mir und sagen: ›So einfach ist das nicht. Wir wollen bei dieser Gnadenpartie mitgenommen werden. Wir sind zwar zur Aufrüstung nicht nötig, aber denken gar nicht daran, daß die Generäle uns über die Klinge springen lassen und sich nicht um uns kümmern. Wir wollen (wie man in Englisch sagt) auf diesen *band-wagon* aufspringen, sonst werden wir mal richtig auspacken. Denn im Prozeß haben wir von der SS die Generäle geschont (es waren ja nur sehr wenige, wie General Blaskowitz, die gegen die SS und die Einsatzgruppen Stellung bezogen haben), tatsächlich aber haben sie uns damals logistischen *support* gegeben und ohne diese Gastfreundlichkeit der Armee hätten wir gar nicht unsere herrlichen Taten hinter der Front verüben können.‹«

In minimalem Maße hatte zwar Ohlendorf im Einsatzgruppenprozeß gegen die Generäle ausgesagt und auch Schellenberg, der sich gelegentlich mit den Wehrmachtsleuten herumgeärgert hatte, packte etwas über die gute Zusammenarbeit aus, worüber die sehr böse mit ihm waren. Das wahre Maß der Verflechtung von Armee und Einsatzgruppen und alles was damit zusammenhängt, wie die Ermordung vieler Zehntausend russischer Kriegsgefangener, ist erst jetzt durch historische Forschungen bekanntgeworden. Es handelte sich eben nicht nur um logistischen *support*, sondern die Militärs arbeiteten mit den Einsatzgruppen gewissermaßen wie mit ihrer Nachhut, die das rückwärtige Gebiet, wie man so schön sagte, befrieden sollten. Es gab natürlich auch Machtkämpfe zwischen der Armee und der SS, weil Himmler sich, sobald diese Gebiete eine Weile besetzt waren, die Exekutiv-Gewalt der SS und des Reichssicherheitshauptamtes durch Ortskommandanturen gesichert hatte. Doch solche Machtkämpfe, daß jeder mehr zu sagen haben wollte als der andere, gehörten unter dem Führer zur Tagesroutine. So hatten die verpackten Erpressungen der SS-Verurteilten, wie viele politische Erpressungen in der Welt, ihre Folgen. Die wurden dann ebenfalls herausgelassen.

Aus diesen und allgemeinen Gründen hat sich General Taylor in verschiedenen Aufsätzen scharf gegen die Wiederaufrüstung gewandt. Einem bewaffneten Deutschland würden wir nicht trauen können.

Taylors Standpunkt war damals: In Deutschland braucht man jetzt keine Armee, man hat die amerikanischen, englischen und französischen Armeen. Bloß keine Wiederbewaffnung, was mag dann wieder losgehen! Taylor ist heftig dafür angegriffen worden, und man kann verschieden darüber denken, dennoch läßt sich nicht leugnen, daß man in USA allzu leicht geneigt gewesen ist, die Frage der Wiederbewaffnung mit der Begnadigung der Kriegsverbrecher zu verbinden, was gar nicht nötig gewesen wäre.

Man ist auf die Idee hereingefallen, die Entlassung der Leute hinge mit der Unterstützung der Bundesrepublik für Korea zusammen. Diese Unterstützung hat sich vielmehr durch den unerhörten wirtschaftlichen Aufstieg der Bundesrepublik empfohlen, ähnlich wie zur Zeit des Vietnam-Krieges. In beiden Fällen wurde diese Unterstützung durch die Industrie und Arbeiterschaft begrüßt (man denke an die exportierten Transistoren und Präzisionsgeräte).

Man glaubte aber merkwürdigerweise, es ging nicht ohne die Herren Sachverständigen auf verschiedenen Gebieten; in Deutschland ist es das reine Evangelium. Ja, sie waren die Sachverständigen im Morden, aber nicht gerade die Sachverständigen für die Bundesrepublik. Der Blödsinn zum Beispiel, daß nicht ein tüchtiger Manager oder Gewerkschafter Botschafter in Washington oder London werden konnte! Nach einem Kursus von drei Monaten kann man da einen klugen Mann hinsetzen. Die amerikanischen Botschafter in der Welt, die vielfach nicht aus dem Diplomatenkreise stammen, sind ja auch nicht gerade Idioten. Aber in Deutschland glaubte man, nur der Sachverständige kann das. Und nur der alte General, der den Krieg verloren hat, angeblich deshalb, weil ihm Hitler soviel reingeredet hat, der ist fähig, an einer Bewaffnung Deutschlands mitzuwirken.

Was glauben Sie, was für ein Dampf notwendig war, um diejenigen, die im Auswärtigen Amt Personalpolitik getrieben haben, um die fünfziger Jahre davon zu überzeugen, daß alle, die jetzt wieder reindrängten und dreckige Finger hatten, dringend notwendig seien. Adenauer hat das überhaupt nicht eingesehen, aber er konnte sich dagegen nicht immer durchsetzen. Ihm lagen doch diese Leute alle nicht, er war der letzte, der von denen etwas wissen wollte. Brentano sah ebenfalls, daß da faule Köppe waren, aber die *pressure-groups*, die einen unerhörten Druck ausübten, haben allen eingehämmert: »Die müssen wieder rein«, und so glitten sie wieder rein.

Man hat zunächst Sympathisanten angestellt, das Gelichter, das die Verurteilten umschwirrte, ihre Helfershelfer, die eben nicht angeklagt gewesen waren. Damals spielte ein Trick eine Rolle: Wenn schon einer drin saß im Amte, der ein bißchen angeschlagen war, so kam natürlich ein anderer Angeschlagener an und sagte: »Wenn Du drin bist, dann kannst Du auch dafür sorgen, daß Deine früheren Kollegen die wohlerworbenen Rechte zurückerhalten.« Und die verbrecherischen Diplomaten, die besonders elegant waren in der Frage der Begnadigung ihrer Kollegen, haben fleißig in die Länder geschrieben, in denen der verurteilte Kollege stationiert gewesen war. Dann hat der frühere Außenminister sehr schön zurückgeschrieben: »Er erfreute sich hier in Rom großer Beliebtheit, weil er ein so gerechter Diplomat war.« All diese Briefe haben natürlich etwas genützt.

Am 9. Januar 1951 kam eine Delegation von Parlamentariern aus Bonn nach Frankfurt zum Hochkommissar John McCloy und bat um die Begnadigung der zum Tode oder zu Gefängnisstrafen Verurteilten. Es waren der Bundestagsspräsident Hermann Ehlers (CDU), Heinrich Hoeffler (CDU), Carlo Schmid (SPD), Jakob Altmeier (SPD) – der einzige jüdische Parlamentarier –, Hans Joachim von Merkatz (von den Rechten) und Walter Strauß vom Bundesjustizministerium, einst mein Nachbar im Amtsgericht Berlin-Mitte. Zunächst verlangten sie die noch nicht vollzogenen Todesstrafen in Gefängnisstrafen umzuwandeln, da das Grundgesetz die Todesstrafe abgeschafft habe.

McCloy war sehr zurückhaltend bei dieser Verhandlung und vertrat den Standpunkt: Was geht eigentlich das Parlament die Frage des Vollzuges oder Nichtvollzuges der Todesstrafe bei Leuten an, die nur zufällig in Deutschland verurteilt worden sind. Die Verbrechen hatten sie im wesentlichen außerhalb Deutschlands begangen, sie wären ebensogut in Polen oder der Tschechoslowakei zu verurteilen gewesen, wo die Todesstrafe immer zulässig war.

Der Bundestag hatte bereits im Jahr 1950 einstimmig eine Petition beschlossen, die Amerikaner zur milderen Beurteilung der Verurteilten zu veranlassen: Beseitigung der Todesurteile und allmähliche Begnadigung für die Freiheitsstrafen. Ich kenne kaum einen in Deutschland, der sich dafür stark gemacht hat, daß die Leute ihre Strafe absitzen; es hat natürlich jedesmal kolossales Hallo gemacht, wenn wieder ein paar begnadigt wurden. Das hat zu einzelnen politischen Eingaben von jüdischen Organisationen und Widerstandskämpfern geführt, daß man da ein bißchen vorsichtiger sein sollte. Die Angehörigen der Verbrecher haben die Geistlichkeit einzuspannen versucht, die sich aus familiären Gründen ja nicht dagegenstellen konnten, daß man den Vater der Familie losläßt.

Ich hatte einmal erfahren, daß sich Kardinal Michael von Faulhaber noch während eines Prozesses für einen Angeklagten einsetzen wollte, und da fragte ich in München an, ob ich nicht mal runterkommen könnte, um den Kardinal zu sprechen. Eine sogenannte Audienz wurde anberaumt, wir sprachen einige Worte miteinander, und Faulhaber fragte: »Wo sind Sie denn geboren?«

»In Freiburg im Breisgau.«

»Dann können wir offen sprechen, Herr Kempner. Dann sind Sie ja auch Alemanne, wie ich.«

Ich sage: »Eminenz, wie ich höre, waren Sie an einem Fall interessiert; ich habe die dazugehörigen Dokumente mitgebracht.«

Er las sie und sagte: »Wenn ich das gewußt hätte, wäre ich nie auf den Gedanken gekommen, mich für diesen Mann einzusetzen!«

Nach dem Besuch bedankte er sich, daß ich ihn belehrt habe. Die deutsche Presse, oder besser das, was man damals noch Rechts-Presse nennen konnte, entfaltete zwar einen kolossalen Rummel, das Ärgste aber war, wie mir McCloys Pressesprecher Arthur Settel fassungslos erzählte, »die meisten, die diesen Rummel veranstalten, wissen gar nicht, was in den einzelnen Urteilen steht!« Darum wurde ich, als die Verhandlungen mit der Bundesregierung schwebten, gebeten, einige hundert Exemplare von General Taylors Schrift über die Nürnberger Prozesse zu beschaffen. Sie wurden deutschen Ämtern zugänglich gemacht, auch den Zeitungen, damit man endlich lernte, was die Verurteilten eigentlich verbrochen hatten.

Die Gerichtsverhandlungen waren auch nicht sehr sorgfältig von der Presse beobachtet worden. Im IMT-Prozeß war das bis auf wenige Ausnahmen der Fall, im Wilhelmstraßen-Prozeß war es passabel. Aber wenn man heute Presseausschnitte sucht, in denen steht: »Es hat eine Verhandlung über Einsatzgruppen der SS stattgefunden. Die Anklage war sehr kurz, denn es wurden sämtliche Mordbefehle, die die Einsatzgruppen durchführten und die Berichte, die sie selbst über ihre Massaker zusammenstellten, dem Gericht überreicht.« Eine solche Berichterstattung wird man nicht finden, das Interesse war erlahmt.

Dabei ist natürlich der Lebensstil in Deutschland zu berücksichtigen. Die Menschen suchten ihre Kohlen, waren froh, wenn die Ernährung einigermaßen lief. Schön, da wurden Dutzende von SS-Einsatzgruppenmördern verurteilt, aber wer nicht gerade den Leuten nahegestanden hatte, familiär oder politisch, den kümmerte das nicht. Von amerikanischer Seite wurde in diesen Jahren die *publicity* über diese Sachen auch auf kalter Flamme gekocht.

McCloy prüfte sehr ernsthaft die gesetzliche Grundlage, focht nicht die Urteile an, aber stellte immer wieder die Frage: Wie ist der Vergleich der einen mit der anderen Strafe? Natürlich ist er vielen Gnadenwünschen am Ende nachgekommen. Man kann sagen, daß McCloy in seinen Berichten der Begnadigung vielleicht geneigter gewesen ist, als es irgendein anderer, ein Strenger, gewesen wäre, Clay beispielsweise. Trotzdem war es eine peinlich durchdachte Aktion, und Washington war mit den Entscheidungen seines Prokonsuls einverstanden. McCloy hat absolut im Rahmen der gewendeten Politik, der Politik gegenüber dem zukünftigen Verbündeten, gehandelt.

Es kam dann im Jahre 1955 zum Überleitungsvertrag und der Gnaden-Kommission, und damit war die Sache entschieden.

Eine Reihe von Todesurteilen waren von McCloy in lebenslängliche Strafen umgewandelt worden, in fünf Fällen hat McCloy gesagt: »Nein, ich begnadige nicht.« Den Vollzug der Freiheitsstrafen sollte die gemischte Gnaden-Kommission, aus Deutschen und Alliierten gebildet, überprüfen und in Vorschläge kleiden. Aufgrund der Gutachten wurden – bis Mitte der fünfziger Jahre – alle in Nürnberg Verurteilten, auch die Lebenslänglichen, allmählich entlassen, mit Ausnahme der Spandauer Häftlinge aus dem IMT-Prozeß. Denn sie unterstanden nicht der amerikanischen Jurisdiktion.

Die allgemeine Marschlinie der deutschen Kommissionsmitglieder war: ›die Leute rauszulassen!‹ Das waren ja auch Wählerstimmen; wer sich am meisten einsetzte, hatte mehr Stimmen. Wer den Lobbyisten nicht folgte, nahm eben einen Stimmenverlust seitens der entsprechenden Familien, ihres Anhanges und der mitfühlenden Kollegen in Kauf.

Bedauernswert war, daß nicht wie in allen anderen Gnadenaktionen der Welt die Richter, die geurteilt hatten, gefragt wurden: Sind diese Typen einer Begnadigung würdig? Wie denkt die Anklagebehörde über einen Gnadenerweis? Sieht der Richter in seinem eigenen Spruch und in den Umständen noch irgendwelche Gründe, familiäre Gründe etwa, weshalb man den Mann frühzeitig rauslassen sollte? Das ist leider unterblieben.

Zur Zeit der Prozesse, während der ganzen Periode, war und blieb Nürnberg recht unabhängig. Wir fühlten uns innerhalb des politischen Getriebes als ein juristischer Elfenbeinturm. Jemand anderen ließen wir in unsere Karten gar nicht reingucken, wir wollten nicht von irgendjemandem Bemerkungen hören, wie »Na, *der* war doch gar nicht so schlimm!« Denn diese Ratschläge kommen schnell. Wenn irgendetwas in der Verwaltung nicht klappte, haben wir immer gesagt: »Wir sind eine unabhängige gerichtliche Einheit, wir stehen direkt unter einer *executive order* des Präsidenten.« Das rührte von Roosevelt her und wurde von Truman übernommen. »Wir haben hier als ein Strafgerichtshof mit internationalen Vorzeichen unsere Pflicht zu tun, ganz egal, was andere in einer politischen Lage heute über Rußland, über Deutschland oder über sonstwas denken. Wir haben nur mit diesen Verbrechern zu tun.« Daran hat sich bis zum letzten Urteil im Wilhelmstraßen-Prozeß vom Frühjahr 49 nichts geändert. Ich glaube, daß die Wertungen der Richter von der damaligen außenpolitischen Betrachtung unabhängig waren, selbstverständlich nicht unabhängig von ihrer Auffassung über Schuld und Sühne.

Ich will auf eine wichtige Bestimmung im Überleitungsvertrag von 1955 eingehen, durch den der letzte Rest von Nichtsouveränität der Bundesrepublik beseitigt wurde. Dort steht ein Paragraph: Die Urteile der Nürnberger Prozesse und anderer Militärprozesse dürfen nicht angetastet werden. Damit sollten die Urteile geschützt werden vor politisch motivierten Wiederaufnahmeversuchen. Das war deshalb notwendig, weil Freunde und Sympathisanten der Verbrecher des Dritten Reiches nachträglich eine Restaurierungskampagne versuchten und immer sagten: »Wenn Deutschland wieder allein zu sagen hat, werden wir schon juristische Mittel und Wege finden, um die ungerechten Urteile gegen diese Gentlemen aufzuheben.« Ferner war die Klausel enthalten: Wenn gegen jemand ein Urteil gefällt oder sein Verfahren auf andere Weise abgeschlossen war, konnte die deutsche Justiz nicht mehr gegen ihn vorgehen. Darauf haben sich zahlreiche Verbrecher berufen, als sie von deutschen Gerichten belangt werden sollten. »Mein

Fall ist in Nürnberg schon erledigt worden; Herr Kempner hat mir gesagt, ich kann nach Hause gehen.«

Das war eine völlige Verdrehung der Nürnberger Gegebenheiten, dort wurden Tausende von potentiellen Angeklagten als Zeugen vernommen und nachträglich kam heraus, daß sie irgendeine Straftat begangen hatten, von der wir gar nichts wußten. Man hatte mit den Leuten oft gar nicht über die sie selbst belastenden Dinge gesprochen, sie waren wichtig in einem ganz anderen Komplex. Seine Ratifizierung wurde jahrelang aus durchsichtigen Gründen verschleppt. Als im Jahre 1948 Nürnberg im wesentlichen geschlossen wurde, waren die Gefängnisse noch halbvoll und den Insassen wurde gesagt: »Sie werden hier losgelassen. Wir benachrichtigen aber die deutsche Staatsanwaltschaft, ob etwas an Ihrer Sache dran ist.« So etwas war in keiner Weise ein abgeschlossenes alliiertes Verfahren.

Allmählich kamen die Nürnberger Verurteilten heraus, und zwar solche am ehesten, an deren Fingern nicht direkt Blut klebte. Sie konnten sich hinter ihrer Amtstätigkeit und der Phrase »ohne uns hätte es noch viel schlimmer werden können« verstecken. Ein Ablauf, vor dem meine Freunde und ich von amerikanischer, aber auch von deutscher Seite her ständig gewarnt hatten.

Die Folge war, daß in deutschen NS-Prozessen manche der alten Nürnberger als Zeugen auftraten und ganz gleichgültig, was sie sagten, machte es doch einen verheerenden Eindruck, wenn vor dem Richter kleine Leute stehen, deren Verteidiger sagen können: »Aber die Großen haben die Amerikaner zusammen mit deutschen Regierungsstellen freigelassen; nach dem Grundgesetz ist jeder vor seinem Richter gleich. Wieso will man den Leuten, die nur zehn, nur hundert oder nur fünfhundert ermordet haben, an den Kragen, während ihre Auftraggeber längst begnadigt worden sind?«

Für mich spielt es keine entscheidende Rolle, ob der Verurteilte zehn oder zwanzig Jahre hätte sitzen müssen. Man kann über ein Strafmaß sehr verschieden denken, darüber argumentiere ich gar nicht. Was wiegt, ist das psychologische Klima, das diese Entlassungen für die ganze deutsche Rechtsprechung geschaffen haben. Von den Empfindungen der Nazi-Opfer überall in der Welt ganz zu schweigen.

Da kommt plötzlich als Zeuge der Verteidigung der ehemalige Reichsbevollmächtigte für Ungarn, Edmund Veesenmayer. Alle Vorbringungen der Anwälte hatten den Unterton, daß angesichts dieses längst begnadigten Zeugen, auf der Anklagebank doch nichts als kleine Würstchen säßen. In Wirklichkeit waren das die unteren und mittleren Henker. Außerdem war diese Zeugenschar besser angezogen. Und wenn einer besser aussieht und die Hände nicht mit Blut befleckt, sondern durch eigene Memoiren weißgewaschen sind, wirkt er doch hübscher als früherer Hitler-Minister, als wenn er vor Gericht durch ein Dokument überführt mit tiefblutiger Weste steht. Denken wir bei diesen Sachen immer an die irrationalen Gründe der richterlichen Tätigkeit.

Als Konstantin von Neurath, der frühere Reichsaußenminister von Ribbentrop, aus Spandau zurückkam, hat ihn der von mir sehr verehrte Bundespräsident Heuss förmlich in der württembergischen Heimat begrüßt. Und als andere Helden des Verbrechertums entlassen wurden, haben zahlreiche höhere Leute sie ebenfalls nett empfangen. Und heute noch, wenn man sie trifft, reden sie begeistert davon, in was für einem fairen Nürnberger Verfahren sie verurteilt wurden und wie glücklich sie sind, daß dann alles gegen sie abgeschlossen wurde und sie nicht noch in der deutschen Justizmaschine gelandet sind. Vor der hatten sie eine unerhörte Furcht. Sie fürchteten nämlich, daß noch viel mehr gegen sie herauskommen könnte.

Tausende von Dokumenten

Der Gerichtsstaat Nürnberg verschwand, und nun kommt etwas Trauriges: Wir hatten keine Nachfolge-Organisation. Was geschieht mit dem unerhörten Material, das in mehr als vier Jahren, seit 1945, gesammelt worden war? Tausende Kilometer von Akten, die meisten davon schwer belastend für bestimmte Personen.

Zunächst kam General Taylor auf eine Idee, die schon im Zuge von Besuchen des bayerischen Ministerpräsidenten Högner und des Gerichtspräsidenten von Bamberg, des späteren Bundesjustizminister Thomas Dehler besprochen worden war: Originale oder Abschriften werden der deutschen Justiz überlassen mit dem üblichen Spruch ›That's your baby now‹. Es wurde ein dreiköpfiger Verbindungsstab geschaffen, der zunächst die dicksten Akten übernahm, darunter der spätere Oberstaatsanwalt in Nürnberg, Hans Sachs, und mein persönlicher Freund Ernst Aschner, mit dem ich 1933–35 in Berlin als Devisenberater assoziiert war, früherer Berliner Arbeitsrichter, später nach Shanghai verschlagen und zuletzt in Australien Generalkonsul der Bundesrepublik, ferner der Nürnberger Oberlandesgerichtsrat Henkel. Den dreien, die dazu noch schlecht mit Hilfsarbeitern ausgerüstet waren, händigte man immer mehr und mehr Akten aus. Mit Aschner und auch mit Hans Sachs sprach ich über einzelne Fälle: »Wie soll man das hier überhaupt schaffen? Was sollen wir festhalten?«

Es landeten dort die Akten über nichtangeklagte Mitglieder der Reichskanzlei, und Aschner, der bald als Landgerichtsdirektor nach Frankfurt ging, nahm unzählige Dokumente aus der Phase der Vernichtung der ungarischen Juden mit. Die Vorgänge im Auswärtigen Amt zum Beispiel, aus der Abteilung Deutschland, wo die Judenmorde mitarrangiert wurden – die Komplizen des Herrn Eichmann gerieten nach Düsseldorf. Die fraglichen Herren waren Legationsrat Rademacher, Legationsrat Thadden, ein gewisser Klingenfuß, der inzwischen Vorsitzender einer deutsch-südamerikanischen Handelskammer geworden war, er war der Kleinste von der Gruppe, und schließlich der große Horst Wagner. Sein Titel war Vortragender Legationsrat, man nannte ihn jedoch Geheimrat Wagner, ich weiß nicht warum. Von Wagner, Thadden und Rademacher existierten zahlreiche Dokumente, in denen sie Eichmann positive Antworten auf dessen Wünsche zur Deportation gaben, ich habe nicht *eine* negative gesehen. Auf deutsch: Ihre Zustimmung zum Mord. Natürlich wußten sie in ihren Unterhaltungen mit mir nicht, daß Deportation Mord war.

»Was dachten Sie, geschieht mit den Menschen?«

»Ja, die würden dort arbeiten.«

Von der wirklichen Bedeutung von Auschwitz, Treblinka, Sobibor ahnten sie nichts und fingen erst dann etwas zu ahnen an, als ich ihnen das Wannseeprotokoll zeigte oder ihnen vorhielt, was der Abteilungschef, Unterstaatssekretär Martin Luther verfügt hatte, der mit Genugtuung bescheinigte, wie tüchtig man in dieser Endlösungssache im Auswärtigen Amt gewesen war.

Rademacher kam am 4. Februar 1952 vor das bayerische Gericht in Nürnberg. Furchtbare Aufregung unter seinen früheren Kollegen: Was geschieht uns, die wir wieder in Auswärtige-Amts-Stellungen reinrükken wollen oder schon drin sind? Ist er anständig oder wird er auspakken? Kurz vor dem Prozeß wurde vom neuen AA ein besonderer Unterhändler nach Nürnberg geschickt, der mit dem Staatsanwalt einmal sprechen sollte, daß diese Sache nicht zu groß aufgebauscht würde. Zu groß aufgebauscht heißt juristisch, nicht in all ihren Einzelheiten und Seitenverbindungen aufgeklärt zu werden brauche. Ich bekam Wind von der Sache und das wiederum war den Vorgesetzten, die den Mann nach Nürnberg geschickt hatten, sehr unangenehm.

Was hat ein Beamter des neuen Auswärtigen Amtes damit zu tun, wenn ein früherer sogenannter Kollege aus der Mannschaft Ribbentrops in Morde verwickelt ist? Die Fälle brauchen nicht klein oder groß gemacht, die müssen so vorgetragen werden, wie sie waren.

Rademacher bekam eine kleine Strafe, er wurde nicht als Mörder, sondern als Gehilfe bei Totschlag verurteilt. Die Nürnberger Staatsanwaltschaft legte Revision ein. Damals wurde dieser Begriff ›Beihilfe‹

großgeschrieben, obwohl das Reichsgericht früher in Dutzenden von Fällen klar entschieden hatte: Wer die Türe aufhält, damit der Mörder das Opfer erschießen kann und nachher alle verdächtigen Gegenstände und Blutspuren beseitigt, ist Täter. So war es, solange ich Juristerei gelernt habe. Die Verteidigung Rademachers wurde vom Auswärtigen Amt instruiert, daß anstelle Rademachers Adolf Eichmann als Schuldiger dastehen solle.

Man wollte Leute, von denen man Ähnliches zu hören vermutete, aus der Angelegenheit raushalten.

Das Urteil paßte mir nicht, die jüdischen Gemeinden waren entsetzt, und ich wurde gebeten, mich in das Verfahren einzuschalten. Ich bekam von einigen Angehörigen der Rademacher-Opfer die Vollmacht und trat in dem Verfahren als Nebenkläger auf. Mit der Nürnberger Staatsanwaltschaft plädierte ich vor dem Bundesgerichtshof, der das Verfahren zurückverwies nach Bamberg. Als dort Termin war, traf ich Herrn Rademacher. Er kam rein, sah mich dort, ging sehr höflich auf mich zu, wollte mir die Hand geben.

Ich sage: »Nein, Herr Rademacher, ich habe Schnupfen und will nicht, daß Sie sich anstecken.«

»Herr Dr. Kempner, wir sind inzwischen beide älter geworden.«

Was das sollte, verstand ich nicht ganz, war vielleicht ein Anknüpfungspunkt. In der Tat hatte er damit gar nicht so unrecht, denn noch während die Revision vor dem Bundesgerichtshof schwebte, konnte er nach Syrien entschwinden, wo er jahrelang Geschäfte abwickelte. Er wäre gern zurückgekehrt, zumal er mit syrischen Behörden aneinandergeraten war, so daß er sich schließlich mehr oder weniger abschieben ließ. Rademacher hat nicht damit gerechnet, daß ihm in Deutschland noch etwas zustoßen könnte.

»Es war falsch von Ihnen, aus Ihrem Versteck im Nahen Osten wieder aufzutauchen«, sagte ich. »Das kann schief gehen hier, ich weiß nicht,ob das so glatt für Sie laufen wird, wie bei Ihrem ersten Urteil.«

Die Dokumente gegen Rademacher waren vernichtend. Zum Beispiel telefonierte er dauernd mit dem Eichmann: »Was soll man mit den Juden in Serbien machen?« In dem Aktenvermerk stand groß geschrieben: »Eichmann schlägt erschießen vor«, mit einem ›R.‹ unterzeichnet. Gar keine lange Prozedur mit den Juden. Das ist eines der Dokumente, die ich zum Eichmann-Prozeß nach Jerusalem gegeben habe.

Sechzehn Jahre nach seinem ersten Urteil wurde Rademacher vom Landgericht Bamberg am 2. Mai 1968 wegen Beihilfe zum Mord an 3230 rumänischen und serbischen Juden mit 5 Jahren Gefängnis bestraft. Weil zwei Drittel der Strafe durch die Untersuchungshaft als verbüßt angesehen wurden, ordnete der Richter die sofortige Freilassung Franz Rademachers an. Er war bereits krank und ist bald verstorben.

Rademacher war eine kleinere Figur als die Abteilungsleiter, Unterstaatssekretäre und Staatssekretäre, die da mitgemacht haben. Mich interessierte darum immer: Was ist aus seinem Vorgesetzten Horst Wagner geworden? Der Komplize Thadden war bei einem Autounfall umgekommen. Der Fall Horst Wagner lag in Düsseldorf und ging irgendwie nicht weiter. Ich beobachtete das als Vertreter der Opfer und telefonierte eines Tages mit dem mir befreundeten Justizminister von Nordrhein-Westfalen, Josef Neuberger, einem sehr tüchtigen Mann. Ein früherer Anwalt, der aus der Emigration in Israel zurückgekommen war.

Und Neuberger sagte mir am Telefon: »Das liegt an Ihnen.«

»Das liegt an mir? Sie sind doch der Justizminister!«

»Kempner, Sie haben in der Sache noch nicht genügend Krach gemacht.«

»Das ist nicht meine Aufgabe, Krach zu machen. Es ist die Sache des Justizministers, sich die Sachen näher anzusehen. Das kommt und kommt nicht vom Fleck.«

»Nein, es ist Ihre Schuld, Sie machen nicht genügend Krach.«

Damit meinte er: Bei uns funktioniert etwas nicht. Da sind Hemmungen. Kümmern Sie sich von außen darum.

Der brisante Aktenvermerk, ohne den Rademacher in der serbischen Sache schwer zu überführen gewesen wäre, zählte zu den zehn Prozent Dokumenten, die nicht für die 199 Nürnberger Angeklagten aufgebraucht, aufgezehrt worden waren. Die Papiere wurden bei uns durchgesiebt – »Paßt auf den Weizsäcker, paßt nicht auf Weizsäcker, paßt auf irgendeinen kleinen Beamten, der vielleicht längst tot ist, vielleicht für die deutsche Justiz noch gut.«

Die Stapel lagen zunächst auf dem Sofa herum und kamen von dort in die Aktensammelstelle. Ein furchtbarer Wust von Tausenden von Dokumenten. Sie sehen, da standen nicht nur ein paar große Verbrecher vor Gericht, sondern es war ein monumentales juristisches Hochhaus und keine Strafkammer, wo nach Ende der Verhandlung der Gerichtsschreiber von der Abteilung 5 den Saal abräumt und die Unterlagen ablegt, so daß man sie noch zehn Jahre danach normalerweise finden kann.

Doch dieser Justizstaat, der unterging wegen Mangels in der Washingtoner Kasse, fand keine Nachfolger. Und daher sind leider viele Sachen umgekommen, die noch explosiven Wert hatten. Vieles ist bei den Putzis gelandet, die Feuer damit gemacht haben oder sonstwo im Dreck. Illegal konnte nichts herausgenommen werden, darauf wurde sehr aufgepaßt. Beim Einzug der Amerikaner im IG-Farben-Hochhaus in Frankfurt, wo die Truppen Quartier nahmen, haben Soldaten Akten genommen und als Matratzen benutzt. Gegen so etwas ist kein Kraut gewachsen, denn da sind Jungs dabei gewesen, die zu Papier keine Beziehung haben, auch nicht zur IG-Farben, sondern nur zu ihrem Rücken, und lieber auf Papier schliefen als auf hartem Boden, auch wenn man es etwas zerknittern mußte.

Gelegentlich sind Schriftstücke verschwunden, ohne daß man je dahintergekommen wäre, wo sie gelandet sind. Ich hatte mir Monate lang ein hübsches Schriftstück aufgehoben, das ich Göring und Rosenberg vorhalten wollte. Der Originalbrief vom Reichsmarschall an Minister Rosenberg, der in Paris an der Spitze einer besonderen Kommission inthronisiert war, um jüdischen Besitz, Kunstgegenstände, Gemälde und Erstausgaben zu stehlen. Angeblich für das Reich. Wenige Monate nach der Eroberung von Paris, schickte Göring den selbstunterzeichneten Brief, in dem es dem Sinne nach heißt:

Parteigenosse Rosenberg! Schön, daß Sie dieses Amt haben, das Sie ja auch wunderbar verwalten werden. Da der Einmarsch nach Frankreich und die Eroberung von Paris nicht zuletzt auf meine militärischen Ratschläge und meine Flieger zurückzuführen ist, bitte ich, meine Arbeit entsprechend zu würdigen. Ich kann nach der Sachlage zehn Prozent aller Wertsachen beanspruchen für Zwecke, die ich für richtig halte.

Diesen Originalbrief von Göring habe ich in Paris, als ich aus Amerika nach Nürnberg kam, gefunden, dem Ordner von Rosenberg entnommen und verschlossen. Ich wollte davon Gebrauch machen, um zu zeigen, daß das Dritte Reich nicht lediglich ein weltanschauliches Himmelreich war. Dieser Originalbrief ist verschwunden!

Als Görings Vernehmung – noch vor Prozeßbeginn – an die Reihe kam, wollte ich ihm den Brief noch nicht vorhalten lassen. Ich wollte, daß Justice Jackson ihm während des Kreuzverhörs ins Gesicht knallen konnte. »Soeben ist mir von meinem Mitarbeiter ein Dokument überreicht worden. Ich habe 20 Abschriften für die Verteidigung anfertigen lassen. Ich lese in englischer Übersetzung – . . .« Das hätten Sie immer durchbekommen! Man muß auch mal seinem Chef, den man verehrt, eine Kanone zum Abfeuern hinstellen, besonders, wenn man ahnt, daß er bei dem Göring in Bedrängnis kommen kann.

Ich war immer wieder verblüfft, daß all die Verbrechen niedergeschrieben worden waren. Man hätte die Analyse der Niederschriften fortsetzen müssen und nicht einzelnen Forschern überlassen dürfen, die mit Mühe und Not und einem schlechten Budget gearbeitet haben. Das führt zu einem Zustand, daß heute jede Woche jemand in meinem Büro anruft: »Ich sitze in Berlin oder in Paris und habe ein Stipendium für folgendes Thema . . . Können Sie mir da helfen?«

Es gab natürlich sofort 1949 interessierte und clevere Leute, die an solchen Dokumenten Bedarf hatten. Wenn so ein zuverlässiger Mensch zu einem kam und die Akten auf dem Sofa lagen, sagte man eben: »Ich will davon nichts wissen« und ging aus dem Zimmer raus. Das Sofa war nachher leer.

Das war uns ganz recht – General Taylor hat immer den Standpunkt vertreten, je mehr davon gebraucht wird, um so besser ist es. Wenn Ihnen am Schluß von den *budget*-Leuten in Washington die Tür vor der Nase geschlossen wird und Sie sollen reinen Tisch machen, dann gibt man es lieber jemandem, von dem man weiß, er wird es verwenden und verwahren, als einem unbekannten Lastwagenfahrer, der es angeblich gut zu einer Stelle bringt, und wenn der Wagen umfällt, Feuer damit macht. Das ist ja wertvolles geschichtliches Gut. Die *National Archives* in Washington erhielten gewisse Sachen, die leider in einem schauderhaften Zustand waren, ohne chronologische Fortsetzung, so daß es eine Heidenarbeit war, das Material einigermaßen in Ordnung zu bringen; endgültig ist das erst in den letzten zwei Jahren geschehen. So liegt die beste Sammlung deutscher Nazi-Akten zu Washington in ausgezeichneter Zusammenstellung und Registrierung, die ein jeder Sachkenner bewundert. Dank an John Mendelsohn! In der *Library of Congress* ist man sehr wild darauf, sehr eitel, so etwas zu besitzen. Ich kriege heute noch Berichte von den Herren, welche Mikrofilme sie wieder gemacht haben. Ein weiterer Teil wurde in dem berüchtigten *Document Center* in Berlin deponiert. Ich glaube nicht, daß diese Dokumente heute noch ausgedehnten Personenkreisen weh tun. Aber es bringt nachträglich eine Blamage, die die betreffende Gruppe nicht gerne erlebt. Der Ort, an dem die meisten Sachen gelandet sind, ist das Bundesarchiv in Koblenz. Ich habe in den letzten Jahren manchmal dort gebeten, mich nochmal eine Sache ansehen zu lassen, die ich vor 35 Jahren in Händen hatte. Zuguterletzt kam ein würdiger Herr namens Dr. Mommsen, der sich als deutscher Archivar vorstellte. Er wurde später Präsident des Deutschen Bundesarchivs in Koblenz. Er meinte, daß vieles umkommen würde, was man besser sicherstellte. »Okay«, sagten wir, »solange es keine Nazistelle ist.«

Dieser Herr Mommsen kam wenige Tage später mit drei anderen Herren, die riesige Kästen auf dem Rücken trugen von der Art, mit denen man früher in Berlin die Briketts die Treppen raufgetragen hat. In diese Brikettkästen wurden Akten, Protokolle, Kopien von Anklageschriften und Verteidigungsschriftsätzen gepackt, die sonst dem Untergang geweiht gewesen wären.

Nun, die deutsche Justiz hatte genügend Akten, weitere waren ihr leicht zugänglich. Es waren wichtige und schwierige Fälle darin enthalten, denn der Nürnberger Militärgerichtshof hatte sich mit 199 Angeklagten befaßt, während Tausende von Beschuldigten herumliefen. Von so vielen hatten wir keine Aktensammlung angelegt, doch am Rande unserer Prozesse wimmelten Hunderte von Personen herum, die noch justitiell verarztet werden mußten. Da die Londoner Charter nur Hauptkriegsverbrecher betraf, die in verschiedenen Ländern tätig gewesen waren, ließ sie unzählige Taten übrig, die so nicht zu erfassen waren. Dann waren doch aber die Tausende, die hiermit nicht erreicht und erfaßt werden konnten. Zynisch, aber wahrheitsmäßig ausgedrückt, haben wir manchem Herrn gesagt:

»Wir sind hier nicht für Sie zuständig, denn Sie haben weniger als fünftausend Personen ermordet. Wir werden Ihre Akten der deutschen Justiz übergeben.«

Von uns aus gesehen mögen das Randfiguren gewesen sein, aber dennoch handelte es sich um ganz große Verbrecher.

Vor dem Ende Nürnbergs hatte ich mir die ausdrückliche Genehmigung besorgt, Kopien all meiner Vernehmungen und Akten mitzunehmen. Ich wußte eines: Wenn ich einmal darüber etwas schreiben wollte und deshalb erst lange mich an Archive hätte wenden müssen, so wären zwar nette Antworten eingetroffen, aber manche Sachen nicht zu finden gewesen. So aber hatte ich meine Unterlagen.

Nebenklagen

Es gibt in der deutschen Strafprozeßordnung § 395 die Bestimmung, daß Eltern, Ehegatten, Kinder und Geschwister eines Getöteten durch einen Anwalt an einem Strafprozeß als Nebenkläger mitwirken können. Die Nebenklagevertreter haben ähnliche Rechte wie der Staatsanwalt. Im Normalfall sind die Nebenkläger meist die Geschädigten in einem Verkehrsunfall. (Einfachheitshalber nenne ich den Anwalt des Geschädigten den Nebenkläger.) Durch die Nebenklage sollen vor allem die Interessen der Opfer gewahrt und dem Gericht vorgetragen werden, da dies ja nicht Hauptaufgabe des Staatsanwaltes ist, der sich hauptsächlich auf den Angeklagten zu konzentrieren hat.

In politischen Prozessen war das neu. Allmählich war ich mit all diesen Staatsanwälten befreundet, denn sie sahen ein, wie ich ihrer Sache helfen konnte – Fragen stellen, die heikel sind, komplizierte Zeugen vernehmen, die der Staatsanwalt ungern vernehmen möchte, während der Nebenkläger viel rücksichtsloser auftritt. Selbstverständlich darf er nicht eine Rolle spielen wollen, die der Staatsanwalt nun einmal spielen muß.

Zunächst wurde ich tätig bei der Verfolgung des Mörders eines – im Sinne der Nazis – Gewerbs- und Gewohnheitsverbrechers, Felix Fechenbach. In der Zeit der bayerischen Räterepublik war er der Sekretär des vom Grafen Arco ermordeten Chef der damaligen Regierung Kurt Eisner gewesen. Fechenbachs ›Verbrechen‹ lauteten: Er war ein Jude, er war ein Sozialdemokrat und er war ein Pazifist. Ich kannte ihn gut aus der *Liga für Menschenrechte.* In Detmold, wo er bis 1933 Chefredakteur des SPD-Blattes war, hatte er die Frechheit gehabt, in Artikeln Nazis zu attackieren, was nicht einfach war für den Mann in seiner kleinen Stadt mit einer nicht allzu großen sozialdemokratischen Mehrheit. Deshalb mußte er im August 1933 ermordet werden. SA und allerhand Gesindel haben ihn auf einem Transport von Detmold nach Dachau beim Austreten im Wald von Scherfede erschossen.

Einer der Mörder war schon früher bestraft worden, jetzt tauchte ein neuer Angeklagter auf, der SA-Mann Friedrich Grüttemeyer, gegen den noch seit vielen Jahren ein Haftbefehl lief. Dieser Schlaukopf ging, als er 65 Jahre alt war, zur Behörde wegen einer Altersrente, zeigte seinen Ausweis vor, der Sozialbeamte blätterte in den Akten, ihm kam etwas komisch vor und er sagte: »Kommen Sie in zwei Tagen wieder.«

Grüttemeyer kam wieder und der Beamte meinte: »Ich verstehe gar nicht, was Sie wollen, Sie sind doch längst tot. Sie sind gefallen.«

Grüttemeyer hatte sich seinerzeit die Papiere eines Gefallenen verschafft und war in die Personalien des toten Soldaten gekrochen. In einer Entfernung von wenigen hundert Metern vom größten Strafgefängnis Nordrhein-Westfalens hatte er über ein Jahrzehnt unerkannt unter dem falschen Namen gelebt. Aber seine Freunde und Bekannten bohrten: »Du bist jetzt 65, Du Dämlack, Du mußt jetzt Deine Altersversorgung bei der BfA verlangen. Geh endlich hin!« Und der Rentengierige hat natürlich nicht gedacht, daß noch ein alter Haftbefehl gegen ihn vorliegt und die BfA Papiere hatte. Denn nachdem bei der BfA festgestellt worden war, das ist gar nicht der Mann, der Ansprüche haben könnte, denn er ist ja tot, hat man natürlich nach dem richtigen Namen des Antragstellers geforscht. Und das ging dann sehr schnell.

Der Mann soll eben vorsichtig sein, wenn er zuviel Butter auf dem Kopf hat und nicht nach 'ner kleinen Rente gucken, da kann Schlimmes herauskommen.

Grüttemeyer wurde verhaftet, flüchtete natürlich in Krankheit, Atteste, schließlich kam es 1968 zur Verhandlung vor dem Schwurgericht Paderborn.

Merkwürdigerweise saß dicht neben dem Angeklagten seine Tochter, und wenn kritische Fragen auftauchten, beugte er sich zu ihr herüber und fragte: »Wie war das denn damals?« Auf Richter, Staatsanwalt und Nebenkläger wirkte das etwas lächerlich, denn woher sollte die viel jüngere Tochter all die Schandtaten des Vaters kennen?

Ein alter Nürnberger »Klient« von mir trat auf als Zeuge über die Vorgänge in Schaumburg-Lippe 1933, ein ehemaliger Staatssekretär Riecke aus dem Landwirtschaftsministerium Darrés, der die Sklavenarbeiter unterernährt haben soll; deshalb war er in Nürnberg gewesen. Natürlich freute er sich, mich wiederzusehen. Er war im Freigelassenenverein, ihm war nichts Großes nachzuweisen. Was ist das schon, Sklavenarbeiter unterzuernähren, wenn sie solange noch arbeiten dürfen und erst danach verschwinden?

Das Beeindruckende war, wie schwer sich dem Gericht und dem tüchtigen Verteidiger klarmachen ließ, daß schon im Sommer 1933 Leute glattweg umgelegt wurden als politische Gegner. »Ja, wurden da schon Leute ermordet?« fragt mich der Verteidiger in der Pause.

Der Grüttemeyer bekam als Mordhelfer ganze fünf Jahre für diese schauderhafte Tat. Ich hielt das Urteil für falsch. Am Ende des Verfahrens gab es im Restaurant eine Zusammenkunft mit den Richtern, dem Staatsanwalt, dem Verteidiger und dem Nebenkläger. Ich hatte eine so angenehme Zusammenkunft nach einem derartigen Prozeß noch nicht kennengelernt. Da ich als Nebenkläger für die Witwe Irma Fechenbach auftrat, war gefragt worden, welche Strafe ich verlangte. »Ich stelle keinen Strafantrag. Für Mord ist lebenslänglich fällig. Ich beantrage, daß auf Kosten des Verurteilten in dem Walde bei Scherfede an dem Baum, wo Fechenbach niedergeschossen wurde, ein Gedenkstein errichtet wird.«

Das war technisch kein Strafantrag, doch tatsächlich wurde auf Betreiben des sozialdemokratischen Bundestagsabgeordneten August Berlin und mit Hilfe des Nordrhein-Westfälischen Ministerpräsidenten Heinz Kühn ein Gedenkstein errichtet und eine Feier veranstaltet. Der Ministerpräsident kam mit seinem Helikopter angeflogen und hielt im Wald eine Ansprache. Die 78jährige Witwe Irma und ich sprachen danach. (Ich hatte sie in USA kennengelernt, wo sie als Krankenschwester ihre drei Kinder aufgezogen hatte.) Von einer Panzergrenadierdivision war ein riesiger Findling herbeitransportiert worden und ich fragte den Obersten: »Wie kommt das, daß die Reichswehr sich so dafür interessiert hat?«

»Ich muß Sie berichtigen«, lachte er, »das hat die Bundeswehr gemacht!«

Einen Moment war mir der Gedanke gekommen, was der Pazifist Fechenbach wohl zu soviel militärischen Ehren gesagt haben würde. Dann erzählte mir der Oberst, daß sein Schwiegervater bei der Verschwörung vom 20. Juli in Paris von der Gestapo umgebracht worden war und er deshalb an dem Fall besonderen Anteil nehme.

In der Zeit bis 1955 entwickelte sich bei den amerikanischen Besatzungsbehörden ein Leisetreten, weil es einfach in das Programm gehörte, Deutschland nicht auf die Füße zu treten. Der Druck auf die deutschen Verwaltungen, die vielerlei Einflüssen unterlagen, erlahmte. Es herrschte die mir immer unverständliche Meinung: Wenn man Mörder nicht bestraft, dann werden die Nichtmörder in den deutsch-amerikanischen Beziehungen freundlicher werden. Ein völliger Blödsinn! Als gäbe es Vorteile im Kalten Krieg, wenn man Mörder in Ruhe läßt. Das wurde nicht so kaltblütig gesagt – das war einfach so. Indirekt wurden Verfolgungsabsichten damit gebremst. Indirekt in dem Sinne, daß alle wußten, es würde glatter gehen mit dem Wiederaufbau, wenn man auf die alten Nazis nicht mit Strafverfahren einhauen würde.

Es gab jedoch deutsche Behörden, die mit diesen Strafverfolgungen anfangen wollten, für die Staatsanwaltschaften war das ja der normale Job. Aber wenn sie von oben oder außerhalb gebremst wurden, dann blieben die Sachen eben liegen. Die Akten, die sich angehäuft hatten, wurden langsam bearbeitet, es wurde auf kleiner Flamme gekocht und die Justizverwaltungen haben das stur oder freudig mitgemacht.

Erst nach 1958 begann sich der Dschungel etwas zu lichten, besser gesagt, das Naturschutzgebiet, in dem keine Prozesse stattgefunden hatten, wurde langsam geöffnet. Der Strafverfolgungseifer einer Justiz, eines Staates, geht in Wellen vor sich, einmal gegen Rechte, einmal gegen Linke, heute ein bißchen mehr gegen links, morgen ein bißchen weniger.

Als Adenauer mir seinerzeit seine Erleichterung versicherte, daß die Alliierten ihm die Aburteilung der Hauptverbrecher erspart hatten, fügte er hinzu: »Ihr hättet uns noch mehr abnehmen können« und lächelte etwas dabei. Dann hätte die Bundesrepublik und ihre verschiedenen Regierungen nicht unter dem Druck der Wähler gestanden.

Man darf nicht denken, daß die Wähler etwa alle Nationalsozialisten waren, davon ist bei den sozialdemokratischen Wählern, den CDU-Wählern, CSU-Wählern ja gar keine Rede. Die Sache war doch nicht so, daß eine große Menge der Bevölkerung etwa für diese Verbrecher war und verhindern wollte, daß sie bestraft werden. Man war aber auch nicht *dafür*, weil man keine Ahnung davon besaß, was sich zugetragen hatte und nicht eben versessen darauf war, es zu erfahren. Selbst Abgeordnete wußten in den Einzelfällen gar nicht, was geschehen war und kannten nicht den strafrechtlichen Inhalt der Fälle.

Daran ist der bald nach den Nürnberger Prozessen einsetzende Mangel an Aufklärung schuld. Ich fand es immer phänomenal, wie häufig Leute zu mir nach Nürnberg gekommen sind, um darauf hinzuweisen, ein Angeklagter sei doch nicht so schlimm, daß ich ihn in Nürnberg versorgen müßte. Worauf ich zunächst immer fragte: »Was haben *Sie* eigentlich für ein Interesse daran?« Es war dann ein Schwager, ein Geschäftsfreund, ein Firmenchef, und nachdem dann immer kam, wie harmlos unsere Angeklagten alle gewesen sind, sagte ich dem Besucher: »Nun setzen Sie sich zunächst mal auf's Sofa und lesen Sie die Akte hier, Seite 25.«

Daraufhin hörte ich oft: »Wie kann denn das sein! Das ist doch so'n netter Mensch.« Auch Kardinal von Faulhaber hatte ja nach Aktenvorlage die Hände über dem Kopf zusammengeschlagen.

Ich unterscheide dabei streng zwischen den Leuten, die aus einem menschlichen Bedürfnis für Verwandte oder Arbeitskollegen baten und bezahlten Elementen, die ich nach fünf Minuten fragte: »Wieviel kriegen Sie denn bezahlt, wenn der Betreffende nicht angeklagt wird?« Manchmal erwartete man sogar, daß ein Lobbyist eintreffen würde, weil ja die Korrespondenz aus den Gefängnissen gelesen wurde. In diesen Fällen konnte die amerikanische Regierung die passende Antwort erteilen; denn die war von niemandem abhängig.

Ganz anders war es bei denjenigen, die von den deutschen Behörden eine milde Strafverfolgung für den Bekannten oder Klienten erreichen wollten. Sie hatten ein sehr scharfes Instrument in der Tasche, nämlich Wählerstimmen, von denen diese Parteien abhängig waren.

Der große Konflikt in der Frage der strafrechtlichen Verfolgung von Naziverbrechern tauchte dadurch auf, daß das autoritäre Besatzungsregime abgelöst wurde durch den Parteienstaat. General Clay, der die strafrechtlichen und disziplinarrechtlichen Fragen früher in letzter Instanz zu entscheiden hatte (ob etwa ein Universitätsprofessor weiter lehren durfte, wenn er vorher Nazidreck gelehrt hatte), war nicht davon abhängig, was von den Gruppen der zu Säubernden an Propaganda ausging. Er war ein Prokonsul und nur dem amerikanischen Präsidenten und dem Kongreß verantwortlich. Den interessierten nur in sehr geringem Maße andere Einflüsse. Das wurde ganz anders, als die Bundesrepublik über ihren Justizapparat allein verfügen konnte und bestimmen durfte, in welchem Maße Strafverfolgung zu geschehen habe.

Jeder Betroffene kennt eine Bezugsperson, jede Bezugsperson kennt zufällig jemanden, der in der Partei eine Rolle spielt, und die Abgeordneten sind ja auch dafür da, ihre Wähler zu vertreten, auch die Klientel der früheren PGs, die kleinen und großen. Wie sich das auswirkt, sehen Sie an der Tatsache, daß es jahrelang gedauert hat, die deutsche Strafverfolgung von Personen durchzusetzen, die in Frankreich *in absentia* verurteilt worden waren. Das ist erst seit wenigen Jahren möglich; es war damals ein Abgeordneter der FDP, der die Ratifizierung des deutsch-französischen Vertrages lange hinausgeschoben hat.

Die politische Konstellation war von Jahr zu Jahr anders und im Reiche eines jeden Justizministers verschieden. Ich hatte mit fast allen der Herren in verschiedenen Fragen Verbindung, betreffend Legalitätsprinzip, Kriegsverbrecher, Menschlichkeitsverbrecher; es wehten immer verschiedene Winde. Das ist nicht in Begriffen wie reaktionär oder nicht-reaktionär zu fassen, das sind weltanschauliche Angelegenheiten, wobei der nicht überall geliebte Bundesjustizminister Richard Jäger, der die Todesstrafe wieder einführen wollte, in Sachen Menschlichkeitsverbrechen ein sehr patenter, moderner Minister war. Und andererseits kenne ich sehr moderne Justizminister, die manchen Fehler gemacht haben. Sie sehen also, daß man die Personen gerade in dieser Frage nicht über den konservativ-progressiven Leisten schlagen kann.

In jedem Falle aber muß ein Staat Aufklärung leisten, auch wenn die Bürger dafür zunächst nicht zu haben sind, und das hat gefehlt. In Schulen, in Universitäten und in Zeitungen. Ich denke mal an die von mir sehr geschätzte ›Jüdische Allgemeine Zeitung‹, dort war bis zu einem gewissen Jahr der Ausdruck Kriegsverbrecher in Anführungsstrichen gedruckt. In anderen Zeitungen redet man bis heute von Kriegsverbrechern, wo es sich um einfache Morde und Raubmorde mit und ohne Krieg handelt. Der Mehrheit der Menschen fehlt die Neugier in puncto Verbrechen, fehlt völlig die politische Neugierde. Die Wißbegier ist nur sehr hoch nach einzelnen, sensationellen Handlungen, und deshalb setzen gewisse Blätter die Verbrechen auf die erste Seite. Von solchen Einzelverbrechen will man alles mögliche erfahren, aber man hat keine Neugierde nach Massenverbrechen des Volkes, dem man selbst angehört, es sei denn, man wird mit der Nase dareingestupst.

Erst durch den Ulmer Einsatzgruppenprozeß und den Eichmannprozeß sind die NS-Verbrechen wieder aufgerollt worden. Ferner hat dazu beigetragen, so sonderbar es klingt, daß die Verbrecher und ihre

Freunde *zu* frech geworden waren. Äußerlich sah man das daran, daß sie erstklassige Jobs haben wollten. Wenn sie zurückgewiesen wurden, versuchten sie etwas über den dafür Verantwortlichen herauszufinden nach dem Motto: »Du warst ja auch nicht besser«, ganz egal, inwieweit das stimmte. Diese Verbrecher, die frei herumliefen, hatten doch Säcke voll Informationsmaterial zur Denunziation. Doch war in verschiedener Hinsicht etwas übertrieben worden; die Frechheit der Leute, der Kalte Krieg, die Langweiligkeit der Bürokratie, all das traf zusammen, daß es mit dem Naturschutzpark des Nichtstuns ein Ende nahm.

Mit der Schaffung – im Jahre 1958 – der Zentralen Stelle in Ludwigsburg der Landesjustizverwaltungen zur Aufklärung nationalsozialistischer Verbrechen kam Leben in die Naziverfolgung, zumindest so lange, bis der wirkliche Herr der Prozesse auftauchte: der Arzt. Der sagte, bei einem längeren Prozeß drohe Herzinfarkt. Der Angeklagte hatte ihn zwar noch nicht, doch als er unter ständiger Strafverfolgung und Strafverfolgungsangst zu leben begann, bekam er wirklich Arterienverkalkung und Krebs, und dann war's eben aus.

Die Akten Horst Wagner sind eine Fibel für Jurastudenten. Wie kann man bewußt oder unbewußt einen Prozeß hinauszögern? Der Vortragende Legationsrat Horst Wagner war angeschuldigt, die mörderischen Vorlagen zur Deportation ausländischer Juden den höheren Stellen, Unterstaatssekretären und Staatssekretären vorgelegt zu haben. Das betrachtete die Anklagebehörde als Mord. Sie klagte Horst Wagner an in über 500 000 Fällen dem Eichmann grünes Licht gegeben zu haben. Denn der hatte immer das Auswärtige Amt gefragt: Seid Ihr aus außenpolitischen Gründen einverstanden, daß die jüdische Gemeinde in Paris oder Budapest nach dem Osten verschwindet?

Die auf 332 Seiten ausgebreitete, von Staatsanwalt Franke unterzeichnete Anklage (1967), führte aus:

»Im einzelnen soll er im Rahmen der ›Endlösung der Judenfrage‹ Beihilfe geleistet haben bei der von deutschen Exekutivorganen durchgeführten Deportationen von Juden aus ihren Wohnsitzen in den besetzten Ländern nach Auschwitz oder anderen Konzentrationslagern, wo sie entweder getötet oder zumindest länger als eine Woche ihrer Freiheit beraubt wurden, und zwar aus

Land:	deportiert:	getötet:	der Freiheit beraubt:
1) Ungarn	437 402	300 000*	137 402
2) Slowakei	10 000*	7000*	3000*
3) Griechenland	34 947	26 854	7727
			+ 366 Spanier
			=8093
4) Italien	7496	6886	610
5) Frankreich	23 062	15 884	7178
6) Niederlande	2000*	–	2000*
7) Dänemark	27	–	27
zusammen:	514 934	356 624	158 310

(* = Mindestangaben)
Verbrechen, strafbar nach §§ 211, 239, Abs. 1–3
341, 359, 49, 73 StGB.«

Nun – die Akten wurden immer dicker, doch zwischen Anklage – Erhebung und Termin ist noch ein weiter Zeitraum. Es schalteten sich mehrere Verteidiger ein, einer von ihnen war der Bundestagsabgeordnete Achenbach. Die Verteidiger wechselten, der nächste mußte sich einarbeiten, das dauerte bei über einer halben Million Fällen vier bis sechs Monate. Ich bekam diese Anklage ebenfalls, denn ich hatte inzwischen dafür gesorgt, daß ich als Nebenkläger in dieser Sache tätig werden konnte.

Zunächst kamen aus der Richtung Wagner Atteste, die durchaus echt waren: Es war die Hüfte, er konnte sich schwer bewegen, die Verhandlung ist zu vertagen. Echte Atteste. Es gibt die verschiedensten Echtheiten und Genauigkeitem von ärztlichen Attesten, das sage ich als Arztsohn, aber Wagners Atteste waren echt.

Die Verhandlung gegen ihn fand an einem eiskalten Junitag 1972 in Essen statt. Mitten im Sommer breitete sich eine merkwürdige Kältewelle aus. Ich hatte noch Theater mit dem Hotel, weil es nicht mal einen behelfsmäßigen elektrischen Ofen gab. Die Verhandlung vor dem Essener Landgericht war eigentlich nur ein Treff, denn man hat allein darüber befunden, ob der Angeklagte verhandlungsfähig sei. Die Verteidigung erreichte die Aufhebung der Verhandlung bis zu einer notwendigen Hüftgelenk-Operation des Angeklagten. Damit wurde abgebrochen. Als junger Dachs habe ich vom Ministerialrat Falk in Berlin zwar gelernt: ›Es gibt eine höhere Instanz als die Justiz. Es gibt das medizinische Attest.‹

Doch blieb ich an der Sache dran und erkundigte mich. Geht es ihm nun besser, dem Wagner, geht die Hüfte voran? Sie war besser geworden, aber nachdem die Fibel des Immer-Weiter-Hinausziehens eigentlich voll war, kam Gott der Herr und befreite den Angeklagten.

Ich bekam einige anonyme Telefonanrufe, die lauteten, ich solle die Sache Wagner aufgeben, er würde bald sterben. Wenig später traf die Mitteilung des Gerichtes ein: »Im Moment keine Verhandlung, Wagner hat Krebs.« Die Krankheit wurde schlimmer, Wagner starb und der Prozeß ging nie zu Ende. Die Anklage besitze ich noch heute; ein sehr sorgfältiges, dickes Ding gegen den Geheimrat Horst Wagner.

Medizinisch interessant ist, daß Wagner an Krebs starb. Das Herausziehen solcher Prozesse unter so schweren Belastungen bedeutet einen ungeheuren Streß, und mehrere hervorragende Ärzte haben mir bestätigt, daß dieser Streß auf eine Krebskrankheit Einfluß hat. Mein Bruder, ein Internist, war in früheren Jahren gegenüber dem Streß-Symptom immer sehr zurückhaltend. Er ist mit Besuchern stets in seinen Rattenkeller gezogen. Wenn die eine Ratte auf der Versuchsstation an ihrer Diät gestorben war und die mit einer anderen Diät nicht, hat er die Streß-Sympathisanten gefragt: »Glauben Sie, daß diese Ratte mehr Streß hatte als die andere?«

Selbst dieser Walter Kempner fand die Beobachtung auf meiner Versuchsstation nicht ganz abwegig, daß nämlich mehrere dieser Mordangeklagten, die jahrelange Verfahren schweben hatten, zu einem viel höheren Prozentsatz an Krebs gestorben sind, als das normalerweise geschieht. Ich spreche nicht von höherer Gerechtigkeit, es sind aber durch diese NS-Sünden in furchtbarer Weise die Krankheitsansätze gefördert worden. Man hat oft von denen gedacht, sie flüchten in die Krankheit. Das war für viele gar keine gute Flucht.

Von den drei nach dem Wilhelmstraßen-Prozeß noch behelligten Tätern aus dem Auswärtigen Amt steckte Legationsrat Klingenfuß am wenigsten in der Sache drin. Passiert ist ihm nichts, ich habe an ihn insoweit kein unangenehmes Gedenken, weil er dieses blöde Abstreiten der zwei anderen nicht mitgemacht hat, die gedacht hatten, sie schickten die Juden zur Kur in den Osten. »Ich weiß gar nicht«, hat er mir erzählt,

»wie Rademacher und Wagner diesen Unsinn reden können. Die wußten diese ganze Sache doch sehr genau. Ich habe doch mit ihnen immer darüber gesprochen.«

Zu den bedeutsamen Resten der Nürnberger Akten gehört das Verfahren gegen den Staatssekretär im Reichsverkehrsministerium Albert Ganzenmüller, der eine interessante Korrespondenz mit Himmlers Stabschef, dem SS-Gruppenführer Karl Wolff, hinterlassen hat. Heydrich war erbost darüber, daß die Beförderung der Warschauer Ghettobewohner in das Vernichtungslager Treblinka nicht schnell genug vor sich ging. Der Reichsführer SS wandte sich an den Staatssekretär Ganzenmüller, er möchte doch dafür sorgen, daß das gefälligst schneller gehe und Wolff schrieb an Ganzenmüller im August 1942:

»Lieber Parteigenosse Ganzenmüller! Für Ihr Schreiben vom 28. 7. 1942 danke Ich Ihnen – auch im Namen des Reichsführer SS – herzlich. Mit besonderer Freude habe ich von Ihrer Mitteilung Kenntnis genommen, daß nun schon seit 14 Tagen täglich ein Zug mit je 5000 Angehörigen des auserwählten Volkes nach Treblinka fährt [. .]. Ich habe von mir aus mit den beteiligten Stellen Fühlung genommen, so daß eine reibungslose Durchführung der gesamten Maßnahmen gewährleistet erscheint. [. . .]« Diesen Brief, den ich aus Nürnberg hatte, legte der Staatsanwalt dem Schwurgericht Düsseldorf 1972 vor.

Ganzenmüller war zu der Zeit, als ich dieses Dokument in Nürnberg las, noch in Südamerika. Er hatte sich klugerweise dorthin abgesetzt, weil er vielleicht doch damit rechnete, daß so ein Brief gefunden würde. Unklugerweise kam er zurück im Glauben, der Sturm sei vorbei.

Der Sturm war aber noch nicht vorbei. Es kam zur Hauptverhandlung in Düsseldorf; als Verteidiger trat Otto Pannenbecker auf, dem ich bereits in Nürnberg als Verteidiger Fricks begegnet war.

Ferner traf ich einen zweiten Nebenkläger an, den Rechtsanwalt Kaul aus Ost-Berlin. Eine sehr interessante Figur. Ganzenmüllers Lebenslauf wurde ausgebreitet. Der Staatsanwalt las die Anklage vor. Kaul versuchte in mich zu dringen, daß ich Ganzenmüller fragte, bei welchen Firmen er da in Südamerika untergekommen sei.

Ich entgegnete ihm: »Lieber Herr Kaul, fragen Sie doch selbst. Das ist nicht mein Geschäft, deutsche Firmen in Südamerika madig zu machen. Wir sind in einem Mordprozeß.«

Er war ein bißchen böse darüber und ich beruhigte ihn, daß wir verschiedene Taktiken hätten. Ich belaste nicht einen Prozeß um

Massenmorde mit Gerede, bei wem der Mörder gerade beschäftigt war. Ich wollte Wichtigeres klären.

Es ging also los: Anklage, Lebenslauf (er war übrigens gegen eine Kaution von DM 300 000 auf freiem Fuße) und bald kamen wir zu dem fraglichen Brief, mit dem eigentlich schon alles geklärt war, beziehungsweise hätte geklärt werden können. Nachdem Wolffs Brief verlesen worden war, stellte ich eine Frage, wie er so etwas auffasse, sich von einem Herrn Wolff dazu beglückwünschen zu lassen, die Deportation des »auserwählten Volkes« beschleunigt zu haben.

Da passierte mir ein Unglück, wie es oft in NS-Prozessen passierte, in denen ich Nebenkläger war: Der Angeklagte griff sich an die Brust und stöhnte: »Ich hab' so furchtbare Schmerzen, können wir nicht einen Moment Pause machen?« Ein Gerichtsarzt kam, Untersuchung, drohender Herzinfarkt. – »Aus. Dein treuer Vater!«

Ein sehr guter Richter erschreckte mich einmal dadurch, daß er mich schon am Anfang des Prozesses in seine Kammer rief. (Ich dachte: »Was will der von mir? Das ist doch ungewöhnlich!«) Und er sagte: »Herr Kempner, seien Sie in diesem Falle nicht zu scharf, sonst wird uns der Mann krank und wir können den Prozeß dann nicht zu Ende führen.« Es ist aber selbstverständlich: wenn jemand unter Mordanklage steht und weiß, daß es kein Aus noch Ein gibt, dann fängt dem das Herz zu bubbern an. Es geht einem eben schlechter, ob man nun Ganzenmüller heißt oder Werner Best. Der Termin in Düsseldorf wurde abgebrochen auf unbestimmte Zeit. Ich habe noch einmal bei dem Gericht angefragt und daraufhin untersuchte ein Arzt Herrn Ganzenmüller (»Wie geht es denn?«) an seinem Wohnort am Starnberger See.

Erfreulicherweise hat Ganzenmüller all diese Jahre seit dem Prozeß – es ist jetzt über ein Jahrzehnt her – erfolgreich überlebt, das Verfahren wurde wegen dauernder Verhandlungsunfähigkeit eingestellt und die Kaution von DM 300 000 zurückgezahlt. Die Justiz hat effektiv nicht die Mittel und Wege, einen Ganzenmüller den ganzen Tag zu überwachen und zu sehen, wie er spazieren geht oder speist. Der Amtsarzt ist angewiesen auf den behandelnden Arzt, weil er ja nicht ein Jahr daneben stehen kann. Die Justiz ist dazu verdammt, immer hinterherzuhinken. Zehn werden gefaßt von hundert. Glauben Sie doch nicht daran, daß man hier Mittel hat. Man hat Mittelchen. Verfallen wir nicht der Ansicht, daß Justiz unbedingt mit Gerechtigkeit zu tun hat. Sie ist eine Einrichtung des Staates und Staaten sind von Menschen gemacht.

1966/67 nahm ich an einem Strafprozeß in München als Nebenkläger teil. Er ist darum bedeutsam, weil dabei sehr vieles über Wissen und Nicht-Wissen der hohen Gestapo-Beamten und SS-Leute über die Endlösung herauskam. Sie hatten alles genau über den Londoner Sender gehört, wo ausführlich berichtet worden war. Der Prozeß kam dadurch zustande, daß der SS-Gruppenführer Wilhelm Harster, der in den 60er Jahren noch nicht recht untergekommen war, sich für den Bayerischen Verwaltungsdienst beworben hatte.

Er stand bereits dicht vor der Ernennung zum Regierungsrat, als Simon Wiesenthal ihn aufspürte. Die zukünftigen Kollegen erzählten, was da für ein Mann wieder eingestellt werden sollte.

Wer war dieser Harster? Einer der höchsten SS-Größen in den besetzten Niederlanden, der dort nach dem Kriege zu acht Jahren Gefängnis verurteilt worden war wegen Deportation von Juden. Man hatte ihn nicht der Ermordung der Deportierten beschuldigt; seine Kenntnisse des Deportationsziels waren den Holländern noch nicht aufgefallen, und so wurde er rasch begnadigt.

Es sind über hunderttausend Juden, Holländer und deutsche Flüchtlinge in Eisenbahnzügen nach dem Osten deportiert worden mit von dem Angeklagten ausgestellten Frachtbriefen des Todes, wie ich im Prozeß sagte.

Otto Frank, der Vater des Mädchens aus Frankfurt, dessen Tagebuch die Welt bewegt hat, beauftragte mich mit der Führung der Nebenklage.

Ein weiteres Mandat erhielt ich von der Schwester der Karmelitin Teresia Benedicta a Cruce, die den bürgerlichen Namen Edith Stein getragen hatte und aus einer jüdischen Familie aus Breslau stammend, zum Christentum übergetreten war. Man hatte Edith Stein beizeiten aus dem Kölner Karmel-Kloster herausgebracht und zu den Nonnen des kleinen Klosters Echt bei Maastricht geschleust. Sie konnte dort mit ihrer Schwester Rosa überwintern, bis die holländischen Klöster nach Nonnen und Mönchen jüdischer Abstammung durchkämmt wurden. Am 29. Juli 1942 wurde Teresia Benedicta ergriffen, nach Osten geschafft und am 9. August in Auschwitz ermordet. Die Einzelheiten habe ich mir von den Augenzeugen in Echt wiedererzählen lassen. Harsters Mitangeklagter war sein Gehilfe Wilhelm Zoepf – ein sehr musischer SS-Mann, Orgelspieler – der zur Zeit des Prozesses eine Stellung als Kirchenorganist wahrnahm. Neben Harster und Zoepf stand eine entsetzliche Furie, die Gestapo-Angestellte Gertrud Slottke, die Deportationslisten zusammengestellt hatte.

Dieser Prozeß in München wurde außerordentlich gut geführt. Die Anwälte verstanden ihre Sache und kamen nicht mit Mätzchen wie unsinnigen Vertagungs- und Befangenheitsanträgen. Anklagevertreter war der erstklassige Oberstaatsanwalt Benedikt Huber aus München. Harster wurde von einem tüchtigen Verteidiger, keinem gewerbsmäßigen NS-Verteidiger, vertreten, einem Schulkameraden, mit dem er im selben Ski-Club war. Selbstverständlich brachte der vor, der Angeklagte sei doch für die Tat bereits in Holland bestraft worden; zweifache Verfolgung in derselben Sache gibt's nicht.

Holland hatte Harster unstreitig nur wegen Deportation angeklagt. Jetzt kam aber heraus, daß das alles wissentliche Teilnahme an Morden war. Oberstaatsanwalt Huber hatte erreicht, daß Harster die ganzen Vorgänge wahrheitsgemäß offenbarte. Huber war ein kluger Mann, manche Beschuldigten sind ansprechbar und manche nicht, und manche Ankläger wissen die Angeklagten anzusprechen und andere nicht. Huber konnte den Patienten heilen, indem er ihn befreite von der ungeheuren Last dieser hunderttausend Toten. Die Kernfrage war wieder einmal: Hat er gewußt, hat er nicht gewußt? Man einigte sich darauf, daß er seit 1943 bestimmt gewußt hat.

Vergessen wir nicht, das Geständnis ist die Krone der Beweismittel! Wenn ich so einen Angeklagten habe, dann argumentiere ich doch nicht mit dem Manne herum: »Haben Sie das schon Ende 42 gewußt oder Anfang 43?« Es reicht vollkommen: Ich habe BBC gehört. Ich hatte die Nachrichten aus dem Osten. Denn es waren Briefe der Deportierten nach Holland zurückgekommen, Massenbriefe, in mehreren der Todeslager produziert und heim nach Holland zu Verwandten geschickt. Darin standen immer die gleichen Worte: »Mir geht es gut!« Das war die letzte Unterschrift der Betreffenden. Harster gestand, daß er seit dieser Zeit mit Bestimmtheit gewußt habe, daß die Fahrten in den Tod führten.

Das Geständnis war für Harster nicht so schlimm, weil die holländische Strafe von acht Jahren, soweit er sie verbüßt hatte, ihm angerechnet wurde.

Zoepf entschuldigte sich damit, daß er ein musischer Mensch gewesen sei und das alles nicht so richtig verstanden hätte. »Außerdem bin ich öfters auf Urlaub gewesen!«

Für die Geschworenen, die noch gar nicht kapiert hatten, was alles geschehen war und darüber nun zum ersten Male hörten, war es angeblich schwierig einzusehen, warum die Tat nach 25 Jahren noch bestraft werden sollte. Ich wurde darauf hingewiesen, daß ich bei dieser Sachlage nicht für das Gericht zu plädieren brauchte, sondern für die Geschworenen. Als ich mein Plädoyer begann, knieten die Nonnen nieder, die im Schwurgerichtssaal saßen und hören wollten, was der Edith Stein und der Anne Frank passiert war. Unter den Anwesenden befand sich auch der frühere bayerische Kultusminister Alois Hundhammer, eine politisch sehr umkämpfte Persönlichkeit, der sich in bemerkenswerter Weise für alle NS-Opfer einsetzte.

Mit dem Blick auf die Geschworenen skizzierte ich einen fiktiven Fall, daß vor dreißig Jahren ein Försterkind aus dem Wald hinter Bogenhausen nach der Post geschickt und auf dem Wege vergewaltigt und umgebracht worden war. »Wer von Ihnen, meine Herren Geschworenen und Richter, würde sagen, weil der Mörder erst heute gefunden ist, daß er darum nicht bestraft werden soll? Würde der Vater des Mädels sagen, der Mörder solle milder bestraft werden, weil er zwanzig Jahre unbehelligt herumgelaufen ist? Gerechtigkeit ist unteilbar.«

Harster bekam fünfzehn Jahre Gefängnis wegen Beihilfe zum Mord. Damals existierte schon diese merkwürdige Gehilfenkonstruktion: Es gab vier, fünf Mörder – den Hitler, den Göring, den Himmler, den Heydrich. Alle anderen waren nur Gehilfen. Nachdem Harster ein paar Jahre gesessen hatte, erfolgte die Begnadigung. Die Gnadenbehörde fragte bei verschiedenen Leuten an, was sie über eine Entlassung dächten; etwas sehr Vernünftiges, was nur in München passiert ist.

Wiesenthal sagte: »Da der Mann gestanden hat, ist er eines Gnadenerweises eher würdig als jemand, der heute noch hart gesotten ist.« Ich sagte, daß der Fall Harster leicht zu überblicken sei, an dem Geständnis gäbe es nichts zu deuteln, »aber das ist Ihre Sache, ihn zu begnadigen, oder nicht zu begnadigen«.

In diesem Prozeß tauchte die Frage auf: Durfte der Papst schweigen angesichts der Deportation der holländischen Juden einschließlich der getauften evangelischen Juden und katholischen Juden?

Im Sommer 1942 hatten Harster und der in Nürnberg hingerichtete Reichsbevollmächtigte Seyß-Inquart dem Erzbischof von Utrecht gedroht: Wenn Du den angekündigten Hirtenbrief (über das Fortschaffen von Holländern als Sklavenarbeiter nach Deutschland und von Juden in die Vernichtung) mit einem Wort verliest, dann werden wir die Klöster durchkämmen. Die evangelische Kirche hatte einem solchen Druck nachgegeben und die evangelischen Juden wurden noch nicht deportiert. Der Erzbischof ln Utrecht gab nicht nach, sondern ließ am letzten Sonntag im Juli 1942 seinen Brief von den Kanzeln verkünden. Am nächsten Tag wurden in ganz Holland Klöster und Ortschaften durchkämmt und die getauften Juden weggeschafft, darunter auch Edith Stein und ihre Schwester Rosa. Am zweiten Tage waren die Ergriffenen in dem Durchgangslager Westerbork gesammelt und am 9. August in Auschwitz ermordet.

Das Problem – schweigen oder nicht – ist nicht einfach zu beantworten. Pius XII., der von den Massendeportationen der holländischen Juden erfahren hatte, wollte dazu eine Erklärung abgeben. Er schrieb einen Brief, den er verbrannte, nachdem auf die Utrechter Kanzelverkündung die Klöster überfallen worden waren. Hätte der Papst dennoch lauter sprechen sollen? Vielleicht fängt man bei der Beantwortung dieser Frage beim Reichskonkordat 1933 an. Nur war man damals nicht so schlau und dachte, man könnte etwas verhindern, was selbstverständlich Unsinn war.

Es hat nie einen deutschen Dachau-Prozeß gegeben. Mit Mühe und Not hat man eine Anklage gegen einen Dachauer Arzt wegen tödlicher Menschenversuche an Priestern zustande gebracht. Priester wurden im Dritten Reich nicht nur auf medizinische, sondern in über 120 Fällen auch auf justitielle Weise ermordet. Die Überlebenden haben heute noch ihre eigene Zeitschrift. Im Priester-Block von Dachau haben tausend Männer aus allen Ländern gesessen.

In diesem Zusammenhang erwähne ich einen Prozeß des Reichskriegsgerichts in Torgau vom 24. bis 28. Juli 1943. Angeklagt waren der Provikar Carl Lampert, Kaplan Herbert Simoleit und Pater Friedrich Lorenz wegen Spionage, Feindbegünstigung, Wehrkraftzersetzung und Rundfunkverbrechen, alles reiner von der Gestapo aufgemachter Schwindel. Sinn des Verfahrens war die Unschädlichmachung der drei als Anti-Nazis bekannten Geistlichen aus Stettin, um so die gesamte Geistlichkeit in Pommern einzuschüchtern. Die zunehmenden Bombardierungen waren von Geistlichen, mehr oder minder ausgesprochen, als Strafen Gottes gedeutet worden. Weil Kaplan Simoleit Heeresangehöriger war, kam die Sache vor eine Kammer des Reichskriegsgerichts unter dem Vorsitz des Generalstabsrichters Werner Lüben. Weil die Gestapo-Konstruktion auf dem Bericht eines Spitzels aufgebaut war, der sich in Beichtstühle und Gemeindeversammlungen eingeschlichen hatte, verlangte Richter Lüben dessen persönliches Erscheinen. Die Vorlage der Notizen genüge keinesfalls. Die Gestapo gab keine Aussageerlaubnis, so wurde die Verhandlung auf den nächsten Tag vertagt, fand jedoch nicht statt, denn Werner Lüben hatte sich in der Nacht erschossen. Von einer Gestapo wollte er sich nicht zur Verkündung von drei Todesurteilen zwingen lassen. Lüben blieb der einzige Justizmärtyrer, die Priester wurden beim nächsten Termin zum Tode verurteilt und hingerichtet.

Meine Frau Maria Benedicta hat in ihrer Dokumentation ›Priester vor Hitlers Tribunalen‹ die Mordurteile gesammelt, über deren Existenz die für den Volksgerichtshof zuständige Staatsanwaltschaft Berlin in helles Erstaunen fiel. Aufgefunden hatten wir sie bei der Durchsicht des sogenannten Mordregisters, einer im Reichsjustizministerium geführten Liste sämtlicher Personen, die durch Hinrichtung geendet waren. Spätestens seit Kriegsbeginn waren sie ein Mordregister für die Richter und nicht die Hingerichteten geworden.

Ein folgenreicher Fall war die justitielle Ermordung des Pfarrers Max Josef Metzger aus Berlin-Wedding, der mit einem dänischen Bischof brieflich Ideen über eine Nachkriegsordnung ausgetauscht hatte. Die Gestapo-Agentin, die Metzgers Hinrichtung durch eine Denunziation veranlaßt hatte, wurde später durch das Strafgericht in Kassel verurteilt. Der Generalstaatsanwalt Fritz Bauer mußte lange darum kämpfen, daß es schließlich zu diesem Urteil kam. Ich sagte mir, wenn die Denunziantin, die das Todesurteil herbeigeführt hat, bestraft worden ist, dann müßten doch diejenigen, die es ausgesprochen haben, auch zur Verantwortung gezogen werden. Metzgers Richter waren Roland Freisler, sein Beisitzer der Kammergerichtsrat Hans-Joachim Rehse sowie eine Laienrichterin. Für eine Anklage gegen den Volksrichter Rehse, der an über hundert Todesurteilen mitgewirkt hatte, war der Fall Metzger die aussichtsreichste Anklage, weil er bereits die Denunziantin zu Fall gebracht hatte.

Eines Tages wandte sich ein Pater Gebhard Heyder an mich. Er wollte eine Anzeige gegen Richter Rehse stellen, der ihn, gemeinschaftlich mit Freisler, zum Tode verurteilt hatte. Die Spitzel, die in Heyders Kirche bei Regensburg geschickt worden waren, mußten in der Predigt klare

Worte vernehmen: Die Bomben der Alliierten seien die Strafe Gottes für Hitlers Krieg.

Todesurteil wegen Wehrkraftzersetzung durch den Volksgerichtshof. Heyder kam zur Vollstreckung des Todesurteils nach München, verurteilt worden war er in Berlin. Oft betrieb dieser Mordgerichtshof seine Tätigkeit in anderen Städten, als ›Gewerbe im Umherziehen‹, wie die Gewerbeordnung das nennt.

Also, Pater Heyder kommt zur Hinrichtung nach München und was geschieht dort? Eine Bombe fällt auf die Guillotine. Pater Heyder überlebte, ich habe erst vor kurzem einen Brief von ihm bekommen, aus seinem Kloster bei Regensburg – ein betagter Mönch mit literarischen Interessen. Er hat mir seine neue bebilderte Bibel für Kinder geschickt.

Die Anklage gegen Rehse war von mir bei der Münchner Staatsanwaltschaft beantragt worden. Und natürlich hatte ich viel Material gegen den Volksgerichtshof dazugeliefert. Antwort: Zwar war der Volksgerichtshof kein ordentliches Gericht, und die Bestrafung Heyders war objektiv Totschlag. Aber: Der Richter Rehse war so von Goebbels Propaganda umhüllt, daß ihm nicht zu widerlegen sei, er wäre davon so gepackt gewesen und habe Recht von Unrecht nicht mehr unterscheiden können. Nichteröffnung des Verfahrens. Dann habe ich ein Klageerzwingungsverfahren beantragt. Antrag zurückgewiesen, mit der Vernebelungstheorie: Der Generalstaatsanwalt hat Recht. Da verneint das Oberlandesgericht München die Strafbarkeit mit der Behauptung: Der Richter Rehse hat objektiv Totschlag begangen. Da ihm die Nationalsozialisten aber propagandistisch das Hirn benebelt haben, fehlte ihm das Rechtsbewußtsein. Ich besitze mehrere Einstellungsbeschlüsse darüber, warum der Richter Rehse gar nicht erst angeklagt werden konnte.

Später wurde in Berlin wegen anderer Fälle gegen Rehse ermittelt, er war mehr als zweihundert Mal Beisitzer von Freisler gewesen und hatte zweihunderteinunddreißig Todesurteile auf dem Gewissen. Die Berliner Staatsanwaltschaft teilte nicht die Vernebelungstheorie und entschloß sich zu einer Anklage. Sehr tapfer war man damals in Berlin auch nicht, denn man wählte nur einen Fall heraus, als eine Art Probefall. – Die mörderischen Todesurteile gegen die Priester waren dort schon Ende der 60er Jahre bekannt. Gegen keinen der Richter ist je Anklage erhoben worden, bis auf den einzigen Fall Rehse. Nach einem erstinstanzlichen Urteil, das mit einer lächerlichen Strafe von fünf Jahren wegen Beihilfe zum Mord endete, kam die Sache zur Revision an den Bundesgerichtshof. Der Bundesgerichtshof hob aufgrund der Revision das Urteil der Vorinstanz auf und wies den Fall nach Berlin zurück mit der Begründung: Erstens sei ein beisitzender Richter, der das Urteil mit unterschrieben habe, nicht als Gehilfe, sondern stets als Täter anzusehen. Zweitens sei er als Volksrichter Angehöriger eines ordentlichen deutschen Gerichtes gewesen, dem der bewußte Vorsatz zur Rechtsbeugung nachgewiesen werden müsse. In der juristischen Literatur ist in letzter Zeit sehr häufig gesagt worden, daß diese Rechtsbeugungstheorie an den Haaren herbeigezogen sei. Warum soll ein Mörder nicht als Mörder bestraft werden, wenn er ein juristischer Mörder ist? Warum soll es heißen: Wenn er einen justitiellen Mord begangen hat, darf er nur dann verurteilt werden, wenn ihm gleichzeitig eine absichtliche Rechtsbeugung nachzuweisen ist. Wie kann man da von Rechtsbeugung reden? Das war doch kein Recht, was gebeugt wurde, es war ein Unrecht, das angewandt wurde. Im übrigen hatten am Volksgerichtshof gar keine Richter zu tun, sondern Henkersknechte für den selbsternannten obersten Gerichtsherrn Adolf Hitler.

Im zweiten Berliner Verfahren wurde Rehse 1969 freigesprochen, weil der Vorsatz, das Recht gebeugt zu haben, ihm nicht nachgewiesen werden könnte. Neuerliche Revision der Staatsanwaltschaft –, bevor es erneut zur Verhandlung vor dem Bundesgerichtshof kam –, starb Rehse. Vor der neuen Verhandlung stirbt man, aus, unbestraft. Das kann Folgen haben, für die Witwenpension.

Als Nebenkläger war ich auch mit den Richtern befaßt, die die Patrioten des 20. Juli verurteilt haben. Speziell ging es gegen die Richter, die die Generäle von Haase und Stieff auf pseudojustitiellem Wege zu Tode gebracht haben. Ein bereits erwähnter Staatssekretär im Bundeskanzleramt hatte Verwandte der Opfer an mich verwiesen, daß ich gegen diese Richter des 20. Juli vorgehen sollte.

Jahre später, nachdem mangels Nachweisbarkeit einer Rechtsbeugung die Eröffnung eines Verfahrens immer wieder abgelehnt worden war, kam ein alter Hitler-Film über die fraglichen Verhandlungen vor dem Volksgerichtshof in die Kinos und ich griff nochmal mit einem Strafantrag ein. Ich wollte lediglich beweisen, daß diese sogenannten Richter mit Freisler da an einem Tisch zusammengesessen hatten und dachte, ich könnte die Staatsanwälte in Berlin veranlassen, doch einmal etwas *tougher* vorzugehen.

Aus dem Film sei nicht ersichtlich, wurde mir geantwortet, welchen Sinnes die noch lebenden Beisitzer damals gewesen seien. Ihre Mienen hätten ganz neutral ausgesehen. Das mag ja sein, aber das war nicht gerade eine besonders kluge Auskunft. Soll es aufgrund seiner Miene entscheiden, ob man einen Richter anklagt?

Es kommt gar nicht so sehr auf die Bestrafung des einzelnen an, ob der nun fünfzehn Jahre kriegt, oder nicht kriegt, es kommt aber darauf an, daß diese Art einer Justiz, die gar keine war, bloßgestellt wird. Daß gezeigt wird, wie die Leute gearbeitet haben, die den Dolch unter dem Talar trugen. Es macht einen absurden Eindruck – und ich spreche hier nicht nur von der Öffentlichkeit, auch unter heutigen Juristen macht es keinen glaubhaften Eindruck –, wenn da behauptet wird, die Betreffenden sind nicht mehr zu fassen, und alles ist nicht mehr aufzuklären, der Volksgerichtshof sei trotzdem ein Gericht gewesen und kein Exekutivorgan. Das widerspricht doch der ganzen Historie.

Fahren wir fort in der Liste der Prozesse, die nie zustande gekommen sind. In Norwegen waren am Tage nach der Kapitulation im Mai 1945 deutsche Soldaten, die zufällig alle aus einer österreichischen Kompanie stammten, in das neutrale Schweden gerannt. Nach dem Waffenstillstand überlegten sich diese boys: »Wer weiß, wie das in Norwegen werden wird, vielleicht kommen die Russen. In die Kriegsgefangenschaft wollen wir nicht, wir flüchten in das neutrale Schweden, wohin schon früher Hitler-Soldaten entkommen sind.« An der Grenze wurden von der deutschen Militärpolizei sieben Mann gefaßt und sieben Tage nach der Kapitulation von einem noch aktiven Marinekriegsgericht wegen Desertation zum Tode verurteilt. Desertiert nach der Kapitulation! War doch alles vorbei! Die Gnadeninstanz lehnte am gleichen Tage eine Aufhebung der Strafe ab und eine Hinrichtung fand statt.

Die Marinejustiz hatte noch gewisse Ordnungsrechte über deutsche Soldaten (so erklärt sich auch, daß der Verteidiger von Dönitz, Marinerichter Kranzbühler in Nürnberg noch Uniform tragen durfte); die Briten hatten auch deutschen Truppenchefs noch Ordnungsrechte eingeräumt – natürlich nicht für solche Prozesse. Die Alliierten konnten ja nicht Hunderttausende von Gefangenen unter eigene Regie nehmen und nach Hause schaffen.

Die Verantwortlichen für den Tod der sieben Soldaten waren ein Offizier in der Gnadeninstanz, der später Oberst der bayerischen Polizei wurde, und der Richter, der das Urteil gefällt hatte und zum Landgerichtsdirektor in Braunschweig aufrückte. Diese beiden Herren hatten zur Zeit der Tat da oben in Norwegen angeblich leider keine Ahnung davon gehabt, daß der Krieg schon zu Ende war. Das Verfahren gegen sie wurde eingestellt!

Ein anderer Fall, den ich auf Bitten des Präfekten der Provinz Cuneo aufrollen sollte, war die völlige Zerstörung des italienischen Dorfes Boves als Repressalie für angebliche Partisanentätigkeit. Ein italienisches Lidice. Der Ortspfarrer kam noch mit der weißen Fahne, wurde auch gleich totgeschossen (großes Denkmal heute für ihn in Boves). Wer war da angekommen? Eine Gruppe der Leibstandarte Hitlers unter einem Führer namens Peiper hatte die Dorfbevölkerung völlig ausgerottet. Peiper war wegen eines Massakers unter amerikanischen Kriegsgefangenen in Dachau schon einmal zum Tode verurteilt und im Verlauf des Gnadenfiebers freigelassen worden. Die italienische Provinzialregierung, die den Tatbestand ermittelt hatte, erstattete die Anzeige und ich bekam zehn Vollmachten von den Witwen. Im Ermittlungsverfahren haben die Zeugen aus Boves natürlich ganz andere Angaben gemacht als Peipers ehemalige Untergebene, die von den Italienern alle schwer belastet wurden. Von Partisanen war keine Rede. Ein einzelner Schuß löste die Zerstörungsaktion gegen das gesamte Dorf aus. Die genauen Zeitpunkte spielten eine ausschlaggebende Rolle, und die deutschen ehemaligen SS-Angehörigen sagten regelmäßig das Gegenteil. Ich drängte darum sehr auf eine Gegenüberstellung der Zeugen. Statt dessen wurde das Verfahren von der Stuttgarter Staatsanwaltschaft eingestellt.

Begründung: Die deutschen Zeugen von Peiper stünden mit ihren Aussagen in krassem Gegensatz zu den Aussagen der italienischen Zeugen aus Boves. Entgegenstehende Aussagen, die sich nicht mehr aufklären ließen! Darüber kann man debattieren, geärgert hat mich dabei die Weigerung, die Zeugen gegenüberzustellen. Der Generalstaatsanwalt antwortete auf meinen Einspruch, das wär nicht nötig, es käme doch nichts bei raus, wenn die Leute gegenübergestellt würden. Daraufhin habe ich mit einem Klageerzwingungsverfahren durchzukommen versucht. Das Oberlandesgericht entschied, die Staatsanwaltschaft habe ganz recht gehabt, die Sache möge aufgrund der gegensätzlichen Zeugenaussagen beendet werden. Eine ganz faule Sache!

Schließlich bin ich für einen militärischen Fall interessiert worden, den ich »die Ermordung des Generalfeldmarschalls Erwin Rommel« nenne. Als Mord bezeichne ich, wenn jemand mit dem Revolver ins Zimmer kommt, aber nicht selbst schießt, sondern dem Opfer sagt: »Wenn Du Dich nicht gleich erschießt, kommst Du auf andere Art ums Leben.« Hohe SS-Leute waren beauftragt worden, dem Rommel den Revolver in die Hand zu drücken, damit er Selbstmord begeht. Ich habe gebohrt, daß man ermitteln solle, wer Rommel die Waffe hingelegt hat. Die Sache ist irgendwie nicht weitergegangen und die Leute konnten nicht gefaßt werden. Das Ermittlungsverfahren wurde im Jahre 1962 eingestellt.

Ein grauenhafter Prozeß um das Warschauer Ghetto wurde in Hamburg geführt. Angeklagt wurde 1973 der SS-Offizier und Kommandant der Sicherheitspolizei und des SD in Warschau, Dr. jur. Ludwig Hahn, der jahrelang verborgen geblieben war, so daß diese Angelegenheit erst verhältnismäßig spät an die Reihe kam. Zudem entwickelte sich die Hamburger Anklage auf Deportation aus dem Ghetto sehr langsam. Simon Wiesenthal wandte sich deshalb an Willy Brandt, nachdem der vor dem Denkmal für die Opfer im Warschauer Ghetto niedergekniet war. Man war daraufhin in Hamburg sehr aufgeregt, und ich bekam plötzlich einen Telefonanruf, ob ich vor versammelten Staatsanwälten einen Vortrag darüber halten könnte, was ich von NS-Verfahren hielte.

In Schnee und Eis fuhr ich nach Malente herauf, wo die Versammlung der Hamburger Staatsanwälte tagte, und habe den Kollegen meine Meinung gesagt. Sie sahen alles ohne Schwierigkeiten ein. Unter den Zuhörern waren ganz revolutionäre Leute, die meinten, das sei eine traurige Sache, daß die Verfahren so verzögert würden und es nicht losginge. Wir haben uns auch über solche, leider kranken Einsatzgruppenführer unterhalten, bei denen es nie zu einem Verfahren kam, gerade über einen gewissen Bruno Streckenbach, der die Zusammenstellung der Einsatzgruppen für Rußland organisiert hatte. Sein Verfahren hatte sich endlos hingezogen, bis es wegen Krankheit eingestellt werden mußte. Bei Juristen ist vielfach die Meinung verbreitet (so auch in Hamburg bei dem Warschauer Ghetto-Prozeß): Wir müssen alle

Taten auf's Tapet bringen, um den Angeklagten richtig beleuchten zu können. Wenn wir nur drei aus dreihundert Szenen herausgreifen, dann entwickelt sich unter Umständen ein schiefes Bild. Wenn ein Staatsanwalt fürchtet, daß er mit den drei Sachen nicht durchkommt, dann denkt er, man muß gleich hundert Fälle auf den Gerichtstisch legen.

Tatsächlich aber braucht er wegen der Punkte, die er nicht anklagt, nicht gleich einzustellen. Das kann er sich aufheben, und wenn der erste Prozeß schiefgeht, macht man wegen der nächsten sieben Punkte einen Prozeß. Nichts spricht dagegen. Man muß eine Straffung des ganzen Verfahrens durchsetzen, die auch von Vorteil ist für den Angeklagten selbst: Er kann dann besser durchhalten.

Ich habe mich bei der Besprechung in Hamburg, auf den Standpunkt gestellt, es ist notwendig, daß nur eine oder zwei Gruppen aus einem Riesenkomplex herausgegriffen werden. In dem Prozeß gegen Harster und Genossen in München waren nur die holländischen Sachen erörtert worden, dabei hatte Harster nach seiner holländischen Tätigkeit noch einen ähnlichen Posten in Italien. Doch wurde das Verfahren wegen sämtlicher italienischer Sachen eingestellt, ich hatte keine Einwände und so konnten die Verhandlungen wegen der Schandtaten in Holland in wenigen Wochen durchgeführt werden. Kein Mensch hat damals geschrieen: »Die italienischen Dinge müssen noch erörtert werden!«

Der Warschauer Ghetto-Prozeß ist dann zunächst auf eine verhältnismäßig kleine Gruppe von Delikten zugeschnitten und in der vergleichsweise kurzen Zeit von einigen wenigen Monaten erledigt worden. Hahn erhielt zwölf Jahre Freiheitsstrafe, wurde zwei Jahre später mit einer nachgeschobenen Anklage überrascht und bekam nun für den Gesamtkomplex Warschauer Ghetto lebenslänglich Haft.

Die Strafprozeßordnung schreibt heute die ausnahmslose Verfolgung sämtlicher Untaten nicht mehr vor, die in der Praxis – infolge der langwierigen Untersuchungen – das Entkommen gefördert hat. Ich legte in Nürnberg immer Wert darauf, daß bei den Anklagepunkten wegen Angriffskriegen und Menschlichkeitsverbrechen an tausenden von Unbekannten beispielhaft ein Fall präsentiert wurde, den man als klaren Mord schwarz auf weiß beweisen konnte. Statistiken sind schön in Strafprozessen; für Geschworene und Richter ist die Leiche wichtiger. Ungezählte Morde sind an Kriegsgefangenen begangen worden; für eine Verurteilung war es ausreichend und sogar besser, einen davon herauszugreifen.

Ich stieß auf ein Schreiben des Auswärtigen Amtes: Der Führer hat (1944) befohlen, einen Kriegsgefangenen französischen General zu ermorden, einen, der in Königstein an der Elbe auf der Festung sitzt. Da saßen mehrere, man einigte sich auf einen, führte aber die Tat nicht durch, weil die Absicht irgendwie durchgesickert war. Infolgedessen mußte ein anderer zum Opfer gewählt werden, dies war der General Maurice Mesny. Wie sollte er ermordet werden? Man mußte sehr vorsichtig sein, denn die Todesursache durfte nicht durch eine Untersuchung der Leiche ans Tageslicht kommen. Bei einem toten General hätte sich leicht das Rote Kreuz einmischen können. Das Beste erschien, den Mann beim Austreten auf einer Fahrt nach Dresden umzubringen und später es so darzustellen, als sei der General auf der Flucht erschossen worden. Am 19. Januar 1945 wurde er durch Schüsse nach diesem Plan umgebracht. An all diesen Einzelheiten hatte das Auswärtige Amt mitgewirkt und seine Zustimmung gegeben, es hat Vorbereitungen getroffen, wie das Rote Kreuz von dem Tode Mesnys benachrichtigt werden sollte – alles schwarz auf weiß. Der Sinn des ganzen Unternehmens – danach habe ich mich lange gefragt – ist mir noch heute unklar.

Ich gab das Material über diesen Mord meinem britischen Kollegen und Freund, dem späteren *attorney general* Elwyn Jones. Der trug den Fall zum Entsetzen von Ribbentrop und Kaltenbrunner vor, diese beiden Herren hatten das als Spitzen ihrer Ämter eingefädelt und durchgeführt. Zu seinem Unglück war damals der Herr von Steengracht Staatssekretär, so daß ich dasselbe Material später im Wilhelmstraßen-Prozeß gegen ihn wiederverwenden konnte.

Die Durchführung schlanker, flüssiger Anklagen ist durchaus ein politisches Problem. Es ist Sache der Justizverwaltung mit dem Generalstaatsanwalt darüber zu konferieren. Das ist doch eine ganz einfache Sache. Der Justizminister läßt sich ja in Hunderten von Fällen berichten. Solche Anklagen werden oben vorgelegt, jeder Staatsanwalt weiß, das ist eine Berichtssache, die wandert höher. Da kann ein Justizsenator, auch ohne irgendwelche Befehle zu geben, in die Akte schreiben: »Ich stelle anheim, die Frage zu prüfen, ob die Anklage nicht auf zwei Punkte, die mir gut bewiesen erscheinen, reduziert werden kann im Interesse der Prozeßbeschleunigung und Kostenersparnis.« Als Justizminister habe ich auch ein Interesse an der Kostenersparnis. Warum ein

Mammutprozeß, wenn ich ihn für ein Zehntel Zeit und Geld durchführen kann? Um solch einen Täter zu verurteilen, würde man in Amerika doch nicht zwei Jahre verhandeln. Selbst in ganz großen Komplexen kommt man in sechs, sieben Monaten durch.

Ein großer Judenmord-Prozeß fand 1969 in Berlin statt. 35 000 Berliner Juden waren 1941 in Berlin noch übriggeblieben. Das waren die Unglückseligen, die nicht mehr herausgekommen waren und noch in Betrieben arbeiteten, und plötzlich kam die Gestapo.

Der Ausgangspunkt war nicht das Gestapo-Hauptquartier in der Prinz-Albrecht-Straße, das für ganz Deutschland zuständig war, sondern die Berliner Gestapo-Leitstelle unter einem Herrn Otto Bovensiepen. Im Prozeß wollten die Verwandten der Opfer natürlich vertreten sein. Ich wurde vom *Zentralrat der Juden* in Deutschland und von Heinz Galinski, dem Vorsitzenden der Berliner Gemeinde, gebeten, die Nebenklage zu führen.

Der Fall Bovensiepen wurde ein sehr bewegender Prozeß, weil all diese furchtbaren Einzelheiten der Deportation wieder auflebten. Unter Schluchzen sagte eine frühere preußische Regierungsrätin bei der Polizei aus, jüdisch, die später in der Verwaltung der Jüdischen Gemeinde Berlin arbeitete, sie sei von der Gestapo gezwungen worden, Namen der Deportierten abzustreichen.

Bovensiepen hatte natürlich keine Ahnung, womit es enden würde, wenn die Juden in der Synagoge in der Oranienburger Straße zusammengetrieben und eingepfercht wurden und mit den Zügen, die vom Schlesischen Bahnhof abgingen, unter den grauenhaftesten Umständen in den Osten kamen. Für Bovensiepens Wissen hatte ich zehn Zeugen nominiert, teilweise indirekte Zeugen, die wußten, daß die Gestapobeamten den Londoner Sender schon sehr früh – 1941/42 – gehört hatten, ferner die Sekretärinnen, die wußten, daß in ihrem Büro die Abgeholten von den Listen abgehakt wurden. Nicht, weil sie wiederkamen, sondern weil man wußte, sie kommen nicht wieder.

Auch Galinski war Zeuge und machte eine sehr klare Aussage darüber, wann er selbst zuerst erfahren hatte, daß Auschwitz, Riga und Treblinka das Ende zu bedeuten hatten. Wir fuhren nach New York und dort bezeugte der frühere Generalsekretär der *Deutschen Liga für Menschenrechte*, Kurt Grossmann, daß schon im Frühjahr 1942 im Madison Square Garden in New York große Demonstrationen gegen die Massenmorde im Osten stattgefunden hatten. Ich hatte einen Zeugen von der BBC in London, der es in die Welt ausgestrahlt hatte, was im Osten alles passierte. »Und ausgerechnet Sie, Herr Bovensiepen, der Sie außer der Judenverfolgung auch mit den Nachrichtendiensten zu tun hatten, wußten von alledem nichts, was hier zehn Zeugen bekundet haben?«

Befremdend für mich war, daß ich wiederum alte Bekannte als Entlastungszeugen vorfand. Der Verteidigungszeuge Werner Best sollte bestätigen, was das für harmlose Ausflüge nach dem Osten waren. Ich mußte ihm vorhalten, daß er schon im Jahre 1939 mit der Einsatzgruppe für den Polenfeldzug befaßt war. Ich weiß nicht, warum Bovensiepens Anwälte ihm einen Zeugen gebracht haben, der so angeschlagen war durch Einsatzgruppenaktivitäten, der Amtschef im Reichssicherheitshauptamt war und sich von mir vorwerfen lassen mußte, für das traurige Schicksal Carl von Ossietzkys mit verantwortlich gewesen zu sein. Wie kann man einen derartigen Mann als Entlastungszeugen zulassen?

Vielleicht wollte der Richter vermeiden, durch Zurückweisung eines solchen Zeugen einen Revisionsgrund zu liefern; der angelsächsische Richter, der nicht durch die deutsche Strafprozeßordnung eingezwängt ist, brauchte sich dieses absurde Schauspiel nicht bieten zu lassen. Mit diesem Werner Best hatte ich schon im Winter 1931 zu tun gehabt. Er war damals ein junger Gerichtsassessor in Hessen und als Verfasser der sogenannten Boxheimer Dokumente auffällig geworden, einem Plan, was mit den Republikanern geschehen sollte, wenn die NSDAP zur Macht käme. Ein Verfahren gegen Best wurde vom Oberreichsanwalt unterdrückt. Die preußische Regierung war darüber entsetzt und es kamen dringende Telefonate vom damaligen hessischen Minister Leuschner nach Preußen: »Könnt Ihr nicht helfen, daß die Reichsregierung da eingreift?«

Ich sagte Leuschner am Telefon: »Das ist hier keine Angelegenheit für einen Justitiar, der sich mal um ein Strafverfahren kümmern kann.« (Da spielten natürlich Fäden von diesem Best auch nach Preußen.) »Sie müssen direkt mit Severing sprechen.«

Alle Schritte nützten nichts, und Preußen war sowieso bald vorbei. Jedesmal, wenn ich zur Versammlung der Träger der Leuschner-Medaille gehe, kommen die Boxheimer Dokumente ins Gespräch, die schwarz auf weiß beinhalten, was der verstorbene Führer auch angekündigt hatte: »Und dann werden Köpfe rollen!«

All diese Zeugen von der Sorte des Gestapo-Amtschefs a. D. Best wirkten auf mich wie einfache Lebemenschen, nicht bockig, nicht frech, wie sich eben Gentlemen benehmen, die eine Anklage wegen Beteiligung an Massenmorden über ihrem Kopf schweben haben. Es kam ihm ein bißchen zugute, daß ich sein Vorleben ganz genau kannte und daher auch wußte, was er für ein Zyniker war.

Als die Juden aus dem besetzten Dänemark nach Schweden hatten flüchten können, mit Hilfe von Dänen und auch einigen Deutschen, wurde Best vom Auswärtigen Amt telegrafisch angepöbelt, wieso das passieren konnte, obwohl man doch extra ihn als Gouverneur da hingesetzt hatte. Daraufhin kabelte er zurück: »Was wollt Ihr denn von mir? Ich habe meine Pflicht erfüllt, Dänemark ist doch jetzt judenfrei.« Das war der Entlastungszeuge Best. Er wurde kränklich, als ich ihm in dem Berliner Prozeß seine kameradschaftliche Tätigkeit als Berater von SS-Führern vorhielt, die vor bundesdeutsche Gerichte zitiert werden sollten. Man hatte bei ihm stapelweise Akten über laufende NS-Verfahren sichergestellt, die er juristisch auf seine Weise begleitete, indem er gefährdeten Ex-Kollegen Taktiken empfahl, wie man sich solchen Strapazen entzieht. Seine Rechtskundigkeit hatte seit 1931 wenig gelitten, denn wie damals vermochte er sich selbst in den siebziger und achtziger Jahren einer sicheren Anklage zu entwinden. Im Jahre 1982 wurde das fünfzehn Jahre schwebende Verfahren mit einer Anklage von über tausend Seiten wegen Verhandlungsunfähigkeit eingestellt.

Der Prozeß gegen Bovensiepen scheiterte ebenfalls wegen drohender schwerer Erkrankung des Angeklagten. Erfreulicherweise erwies die Erkrankung sich als nicht so schlimm, daß er daran gehindert gewesen wäre, seine Geschäftstätigkeit für eine Konservenfabrik noch jahrelang weiterzuführen. Als ich seinen Arzt im Termin eindringlich befragte, bestätigte er, daß sein Patient keinen Herzinfarkt habe, sondern daß die Gefahr eines Herzinfarktes nur bei einer weiteren Verhandlung bestünde. Wir waren erst ein paar Wochen im Gericht unterwegs. Gerade in diesem Prozeß lernte ich die Überlegenheit gewisser Ärzte kennen, die ohne lange zu fackeln auf der Stelle ihr Gutachten abgeliefert haben. Es war sehr schwer, diese Dinge zu bekämpfen –, zuerst kam einer, dann kam noch einer und zuletzt ein Dritter, dem ich widerlegen sollte, daß ein Herzinfarkt eintreten könnte.

Atteste muß man richtig und von langer Hand vorbereiten, das weiß jeder, der im Öffentlichen Dienst steht. Zwar ist es schwer, aber möglich, jemanden als dienstunfähig zu erklären. In vielen Entschädigungsprozessen von Naziverfolgten, in denen medizinische Gutachten entschieden, habe ich leicht das Resultat voraussagen können, sobald ich wußte, welche Universität den Gutachter stellt. Der eine sagt, das sind keine Folgen von Konzentrationslagern, das sind doch angeborene Eigenschaften. Der nächste Arzt sagt, Konzentrationslager haben nichts damit zu tun, wenn ein früherer Häftling nach zehn Jahren schizophren wird; ein dritter Arzt sagt, Schizophrenie schadet überhaupt nichts. Auch der vernünftigste Gerichtsarzt fängt an zu zweifeln, wenn er fünf Professoren-Gutachten vor sich hat, die ja ausgezeichnet begründet sind, und sagt sich, das könnte genausogut *so* sein. Wir haben das in jeder Gerichtsbehörde bei NS-Prozessen erlebt. Wenn einer einmal über NS-Prozesse schreibt und die Ärzte vergißt, dann hat er einen Hauptpunkt vergessen. »Die Justiz wird mit den SS-Programmierern des Todes nicht fertig« habe ich nach dem Berliner Judenmordprozeß gesagt, und es hat sich seitdem bestätigt. Sie sind schlauer.

Das sogenannte Unrechtsbewußtsein

Selbstverständlich war es ein Fehler, das Kontrollratsgesetz Nr. 10, so früh aufzuheben; es hätte in NS-Prozessen leichter zu Erfassung des Sachverhalts geführt. Alle diese Taten waren Verbrechen gegen die Menschlichkeit, und die Beweisnöte angesichts der Motive der Täter, niederträchtig oder nicht, anbefohlen oder willentlich, spielten in Nürnberg gar keine Rolle. Was Mord war, wußten wir sehr genau.

Die Abschaffung des Kontrollratsgesetzes Nr. 10 erfolgte nicht aus rechtlichen Erörterungen, sondern als Teil der neuen alliierten Politik, Deutschland allmählich als Bundesgenossen an sich heranzuziehen. Und wenn ich einen Bundesgenossen haben will, schlage ich ihm nicht erst noch ein paar in die Zähne und halte ihm alle Sünden aus seinem mit Sünde reichverzierten Vorleben vor. Das ist doch die selbstverständliche Konsequenz; ob richtig oder falsch, lasse ich völlig dahingestellt. Es gibt Prioritäten und bei denen sind die Moral und das Recht nebensächlich, auch wenn es unsympathisch ist. Die Absicht war, eine Lawine von Strafprozessen zu verhindern.

Wir dürfen nicht Justiz mit Gerechtigkeit verwechseln –, das sind zwei verschiedene Komplexe. Die Justiz richtet sich keineswegs immer nach der immanenten Gerechtigkeit, die da oben in den Sternen steht, Naturrecht genannt. Gerade im Deutschen sind die Worte ›Justiz‹ und ›Gerechtigkeit‹ getrennt, und das ist nur in wenigen Sprachen der Fall. In Amerika ist mir das erst klar zum Bewußtsein gekommen, weil es dort ausgesprochener ist, daß *law*, das gesetzte Recht, gar nichts zu tun hat mit dem *enforcement of law*. *Law* ist als Gemeinrecht in den alten Entscheidungen festgestellt. Es hat gar nichts damit zu tun, ob *law* auch *enforced* und im einzelnen Falle auch auf einen bestimmten Mann angewandt wird.

In Amerika besteht keine Pflicht, ein Verbrechen zu verfolgen, kein sogenannter Strafverfolgungszwang, kein Legalitätsprinzip. Es wird oft nicht verfolgt –, um es ganz klar auszudrücken. Laß doch den Mörder laufen, wenn er ein Kronzeuge ist. Ich sage es sehr kraß, man wird das nie in einem wichtigen Fall tun. Aber den Teilnehmer an einem großen Geschäftsschwindel, der alles erzählt hat, lasse ich draußen, wenn es praktisch ist. Das sind politsche Entscheidungen.

In Deutschland wird immer gearbeitet mit dem Strafverfolgungszwang. Weil sich der Strafverfolgungszwang jedoch nirgends durchführen läßt, aus Mangel an geeignetem Personal, aus Mangel an Geld, aus politischen Gründen, wird – und das steht nicht im Gesetzbuch – nach anderen Mitteln gesucht, um dem Strafverfolgungszwang zu entkommen. Der kleine Paragraph, der da sagt: Unbedeutende Taten kann man wegen Geringfügigkeit einstellen, läßt noch ein pseudogesetzliches Ventil. Dann aber kommen die Umwege, die Ausreden, die man sich selbst schafft: »Dem Angeklagten ist nicht zu widerlegen, daß . . . der Angeklagte hat nicht an die Strafbarkeit geglaubt . . . er handelte nicht aus Niedertracht, sondern um Schlimmeres zu verhüten.«

Sie werden es vielleicht eigenartig finden, daß ausgerechnet ich so etwas sage: Wenn man alle Personen, die absolute Verbrecher gewesen waren, viele von ihnen Mörder, von den Plünderern spreche ich schon gar nicht, wenn man alle schwere NS-Kriminalität verfolgt hätte, so hätte es keinen Aufschwung der Bundesrepublik gegeben. Das ist grotesk ausgedrückt, aber – wer es hören will oder nicht – es ist eine Wahrheit hierin. Viel zu viele Menschen hätten mit der pflichtgemäßen Strafverfolgung zu tun gehabt, als Verfolger und Verfolgte.

Es gab aberhunderte von Fällen, und nicht von kleinen Pinschern, sondern von Leuten, die die Planungstechniker von Mordaktionen gewesen sind, die das Reichssicherheitshauptamt daraufhin ausführte. Das Belastungsmaterial war sehr, sehr weitgehend, denn die Akten, die zu einem mordenden Staatssekretär hinaufgegangen sind und dessen Paraphe trugen, waren ja vorbereitet worden von seinen Vortragenden Legationsräten und von einer Fachabteilung in den betreffenden Ministerien und Dienststellen. Leuten, die nur Ministerialräte, Oberregierungsräte und dergleichen waren, oder Figuren aus der Militärsphäre, die nichts als militärische Anweisungen gegeben hatten, was im Warschauer Ghetto gemacht werden sollte. Mitverschwörer, die sämtlich Befehlsgeber waren, denn das ist vielfach unterschlagen worden in der

Pro-Nazi-Propaganda –, nach der Geschäftsordnung der Ministerien ist jeder Referent verantwortlich, mit und ohne Führer.

Der Referent hätte sich nur damit rausreden können, daß er am fraglichen Tag auf Urlaub war und die Sache von seinem Vertreter abgezeichnet worden ist. Ein Referent in einem Ministerium kann nie sagen ›Befehl von Oben‹, denn es steht in allen Beamten- und Militärgesetzen: Verbrecherischen Befehlen braucht nicht gefolgt zu werden.

Ich habe manchem dieser speichelleckerischen Herren vorgehalten: Im alten Preußen hat ein General einmal gesagt: »Dann werden Euer Majestät wohl auf meine Dienste verzichten müssen.« Aber ich habe wenige kennengelernt aus dem Dritten Reich, die es gewagt haben, die Un-Majestät Hitler dazu zu veranlassen, auf ihre Dienste zu verzichten.

Ich kannte selbstverständlich den Trick, daß die sogenannten hohen Befehlsempfänger, die ihre Befehle von noch höherer Stelle bekommen hatten, sich damit entschuldigen konnten, sie hätten nicht erkannt, daß diese Befehle strafbare Handlungen waren. Ich kannte diese Bestimmungen ganz genau, habe mich mein Leben lang damit beschäftigt und bei Vernehmungen darauf eingerichtet.

Solche süß-sauren Personen, die sich darauf beriefen, sie hätten die Strafbarkeit nicht erkannt, waren oft bei einer vorhergehenden Vernehmung schon reingefallen. Sie hatten auf Befragen meistens erzählt, wie gräßlich das Dritte Reich gewesen sei und daß ihnen Befehle erteilt worden seien, die sie nicht durchführen wollten und auch manchmal umgangen hätten. Damit waren die Verbrechen bereits eingestanden. Sie haben oft gesagt: Nein, wir konnten nicht dagegen ... meine Familie ... es war Krieg. Nun, diesen Entschuldigungsgrund haben sie sich selbst genommen. Und wenn sie erzählten, daß sie eigentlich raus wollten, aber nicht konnten, mitgemacht hätten, um Schlimmeres zu verhüten und ähnlichen Zinnober, so mußte ich sie daran erinnern, sobald sie am nächsten Tage behaupteten, man konnte sich den Befehlen deshalb nicht widersetzen, weil man den Unrechtsgehalt nicht erkannt habe: »Haben Sie mir nicht kürzlich erzählt, daß Sie eigentlich raus wollten, aber nicht konnten und dann dringeblieben sind, um Schlimmeres zu verhindern oder ähnlichen Zinnober? Jetzt kommen Sie auf einmal damit, daß Sie das nicht erkannt haben.«

Ein Staatssekretär, der bekannte, er habe gar nicht schlafen können, als er schon zu ziemlich früher Zeit von solchen Dingen hörte, dem war entfallen, daß er mir am Tag vorher mitgeteilt hatte, nie habe er etwas davon gehört, daß seine Behörde Menschen in den Tod schickte. Aber oben und unten, ob Legationsrat oder Staatssekretär, haben immer wieder versucht, das Märchen aufzubringen: »Alles der Führer . . . wir wußten nichts, haben falsch verstanden . . . Befehlsnotstand.«

Es liegt ausschließlich an den Schwächen unserer Justiz, daß den Leuten nicht empfindlicher auf den Zahn gefühlt wurde, denn die Behauptung, man habe die Strafbarkeit nicht erkannt (etwa in den Euthanasie-Prozessen), ist doch ein reiner, selbstverständlich berechtigter Verteidigungsschwindel. Um den Mann rauszuhauen, muß behauptet werden ›Er hat von nichts gewußt‹. Allmählich sind bei der Zentralstelle zur Ermittlung dieser Verbrechen in Ludwigsburg genügend Zeugen verfügbar, die so etwas widerlegen können. Aber bei wievielen Tätern haben die Staatsanwaltschaften die Ausrede als glaubhaft hingestellt, um einfach die Sache totzumachen?

Ich sage ausdrücklich, das war keine politische Bosheit, sondern ein bürokratisches Verfahren, weil man mit den paar eingesetzten Justizkräften die ungeheuere Summe der Mörder nicht erfassen konnte.

Dennoch hätten meines Erachtens viele Verfahren selbst nach dem deutschen Strafgesetzbuch anders verlaufen können. Das sehr ernstzunehmende, weil giftige juristische Pflänzchen des Unrechtsbewußtseins, da so unerhört zusammenschrumpfte, steht im krassen Gegensatz zu den Grundsätzen, die gewöhnlich bei der Gewichtung von äußerem und innerem Tatbestand gelten.

Der äußere Tatbestand ist die Feststellung: Da liegt ein Toter, auf den dieser Täter eingeschlagen hat. Daneben ist der innere Zustand des Täters zu beurteilen.

Der Mann war vielleicht wegen Mordes angeklagt, weil er ein Kissen auf seine Frau geworfen und daraufgedrückt hat. Wenn er vortrug, er wollte sie wegen Schimpfereien zum Schweigen bringen, ohne daß er dachte, sie könne dabei zugrundegehen, ist das natürlich ein ganz anderer innerer Tatbestand. Aber diese einfachen Feststellungen wurden in den Nazi-Prozessen unerhört ausgedehnt und führten zu einer ganzen Anzahl von Fehlurteilen. Auch wurde die Konstruktion des Verbotsirrtums enorm überstrapaziert. Früher wurde an Universitäten und auch in der Praxis darauf rumgepaukt: Unkenntnis schützt nicht vor der Strafe des Gesetzes. Das war ein geheiligter Grundsatz. Auch der totale Mangel an Gewissen wurde nicht automatisch akzeptiert. Kein Angeklagter konnte sich damit entschuldigen: Ich wußte nicht, daß ich mit dem Gift in der Spritze den Geisteskranken ermorde; ich habe das für einen Gnadenerweis gehalten. Das war früher keine Ausrede.

Diese Praxis ist in ganz starkem Maße fallengelassen worden zugunsten des erforderlichen Nachweises des sogenannten inneren Tatbestandes. Die seinerzeitige Änderung des Mordparagraphen 1941 stellte bereits die Weichen. Früher mußte bei Mord die Überlegung nachgewiesen werden; da konnte sich nur der Geistesgestörte auf einen Schuldausschließungsgrund berufen. Heutzutage muß nachgewiesen werden, daß der Täter aus Niedertracht, heimtückisch, grausam oder aus anderen Motiven gehandelt hat, die im neuen § 211 verzeichnet sind. Auch dem Mordgehilfen muß Niedertracht, Grausamkeit usw. nachgewiesen werden. Diese Gesetzesreform ist zur Zeit des sonst so hervorragenden Justizministers Gustav Heinemann eingeführt worden. Keiner merkte, daß viele NS-Mörder sich durch die neue Formulierung herausretten konnten.

Das war auch deshalb von Übel, weil die NS-Täter bei den deutschen Gerichten von vornherein eine weit günstigere Stellung bekommen hatten als durch das Londoner Statut, und das Kontrollratsgesetz, das in Nürnberg seine Geltung hatte. Dort kam es auf diese Art subjektiven Tatbestands überhaupt nicht an. Wenn der Täter die Tat begangen hatte, wurde er verurteilt, ganz egal, was er sich dabei gedacht hatte. Wenn Menschen in eine Synagoge zusammengepfercht und diese dann abgebrannt werde, kann keiner sagen: »Ich hatte keine persönlichen Motive.« Für mich sind das keine maschinellen Taten, gleichgültig, ob man privat mordet oder ob man in seiner Amtsstellung mordet. Die, die diese Befehle ausgeführt haben, standen im Amt, haben für das Morden ihre Besoldung bekommen, und sind selbstverständlich viel schärfer zu bestrafen, als jemand, der in einer *gang* Leute beraubt und totschlägt. Krieg, hat der Mann schon in der Schule gelernt, ist eben Krieg, wo man eventuell selbst fallen kann und getötet wird. Einsatzgruppe, weiß er ganz genau, ist kein Krieg, und er kann nicht dabei getötet werden. Denn nur auf diesem Felde der Unehre hat der Hitler gesiegt, das ist der einzige Sieg, den er errungen hat, im Krieg gegen die Juden!

Wir haben in all diesen Fällen zunächst davon auszugehen, daß das Amt die Tätigkeit des Angeklagten von vornherein kennzeichnet. Wenn der bei einer Einsatzgruppe war, so ist er von seinen Vorgesetzten von vornherein dahin bewertet worden, daß er eine geeignete Person für die

Ausführung von Morden ist. Es gibt ja genügend Menschen, die sich um diese Dinge gedrückt haben, solche Fälle hat die Ludwigsburger Zentralstelle immer wieder zusammengestellt. Leute, die sich unter irgendwelchen Vorwänden versetzen ließen, nachdem sie Bestimmtes gesehen hatten – ohne jede böse Folge!

Ich habe vor einem bundesdeutschen Gericht einmal die Behauptung vieler Angeklagter entkräften wollen, daß sie erst in Nürnberg von den angeblichen Verbrechen gehört hätten, die sie begangen haben sollten. Einem Zeugen, der später vor deutschen Gerichten angeklagt werden sollte, aber vorher an einem Autounfall gestorben ist, einen Herrn Eberhard von Thadden aus dem Auswärtigen Amt, habe ich einmal ein großes Flugblatt vor die Brust gehalten. Auf diesem englischen oder amerikanischen Flugblatt stand: *Ihr werdet für die Verbrechen – Mordtaten an verschiedenen Orten – bestraft werden.* »Kennen Sie das?«

Nach einigem Zögern hat er geantwortet: »Ja, es war mal sowas.«

»Und was haben Sie da gedacht und gemacht?«

»Das weiß ich nicht mehr.«

»Dann will ich Ihnen das Flugblatt mal ganz zeigen (ich habe die obere Kante mit der Hand verdeckt). Wessen Schrift ist das hier oben?«

»Das ist meine Schrift.«

»Und was steht darüber?«

»Zu den Akten!«

Damals wußten sie schon, was ihnen passieren oder nicht passieren würde, auch wenn sie mit ihren Kollegen darüber sprachen, wie lächerlich das wäre, und es nie eintreffen würde, daß man sie für ihre Handlungen verantwortlich mache. Die Leute hatten ganz schön ihr Unrechtsbewußtsein.

Ich habe immer einen Angeklagten gesucht, den ich gern verteidigt hätte. Ich habe ihn nie gefunden. Zu seiner Verteidigung wollte ich folgendes sagen: Mein Angeklagter muß freigesprochen werden. Er ist ein Dieb, hat fremdes Gut gestohlen, aber dieser unglückselige Mensch ist in seinen Kreisen und in seinem Philosophieseminar dahingehend belehrt worden, daß Eigentum eigentlich Diebstahl sei. Es war ihm nicht zu widerlegen, daß er von der Strafbarkeit seines Diebstahls keine Ahnung hatte. Der Diebstahl war gar kein Diebstahl, sondern eine weltanschaulich gedeckte Handlung. Französische Revolution, Kommunismus. Es gibt keine Beweise, daß er nicht fest daran geglaubt hat. Ebenso fest, wie der SS-Mann daran geglaubt hat, daß die Juden ausgerottet werden müssen. Ich hätte gerne gehört, was ein Richter zu diesem Plädoyer gesagt hätte und ich hätte dabei angeführt, daß dementsprechende Einstellungsbeschlüsse zu Hunderten auf der Formel beruhen:

»Dem Angeklagten konnte nicht widerlegt werden, daß . . .«

Wo sind die Verbrecher?

Es ist eine absolut unerklärliche Tatsache, warum die Massenmorde in den Konzentrationslagern wie Auschwitz, Treblinka, Majdanek erst fünfzehn Jahre nach dem Kriege zum ersten Mal systematisch vor Gericht erörtert wurden. Es gibt einfach keine menschlich vernünftige Erklärung, auch keine juristisch vernünftige Erklärung, warum dies nicht lange vorher geschehen ist. Die faule Ausrede, daß es an Dokumenten gefehlt habe, lasse ich nicht gelten.

Dieselben Dokumente waren auch schon vorher zu erhalten, und was in den Vernichtungslagern geschehen war, hatte der in Polen angeklagte Auschwitz-Kommandant Höß schriftlich niedergelegt. Das waren ja keine geheimen Aufzeichnungen.

Ich glaube, daß der erste große Frankfurter Auschwitz-Prozeß nie ohne den hessischen Generalstaatsanwalt Fritz Bauer zustande gekommen wäre. Seine Staatsanwaltschaft war genauso schwach besetzt wie die übrigen auch und hatte noch tausend andere Fälle zu erledigen, mir setzte er genügend Druck hinter seine Prioritäten.

In den Jahren von 1945 bis 1950 waren die Hilfsmittel der Staatsanwaltschaften ganz miserabel, die Justiz rangierte am alleruntersten Ende des Totempfahls. Da mußte man eigens zum Minister gehen, daß der Etat wegen eines dringenden Falles erhöht wurde. Wenn ich so einen Prozeß führen will, muß ich bei den vorgesetzten Stellen durchdrücken, daß mir ein ganzer Apparat dafür gebaut wird.

Die Mittel zur Durchführung des Auschwitz-Prozesses wurden zur Verfügung gestellt, doch so ein Unternehmen kann nicht jeder führen, der einmal mit 27 oder 28 Jahren ein Assessorexamen gemacht hat. Eine spezielle menschliche Qualität, ein gehöriges Wissen ist erforderlich.

Fritz Bauer war ein ungewöhnlicher Generalstaatsanwalt. Er hatte seine eigene Ansicht über Menschenrechte und Menschenwürde, die tiefer ging als bei manchem anderen Beamten. Es fehlte ihm die Trägheit des Herzens gegenüber den Strolchen. Vor allen Dingen zahlte sich aus, daß er stetig seine Oberstaatsanwälte belehrt und beeinflußt hat. Man hörte auf ihn, nicht nur aus den üblichen dienstlichen Gründen, sondern weil er sichtlich etwas anzubieten hatte und überdies seine Leute deckte, wenn sie einmal Anregungen von ihm ausgeführt hatten und dabei in irgendeiner Weise reinfielen.

Ich weiß, daß er den ausgezeichneten Oberstaatsanwalt Warlo immer wieder dazu angespornt hat, die Euthanasieverfahren in Angriff zu nehmen. Überdies hatte Bauer die aberwitzige Idee, das auch die höchstgestellten Leute aus der Justiz, wenn sie Verbrechen begangen haben, vor Gericht gestellt werden müssen. Er kannte keinen Cliquen-Schutz.

Im Jahr 1941 hatte der Staatssekretär im Reichsjustizministerium Schlegelberger eine Konferenz der Oberlandesgerichtspräsidenten und Generalstaatsanwälte einberufen, um sie in die Euthanasieaktion einzuweihen, die Unruhe in der Justiz ausgelöst hatte. Man wußte nicht genau, wie die Strafanzeigen der Eltern und Geschwister der Ermordeten zu behandeln waren. Jetzt erfuhren die versammelten Justizhäuptlinge, daß gar keine Straftaten vorlagen, sondern gesetzlich genehmigte Handlungen, die der Führer mit Wirkung vom 1. September 39 im Hinblick auf die schlechte Ernährungslage angeordnet habe.

Bauer bemühte sich, die Konferenzteilnehmer zur Anklage zu bringen, nachdem wir die Methode lange zusammen besprochen hatten. Er gab die Sache nach Limburg, weil einer der Beschuldigten dort wohnte, und in der Limburger Staatsanwaltschaft damals sehr energische Herren operierten. In diesem Fall mit dem üblichen Erfolg. Sie haben in Limburg eine sehr schöne Anklage gemacht. Dann erklärte sich jeder der Verdächtigten zur Sache. Die haben ganz gelassen geantwortet: »Ich bin heute so und so alt und nicht mehr vernehmungsfähig.« Da es nun schon 1960 war, sind sie zu ihren Hausärzten gegangen und haben die notwendigen Feststellungen für drohende Herzinfarkte bei Hauptverhandlungen, Arterienverkalkungen und schlechtes Gedächtnis einreichen lassen.

Das Gefährliche bei diesen pensionierten und ganz gut betuchten Herren ist, daß sie alle schon in ärztlicher Behandlung stehen und ihren vorzüglichen Hausarzt haben. Ist doch ganz was anderes, wenn man in festen Händen ist, als zu einem Fremden rennen zu müssen: »Werden Sie mich auch verhandlungsunfähig oder zumindest haftunfähig schreiben?«

Das Verfahren mußte ergebnislos eingestellt werden; daß fünfzehn Jahre nach Kriegsende sich überhaupt ein Ankläger bei den Ehrenmännern gemeldet hat (was ebensogut in Bayern oder Württemberg hätte geschehen können), zeigt die Bedeutung der Einstellung eines Generalstaatsanwaltes zum Dritten Reich und zu der eisernen Pflicht der Strafverfolgung.

Es ist noch immer nicht so ganz klar, woran Bauer gestorben ist. Man fand ihn tot in seiner Wohnung auf. Ein paar Tage vorher war er sehr verärgert gewesen. Hatte sein Tod persönliche Gründe, oder hatte er sich zu Tode gekränkt? Es hat ihn oft gewurmt, daß Entscheidungen zu treffen waren, die seiner Gesinnung zuwider liefen. Dieser Zwiespalt hat ihn sehr bitter getroffen –, auch daß er manchmal nicht von oben gedeckt wurde, auch wenn die Hessen nicht schlecht zu ihm waren. Als Justizminister amtierten da ganz vernünftige Menschen. Der netteste war der Auschwitzer. Er war in Auschwitz geboren und hat für Bauer die Verhandlungen mit den Polen geführt. Mit dem Lager hatte Karl Hemfler gar nichts zu tun gehabt, war aber in Polen sehr beliebt, einfach, weil er da geboren war. Er brachte die ersten polnischen Akten von dort mit und allmählich hat sowas dann funktioniert.

Eines Tages, ich war gerade auf der Fahrt nach Amerika, bekam ich einen Anruf von der Polizei in Bremerhaven: Die Staatsanwaltschaft in Frankfurt am Main sucht Sie. Ich ließ mich verbinden und es kam raus, es sei ein Mann in Argentinien verhaftet worden, ob ich nicht auf amerikanische Regierungsstellen einwirken könnte, daß man diesen Mann schleunigst nach Israel ausliefere.

Ich fragte per Telefon bei verschiedenen Stellen über den Atlantik an, man überlegte, wollte aber nicht so recht da ran. Wie soll man auf die argentinische Regierung drücken? Ich ließ dann Fritz Bauer wissen, das sei eine schwierige Sache, über dritte Staaten zu verhandeln, die Israelis müßten selbst mit Argentinien fertig werden.

Das hatte in der Praxis natürlich zur Folge, daß man den Mann einpackte, um ihn ohne Zustimmung der Argentinier nach Israel zu schaffen. Bauer hatte mir den Namen nicht genannt. Die Israelis hatten sich an ihn gewandt und zunächst lediglich von einem Kriegsverbrecher gesprochen. »Ich frage Sie nicht erst, wer das ist«, sagte ich am Telefon. »Das ist doch wahrscheinlich der Eichmann.«

Anfang 1960 wurde das Interesse in Israel an der Verfolgung von Nazi-Verbrechern wach. 1948 waren Möglichkeiten zu Strafverfolgungen vorhanden. Jetzt, als die Entschädigungsforderungen geltend gemacht wurden, tauchte eine Frage auf: »Entschädigung wofür? Wo sind die Verbrecher?« Der Bundesrepublik mußte gezeigt werden, was passiert war. Fragen zirkulierten, wodurch Israel zur Zahlungsannahme legitimiert sei. Dem Staate Israel war ja nichts passiert, sondern die Opfer waren erst nach der Staatsgründung eingewandert. Infolgedessen empfand Israel, das die Überlebenden zu pflegen hatte, das Verlangen, auf die frei herumlaufenden Verbrecher hinzuweisen. Vielleicht war es an der Zeit, einmal nach demjenigen Mann zu fahnden, der als Chef des Amtes IV b 4 beim Reichssicherheitsamt die ganzen Judenverfolgungen bürokratisch organisiert hatte.

Von Simon Wiesenthal war entdeckt worden, daß Eichmanns Todesanzeige, die seine Frau in eine österreichische Zeitung setzen ließ, fingiert sein mußte. Schon in Nürnberg kam Wiesenthal zu mir und fragte: »Haben Sie Material gegen einen gewissen Adolf Eichmann? Wird der bei Ihnen angeklagt?« Selbstverständlich stand Eichmann auf der Fahndungsliste, kam aber als Angeklagter nicht in Betracht, weil er ja nur Obersturmbannführer gewesen war. Ein niedriger SS-Rang, der einem Oberstleutnant in der Armee entsprach. Seine Schlüsselfunktion wurde mit der niederen bürokratischen Ebene getarnt, auf der Eichmann wirkte: man hat ihn nicht einmal bis zum Regierungsrat kommen lassen. Kurz –, die israelische Regierung fahndete nach ihm und Simon Wiesenthal, die Triebfeder zu Aktionen verschiedener, weltweiter Gruppen, recherchierte ebenfalls. (Und Interpol tat nichts!)

Kaum war Eichmann entführt, ging der Krach schon los. Ist die Entführung nicht ein Verbrechen? Wird er nicht an eine Stelle gebracht, die für die Aburteilung gar keine Zuständigkeit hat? Auch jüdische Personen sagten, er dürfe vor kein unzuständiges Gericht kommen, Israel solle die Hände davon lassen und ihn Deutschland ausliefern. Unter den Kritikern taten sich Victor Gollancz und Martin Buber hervor.

Nach den von mir damals zitierten völkerrechtlichen Bestimmungen konnte ein Eichmann von jedermann verhaftet werden, weil er unter Acht und Bann stand. Israelische Juristen haben ganz überzeugende Argumente in dieser Richtung vorgetragen. Telford Taylor war mit der Jerusalem-Zuständigkeit gar nicht einverstanden. Aburteilung ja, aber Eichmann hätte nicht geholt werden dürfen. So sagten die einen ›unzuständig‹, die anderen verlangten eine Entschuldigung gegenüber Argentinien, aber Generalstaatsanwalt Gideon Hausner ging den gerechten Weg.

Er hatte zwei unentbehrliche Hilfen, Jacob Baror, Enkelsohn des Frankfurter Oberrabbiners Brauer und als ersten Assistenten einen Freund von mir, ein junger Jurist aus Halberstadt, Gavriel Bach, in England ausgebildet, der sich als unerhört fähig erwies. Zur Hilfe kam noch der amerikanische Völkerrechtler Jacob Robinson, zeitweilig Berater von Justice Jackson in Nürnberg für jüdische Angelegenheiten. Während des Prozesses in Jerusalem lernte ich den Polizeihauptmann Avner Less kennen, der Eichmann verhörte.

Eichmann sah ich zum ersten Mal in seinem Glaskasten im Gerichtssaal. Er war ein sehr tüchtiger Mörder, einer der tüchtigsten, die ich kannte. Der Mann ist früh eingetreten in die Branche, und gute Personalkenner, wie die Nazis waren, haben sie ihn bei der Sache gehalten. Gerade für seine Arbeit war er gut. Er war eiskalt, in einer gefährlichen Art. Probst Heinrich Grüber hat mir erzählt, daß weder er noch andere Leute in Berlin, die Eichmann verhört hat, von ihm angeschnauzt worden wären. In Nürnberg hatte ich irgendwo ausgegraben, daß Eichmann in ganz frühen Jahren in Palästina gewesen war. Er hat sich für die Sachen interessiert, bekam zunächst den Auftrag, Ausreisen deutscher Juden nach Palästina zu organisieren und ist bei dem Gebiet geblieben –, ein *selfmade-man*, er hatte es geschafft! Er kannte sich aus, war kein Dummkopf, die Judenfrage war eben sein Feld und er ist nie herübergewechselt zu den Zigeunern oder zu den Bibelforschern. Er hat an den Juden festgehalten, ein typischer Profi in seinem Fach, vielleicht der einzige von all denen.

Als Hausner an die Arbeit ging, wurde gleichzeitig in Jerusalem ein Polizei-Büro eröffnet, das berühmte Büro 06 (1906 war Eichmann geboren). Da stand man vor dem üblichen Problem – sie hatten den Mann, den Corpus, wußten, was er alles getan hatte. Was aber war in Einzelheiten juristisch beweisbar? Hunderte von Zeugen standen bereit, wo aber gab es etwas Geschriebenes. »Wir haben ja keine Dokumente!«

Ich sage: »Habt Ihr die zweiundvierzig Bände vom IMT-Prozeß? Damit fängt's an.«

»Nein, die haben wir nicht.« Waren in ganz Israel nicht greifbar. Nichts ist unvorstellbar!

Ich annoncierte in einer Frankfurter Zeitung und habe für fünfhundert Mark die amtlichen Prozeßberichte mit Dokumententeil, die blauen Bände, erworben; die sind dann schleunigst nach Jerusalem expediert worden. Nun kommt das zweite Dilemma. Im Wilhelmstraßen-Prozeß hatte ich von Eichmann unterzeichnete Schreiben an das Auswärtige Amt gefunden: Ich beabsichtige, 5000 Juden aus Frankreich nach Auschwitz zu bringen. Habt Ihr (das AA) irgendwelche Einwände? Ähnliche Schreiben bezüglich Hollands, ähnliche Schreiben bezüglich Belgiens, etc. Es existierten zahlreiche dieser Dokumente, die ich in meinen Anklagen gegen die Staatssekretäre präsentiert hatte. (Abgezeichnet und beantwortet von Steengracht und Weizsäcker: Das Auswärtige Amt ist mit diesen Vorschlägen einverstanden.) Woher sollte man die Dokumente plötzlich bekommen? Ich wollte ja nicht erst zum Bundesarchiv ziehen. So bin ich an Nürnberger Verteidiger herangetreten: »Habt Ihr noch *trial-briefs* in Eurem Keller? Wollt Ihr mir die überlassen, ich brauche die für den Eichmann.« Da waren einige froh, daß ihre Keller leer wurden und haben einen großen Stoß Dokumente gebracht. Das Ganze ging nach Israel, was für mich persönlich zur Folge hatte, daß ich als Zeuge die Echtheit der Dokumente zu beschwören hatte. Ich gab Affidavits ab. So fängt ein Prozeß, besonders nach angloamerikanischem Recht, an.

Einer der ersten und einer der wichtigsten Zeugen war Probst Heinrich Grüber, der in Berlin ein Hilfsbüro für sogenannte Nichtarier führte. Diese Geschehnisse lagen noch immer im Obskuren, man wußte nicht recht, was da passiert war. Für die jungen Leute, die im Büro 06 arbeiteten, waren oft auch die Tatorte Hekuba. Gehörte zur Zeit des Verbrechens so ein Dorf zu Ungarn, zur Tschechoslowakei oder zu Polen? In Frankfurt konnte ich noch ein paar alte Schullandkarten aus der Nazi-Zeit auftreiben, die für die Jungs aus 06 die südosteuropäischen Verhältnisse anschaulich machten. Wenn ich über einen dieser grauenvollen Schauplätze etwas wissen wollte, dann mußte man beim Gemeindevorstand oder Ortspfarrer anfragen: »Habt Ihr das damals miterlebt, wer kommt als Zeuge in Betracht?« Es sollte ja auch das damalige Milieu am Ort von Hausner geschildert werden.

Zur Verteidigung Eichmanns mußte eigens das israelische Gesetz geändert werden, so daß ausländische Anwälte zugelassen werden konnten. Da hatte sich eine Meute von Personen gedrängelt, die der Ehre teilhaftig werden wollten, den Eichmann zu verteidigen, Deutsche und Amerikaner. Schließlich gelang es dem Nürnberg-Anwalt Robert Servatius durch Eichmanns Bruder in Linz, das Mandat zu bekommen. Er gehörte keineswegs zu den NS-Stänkern; sein Motiv war, in Jerusalem mit dabeizusein. Wir unterhielten uns und wie das bei Anwälten so ist, kam die Frage des Honorars auf –, wer zahlt für Eichmann?

Ich sagte: »Natürlich nehme ich an, daß der Staat Israel zahlt.«

»Und was ist mit der Bundesrepublik?«

»Wenn der Deutscher ist, können Sie sich doch an die Bundesregierung wenden.« (Es war ja immer noch die Frage, ist Eichmann Österreicher oder Deutscher.) Ich wußte, daß vom Bundesjustizministerium Gelder zur Verteidigung von Kriegsverbrechern in Frankreich und anderwärts bereitgestellt worden waren.

Diesmal lehnte die Bundesregierung ab; das Auswärtige Amt sandte jedoch zu seiner Information den Rechtsanwalt Freiherrn von Preuschen. Es kam auch Rechtsanwalt Kaul aus Ost-Berlin und wollte als Nebenkläger tätig sein, was ihm aber nicht gelang. Er hatte politische Interessen, die höheren Spitzen heranzukriegen, mit denen Eichmann kooperiert hatte. Servatius und sein Assistent Rechtsanwalt Dieter Wechtenbruch arbeiteten natürlich mit Befehlsnotstand und versuchten immer, allein die Oberen verantwortlich zu machen. Hatte Globke mit den Ermordungen zu tun? Kaul hatte wieder andere, die er heranziehen wollte. Daraufhin traten an mich Beamte vom Auswärtigen Amt heran, was ich darüber dächte. Wie weit ginge man wohl bei der Erörterung der ganzen jüdischen Sachen?

Das Gericht und die Staatsanwaltschaft ließen sich auf solche Nebenabsichten und Empfindlichkeiten gar nicht ein, sondern hielten sich an die Dokumente und Zeugen, die wirklich zu Ort und Stelle etwas sagen konnten. Besonders informativ war für mich, wie Eichmann sich über die Wannsee-Konferenz äußerte. Was hatte da nun eigentlich stattgefunden? Dutzende Male war er gefragt worden. Eichmann erklärte, das Endlösungsprogramm habe am Wannsee unerwartet leicht die Billigung der Verwaltungspäpste gefunden. Im Protokoll seien gelegentlich die

Begriffe sprachlich abgemildert worden. Wenn von Tötung die Rede war, hieß es im Protokoll ›Sonderbehandlung‹.

Es ging in diesem Prozeß eigentlich weniger darum festzustellen, ob der Mann schuldig war. Das hätte man anhand der Dokumente in verhältnismäßig kurzer Zeit klären können. Aber ebenso wichtig war es, seine Rolle in dem gesamten Vernichtungssystem zu zeigen. Dies mußte vor aller Welt demonstriert werden. Das konnten auch die überlebenden Opfer verlangen. In den Jahren 1960/61 war unglaublich wenig darüber in der Öffentlichkeit bekannt; begleitend hatte ich mein Buch ›Eichmann und Komplizen‹ veröffentlicht, um mit den Dokumenten den Prozeßbeteiligten behilflich zu sein. Eichmann wäre in einem kleinen Gerichtssaal einfacher zu verurteilen gewesen. Aber der König im ›Hamlet‹ interessiert sich eben nur dann für seine Verbrechen, wenn sie auf offener Bühne erscheinen: »The play's the thing/Wherein I'll catch the conscience of the king.«

Nachdem der ganzen Welt die Endlösung monatelang in Erinnerung gerufen wurde, bekam als Konsequenz die Verfolgung von NS-Verbrechern in Deutschland und anderen Ländern neuen Auftrieb. Die Propagandisten verstummten für einige Zeit, bis sie wieder Propaganda-Gelder gesammelt hatten. Eichmann wurde in zwei Instanzen zum Tode verurteilt, die Asche wurde im Meer zerstreut und diese ganze und juristisch gut begründete Schau machte auch dem kleinsten Sachbearbeiter von Entschädigungssachen klar, was überall stattgefunden hatte.

Wenn jemand auf diese deutschen Dienststellen kam, dann wußten die armen Beamten nicht so viel. Bücher, die darüber informierten, existierten nicht, die Literatur war armselig. Erst durch den Eichmann kamen die Dinge in Fluß. Der Nürnberger Prozeß lief in Deutschland ja mittlerweile unter dem Stichwort ›Sieger gegen Besiegte‹. Diese Aktionen der Justiz haben auf die Politiker und das Publikum eine gewisse Wirkung gehabt. Wie gering sie aber war, sieht man an den Folgen der Holocaust-Serie: Was für merkwürdige Sprünge da im öffentlichen Bewußtsein passieren. Die Geschichte läßt sich anscheinend nur wirksam am Einzelfall aufrollen; leider geht das wellig und gelegentlich verkehrt vonstatten. Das Eichmann-Bild ist weithin vom Buch der Philosophin Hannah Arendt über die ›Banalität des Bösen‹ geprägt worden. Darin war allerdings etwas zuviel Philosophie. Ich habe diese Nürnberger Typen nie als banal, sondern immer als tödliche Bakterien betrachtet, denen eine fürchterliche Ansteckungsgefahr anhaftet.

Ich habe infolge meiner Erziehung meine eigene Anschauung über Verbrecher, die nicht mit dem Wort abzutun sind, das sind eben Verbrecher. Das hat soziale Gründe, das hat politische Hintergründe, aber darum stehe ich noch nicht auf dem bequemen Standpunkt, das sind alles zufällige Opfer der Umstände. Die eigene Leistung des Täters auf einem gegebenen Boden spielt die Hauptrolle. Auch wenn einer im Sumpf steckt, erwarte ich, daß er sich aus dem Sumpf herausarbeitet. Ich erwarte es darum, weil diese Verbrecher bis hinauf zum Hitler entgegen landläufiger Ansicht keine Ausnahmemenschen waren.

Ich bin während meiner Zeit im preußischen Innenministerium einmal von Franz Ullstein gefragt worden: »Was macht der Hitler für einen Eindruck bei so einer Konferenz?«

»Gar keinen.«

Er hat auf mich gar nicht gewirkt, gar nicht magisch, höchstens anstrengend durch das aufgeregte Sprechen. Man konnte sich den gar nicht deprimiert vorstellen. Er war ein absurder außenpolitischer Ignorant, ein vorzüglicher Personalchef, doch sein Aufstieg stützte sich darauf, daß er die große hysterische Schnauze hatte und die Massen damit hinter sich brachte. Als ich bei dem Prozeß gegen die Ulmer Reichswehroffiziere nicht weit von Hitler saß und er als Zeuge seine Suada von sich gab, mit ›Köpfe rollen, wenn wir mal dran sind‹, war es mir einfach rätselhaft und widerlich, wie Reichsrichter, die im Winter 1931 nicht als Nazi-Sympathisanten angesehen werden konnten, sich diese dicke Lippe bieten ließen. Wie das Urteil dann zeigte, waren sie auf das Gerede regelrecht reingefallen. Für seine Verhältnisse war der Hitler noch ruhig. In der Mitte zwischen halbwegs ruhig und tobsüchtig, in aufgeregtem Ton hat er seine Geschichten einschließlich des Köpferollens erzählt. Aufgeregt war er immer, vermutlich von seiner eigenen Energie, er muß ja einen ganz guten Motor gehabt haben. Der Mann ist überhaupt nicht totzukriegen. Inzwischen lebt eine ganze Industrie von den Verbrechen. Nicht nur die Illustrierte ›Stern‹ mit den gefälschten Hitler-Tagebüchern, sondern auch die Branche, die mit echten und fast echten Devotionalien schwungvollen Handel treibt.

Die guten, alten Stücke –, ich weiß nicht genau, ob auf diesem Gebiet irgendeine Baisse oder Hausse herrscht, jedenfalls waren zum Beispiel in einer renommierten Frankfurter Zeitung vom Sonnabend, dem 12. Februar in der Rubrik ›An- und Verkauf‹, wo alte Pelze und Juwelen stehen, vierunddreißig Annoncen gedruckt. In vierzehn Annoncen davon wurde Hitlers ›Mein Kampf‹ angeboten, von privat und höchstbietend, gute Ausgaben aus den frühen Jahren mit Schloß und Goldrand.

Ohne Signatur von Hitler war der Höchstpreis DM 2000,–. Wenn ich das in der ›Nationalzeitung‹ gelesen hätte, hätt's mich nicht gewundert. Was sind das aber für Leute, die jetzt ihre hübschen Hitler-Ausgaben in seriösen Blättern mit Angabe von Telefonnummern annoncieren? Ist das vielleicht die zweite Generation, die das von den lieben Eltern geerbt hat und in der kleinen Wohnung das viele Zeug loswerden will?

Der Unterschied zwischen diesen Burschen und den Schilderungen der Leute, die publizistisch Geld daraus machen, daß sie die aufblasen, ist himmelweit.

Der Heydrich wird auch immer faszinierender. Ich kenne eine Person, die mit ihm zusammen in der Schule war und ihn auch später, in der schlimmen Zeit, besucht hat. Der war eben nicht das Genie des Bösen, als das er aufgearbeitet wird.

Wir haben die Figuren in Nürnberg sitzen gehabt, lesen Sie in den Protokollen nach, was für kleinkarierte Gauner da aufgetreten sind. Heutzutage werden die Schlimmsten noch immer schlimmer, während an anderen ständige Schönheitsreparaturen stattfinden. Dem Dönitz wurde oft zugute gehalten – das kam später in den Nekrologen offen zum Ausdruck –, er habe doch mit seinen Schiffen so viele Leute nach dem Zusammenbruch aus dem Osten noch in den Westen retten können. Das war eine Heldentat, zu der ich bemerken muß, daß die Rettungsversuche von Feuerwehrleuten, die das Feuer selbst mitangezündet haben, nicht so hoch zu loben sind. Dönitz hatte aber den Vorteil, den Flottenrichter Kranzbühler als Verteidiger zu haben.

Die Verteidiger spielten ihre große Rolle nicht durch das, was sie rechtlich vorbrachten, an *dem* Dokument rummäkelten oder *den* Zeugen suspekt machten. Das Wichtige, was sie für ihre Leute taten, bewußt oder unbewußt, lag darin, ihnen das richtige Nachkriegsimage zu geben – das waren doch Gestalter! Nicht nur Gestalter des Nürnberger Images ihrer Klienten, sondern auch der Rolle, die sie nachher in der Bundesrepublik noch spielen sollten. Es gab Künstler, die ihre Mandanten trotz aller vorliegenden Dokumente zu einer Art Unschuldslamm umgestalten konnten.

Ich denke da sehr stark an Schacht und daran, daß durch die Kunst des verstorbenen Anwalts Egon Kubuschok der Papen, an dem doch politisch und menschlich wirklich wenig dran war, auch heute in Geschichtsbüchern – abgesehen davon, daß man ihn einen Steigbügelhalter Hitlers nennt –, ein sogenannter anständiger Mensch ist.

Albert Speer war ein geborener Selbstgestalter. Wenn es einem jungen, noch nicht sehr beschäftigten Architekten gelingt, Liebkind bei Hitler zu werden, dem der verstorbene Führer mehr vertraut hat – gar nicht nur in Rüstungsdingen –, sondern menschlich mehr vertraut hat, als vielen in seiner SS-Umgebung, muß er Verstand und Charme gehabt haben. Speer konnte sich präsentieren als jemand, der persönlich gar nichts von seinem Chef wollte, der brauchte ihn nicht zu belügen, der war ein Architektenkollege.

Speer verstand es natürlich auch, jenseits von Schuld und Unschuld, bei den ersten Vernehmungen durch Amerikaner eine gute Figur zu machen, als er von einer Art Bomben-Komitee vernommen wurde. Die großen Techniker waren aus den USA herübergekommen, darunter John Kenneth Galbraith, um von Speer zu hören, wie wirkt denn nun so eine Bombe, wenn sie runterkommt, was sind die wirtschaftlichen und militärischen Auswirkungen? Jemand, der bei einer solchen Gelegenheit gleich nützliche Antworten geben konnte, wurde auch im sonstigen Leben von jedem besser behandelt.

Man hat sich später auch viele Sachen im Hinblick auf das deutsch-russische Verhältnis einreden lassen. Daß man so viel über die Sowjetunion weiß, daß das vom Führer nur falsch angewandt war, und wenn es nach Herrn Gehlen gegangen wäre, Rußland längst am Boden läge.

Sie haben noch heute so viele wunderbare Quellen, daß einem gegenüber Rußland überhaupt nichts passieren kann. Sie wissen eben alles. Sie haben gar nichts gewußt, alte Materialien haben sie den Leuten angedreht. Nachträglich kommt raus, daß man sich mit Herrn Barbie eingelassen hat.

Der Mann hat erzählt, daß er alles über Uran wisse. Uran im Voigtlande war natürlich etwas Ungeheuerliches, und dieser Barbie konnte mit Recht oder Unrecht darüber plaudern.

Ich denke auch an den Staatssekretär von Steengracht im Wilhelmstraßen-Prozeß, der den Rechtsanwalt Carl Haensel an seiner Seite hatte, einen hochgebildeten Mann, der gar nichts mit Nazis zu tun hatte. Der hat den Steengracht, der genauso ein Verbrecher gegen die

Menschlichkeit war, in Judenmorde verwickelt wie viele andere, in einem geradezu rosigen Licht erscheinen lassen. Wenn man Steengracht vernahm, und er wurde von Haensel, der vorher mit ihm gesprochen hatte, zu mir hereingebracht, da herrschte plötzlich so eine kultivierte Atmosphäre, der man sich nur schwer entziehen konnte. Oder Haensel blieb noch eine Weile drin und sagte: »Ach, ich habe mich mit Herrn von Steengracht gerade unterhalten über die scheinbar erzwungene Parzellierung seiner Landgüter im Nordwesten Deutschlands.« Da dachte man zumindest fünf Minuten nicht mehr an die Verbrechen, sondern fing an sich zu interessieren, was denn da los ist mit den Landgütern, was wird denn da heutzutage gemacht? All das begründete einen Gegensatz zu den Personen, die man als Rabauken ansieht. Weil man ja mit so einem Streicher nicht sprechen konnte, da war der Mann sofort verloren!

Die Angeklagten haben leider recht, wenn sie später immer wieder sagten: »Wir sind ja dreißig Jahre älter geworden.« Nachher hat man immer noch ein paar interessante Sachen gehört, die das Bild der Leute ergänzten, es ergab sich ein gewisser Tonfall. Das war ja in Nürnberg alles nicht wie auf dem Kriminalgericht Moabit. Der Mitankläger, der mit Speer zu tun gehabt hat, Jan P. Charmatz aus Brunn, der später Professor der Jurisprudenz in Texas war, ein gar nicht besonders weicher Mann, hat bis zu Speers Tode mit ihm korrespondiert.

Eines Tages, es war mehrere Wochen nach der Entlassung aus Spandau, klingelte das Telefon – Speer! Ich ging ran:

»Was ist los?«

»Darf ich Sie einmal besuchen?«

Ich fragte nicht nach dem Zweck, denn man ist immer neugierig und für seine eigene Bildung interessiert mit Menschen zu sprechen, die zwanzig Jahre gesessen haben. Speer kam dann in mein Büro. »Sollen wir nun das zwanzigjährige Wiedersehen feiern? Sekt oder Tee?« frage ich. Er zog Tee vor.

»Was gibt's Neues, Herr Speer?«

»Ich habe im Gefängnis gehört, daß Sie in Schöneberg einen Vortrag gehalten und geäußert haben, manche Nürnberger hätten zu viel Strafe erhalten und manche zu wenig. Für mich wären fünfzehn statt zwanzig Jahre genug gewesen. Ich wollte Ihnen dazu sagen – das ist nicht richtig. Ich habe sogar mehr verdient.«

Das kam mir sonderbar vor. »Also, für mich ist die Frage, Herr Speer, warum Sie mir das erzählen?«

»Ich wollte das klarstellen.«

»Wenn Sie mit Ihren cronies zusammenkommen, da werden Sie doch bald umkippen und auf's Gericht schimpfen, auf die Ankläger, auf's Gefängnis.«

»Sie werden sehen«, sagte er, »ich werde bei meiner Meinung bleiben.«

Wir schieden nach einer Unterhaltung von einer halben Stunde ganz friedlich und kamen darin überein, wenn etwas ihn wieder berühre oder bedrücke, dann solle er in aller Ruhe kommen.

Speer hatte das unerhörte Glück, daß er in eine geordnete Familienumgebung kam, die Frau hatte das Haus erhalten, wahrscheinlich schuldenfrei, der Sohn hatte eine glänzende Architekturfirma in Frankfurt, die Tochter war Lehrerin in Berlin. Trotz der zwanzig Jahre mündete Speers Leben in gesitteteten und begüterten Umständen.

Ich habe ihn einmal danach gefragt, ob er nicht wieder als Architekt auftreten wolle? Er hat immer die Hochhäuser verflucht –, die Menschen könnten doch in Deutschland so viel Platz für bessere Wohnungen haben. Zwischen Frankfurt, Heidelberg und weiter südlich gäbe es ausreichend Platz, den sollte man doch ausnutzen und nicht in die Höhe bauen. Es war ein großes Steckenpferd von ihm. Er war davon abgekommen, die Sachen in den Himmel wachsen zu lassen, aber bauen wollte er nichts mehr. Wir haben erst sehr spät erfahren, daß der amerikanische Richter Biddle für Speer die Todesstrafe haben wollte. Zu meinem Erstaunen kam dies aus Biddles Nachlaß zum Vorschein, den der Historiker Bradley Smith aus den Schätzen der Syracuse Universität im Staate New York gehoben hat.

Ein zweiter Besuch Speers: »Ich habe ein Buch geschrieben, darf ich Ihnen das überreichen?«

»Was haben Sie denn über Ihre Schuld geschrieben?«

»Das, was ich Ihnen schon vor einigen Jahren gesagt habe.«

»Und wie steht es mit Ihrem Wissen über Judenschlächterei?«

»Sie wissen ja, Herr Doktor, was ich in Nürnberg darüber gesagt habe. Selbstverständlich bin ich mitschuldig, auch wenn ich etwas Genaues nicht gewußt habe.«

»Ich werde mir das durchlesen, das interessiert mich historisch und menschlich, ich möchte Ihnen aber einen Rat geben, verdrängen Sie nicht zuviel ...«

Wir schieden in Frieden, es verging eine Zeit, bis er mit seinem Auto aus Heidelberg mit seinem zweiten Buch ankam.

Er klagte über finanzielle Scherereien mit seinem Bruder. Ich sagte, daß Familienstreit mich nicht interessiert. »Wie ist es denn mit Ihrer Verdrängung?«

Inzwischen war er angegriffen worden, daß er in mehreren Punkten gelogen hatte, was mich weniger erschütterte, weil die meisten Menschen lügen. Allmählich kam er mit der Sprache heraus: »Ich wollte Sie eigentlich noch um etwas bitten.« Jetzt kommt der Pferdefuß, dachte ich. Bitten höre ich natürlich ungern von Vertrauten des Führers, obwohl all diese Bitten harmlos waren.

»Ich habe an meiner amerikanischen Ausgabe ziemlich viel verdient und möchte davon etwas spenden. Eine frühere Sekretärin hat jetzt ein Heim für spastische Kinder, der will ich etwas zukommen lassen, und dann wüßte ich gern die Adresse eines Heims für Juden, die durch das KZ Körperschäden haben, möglichst in Amerika. Das letzte Drittel soll einer nazi-verfolgten christlichen Gruppe zukommen.

»Wollen Sie damit irgendeine Reklame machen?«

»Im Gegenteil, der Spender soll nicht bekannt werden, vielleicht wollen die Betreffenden von mir gar nichts annehmen.«

Ich überlegte und sagte schließlich: »Ich werde an einen Kollegen in New York schreiben, er ist Vorstandsmitglied eines Heims mit älteren Juden, die KZ-Schäden davongetragen haben. Als christliche Anstalt schlage ich Ihnen ein Kloster in Holland vor, das Juden und ›Nichtarier‹ versteckt hat.«

Mein Freund aus USA schrieb mir zurück, die Bewohner des Altersheimes wollten sich bei dem Spender bedanken. Ich sage, das brauchen die nicht, ich werde dem Spender ausrichten, daß die Summe angekommen ist. Dann trat ich mit Karmeliterinnen in Holland in Verbindung, ganz arme Nonnen, die ihre Klosterglocke läuten, wenn sie kein Brot mehr haben.

Eines Tages bekam ich als Antwort auf Speers Überweisung einen Dankbrief aus Holland, der eine Kapsel enthielt, ein Medaillon mit einem Stück der Robe der Edith Stein. Sie war aus diesem Kloster herausgeholt worden und durfte, als sie in das Sammellager Westerbork kam, diese Robe nicht mehr tragen. Die Robe hat das Kloster zurückbekommen.

Die Bestrafung von Regierungschefs

Ich hatte während der letzten Monate einen Prozeß geführt, wo Nürnberg eine Rolle spielte. Es ist eine BfA-Sache für eine ehemalige Dolmetscherin. Bei der Rente hat man ihr die zweieinhalb Jahre, die sie in Nürnberg war, nicht angerechnet, ›weil sie nach Deutschland zurückgekehrt‹ ist. Die Frau, eine geborene Ungarin, hat bis zum fünfzehnten Lebensjahr in Deutschland gelebt, blieb aber Ungarin, kam ins KZ. Nach ihrer Befreiung fuhr sie nach Paris und wurde bei der großen Suche nach Dolmetschern für Nürnberg engagiert und gelangte zuletzt nach Israel. Sie sprach Ungarisch, perfekt Deutsch und Englisch, das waren gesuchte Talente. Der Bundesversicherungsanstalt hatte sie Beiträge nachgezahlt, erreichte die erforderlichen fünfzehn Jahre für eine Altersrente, aber die Nürnberger Jahre wurden ausgeklammert. (Den Verfolgten hat man die Jahre bis 1949 als Ersatzzeiten angerechnet, es sei denn, sie waren freiwillig nach Deutschland zurückgekehrt.) Dagegen habe ich Widerspruch eingelegt und gesagt:

»›Nürnberg‹ war nicht eine Rückkehr nach Deutschland. Sie war unter *military orders*, hatte militärisches Quartier, weder Verpflegung noch sonstwas waren deutsch. Das einzige, was sie geatmet hat, war Nürnberger Luft, nicht reichsdeutsche Nürnberger Luft, aufgestapelt von Albrecht Dürer.« Nürnberg gehörte nicht zu Franken mit irgendwelchen deutschen Verwaltungsstellen. Wenn man einen Autozusammenstoß hatte, kam man vor einen amerikanischen Richter. Nürnberg war extraterritorial in jeder Weise. Nur in einem Punkt unterstand man Deutschland: Es gab keine amerikanischen Standesbeamten, wer heiraten wollte, mußte zum deutschen Standesamt.

Dieser Staat Nürnberg, eine Enklave des Völkerrechts, war eine große Hoffnung, den perfekten Verbrecher des 20. Jahrhunderts, den verbrecherischen Staat anzuklagen. Ein solches Organ sollte möglichst keinem Staat gehören. Justice Jackson hat unermüdlich betont, deshalb war er ein so missionarisch wirkender Mensch, daß sich die Nürnberger Prinzipien nicht nur auf Deutschland auf Nazis beziehen sollten, sondern auf alle Staaten.

Dieses vierjährige Nürnberg hat bis zum heutigen Tage unerhörte Wirkungen: Die Straßburger Konvention für die Menschenrechte, eine unmittelbare Folge von Nürnberg – die Völkermord-Konvention der UNO, bisher nur von einem Teil der Staaten ratifiziert – seit Nürnberg gibt's keine Kriegserklärungen mehr. Man drückt sich vor Kriegserklärungen, denn die charakterisieren Angriffskriege. (Wenn man irgendjemanden ein bißchen angreifen will, macht man es auf andere Weise. Man läßt sich rufen von dem Staat, in den man einmarschiert). Seit dem Jahre 45 will niemand ein Aggressor sein.

Ich betone hierbei nochmal: Der Angriffskrieg ist in Nürnberg klar herausgestellt als völkerrechtliches Verbrechen. Vorher waren die Angriffskriege schon durch den Kellogg-Briand-Pakt 1928 verboten.

Das Wort ›Verbrechen gegen die Menschlichkeit‹ kannte vor Nürnberg niemand. Nach dem Ersten Weltkrieg gab es eine *Liga für Menschenrechte* in Frankreich und Deutschland, das waren nicht allzu einflußreiche Gebilde (besonders in Deutschland nicht). Den Ausdruck ›Menschenrechte‹ fanden Sie in keiner juristischen Literatur in Deutschland. Auch den Begriff ›Völkermord‹ gab es vorher nicht. Im Prozeß hieß das noch ›genocide‹. Das war der halblateinische Ausdruck, geprägt von dem polnischen Forscher Raffael Lemkin, der bei uns polnische Fragen als Sachverständiger bearbeitete.

Als ich Schriftsätze in Nürnberg fertigstellte, guckte Lemkin jeden dritten Tag herein und sagte: »Haben Sie auch das Wort ›genocide‹ erwähnt?« und ich mußte es ihm zeigen. Ich hatte ihn zuerst ein bißchen verkohlt und gesagt: »Bei mir steht immer nur ›Mord‹.«

Als er nervös wurde, habe ich ihn dann beruhigt. Wir benutzten das Wort *genocide* an verschiedenen Stellen, auch in Plädoyers.

In das deutsche Strafgesetzbuch wurde der § 220a ›Völkermord‹ eingefügt. Nur wird er auf Endlösungsverbrechen nicht angewandt, weil der deutsche Grundsatz besteht: ›Zur Zeit der Tat war es noch kein spezifizierter Straftatbestand.‹ Der kontinentalrechtliche Einwand ›nulla poena sine lege‹ – niemand soll für etwas bestraft werden, was zur Tatzeit nicht gesetzlich verboten ist –, hat sich nie auf völkerrechtliche Grundsätze bezogen. Völkerrecht ist oft kein statutarisches Recht, es setzt nicht geschriebene Gesetze voraus, sondern das völkerrechtliche Gewohnheitsrecht entwickelt sich immer weiter.

Die strafrechtlichen Konsequenzen für Verletzungen des Völkerrechts und der Nürnberger Prinzipien sind selten eingetreten, weil eine Instanz zur Verfolgung fehlte. Die normale Instanz wären die *United Nations*. Es ist eine traurige Sache, daß zwischen 1945 und heute, innerhalb von fast vierzig Jahren, die UNO und die ihr angehörigen Staaten sich nicht entschließen konnten, einen internationalen Strafgerichtshof zu gründen mit einer internationalen Exekutive, die sofort eingreift, wenn es an irgendeinem Platz brennt, und nicht erst wartet, bis sich Iran und Irak zerfleischen und hunderttausend Menschen kaputtgehen. Hingegen bewährt sich die internationale Zusammenarbeit wunderbar, wenn irgend jemand in einem Hotel in Berlin mit einem ungedeckten Scheck bezahlt. Schon vier Tage später verhaftet eine internationale Exekutive, genannt Interpol, den Betreffenden, von einem Heer von Polizeibeamten verfolgt, mit seiner Braut in Nizza. Wenn er einen politischen Mord begangen hat, ist die Interpol nicht mehr zuständig. Das Internationale Schiedsgericht in Den Haag kümmert sich darum, wem Ölquellen gehören, die irgendwo an einem Ufer gefunden werden, ständig laufen große Prozesse über weniger wichtige internationale Fragen, als die des internationalen Strafrechtes.

Deshalb kämpfen meine Freunde und ich für die Schaffung eines Internationalen Strafgerichtshofes. Sprechen wir zunächst von einer Internationalen Exekutive, die in ganz krassen Fällen eingreift und die Verhältnisse untersucht. Doch jeder Staat ist vorsichtig und zurückhaltend, wenn er auch nur eine internationale Sicherheitsgruppe in den Libanon schicken soll. Schon das scheint manchen Staaten zuviel. (Erst recht dann, wenn sie selbst mögliche Täter sind, wenn der Staat ein Verbrecher ist.) Das Entscheidende daran ist, daß die Staaten dieses Planeten nicht auf etwas verzichten wollen, was man in ein paar Jahrzehnten als unsinnig betrachten wird, auf ein kleines Stück Souveränität. Darauf müßten sie zu einem gewissen Grade verzichten, wenn ein Internationaler Gerichtshof und eine Internationale Polizeibrigade errichtet werden soll. Theoretisch brauchte das gar kein Traum zu sein;

wenn alle Staaten wirklich in internationalem Recht denken würden, hätte es längst einen Vertrag und eine solche Einrichtung gegeben. Denken wir daran, wie interessant dieses Damoklesschwert vom Angriffskrieg ist. Damit können Regierungschefs bestraft werden, Staatsoberhäupter.

Doch das Völkerrecht entwickelt sich sehr langsam. Alle völkerrechtlichen Bestimmungen haben bis zum neunzehnten, ja zwanzigsten Jahrhundert gebraucht. Bis man Kriegsgefangene, die früher laufend Tötungen ausgesetzt waren, nicht mehr abschlachtete, mußten erst die Schweizer das *Internationale Rote Kreuz* gründen. Zum Schutze der Zivilbevölkerung und der Kriegsgefangenen vor Kriegsverbrechen mußte die *Haager Konvention* geschlossen werden. Wie lange hat's gedauert, ehe das Penicillin gegen die Tuberkulose gefunden wurde!

Mein Vater ist schon sehr jung, mit fünfzig Jahren, an der Krankheit gestorben, über die er lange geforscht hat – an Tuberkulose. Auch meine Mutter bekam Tuberkulose, ist aber nicht daran gestorben, die Krankheit wurde ausgeheilt. Meine Schwester ist an ihr gestorben. Das war eine Zeit, wo man an Tuberkulose noch starb, Jahre später erschien Penicillin und damit war es vorbei. Ab und zu gibt es wieder Herde in Europa, wo die Tuberkulose stärker auftritt, aber sie ist eine so gut wie ausgestorbene Krankheit.

Auch dieses Völkerrecht wird sich allmählich fortentwickeln. Immer wieder betonte Justice Jackson: Wir dürfen daran nicht verzweifeln. Man ist ja nicht mutterseelenallein, es gibt ganze Bataillone vernünftiger Menschen, ich bin da gar nicht so negativ. Allmählich setzt sich schon die Wahrheit durch, das haben wir immer wieder gesehen. Und über die Verfolgung der Täter kann ich Ihnen etwas sehr Interessantes sagen:

Es gibt überall Gesetze gegen Mord und Diebstahl – und diese Gesetze haben sicher nur in zwei Zehntel der Verbrechen strafrechtliche Folgen. Daß irgendwelche Leute mal Mord als strafbare Handlung bezeichnet haben und es heute auch feststeht, hat kaum einen Mörder abgehalten, zu morden. Sie können nicht gleich alle Mörder abschaffen, Sie sehen doch, wie sie herumlaufen. Man versucht das Beste, deshalb werden einige Mörder gefaßt.

Nachwort

Als ich im Februar 1933 aus dem Preußischen Innenministerium von Hermann Göring, dem neuen Chef, herausgesetzt wurde, ahnte ich nicht, daß ich zwölf Jahre später, im Oktober 1945, als Mitglied des US-Anklagestabes in Nürnberg den gleichen Hermann Göring wegen seiner Schandtaten vernehmen würde. Achtunddreißig Jahre später kann ich jetzt der Öffentlichkeit Lebenserinnerungen über meinen Kampf um das Recht unterbreiten.

Für meine lebenslange Arbeit danke ich allen denen, die mich belehrt, gefördert, meinen Mut gestärkt und mir geholfen haben, den Acker zu bestellen. Begonnen mit meinen Eltern, die mich als Dreijährigen an das Mikroskop setzten, um zunächst einmal die kleinsten Lebewesen zu beobachten, meinem Paten Robert Koch, der mich das Drachensteigen lehrte, den Juristen, die für meine Laufbahn wichtig waren: Der Verteidiger Erich Frey, der Senatspräsident Ernst Orgler – im KZ umgekommen – der spätere Oberlandesgerichtspräsident Franz Herrmann, und dann folgen als Lehrmeister und Vorgesetzte der Präsident des Pr. Oberverwaltungsgerichts Bill Drews, die Innenminister Albert Grzesinski und Carl Severing, der Staatssekretär Wilhelm Abegg und nicht zuletzt mein Ministerialdirektor der Polizeiabteilung Erich Klausener – von den Nazis am 30. Juni 1934 ermordet. Albert Einstein, Carl von Ossietzky, Franz Ullstein, Ernst Wallenberg waren wichtig für meine geistige und journalistische Entwicklung. Der rote Zar Preußens, Ernst Heilmann, MdR und Vorsitzender der SPD-Fraktion des Preußischen Landtages, später im KZ ermordet, lehrte mich Koalitionspolitik.

Franklin D. Roosevelt öffnete mir das Tor zu den Vereinigten Staaten, der große Verwaltungsfachmann Professor Stephen B. Sweeney, University of Pennsylvania zu den Universitäten und Oberst Gordon Dorrance vom Generalstab zu den Ministerien. Der Richter am Obersten Gerichtshof der USA, Robert H. Jackson und General Telford Taylor, Professor, waren meine Chefs in Nürnberg, für die ich höchste Verehrung habe.

Die unermüdlichen Sozien meiner Arbeit waren Ernst Aschner bei der Devisenberatung in Berlin, später Generalkonsul, Professor Werner Peiser beim Landschulheim in Florenz und Oberstaatsanwalt i. R. Reinhold Levin in unserer Frankfurter Anwaltspraxis. Rechtsanwalt Waldemar Frank ist seit Jahrzehnten ein bewährter Mitarbeiter.

Hier galt es, den überlebenden Opfern des Holocaust zu helfen, vielfach in Verbindung mit Nahum Goldmann, dem Präsidenten des *World Jewish Congress.* Ministerpräsident Georg August Zinn und Justizminister Stein in Wiesbaden bestärkten mich seinerzeit in meinem Plan zur Anwaltszulassung.

Am wichtigsten waren aber für meine Lebensarbeit meine engsten Mitarbeiterinnen: Benedicta Maria Kempner half mir bei Vorträgen und dem Aufbau der Praxis in Berlin und den USA. Ihre Arbeiten über die Ermordung von Tausenden von Geistlichen durch das NS-Regime waren ein Ansporn für meine Anklagearbeit.

Jane Lester war mir bereits bei der Durchführung meiner Aufgaben während der Nürnberger Prozesse, Vernehmungen etc. eine unersetzliche Helferin bis zum heutigen Tage. Auch bei der Bearbeitung des Manuskripts hat sie sehr wertvolle Dienste geleistet.

Margot Lipton wurde eine jahrzehntelange unermüdliche Spezialistin für die gesundheitlich geschädigten Opfer des Holocaust. Sie war schon in Florenz eine wichtige Mitarbeiterin. Ohne diese hochbefähigten Mitarbeiterinnen hätte ich mein Lebenswerk nicht vollenden können.

Gertraud Stiefel danke ich besonders für ihre Hilfe bei zahlreichen Manuskripten. Meine zahllosen Hörer und Klienten haben mir stets bei der Bearbeitung ihrer Interessen das größte Vertrauen bewiesen; dafür bin ich ihnen stets verbunden.

Dieses Buch ist meinen Söhnen Lucian und André und ihrer Generation gewidmet, sowie meinen Enkelkindern. Mögen sie daraus lernen.

Frankfurt (Main) Robert M. W. Kempner
Lansdowne, Pa. (USA)
August 1983

Veröffentlichungen des Verfassers

Nachstehend sind meine Bücher und eine Auswahl meiner Beiträge zu anderen Büchern sowie in wissenschaftlichen und politischen Zeitschriften oder Zeitungen versammelt.

Justiztagebuch; Pseudonym: Ein Richter, Tagebuch-Vlg., Berlin 1925–1932.

Hrsg. von Sling Richter und Gerichtete; Ullstein-Verlag 1929, und Verlag Rogner & Bernhard, München 1969.

Zum Hochverratsprozeß gegen die Ulmer Reichswehroffiziere – Hitler als Zeuge für seine »Legalität«; Pseudonym: Procurator, Die Justiz, Berlin, Band VI, Heft 1/1930.

Reichsgericht gegen rechts und links, der Gang eines Verfahrens; Pseudonym: Procurator, Vorhaltungen an die Oberreichsanwaltschaft zwecks Strafverfolgung und Ausweisung Adolf Hitlers, Die Justiz, Berlin, Band VI, Doppelheft 11/12/1930.

Preußisches Landesbeamtenrecht; in: Handbuch des Preußischen Landesrechts, Verlag für Recht und Verwaltung C.A. Weller, Berlin 1931.

Preußisches Polizeiverwaltungsgesetz; Kommentar zusammen mit Erich Klausener und Christian Kerstiens, Verlag für Recht und Verwaltung C.A. Weller, Berlin 1931.

Reichsgericht gegen Links? und Rechts?; Pseudonym: Procurator, Die Justiz, Berlin, Band V, Heft 11/1931.

Justizdämmerung-Auftakt zum Dritten Reich; Pseudonym: Eike von Repkow, Volksfunk Verlag GmbH, Berlin 1932 und Selbstverlag 1963.

Sicherheitspolizei; in: B. Drews Preußisches Polizeirecht, Carl Heymann Verlag, Berlin 1933.

The Enemy Alien Problem in the Present War; The American Journal of International Law, Vol. 34, No. 3/1940.

The New Constitution of Albania: A Model Constitution for European Vassal States; The Tulane Law Review, Vol. XV, No. 3/1941.

Hitler's Criminal Code; The Free World Magazine, Vol. I, No 4/1942.

Pennsylvania's Mission to Prussia; The Pennsylvania Gazette, 1942.

Who is Expatriated By Hitler? – An Evidence Problem in Administration Law; The University of Pennsylvania Law Review, Vol. 90, No. 7/1942.

The German National Registration System; The Journal of Criminal Law and Criminology, Vol. 36, No. 5/1946, and by the the »M«-Project of the President.

The Nuremberg Trial and the German Mind; The New York Times Magazine 6. 10. 1946.

Murder by Government – The case of the French General M. Mesny; The Journal of Criminal Law and Criminology; Vol. 38, 3. 11. 1947.

Ribbentrops Auswärtiges Amt und die Endlösung, Anklageschriftsätze (trial briefs); Deutsch und Englisch, 1947/1948, Bundesarchiv Koblenz, Institut für Zeitgeschichte, München, National Archives Washington.

Übersicht über die Nürnberger Prozesse; Archiv des Völkerrechts, Tübingen, Band 2/1949.

Die Verfolgung der Kirche – aus dem geheimen Tagebuch von Alfred Rosenberg; Der Monat, Berlin, 10/1949.

Distorting German History; The New York Herald Tribune, 19. 1. 1950.

The Nuremberg Trials as Source of Recent German Political and Historical Materials; The American Political Science Review, Vol. 54, No 2/1950.

Blueprint of Murder; The Congress Weekly, New York, 6. 3. 1950.

Stalin's »Separate Peace« in 1943; The United Nations World, New York, Vol. 4, No. 3/1950.

The Highest-Paid Spy History; The Saturday Evening Post, 28. 1. 1950, The Readers Digest, Juni 1950.

Das Urteil im Wilhelmstraßenprozeß; mit einem Vorwort von Carl Haensel, Verlag Alfons Buerger, Schwäbisch Gmünd 1951.

Police Administration; in Governing Postwar Germany, ed. by Litchfield, Cornell University Press, Ithaca 1953.

Eichmann und Komplizen; Europa-Verlag, Zürich 1961 (auch in Ivrith)

SS im Kreuzverhör; Verlag Rütten + Loening, München 1964.

Warren-Report, über die Ermordung von John F. Kennedy; in deutscher Ausgabe, Verlag Kiepenheuer & Witsch, Köln 1964.

War Nürnberg eine Siegerjustiz?; Mann in der Zeit, Augsburg, 11/1966

Priester vor Hitlers Tribunalen von Benedicta Maria Kempner, Mitarbeit; Rütten + Loening Verlag, München 1967 und Bertelsmann-Sachbuchverlag, Gütersloh 1970.

Edith Stein und Anne Frank – Zwei von Hunderttausend; Verlag Herder, Freiburg i. Br. 1968. (auch in Holländisch)

Felix Fechenbach – ein Märtyrer der Justizgeschichte; Recht und Politik, Berlin 3/1969.

Das Dritte Reich im Kreuzverhör; Bechtle-Verlag, München 1969, Athenäum-Verlag, Königstein 1979. (auch in Französisch und Polnisch; auch als Bühnenstück)

Die Ermordung von 35 000 Berliner Juden; in Gegenwart im Rückblick, Lothar Stiehm Verlag, Heidelberg 1970.

Vingt-cinq ans après Nuremberg; Le Monde Juif, Paris, Oktober 70/März 1971.

Jüdische Juristen in Deutschland; Recht und Politik, Berlin, 3/1971, 4/1971

25 Jahre Vergangenheitsbewältigung; Recht und Politik, Berlin, 3/1974

Richterbriefe und Nürnberger Juristenprozeß; in Richterbriefe, herausgegeben von Heinz Boberach, Harald Boldt-Verlag, Boppard 1975.

Wer hat die Lemberger Professoren ermordet?; Frankfurter Allgemeine Zeitung, 11. 6. 1975.

Die Nürnberger Prozesse – dreißig Jahre danach; Blätter für deutsche und internationale Politik, Köln, 12/1975.

Hitler und die Zerstörung des Hauses Ullstein; in Hundert Jahre Ullstein 1877–1977, Verlag Ullstein, Berlin 1977.

Six Million Did Die, Englisch, Der Mord an Sechs Millionen Juden, Deutsch, von Arthur Suzman und Denis Diamond, Mitarbeit; Johannesburg; South African Jewish Board of Deputies, 1977, und Bundeszentrale für politische Bildung zu: Das Parlament, Bonn, 29. 7. 1978.

A Prosecutor on »Nuremberg Reconsidered«; Encounter, London, August 1978.

Gedanken zur Verjährungsfrage; Demokratie und Recht, Köln, 2/1979.

Ist Justitia blind?; Israel-Nachrichten, Tel-Aviv, 31. 10. 1979.

Vorwort; zu der Nürnberger Prozeß, Heydecker-Leeb, Bertelsmann 1980.

Begegnungen mit Hans Globke, Berlin–Nürnberg–Bonn; in: Der Staatssekretär Adenauers, Veröffentlichung der Konrad Adenauer-Stiftung, Klett-Cotta-Verlag, Stuttgart 1980.

Der Völkermord an den Armeniern; Recht und Politik, Berlin, 3/1980.

Wie der Reichsanwalt Hitler förderte; Vorwärts, 16. 10. 1980.

Wieso zittert denn der Richter?; Weltwoche, Zürich, 8. 1. 1981.

Erinnerungen an das Preußische Innenministerium; in Franz-Neumann-Archiv, Berlin 1981.

Amerikanische Militärgerichte in Deutschland; in Festschrift für Martin Hirsch: Die Freiheit des Anderen, Hrsg. Vogel/Simon/Podlech, Nomos-Verlagsgesellschaft, Baden-Baden 1981.

Einführung; zu: Joseph Walk: Das Sonderrecht für die Juden im NS-Staat, Verlag C.F. Müller, Heidelberg-Karlsruhe 1981.

Einleitung: Btrg. Dokumente und Materialien zur Zeitgeschichte, Der Nürnberger Prozeß, microedition Zeitgeschichte, München 1981.

Der Führer hat mir einen Kontinent anvertraut – Aus den geheimen Aufzeichnungen Alfred Rosenbergs zum Überfall auf Rußland; Vorwärts, 2. 7. 1981.

Der Dolch unter der Richterrobe – aus dem Naturschutzpark der Nachkriegsjustiz; Die Mahnung, Berlin, 1. 7. 1981.

Die Wannseekonferenz über die Endlösung; Allgemeine Wochenzeitung der Juden in Deutschland, Düsseldorf, 4. 9. 1981.

18. 10. 1941 – der Tag, an dem Göring die Endlösung befahl; Die Welt, 17. 10. 1981.

Vor vierzig Jahren – das Signal zur Endlösung; Die Welt, 29. 1. 1982.

Von Papen: Preußens Totengräber und Wegbereiter für Hitler; Die Welt, 19. 7. 1982.

Die Wahrheit über Hitler und die Endlösung; Israel-Nachrichten 9. 11. 1982, Tel-Aviv, und Jüdische Allgemeine, Düsseldorf, 29. 10. 1982.

Vom Prenzlauer Berg nach den USA, ein Berliner Bezirksamt ging ins Exil; AUFBAU, New York, 5. 11. 1982.

Der Prozeß um den Reichstagsbrand; Recht und Politik, Berlin, 1/83.

Als die Nacht hereinbrach; Freiheit und Recht, Bonn, 1/2/1983.

»stern«-Stunde für einen Massenmörder; Metall, Frankfurt/M. 13. 5. 83.

Der verpaßte Nazi-Stopp; Verlag Ullstein, Berlin–Frankfurt–Wien 1983.

Personenregister

Quellennachweis

Abbildungen

Umschlag: US-Army
Umschlagrückseite: Garbani
Seite 5: Garbani
Seiten I, II, III, IV, V, VI, VII, VIII, IX, X: Archiv Kempner
Seiten XI, XII, XIII, XIV: Ullstein Bilderdienst
Seiten XV, XVI, XVII, XVIII: Archiv Kempner
Seite XIX: dpa
Seiten XX, XXI, XXII, XXIII, XXIV: Ullstein Bilderdienst
Seite XXIV unten rechts: Archiv Kempner
Seiten XXV, XXVI, XXVII, XXVIII, XXIX, XXX, XXXI, XXXII: Ullstein Bilderdienst

Dokumente

Briefe: Archiv Kempner
Kreuzverhör Kempner/von Schlabrendorff: Bundesarchiv (Koblenz)

CIP-Kurztitelaufnahme der Deutschen Bibliothek

Kempner, Robert M. W.:
Ankläger einer Epoche: Lebenserinnerungen /
Robert M. W. Kempner. In Zusammenarbeit mit
Jörg Friedrich. – Frankfurt/M; Berlin; Wien:
Ullstein, 1983.
ISBN 3-550-07961-3